CULTURA GERAL

Dietrich Schwanitz

CULTURA GERAL
TUDO O QUE SE DEVE SABER

Tradução
Beatriz Silke Rose
Eurides Avance de Souza
Inês Antonia Lohbauer

Esta obra foi publicada originalmente em alemão com o título
BILDUNG por Eichborn AG, Frankfurt, Alemanha.
Copyright © Eichborn AG, Frankfurt am Main, 1999.
Copyright © 2007, Editora WMF Martins Fontes Ltda.,
São Paulo, para a presente edição.

1ª edição 2007
2ª edição 2009
4ª tiragem 2023

Tradução
BEATRIZ SILKE ROSE
EURIDES AVANCE DE SOUZA
INÊS ANTONIA LOHBAUER
KARINA JANNINI

Revisão da tradução
Karina Jannini
Acompanhamento editorial
Luzia Aparecida dos Santos
Revisões
Sandra Garcia Cortés
Helena Guimarães Bittencourt
Dinarte Zorzanelli da Silva
Produção gráfica
Geraldo Alves
Paginação
Studio 3 Desenvolvimento Editorial
Capa
Christina Hucke
Foto da capa
Christopher Simon Sykes/The Interior Archive

Dados Internacionais de Catalogação na Publicação (CIP)
(Câmara Brasileira do Livro, SP, Brasil)

Schwanitz, Dietrich
    Cultura geral : tudo o que se deve saber / Dietrich Schwanitz.
– 2ª ed. – São Paulo : Editora WMF Martins Fontes, 2009.

    Título original: Bildung.
    Várias tradutoras.
    Bibliografia.
    ISBN 978-85-7827-219-7

    1. Cultura 2. Cultura – História 3. Educação I. Título.

09-10543   CDD-306

Índices para catálogo sistemático:
1. Cultura geral : Sociologia   306

Todos os direitos desta edição reservados à
Editora WMF Martins Fontes Ltda.
Rua Prof. Laerte Ramos de Carvalho, 133 01325-030 São Paulo SP Brasil
Tel. (11) 3293-8150 e-mail: info@wmfmartinsfontes.com.br
http://www.wmfmartinsfontes.com.br

SUMÁRIO

Ao leitor	XV
Panorama	XVII

PRIMEIRA PARTE: SABER	1

I. A história da Europa	3
II. A literatura européia	179
III. A história da arte	247
IV. A história da música	273
V. Grandes filósofos, ideologias, teorias e visões de mundo científicas	295
VI. História do debate sobre os sexos	345

SEGUNDA PARTE: PODER	359
Introdução sobre as regras pelas quais se estabelece a comunicação entre as pessoas cultas; um capítulo que não deveria ser pulado de modo algum	361

I. A casa da linguagem	377
II. O mundo do livro e da escrita	399
III. Geografia política para a mulher e o homem cosmopolitas	411
IV. Inteligência, talento e criatividade	435
V. O que não convém saber	445
VI. O saber reflexivo	453

Cronologia	457
Cronologia da história da cultura	465

Livros que mudaram o mundo 469
Livros recomendados 487
Posfácio à 12ª edição revisada 501
Sobre os que contribuíram para a elaboração do presente livro.............. 505
Índice onomástico 507

SUMÁRIO DETALHADO

Ao leitor XV

Panorama XVII

PRIMEIRA PARTE: SABER 1

I. A HISTÓRIA DA EUROPA 3

DUAS CULTURAS, DOIS POVOS, DOIS TEXTOS 3

Os gregos, o Olimpo e os heróis da literatura *4*; As cidades-Estado gregas *4*; Os jogos olímpicos *4*; O oráculo de Delfos *5*; A origem dos deuses *5*; A rebelião de Zeus *5*; Atena *6*; Os adultérios de Zeus: Têmis, Leda, Sêmele *6*; Hermes *7*; Afrodite *7*; Ártemis *7*; Dioniso *7*; Prometeu – A caixa de Pandora *8*; Europa *8*; Édipo *8*; Anfitrião *9*; Hércules *9*; O labirinto *9*; Teseu *10*; **A** *Ilíada* **e a** *Odisséia 11*; Páris e a bela Helena *11*; A expedição grega a Tróia *11*; A ira de Aquiles *11*; O cavalo de Tróia e Laocoonte *12*; Interlúdio trágico – Orestes e Electra *12*; A *Odisséia* – a aventura de Ulisses *12*; O retorno de Ulisses ao lar *13*; **A Bíblia** *13*; Deus *13*; A criação e o pecado original *13*; A lei de Deus *15*; Abraão *15*; Jacó, chamado Israel *15*; José do Egito *16*; Moisés *16*; O êxodo do Egito *16*; A lei de Moisés *17*; Deus e seu povo *17*; Jó *18*; Judeus e cristãos *18*.

A ANTIGUIDADE CLÁSSICA – CULTURA E HISTÓRIA 19

Grécia *19*; Atenas *20*; O pensamento grego *20*; Arte *21*; Tragédia *21*; Poesia *22*; Filosofia *23*; Sócrates *24*; Platão *25*; Aristóteles *27*; Outras escolas filosóficas *28*; **A história de Roma** *29*; Prólogo *29*;

Organização política *30*; As Guerras Púnicas *30*; A grande crise política e a transição ao cesarismo *31*; Pompeu e César *31*; Marco Antônio e Cleópatra *32*; Augusto *32*; A época imperial: Nero e outros *33*; O declínio *34*; Roma converte-se ao cristianismo *35*; O papa *35*; **O cristianismo** *35*; Jesus *35*; Os milagres *36*; Os discípulos e o Messias *36*; Os fariseus *37*; A instituição da Santa Ceia *38*; A traição *38*; O processo *38*; A crucificação *39*; A ressurreição *39*; Paulo abre o cristianismo aos não-judeus *40*.

A IDADE MÉDIA.. 41

Quatrocentos anos de confusão ou: a Bacia do Mediterrâneo é dividida *41*; Francos e árabes *41*; As invasões bárbaras *42*; A Alemanha permanece germânica *42*; Godos e vândalos *42*; A *Canção dos nibelungos 43*; Francos e anglo-saxões *44*; *O reino dos francos 44*; A criação do feudalismo *44*; O princípio do feudalismo *45*; **A fundação da Europa** *46*; Carlos Magno *46*; O legado de Carlos Magno aos alemães: a coroa imperial *46*; O legado de Carlos Magno à Europa: o feudalismo *47*; Parênteses sobre a Alemanha e o nacionalismo alemão *48*; As tribos alemãs *49*; O desenvolvimento da língua alemã *50*; O desenvolvimento das línguas românicas *51*; Sociedade e formas de vida da Idade Média *51*; A Igreja como banco para a economia pública *52*; As Cruzadas *53*; Os mosteiros *53*; Os cavaleiros *54*; As cidades *55*; As catedrais e universidades *56*; A cosmologia *57*; Os demônios e diabos *58*; As perseguições às bruxas e aos judeus *59*.

A IDADE MODERNA 61

O Renascimento *61*; Sandro Botticelli *64*; Leonardo da Vinci *65*; Michelangelo Buonarroti *66*; Ticiano *67*; Rafael *67*; As cidades *68*; O fim do Renascimento *69*; **A Reforma e o surgimento dos Estados europeus** *70*; A formação dos Estados modernos *71*; Espanha *71*; França *72*; Inglaterra *73*; Cultura cortesã e Estado *74*; Alemanha *76*; O que desencadeou a Reforma *76*; Martinho Lutero *77*; A ruptura com Roma *77*; "Aqui estou; não posso agir de outro modo." *78*; A difusão da Reforma *79*; A Bíblia alemã *79*; A nova Igreja *80*; Os anabatistas *80*; A Suíça *81*; O Estado teocrático calvinista de Genebra e o espírito do capitalismo *82*; **Estado e religião: as guerras religiosas** *85*; A Contra-Reforma católica *86*; Os turcos *87*; A insurreição dos Países Baixos *88*; A Holanda, o comércio e a tolerância *88*; A imagem da Terra, do céu e da sociedade *89*; O céu – da visão de mundo ptolomaica à copernicana *91*; A sociedade *93*; A escrita *93*; A literatura *94*; **O século XVII** *95*; Alemanha – a queda *95*; França – L'État c'est moi *96*; Cultura, teatro e literatura *98*; *A Inglaterra, a revolução puritana e a criação da democracia parlamentar 99*; Inglaterra: de 1588 até a Revolução Gloriosa de 1688 *99*; Conseqüências culturais da Revolução Inglesa *102*; A Revolução Gloriosa e o desenvolvimento do sistema bipartidário *103*; A nova visão de mundo *106*; **O século XVIII: Iluminismo, modernização e revoluções** *108*; O Iluminismo francês e a emergência dos intelectuais *108*; Homens fortes e déspotas esclarecidos *110*; Polônia – Jan Sobieski e Augusto, o Forte *110*; A Rússia e Pedro, o Grande *111*; Carlos XII e a Suécia *113*; As reformas de Pedro *113*; As czarinas: Ana, Elizabeth e Catarina, a Grande *114*; Prússia, o rei dos soldados e Frederico, o Grande *115*; A Guerra Mundial entre a Inglaterra e a França *118*; O prelúdio: a independência americana *122*; A constituição dos Estados Unidos da América 123; Por que eclode a revolução na França: uma comparação estrutural com a Inglaterra *124*; A Revolução Francesa *125*; A Assembléia Nacional *125*; A Bastilha *125*; O rei prisioneiro *126*; A constituição de 1790 *127*; A Assembléia Legislativa *127*; A radicalização *128*; Os assassinatos de setembro *128*; A Convenção Nacional *129*; Repercussões *130*; O domínio do terror *130*; O Diretório e o golpe de Napoleão *132*; A genialidade de Napoleão *132*; Napoleão e o fim do Sacro Império Romano *133*; O espírito universal a cavalo e o desmoronamento da Prússia *134*; O renascimento da Prússia *135*; A queda de Napoleão *136*; **O século XIX** *137*; O Congresso de Viena 1814-15 *137*; As conseqüências do Congresso de Viena para a Alemanha *137*; Pré-março *138*; 1848 *139*; Marx *140*; 1850-70 na França, na Itália e nos Estados Unidos *141;* O caminho para a unificação da Alemanha *142*; A fundação do Império Alemão *144*; A nação atrasada *145*; Guilherme e o guilhermismo *146*; Os campos de batalha *147*; **O século XX** *147*; O desencadeamento da Primeira Guerra Mundial *148*; A guerra *150*; A revolução em Petrogrado *150*; Lênin *151*; O colapso da Alemanha *152*; Versalhes *153*; Weimar *154*; Hitler *155*; A Rússia soviética *156*; Mussolini *157*; Intervalo *158*; Hitler *ante portas*: da sexta-feira negra de 1929 até 30 de janeiro de 1933 *159*; Hitler e a autocastração voluntária do Reichstag *161*; O domínio nazista *163*; Êxitos *164*; A política racial *165*; Stálin *166*; A Guerra Civil Espanhola *167*; A Segunda Guerra Mundial *168*; Os crimes *170*; O genocídio dos judeus *171*; O apocalipse *172*; O mundo dividido: de 1945 a 1989 *172*; Final – de 1989 até 2000 *177*

II. A LITERATURA EUROPÉIA... 179

As formas de expressão 179
Enredos *180*; História da literatura e cânone literário *183*; Formação literária *184*; Goethe e a biografia exemplar *185*; O romance de formação ou um prefácio tardio *187*

As grandes obras 188
A divina comédia 188; Francesco Petrarca *190*; Giovanni Boccaccio *190*; *Dom Quixote 190*; *O burlador de Sevilha e o convidado de pedra 191*; William Shakespeare *192*; Jean-Baptiste Molière *195*; *O aventureiro Simplício Simplicíssimo 196*; *Robinson Crusoé 197*; *As viagens de Gulliver 199*; *Pamela* e *Clarissa 201*; *Os sofrimentos do jovem Werther 202*; Gotthold Ephraim Lessing *203*; Friedrich Schiller *204*; Heinrich von Kleist *206*; *Fausto.* Tragédia em duas partes *207*; Considerações intermediárias: o romance *210*; *O vermelho e o negro 212*; *Oliver Twist 213*; Flaubert e as irmãs Brontë *214*; *Guerra e paz 215*; *Os irmãos Karamazov 216*; *Os Buddenbrooks 217*; *Em busca do tempo perdido 218*; *Ulisses 219*; *O homem sem qualidades 221*; Indicações de leitura *222*

Teatro 226
Dr. Godot ou Seis personagens em busca do 18.º camelo – Uma farsa metadramática *227*

III. A HISTÓRIA DA ARTE.. 247
Arte românica e gótica *247*; Renascimento *249*; Barroco *251*; Rococó *254*; Classicismo e romantismo *255*; Impressionismo *257*; O museu e a *Mona Lisa 261*; Arte sobre arte *264*; As três posturas diante da arte moderna *266*; Velázquez *269*

IV. A HISTÓRIA DA MÚSICA 273
Música medieval *277*; Barroco *279*; Período clássico *284*; Romantismo *287*; A música moderna *291*; Os Estados Unidos da América *293*

V. GRANDES FILÓSOFOS, IDEOLOGIAS, TEORIAS E VISÕES DE MUNDO CIENTÍFICAS.. 295

FILÓSOFOS... 295

René Descartes *296*; Thomas Hobbes *297*; John Locke *298*; Gottfried Wilhelm Leibniz *300*; Jean-Jacques Rousseau *302*; Immanuel Kant *303*; Georg Wilhelm Friedrich Hegel *305*; Karl Marx *307*; Arthur Schopenhauer *308*; Duas escolas anti-hegelianas *309*; Friedrich Nietzsche *309*; Martin Heidegger *310*

PANORAMA TEÓRICO E MERCADO DE OPINIÕES 312

A suspeita ideológica generalizada *312*; Marxismo *313*; Liberalismo *313*; Comunitarismo *314*; Psicanálise *315*; Fascismo e suspeita de fascismo – um campo minado *317*; A Escola de Frankfurt – teoria crítica *318*; Teoria do discurso – culturalismo *321*; O desconstrucionismo *322*; Feminismo e multiculturalismo *324*; O "politicamente correto" *324*

A CIÊNCIA E SUAS VISÕES DE MUNDO... 325

As universidades e suas disciplinas *328*; O progresso das ciências *328*; Evolução *330*; Einstein e a teoria da relatividade *333*; Freud e a psique *335*; Sociedade *341*

VI. HISTÓRIA DO DEBATE SOBRE OS SEXOS............................. 345

O discurso sobre os sexos *345*; Diferentes tipos de sociedade *346*; A transição da sociedade tradicional à moderna *348*; A família nuclear *349*; Inglaterra, o berço do movimento feminista *352*; Alemanha *354*; O feminismo *356*

SEGUNDA PARTE: PODER 359

Introdução sobre as regras pelas quais se estabelece a comunicação entre as pessoas cultas; um capítulo que não deveria ser pulado de modo algum 361

O saber das pessoas cultas *367*; Também é culto quem um dia foi culto *367*; Arte *372*; Filosofia e teoria *374*

I. A CASA DA LINGUAGEM... 377

Palavras estrangeiras *380*; Sintaxe e vocabulário *384*; O princípio masculino da variação por meio da escolha feita no léxico *385*; *Emílio 391*; Paradoxos *392*; Poesia e auto-referencialidade *393*

II. O MUNDO DO LIVRO E DA ESCRITA 399

Livro – escrita – leitura *399*; Livros *402*; A vida interior do livro *403*; O suplemento cultural e os jornais *406*; Críticas de novas publicações literárias *407*; Críticas teatrais *408*; A linha política de um jornal e as resenhas dos livros sobre política *409*

III. GEOGRAFIA POLÍTICA PARA A MULHER E O HOMEM COSMOPOLITAS 411

Alemanha *411*; Estados Unidos da América *414*; Grã-Bretanha *419*; França *423*; Espanha e Itália *427*; Áustria *430*; Suíça *431*; Holanda *433*

IV. INTELIGÊNCIA, TALENTO E CRIATIVIDADE 435

Inteligência e quociente de inteligência *437*; Inteligência múltipla e criatividade *439*; Criatividade *442*

V. O QUE NÃO CONVÉM SABER 445

VI. O SABER REFLEXIVO 453

Cronologia 457
Cronologia da história da cultura... 465
Livros que mudaram o mundo 469
Livros recomendados 487
Posfácio à 12ª edição revisada 501
Sobre os que contribuíram para a elaboração do presente livro.............. 505
Índice onomástico 507

Robinson Crusoé *é a pré-história da utopia: não muito longe da costa da Utopia jaz a carcaça do barco naufragado, mas Robinson salvou-se, conseguindo alcançar a terra firme. Sua capacidade de aprender sobreviveu. O barco do saber naufragou, mas o seu poder pode ser recuperado.*

GUSTAV WÜRTTEMBERGER

AO LEITOR

Quem já não conheceu o sentimento de frustração quando, na escola, a matéria a ser aprendida parecia uma coisa morta, um amontoado de fatos desinteressantes, que não tinham nenhuma relação com a vida real?

Freqüentemente, aqueles que foram marcados por essas experiências nos tempos da escola descobrem a riqueza da nossa cultura muito mais tarde e então começam a despertar. Como não perceberam antes que o estudo da história é que torna compreensível a própria sociedade e, como um elixir mental, desperta a consciência para que vejam o quão inverossímil ela é? Como não se deram conta de que a grande literatura não é uma árida matéria de formação cultural, mas uma forma de magia que nos permite participar de experiências e, ao mesmo tempo, observá-las? Quem já não vivenciou o fato de um pensamento, que um dia nos deixou indiferentes, começar subitamente a brilhar como uma estrela que explode?

Existem cada vez mais pessoas que passam por essas experiências. Isso acontece porque nosso conhecimento está em profunda transformação e nosso sistema educacional está em crise. O velho material educacional parece ter-se tornado estranho e cristalizado em fórmulas. Os profissionais da área também já não o defendem com convicção. Como continuamos a nos desenvolver, precisamos renovar o diálogo com nosso conhecimento cultural a partir de um novo ponto de referência. Muitas pessoas que encontram dificuldades com o nosso sistema educacional desejam isso.

São pessoas que só conseguem assimilar o conhecimento quando ele realmente significa algo para elas; alunos do ensino fundamental e médio, bem como estudantes universitários que rejeitam a assimilação de todo o antiquado lixo museográfico, porque seu órgão de percepção se constitui da própria vitalidade em

CULTURA GERAL

si. Portanto, trata-se daqueles entre nós que têm a necessidade de enriquecer suas vidas por meio do acesso ao nosso conhecimento cultural e de participar do diálogo da civilização, se o deixarmos.

Este livro foi escrito para eles. Por isso, coloquei nosso conhecimento cultural sob a seguinte perspectiva: como ele contribui para o nosso autoconhecimento? Por que a sociedade moderna, o Estado, a ciência, a democracia, a administração surgiram na Europa e não em outro lugar? Por que é tão importante incluir figuras como Dom Quixote, Hamlet, Fausto, Robinson, Falstaff, Dr. Jekyll e Mr. Hyde entre nossos conhecidos? O que Heidegger disse que ainda não sabíamos? Onde estava o inconsciente antes de Freud?

Segundo essa perspectiva, apresentei a história da Europa como uma grande narrativa, a fim de propiciar uma visão geral sobre o seu contexto como um todo. Nesse processo, assim como na apresentação da literatura, da arte, da música, da filosofia e da ciência, esforcei-me para transmitir a emoção que nos invade quando entendemos a audácia de suas construções e começamos a perceber que elas poderiam modificar para sempre nossa visão de mundo e tornar-nos pessoas novas.

Para atingirmos essa relação viva com nosso conhecimento cultural, temos de despojá-lo de toda solenidade, de todos os efeitos de imponência e de todas as névoas conceituais. O respeito diante das realizações culturais dos autores deve vir da compreensão e da familiaridade, e não da imitação das reverências alheias, que as pessoas prestam a ídolos que não compreendem. Este livro destrói o seu culto por meio da irreverência. Por isso, o conhecimento cultural é retirado das couraças das fórmulas prontas e submetido a uma massagem lingüística, com o objetivo de torná-lo compreensível a todos os que queiram compreendê-lo. Justamente quando afastamos barreiras desnecessárias que dificultam a compreensão, não precisamos usar meios-termos na apresentação das coisas, mas podemos esclarecer os mais difíceis contextos; aquele que tiver a impressão de que vale a pena, vai se esforçar.

Tenho a sensação de que o momento é propício para um livro como este. E acho que os leitores têm direito a ele. Sou solidário com aqueles que buscam conhecimentos e são alimentados com fórmulas prontas: antigamente eu também me sentia assim. Por isso, escrevi o livro que teria sido necessário para mim naquela época – o livro com toda a bagagem que chamamos de cultura.

PANORAMA

Primeira Parte: Saber

A história da Europa

A narrativa começa com as duas principais fontes da nossa cultura: os relatos do Panteão dos deuses gregos, o cerco de Tróia e a odisséia de Ulisses, assim como a Bíblia hebraica. Ela ilustra as admiráveis criações culturais de Atenas, como a filosofia, a democracia, a arte e o teatro, depois passa para a história romana, seguida pela transição da república ao império, descreve a crise do império e a cristianização, assim como o declínio do império com a invasão dos povos germânicos e árabes e o surgimento do feudalismo na França. A Idade Média é apresentada a partir de estruturas exemplares e concentra-se nos modos de vida dos mosteiros, da cidade, da cavalaria etc., transmitindo, assim, uma impressão da vivência religiosa, da sociedade hierárquica e da visão de mundo medieval.

Na descrição do Renascimento, podemos admirar os grandes artistas e acompanhar o surgimento da Idade Moderna na Europa a partir da Reforma e das guerras santas. Em seguida, orientamos nossa narrativa para o processo da modernização, que ocorreu em três diferentes vertentes: a liberal-parlamentar na Inglaterra, nos Estados Unidos, na Holanda e na Suíça, a da Revolução Francesa, nascida do absolutismo, e a da modernização autoritária, ocorrida na Prússia e na Rússia. Esse processo é desenhado a partir da história dos Estados modernos, na qual se coloca uma ênfase especial no desenvolvimento da Inglaterra, onde são criadas as instituições políticas que passamos a adotar depois. A última parte descreve o caminho da Europa rumo à catástrofe, que culminou nas mais tenebrosas tiranias que já aterrorizaram o mundo, e termina finalmente no recomeço cultural, que com isso se torna necessário.

CULTURA GERAL

A literatura européia

Aqui tratamos primeiro da linguagem da literatura obtida a partir de duas coordenadas: o nível estilístico e as diferentes evoluções formais das histórias apresentadas. A partir da biografia de Goethe, discutimos a estrutura do romance de formação e a relação entre a biografia e a formação cultural, o que eleva esse capítulo à condição de um prefácio tardio do livro sobre a cultura. Em seguida, descrevemos importantes obras da literatura européia e, paralelamente, fazemos uma pequena história do romance. Depois de um texto introdutório sobre a relação entre genialidade e loucura, apresentamos uma peça de teatro encenada num hospício. Cinco loucos discutem o drama moderno, assumindo as personalidades dos dramaturgos Shaw, Pirandello, Brecht, Ionesco e Beckett, enquanto seu diálogo apresenta as formas dramáticas que eles mesmos inventaram: o teatro de tese, o metateatro, a peça didática, o teatro do absurdo e a farsa metafísica.

A história da arte

Numa espécie de visita ao museu, percorremos inicialmente a história dos estilos românico e gótico, a arte renascentista, o barroco, o rococó, o classicismo e o romantismo até o impressionismo, e nos familiarizamos com as obras dos artistas mais importantes. Depois, um elevador nos leva à seção de arte moderna, abrigada numa maquete do museu dentro do museu. Ali já não se trata de mergulhar atentamente nas obras de arte, mas de reaprender a ver. Isso é realizado com ajuda de paradoxos, enigmas, exibição de filmes, palestras com diapositivos e descrições de quadros, que devem transmitir uma noção de que a arte moderna transforma a obra em um processo de observação.

A história da música

Esse capítulo nos introduz nos fundamentos da teoria musical e nos apresenta alguns conceitos técnicos. Depois de uma apresentação da música cósmica de Pitágoras e da música medieval, são apreciados os trabalhos de grandes compositores, de Händel a Schönberg, e contados alguns detalhes de suas biografias.

Grandes filósofos, ideologias, teorias e visões de mundo científicas

Primeiro apresentamos os mais importantes filósofos e suas idéias quanto às questões que ainda hoje nos interessam: Descartes, Hobbes, Locke, Leibniz, Kant, Hegel, Schopenhauer, Marx, Nietzsche, Heidegger. Depois discutimos as ideologias e teorias que dominam o mercado atual de opiniões, como o marxismo, o liberalismo, a teoria crítica, a teoria do discurso, o desconstrutivismo, a psicanálise; finalmente tentamos montar um quadro do progresso da ciência e penetramos nos conceitos científicos que marcaram especialmente a nossa visão de mundo.

XVIII

PANORAMA

Sobre a história do debate entre os sexos

Conhecer as posições básicas do debate entre os sexos faz parte do padrão mínimo de civilização. Por isso, mostramos nesse capítulo como a relação entre o sexo biológico e o papel social vai se modificando ao longo da história; como essas transformações dependem das mudanças de funções da família; e como, a partir disso, surgiram os movimentos de mulheres, com sua luta pela igualdade política e de direitos, e o feminismo, com o programa de uma mudança dos sistemas simbólicos culturais. Com isso, constatamos que o nível de civilização sempre se elevou mediante a crescente influência das mulheres na história.

SEGUNDA PARTE: PODER

Introdução sobre as regras pelas quais se estabelece a comunicação entre as pessoas cultas; um capítulo que não deveria ser pulado de jeito nenhum

A formação cultural não se compõe apenas do saber, mas também da capacidade de dominar a cultura como jogo social. Nossa análise mostra que as regras desse jogo são extremamente paradoxais e de difícil visibilidade, motivo pelo qual nunca foram antes tratadas em outros livros.

A casa da linguagem

Como nada denuncia tanto a cultura de uma pessoa como sua linguagem, damos aqui algumas indicações para a sua perfeita utilização. Essas recomendações referem-se à compreensão de palavras estrangeiras, à capacidade de alternar sem dificuldades o uso oral com o escrito, de reformular idéias e, em um rápido vislumbre, entender a estrutura da língua. Depois, mostramos que a produtividade da linguagem tem sua origem na relação erótica entre dois princípios: a sintaxe e a semântica; e como a partir disso surgem todas as famílias de palavras, combinações metafóricas e irmanações poéticas que povoam a casa da linguagem.

O mundo do livro e da escrita

No início desse capítulo, mostramos como é importante para nossa formação cultural a metamorfose (transformação) da linguagem oral em texto. E lamentamos que a televisão destrua nas pessoas a capacidade de estruturação dos sentidos e o hábito da leitura, e que, apesar disso, na avaliação do desempenho, as escolas reduzam a parte que cabe à linguagem escrita em favor da oral. Depois, introduzimos o leitor no mundo dos livros, damos dicas de como lidar com livreiros e bibliotecários, descrevemos as técnicas psíquicas de autodefesa no con-

XIX

CULTURA GERAL

fronto com milhares de livros e damos recomendações sobre como podemos extrair o máximo possível de informações de um livro com o mínimo possível de dispêndio de energia.

Por último, apresentamos alguns tipos de suplementos culturais.

Inteligência, talento e criatividade

Nesse capítulo, abordamos sucintamente a discussão atual sobre temas que possuem um papel decisivo para o sentimento de auto-estima de muitas pessoas: inteligência, talento e criatividade. Falamos sobre as diferenças entre criatividade e inteligência, mostramos como funciona nosso cérebro e a existência de cinco tipos diferentes de inteligência.

O que não convém saber

Esse capítulo trata daquelas províncias do saber que pertencem ao território da trivialidade e que de preferência deveríamos deixar ocultas, como a visão geral e enciclopédica sobre a vida privada de atores, nobres e pessoas importantes, além de trazer informações sobre as regras referentes às técnicas de comunicação para lidar com conhecimentos marginais, sem interesse cultural, triviais ou absolutamente duvidosos.

O saber reflexivo

Nesse capítulo, mostramos que a formação cultural permite a auto-avaliação. Nesse cenário, fazemos um balanço e sintetizamos o teor do presente livro na seguinte pergunta: o que faz parte da cultura geral?

primeira parte
SABER

I. A HISTÓRIA DA EUROPA

Duas culturas, dois povos, dois textos

Em 1922, o escritor irlandês James Augusta Joyce publicou seu livro *Ulisses*, considerado o romance do século. Ele mostra a odisséia do pequeno-burguês irlandês Leopold Bloom por Dublin no dia 16 de junho de 1904. Desde então, esse dia é celebrado pelos fãs de Joyce como o *bloomsday* (um trocadilho com o *doomsday*, o dia do Juízo Final). O herói do romance é judeu, mas os episódios que ele vivencia naquele dia seguem o padrão da *Odisséia*. Com isso, Joyce quer nos lembrar que a nossa cultura é um território atravessado por duas correntes e banhado por dois rios. Um deles nasce em Israel, o outro, na Grécia. Os rios são dois textos centrais que alimentam todo o sistema hídrico da cultura com histórias ricas em nutrientes.

Pois, em síntese, uma cultura é o patrimônio comum de histórias que mantêm unida uma sociedade. Dele também fazem parte as narrativas sobre as próprias origens, portanto, a biografia de uma sociedade é o que diz quem ela é.

Os dois principais textos da cultura européia são:
– a Bíblia judaica;
– a dupla epopéia grega sobre o cerco de Tróia: a *Ilíada* (em grego, Tróia chamava-se Ílion) e a *Odisséia*, viagem do aventureiro Ulisses, saindo de Tróia destruída para sua própria casa, de volta para sua mulher, Penélope.

O autor da epopéia grega foi Homero. O autor da Bíblia foi Deus. Ambos são conhecidos como escritores mitológicos: Homero não podia ver; Deus não podia ser visto – era proibido fazer um retrato dele.

CULTURA GERAL

Por que esses textos se tornaram tão importantes? Para responder a essa pergunta, saltamos à época do humanismo, do Renascimento e da Reforma – portanto, por volta de 1500 (em 1517, inicia-se o cisma da Igreja com a divulgação das teses de Lutero).

> – Em 1444, na Mogúncia, Johann Gutenberg inventou a imprensa. Isso significou uma revolução nos meios de comunicação. Tornou-se possível, em todos os lugares, divulgar os textos clássicos da Antiguidade, redescobertos pelos humanistas. Na mesma época, os príncipes conseguiram concentrar o poder do Estado em suas cortes. Para acompanhá-los, os nobres tornaram-se cortesãos e submeteram-se à etiqueta da corte. Na pintura e no teatro da corte imitava-se o modelo dos heróis antigos e das divindades da Antiguidade: eram representados Júpiter e Apolo, Ártemis e Afrodite, bem como estimulada a poesia correspondente.
>
> – Ao mesmo tempo os reformadores Lutero, Calvino e Tyndale tomavam a Bíblia dos sacerdotes e traduziam-na do latim para o vernáculo. Com isso, criavam a possibilidade de cada um se tornar seu próprio sacerdote. O protestantismo representava a democratização da religião, mas também a veneração dos textos.

A partir disso, surgiu uma cultura mista, aristocrático-burguesa, com uma tensão inerente entre religião e Estado – razão para o dinamismo e a intranqüilidade da Europa. Para entender essa cultura, precisamos voltar aos gregos e aos judeus.

Os gregos, o Olimpo e os heróis da literatura

As cidades-Estado gregas (800-500 a.C.)

Até 800 a.C., os povos gregos já haviam imigrado para os territórios que vieram a ser de suas tribos, ocupando a Grécia e as ilhas do mar Egeu. Na época arcaica, de 800 até 500 a.C., a nobreza destituiu os reis. Formaram-se diversas cidades-Estado, que se tornaram os centros políticos: Atenas, Esparta, Corinto, Tebas, Argos. Mas o sentimento de coesão dos gregos manteve-se por meio das festas, competições e cultos pan-helênicos (em grego, Grécia chama-se Hellas, e "pan" significa "conjunto").

Os jogos olímpicos (776 a.C.-393 d.C.)

Como em todas as culturas de caráter aristocrático, os gregos eram esportistas e assim criaram competições regulares em Olímpia, documentadas a partir do ano 776 a.C. e realizadas a cada quatro anos (até 393 d.C.). Eram disputadas provas nas modalidades da corrida (a curta e longa distância), do pugilismo, da corrida de cavalos, da corrida de bigas e com armas, assim como a competição de trombeteiros. O prêmio ao vencedor consistia numa coroa de louros plantados por Hércules. Na rica Atenas, o vencedor ainda recebia 500 dracmas, um lugar de honra nas solenidades públicas e um auxílio social vitalício, isto é, alimentação por conta do Estado.

O oráculo de Delfos

O oráculo de Apolo, em Delfos, tornou-se o centro religioso de toda a Grécia. Quando consultado, uma sacerdotisa, após ingerir drogas, entrava em transe e proferia palavras desconexas, que um sacerdote juntava em frases de diversas interpretações. A partir delas, a pessoa que ia em busca de conselho poderia formular para si uma previsão, que era tão contraditória quanto a recomendação de uma moderna comissão de especialistas.

A origem dos deuses

O firmamento dos deuses gregos – o Panteão – consiste numa estirpe ramificada com infinitos laços de parentesco. As diversas histórias particulares são, portanto, partes de uma saga familiar.

Tudo começou quando Urano cometeu incesto com sua mãe, Gaia, também conhecida como "Mãe-Terra". Primeiro nasceram os Ciclopes e depois os Titãs. Quando Urano atirou os rebeldes Ciclopes no Tártaro (uma espécie de confortável mundo subterrâneo), Gaia deu a seu filho mais novo, Crono, chamado "Tempo", uma foice, com a qual ele cortou a genitália de seu pai. Atirou-a no mar, e da espuma sangrenta surgiu Afrodite, chamada "a deusa do amor, nascida das espumas". Mas Crono casou-se com sua irmã Réia e tomou o trono de seu pai. Contudo, foi-lhe profetizado que ele também seria destronado por um de seus filhos – afinal, ele dera o exemplo. Para evitar isso, devorou todos eles: Héstia, Deméter, Hera, Hades e Posêidon. Sua mulher, Réia, achou tudo aquilo um absurdo e escondeu seu terceiro filho, Zeus, em Creta, onde foi criado por uma ninfa com corpo de cabra e, com seu irmão de criação, Pã, foi alimentado com leite e mel (mais tarde, por gratidão, Zeus criou a cornucópia a partir do chifre da cabra).

A rebelião de Zeus

Ao se tornar adulto, Zeus introduziu-se como servo na casa de seu pai, Crono, misturou um vomitório em seu uso, que logo fez efeito. Crono regurgitou todos os filhos engolidos, que estavam intactos. Essa crise de vômitos desencadeou uma série de guerras entre Crono e seus filhos. Começou com Zeus libertando os Ciclopes do Tártaro. Esses armaram os três irmãos divinos: Zeus ficou com o trovão e o raio, Hades com um capuz mágico, e Posêidon, com o tridente. Sob a proteção do capuz mágico, Hades roubou as armas de Crono, e, enquanto Posêidon o encurralava com o tridente, Zeus matou-o com o raio. Então teve início o combate contra os Titãs. Mas, antes que ele pudesse realmente iniciar-se, os nervosos gigantes ficaram tão assustados com um súbito grito de Pã que debandaram numa fuga desenfreada e presentearam o mundo com o conceito de "pânico". Como castigo por serem tão medrosos, seu líder, Atlas, foi condenado a carregar o céu. Todos os outros tiveram de sustentar as varandas das mansões construídas durante o florescimento econômico do século XIX. Mas as mulheres Titãs foram poupadas. Os três irmãos divinos dividiram o mundo entre si: Hades ficou com o mundo subterrâneo, Posêidon, com o mar, e Zeus com a terra.

Atena

Iniciou-se então o governo do pai dos deuses, Zeus. Sua primeira ação oficial foi molestar sexualmente a Titã Métis. Mas um oráculo anunciara novamente que o filho dessa ligação iria destronar Zeus. Então Zeus engoliu, sem rodeios, a grávida Métis e com isso confirmou a regra que condena os filhos a imitarem seus odiados pais. Depois de nove meses, começou a ter terríveis dores de cabeça e, com a ajuda de Prometeu, deu à luz, pela cabeça, a bem armada Atena. Por não ter sido concebida por uma mãe e ter nascido do cérebro de Zeus, ela se tornou a deusa da sabedoria. Em suas aventuras amorosas, Zeus foi se tornando cada vez mais inescrupuloso. Por exemplo, como Sísifo, o soberano de Corinto, denunciou ao desesperado deus dos rios onde Zeus escondera sua filha, este o condenou a carregar montanha acima, para todo o sempre, uma pedra que pouco antes de chegar ao topo despencava novamente montanha abaixo.

Os adultérios de Zeus: Têmis, Leda, Sêmele

Zeus gerou poucos filhos com sua esposa Hera: Ares, o deus da guerra, e Hefesto, o ferreiro. Como o marido não conseguia manter um relacionamento estável, Hera fazia-lhe críticas constantes, o que o empurrava cada vez mais para as outras mulheres. Com Têmis gerou as três deusas do destino, com Mnemósine (a memória), as nove musas, e com a filha de Atlas, Hermes, o mensageiro dos deuses. Para fugir de sua ciumenta Hera, era obrigado, em suas escapadas, a mudar constantemente de aparência. Assim, assumiu a forma de uma cobra ao gerar uma filha com Perséfone; essa filha chamou-se Ártemis. Zeus também se transformou num cisne para dormir com Leda; ela botou um ovo, do qual nasceram os gêmeos Castor e Pólux, assim como a bela Helena. O caso com Sêmele, a mãe de Dioniso, o deus do vinho e da embriaguez, foi mais espetacular ainda: Hera havia convencido a grávida Sêmele a não mais admitir Zeus em sua cama; frustrado, Zeus fulminou Sêmele com o raio. Mas Hermes salvou a criança costurando-a dentro da coxa de Zeus, de onde ela saiu três meses depois.

SABER

Hermes

Hermes era o mais talentoso dos deuses. Quando criança, já se destacava pela delinqüência, sobretudo pelo roubo de gado e pela invenção de mentiras complicadas. Criou a lira, o alfabeto, a escala musical, a arte do pugilismo, os algarismos, as medidas de peso e o cultivo da oliveira. Seus dois filhos herdaram seu talento em partes iguais: Autólico tornou-se ladrão, e Dafne inventou a poesia pastoril. Então Hermes superou a si mesmo e, com Afrodite, gerou Hermafrodite, o ser de dois sexos, que tinha uma longa cabeleira e seios de mulher.

Afrodite

Apesar de casada com Hefesto, Afrodite cultivava o amor livre tão intensamente quanto o próprio Zeus. Conseguiu até mesmo seduzir o mal-humorado deus da guerra, Ares. Com Dioniso, gerou Príapo, cuja enorme feiúra não era amenizada nem mesmo por um órgão genital também enorme. Chegou a envolver-se com o mortal Anquises e tornou-se mãe de Enéias, aquele troiano que foi o único a escapar do inferno de sua cidade e, para substituir Tróia, fundou a cidade de Roma.

Mas Afrodite era muito ciumenta. Com esse desagradável sentimento no coração, providenciou para que Esmirna se apaixonasse pelo próprio pai e dormisse com ele quando estivesse bêbado. Ao ficar sóbrio novamente e ver o que fizera, o pai perseguiu a filha, furioso, mas Afrodite transformou-a numa árvore de mirra. Do galho dessa árvore caiu Adônis, o filho da beleza. Quando Adônis tornou-se adulto, Afrodite fez amor com ele também. Por seu lado, Ares, o raivoso, ficou com tanto ciúme que durante uma caçada aos porcos selvagens transformou-se num deles e dilacerou Adônis com suas presas afiadas.

Ártemis

O oposto de Afrodite era Ártemis, filha de Zeus. Rogou ao pai que lhe desse o dom da virgindade eterna. Depois de equipar-se com arco e flecha, tornou-se a deusa virgem da caça, que mais tarde recebeu o nome de Diana ou Titânia. Com esse nome, apareceu na peça de Shakespeare *Sonho de uma noite de verão* como rainha das fadas e tornou-se a personagem-modelo da rainha virgem Elizabeth.

Dioniso

O mais anarquista dos filhos de Zeus era Dioniso, que ensinou aos homens como produzir o vinho e celebrar festas inebriantes. Ele mesmo costumava andar com uma horda de sátiros selvagens, Mênades (femininas) e Bacantes desenfreadas, espalhando pelos lugares em que passava um clima de euforia. Foi no âmbi-

CULTURA GERAL

to das festas celebradas em honra a Dioniso, em Atenas, que foi inventada a tragédia (→ Grécia, tragédia).

Prometeu – A caixa de Pandora

O criador dos seres humanos foi Prometeu. Era um Titã, irmão de Atlas, porém mais esperto do que ele, pois previu a vitória de Zeus e combateu ao seu lado. No entanto, depois se voltou contra os interesses de dominação de Zeus e levou o fogo aos homens. Para castigá-lo, Zeus criou Pandora, a mais bela das mulheres, e deu-lhe uma caixa que continha todas as pragas da humanidade: envelhecimento, doença, loucura, vícios e paixões. Então enviou Pandora e sua caixa ao irmão de Prometeu, Epimeteu. Mas Prometeu previu um infortúnio e avisou-o de que não deveria abrir a caixa. Para castigar Prometeu, Zeus amarrou-o a um rochedo do Cáucaso e ordenou a duas águias que comessem um pedaço do seu fígado todos os dias. E assim Prometeu, como portador da luz e do esclarecimento, tornou-se o arquétipo do revolucionário.

Europa

Os deuses também tinham relações carnais com os mortais. Delas resultavam semideuses e heróis. Agenor da Palestina foi o pai de Europa. E, quando Hermes levou o gado dela ao mar, Zeus transformou-se num belo touro e seduziu-a. Mas Agenor enviou seus filhos para procurá-la: Fênix foi para a Fenícia e tornou-se o progenitor dos cartagineses. Cílix foi para a Silícia e Tarso para a Ilha de Tarso. Cadmo, por sua vez, foi para a Grécia, fundou a cidade de Tebas e casou-se com Harmonia, a filha de Ares. No casamento apareceram todos os deuses, e presentearam Harmonia com um colar que podia trazer à sua dona uma beleza irresistível, mas também uma enorme desgraça. Isso afetou especialmente um descendente do casal: o rei Laio.

Édipo

O oráculo de Delfos predisse a Laio que seu filho o mataria e depois desposaria a própria mãe. Para evitar essa calamidade, seu filho, Édipo, foi enjeitado. Criado por um pastor, um dia encontrou o pai e, sem reconhecê-lo, matou-o durante uma briga pela prioridade não muito clara de passagem pela estrada. Depois, libertou a cidade de Tebas do monstro devorador de homens, a Esfinge, solucionando o seu enigma: "Qual é o ser que primeiro anda com quatro pernas, depois com duas e, por último, com três?" Na verdade, a solução não era difícil, mas a Esfinge se matou quando o enigma foi solucionado. Como prêmio, Édipo casou-se com a rainha viúva, sua mãe, Jocasta, e assim cumpriu a profecia do oráculo. Obrigado a cuidar do bem-estar dos habitantes da cidade, quando irrompeu a peste, consultou o oráculo de Delfos e recebeu um conselho: "Expulse o assassino de Laio." Então, Tirésias , o vidente cego e bissexuado, revelou-lhe que ele, Édipo, havia assassinado o próprio pai e dormido com a própria mãe. Édipo ficou tão horrorizado que se cegou com um broche arrancado do vestido da mãe. Como esse é o material do qual são feitas as tragédias, Sófocles, o poeta (496-406), escreveu duas obras sobre Édipo. Mas Freud foi bem além de Sófocles ao declarar que todos os homens europeus e todos os americanos eram Édipos.

Em Tebas, o tio e cunhado de Édipo, Creonte, assumiu o exército, festejou o noivado de seu filho com a filha de Édipo, Antígona, e proibiu-a de sepultar o corpo de seu irmão Polinices, morto na luta contra Tebas (→ A casa da linguagem, auto-referencialidade). Com isso, provocou nela um conflito de dever entre a razão de Estado e a piedade familiar, que inspirou Sófocles a escrever a tragédia sobre Antígona, e Hegel, sua teoria da tragédia.

Anfitrião

Por outro lado, na história de Anfitrião desenvolve-se uma verdadeira comédia. Depois que o rei de Micenas lhe deu sua filha Alcmena em casamento, foi assassinado pelo genro como recompensa. Para fugir da vingança do filho do rei, Anfitrião foi para Tebas, onde seu tio, Creonte, ajudou-o em suas guerras. Mas Zeus apaixonou-se por Alcmena e apareceu-lhe sob a forma de seu próprio marido, fazendo com que Anfitrião, ao voltar da batalha, ouvisse dos outros que já estava em casa. A partir dessa história, Plauto, Molière, Kleist e Giraudoux fizeram maravilhosas comédias de enganos.

Hércules

O fruto desse casamento foi Hércules, famoso por seus doze penosos trabalhos: entre outros, limpar os estábulos de Áugias; capturar Cérbero, o cão de guarda do mundo subterrâneo, matar a Hidra de várias cabeças; esganar o leão de Neméia, cuja pele passou a usar; buscar as maçãs do jardim das Hespérides, tendo de combater e vencer Anteu, que sempre recuperava suas forças quando tocava o chão.

O labirinto

Zeus, porém, raptara Europa e a levara para Creta. Lá ela deu à luz Minos, que herdou da mãe a predileção por belos touros. Como ele não quis sacrificar um magnífico touro branco enviado por Posêidon pelo mar, mas preferiu con-

CULTURA GERAL

servá-lo consigo, Posêidon vingou-se dessa insubordinação, fazendo com que a esposa de Minos, Pasífae, se apaixonasse pelo animal. Ela, então, encomendou a Dédalo, o famoso engenheiro, uma vaca artificial de belas pernas, dentro da qual pudesse se esconder. Quando o touro branco viu a imitação, caiu vítima de seu instinto cego; mas Pasífae ficou grávida de um monstro – metade touro, metade gente –, que cresceu e se tornou um terrível assassino de seres humanos, o Minotauro. Para esconder o escândalo, Dédalo teve de construir um labirinto em volta do Minotauro. Porém, o rei Minos não o deixou partir, já que era conhecedor do escândalo. Mas Dédalo era um hábil artesão e, em segredo, construiu para si e para seu filho, Ícaro, asas de penas e cera. Com elas, ambos conseguiram fugir, alçando-se aos ares. Mas, quando o intrépido Ícaro, apesar das advertências do pai, chegou muito perto do sol, o calor derreteu a cera de suas asas e ele caiu no Mar Icariano.

Teseu

Nesse meio tempo, Posêidon gerou Teseu, mas entregou-o ao príncipe de Atenas, Egeu, como filho adotivo. Adulto, Teseu resolveu libertar Creta do Minotauro. Foi ajudado pela filha de Minos, Ariadne, que lhe deu um fio com o qual ele encontrou o caminho para sair do labirinto, depois de matar o Minotauro. A pedido de Ariadne, Teseu levou-a na viagem de volta à pátria, mas, por motivos desconhecidos, deixou-a na ilha de Naxos, onde ela prorrompeu em tristes lamentos. Mas logo foi vingada, pois, em seu retorno, Teseu esqueceu-se de içar a vela branca, em sinal de seu êxito, conforme previamente combinado com o pai. Quando Egeu viu ao longe, da praia, a vela negra da derrota, jogou-se desesperado no mar, que passou a ser chamado pelo seu nome.

Posteriormente, Teseu envolveu-se em inúmeros combates contra as amazonas (*amazon* quer dizer "sem seio", porque essas mulheres guerreiras cortavam um dos seios para poderem atirar melhor com o arco).

Com os átridas, as coisas transcorriam da mesma forma trágica que na família de Édipo. Os irmãos Atreu e Tiestes rivalizavam pelo domínio em Micenas e pela mesma mulher. Érope tornou-se esposa de Atreu, mas também amante de Tiestes. Atreu gerou Agamêmnon e Menelau, e Tiestes gerou Egisto, que matou seu padrasto, Atreu.

Depois de todos esses crimes, Agamêmnon tornou-se rei e casou-se com Clitemnestra, filha de Tântalo (este último foi obrigado a sofrer, no Hades, a tortura conhecida pelo seu nome: sempre que tentava beber água, ela escorria de volta). Seu irmão, Menelau, casou-se com a filha de Leda, a bela Helena. Ambas as mulheres haviam sido predestinadas por Afrodite a causar desgraça devido às suas infidelidades conjugais.

E, assim, chegamos à guerra de Tróia, à *Ilíada* e à *Odisséia*.

10

SABER

A *Ilíada* e a *Odisséia*

Páris e a bela Helena

Príamo, rei da cidade de Tróia, situada no Estreito de Dardanelos, tinha inúmeros filhos, entre eles Heitor e Páris. Pouco tempo antes de Páris nascer, sua mãe, Hécuba, sonhou que ele arruinaria Tróia. Príamo mandou o guardião dos seus rebanhos matar a criança suspeita; mas o homem deixou o menino viver e o criou como um pastor, que logo chamou sua atenção pela beleza e por seu incorruptível julgamento ao avaliar as reses. Por isso, Zeus convocou-o a atuar como jurado num concurso de beleza entre Atena, Hera e Afrodite, oferecendo uma maçã como prêmio à mais bela. Quando Afrodite conseguiu corrompê-lo com a promessa de que iria uni-lo à bela Helena, Páris lhe deu a maçã. Decepcionadas, Atena e Hera resolveram destruir Tróia.

A expedição grega a Tróia

Páris foi reconhecido como filho de Príamo e raptou Helena, tirando-a de Esparta. Então, Agamêmnon chamou todos os príncipes gregos a uma assembléia em Áulis, onde se decidiu realizar uma expedição a Tróia, em represália. Mas uma minoria radical quis esquivar-se. Ulisses alegou loucura, Aquiles foi vestido por sua mãe, Tétis, com roupas de mulher. No entanto, com a ajuda do velho Nestor e do forte Ájax, foram desmascarados e obrigados a participar. De qualquer modo, permitiram a Aquiles que levasse seu jovem companheiro, Pátroclo. Mas uma calmaria impediu a frota de partir. O sacerdote Calcas, desertor troiano, recomendou a Agamêmnon que sacrificasse sua filha Ifigênia para aplacar a ira de Ártemis. Quando o machado estava prestes a degolar Ifigênia, ela foi levada pelos deuses a Táuride. Mesmo assim, logo a frota conseguiu partir.

A ira de Aquiles

Durante dez anos, os gregos ocuparam a cidade de Tróia. A história da *Ilíada* começa apenas no décimo ano: o mais importante combatente era Aquiles com seu exército. Mas, quando Agamêmnon lhe toma uma refém troiana, ele se retira dos combates, enfurecido. Isso induz Heitor de Tróia a cometer um sangrento ataque, em que mata o querido amigo de Aquiles, Pátroclo. Aquiles reage violentamente e, irado, impele os troianos de volta à cidade, mata Heitor e, depois de amarrar seu cadáver na cauda do cavalo, arrasta-o três vezes pela cidade.

Logo depois do nascimento de Aquiles, sua mãe, Tétis, mergulhou-o no rio Estige, o rio dos mundos subterrâneos, para torná-lo invulnerável. Todavia, como o segurou pelo calcanhar, essa parte de seu corpo não foi banhada e tor-

11

CULTURA GERAL

nou-se um ponto vulnerável, onde justamente a flecha de Páris o atingiu, matando-o. Mas as muralhas de Tróia resistiram.

O cavalo de Tróia e Laocoonte

Morto Aquiles, Ulisses concebe a armadilha definitiva: os gregos constroem um grande cavalo de madeira e espalham a notícia, por meio de um suposto desertor, de que aquele cavalo torna o seu dono invencível. Então, simulam levantar o cerco à cidade, enquanto os melhores combatentes se escondem no interior do cavalo. Quando o sacerdote Laocoonte os adverte contra o cavalo, Apolo envia duas serpentes, que estrangulam Laocoonte junto com seus dois filhos gêmeos. Príamo acredita que Laocoonte fora punido por ter profanado uma imagem de culto, e permite que o cavalo seja levado para dentro da cidade. Os ocupantes escondidos esperam a noite chegar, descem em silêncio do cavalo e abrem os portões da cidade, dando início a todos os saques, massacres e destruições. Finalmente, os muros de Tróia são arrasados, e suas ruínas cobrem o chão.

Interlúdio trágico – Orestes e Electra

Mas Agamêmnon não pôde festejar sua vitória. Logo que chegou em casa, foi morto por Egisto, amante de sua mulher, Clitemnestra, a mando dela. Os filhos de Agamêmnon, Orestes e Electra, escaparam do massacre. Depois de oito anos, Orestes volta ao lar e, com ajuda da irmã, mata a mãe e o seu amante. A partir disso, passa a ser perseguido como matricida pelas deusas matriarcais da vingança, as Erínias. Por fim, em Atenas instaura-se um processo em que se discute se o que predomina é o patriarcado ou o matriarcado. Como Atena, órfã de mãe, passa para o lado dos homens, Orestes é libertado: para vingar o pai, pôde matar a mãe. Hamlet já não teve permissão para fazer isso. Toda essa história forneceu um material maravilhoso para uma tragédia e até inspirou O'Neill a escrever a peça de teatro *Mourning Becomes Electra* [Electra de luto].

A Odisséia – a aventura de Ulisses

A *Odisséia* narra a longa viagem de volta de Ulisses e sua chegada à terra natal, Ítaca. Inúmeras são as aventuras em que ele demonstra sua esperteza. Junto com seus companheiros, consegue salvar-se do Ciclope, antropófago Polifemo, embebedando-o e queimando seu único olho. Depois, foge de sua perseguição e esconde-se debaixo da barriga de seus carneiros. Também é capaz de resistir à tentativa da feiticeira Circe de transformá-lo em porco, o que nem todo homem conseguia. Em seguida, encontra as sereias, cujo canto atrai para a morte todos os que o ouvem. Mas, seguindo o conselho de Circe, Ulisses tapa com cera os ouvidos de seus companheiros e deixa-se amarrar ao mastro do navio, para não sucumbir à música mortal. Assim, segundo Theodor W. Adorno, torna-se o primei-

SABER

ro freqüentador de concerto. Em seguida, precisa navegar por um estreito no mar, onde encontra à esquerda o redemoinho de Caribde e, à direita, o monstro Cila. Finalmente, Ulisses chega à terra firme, sozinho, náufrago e nu, no país dos feácios, onde é tratado por Nausícaa, a filha do rei, até se recuperar, e ganha dele um navio que o leva para Ítaca.

O retorno de Ulisses ao lar

Durante vinte anos esteve fora de casa. Enquanto isso, 112 pretendentes haviam se instalado em sua casa e não davam sossego à sua esposa, Penélope. Ela prometera decidir-se por um deles quando tivesse terminado de tecer a mortalha para seu sogro, Laerte, mas à noite desmanchava o que havia tecido durante o dia. Ao chegar, Ulisses veste-se com roupas de mendigo. É imediatamente reconhecido por seu cão, Argos, mas não por sua mulher. Quando Penélope anunciou que se casaria com o pretendente que conseguisse com o arco de Ulisses atirar uma flecha através de doze cabos de machado, Ulisses pega o arco, retesa-o e atira a flecha através dos orifícios. Ao revelar sua identidade, com ajuda de seu criado e de seu filho Telêmaco, inicia um banho de sangue entre os pretendentes. Finalmente, volta a viver com Penélope (assim como três mil anos depois Leopold Bloom, de Dublin, com sua mulher, Molly).

A Bíblia

Deus

Trata-se aqui de uma história de teor completamente diferente daquela que Homero nos conta, e foi escrita por Deus. Um deus que os europeus consideraram único. Por isso, acreditaram em cada palavra da Bíblia. Por causa dessa história, mares de sangue foram derramados. Por causa de pequenas diferenças na interpretação dessa história, países foram devastados e cidades foram reduzidas a cinzas e pó. A figura mais importante da nossa cultura é o Deus bíblico. E mesmo quem não acredita Nele extrai sua idéia de Deus a partir Dele, para depois negá-lo. Aquele que diz não acreditar em Deus não quer dizer Zeus, mas ELE.

A criação e o pecado original

Todos nós conhecemos o início. Deus assim o quis e assim o disse, e fez-se a luz. Isso foi na primeira segunda-feira, quando o mundo começou. E Ele continuou criando até o sábado. Depois olhou para o espelho e criou um ser segundo a sua imagem: Adão. E para que Adão não se sentisse entediado, retirou-lhe uma costela e com ela criou Eva. Em seguida, explicou-lhes a organização da casa e as

A região da Bíblia

regras para a utilização do jardim: podem comer todas as frutas, menos da macieira em que está escrito: "Árvore do conhecimento do bem e do mal", pois esse seria um ato malévolo que terminaria com a morte. Mas Eva percebe uma contradição: se a descoberta da diferença entre bem e mal é em si malévola, há algo que não concorda com a lógica. Para uma explicação mais clara, consulta a especialista em paradoxos, a serpente, que interpreta o assunto de forma ideológica e crítica: a proibição é antidemocrática, e a ameaça de morte serve apenas para proteger o conhecimento do dominador. Eles podem comer sossegados, pois assim vão se tornar iguais a Deus e poderão diferenciar o bem do mal.

O resultado foi aquilo que conhecemos sob o conceito de pecado original, com todas as suas conseqüências: descoberta do sexo e da vergonha, invenção da folha de parreira e da moral, expulsão do jardim, condenação ao trabalho regular

SABER

e estreitamento do canal do nascimento por causa da postura ereta, com a correspondente prematuridade e o parto doloroso, a longa dependência da criança, períodos mais extensos para criar os filhos e dupla jornada da mulher por causa de sua liderança no caso do pecado original.

A lei de Deus

É evidente que nada sobrou do confuso clã familiar do Panteão dos deuses gregos. Agora há somente um Deus, que representa o princípio com o qual os judeus a partir de então passam a se identificar, o mandamento divino ou a lei.

Quando os gregos queriam aplacar os acessos de raiva dos deuses, ofereciam-lhes sacrifícios. Os cinco livros de Moisés (Pentateuco) contam em episódios diferentes como a lei gradualmente substitui o sacrifício. Assim, Caim mata seu irmão, Abel, porque Deus gosta mais do aroma da carne queimada dos animais sacrificados por Abel do que das oferendas vegetarianas de Caim. Quando se aplaca novamente o destruidor acesso da raiva divina, ou seja, o dilúvio, e Noé abandona a arca depois de todas aquelas semanas de chuva, o aroma agradável de carne queimada de suas oferendas fortalece a decisão tomada por Deus de poupar o mundo a partir de então. Já não quer sacrifícios e, como sinal de um contrato que acaba de ser firmado, coloca um arco-íris no céu.

Abraão

A próxima história, na qual Deus, entre outras coisas, destrói a cidade de Sodoma por causa dos hábitos homossexuais de sua população, fala da eliminação dos sacrifícios humanos: Deus prevê para Abraão uma ampla descendência, apesar de ele e sua mulher, Sara, já estarem em idade avançada. Como sinal da consagração de sua virilidade a Deus, Abraão introduz a circuncisão. E, contra todas as leis da natureza, Sara, com cem anos de idade, dá à luz seu filho Isaac. Então Deus leva ao ápice a prova da fé e da obediência de Abraão, exigindo dele o sacrifício desse único filho. Quando o próprio Abraão se dispõe a fazer isso, no último momento Deus troca o rapaz por um carneiro: mais um passo no percurso que leva ao fim do sacrifício e à sua substituição pela lei de Moisés.

Jacó, chamado Israel

A história de Jacó, filho de Isaac, é a que mais se aproxima das histórias gregas. Jacó é um pouco como Ulisses: trai seu peludo irmão, Esaú, pelo direito de promogenitura, vestindo uma pele de carneiro e enganando o pai cego quando este lhe estende a mão para abençoá-lo (da mesma forma como Ulisses fez com Polifemo); engana seu tio, Labão, com um truque usado pelos criadores, incor-

15

CULTURA GERAL

porando à sua propriedade os carneiros recém-nascidos, e toma como esposas as filhas de Labão, Lia e Raquel. Depois luta uma noite inteira com o anjo do Senhor, que lhe desloca o quadril e o batiza com o nome de Israel.

José do Egito

Com Lia, Jacó tem dez filhos – entre os quais, Judá, o patriarca da tribo dos judeus –, e com Raquel, dois: José e, o mais novo, Benjamim. Os filhos de Lia zangam-se com o amor de Jacó por José e com os sonhos deste último de ter um grande futuro, e vendem-no como escravo para os egípcios. No Egito, a mulher de seu senhor, Putifar, quer usá-lo para reanimar seus prazeres conjugais e, visto que ele lhe permanece indiferente, ela o acusa de querer violá-la. Na prisão, ele chama a atenção de um serviçal do faraó, que cumpria uma breve pena, ao interpretar sonhos e fazer prognósticos do futuro com bastante precisão. Quando o serviçal volta a seu cargo, manda buscar José, que passa a interpretar os sonhos do faraó com tanto sucesso que, graças a uma previsão oportuna, o soberano consegue impedir uma grande fome no Egito. Assim, José progride e, quando a fome também ameaça sua família, manda buscar seus parentes e obtém permissão para que eles residam no Egito.

Moisés

Lá eles vivem bem, mas são gradualmente escravizados e ficam à mercê de ataques e perseguições xenófobas. O faraó, com medo da predominância de estrangeiros, organiza um assassinato coletivo de crianças. Apenas o pequeno Moisés é salvo do genocídio, pois sua mãe o coloca num cesto de vime e o solta nas águas do Nilo. Uma das filhas do faraó o encontra e o cria na corte para ser um nobre egípcio. Sigmund Freud, que via razões impróprias em tudo, supôs que a história tivesse sido inventada, para posteriormente transformar o filho egípcio de uma filha do faraó em autêntico judeu. De qualquer modo, egípcio ou não, Moisés não faz vista grossa a uma perseguição aos judeus e mata um algoz egípcio especialmente sádico. Depois disso, precisa fugir e exilar-se em Madian, casase e passa a cuidar do rebanho de carneiros de seu sogro. Então, Deus lhe aparece numa sarça ardente e ordena que guie os filhos de Israel para fora do Egito até a Terra Prometida, em Canaã – a terra em que jorram leite e mel.

O êxodo do Egito

Depois de muito hesitar, Moisés declara-se disposto a obedecer; mas, como o faraó não quer deixá-los ir, o Senhor manda ao Egito muitas pragas, até finalmente matar todos os primogênitos egípcios. O faraó já não suportava aquela situação. Em contrapartida, o Senhor dita aos judeus complicadas regras alimentares, como o pão ázimo, e manda que instituam a Festa de Páscoa (*Pessach*), que deveria lembrá-los do êxodo do Egito no futuro. O furioso faraó, porém, persegue-os com um exército até o Mar Vermelho. Novamente os judeus passam por dificuldades. O Senhor então abre as águas do mar, deixa os israelitas passarem, e logo depois o exército egípcio é engolido pelas ondas que se fecham sobre eles. Desse modo, demonstra seu poder não só para os egípcios, mas também para os judeus. Esse êxodo tornou-se o modelo primordial da expulsão, mas também da libertação dos escravos: *Let my people go*.

A lei de Moisés

Enquanto as histórias contadas até agora não passaram de escaramuças prévias, depois da fuga do Egito acontece o verdadeiro momento do nascimento do povo de Israel. Ao pé do Monte Sinai, Deus anuncia, por meio de atividades vulcânicas, que pretende revelar-se como montanha. Sob os olhares do povo reunido, Moisés sobe a montanha e desaparece em meio à fumaça e ao fogo. Quando retorna, anuncia os Dez Mandamentos (o Decálogo) e inúmeras outras prescrições do chamado Livro da Aliança. Volta a subir a montanha e permanece ausente por quarenta dias, enquanto Deus lhe declara que a partir daquele instante ele deveria ficar com o seu povo e construir um santuário, o tabernáculo da Arca da Aliança. Deus especifica, então, que aspecto o santuário deveria ter. Mas como Moisés permanece muito tempo ausente, as pessoas o dão por desaparecido e usam suas próprias reservas de ouro para construir um bezerro dourado, que passam a adorar em celebrações idólatras, o que era proibido por Deus, que queria ser venerado conforme determinara, e não segundo a vontade do povo. Ao voltar da montanha, Moisés destrói as novas Tábuas da Lei que trazia consigo e pune o povo pelo culto ilegítimo, incitando os levitas a atacarem os idólatras numa batalha sangrenta. Depois, sobe a montanha, e, pela segunda vez, Deus celebra a aliança com o povo de Israel. Radiante por causa da visão divina, Moisés desce novamente a montanha, trazendo nos braços duas tábuas como provas da nova aliança, escritas pela mão de Deus.

Deus e seu povo

Com isso, entre Deus e seu povo se estabelece um relacionamento regido pela lei. Deus é a lei que agora está guardada na Arca da Aliança. E Israel é o povo de Deus, enquanto se mantiver fiel à lei. O primeiro mandamento diz que, apesar de todos os outros povos adorarem deuses diferentes, em parte até bastante simpáticos, e apesar da dificuldade de ser diferente dos outros, os israelitas não poderão ter nenhum outro deus além Dele. Por isso, a história posterior de Israel gira em torno da tendência recorrente do povo de abandonar o caminho prescri-

CULTURA GERAL

to, de se desviar da lei do Senhor e de se dedicar aos atraentes deuses locais como Belzebu, o Senhor das Moscas. Além disso, sempre descreve os acessos de raiva e as ações punitivas de Deus. Depois que os judeus tomaram a Terra Prometida, esse problema estendeu-se com a história dos reis Saul, Davi e Salomão, que finalmente construiu o Templo de Jerusalém para a Arca da Aliança. O problema também predomina ao longo da era dos profetas e da dominação babilônica: em 609, Nabucodonosor conquista Israel e leva a elite judaica para a Babilônia, até que, em 539, Ciro, o rei persa, encerra o exílio.

Jó

Finalmente, no livro de Jó, o problema da fidelidade à lei é levado ao ápice moral. É introduzida uma nova figura, que mais tarde deveria fazer uma carreira sem precedentes na Europa cristã: Satanás. Ele surge de repente. Talvez já tivesse sido a serpente no paraíso, mas agora assume sua identidade. E já tem a palavra, como Mefisto, em *Fausto*. "Jó é justo e devoto", diz. "Grande coisa! Afinal, isso não é difícil quando materialmente se está tão bem!" Então, como em *Fausto*, Deus decide fazer uma experiência e permite que Satanás coloque à prova a fé de Jó. Satanás mata todos os filhos dele, arruína sua propriedade e o tortura com doenças. Quando Jó se queixa de arbitrariedade e seus amigos consideram religiosamente incorreto acusar Deus por sua desgraça, ele pede uma explicação justa ao Senhor, mas só consegue obter um elogio ambíguo. Será que o teste aplicado por Satanás deveria mostrar que Jó se prendia à idéia de um Deus justo? E, para ser justo, teria Deus de criar a figura de Satanás? Seja o que for, a provação infligida a Jó termina numa teodicéia, uma justificativa de Deus para os males do mundo, e mostra o legado que nos foi transmitido com esse Deus: a história transforma-se num "processo" judicial contínuo, com uma ausência geral de justificativas e uma constante consciência de transgressões, que comporta tanto uma necessidade de redenção (a espera pelo Messias), como também a possibilidade de reclamar garantias processuais.

Judeus e cristãos

O restante da história de Jesus como Messias passa-se então na época de Roma. Os cristãos renunciaram à justiça em favor de uma anistia geral. Mas os judeus escolheram o papel de Jó, ativeram-se à justiça e, com isso, mantiveram acesa a suspeita de que os cristãos haviam falhado moralmente. Por outro lado, os cristãos haviam retrocedido à fase do sacrifício humano – com a crucificação de Cristo –, uma barbaridade que os judeus haviam eliminado por meio do direito, e os gregos, pela estetização na tragédia. Em compensação, os cristãos foram castigados pelo filósofo Hegel, que reintroduziu a justiça sob a forma de "processo" dialético da história universal: desde então, alguém sempre acusa outrem de pecar contra as leis da história, o que eleva consideravelmente o número de sacrifícios humanos, transformando a história num tribunal universal.

A Antiguidade clássica – cultura e história

Grécia (500-200 a.C.)

Antes de mais nada, determinemos o período em questão: trata-se fundamentalmente de dois séculos, compreendidos entre 500 e 300 a.C. Vista de fora, a época é marcada pela luta dos gregos contra o grande império dos persas. De 500 a 450 estende-se o período da defesa; nele, Atenas torna-se rica e poderosa, integrando todas as ilhas jônicas num império comercial e protegendo-as contra os persas. Sob o governo de Péricles (443-429), Atenas vive sua época de florescimento. Depois, durante trinta anos, é travada a Guerra do Peloponeso contra a Esparta prussiano-militarista (431-404), que termina com a derrota de Atenas. No período de 400 a 340, segue-se uma nova ascensão de Atenas por causa do enfraquecimento de Esparta, provocado por Tebas. Então – entre 340 e 300 –, ao

A Grécia antiga

CULTURA GERAL

norte da Grécia, o reinado militarista da Macedônia, sob Filipe II, conquista todo o território e, sob Alexandre, o Grande (336-323), o império persa. Com isso, inicia-se a era do helenismo (disseminação da cultura grega em todo o Mediterrâneo oriental, incluindo a Ásia Menor, a Mesopotâmia – atual Iraque – e a Pérsia), até que a partir de cerca de 200 a.C. esse território começou a ser engolido gradativamente pelo Império Romano. Assim, os romanos tornaram-se herdeiros da cultura grega.

Atenas

Ao falarmos da cultura grega, referimo-nos em primeiro lugar a Atenas. Pois os atenienses conseguiram algo que mais tarde só foi alcançado pelos ingleses nos séculos XVIII e XIX: a passagem de um domínio da aristocracia para a democracia, sem com isso excluir os aristocratas da política. Essa transformação se deu por meio de reformas constitucionais, que, controladas adequadamente pelos tiranos que se sucederam, resultaram numa espécie de democracia radical, como nas universidades de 1968 (cujo número de membros também correspondia ao de uma pólis grega).

- A instância superior era a assembléia geral de todos os cidadãos (com exceção de escravos, mulheres e habitantes sem direito à cidadania).
- Governava-se por meio de comissões, que eram reeleitas regularmente. Para isso, não eram necessárias qualificações técnicas (como para julgamentos). Qualquer cidadão podia assumir qualquer cargo.
- Única exceção: o estrategista, que dirigia o exército. Esse precisava ter experiência. Como no caso de Péricles, os estrategistas também eram homens especialmente influentes. Prevalecia o alistamento militar geral e obrigatório.

Graças a essa constituição, os atenienses sempre se reuniam para discutir seus interesses e acreditavam que só conseguiriam desenvolver e concretizar todos os seus talentos na esfera pública. Essa comunidade como um todo chamava-se pólis. A palavra significava mais do que simplesmente cidade ou estado – era um *way of life*, do qual sentiam muito orgulho. Somente na pólis a vida parecia valer a pena.

A partir disso, em poucas gerações surgiu uma cultura, que fez do próprio homem, e não de um ser sobrenatural, o parâmetro para a sociedade.

O pensamento grego

Hoje a tendência é dizermos que "as abstrações são irreais e apenas as coisas concretas são reais". Mas não seria também real um projeto genético, que fizesse com que um filhote de vaca se convertesse novamente em vaca? Um grego res-

20

ponderia que "isso é a única coisa real, porque faz com que todos esses animais se tornem aquilo que chamamos de vaca", e ele chamaria esse projeto de "idéia".

Para o pensamento grego, apenas o que é constante é real. As vacas iam e vinham, mas sua forma permanecia igual. Na ebulição de coisas concretas havia a constância das formas eternas. E, assim, os pré-socráticos gregos (filósofos anteriores a Sócrates) procuravam tudo o que havia por trás desses fenômenos: água, dizia Tales; opostos, segundo Anaximandro (com isso, ele já se aproxima bastante da física atual, que fala de simetrias); átomos, afirmava Demócrito.

A idéia de que existem padrões embutidos na realidade, bem como estruturas e formas básicas, sobre as quais a realidade se organiza, e de que essas formas básicas são simples, passíveis de ser reconhecidas e racionais constitui a chave para a compreensão da cultura grega, o conceito que organiza a vivência e o pensamento, a categoria central que produz o maior teor de significados e à qual contribuem todas as outras, enfim, a idéia evidente por si mesma.

Arte

Por isso, em suas esculturas, os gregos não mostravam retratos, mas a estrutura e a forma básica do corpo humano em repouso e em movimento, em estado de relaxamento e em lutas mortais. Todavia, sempre vemos a versão básica e ideal de uma posição. Nessa forma, as artes plásticas gregas tornam-se o modelo para toda a arte posterior. Os nomes que ligamos a elas são Fídias e Praxíteles.

Se compararmos o rebuscamento de uma catedral gótica com um templo grego, podemos ver que os gregos já eram quase funcionalistas do movimento *Bauhaus*. Com suas fileiras de colunas sob os frontões, mostravam o princípio e a estática de um edifício no qual nada era supérfluo. Os estilos são classificados como dórico, jônico e coríntio. Podemos reconhecer as diferenças nas colunas e em seus capitéis.

Tragédia (a partir de 534)

À primeira vista, a tendência ao formalismo parece contradizer um traço dos gregos, sobretudo dos atenienses: eles cultivavam uma cultura de celebrações exuberante. Com as festas que patrocinavam, os magnatas atraíam eleitores; as comemorações renovavam o conhecimento cultural e transmitiam o sentimento de unidade da pólis. A partir da festa de Dioniso, o deus da embriaguez, desenvolveu-se em Atenas a tragédia. Seu inventor é Téspis (cerca de 534), que, entre cantos corais e contracantos, faz um ator contar em versos acontecimentos de conteúdo mítico. (De modo semelhante, na Idade Média, a liturgia cristã serve de base para o novo drama europeu.) Por isso, Nietzsche contrapôs o princípio dionisíaco (transgressor) na tragédia ao princípio apolíneo (comedido). Mas, na ver-

CULTURA GERAL

dade, a tragédia grega realmente reduz o tema ao essencial e se concentra em um único problema. Com a tragédia consuma-se a passagem do culto à política, e, como teatro estatal democrático, ela se torna o culto da pólis. Assim, o sacrifício humano – a catástrofe de um ser excepcional – dá ensejo a questionamentos como: onde estão os limites daquilo que pode ser planejado? Como se comporta o mito da tradição em relação à racionalidade dos fins? As apresentações aconteciam durante o dia nos anfiteatros, que, em princípio, podiam conter toda a população, ou seja, até catorze mil pessoas. As encenações eram organizadas como competições entre os autores, e as peças eram julgadas por um júri selecionado. Durante o século V, foram encenadas cerca de mil tragédias; dessas, trezentas foram escritas pelos três grandes poetas: Ésquilo, Sófocles e Eurípides. Dentre elas, trinta e três chegaram até nós, sete de Ésquilo, sete de Sófocles e dezenove de Eurípides. A partir de 486, também se realizava uma competição entre comediógrafos: o mais famoso era Aristófanes. Diferentemente da tragédia, a comédia tratava de pessoas reais e criticava condições reais, correspondendo, portanto, ao atual teatro de revista. Em sua *Poética*, Aristóteles nos descreve como a tragédia é estruturada e qual o efeito que deve exercer: deve provocar medo e compaixão e, por meio de uma catarse, produzir no espectador uma purificação dos sentimentos ruins. No entanto, seu tratado sobre a comédia nunca foi encontrado, e foi inutilmente procurado pelos personagens do romance *O nome da rosa*, de Umberto Eco. O conteúdo das tragédias gregas foi constantemente reelaborado e renovado, desde a *Ifigênia em Áulis*, de Eurípides, até a *Ifigênia*, de Goethe; do *Prometeu acorrentado*, de Ésquilo, até o *Frankenstein*, de Mary Shelley. Mas a *Poética* de Aristóteles tornou-se o texto mais importante da crítica literária.

Poesia

Extraímos da poesia grega muitos dos conceitos que aplicamos à linguagem literária. Cantadores épicos como Homero chamavam-se rapsodos (compiladores de odes, ou seja, canções). A partir da epopéia (canção heróica), desenvolveu-se a elegia (cantada com a flauta), que passa a ser um canto de lamento pela morte (por isso elegia). O representante de uma lírica voltada aos prazeres do amor e da vida foi Anacreonte (daí anacreôntico). A mais prolífica foi a lírica coral com hinos (canções de louvor a deuses e heróis), peãs (canções de vitória), ditirambos (canções de louvor a Dioniso, efusivamente entoadas por sátiros, com o acompanhamento de flautas) e odes (canções patéticas sobre temas elevados). Representantes ilustres também foram Píndaro e Íbico. O primeiro, também conhecido como "príncipe dos poetas", tinha um estilo elevado, que se distanciava da linguagem falada e era empregado na descrição dos mitos. Sob encomenda, compunha epicínios, ou seja, odes em honra aos atletas dos jogos olímpicos. Íbico tam-

SABER

bém compôs, inicialmente, poemas sobre temas mitológicos, porém mais tarde ficou conhecido por seus poemas eróticos. Segundo a lenda, foi assassinado por salteadores perto de Corinto. O crime foi testemunhado por grous, que vingaram a morte do poeta, matando os assassinos a bicadas. Os termos que designam os elementos do drama também são de origem grega: protagonista e antagonista (*agón* = luta) são respectivamente herói e rival na tragédia (*trágos* = bode, e *oidé* = canção; no ritual consagrado a Dioniso, sacrificava-se um bode para acompanhar o canto). O herói sofre de *hýbris* (soberba), e por isso é castigado por seu *páthos* (sofrimento). Devido a uma trágica ironia (aparente favorecimento da sorte), é conduzido à catástrofe (mudança de destino). Depois vem a representação dos sátiros (uma alegre farsa), na qual demônios da fertilidade, com orelhas de cavalo e falo, parodiam a tragédia. O oposto da tragédia é a comédia (de *kômos* = cortejo festivo, e *ode*), que se dedica sobretudo à sátira (ridicularização de situações adversas; não deriva de sátiro, mas de *satura*, termo latino para travessa de frutas). Do grego também deriva a designação da métrica dos versos: tetrâmetro (quatro), pentâmetro (cinco), hexâmetro (seis), heptâmetro (sete), bem como de outros vocábulos: pentágono (cinco lados), Pentateuco (os cinco livros de Moisés), Pentecostes (cinqüenta dias após a Páscoa), pentagrama, pentatlo (competição composta de cinco modalidades esportivas), pentâmero (coletânea de contos de fadas narrada em cinco dias) etc.

Filosofia

Com a filosofia, os gregos inauguram uma nova época da humanidade. O pensamento descobre a si próprio, liberta-se das amarras da religião e dita as leis a si mesmo. São as leis da lógica. Mesmo assim, permanece atado às leis da convivência social e ao discurso público. Pensar é dialogar, e não monologar. Isso corresponde à democracia. A filosofia desenvolve-se como discurso e contradiscurso, como arte da disputa e método para observar todos os aspectos de uma questão. Os gregos chamam isso de dialética. Ela é praticada especialmente pelos sofistas, que, como mestres itinerantes de retórica, instruem políticos e acabam adquirindo má fama por causa do oportunismo. Entre eles se destaca uma trindade que como nenhuma outra marcou o pensamento europeu até hoje: Sócrates, Platão e Aristóteles. Estão interligados, pois Platão é aluno de Sócrates, e Aristóteles é aluno de Platão. Sócrates (470-399) vive durante toda a época de Péricles e a Guerra do Peloponeso; Platão (427-347) atua na nova ascensão de Atenas, e Aristóteles (384-322) vivencia a escalada da Macedônia e torna-se professor de Alexandre, o Grande.

CULTURA GERAL

Sócrates (470-399)

O próprio Sócrates não deixou nenhum escrito, por isso, quase tudo o que sabemos dele provém dos diálogos filosóficos de seu aluno Platão. Nesses diálogos podemos ouvi-lo falar. Eles nos mostram uma figura tão viva que ficou gravada na memória européia.

Sócrates era filho de um escultor e de uma parteira. No início, também chegou a esculpir e depois tornou-se sofista, mas voltou-se contra as regras do sofismo: não se interessava pelo ensino de truques verbais, mas pela fundamentação moral da política. Como viu que a religião já não era suficiente para isso, procurou educar a elite ateniense a partir do pensamento independente para torná-la capaz de governar. Por trás disso, provavelmente também havia más experiências com a democracia amadora, exercida pela plebe (oclocracia). Embora lecionasse para pessoas de posse, vivia modestamente. Queria formar elites democráticas por meio da cultura. Como atuava por convicção, não aceitava receber honorários. Porém, sua mulher, Xantipa, não compreendia que, para ele, a essência da virtude era mais importante do que a comida na mesa, e tinha com o marido intensas discussões por meio das quais Sócrates podia treinar a sua dialética. É provável que ele tenha tido uma forte ligação com a mãe, pois definia sua técnica como "a arte do parto" (maiêutica).

Portanto, Sócrates trouxe a filosofia da natureza para a sociedade, colocando os truques dos sofistas a serviço da busca da verdade e desenvolvendo o processo socrático. Comportava-se como se nada soubesse e perguntava a seu aparentemente seguro interlocutor o que achava das coisas óbvias: "Ó Crítias, o escultor não precede a estátua?" "Naturalmente." Depois, por meio de outras perguntas, fazia com que seu interlocutor se enredasse em contradições, deixava-o inseguro, confuso e desmoralizado, para finalmente esclarecer-lhe que suas hipóteses supostamente corretas só demonstravam uma forma mais branda de ignorância. O princípio dessa autodestruição dirigida é conhecido como ironia socrática. O procedimento é extremamente espetacular e deixa profundas marcas em quem passa por ele, mas também dramatiza de forma evidente o significado da filosofia: procede-se ao estranhamento das coisas óbvias, rompe-se com o automatismo as próprias percepções e, assim, pode-se desmontar o mundo e – como mais tarde Descartes, com as suas demolidoras dúvidas – reconstruí-lo sob o controle da lógica. Essa é a ajuda prestada pela filosofia ao nascimento do pensamento independente.

Nesses diálogos, os personagens parecem excepcionalmente vivos. Se quisermos conhecê-los, devemos começar com *O banquete* (ou *Simpósio*). Trata-se do relato sobre um encontro de convivas, que comemoram com muita bebida a vitória de Ágaton no concurso de tragédias. Estão presentes, entre outros, Ágaton, o comediógrafo Aristófanes, Fedro, Pausânias e Sócrates. Reina uma atmosfera de desinibido erotismo homossexual. Sob a forma de pederastia, a homossexualidade era parte de um relacionamento espiritualizado entre mestre e discípulo, e o tema comum também era o amor. Fala-se de Eros como mediador entre os deuses e os homens, e Aristófanes narra o mito segundo o qual o homem era originariamente um ser esférico dotado dos dois sexos que os deuses dividiram em duas partes por causa de sua arrogância, partes que agora Eros voltava a reunir. Depois, Sócrates desenvolve a filosofia da escala ascendente do amor: a partir da sensualidade e do amor pela alma bela e pela ciência, alcança a participação no mistério da imortalidade divina. Essa doutrina do amor platônico, combinada com idéias cristãs, teve uma carreira extraordinária e foi ressuscitada na Florença renascentista. Mas, em *O banquete*, o alcoolizado Alcibíades precipita-se à frente de uma barulhenta horda e é obrigado a fazer um discurso de louvor ao amor. No entanto, em vez disso, dirige-se a Sócrates, alegando que na realidade Eros se incorporara nele. Por meio de suas palavras encantadoras, atrai todos com um amor irresistível a seu sortilégio, mas depois os desvia para coisas totalmente diferentes e enaltece seu amor à filosofia.

Nada marcou mais a imagem de Sócrates do que esse diálogo e o relato de sua morte. Como muitos outros depois dele, foi acusado de perverter a juventude e atacar antigos costumes. Defendeu-se, foi condenado por uma maioria apertada de votos e, segundo o hábito da época, teve permissão para sugerir uma punição para si mesmo. Mas provocou seus juízes ao exigir em vez disso uma recompensa. Os juízes sentiram-se ridicularizados e, por ampla maioria, o condenaram à morte. Pouco antes de morrer, conversou tranqüilamente sobre a morte com seus consternados alunos, recusou uma oferta de ajuda para fugir, porque não queria viver fora da pólis, e bebeu um cálice de cicuta.

Mais tarde, o fim de Sócrates foi freqüentemente comparado com o de Cristo: em ambos os casos, trata-se de uma morte oriunda de um sacrifício voluntário, logo após um ritual de bode expiatório, promovido por uma turba ignorante que arroga estar agindo em nome da ortodoxia.

Platão (427-347)

Depois da morte de Sócrates, Platão viaja e torna-se conselheiro interino do governo em Siracusa, o que acaba em um desastre (a sua escravização temporária). Volta para Atenas e funda, nas proximidades dos jardins dedicados a Academo, uma escola superior, que passa a se chamar Academia e perdurará por quase mil anos.

Diferentemente da maioria dos seus sucessores, Platão escrevia de forma estimulante e encantadora. Seu interesse era conquistar o maior número possível

CULTURA GERAL

de pessoas para seus ensinamentos. Nesse sentido, levava adiante a idéia socrática de formação cultural. Preocupava-lhe também a ordem correta da coletividade. Mas a questão decisiva para a posteridade foi que, por meio de algumas determinações estratégico-conceituais, Platão estabeleceu o programa filosófico para os tempos que se seguiram. Dividiu o mundo num reino do ser eterno e em outro das aparências cambiantes. O das aparências é uma caverna, na qual nos sentamos de costas a uma fogueira flamejante, enquanto entre nós e o fogo passam figuras reais. Porém, vemos apenas sombras trêmulas na parede, que constituem nossa realidade. Essa é a famosa alegoria da caverna de Platão. A verdadeira realidade consiste em formas fundamentais e ideais, das quais os objetos concretos são apenas cópias. Essas formas fundamentais são chamadas por Platão de idéias. Com essa divisão do mundo em aquém e além, Platão funda a metafísica e o idealismo. Com isso, determina os problemas com os quais a filosofia futura deverá ocupar-se e possibilita – embora isso só ocorra após o advento do neoplatonismo sob a supervisão de Plotino (204-270) – um romance entre o cristianismo e a filosofia durante o Renascimento.

Mesmo quando a percepção sensorial nos condena à prisão no reino de sombras das aparências, existem pontos de contato com o mundo das idéias: na geometria, por exemplo, a intuição e as idéias se tocam quando a esfera ou o quadrado nos transmitem uma noção da perfeição das idéias (ver o mito do homem como ser esférico de Aristófanes em *O banquete*). Também podemos compensar as limitações de nossos sentidos por meio de estados visionários, dando asas à nossa alma. Assim, aproximamo-nos de nosso estado de espírito anterior ao nascimento e nos lembramos do reino das idéias, do qual nossa alma procede e participa quando pensa.

As próprias idéias formam uma espécie de sistema gravitacional de corpos celestes com idéias de forças de atração de tipo solar, ao redor dos quais giram pequenas idéias-satélites. No centro está o sol, que é a idéia da trindade do bem, do verdadeiro e do belo.

Por causa disso, a filosofia de Platão não separa a honra moral (ética) da teoria do conhecimento e da teoria artística (estética). Praticar a filosofia já é algo moral, e a ciência vive da atratividade (força de atração) do erótico (ver *O banquete* e a escala do amor). Raras vezes a filosofia foi apresentada de forma tão atraente.

Muito menos simpático para nós hoje é o projeto do estado ideal, de Platão (o texto *Politéia* é a primeira utopia). A família e a propriedade são eliminadas, e, no lugar delas, predomina uma ditadura educacional estatal com uma cultura eugênica de elite e um programa cultural preestabelecido: na infância, o indivíduo deve aprender a história dos mitos, depois, a ler e a escrever; dos 14 aos 16 anos, estuda poesia; dos 16 aos 18, matemática; dos 18 aos 20 ocorre a formação militar. Depois dela, os medianos permanecem no exército e os mais dotados passam por uma formação superior científica. Após a saída dos que se ocupam com trabalhos práticos e seguem carreiras menores do funcionalismo, ao longo de cinco anos a elite se concentra na pura teoria das idéias, atua então durante quinze anos em cargos governamentais de escalão mais elevado e, aos 50 de idade, pode assumir a direção do Estado. Podemos ver que, desde o início, a utopia mostra uma tendência ao totalitarismo e inaugura a dialética, segundo a qual muitas vezes os melhores propósitos servem de justificativa ao maior rigorismo.

Quanto à influência de Platão, houve quem dissesse que a filosofia européia consistia apenas em notas de rodapé referentes a ele.

Aristóteles (384-322)

Aristóteles era filho de um médico de Estagira, na Calcídica, e por isso foi chamado mais tarde de "estagirita". Aos 17 anos de idade, ingressou na Academia de Platão, onde estudou durante vinte anos. Depois de uma curta estadia em Lesbos, foi para a corte de Filipe da Macedônia, onde, no ano de 342, tornou-se professor de Alexandre, que tinha então 14 anos. Após o início das campanhas de Alexandre, voltou para Atenas e fundou sua própria escola, o *Lýkeion* (Liceu, 334), em cujas alamedas de sebes passeava filosofando com seus discípulos, que por essa razão ganharam o nome de "peripatéticos" (que caminham em círculos). Depois da morte de Alexandre, foi acusado, da mesma forma que Sócrates, de ateísmo e morreu pouco depois no exílio.

De certa forma, Aristóteles é o gêmeo realista do idealista Platão. Mas não elimina a distinção entre o mundo das idéias e o mundo das aparências; em vez disso, a generaliza. Com esse objetivo, introduz uma pequena mas decisiva modificação: já não fala de idéia e aparência, e sim de forma e matéria. Essa nova diferença deixa de separar dois mundos e passa a existir em todos os lugares no interior do mesmo mundo: o barro é a matéria, e o tijolo é a forma. Mas agora essa forma pode tornar-se novamente matéria para outra forma: o tijolo é forma para o barro, mas é matéria para a casa. A teoria atual (por exemplo, aquela dos sistemas) fala de forma e meio. Os sons constituem o meio para a forma da linguagem, a linguagem é o meio para a forma do texto, o texto é o meio para a forma do verso etc. Segundo esse mesmo princípio, Aristóteles classifica o mundo em uma gradação de relações entre matéria e forma. São os graus da determinação progressiva do indeterminado, da transposição do possível ao real, ou – como diríamos hoje – da transformação do improvável no provável. Do rumor do palavrório pode surgir um poema, como o Davi de Michelangelo surge de um bloco de mármore. A forma desperta a figura dinâmica da matéria adormecida (hoje se

CULTURA GERAL

fala de conexões soltas ou estritas entre os elementos: o ruído consiste na conexão solta de sons, enquanto na linguagem predomina uma conexão estrita entre eles).

A forma pura, o mais improvável e ao mesmo tempo o mais real, é o espírito divino. É a causa primordial, que transforma a matéria em forma; em todas as outras coisas, forma e matéria estão misturadas. Com isso, também se resolve o problema da relação corpo-alma. A alma é forma, o corpo é matéria. No interior da alma encontramos a mesma diferença entre alma vegetativa, animal e racional. Enquanto uma coisa estiver se modificando e se movendo ainda não estará completa. Portanto, imutabilidade e repouso são sinais da mais extrema perfeição: Deus está em repouso. Esse contraste entre repouso e movimento deverá revelar-se mais tarde como um obstáculo na elaboração da teoria da gravitação.

A partir desse mundo ordenado do ser e da lógica de Aristóteles, os filósofos escolásticos da Idade Média, como Tomás de Aquino, moldaram a chamada visão de mundo medieval. Redescobriram os textos de Aristóteles a partir dos árabes, e, assim, o estagirita tornou-se o mais importante filósofo da Idade Média, cujo domínio só foi rompido no Renascimento, com a adoção de Platão. Até então, o domínio de Aristóteles foi quase irrestrito. Nenhum estudo da Idade Média exclui o estudo de seu pensamento.

Outras escolas filosóficas

Outra escola filosófica que se estabeleceu foi a dos cínicos. Sua meta extrema era o desapego das necessidades, por isso produziram filósofos "mendigos", como Diógenes, que vivia num tonel e que, à pergunta de Alexandre se desejava alguma coisa, respondia pronunciando as célebres palavras: "Por favor, afaste-se de mim, está cobrindo o sol", o que levava Alexandre a dizer as também célebres palavras: "Se eu não fosse Alexandre, gostaria de ser Diógenes." O nome "cínico" provém do fato de eles viverem como cães (*kynos*). Em nossa época, o pensador alemão Peter Sloterdijk recuperou esse sentido do termo em sua obra *Crítica da razão cínica*.

Já os estóicos tinham esse nome por causa da Stoa, pórtico com colunas. Trata-se de uma escola filosófica popular, cujos adeptos pregavam a serenidade. Ela se tornou especialmente popular sob o terror dos césares romanos, como Nero. Paralelamente, Epicuro funda sua escola, que traz seu nome (epicurista) e desperta a hostilidade de alguns estóicos. Seus seguidores declaravam a percepção sensorial como única fonte de conhecimento e o prazer como meta suprema do ser humano.

Uma forma muito urbana e democrática de se abster de julgamentos era praticada pelo céticos, pois tomavam como fundamento o início da filosofia, ou seja, a dúvida (*sképsis*), e, assim, eram obrigados a ouvir de alguns espíritos ortodoxos a acusação de serem inconsistentes.

SABER

A história de Roma

Quando chegamos à cidade de Arles, no sul da França, no início do delta do rio Ródano, encontramos uma arena dos tempos romanos totalmente preservada e que hoje está sendo reutilizada. Mas na Idade Média a cidade inteira situava-se no interior dessa arena. Foi toda construída dentro dela, e seus muros externos também eram os muros de Arles.

Isso tem força simbólica. A Europa moderna está erguida sobre as ruínas do Império Romano. Essas ruínas transmitem uma sensação de continuidade. Isso vale sobretudo para as instituições políticas. Quando Carlos Magno, o príncipe dos francos, recebeu a coroa imperial das mãos do papa Leão III, no dia de Natal do ano 800, ambos acreditavam estar renovando o Império Romano (*translatio imperii*). Os escribas de Carlos Magno redigem suas leis em latim, língua em que o mundo culto da época escreve e se comunica e que até hoje é usada pela Igreja romana. A história de Roma torna-se a própria história exemplar, a partir da qual a Europa aprende a fazer política, como se fosse um experimento histórico. Por isso, devemos conhecer os dramas e as figuras da história de Roma, que depois fascinaram a Europa de modo especial.

Prólogo (753-200 a.C.)

Para simplificar, comecemos no ano 200, contando tudo o que aconteceu antes sob a forma de prólogo. Por que em 200? Nesse ano, Roma unifica a Itália, consolida sua constituição, derrota os cartagineses em duas guerras mundiais e, nos setenta anos seguintes, dispõe-se a engolir a Macedônia e o mundo grego do Mediterrâneo oriental.

Segundo a lenda, Roma foi fundada em cerca de 753 a.C. pelos gêmeos Rômulo e Remo, que foram abandonados ainda bebês e adotados por uma loba. Mamando em suas tetas, tornaram-se o símbolo de Roma.

Até 510 a cidade foi governada pelos reis dos etruscos que habitavam o norte, um povo de piratas e hedonistas, que não deixou muitos legados além de inúmeros potes, *trulli* (construções em pedra, com planta circular e teto cônico) e dentaduras postiças. Em seguida, a cidade tornou-se uma república (do latim *res publica* = coisa pública).

De 510 a 270, Roma conquista o resto da Itália e se dedica a intensas lutas internas entre patrícios (aristocracia) e plebeus (definição pejorativa usada para designar o povo). O resultado foi a mãe de todas as organizações políticas, que até hoje define cargos públicos.

CULTURA GERAL

Organização política

Roma foi governada por dois cônsules dotados dos mesmos direitos, eleitos anualmente, e que também eram dirigentes supremos do exército. O órgão político superior era o senado, que inicialmente tinha trezentos membros e depois contou com mais. Esses não eram eleitos, mas nomeados de forma vitalícia pelos cônsules, dentre uma série de antigos funcionários do Estado. Durante os tempos da república, o verdadeiro poder se concentrava no senado (assuntos orçamentários, política externa, questões de guerra e de paz, controle das províncias etc.)

Além disso, existiam cargos que se assemelhavam aos nossos ministérios de hoje: os censores que fiscalizavam a moral e os tributos e se ocupavam com as construções de edifícios públicos; os edis, que eram os chefes de polícia e supervisionavam os jogos oficiais; os questores, que administravam o erário público; e os pretores, que cuidavam da justiça. Os magistrados usavam toga com listras de cor púrpura e eram acompanhados por litores (ajudantes), que usavam um machadinho envolto por um feixe de varas amarradas (*fasces*), como sinal de soberania. Imitando o estilo imperial romano, Mussolini adotou esse símbolo para seu partido, cujos adeptos passaram a se chamar fascistas.

Um papel especial era desempenhado pelas tribunas do povo: funcionavam como os sindicatos de hoje e representavam o povo contra a burocracia. Os tribunos podiam opor vetos contra decisões do senado e propor deliberações próprias na assembléia dos plebeus. No final da república, tenderam, como os representantes sindicais de hoje, a praticar uma política de bloqueio.

As Guerras Púnicas (264-241/218-201 a.C.)

O primeiro grande drama superado por Roma e sua ascensão à categoria de grande potência consumaram-se na primeira e na segunda guerra púnica. Os adversários eram os fenícios, um povo composto de comerciantes, mais tarde chamados de cartagineses, com sua capital em Cartago (perto da atual Túnis), aos quais os romanos arrebataram a Sicília na primeira guerra (264-241).

A segunda Guerra Púnica (218-201) fascinou a posteridade devido a seu caráter dramático e à ousadia do general cartaginês Aníbal, que quase derrotou Roma, mas acabou fracassando. Para levar a guerra à Itália, atravessou os Alpes em duas semanas, depois de uma marcha pelo sul da França com cem mil homens e 37 elefantes, durante a qual sofreu grandes perdas e aniquilou o exército do cônsul romano no lago Trasimeno e outro em Canas. Depois disso, os romanos temiam um ataque à própria cidade (*Hannibal ad portas* – e não *ante portas* – segundo a citação de Cícero nas primeiras *Filípicas*. Porém, sob Fábio, chamado de Cunctator (o Temporizador), evitaram o combate aberto e passaram a usar táticas de "vencer pelo cansaço", semelhantes às dos guerrilheiros, o que sempre

SABER

privilegia os habitantes locais em relação aos ocupantes estrangeiros, com seus problemas de aprovisionamento (a *Fabian Society*, fundada em 1874, tem esse nome por causa de Fábio Cunctator, e seu objetivo era converter a elite inglesa ao socialismo por meio de guerrilhas intelectuais). Quando Cipião levou a guerra à África, Aníbal foi chamado de volta à pátria e derrotado em Zama. Depois da queda, continuou trabalhando em coalizões contra Roma. Os romanos exigiam sua expulsão, e ele se suicidou no exílio. Era uma daquelas figuras românticas que superavam todas as outras em genialidade e mesmo assim fracassavam. Sem querer, acabou promovendo a ascensão de Roma a potência mundial e a ajudou a assumir o legado grego de Alexandre. Com isso, estamos novamente no ano 200.

Nos setenta anos seguintes (até 120 a.C.), Roma transformou todos os territórios conquistados – Cartago, Espanha, Macedônia, Grécia e Ásia Menor (Pérgamo) (Síria e Egito aniquilaram-se mutuamente) – em províncias e as incorporou ao Império. Assim, a cultura helenística também foi conquistada.

A grande crise política e a transição ao cesarismo

Os tributos e os impostos das províncias iam direto para os bolsos dos administradores e funcionários públicos, que com isso financiavam suas elevadas despesas para a candidatura aos cargos. Só quem era rico ou tivesse ricos padrinhos podia pleitear um cargo público. Isso acarretou a formação de uma camada de milionários, que monopolizou os cargos políticos. Ao mesmo tempo, a população de Roma empobrecia. O resultado foi uma luta de classes entre o partido do senado e aquele popular. Do lado do partido popular os irmãos Tibério e Caio Graco atuavam como bem-sucedidos tribunos do povo, tornando-se modelos para o socialismo no século XIX.

O passo seguinte foi a guerra civil entre Mário, representante do partido popular, e Sila, representante do partido do senado. Com seu exército expedicionário vindo de uma guerra colonial, Sila também venceu essa guerra. A vitória de Sila terminou com as chamadas listas de proscritos (listas com os nomes dos inimigos que deveriam morrer). A partir disso, o exército passou a decidir o destino político dos participantes no jogo político.

Pompeu e César

O ritmo dos acontecimentos se acelera, e a crise se intensifica. Sob a liderança de Espártaco, os escravos realizam um levante; o nome inspirou o levante dos espartaquistas em Berlim, em 1919, e o MSB* *Spartacus*). A revolta foi su-

---

* *Marxistischer Studentenbund*: Liga de Universitários Marxistas. [N. da R.]

CULTURA GERAL

focada por Pompeu e Crasso (73-71). Logo depois, Pompeu atendeu as exigências sociais do povo, foi agraciado com poderes excepcionais e empreendeu guerras bem-sucedidas contra as províncias, enquanto o senado esmagou a conspiração política do desesperado Catilina, o que deu a Cícero a oportunidade de mostrar a sua brilhante retórica (63 a.C.). Fortalecido, o senado negou a Pompeu, depois do seu retorno, a prometida recompensa para os seus veteranos. Insistindo em impor as suas exigências, Pompeu formou uma tríplice aliança (triunvirato) com Crasso e o conquistador da Gália, Caio Júlio César, e juntos dominaram o senado. Por algum tempo, isso funcionou, mas depois que Crasso morreu na guerra contra os persas, a rivalidade entre César e Pompeu chegou às vias de fato na segunda guerra civil. Terminou com a vitória de César, cujas tropas eram mais bem treinadas, por causa das guerras da Gália com Vercingetórix e Asterix (não há provas disso). César tornou-se o soberano absoluto. Esse foi o final da república romana e o início de uma nova instituição: o cesarismo ou império.

Marco Antônio e Cleópatra

O resto já conhecemos a partir da peça *Júlio César*, de Shakespeare. Sob a liderança de Cássio e Bruto é feito um juramento, pelo qual César é assassinado (44 a.C. nos idos de Março – 15 de março). Marco Antônio, amigo de partido de César e cônsul adjunto, poupa os conspiradores, mas, por meio de um dos melhores discursos da literatura dramática, incita o povo ao levante contra eles, e com Otávio, filho adotivo de César, e Lépido faz um acordo contra o partido do senado no segundo triunvirato. Juntos, derrotam Cássio e Bruto em Filipos, com a ajuda do espírito de César ("em Filipos nos veremos novamente"). Depois disso, a história continua com *Antônio e Cleópatra*, também de Shakespeare: Marco Antônio se dirige para o Oriente, a fim de angariar fundos para seus soldados. É seduzido pela rainha egípcia Cleópatra a uma vida de prazeres. Atritos incipientes com o rival Otaviano afastam ambos e são solucionados por meio de um casamento político de Antônio com a irmã de Otaviano, Otávia. É o começo do fim. Antônio não consegue deixar Cleópatra, inicia um reinado arbitrário em favor dela e perde o juízo político. Na contenda militar que se segue, perde totalmente a cabeça; quando ouve a notícia da morte de Cleópatra, divulgada (falsamente) por ela mesma, comete suicídio (30 a.C.).

Augusto

Com isso, a crise passa. Otaviano torna-se então o único soberano. Mas aprendeu muita coisa com a conspiração contra César. Evita ofender os sentimentos republicanos, mantendo a fachada da república. O senado continua existindo,

SABER

mas atribui a Otaviano, além de outros cargos, a liderança vitalícia suprema do exército e concede-lhe o título de Augusto (o venerável) como símbolo da sua posição privilegiada.

Em seguida, Augusto pacifica o Império, consolida suas fronteiras e cria os pressupostos para o florescimento cultural da era augustal (31 a.C.-14 d.C.). Na época do seu governo, portanto, acontece o nascimento de Cristo. Depois de um longo domínio de quase meio século, a instituição do principado (do cesarismo) já era tão aceita que a transição do governo para seu filho adotivo, Tibério, ocorreu sem problemas. Dali em diante, o nome de família do pai adotivo de Otaviano, César, tornou-se um título. De "César" derivam as denominações *Kaiser* (imperador em alemão) e czar (em russo). Desde então, todos os imperadores são chamados de césares.

A época imperial: Nero e outros

O Império Romano viveu e morreu com a instituição do cesarismo. No total, durou meio milênio, de 31 a.C. até 475 d.C. Dentre os imperadores, encontramos tipos muito estranhos. Já a partir de Tibério, sucederam-se figuras extremamente excêntricas, que ficaram gravadas na memória da posteridade por causa de suas idéias insólitas: Calígula, chamado de "botinha", em alusão a suas pequenas sandálias militares, ou *Caligale*, era tão louco que deu ao seu cavalo o cargo de senador. Quanto a Cláudio, apenas a sua estupidez é digna de nota: depois de mandar executar sua mulher, Messalina, por causa de seu comportamento continuamente desenfreado e escandaloso, casou-se com a ainda mais malvada Agripina, mãe de Nero, que em agradecimento o envenenou. Seu desempenho como imperador foi extremamente modesto: acrescentou três letras ao alfabeto, que desapareceram novamente após a sua morte. Educado pelo filósofo Sêneca, Nero não começou mal, mas perdeu o rumo depois do assassinato de sua mãe, cometido por ele mesmo. Para poder casar-se com a atraente Popéia, matou a própria mulher. Foi então tomado pelo mesmo mal que acometeu Hitler, ou seja, a mais absoluta megalomania, numa mistura de *Crepúsculo dos deuses*, de Wagner, com diletantismo musical e ânsia incontrolável por novas construções: a fim de abrir espaço para seus projetos megalômanos, incendiou Roma, cantando em versos a sua destruição, assim como Homero fizera durante o incêndio de Tróia, e depois perseguiu os cristãos e judeus, acusando-os de incendiários. Tal fato forneceu ao *Führer* um brilhante exemplo para a utilização política do incêndio do *Reichstag* (parlamento alemão). Mas, diferentemente do que aconteceu no caso do *Führer*, nem mesmo os pretorianos (a guarda pessoal de Nero) aceitaram essa atitude e acabaram abandonando o imperador, que se suicidou.

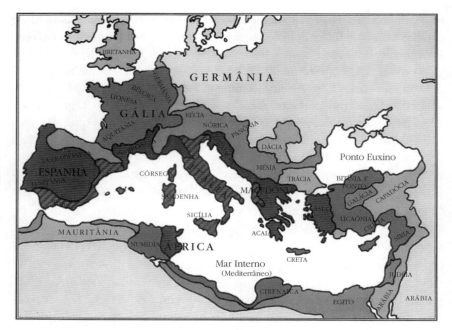

O Império Romano

Depois disso, teve início com Flávio Vespasiano uma nova série de imperadores mais hábeis (de 69 até cerca de 180), entre os quais Vespasiano e seu filho, Tito. Esses foram alvos do ódio histórico por terem esmagado a revolta dos judeus e destruído o templo de Jerusalém (70 d.C.). A série completa-se com os imperadores adotivos Trajano, Adriano e Marco Aurélio, que no geral se mostraram razoáveis e obtiveram êxitos.

O declínio

Depois de 180 d.C., o Império tornou-se, por mais de cem anos, o joguete dos exércitos e dos pretorianos. No século III, foram implantadas importantes mudanças sociais, que culminaram na perda das liberdades civis, no empobrecimento da população urbana, no fim da autonomia das cidades, na substituição do trabalho escravo pelo sistema de arrendamento e na supervisão estatal das corporações profissionais. Como conseqüência dessa crise, o imperador Diocleciano (284-305) retirou a sede do governo de Roma, para evitar a influência do senado; substituiu a colcha de retalhos, composta por direitos e liberdades especiais das diversas cidades e províncias e que foi sendo tecida ao longo da história, por uma administração centralizada, e tentou reformular o Império, que funcionava segundo um modelo de despotismo oriental, baseando-o em um complicado cerimonial cortesão com o espírito do carisma religioso, sem deixar de perseguir os cristãos considerados rivais.

Roma converte-se ao cristianismo

Seu sucessor, Constantino, o Grande, que governou de 325 a 337, trilhou esse caminho até o fim mas, ao mesmo tempo, foi obrigado a mudar o rumo: teve a idéia de colocar o próprio cristianismo a serviço da política e, assim, salvar o Império por meio da orientalização. Foi uma decisão com conseqüências para a história mundial: o cristianismo tornou-se a religião do Estado. No Concílio de Nicéia (325), foi escolhida a versão de Atanásio, uma doutrina que declarava apóstatas todos os adeptos de seu rival Ário (por exemplo, os godos, que nesse meio tempo foram cristianizados). Como confirmação simbólica da orientalização do Império por meio do cristianismo, o imperador Constantino mudou sua capital para Bizâncio, que depois foi rebatizada com o nome de Constantinopla (330).

O papa

A saída do imperador de Roma deu ao bispo dessa cidade a liberdade para representar o papel de um imperador espiritual e impor-se como soberano dos cristãos. Para isso, invocou a passagem do apóstolo Pedro por Roma e um jogo de palavras feito por Cristo: como a palavra *petros* quer dizer rocha em grego, Cristo teria dito: "Sobre essa 'rocha' quero erigir a minha Igreja." Mas os próprios papas achavam-no pouco sólido. Então, forjaram um documento com o título "A doação de Constantino". De acordo com ele, o imperador Constantino, em seu leito de morte, legava ao papa Silvestre I o domínio sobre todo o mundo, principalmente sobre o Estado da Igreja. Só o humanista Lorenzo Valla chegou a descobrir que o documento era inteiramente falso. Mas então a soberania do papa já estava tão consolidada que Lutero precisou de argumentos totalmente diferentes para abalá-la novamente.

O cristianismo

Jesus

325 d.C. é o ano em que confluem os dois rios dos quais a cultura européia se alimenta: o da Antiguidade grega e o do judaísmo. Mas, nesse meio tempo, eles se modificaram: o da Antiguidade tornou-se greco-romano, e o do judaísmo, judaico-cristão.

CULTURA GERAL

O aparecimento do profeta Jesus de Nazaré (nascido em cerca de 7 a.C. e falecido em cerca de 30 d.C.) confere um rumo totalmente novo ao relacionamento entre o deus de Israel e o povo. E o relacionamento com Deus assume características carnavalescas, visto que a carnavalização sempre implica uma inversão: o bobo da corte torna-se rei, e o rei é rebaixado. É o que também acontece no caso de Cristo. Deus encarna numa criança de uma família extremamente pobre. A história do Natal é clara a esse respeito. A família não dispõe de dinheiro para pagar um alojamento, ou seja, está praticamente sem teto, e Deus nasce num estábulo, entre bois e asnos.

Para o desenvolvimento posterior da literatura européia, esse fato tem conseqüências incalculáveis; é um evidente exemplo de que a vida das pessoas humildes e seu mundo cotidiano também podem ter um significado elevado.

Naturalmente, existem sinais de que Jesus foi escolhido: sua mãe é virgem, e seu pai não é José, o marido de Maria, mas Deus. Por ter acreditado nisso, mais tarde José foi canonizado. Por essa razão e pelo fato de também realizar feitos extraordinários, Hércules corresponderia a Cristo. Além disso, o nascimento de Jesus é marcado por uma constelação de astros extremamente rara e significativa, uma conjunção de Júpiter e Saturno, de modo que pelo menos os astrólogos orientais Gaspar, Melquior e Baltazar podem levar suas oferendas ao menino.

A profecia de que essa criança, como futuro rei dos judeus, ameaçaria o domínio do poderoso Herodes, o que desencadeia um infanticídio e a fuga da pequena Sagrada Família ao Egito, é típica dos heróis (no teatro da Idade Média, Herodes é sempre o vilão. Aliás, ele morreu em 4 a.C., portanto, a data de nascimento de Jesus deve ter sido mal calculada. Na realidade, ele nasceu em cerca de 7 a.C. De qualquer modo, nosso calendário baseia-se num erro).

Os milagres

Os milagres também são típicos dos heróis. Enquanto, por um lado, Hércules limpa o estábulo de Áugias, Cristo expulsa os vendilhões do Templo. Cura um paralítico, ressuscita Lázaro e, quando nas bodas em Caná acaba o vinho, providencia rapidamente a reposição do estoque. Acalma tempestades, expulsa alguns demônios barulhentos do corpo de um louco e os transfere a um rebanho de porcos, que, na seqüência, cometem um suicídio coletivo, e também caminha sobre as águas.

Os discípulos e o Messias

Contudo, ele não é o único profeta. Antes dele já houvera outro, chamado João, cuja especialidade era o batismo com a água do rio Jordão. Batizou Jesus e, quando o mergulhou nas águas do rio, o céu se abriu, uma pomba pousou, e uma voz disse: "És o meu filho amado, em quem me comprazo." Então Jesus reuniu uma dúzia de seguidores à sua volta, aos quais anunciou a sua mensagem. Eram os irmãos Pedro e André, os irmãos Jacó e João – todos pescadores –, Mateus, um cobrador de impostos, Filipe, Bartolomeu, Tadeu, Simão, outro Jacó, Tomé, mais tarde chamado de "incrédulo", e Judas Iscariote. Depois de algum tempo de convívio, Jesus lhes perguntou: "O que dizem as pessoas de mim? Quem eles acreditam que sou?"

"Bem, dizem todo tipo de coisas. Alguns dizem que és Jeremias, ou Elias, o profeta, e outros até te confundem com esse tal de João."

"O Batista?", perguntou Jesus.

"Exatamente", disseram os amigos.

"E vós, o que dizeis? Quem sou eu?"

Hesitaram um pouco, mas finalmente Pedro teve uma idéia: "És o Messias, o filho do Deus vivo."

Foi então que Jesus fez o célebre jogo de palavras que fundamentou o papado: "És Pedro, e sobre essa rocha quero erigir a minha Igreja."

Os companheiros deram risada.

Mas Jesus falou sério (George Bernard Shaw achou que a resposta de Pedro é que teria levado Jesus à idéia de se sentir um Messias). De qualquer modo, a partir de então, passou a se apresentar como o Messias.

A coisa ficou séria.

Os fariseus

A figura do Messias era, na verdade, um personagem redentor, criado pelos judeus, dotado de características firmes e definidas. Esperava-se dele uma espécie de renascimento sionista. Essa esperança tornou-se o núcleo do programa do partido dos fariseus, um grupo de fundamentalistas radicais que insistia na estrita observância das leis bíblicas e formava uma poderosa coalizão com a nobreza sacerdotal conservadora.

Não podiam permitir que um peregrino qualquer se autodenominasse o Messias e anunciasse a redenção instantânea ou o "renascimento imediato" em vez daquele nacional por meio da justiça.

Portanto, por iniciativa do sacerdote Caifás, instalou-se a intriga política, pela qual os judeus tiveram de dar o sangue durante dois mil anos. Os sumos sacerdotes enviaram às reuniões de Jesus alguns espiões, que deveriam comprometê-lo com perguntas ardilosas: "És a favor de pagarmos impostos aos sujos romanos?" Mas Jesus pegou uma moeda do bolso com a efígie de César, virou-a de um lado ao outro e disse: "Dai a César o que é de César, e a Deus o que é de Deus", e assim livrou-se do dilema de tornar-se alvo tanto dos judeus quanto dos roma-

CULTURA GERAL

nos. Nessa resposta baseia-se a doutrina cristã posterior sobre o relacionamento entre Igreja e Estado.

A instituição da Santa Ceia

Por outro lado, Jesus facilitou as coisas para os ortodoxos ao ir a Jerusalém para a festa da Páscoa (*Pessach*), embora aquele fosse o local mais arriscado para ele. Como para todos era evidente o risco que ele corria, sua entrada na cidade tornou-se um triunfo popular.

Além disso, ele conferiu um novo significado à ceia da Páscoa por meio de uma encenação simbólica. Converteu uma ceia celebrada em memória ao êxodo do Egito em um ritual, no qual ele mesmo é a vítima: o vinho é seu sangue, e o pão, seu corpo. Assim, ele substituiu a lembrança do êxodo por aquela de seu sacrifício.

A Santa Ceia torna-se o principal ritual cristão. Se o vinho e o pão efetivamente se convertem em sangue e carne ou se isso é apenas simbólico, essa é uma questão que provocou a separação de credos e a formação de seitas. É ao esquema do sacrifício da Santa Ceia que está ligada uma das principais idéias insanas do anti-semitismo: a idéia da profanação da hóstia pelos judeus. É por isso que, posteriormente, a maioria das perseguições (do russo *pogrom*, que significa devastação) foi realizada por ocasião da Páscoa.

A traição

A Santa Ceia fornece uma imagem dramática da traição: "Um de vós me trairá", diz Jesus. Todos ficam horrorizados. "Não, não pode ser. Quem faria isso?", murmuram todos. "Aquele a quem darei agora um pedaço de pão é quem há de me entregar", diz Jesus estendendo o pão a Judas Iscariote.

Depois, Jesus vai até o Jardim das Oliveiras e fica vagando, insone, com seus pressentimentos de morte, enquanto seus colegas, nada solidários, dormem tranqüilamente. Nesse meio tempo, Judas leva os funcionários da polícia secreta até onde está Jesus e lhes mostra, por meio de um beijo fraterno, quem devem prender, e recebe trinta moedas de prata pelo serviço. Com exceção de Pedro, que corta a orelha de um policial, os outros companheiros fogem apavorados. Mais tarde, até mesmo Pedro já não quer saber de Jesus e nega tê-lo conhecido um dia.

O processo

Os sumos sacerdotes mandam torturar Jesus, submetem-no a interrogatórios e, depois, num julgamento sumário, consideram-no culpado de sacrilégio. Em seguida, entregam-no à justiça romana, representada por Pôncio Pilatos, e acusam-no de agitação contra os romanos, bem como de ter um comportamento prejudicial ao partido e de manchar os ideais do povo, por ter alegado ser o rei dos judeus.

"É verdade?", pergunta-lhe Pôncio Pilatos.

"Sim", diz Jesus, "mas meu reino não é deste mundo."

"Um louco inofensivo", diz Pilatos, e como sua manicure acabara de trazer uma bacia cheia de água para refrescar-lhe as mãos, disse: "Lavo minhas mãos na inocência."

Finalmente, ainda fez uma última tentativa para salvar o réu. De acordo com um antigo costume, o povo podia escolher um dos condenados para o indulto, e então Pilatos apresentou-lhe a opção de escolher entre o inofensivo Jesus e um conhecido criminoso chamado Barrabás. Mas o povo gritou: "Perdoem Barrabás!"

O episódio dramatiza a redenção num plano realista: Jesus morre no lugar de criminosos – e isso se refere a nós. E, assim, Jesus é condenado à vergonhosa morte na cruz, como um criminoso. Toda a história é contada de modo que culpe os judeus, e não Pilatos, pela morte de Deus.

A crucificação

A imagem do Jesus morto na cruz tornou-se o principal ícone da Europa. O corpo martirizado de Deus foi colocado no centro do mundo iconográfico. Cristo com os braços estendidos, o corpo cheio de feridas, um pedaço de pano rasgado em volta dos quadris, uma coroa de espinhos na cabeça e, no topo de tudo isso, uma placa com a inscrição romana "INRI" (*Iesus Nazarenus Rex Iudaeorum*, Jesus de Nazaré, rei dos judeus). O conjunto compõe uma imagem da derradeira humilhação e da tensão máxima entre a morte e a pretensão à divindade.

A ressurreição

O que acontece depois é da maior importância para o relato sobre a ressurreição. Após a morte de Jesus, Maria Madalena, uma antiga prostituta, e duas outras mulheres retiram o cadáver da cruz, lavam-no, ungem-no e colocam-no no túmulo da família de um seguidor de Jesus, o rico José de Arimatéia. Em seguida, fecham a abertura da sepultura com uma grande laje. No sepultamento, portanto, volta a ser trocado o papel de criminoso pelo de homem honrado.

Mas os sumos sacerdotes temiam que os seguidores de Jesus pudessem roubar o cadáver e depois alegar que ele teria ressuscitado. Então, colocaram uns vigias diante do túmulo e selaram a laje.

No entanto, quando Maria Madalena chegou ao túmulo pela manhã, a pedra havia sido empurrada, e a sepultura estava vazia. Perguntou a um jardineiro para onde havia sido levado o corpo, mas ele disse apenas: "Maria", então ela o observou melhor e reconheceu Cristo ressuscitado. Dias depois, ele tam-

CULTURA GERAL

bém apareceu aos discípulos, entre os quais o incrédulo Tomé, que só acreditou na ressurreição quando conseguiu tocar em Jesus. Mas os sumos sacerdotes diziam que já sabiam que os discípulos haviam roubado o cadáver, para poderem dizer a todos que seu mestre havia ressuscitado. Depois de catorze dias, Jesus guiou seus discípulos a uma montanha, deu-lhes a incumbência de divulgar seus ensinamentos e desapareceu numa nuvem luminosa. Esse foi o dia da Ascensão do Senhor.

Logo depois, mais exatamente em Pentecostes, pequenas línguas de fogo desceram do céu sobre as cabeças dos discípulos: o Espírito Santo transmitiu-lhes de forma milagrosa o conhecimento de línguas estrangeiras, para que pudessem divulgar a mensagem também para os habitantes de outras regiões. Esse foi um pequeno passo para o Espírito Santo, mas um enorme passo para a humanidade: o cristianismo superou o gueto judeu e seguiu em direção ao internacionalismo cristão. Em vez de "cristianismo em um único país", o lema passou a ser "Cristãos do mundo todo, uni-vos!"

Paulo abre o cristianismo aos não-judeus

Talvez essa história também seja apenas uma versão simbólica do trabalho do apóstolo Paulo, o Trotski cristão. Ele começou como um fanático perseguidor dos cristãos, mas, no caminho a Damasco, caiu do cavalo, provavelmente em decorrência de um ataque epilético, teve uma visão de Cristo e depois disso ficou cego durante três dias. Quando recuperou a visão, estava convertido. Recebeu o batismo e passou a chamar-se Paulo. Diferentemente da primeira geração de discípulos, Paulo tinha origem nobre e era muito culto.

Foi ele quem deu ao cristianismo uma forma ideologicamente sustentável. Desse modo, a doutrina pôde libertar-se da presença do mestre e ser ensinada e transmitida (ver Epístolas do apóstolo Paulo). Em inúmeras viagens, organizou as comunidades estrangeiras e, assim, transpôs as fronteiras entre judeus e pagãos. Desse modo, por meio do cristianismo, judaizou o mundo romano e, ao lado do próprio Jesus, tornou-se a figura mais importante da história mundial do cristianismo. Na verdade, cabe a ele, e não a Pedro, o mérito de ter fundado a Igreja romana. Provavelmente, Paulo morreu durante as perseguições aos cristãos, empreendidas por Nero.

Jerusalém foi destruída depois de uma revolta dos judeus, em 70 d.C., e com os judeus os cristãos se dispersaram pelo Império. Supostamente, o cristianismo foi uma reação popular ao rigor elitista da lei dos fariseus. Com seu compromisso com os pobres, os oprimidos e humilhados, o cristianismo desenvolveu uma enorme força de atração durante a crise social do século III, quando as cidades

SABER

empobreceram e as pessoas caíram na escravidão. Pouco depois, tornou-se a religião do Estado. Bem a tempo, antes que as invasões dos povos bárbaros despejassem os germanos no Império – entre os quais estavam os godos e vândalos, que modificaram radicalmente o mapa da Europa.

Com isso inicia-se a história da Alemanha, no sentido mais estrito.

A Idade Média

Quatrocentos anos de confusão (400-800 d.C.) ou: a Bacia do Mediterrâneo é dividida

Francos e árabes

Passemos agora para a época que vai de 400 a 800 d.C. No final desse período, o Império Romano fragmentou-se em três estruturas políticas com culturas diferenciadas.

1. O Império Romano do Oriente ou Bizantino, com sua capital Constantinopla. Nele se fala grego. A partir dele, os povos eslavos, como os sérvios, búlgaros e russos, são cristianizados e, por isso, adotam uma versão da escrita grega (o cirílico, que tem esse nome por causa do missionário Cirilo), e a constituição eclesiástica greco-ortodoxa.
2. Os califados e reinos dos árabes muçulmanos. Em cerca de 620 surgiu em Meca o profeta Maomé, que criou o monoteísmo (religião de um único deus) radical do Islã. Os nômades islamizados, a quem Maomé prometeu o paraíso em troca da difusão da sua doutrina, conquistaram em apenas cem anos a Síria, a Palestina, a Pérsia, a Mesopotâmia, o Egito, a África setentrional e a maior parte da Espanha (711), onde fundaram o emirado de Córdoba. Essa expansão árabe quebrou a unidade cultural da região do Mediterrâneo e separou a Europa da Ásia e da África.
3. O império franco de Carlos Magno, o único império germânico remanescente das invasões bárbaras. Sua extensão coincide mais ou menos com o posterior território da Comunidade Econômica Européia, depois da Segunda Guerra Mundial (França, Alemanha Ocidental, Itália e Benelux). Por isso, nos anos 50, muito se falou em Carlos Magno e no Ocidente cristão e criou-se em Aachen, capital desse imperador, o prêmio que leva o seu nome.

CULTURA GERAL

As invasões bárbaras

Esses tempos conturbados têm certa semelhança com a época que sucede à Segunda Guerra Mundial. Tudo passa a ser iminente. Em 375, um exército de hunos expulsa todos os germanos do Oriente alemão. Esses germanos chamavam-se ostrogodos, visigodos, alanos, vândalos, burgúndios e suevos, mas na verdade eram refugiados. Os hunos não eram germanos – apesar de os ingleses até hoje chamarem os alemães assim –, e sim mongóis. Filas intermináveis dos germanos atravancavam as estradas romanas.

A Alemanha permanece germânica

Quem eram esses germanos? Os romanos já os conheciam havia muito tempo, e tiveram muito trabalho para mantê-los afastados das suas fronteiras no Reno e no Danúbio. Para terem sossego, certa vez até tentaram conquistar e anexar toda a Germânia. Mas os germanos foram tomados pelo *furor teutonicus* (em latim, furor alemão) e encarregaram um príncipe da região, Hermann, o Querusco (Armínio, para os latinos), de atrair as tropas de ocupação de Varo para os pântanos do bosque de Teutoburgo e massacrá-las (9 d.C.). Então, os romanos desistiram dos germanos, considerando-os caso perdido e, assim, deram-lhes a possibilidade de se tornarem alemães.

Para se defenderem dos constantes ataques, os romanos construíram uma muralha de proteção antigermânica, numa linha em ziguezague, chamada de *limes* (= fronteira), cujas extremidades eram as cidades de Koblenz, Giessen, Schwäbisch-Gmünd e Ratisbona. Assim, a Alemanha foi dividida pela primeira vez. Para sua gente, construíram as cidades de Colonia Agrippinensis (Colônia), Moguntiacum (Mogúncia), Reginae Castra (Ratisbona), Augusta Vindelicum (Augsburgo), Castra Batava (Passau) e Augusta Treverorum (Trier), que se tornou temporariamente a residência imperial e na época tinha mais habitantes do que nos tempos de Karl Marx. Desse modo, os habitantes da área de ocupação romana viviam melhor do que na Germânia liberal-democrata.

Podemos obter informações sobre os germanos sobretudo na obra *Germânia*, do historiador Tácito (55-125 d.C.). Tácito exalta as antigas virtudes romanas da república, às quais contrapõe a degradação moral dos tempos imperiais. Por isso, apresenta os germanos do mesmo modo como Rousseau, mais tarde, apresentou os nobres selvagens: como modelos para os romanos decadentes, ou seja, virtuosos e bons guerreiros. As mulheres são loiras, têm muitos filhos e são boas guerreiras.

Godos e vândalos

Tácito fala sobre as pequenas tribos assentadas na Alemanha, os chamados germanos ocidentais, ou seja, os habitantes de Hessen e da Holanda. Durante as invasões bárbaras (a partir de 375), surgem então os germanos orientais, como os godos e vândalos (a distinção entre germanos ocidentais e orientais refere-se aos diversos grupos lingüísticos, junto aos quais ainda encontramos os germanos do norte ou escandinavos). São eles que formam as colônias germânicas nas províncias romanas ocidentais e que finalmente assumem o governo. Na Espanha, estabelecem-se os visigodos e alanos, dando à província o nome de Got-alania (Catalunha). O sul da Espanha é repartido entre os conquistadores islâmicos, que no século VIII lhe dão o nome de Al-Andalus, atual Andaluzia. Na Itália, Teodorico, o Grande, na verdade, Dietrich von Bern (é assim que os germanos chamam Verona) funda o império ostrogodo e, assim, fornece o material para o *best-seller* nacionalista de Felix Dahn, *Ein Kampf um Rom* [Uma luta por Roma], altamente recomendável para o estudo do quadro histórico nacionalista alemão, com as contas históricas ainda em aberto. Os vândalos chegaram até o norte da África, onde seu príncipe Genserico fundou um reino, com o qual conseguiu conquistar Roma (455). A partir disso, Voltaire concluiu que os vândalos eram saqueadores bastante pertinazes (daí o sentido da palavra vandalismo). Tudo isso é relativamente breve: os reinos dos ostrogodos e vândalos são destruídos pelo Império Romano do Oriente, e os godos orientais são dominados pelos árabes. Em seguida, os longobardos entram na Itália e se instalam na Lombardia. No mais, permanecem apenas os genes responsáveis pelo cabelo loiro, as lembranças e os nomes germânicos da nobreza italiana e espanhola (Rinaldo, Hermenegildo).

A Canção dos nibelungos

Algumas das tradições do heroísmo foram registradas na poesia, em altoalemão médio (falado e escrito do fim do século XI até meados do século XIV). A *Canção dos nibelungos* mostra a história dos burgúndios. Conta como o atleta Siegfried, natural de Xanten, escondendo-se debaixo de uma capa mágica, ajudou o rei burgúndio Gunther, um fraco esportista, a abater a forte Brunilda numa competição esportiva para depois deflorá-la. Como recompensa, Siegfried ganhou a mão de Cremilda, irmã de Gunther. Mas como o herói não conseguia ficar de boca fechada e se gabou do feito diante de Cremilda, o segredo da fraqueza do rei tornou-se público. Por isso, o tenebroso Hagen decidiu, por razões de Estado, assassinar Siegfried pelas costas. A viúva, Cremilda, casou-se com Etzel, rei dos hunos, também conhecido como Átila (a palavra gótica para paizinho). Convidou sua família para a ceia na corte de Etzel e, para vingar o assassinato de Siegfried, promoveu um massacre no qual todos morreram. Os burgúndios que restaram continuaram a jornada e finalmente se estabeleceram perto de Dijon, na Borgonha, para se tornarem franceses e cultivarem um excelente vinho.

CULTURA GERAL

Francos e anglo-saxões

Apenas duas das conquistas são duradouras:

1. A ocupação da Gália pelos francos, que permanecem em contato com seus territórios originais no Reno e no Meno e, desse modo, conseguem obter mais reforços da terra natal.
2. A conquista da Bretanha. Em cerca de 450, os anglos e saxões navegam pelo canal, sob o comando de dois fanáticos por cavalos chamados Hengisto e Horsa, fazendo da ilha o país dos anglos ou Inglaterra. Até 1066, falam o inglês antigo e escrevem nessa língua o terror de todos os estudantes de literatura inglesa, a epopéia *Beowulf*. No início, deixam a Escócia e a Irlanda sossegadas, e, assim, os monges irlandeses ajudam os romanos a cristianizar os anglo-saxões. Em compensação, esses ajudam os irlandeses na conversão dos primos pagãos de Hessen e da Baixa-Saxônia. O mais importante missionário é o inglês Winfried, também conhecido como Bonifácio, o apóstolo dos germanos (675-754), que foi assassinado pelos frísios.

O reino dos francos

O reino dos francos dá um grande salto quando o rei Clóvis, da casa dos merovíngios, assassina todos os parentes, unifica o reino, domina os burgúndios e alamanos e se converte ao cristianismo (496). Com isso, possibilita a fusão da população romana com a germânica e cria os fundamentos para o Ocidente cristão e a União Européia.

Nos cem anos seguintes (600-700), ocorrem outras grandes invasões. Impelidos pelo Islã, os árabes conquistam o sul do Império Romano. Em cerca de 600, Maomé começa a pregar em Meca; em 622 foge para Medina e funda a primeira comunidade: formulam-se leis, e o Alcorão começa a ser definido. Até 644, o Iraque e o Egito são conquistados; até 700, o norte da África; em 711, a Espanha. Assim, ao lado de Bizâncio, o único sistema político que resta é o reino germânico-romano dos francos.

Fora do contexto romano, desenvolve-se então um novo princípio de organização social: o feudalismo.

A criação do feudalismo

Os reis merovíngios que sucederam a Clóvis superam uns aos outros em incompetência. Como nesses casos é o secretário de Estado quem governa, entre os merovíngios tal tarefa cabia ao chefe do palácio ou ao *majordomus* (de *major domus*, de onde deriva o nome Meier, em alemão). Um dos mais esforçados dentre eles, Carlos Martel, de cognome Martelo, teve de enfrentar os árabes. Para conse-

SABER

guir defender-se deles, foi obrigado a reorganizar o exército. Então, teve uma idéia que lhe indicou o caminho certo. Combinou o princípio da lealdade germânica com o costume de doar bens da Igreja. Aquele que se envolvesse militarmente, junto com os seus vassalos, na luta contra os árabes, obteria a cessão de terras para seu próprio uso, terras que depois também poderiam ser parcialmente cedidas aos vassalos. Com isso, Carlos Martel fortaleceu as defesas e conseguiu deter os árabes nas batalhas de Tours e Poitiers, em cerca de 732.

Mas o princípio da sua organização militar sobreviveu, cresceu, e finalmente determinou toda a organização da sociedade: a combinação entre a vassalagem e a concessão de terras. Esta situação acabou produzindo uma pirâmide social: na ponta, um senhor feudal, por exemplo, um duque, que cedia terras em feudos, e os vassalos, que as recebiam, por sua vez também cediam partes dessas terras aos seus próprios vassalos. Desse modo, o estado territorial romano tornou-se um estado baseado em vínculos pessoais.

O princípio do feudalismo

Se quisermos entender o funcionamento político desse sistema, precisamos observar os partidos políticos de hoje. O presidente do partido determina quem vai ocupar os cargos partidários superiores, quem ocupará aqueles que estão no topo da lista eleitoral, bem como os de chefes regionais e delegados estaduais: estes seriam os duques. A esses cargos está atrelada toda uma rede de cargos distritais, cujos detentores, os condes, os marqueses, os condes imperiais e os landgraves, também dispõem de cargos para distribuir. Quem tem a maior possibilidade de obter um cargo elevado também possui o maior número de vassalos que o apóiam, porque esperam obter em troca um rico quinhão em terras, ou seja, os feudos. Apenas aquele que, em função de seus esforços, de sua coragem na luta, de seu prestígio junto ao senhor feudal ou por meio do parentesco com a esposa dele, tem as maiores possibilidades de distribuir muitos cargos também possui a maior tropa de vassalos e subvassalos. A ele todos devem fidelidade.

Esse contexto cria um círculo que se auto-regula. Quem tiver feudos e os distribuir tem vassalos, e quem tem vassalos tem a prioridade sobre os cargos. O mesmo círculo, porém, tem o efeito inverso quando a fortuna abandona o homem que está na ponta. Se ele cometer muitos erros, contrair a peste ou for abandonado pela sorte, os vassalos também o abandonam. Justamente por isso, na Idade Média, a fidelidade é tão invocada. A concorrência entre os legítimos e os hábeis é constante. Isso torna a Idade Média a era das disputas partidárias. Portanto, o programa do partido é apenas o homem da ponta, o líder do grupo. Por isso, sempre haverá de um lado os guelfos, do outro, os gibelinos; de um lado, Lancaster, do outro, York; de um lado, Capuleto, do outro, Montecchio.

CULTURA GERAL

Mais tarde, o feudalismo desenvolverá a sua própria característica social, com uma cultura própria: a do cavalheirismo. Mas isso acontece apenas depois de uma nova mutação, a saber, quando o cavaleiro coloca uma mulher no lugar de seu senhor, a quem jurou fidelidade de vassalo. Esse é o momento do nascimento da forma ocidental de amar. Porém, antes de isso acontecer, Carlos Magno terá de exportar o feudalismo ao restante da Europa.

A fundação da Europa

Carlos Magno (768-814)

Carlos é neto daquele outro Carlos de cognome Martelo, que conseguiu impedir o avanço dos árabes. Seu filho, Pepino, já não agüentava a incompetência dos merovíngios e coroou a si mesmo rei. O papa Leão III conferiu a esse fato a legitimidade que lhe faltava. Quando Pepino lhe doou o Estado pontifical, o papa ficou tão satisfeito que o ungiu rei dos francos; e, quando mais tarde os invejosos conterrâneos quiseram lhe tirar o Estado pontifical, ele entrou em pânico e, no dia de Natal do ano 800, coroou Carlos Magno imperador, para que esse o protegesse.

O legado de Carlos Magno aos alemães: a coroa imperial

Assim, o Império Romano ressurgiu. Sobreviveu por quase mil anos. Em 1806, foi dissolvido depois das dolorosas investidas de Napoleão.

Após a morte de Carlos em 814, instalou-se no reino dos francos uma longa disputa pela herança. O resultado foi a divisão do Império em Alemanha e França. Mas ambas continuaram a briga pelo que sobrou, ou seja, a Itália. A Alemanha ganhou. Essa foi sua maldição, pois com isso também ganhou o papa e a coroa imperial e foi obrigada a se tornar o "Sacro Império Romano Germânico". Em 962, o rei alemão Oto I, o Grande, foi coroado imperador.

Desde então, os alemães nunca mais se livraram do Império. Resultado: os príncipes alemães viviam brigando para se tornar imperadores. Isso impediu o estabelecimento oportuno de uma monarquia hereditária que pudesse unificar o país: escolheu-se um imperador alemão. E, assim, a coroa imperial trocava constantemente de dono.

Eis a série dos imperadores medievais:

– no século X, eram os duques saxões que governavam como imperadores (os nomes característicos eram Henrique e Oto);

46

SABER

– no século XI, eram os duques francos (Salier) (os nomes característicos eram Henrique e Conrado);
– no século XII, é a vez dos duques da Suábia (Hohenstaufen) (os nomes característicos eram Henrique e Frederico);
– no século XIII, domina o caos – uma rivalidade e um interregno generalizado;
– durante 90 anos, de 1347 até 1437, o Império é governado pelos luxemburgueses Carlos IV e seus filhos, a partir da capital Praga;
– a partir de 1438, a coroa imperial torna-se hereditária na casa de Habsburgo, por causa do longo período de governo de Frederico III, um personagem tão entediante que consegue adormecer as ambições dos príncipes alemães e finalmente fazê-los esquecer de que eles próprios aspiram à coroa imperial. Enquanto isso, a Inglaterra e a França tornam-se países exemplares. Neles também é descoberta a democracia. Por seu lado, a Alemanha "trilha um caminho específico" (expressão dos historiadores para definir "beco sem saída") e torna-se uma "nação atrasada" (expressão dos historiadores para dizer que aquele que chega atrasado é castigado pelo resto da vida).

O legado de Carlos Magno à Europa: o feudalismo

Carlos Magno torna-se grande porque conquista territórios situados em torno do reino dos francos. Depois, instala neles o regime feudal e assim cria as bases sobre as quais os estados europeus puderam ser fundados.

– conquista o reino dos longobardos na Itália e o incorpora, o que lhe proporciona uma relação duradoura com o papa;
– conquista as províncias do norte da Espanha, a partir de onde se inicia a recuperação dos territórios ocupados pelos árabes (a Reconquista, concluída em 1492). Exporta o feudalismo à Espanha e, com ele, a cavalaria, difundindo a figura do fidalgo;
– em 1066, a partir da Normandia, a Inglaterra é conquistada pelos normandos, que se tornaram franceses. Eles levam à Inglaterra o feudalismo carolíngio e implantam um Estado central feudalista;
– fazem o mesmo na Sicília;
– Carlos conquista e domina os renitentes pagãos saxões (sua luta mais longa e mais disputada), tinge as águas do rio Aller, em Verdun, com o sangue de seus chefes e convence os pagãos alemães do norte a formarem uma pátria única com os civilizados alemães do sul, para que juntos possam levar à colonização alemã do leste as conquistas do feudalismo.

CULTURA GERAL

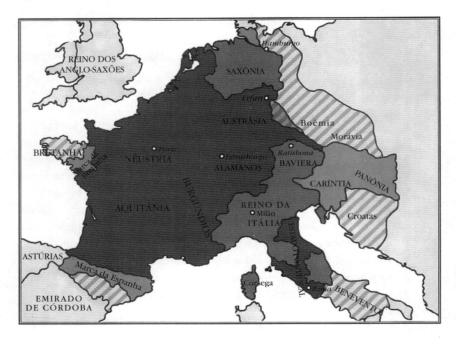

O reino de Carlos Magno

Assim, Carlos Magno cria as bases para a formação dos mais importantes países europeus (a França e os países do Benelux já faziam parte do reino dos francos).

Também cria as bases para o que mais tarde veio a se chamar Alemanha.

Parênteses sobre a Alemanha e o nacionalismo alemão

O que é a Alemanha?

Até a unificação do Império Alemão, em 1871, ninguém conseguia responder a essa pergunta.

Não havia uma Alemanha, mas um Império Romano. A ele também pertenciam a Itália, a Boêmia, a França Ocidental, os países do Benelux, a Suíça e a Áustria. Por certo, havia um rei alemão, mas ele também reinava sobre os tchecos, os lotaríngios e os holandeses. Portanto, não havia um Estado alemão, como mais tarde veio a existir um Estado inglês ou francês. Por isso, os alemães não se tornaram uma nação de Estados (estes se tornaram mais tarde Estados alemães agregados, como a Áustria, Lübeck, a Prússia, a Baviera ou Lippe-Detmold).

Quando em cerca de 1800 os alemães olharam ao seu redor e se perguntaram: "Quem somos?", encontraram apenas três coisas em comum: o idioma, a cultura e a poesia. Então, disseram: "Somos uma nação cultural" ou "somos um povo de poetas e pensadores". Não disseram isso por terem mais dessas coisas do que os outros, mas porque nada mais tinham em comum.

E concluíram: "Somos o povo que fala alemão." Foi uma constatação fatal, pois mais tarde levou o Führer dos loucos a achar que todos os falantes de alemão deveriam ser incorporados ao *Reich* (para ele isso era óbvio, pois era austríaco, mas falava um alemão ruim), ou então que o *Reich* deveria ir até onde se falasse alemão, ou seja, até Praga ou Reval, ou até a sinagoga de Chernovitz.

"Tudo bem. E daí?", pode-se perguntar. Com os outros, não é a mesma coisa? É francês quem fala francês, e é inglês quem fala inglês (desde que não seja americano, neozelandês, indiano, canadense, piloto ou corretor de câmbio)." Ledo engano. Para os franceses, a nação se define a partir da política, não do idioma. Inglês é aquele que adere ao *english way of life* e à democracia britânica, quer fale inglês, gaulês ou japonês. Para ele, uma nação política não é uma comunidade na qual nasceu, como no caso da língua que fala. É antes o resultado de uma adesão voluntária, como a um clube. Podemos fazer parte dele quando obedecemos a suas regras, ou seja, à sua constituição.

Assim, surgiram diferenças entre o conceito de "nação" adotado na Alemanha e o adotado nas democracias ocidentais (portanto, chegamos novamente a um "caminho específico" alemão).

As tribos alemãs

Com esse pressuposto, vale verificar qual a estrutura étnico-lingüística do que se apresenta como Alemanha.

Primeira constatação: a Alemanha se constitui de tribos germânicas, que ainda hoje podem ser identificadas pelos seus dialetos específicos. São seis tribos:

– os bávaros, que depois também ocuparam a Áustria;
– os alamanos, que se espalharam pelos territórios da Suíça, de Vorarlberg na Áustria, da Alsácia e onde mais ou menos hoje é Baden-Württemberg;
– os turíngios, que depois também ocuparam o Estado livre da Saxônia e da Silésia (o nome Saxônia migrou depois para o leste, por meio de diversos desenvolvimentos dinásticos);
– os saxões, *grosso modo* os atuais habitantes da Baixa-Saxônia e da Vestefália, que mais tarde migraram na direção de Mecklemburgo e Brandemburgo;
– os frísios (do norte, do Ocidente e do Oriente), que viviam na costa e havia muito monopolizavam a navegação no Reno (vejam-se as diversas terras chamadas Friesenheim, ou seja, lar dos frísios);
– a tribo mais complicada de todas é a dos francos; eles se espalharam pelas regiões do Reno, do Meno, do Mosela e da Baixa-Francônia e são os ante-

CULTURA GERAL

passados dos francos da Baviera de Hessen, do Palatinado, da Lorena, do Sarre, da Renânia, dos flamengos, dos luxemburgueses e dos holandeses (exceto dos frísios holandeses).

O desenvolvimento da língua alemã

Desde o início da Idade Média, a região em que se falara alemão foi dividida, por meio da chamada segunda reforma fonética, em um território alemão superior e outro inferior. A fronteira entre ambos vai de Düsseldorf até o leste e se chama linha de Benrath, por causa de um subúrbio de Düsseldorf que leva esse nome.

Ao sul dessa linha, os sons começam a se deslocar, enquanto ao norte permanecem imutáveis. Até hoje, as diferenças podem ser identificadas no contraste do alto-alemão com o inglês, o holandês e o *Plattdeutsch* (todos dialetos do baixo-alemão). Portanto, o *t* torna-se *ss* ou *z* no alto-alemão, o que faz com que *water* vire *Wasser* [água], *town* vire *Zaun* [cerca], *token* vire *Zeichen* [sinal], *two* vire *zwei* [dois], *toe* vire *Zehen* [dedos do pé], *cat* vire *Katze* [gato]; o *p* torna-se *f* e, portanto, *ape* vira *Affe* [macaco], *gape* vira *gaffen* [boquiaberto], *pound* vira *Pfund* [libra (peso)], *weapon* vira *Waffe* [arma], *leap* vira *laufen* [correr], *plum* vira *Pflaume* [ameixa]; e o *d* vira *t*, assim, *day* vira *Tag* [dia], *drag* vira *tragen* [trazer], *devil* vira *Teufel* [diabo], *dead* vira *Tod* [morte], *deep* vira *tief* [profundo], *daughter* vira *Tochter* [filha] etc. E do antigo *th* (mantido no inglês) surge o *t* ou o *d* do alto-alemão, portanto, *three* se transforma em *drei* [três], *thou* em *du* [tu], *thrash* em *dreschen* [bater], *think* em *denken* [pensar], *thing* em *Ding* [coisa], *thanks* em *Danke* [obrigado], *thick* em *dick* [espesso] etc.

Isso deu origem a duas línguas: o alto e o baixo-alemão. Ao baixo-alemão pertencem as línguas da Baixa-Saxônia – também chamadas de *platt* – e da Baixa-Francônia, bem como dos Países Baixos. Durante a Idade Média, em todo o território da Liga Hanseática, portanto, de Bruges até Danzig e Dorgat, passando por Lübeck, e até a Gotlândia, falava-se o baixo-alemão.

No sul da Alemanha desenvolveu-se, a partir do antigo alto-alemão, o alto-alemão médio. Nele foram escritos a lírica trovadoresca de Walther von der Vogelweide, a *Canção dos nibelungos*, e o *Parsifal*, de Wolfram von Eschenbach (todos surgidos por volta de 1200).

O alto-alemão falado hoje é uma variante mais branda do alemão meridional, mas que paradoxalmente só se estabeleceu no norte da Alemanha com a Bíblia de Lutero. Por que ali? Porque o norte da Alemanha tornou-se protestante e todo mundo passou a ler a Bíblia. Como foi preciso aprender uma nova língua para isso (falava-se o baixo-alemão), o alto-alemão passou a ser menos influenciado pelos próprios dialetos do que na Alemanha Meridional. Portanto, a pronúncia baixo-alemã do alto-alemão tornou-se padrão para toda a Alemanha.

SABER

Por outro lado, no sul, por causa da proximidade com o alto-alemão que dali era originário, os dialetos e sotaques sobreviveram, enquanto no norte o *platt* praticamente desapareceu (com exceção de algumas "ilhas" lingüísticas). Mas seu primo, o inglês, fez carreira. Porém, não antes de cruzar com o francês e tornar-se o filho bastardo do *platt* e do francês.

O desenvolvimento das línguas românicas

A partir do latim, desenvolveram-se as línguas românicas na França, na Itália e na Península Ibérica.

- A França dividiu-se em *langue d'oïl*, ao norte, e *languedoc*, ao sul, onde o provençal tornou-se a língua dos trovadores. Finalmente, a língua da Ile de France dominou a capital Paris.
- Na Itália existiam inúmeras línguas regionais, tais como o napolitano, o romano, o veneziano, o lombardo e o toscano. Finalmente, prevaleceu o toscano de Florença.
- Na Península Ibérica, falava-se o catalão em Barcelona, o castelhano no centro e o galego na Galícia. Finalmente, o castelhano prevaleceu na Espanha, e o galego transformou-se no português.
- No leste, depois da conquista pelos eslavos do sul – entre búlgaros, gregos e húngaros –, restou a ilha lingüística do romeno.

Sociedade e formas de vida da Idade Média

A sociedade medieval era uma pirâmide de camadas dispostas hierarquicamente. No ponto mais alto, encontrava-se a nobreza, igualmente estruturada de forma hierárquica: depois do imperador, no cume, vinham os reis, os duques, os marqueses, os condes e os cavaleiros. Em seguida os cidadãos livres, que formavam uma hierarquia própria de notáveis (patrícios), comerciantes prósperos, artesãos, mestres, discípulos e aprendizes. Os artesãos estavam organizados em corporações. Nas aldeias do campo, havia camponeses, vassalos, servos e criados.

A Igreja constituía uma hierarquia paralela, começando pelo papa, passando pelos cardeais, bispos, abades, priores, cônegos, padres, monges e frades.

Essa sociedade era amplamente estática. Todo indivíduo permanecia na camada em que havia nascido. Sua posição social o definia de forma abrangente tanto do ponto de vista jurídico, político, econômico e religioso quanto pessoal. Cada um pertencia a uma única camada. Em todas as suas relações, o indivíduo era somente comerciante, ou camponês, ou artesão ou cavaleiro. Toda mistura era considerada uma monstruosidade. Não havia, como hoje, uma diferença entre identidade pessoal e papel social. Por isso, não se dava valor à originalidade. Nas artes, não se enfatizava o que era pessoal, mas sim o típico.

CULTURA GERAL

As injustiças da hierarquia social eram compensadas pela religião, e as desvantagens da vida terrena pelas vantagens do além. Mas até mesmo a ordem do além era organizada numa hierarquia – nem se podia imaginar algo diferente. No topo, naturalmente, apareciam Deus, Cristo, Maria, os apóstolos e os arcanjos. Depois vinham os anjos, os profetas e os heróis bíblicos, e, finalmente, os mártires, santos e beatos. Esses encontravam a sua correspondência no mundo terreno com os papas, os prelados e todo o restante da hierarquia eclesiástica. Na parte inferior, e em exata contraposição, havia o diabo com seus exércitos de demônios, espíritos malignos e diabretes, que atormentavam as almas dos condenados no inferno.

Na Idade Média, entre o céu e a terra ainda se introduziu o purgatório, no qual permaneciam aqueles pecadores que não eram inocentados nem recebiam a prisão perpétua. Podiam penitenciar-se por algum tempo e, enquanto isso, eram ajudados por amigos e parentes com missas e indulgências. Naturalmente, pagava-se por elas. Desse modo, a família podia continuar em contato com os seus mortos.

A Igreja como banco para a economia pública

Podemos imaginar a Igreja como um banco que administrava os bens da salvação e os meios de clemência. Nele, Cristo e os santos haviam depositado uma grande soma de salvação, que os sacerdotes utilizavam para fazer investimentos e conceder créditos. Mediante pagamento e a realização de penitências impostas (doações, peregrinações, esmolas) ou uma contribuição com um "capital simbólico" como a confissão, o pedido de perdão ou a autoflagelação pública, recebia-se um crédito de salvação, com o qual se podia depois saldar as dívidas de pecados. Ou então pagava-se pessoalmente ao banco por meio de uma mudança radical para uma vida devota, obtendo-se, assim, um título de crédito que a Igreja administrava como parte do capital total de salvação e utilizava para conceder crédito a outros. A Igreja tinha o monopólio sobre tudo isso, e os sacerdotes, como únicos a terem autorização para movimentar esse capital, deviam passar por provas e juramentos. Para a distribuição dos bens de salvação, havia uma tabela fixa de taxas: dois florins para uma missa de defuntos, um florim para uma prece, cinco florins por uma indulgência e metade de uma fazenda para um perdão geral.

O poder financeiro da instituição eclesiástica de crédito era bem diferenciado; os que tinham a maior quantidade de bens de salvação eram aqueles que haviam conseguido obter os ossos de um mártir famoso. Uma relíquia como essa fazia muito alarde e fortalecia tanto o capital depositado que, mais do que os meios de clemência normais, podiam ser vendidos autênticos milagres, como a cura de

52

SABER

doenças. As filiais estabeleciam-se em famosos locais de peregrinação e espalhavam alegria e lucro por toda a região.

Os mais famosos locais de peregrinação eram Roma, com o túmulo de São Pedro, Santiago de Compostela, com as ossadas de São Tiago, bem como Colônia, com as relíquias dos três reis magos; o santuário de São Tomé, na catedral da Cantuária, também se tornou um local de peregrinação, descrito pelo poeta Geoffrey Chaucer em seu famoso livro *Canterbury Tales* [Contos da Cantuária]. Indústrias inteiras viviam das peregrinações.

As Cruzadas

As Cruzadas representavam um tipo especial de fluxo de viagens. Surgiram em 1096 porque os soberanos muçulmanos de Jerusalém fecharam as portas dos locais de peregrinação na Terra Santa, que até então eram acessíveis. Em função disso, formou-se um exército sob a liderança de certo Godofredo de Bulhões, da Lotaríngia, que conquistou Jerusalém. No decorrer dos duzentos anos seguintes, realizaram-se mais seis Cruzadas, sendo a quinta composta por um exército só de jovens e, por isso, conhecida como Cruzada das crianças. Surgiram as ordens especiais de combate: a dos Templários, a de São João e a Teutônica.

Na quarta Cruzada, a caminho do Egito, os cruzados foram primeiro para Constantinopla, que acabaram conquistando. Paralelamente ocorreu um intercâmbio cultural com os muçulmanos locais sobre filosofia, arquitetura, artes e outros temas correlatos.

Quando a Ordem Teutônica ficou ociosa, o imperador Frederico deu-lhes a Prússia Oriental e o Báltico, para ali trabalharem como missionários. A partir desses territórios, criaram seu próprio Estado. Como viviam em conflito, representaram na história dos poloneses um papel tão sinistro quanto os outros cruzados com os árabes.

Os mosteiros

A vida religiosa nos mosteiros era bastante rigorosa. De certo modo, eram como campos de treinamento para a entrada no céu. Como no caso de atletas profissionais, os religiosos tinham um cotidiano extremamente disciplinado e ascético: uma rotina diária cumprida com rigor, uma dieta perfeitamente equilibrada, períodos regulares de exercícios espirituais por meio da oração e do recolhimento e, no restante do dia, um treinamento de elevação do espírito por meio do trabalho. O lema era *ora et labora*, reza e trabalha. Em resumo, vivia-se de acordo com regras muito rígidas.

As diversas ordens diferenciavam-se segundo o tipo de regras que adotavam: rigorosas ou brandas, sofisticadas ou ascéticas etc. A ordem primordial era a dos

CULTURA GERAL

beneditinos, fundada em 529 por Bento de Núrsia, em Monte Cassino. Um dos seus mosteiros mais influentes situava-se em Cluny, na França. Em sucessivas ondas de reformas, sempre eram fundadas novas ordens: os cartuxos, os cistercienses, a Ordem de Santo Agostinho, os carmelitas, os premonstratenses e as ordens mendicantes dos franciscanos e dos dominicanos, que mais tarde especializaram-se em perseguições às bruxas e aos hereges, não se furtando a nenhum chamado para perseguir minorias. Até mesmo Lutero, um antigo monge, convocou seus contemporâneos a uma "noite de cristal" semelhante à do Terceiro *Reich*.

No entanto, na Baixa Idade Média (550-850), os mosteiros eram ilhas de civilização. Deles partiam não apenas influências espirituais, cultura e cristianismo, mas também o desmatamento de florestas e invenções benéficas como a cerveja bem fermentada ou milagrosos remédios naturais. Mas eram sobretudo grandes escritórios, onde eram salvos, copiados e guardados os manuscritos que herdamos da Antiguidade. Dos mosteiros da Irlanda partiam missionários para a Inglaterra, e de ambos os países, para a Alemanha.

Além disso, neles já se antecipava a rotina regular do mundo do trabalho industrial. No que se refere ao planejamento de horários de acordo com o relógio de ponto, todos já nos tornamos monges. Podemos observar isso claramente em nossos esportes de alto desempenho.

O homem medieval não trabalhava obedecendo ao relógio, mas guiava-se pela posição do sol: no verão, trabalhava mais, no inverno, menos; e, segundo a quantidade de trabalho a ser realizada, na colheita trabalhava mais e, quando nada havia para fazer, de preferência não trabalhava; além disso, um terço do ano era constituído de dias santos e outros feriados.

Os cavaleiros

Do ponto de vista econômico, o mosteiro era uma propriedade rural com pequenas unidades produtivas agregadas, como cervejarias, moinhos, adegas, farmácias de ervas medicinais e freqüentemente também hospitais. Próximo ao mosteiro situavam-se a aldeia e o castelo, muitas vezes um ao lado do outro. O castelo era o domicílio de nobre local, um minipríncipe com um pequeno exército particular, administrado como uma grande família, cujo número de membros poderia equivaler ao de uma empresa ou mais. Quando os seus donos conseguiam aumentar o seu poder, tais castelos podiam tomar proporções consideráveis. Na Alta Idade Média, tornaram-se centros de uma cultura própria do cavalheirismo, com torneios, festas na corte e jogos. A senhora do castelo era alvo das homenagens cavalheirescas, nas quais a fidelidade dos vassalos era sublimada em forma de amor (o senhor do castelo nada tinha contra) e a beleza dela louvada em canções românticas. A partir disso, desenvolveu-se então o culto cortês à mulher como parte de uma cultura própria da nobreza.

SABER

O objetivo da cavalaria era, por fim, civilizar a luta por meio do culto à mulher (a luta pela honra de uma dama) e da ética (proteção dos fracos, das viúvas e dos órfãos). Assim, num cenário erotizado, o cavaleiro tornou-se uma figura romântica de atrativos viris: corajoso até a morte na luta por sua senhora, pronto a se sacrificar para proteger os pobres e fracos, generoso nas suas ações e no pensamento, despreocupado quanto à própria vida (que constantemente arriscava no combate), fiel na sua lealdade e de comportamento cativante e charmoso. Na cultura européia, essa imagem de atratividade viril foi extremamente marcante. Na literatura burguesa, o amante é geralmente um aristocrata cavalheiresco. Por isso, as mulheres falam até hoje dos príncipes dos contos de fada, pois os feitos do cavaleiro andante foram transmitidos por essas histórias fantasiosas. As mais conhecidas são aquelas sobre o rei Artus ou Arthur, um rei celta do País de Gales, e sua távola-redonda. Essa távola tornou-se legendária. Em volta dela, Arthur reuniu os melhores cavaleiros da região, como Lancelot, Tristão, Gawain, Erek, Galahad, Percival e Merlim, o mago. Como sinal da sua superioridade sobre outros adeptos do esporte cavalheiresco, deveriam conquistar um cálice especialmente valioso, chamado de "Santo Graal". Mas, em vez disso, Tristão se consumiu no amor a Isolda, apesar de ela ser noiva do seu tio. De qualquer modo, as virtudes cavalheirescas já não eram as mesmas de tempos passados. Lancelot iniciou um relacionamento proibido com a mulher de Arthur, Guinevere, e por isso não conseguiu conquistar o Santo Graal. Isso semeou a desconfiança, e, como sempre acontece nesses casos, a távola-redonda acabou em briga, até que finalmente todos se trucidaram mutuamente. Os estudiosos da literatura afirmam que isso mostra a decadência dos valores cavalheirescos. Na verdade, isso mostra que os valores cavalheirescos não conseguiram resistir às estruturas do poder feudal.

As histórias do rei Arthur serviram de tema para germanistas (Wolfram von Eschenbach), romanistas (Chrétien de Troyes), anglicistas (Thomas Malory) e musicólogos (Richard Wagner).

As cidades

O berço da cultura dos novos tempos encontra-se como sempre nas cidades. Elas também costumavam ser dominadas por um nobre, porém, na maioria das vezes, eram livres, isto é, tinham administração própria. Para isso, contavam com regulamentos, que em geral adquiriam um caráter modelar, como no caso de Lübeck, Magdeburgo ou Nuremberg, igualmente adotados por outras cidades. Nelas, a democracia e o Estado moderno eram testados em pequena escala. Geralmente, o patriciado – portanto, as famílias mais importantes – e as corporações de ofício se enfrentavam e combatiam pelo governo da cidade, como antigamente os patrícios e os tribunos do povo em Roma.

55

CULTURA GERAL

Quanto à técnica militar, as cidades organizavam-se na forma de burgos e defendiam-se sozinhas. Para um burguês, a pátria não era a Alemanha, mas Nuremberg ou Nördlingen.

Como os mosteiros, que com suas ordens formavam redes inteiras, as cidades se organizavam em ligas. A Liga Hanseática da Alemanha setentrional não era a única, mas a maior e mais poderosa (com cerca de setenta cidades, lideradas por Lübeck, e com seu auge nos séculos XIV e XV). A ocupação dos territórios a leste do rio Elba (mais tarde a RDA, a Silésia e a Pomerânia) foi acompanhada pela fundação de cidades. A colonização no leste durou de 1150 até cerca de 1350 (Berlim foi citada pela primeira vez em 1244).

Mas foi principalmente em duas regiões européias que as cidades floresceram e tornaram-se modernos miniestados, com uma cultura desenvolvida e uma administração racional: na Itália setentrional (Veneza, Verona, Milão, Florença, Gênova) e em Flandres (Bruges, Gand, Antuérpia). Ao lado das cidades da Liga Hanseática, surgiram na Alemanha as cidades de Augsburgo e Nuremberg, como berços da cultura burguesa; já as cidades italianas e as da região de Flandres foram os locais em que nasceu a pintura moderna.

As catedrais e universidades

Por regra, eram as grandes comunidades de cidades que criavam os maiores monumentos da arquitetura medieval: as catedrais. Reconhecemos seu estilo gótico nos arcos ogivais, em contraste com os seus antecessores "românicos", com arcos redondos. Os feixes de colunas e os arcos ogivais sugerem o movimento ascendente de chamas e raios. Com tal estilo, era possível disfarçar a impressão de peso do material e domar visualmente montanhas inteiras de pedras com grandes quantidades de figuras por meio de um único princípio espacial: a vertical ascendente. As catedrais de Chartres, Reims, Paris, Estrasburgo ou Colônia fazem parte das obras arquitetônicas mais admiráveis do mundo. É nelas que a visão de mundo da Idade Média se expressa de forma mais evidente: o contraste entre o caráter terreno e multiforme da matéria e a transcendência única do além: a luz.

Nas cidades também surgiu outra instituição que em alguns casos preservou suas origens medievais até hoje: as universidades. As mais famosas situavam-se em Paris, Oxford, Cambridge, Pádua e Praga. Nelas, aprendiam-se as sete artes liberais: o *trivium* (gramática, lógica e retórica) e o *quadrivium* (geometria, astronomia, aritmética e música). Além disso, havia naturalmente as especialidades do direito, da medicina e da teologia, bem como a filosofia. O filósofo que dominava tudo era Aristóteles, cujos textos haviam sido transmitidos pelos centros árabes de ensino superior. A filosofia medieval das escolas – a escolástica – consistia basicamente na sistematização da visão de mundo cristã em conceitos aristotélicos.

SABER

O mais famoso filósofo da Idade Média que tentou fazer isso foi Tomás de Aquino. Até hoje ele tem um papel importante na filosofia católica; era tão gordo que foi preciso serrar um pedaço do tampo da mesa para que ele conseguisse alcançar o prato de comida.

A cosmologia

A cosmologia medieval consiste num mundo hierarquicamente estruturado e dotado de força poética de persuasão: no ponto central do cosmos situa-se a Terra. Em volta dela giram os planetas, dos quais também fazem parte a Lua e o Sol. Estão envoltos em capas de cristal de uma pureza que vai aumentando de acordo com a distância da Terra. Debaixo da Lua (*sub luna*), situa-se o reino da mutabilidade, o mundo sublunar. Na parte de cima, reinam a harmonia e a tranqüilidade. As capas de cristal produzem música ao girar, a chamada música das esferas. Por isso, o *Fausto* de Goethe começa com a seguinte frase: "O Sol ressoa à maneira antiga, no concurso de música das esferas irmanadas..."

A Terra se compõe de quatro elementos, que por sua vez sempre combinam de diversas formas quatro características principais: quente e frio com úmido e seco, ou seja, fogo (quente e seco), ar (quente e úmido), água (úmido e frio) e terra (frio e seco). O ser humano se constitui dos mesmos elementos que correspondem aos quatro fluidos corporais (humores): bile amarela, bile negra, sangue e muco. Quando esses fluidos são misturados de forma harmônica, dão origem a um temperamento harmônico, mas, se um deles predominar sobre os outros, produzirão um caráter diferenciado. Desse modo, o indivíduo poderá ser colérico, com tendências a acessos de raiva (de *cholon* = bile); ou melancólico com tendências à tristeza (de *melan cholon* = bile negra); ou sangüíneo, com uma natureza alegre (de *sanguis* = sangue); ou fleumático, pesado e inerte (de *phlegma* = muco). A esses tipos correspondem os elementos: o raivoso é um incendiário, o melancólico, um torrão de terra, o sangüíneo é aéreo e o fleumático é do signo de aquário. Os dramas da era shakespeariana também foram escritos segundo essa tipologia. Hamlet é o típico melancólico, enquanto Lear é definitivamente um colérico etc.

Acima das esferas e a envolvê-las mora Deus, na eterna tranqüilidade. No mundo sublunar, ao contrário, reina o movimento. Nele o mundo é ordenado de forma hierárquica: a camada inferior é o reino mineral, depois vem a vida, que, por seu lado, se divide novamente em reino vegetal e animal. Na camada logo acima começa o reino da racionalidade, onde vivem os espíritos dos anjos. Exatamente no meio, tal como na Terra, situa-se o ser humano, que participa de ambos. Sua alma é dividida em três partes: vegetativa, animal e racional. Ele é, ao mesmo tempo, animal e anjo, matéria e espírito. Na morte, é sublimado (purifi-

CULTURA GERAL

cado e separado), isto é, sua parte terrena é devolvida à Terra e sua alma racional se eleva às esferas cristalinas, onde vivem os espíritos. Em vida, sua alma já era cristalina: era como um espelho, invisível para tornar os outros visíveis, imutável para poder captar as manifestações mutáveis.

Assim, como ponto central do mundo, o ser humano é um pequeno cosmos em si mesmo, e sobre o seu corpo terreno brilha o sol da racionalidade.

O mundo foi criado por Deus – há mais ou menos seis mil anos – e está envelhecendo. Se Deus não o preservasse constantemente, ele desmoronaria de imediato. Portanto, o mundo não é mantido coeso por meio de uma cadeia contínua de causa e efeito, mas pela mão de Deus. Como a causalidade ainda não é obrigatória, Deus pode interferir a qualquer momento por meio de milagres. Como único criador, ele não desapareceu no passado, e sim habita um mundo paralelo – por assim dizer, o sótão do cosmos – de onde supervisiona tudo. Portanto, é a presença mais avassaladora que existe. Mas regularmente ainda comparece aos eventos preparados para ele, como as festas religiosas, a eucaristia e os demais sacramentos.

Os demônios e diabos

Na sociedade medieval, a comunicação não está restrita ao ser humano. Da comunicação geral também participam anjos, demônios, animais, espíritos, fantasmas, plantas, diabos, mortos, santos, mártires e Deus. A virgem de Orléans é visitada regularmente por Santa Ana e Santa Catarina, enquanto as bruxas praticam obscenidades com demônios animalescos e mantêm um contato íntimo com uma deusa dos campos, chamada Bona Dea, e com a senhora Holle. O mundo é totalmente animado e encantado. Além dos homens, existem muitos outros seres, desde gnomos até demônios, que se agitam nas pessoas por eles possuídas. O contato com eles é constante. Para isso, existem especialistas que aprenderam como se comunicar com eles; pois, quando os abordamos de maneira incorreta, eles têm acessos de raiva ou se vingam. Às vezes as pessoas também fazem acordos com eles ou evocam o anjo da guarda e todos os santos.

A figura mais importante nesse zoológico de espíritos é o diabo. Sua carreira começa com o surgimento de diversas seitas no sul da França, que a Igreja considera perigosas: entre elas podemos citar os cátaros (de "catarse" ou purificação), dos quais se origina o termo alemão *Ketzer* (herege). Eles ensinam que o mundo está dividido em reino da luz e da escuridão, e que o príncipe deste último é o diabo. Para combater essa seita, a Igreja institui uma comissão de inquérito (inquisição = inquérito), e o crime pelo qual identifica os hereges é a interação com o diabo. Para provar a culpa dos criminosos, foi elaborada toda uma teoria sobre

SABER

as características do diabo, suas artes de sedução e a lista de todos os seus ajudantes. Desse modo, a própria Igreja providencia a difusão das idéias que na verdade pretende combater. Quando toda a elaboração desse tratado de demonologia fica pronta, a Europa é devastada por uma terrível catástrofe: a peste.

As perseguições às bruxas e aos judeus

Em 1347, a peste bubônica é trazida da Ásia e devasta a Europa durante três anos, matando um terço de sua população. Ao longo dos cinqüenta anos seguintes, a peste volta a ressurgir com certa freqüência. A catástrofe tem a extensão de um apocalipse (fim do mundo) e estimula a paranóia. A sociedade começa a procurar bodes expiatórios, que logo são encontrados entre dois grupos populacionais: as mulheres e os judeus.

Um antigo costume popular passa a ser demonizado: mulheres em estado de transe, agora chamadas de bruxas, saem para uma viagem noturna a fim de encontrar outras mulheres que compartilham as mesmas crenças. Vão para um local afastado, onde exorcizam a fé cristã e consagram um culto a um demônio ou ao diabo. Os encontros noturnos são acompanhados de animadas orgias sexuais e caracterizados pela adoração de um demônio, com a ingestão de elixires e drogas mágicas e a transformação em animais. Os relatos desses eventos são confirmados por muitas mulheres diante do tribunal. Eles têm a mesma credibilidade dos relatos atuais de pessoas que afirmam ter encontrado alienígenas numa viagem noturna e que esses as levaram embora em seus discos voadores para praticar sexo extraterrestre. Na Idade Média, esse tipo de festa era conhecido como sabá das feiticeiras. Encontraram muita repercussão em obras literárias, como em *Macbeth*, de Shakespeare, ou na *Walpurgisnacht* [Noite de Walpurgis] de *Fausto*, de Goethe. Nos séculos XIV e XV, porém, as bruxas foram acusadas de fornicar com o diabo e, para o bem-estar de suas almas, foram atiradas ao fogo purificador. As perseguições às bruxas perduraram até o século XVII.

Na sua tentativa de arruinar o mundo por meio da peste, o diabo – segundo diziam – tinha uma grande equipe de ajudantes: os judeus. Como serviçais do diabo, supostamente envenenavam os poços, fazendo com que a peste se propagasse. Nos lugares em que a peste irrompe, deixa atrás de si o rastro de sangue dos massacres dos judeus, que se estende da Sabóia até a Suíça, passando pela Renânia e chegando até a Alemanha. Em Colmar, Speyer, Worms, Oppenheim, Frankfurt, Erfurt, Colônia, Hannover, enfim, em toda parte, os judeus são assassinados – só em Estrasburgo foram dezesseis mil. O ódio aos judeus baseia-se em superstições religiosas (eles mataram Cristo, têm regras alimentares estranhas e a tendência de profanar hóstias e assassinar crianças) e na moral econômica cristã. Essa, por seu lado, baseia-se no seguinte trecho da Bíblia: "Dos estra-

59

CULTURA GERAL

nhos podes cobrar juros, mas não dos teus irmãos." Resultado: os cristãos são irmãos em Cristo e, por isso, não podem cobrar juros sobre dinheiro emprestado (coisa que naturalmente fazem). Mas, para os judeus, os cristãos são estranhos, portanto, os judeus podem cobrar juros deles. Mas o dinheiro é estéril. Quando os judeus multiplicam o dinheiro por meio da cobrança de juros, tornam-se feiticeiros que fazem sexo com o dinheiro. Em vez de filhos dos filhos, geram juros dos juros. Como aos judeus é proibido exercer profissões cristãs, tornam-se agiotas, criaturas muito odiadas, principalmente quando se têm dívidas com eles que se multiplicam progressivamente enquanto não são saldadas. Portanto, eliminá-los é uma obra de adoração a Deus. Quem incita as pessoas a isso são monges mendicantes com grande talento demagógico, que mostram ser de interesse social a denúncia contra os usurários e em seus sermões anunciam para breve o combate apocalíptico final da luz contra a escuridão. Não se chamam Adolf, e sim Bernardino ou João, porém têm com o primeiro uma notável semelhança: são ascéticos na vida privada, com uma grande sensibilidade aos medos, às obsessões e aos problemas sociais dos seus ouvintes plebeus, têm grande talento retórico e são possuídos por fantasias demonológicas e visões apocalípticas. Seus sermões constantemente desencadeiam novos massacres de judeus. Os mais proeminentes foram canonizados pela Igreja. Será que foi por isso que o papa Pio XII nada disse contra Hitler? Será que foi porque Hitler era muito parecido com eles, com São Bernardino de Feltre, São Bernardino de Siena e São João de Capistrano?

Porém, a catástrofe da peste torna-se o grande catalisador do fim da Idade Média. Por quê? A redução populacional causada pelos massacres e pela epidemia torna a terra barata e o trabalho escasso, os salários aumentam, e, para lucrar com suas propriedades, os senhores feudais precisam acenar com dinheiro; a antiga ordem dos feudos se dissolve e tudo contribui para a aceleração da economia monetária. Mas economia monetária significa dissolução das relações de feudalismo e vassalagem, que são substituídas pelo pagamento. Os exércitos já não se constituem de vassalos e subalternos, mas de mercenários pagos. E já não se governa pela distribuição hierarquizada de direitos de soberania aos vassalos, mas por meio de uma administração com funcionários pagos. Tudo isso compõe o pressuposto para o surgimento do Estado moderno. Em algum momento do século XV, a Idade Média perde o fôlego, e, quando chega o ano 1500, começa a Idade Moderna. Nesse ínterim, o ser humano já atravessou o umbral rumo a uma nova dimensão.

SABER

A IDADE MODERNA

O Renascimento

O termo "renascimento" vem de *renaissance*, criado por Giorgio Vasari já em 1550, para caracterizar sua época nas biografias que fazia dos artistas italianos. Com Vasari, quis definir a redescoberta da cultura pagã da Antiguidade depois do longo sono da Idade Média. Esse renascimento exprimiu-se sobretudo por meio da arquitetura, da escultura e da pintura e produziu as maravilhosas cidades italianas que até hoje admiramos.

Tudo isso não aconteceu por acaso: o que renasceu foram o prazer terreno, a sensualidade, as cores, a luz e a beleza do corpo humano. O ser humano voltou do além e descobriu o paraíso na terra. Era um paraíso de formas e cores. Essa descoberta provocou uma vertigem. O Renascimento era vivenciado como uma festa, como euforia e excesso e, por isso, expressava-se sobretudo nas artes que falam aos sentidos: a arquitetura e a pintura.

Quando se manifesta? Delimitamos o período renascentista em cerca de 130 anos, de 1400 até 1530.

Por que essa festa do Renascimento surgiu na Itália?

Porque foi ali que o feudalismo começou a dar lugar à economia monetária, com o seguinte resultado: em vez de se tornar um reino feudal, a Itália tornou-se um aglomerado de cidades-Estado.

De onde vinha o dinheiro?

– As rotas comerciais que partiam do Oriente passavam pela Itália. O capital assim acumulado também fluía para os ramos industriais do artesanato e da indústria têxtil e produzia uma burguesia muito influente.
– Num fluxo interminável, as contribuições à Igreja da Europa cristã desembocavam em Roma, onde os papas começaram a realizar reformas a partir de 1450; para isso, contrataram muito mais artistas do que jamais fizeram antes. Quando finalmente a Igreja decidiu pressionar ao máximo a orbe cristã, a fim de obter doações para a construção da Basílica de São Pedro, eclodiu a Reforma (1517).
– Por causa dessa explosão da economia monetária, a Itália também se tornou o berço das instituições bancárias e de crédito (todas as expressões que se relacionam aos negócios bancários são de origem italiana: conta, conta corrente, bancarrota, deságio, crédito, desconto etc.). A capital dos negócios bancários é Florença, e a família que possui o maior banco nessa cidade é quem a domina: os Médicis. Sob os Médicis, Florença tornou-se a nova Atenas e o berço da nova era. De Florença e Arezzo vieram os precur-

CULTURA GERAL

sores literários do Renascimento, que criaram a linguagem literária italiana e contribuíram para que a língua italiana de hoje fosse aquela de Florença: Dante, Petrarca e Boccaccio.

– Dante fez uma síntese da visão de mundo da Idade Média: com a descrição do inferno, do purgatório e do paraíso em sua *Divina Comédia*, criou, pela última vez, um cosmos moralmente ordenado, no qual todo castigo e toda recompensa tinham seu lugar.

– Com seus *Sonetos a Laura*, Petrarca criou a moderna lírica de amor.

– E Boccaccio, com seu *Decamerão*, criou o modelo para o romance e estabeleceu um parâmetro para a liberdade sexual do Renascimento.

Em 1439, também foi realizado em Florença um concílio para a unificação da Igreja romana com a grega do Oriente, o que trouxe a essa cidade um grande número de eruditos gregos. Quando os turcos conquistaram Bizâncio em 1453 e decretaram o fim do Império do Oriente, muitos eruditos gregos fugiram para Florença. Isso contribuiu para que nessa cidade a febre do humanismo eclodisse com uma força especialmente duradoura. Os humanistas eram eruditos que pretendiam se superar uns aos outros na paixão pelos antigos textos gregos e latinos. Juntos, elevaram a linguagem da antiga literatura a um novo ideal de estilo. Assim, foram redescobertos:

– a tragédia de Sêneca;
– a comédia de Plauto e Terêncio;
– os historiadores gregos e romanos, de Heródoto e Tucídides até Tito Lívio e Salústio;
– a poesia de Horácio, Catulo e Ovídio;
– e, na filosofia, sobretudo Platão (Aristóteles já havia tido a sua supremacia na Idade Média). Aconteceu um verdadeiro renascimento de Platão em Florença, e fundou-se novamente uma academia platônica. Nessa revitalização, foi sobretudo a idéia do amor platônico que teve um papel importante (→ Sócrates; → Botticelli).

Além disso, antes de os Médicis tomarem o poder, reinava em Florença uma quase-democracia muito instável, com partidos que se digladiavam. Por isso, na luta pelo poder, era útil ganhar a simpatia dos burgueses por meio da ostentação do luxo e das encomendas de obras artísticas, ou, quando já se estava no poder, manter-se nele mediante a contratação de obras públicas. Desse modo,

– em Florença, os Médicis tornaram-se os maiores mecenas da história, dando início ao Renascimento;

SABER

- no começo, a maioria dos artistas era de Florença;
- na seqüência, os governantes de outros lugares passaram a legitimar suas pretensões ao poder por meio da ostentação, das obras públicas e do teatro estatal carregado de simbolismo.

Depois de muitas guerras e conquistas, formou-se na Itália um grupo de cinco cidades-Estado, mais poderosas do que todas as outras. Por regra, eram dominadas por governantes bastante ilegítimos, que haviam tomado o poder com muita astúcia, habilidade e dinheiro. O procedimento usual consistia em comprar apoio político com doações em dinheiro e distribuição de cargos. Assim como nos partidos de hoje, formavam-se clientelismos que ajudavam o governante a se estabilizar no poder e acabavam formando dinastias inteiras. As cinco cidades-Estado mais poderosas eram:

- Florença, onde dominavam os Médicis;
- Milão, onde dominavam os Sforzas;
- O Estado da Igreja, onde dominavam os papas; mas aqui o processo para chegar ao poder era o mesmo dos outros lugares: quem quisesse ser papa subornava os cardeais para que o elegessem. Além disso, um papa da família dos Bórgias (o pai de Lucrécia) tinha um apego tão grande à família que tentou fundar uma dinastia própria;
- Veneza, onde o governo não era exercido por nenhuma dinastia, mas por uma oligarquia. Um número fixo de famílias de senadores formava um conselho, que elegia um doge (a palavra veneziana para *duce* = líder) como chefe. O governo possuía uma polícia secreta muito profissional; dessa forma, Veneza tornou-se a potência política mais estável e mais rica da Itália e sobreviveu ao declínio das outras;
- Nápoles formou um reino pouco urbano, que incluía toda a Itália meridional. Esse reino era disputado pelas dinastias do espanhol Aragão e do francês Anjou. Isso ensejou a interferência de potências estrangeiras (França, Espanha, o imperador) na Itália, o declínio das cidades livres (com exceção de Veneza) e o fim do Renascimento no século XVI. Fora isso, Nápoles não teve nenhum papel importante nessa época.

Portanto, os centros eram Florença, Roma, Veneza e Milão. Além desses, havia outros menores, como Ferrara, onde governavam os Estes, os Mantovas com os Da Feltre, e a corte de Urbino, onde certo Baldassare Castiglione escreveu um célebre livro de regras comportamentais para os cortesãos do Renascimento: *Il Cortegiano* (*O Cortesão*). O livro tornou-se um manual usado em toda a Europa.

CULTURA GERAL

Essas cidades tornaram-se o palco de uma competição artística que se prolongou por 150 anos.

Participaram dela:

Sandro Botticelli (1444-1510)

Foi contratado pelos Médicis. Dois de seus quadros tornaram-se ícones (imagens de culto) modernos. O primeiro se chama *O nascimento de Vênus*: a deusa que nasce da espuma sai de uma concha, sem nenhuma roupa além dos seus longos cabelos loiros. O outro quadro é uma visão alegórica (alegoria = representação de um conceito abstrato por meio de imagens), e se chama *A primavera*. Como Florença era a capital do platonismo, *A primavera* era uma alegoria do amor platônico. O que segue é o esboço de uma interpretação: Zéfiro, o vento, aproxima-se pela direita e espalha o sopro divino; ao fazê-lo, abraça a ninfa Clóris e lhe infunde espírito, na forma da união carnal. Por meio do abraço, Clóris se transforma em Flora. Esta aponta para Primavera, figura central, que deu nome ao quadro. Tudo isso também constitui uma imagem do amor. O céu dirige-se apaixonadamente à terra e a transforma por meio da primavera. Na parte esquerda do quadro aparece Mercúrio, o mediador entre o céu e a terra, cujo olhar está voltado para o céu. Ele representa o ressurgimento do espírito. Entre ele e a figura central da Primavera encontram-se as três graças, que nas figuras de Vênus, Juno e Atena representam a beleza, a concórdia e a sabedoria. Suas mãos entrela-

Sandro Botticelli, *A Primavera*

SABER

çadas ora pairam acima das suas cabeças, ora pendem na parte de baixo, na altura dos quadris. Entre essas duas posições estão aquelas mãos que pairam no plano intermediário, na altura dos olhos. Juntas, simbolizam mais uma vez o caminho do espírito. Esse é o ciclo platônico da descida do espírito e do seu retorno ao céu sob a forma de um erotismo cosmológico. E podemos ver que os quadros do Renascimento só podem ser entendidos quando conhecemos a mitologia grega, a filosofia e naturalmente também os personagens das histórias de amor.

Leonardo da Vinci (Empoli, 1452-1519)

Pintou o quadro mais famoso do mundo, a *Mona Lisa* (exposto no Museu do Louvre, em Paris). Foi ele quem incorporou mais nitidamente o ideal do homem renascentista, ou seja, a genialidade universal. Era arquiteto, inventor de aparelhos e máquinas de guerra, desenhista completo, incansável pesquisador da natureza, engenheiro cheio de idéias e um pintor genial. Criou trajes e adereços, pintou afrescos e retratos, construiu canais de irrigação, projetou banheiros, pintou cavalariças e criou altares e retratos de madonas. Em Milão, pintou um dos seus quadros mais famosos, *A última ceia*, que mostra os discípulos no momento em que Cristo diz: "Hoje, um de vós irá me trair." Depois, Leonardo foi para Florença e entrou numa competição em que seu rival era Michelangelo. Leonardo pintou um afresco numa parede, e Michelangelo pintou outro na parede bem em frente, no mesmo salão. Leonardo perdeu, porque suas tintas esmaeceram. Nessa época, insistiu, durante três anos (1503-1506), para que a esposa de Francesco del Giocondo, de Florença, posasse em seu ateliê, de modo que pudesse tentar fixar na tela o seu sorriso melancólico e a expressão enigmática do seu rosto. Ele costumava contratar músicos para as sessões, o que aumentava ainda mais a melancolia expressa no rosto dos modelos. Assim, conseguiu pintar o sorriso mais famoso da história da pintura. Gente histérica já se suicidou diante do quadro. O professor de Oxford, Walter Pater, alega que naquele rosto está expressa toda a experiência da humanidade. Talvez a Gioconda, que se tornou famosa com o nome de Mona Lisa, também estivesse sorrindo ironicamente por causa de um segredo do pintor: Leonardo era homossexual e tinha uma peculiaridade que muito interessou a Freud: era incapaz de concluir uma obra de arte. Até mesmo sobre a *Mona Lisa* costumava dizer que não estava terminada. No mais, tinha grande força física, conseguia dobrar uma ferradura com as mãos, sabia montar cavalos e esgrimar, dava muito valor à elegância dos trajes, era canhoto e amava curiosidades. Seu olhar de desenhista era totalmente imparcial e captava tanto o grotesco e o feio quanto o belo. Era fascinado por todos os fenômenos dinâmicos, redemoinhos, nuvens, montanhas, rochedos, cordilheiras, buquês de flores, emoções e correntes de ar. Ocupava-se constantemente com questões ligadas ao

CULTURA GERAL

vôo. Projetava ou construía aparelhos voadores, pára-quedas, e desenhou até uma máquina laminadora, uma chave de fendas universal, um morteiro, uma metralhadora, um submarino e um canhão a vapor. Estudou fenômenos térmicos, acústicos, ópticos, mecânicos e hidráulicos, comparou a anatomia humana com a animal e realizou inúmeros desenhos de órgãos, veias e nervos humanos. Foi um dos talentos mais universais que já existiram, só comparável a Leibniz ou a Goethe.

Michelangelo Buonarroti (1475-1564)

O salto decisivo na carreira de Michelangelo foi dramático. Como aprendiz, trabalhava na escultura de um fauno, quando Lorenzo de Médici passou por ele e fez um comentário crítico, dizendo achar estranho que um fauno tão velho tivesse uma dentadura tão perfeita. Então, Michelangelo, com um único golpe de martelo, arrancou um dente do maxilar superior do fauno. Entusiasmado com aquela combinação de temperamento e habilidade, Lorenzo levou o jovem aprendiz à sua casa. Mas ali Michelangelo teve o seu nariz esmagado numa briga. Depois disso, foi para Pádua e Roma, onde criou em mármore a sua *Pietà* (Maria de luto com o Cristo morto no colo), e voltou para Florença, onde lutou durante dois anos com um bloco de mármore, para dele libertar seu Davi (a cópia está diante do Palazzo Vecchio, e o original, na Academia das Artes em Florença – não deixem de ver!). Em seguida, foi contratado pelo papa Júlio II para pintar o teto da Capela Sistina. Ali, deitado sobre um andaime, pintou as famosas cenas do Antigo Testamento: a criação, em que Deus estende a mão direita e toca o dedo inanimado de Adão, dando-lhe vida; o pecado original; Noé em estado de embriaguez; e muito mais, tudo no espírito do Antigo Testamento, isto é, profético, não pictórico, mas escultural. E, na imagem da criação do mundo, Michelangelo instila na pintura a energia da sua própria capacidade criadora, a dinâmica, as forças por trás do nascimento de um mundo e as paixões que se exprimem somente nos corpos humanos. Há cerca de cinqüenta nus femininos e masculinos pintados na Capela Sistina, mas nenhuma paisagem nem plantas. Tudo é força atlética; os corpos musculosos criados por Michelangelo não são sensuais, mas fortes. Como pintor, era escultor, e como escultor, era um modelador de corpos. Michelangelo trabalhou durante quatro anos no teto da capela, brigando o tempo todo com o papa, que sempre queria ver o andamento da obra e ameaçava-o com a retirada dos andaimes. Como o artista se recusava a deixá-lo ver a pintura, o papa ameaçou mandar jogá-lo de cima dos andaimes. Quando finalmente conseguiu vê-la, soube que podia morrer tranqüilo. Havia visto a obra de arte mais impressionante que jamais fora concebida. Michelangelo renunciou a tudo o que fosse pitoresco, decorativo, ornamental, paisagístico, bem como a tudo o que comportasse arabescos e cenários arquitetônicos para concentrar-se apenas nos corpos

SABER

humanos. Suas obras respiram o espírito do Antigo Testamento ou do novo protestantismo. Possuem algo de obscuro, atípico para o Renascimento, e justamente por isso Michelangelo tornou-se um dos seus maiores artistas. Quando trabalhava, ficava possuído. Deixava de cuidar de si e dormia vestido. Depois da conclusão da Capela Sistina, estava precocemente envelhecido. Mesmo assim, chegou perto dos noventa anos.

Ticiano (1477 ou cerca de 1487/90-1576)

Talvez tenha chegado a uma idade mais avançada, quase aos cem anos, mas a data de seu nascimento não foi determinada com exatidão. Seu quartel-general não era em Florença, mas em Veneza. No mais, era o oposto de Michelangelo. Talvez tenha sido o pintor mais representativo do Renascimento. Sua especialidade era a representação da beleza feminina – pintou muitas Vênus e Afrodites, e também a Virgem Maria, como se fosse uma Vênus. Nele nada se vê do protesto de Michelangelo contra o mundo nem do lado obscuro da vida. Tudo é cor, luz e fruição dos sentidos. Foi o mestre insuperável das nuanças, no colorido e na representação da luz. Além da representação de mulheres, sua segunda especialidade foi a pintura de luxuosos retratos. Devido ao forte impacto causado por eles, recebia encomendas de pessoas importantes e chegou a pintar imperadores (Carlos V), papas, duques e doges. Quando morreu, a cidade de Veneza conferiu-lhe a honra de um funeral de chefe de Estado. Está enterrado na igreja de Santa Maria Gloriosa dei Frari.

Rafael (na verdade, Raffaello Santi, 1483-1520)

Era originário de Urbino, mas resolveu ir a Roma, passando por Perúgia e Florença, onde, por encomenda do papa Júlio II, pintou o salão (*Stanza della Signatura*) no qual o papa assina os indultos eclesiásticos. A temática dessa obra monumental parece um programa artístico do Renascimento: mostra a reconciliação da religião e da filosofia, do cristianismo e da Antiguidade, da Igreja e do Estado. A Igreja é representada pela Santíssima Trindade, pelos apóstolos e pelos padres da Igreja, a filosofia, pelo trio de filósofos e seus ouvintes: Platão, como idealista, aponta o dedo para o céu, Aristóteles, como realista, aponta o seu para a terra, e Sócrates conta nos dedos os seus argumentos, enquanto Alcibíades o ouve encantado. O grupo é completado por outros filósofos, como Diógenes, que está seminu, Arquimedes com os compassos, Pitágoras com sua tabela, Heráclito estudando enigmas, e, entre os discípulos atentos, há um com as feições de Rafael. Mas a própria obra de Rafael mostra mais nitidamente essa reconciliação nas suas inúmeras madonas, nas quais reúne a graciosidade da Antiguidade com a devoção cristã. A delicadeza das imagens que fez de Maria não é superada por ninguém.

CULTURA GERAL

Nessa síntese, ele também reúne a influência de outros pintores, como Leonardo, Giorgione ou Michelangelo. Sua mais famosa madona é a *Madona Sistina*, que se tornou a mãe de todas as virgens. Numa clássica composição piramidal, o manto azul esvoaça ao vento celestial por trás da Virgem e deixa entrever sua saia vermelha. Seu rosto é rosado, e ela contempla o mundo com uma expressão entre tristonha e admirada, segurando nos braços o inocente menino Jesus, enquanto por trás dela a cortina se abre para lhe permitir a visão do paraíso. Ela se tornou a madona preferida de toda a cristandade e o modelo de inúmeros artigos de devoção religiosa, reproduções e cartões-postais. De todos os artistas da época, Rafael foi o mais alegre. Nele não há sinal das dores da criação, não notamos enigmas como em Leonardo nem nos espantamos com as energias demoníacas como em Michelangelo (por isso, uma escola inglesa de pintura do século XIX achou-o superficial demais e se autodenominou "pré-rafaelita"). Em Rafael não existe hiato entre corpo e espírito nem entre sentimento e razão. Provavelmente, sua amante posou para a *Madona Sistina*. Segundo o relato de Vasari, ele se abandonou descontroladamente aos prazeres amorosos e, assim, certo dia "ultrapassou os limites", morrendo por causa do esforço excessivo, com apenas 37 anos de idade.

As cidades

Em conjunto com inúmeros arquitetos, artesãos e mestres-de-obras, os artistas construíram todo esse tesouro que é a Itália e depois encheram-no até a borda com obras magníficas, transformando-o na meca de quem se interessa por arte e beleza. As cidades italianas converteram-se em resplandecentes ilhas de magnificência. Os papas transformaram as ruínas da Antiguidade numa magnífica Roma barroca ao redor da nova basílica de São Pedro, a maior igreja da cristandade. Florença orgulhava-se da cúpula da sua catedral, que Brunelleschi erigiu lutando contra as leis da gravidade, e os milionários como os Médicis e os Pittis enchiam seus palácios, situados em ambas as margens do rio Arno, com as obras que saíam às centenas dos ateliês e das oficinas dos artistas florentinos. Em Pisa todos os dias as pessoas contemplam atônitas a luta vitoriosa da torre de mármore contra a força da gravidade, até que Galileu, com suas experiências, descobriu o segredo das leis da queda livre que regiam essa força. Palladio enfeitou Vicenza e seu entorno com palácios e vilas em estilo antigo, que serviram de modelo para as casas rurais inglesas, os palácios ornados com colunatas no sul dos Estados Unidos e para a Casa Branca, em Washington. Mas, para o coroamento dessa era e dos séculos seguintes, construiu-se uma miragem sobre a água, sob a forma de uma cidade de cúpulas e palácios dourados chamada Veneza. Com seu cenário único no mundo, a cidade na laguna tornou-se um lugar mágico, que os poetas constantemente escolhiam como locação para as suas histórias: desde o *Mercador de Vene-*

za, de Shakespeare, até o romance *Morte em Veneza*, de Thomas Mann, e as novelas policiais de Donna Leon. Em seu longo florescimento, a cidade foi palco de celebrações culturais que espalharam sua fama por toda a Europa: a posse festiva de um doge, o dia da festa das mulheres – o *Garanghelo* –, o aniversário do padroeiro da cidade, São Marcos, e a maior festa do ano, o *Sposalizio del Mare*, as bodas cerimoniais de Veneza com o mar: tudo isso criou a oportunidade de se promoverem regatas com milhares de barcos e gôndolas enfeitados, no Grande Canal e no mar da praça de São Marcos, diante da fachada em estilo oriental da basílica de São Marcos e do Palácio dos Doges. O carnaval de Veneza também ficou famoso. E quanto mais a história avançava e Veneza sobrevivia, tanto mais a cidade se tornava um local de poesia, de sonho e de turistas em lua-de-mel. Além disso, Veneza foi responsável por uma suspeita invenção urbana: o gueto dos judeus, assim denominado por causa de uma fundição – *getto* em italiano – situada numa pequena ilha e que deu o nome a todos os outros guetos do mundo.

A partir do século XVII, essas cidades italianas tornaram-se o destino das viagens culturais dos rapazes europeus. Até hoje são recomendadas. Em vez de freqüentar as praias de Rimini, aquele que quiser aprimorar seu olhar e seu bom gosto deveria viajar a Veneza, Florença ou Roma, pois as mulheres de Rafael e Ticiano são bem mais bonitas do que as garotas de biquíni das colônias da Renânia do Norte.

O fim do Renascimento

E por que depois de 130 anos secaram as fontes que haviam produzido todas essas belezas? Porque um italiano e um alemão as aterraram.

- Em 1492, o genovês Cristóvão Colombo descobriu a América, e os portugueses encontraram a rota marítima para a Índia. Depois disso, os comerciantes do noroeste da Europa preferiram exportar e importar suas mercadorias pelos portos de Antuérpia e Lisboa. O legado da Itália foi assumido pela Holanda.
- Em 1517, o monge agostiniano Martinho Lutero afixou 95 teses de conteúdo religioso extremamente atrevido à porta da igreja do castelo de Wittenberg, expressando publicamente uma ampla – embora latente e subliminar – insatisfação com a direção da Igreja. Esse riacho de insatisfação logo provocou a ruptura de um dique, que cindiu a Igreja definitivamente. No final, quando as águas já haviam escoado, as correntezas deixaram para trás três campos distintos:
- os católicos, que permaneceram fiéis à Igreja romana ou foram novamente aliciados por meio de intensa persuasão. Isso aconteceu sobretudo na Espanha, na Itália, na França, na Polônia e na Irlanda;

CULTURA GERAL

– os luteranos e os anglicanos. Os primeiros seguiram a doutrina de Martinho Lutero e criaram igrejas estatais, subordinadas aos príncipes. Isso aconteceu na Escandinávia, no Báltico e na Alemanha. A Igreja anglicana da Inglaterra também era subordinada ao rei, mas combinava a liturgia católica (a celebração da missa) com a doutrina calvinista da predestinação (de que Deus predeterminou o destino de cada uma das almas);

– os calvinistas e puritanos. O nome "calvinista" deriva do reformador radical Calvino, que fundou um estado teocrático fundamentalista na cidade de Genebra; os puritanos eram os protestantes radicais da Inglaterra, que queriam purificar a missa eliminando todos os elementos católicos. O que ambos tinham em comum era a rejeição a uma Igreja oficial com sacerdotes e bispos, como a que Lutero também organizaria. Em vez disso, defendiam a democracia de base da livre comunidade, sem sacerdotes nem prelados: cada um deveria ser seu próprio sacerdote. Logo eles se desmembraram numa infinidade de seitas, que compensavam a sua diversificação com uma determinação fundamentalista. Desenvolveram suas ações sobretudo na Suíça, na Holanda, na Escócia, na Inglaterra e depois sem grandes problemas nos Estados Unidos da América. Esses também são os países nos quais seria inventada a democracia. Por seu lado, os luteranos da Alemanha tornaram-se os mais devotos ao Estado, o que viria a ter conseqüências funestas.

Para a Itália, porém, o cisma da Igreja quase representou esgotamento do fluxo de dinheiro que havia fertilizado o país sob a forma de inúmeros tributos e taxas.

Com a descoberta da América e a Reforma, a Itália logo perdeu duas de suas mais importantes fontes de dinheiro. Nunca mais se recuperou. Em vez disso, o centro de gravidade da Europa seguiu a trajetória do sol e migrou para o Ocidente.

A Reforma e o surgimento dos Estados europeus

Assim como o século XV pertenceu à Itália, o século XVI pertenceu às outras nações da Europa (Alemanha, Espanha, Inglaterra e França), que formaram uma espécie de Estado, com exceção da Alemanha.

Se o Renascimento foi o prólogo, o século XVI foi o verdadeiro drama da modernidade. Nesse processo existem muitas vertentes decisivas de desenvolvimento.

SABER

A formação dos Estados modernos

O processo de formação dos Estados modernos caracteriza o desenvolvimento na Espanha, na França e na Inglaterra. Em seus traços básicos, é parecido nos três países: por meio da expansão da economia monetária e da ascensão da burguesia, a antiga nobreza feudal se enfraquece e perde sobretudo a sua independência militar. No papel de árbitro entre essas duas classes, o rei consegue impor seu monopólio de utilização da violência contra a nobreza e concentrar todo o poder na sua corte. Como se trata de um poder irrestrito, também podemos falar de absolutismo (mais precisamente, de pré-absolutismo).

Para os países em questão, isso representa em primeiro lugar uma bênção. E sobretudo porque o absolutismo acaba com as eternas guerras civis e os conflitos entre os nobres, garante a paz interna e, assim, cria os pressupostos para o florescimento da economia e da cultura. Além disso, une as regiões, desperta os sentimentos nacionalistas e cria grandes mercados para o desenvolvimento da economia nacional. Vejamos como isso se deu nos vários países.

Espanha

Ao lado de Portugal existiam dois reinos: o de Castela e o de Aragão. Com o casamento entre Isabel de Castela e Fernando de Aragão, ambos foram unidos definitivamente, formando o reino da Espanha. Em 1492, o casal real expulsa os últimos mouros de Granada e conclui a Reconquista, que já durava séculos (recuperação de territórios espanhóis que estavam nas mãos dos muçulmanos). No mesmo ano, enviam à Índia o genovês Cristóvão Colombo, que por um erro na rota acaba descobrindo a América. Assim, os reconquistadores, agora como conquistadores, podem imediatamente prosseguir com suas atividades no México e na América do Sul e converter os nativos ao cristianismo, como já haviam feito antes com os muçulmanos: a ferro e fogo. Desse modo, Cortés e Pizarro destroem os reinos dos astecas e dos incas e roubam todo o seu ouro e a sua prata. O fluxo contínuo desses metais preciosos à Espanha faz do século XVI o *siglo de oro* [século de ouro] daquele país. Em muito pouco tempo, a Espanha se torna o país mais poderoso da Europa e o centro de um reino em que o sol nunca se põe. Mas também contribuíram muito para isso os chamados casamentos dinásticos (que garantem o domínio) com membros da casa dos Habsburgos. Um deles fez um casamento muito vantajoso – era Maximiliano, chamado de "o último cavaleiro". Casou-se com a bela Maria de Borgonha, uma das herdeiras mais ricas na época. Seu dote consistia no ducado da Borgonha, em ambos os lados da fronteira franco-alemão, que hoje inclui os países do Benelux, a Lorena e a Borgonha (região em torno de Lyon e Dijon). Assim como a Comunidade Européia atual, seu governo tinha sede em Bruxelas. É esse conjunto de territórios que a bela Maria le-

CULTURA GERAL

vou ao seu casamento com o último cavaleiro, Max. Além disso, presenteou-o com um filho, Filipe, o Belo, que herdou a beleza da mãe. Por seu lado, Filipe, levando toda a sua herança, casou-se com a infanta Joana, isto é, a princesa herdeira do trono espanhol. Mas Filipe era bonito demais para permanecer fiel. Quando Joana desconfiou de sua traição, resolveu envenená-lo. Mas, ao descobrir que daquela vez ele era inocente, enlouqueceu e passou a carregar o belo corpo de Filipe em todas as suas viagens, o que lhe rendeu o apelido de "Joana, a Louca". O filho dessa união tornou-se o monarca mais poderoso da cristandade, dono do Novo Mundo e da Espanha, incluídos os reinos de Nápoles e da Borgonha. Foi rei da Boêmia, arquiduque da Áustria e de suas possessões, soberano de todo o norte da Itália e imperador do Sacro Império Romano-Germânico. Era chamado de Carlos V. Seu filho, Filipe II, ainda herdaria Portugal. Juntos, pai e filho reinaram por todo o século XVI (1516/19-98) e tentaram conquistar o mundo. Duas pessoas impediram isso: Martinho Lutero e a rainha Elizabeth da Inglaterra.

Mesmo assim, o século XVI tornou-se o século da Espanha. O teatro espanhol floresceu com Calderón de la Barca e Lope de Vega. Dois personagens primordialmente espanhóis iniciaram sua viagem pela cultura européia: *Don Juan*, o sedutor de mulheres, e *Dom Quixote*, o louco cavaleiro da triste figura, que lutava contra moinhos de vento, ignorava a realidade para alimentar apenas os seus ideais e acreditava que ainda poderia viver como um cavaleiro medieval em plena Idade Moderna. Até hoje ainda encontra seguidores, gente que vive nas roupagens do passado e esquece o presente (→ Literatura).

Os reis da dinastia Habsburgo fizeram de Madri sua capital, e Filipe II construiu um palácio em San Lorenzo de El Escorial para ser sua residência. A arte espanhola concorria com a italiana e produziu Velázquez e outros gênios. Mas sobretudo os soberanos da dinastia Habsburgo ajudaram a Igreja a manter a Espanha católica. Por causa da sua luta de séculos contra os muçulmanos, os espanhóis tornaram-se especialmente sensíveis aos hereges. Em todo o território, a Inquisição havia se voltado até então contra os antigos muçulmanos e judeus. Mas em 1492, mesmo ano em que Colombo descobriu a América e os últimos mouros foram expulsos da Espanha, os espanhóis também expulsaram os judeus. Sua expulsão foi comparada ao êxodo do Egito. Tudo isso aconteceu em função da unificação de uma sociedade, que provavelmente não poderia ser integrada de outro modo.

França

Durante cem anos, até 1435, a França esteve em guerra contra a Inglaterra (os ingleses reivindicavam o direito à coroa francesa). Em 1429, Joana D'Arc, chamada de virgem de Orléans, inspirou o exército francês a expulsar definitiva-

SABER

mente os ingleses. Depois disso, Luís XI (1461-83) conseguiu dominar os grandes vassalos da França e submeteu o país à autoridade régia. Mas a unidade do Estado foi ameaçada na primeira guerra civil, desencadeada pela Reforma: os protestantes são chamados de huguenotes na França (um afrancesamento da palavra alemã *Eidgenossen*, que significa "confederados"). Desse modo, a primeira guerra religiosa também passa a se chamar guerra dos huguenotes (1562-98). Durante essa situação de guerra, que durou mais de trinta anos, os católicos em Paris promoveram um massacre de protestantes, que entrou para a história como a "Noite de São Bartolomeu" (25 de agosto de 1572). O horror desse banho de sangue reforçou em toda a Europa a repulsa dos protestantes contra os católicos. Finalmente, a guerra civil terminou com a subida ao trono de Henrique de Navarra como Henrique IV, que fundou a casa Bourbon. Era protestante, mas, para pacificar o país, converteu-se ao catolicismo (sua sentença "Paris vale uma missa" tornou-se proverbial); deu aos protestantes garantias de proteção (no Edito de Nantes) e, assim, lançou a pedra fundamental para o absolutismo francês e o fortalecimento do poder na França do século XVII sob o cardeal Richelieu e Luís XIV, o rei Sol.

Inglaterra

No final do século XV, por causa das sucessões ao trono, eclodiu na Inglaterra uma guerra civil no seio da nobreza, a chamada Guerra das Rosas (1455-85; ambas as linhagens de nobres usavam rosas estampadas nos seus brasões). Ela ocorreu entre as casas Lancaster e York e levou à destruição da antiga nobreza normanda. Isso liberou o caminho para o filho de um príncipe da casa Tudor, que havia dado fim à guerra: Henrique VIII. Quando chegou ao trono, seus problemas conjugais produziram uma reviravolta decisiva no destino do país e do mundo: sua esposa, Catarina de Aragão, não conseguiu dar-lhe um herdeiro do sexo masculino. Por isso, ele pediu ao papa a anulação de seu casamento (usual na época). Mas o papa não podia fazer o que bem entendesse, pois estava subordinado a Carlos V. Catarina, a rainha ameaçada com o divórcio, é tia de Carlos V, e sob a pressão do imperador o papa nega a anulação do matrimônio. Em vista disso, Henrique VIII declarou o rompimento das relações com Roma e transformou a Igreja inglesa na chamada Igreja Nacional Anglicana, com o próprio soberano como bispo supremo. Em seguida, divorciou-se para se casar com a alegre Ana Bolena e fazer dela a mãe da rainha Elizabeth. Além disso, Henrique VIII aboliu os mosteiros e distribuiu seus bens entre seus vassalos. Desse modo, criou uma nova nobreza, que ferrenhamente se manteve ligada ao protestantismo para não ter que devolver os bens pilhados dos mosteiros. Essa nova nobreza é bastante ilegítima, mas absolutamente patriota e fiel ao rei. Tentou compensar sua falta

CULTURA GERAL

de legitimidade praticando uma política de boa imagem e de autopromoção. Para isso lançou mão do mecenato e da proteção dos literatos, que passaram a dedicar suas obras a esses nobres. A esse sistema devemos o florescimento do teatro e da literatura do final do século XVI, cujo maior expoente é Shakespeare. No entanto, antes de tudo isso ocorrer, Henrique VIII mandou matar Ana Bolena, sua segunda esposa, porque supostamente ela o traía. Casou-se, então, com a terceira esposa, que finalmente lhe deu um herdeiro do sexo masculino, mas logo morreu. Assim, o rei desposou uma quarta mulher, de quem se divorciou pouco depois por ter-se apaixonado pela quinta, com quem se casou, mas que depois também mandou decapitar por suspeitar de sua infidelidade. Resignado, casou-se com a sexta mulher, que sobreviveu a ele (na Inglaterra, as crianças aprendem na escola a seqüência das seis esposas de Henrique VIII por meio da seguinte fórmula = divorciada, decapitada, morta/divorciada, decapitada, sobrevivente). Por causa dessa autêntica compulsão à repetição e de casamentos dignos de um Barba-Azul, Henrique VIII marcou a memória da posteridade. Em seus problemas conjugais, expressava a mesma atitude violenta e a falta de respeito que empregava para pilhar mosteiros, sujeitar a Igreja, criar uma nova nobreza e colocar o Estado inglês, depois da catástrofe da Guerra das Rosas, numa nova base absolutista. Mesmo em meio a tudo isso, o Parlamento – dividido em Câmara dos Lordes e Câmara dos Comuns – não foi fechado, e sim transformado em assembléia de fiéis subordinados, que auxiliaram na execução das medidas ditadas pelo soberano. Apenas cem anos mais tarde, o Parlamento conseguiu dirigir seu poder contra o rei. Mas, nesse meio tempo, sempre o apoiou. A oposição ao absolutismo também ocorreu na época da terceira sucessora de Henrique VIII ao trono, a famosa rainha Elizabeth. Sob seu longo reinado (1559-1603), ocorreu um florescimento cultural sem igual, e sob seu domínio a esquadra invasora espanhola, conhecida como Invencível Armada, foi derrotada em 1588. Essa invasão foi desencadeada pelo fato de Elizabeth ter mandado decapitar a rainha católica da Escócia, Maria Stuart, porque suspeitava que ela planejava a sua morte.

Cultura cortesã e Estado

No século XVI, o desenvolvimento dirigiu-se ao moderno Estado nacional. As corporações feudais, baseadas em vínculos pessoais, transformaram-se em Estados territoriais, nos quais apenas o príncipe possuía o monopólio da força. O poder concentrava-se numa corte. Se os nobres quisessem continuar no poder, precisavam deixar seus castelos e ir à corte, para ali obterem um cargo influente ou que rendesse lucros. Isso só era conseguido quando conquistavam a simpatia do monarca ou causavam boa impressão. Mas era preciso lutar contra a forte concorrência, porque todos queriam a mesma coisa. Só tinham uma oportunidade quando entravam numa panelinha da corte, onde podiam obter informações úteis. Os nobres, que até então só faziam o que bem entendiam, viram-se pela primeira vez obrigados a levar em consideração os mais poderosos e hierarquicamente superiores a eles, que às vezes podiam ser as mulheres. Para manterem uma visão global e avaliarem as próprias oportunidades de alcançar o poder, eram necessárias outras qualidades que não a brutalidade. No caso, era preciso comportar-se de forma controlada, observar e planejar, conter-se e talvez até usar a dissimulação. Se quisesse agradar, a pessoa precisava comportar-se de modo cortês, não podia ferir a etiqueta e tinha de ser cativante e charmosa, usando bons modos. Se quisesse alcançar seus objetivos, devia olhar os outros com acuidade psicológica e usá-los em benefício de suas complicadas intrigas. Em outras palavras: a corte cultivou uma nova cultura comportamental, caracterizada pelas boas maneiras, pelo autocontrole, pela dissimulação, pelas intrigas, pelo fingimento e pela representação. Assim, a corte transformou-se num palco, no qual as habilidades do ator eram premiadas. Poderíamos falar de um teatro estatal, em cujo ponto central situava-se o monarca. Conforme a habilidade dos cortesãos no desempenho de seus papéis, eles subiam ou desciam no conceito do monarca, e isso era decisivo tanto para a influência que passariam a ter quanto para seus rendimentos. Desse modo, aquele que, por causa de uma observação oportuna e espirituosa, era agraciado com os rendimentos da alfândega sobre o vinho espanhol, tinha menos preocupações financeiras do que antes, e aquele que obtinha o domínio sobre o ouvido do rei tornava-se mais poderoso do que seu braço direito.

Esse teatro estatal era regulado por uma etiqueta sofisticada, que não era isenta de funções, mas mantinha ativa a concorrência entre os cortesãos por meio da ênfase nas graduações das concessões de favores pelo rei. E, enquanto os cortesãos competiam entre si, o poder do monarca não corria perigo, isto é, para manter os vaidosos nobres no cabresto, a corte precisava ser um teatro permanente, o que consumia suas energias. Foi esse o motivo pelo qual surgiu nas cortes européias uma cultura cortesã própria, em que monarcas e nobres se deleitavam ao se deixarem representar pelos pintores e poetas da época, nos papéis de deuses e heróis da Antiguidade.

Depois de sua redescoberta pelos humanistas e pelo Renascimento, a cultura antiga tornou-se uma roupagem apropriada para a representação dos monarcas e seus cortesãos. Desse modo, descobrem que as leis da atuação não se pautam apenas por regras morais, mas também teatrais, e, assim, aprendem a fazer política. O primeiro a tirar conclusões disso foi o italiano Nicolau Maquiavel, em seu livro *O príncipe*.

CULTURA GERAL

Se o desenvolvimento do Estado moderno é uma das fontes de energia que alimenta o motor da modernização, a outra é oriunda da Reforma. Portanto, passemos à Alemanha.

Alemanha

No século XV, o Renascimento italiano levou seu brilho também às cidades do sul da Alemanha. Essas eram parceiras comerciais das cidades transalpinas e se assemelharam a elas. Assim como os Médicis em Florença, os Fugger tornaram-se em Augsburgo os donos de um império financeiro de amplitude mundial. Financiaram os empreendimentos do imperador Maximiliano, compraram a coroa imperial de Carlos V e, assim, garantiram para si o domínio da mineração no Velho e no Novo Mundo e com ele o monopólio sobre os metais preciosos. Seu império da mineração cruzava-se com aquele das especiarias dos portugueses na Antuérpia, tornando essa cidade de Flandres o mais importante centro financeiro da época. Por seu lado, Nuremberg tornou-se o centro do artesanato; nela residiam os ourives que distribuíam seus produtos por toda a Europa e o pintor Albrecht Dürer, que levou a pintura alemã do estilo gótico ao renascentista. Como Leonardo, ele desenhava tudo o que via pela frente; como Michelangelo, tinha certa obsessão pelos temas religiosos e pelo processo da criação; e como Ticiano eternizou o rosto dos seus clientes em belos retratos. Tornou-se o mais importante dos pintores alemães, mas foi incomparável como pioneiro das artes gráficas: dominava como ninguém a arte da xilogravura, da gravura em cobre e da ilustração de livros. Suas reproduções tinham a vantagem de poder ser multiplicadas por meio da prensa gráfica; assim, tinham maior visibilidade e rendiam mais dinheiro. Sua gravura *O cavaleiro, a morte e o demônio* tornou-se um ícone nacional; as de *São Jerônimo em seu gabinete* e *Melancolia* vêm logo em seguida. Nelas, a Alemanha se reconheceu, pois já era o país do cisma da Igreja.

O que desencadeou a Reforma

O pretexto veio de Roma. O papa Leão X, da casa Médici, precisava de dinheiro para a basílica de São Pedro e, para isso, espalhou vendedores de indultos por todo o país. Eram monges mendicantes, que, como vendedores de porta em porta, empurravam às pessoas certificados papais que perdoavam todos os pecados. Os príncipes não viam com bons olhos o dinheiro saindo dos bolsos dos seus súditos e migrando para os cofres do Santo Padre. Leão só conseguiu convencê-los a aceitar a negociata oferecendo-lhes uma participação nos lucros. Mas ele se esqueceu de Frederico, o Sábio, da Saxônia, que proibira o comércio das indulgências em seus territórios. Um vendedor excepcionalmente ousado, chamado Tetzel, monge dominicano, estabeleceu-se na fronteira da Saxônia. As

76

pessoas da vizinha Wittenberg acorreram para ouvir seu *slogan* publicitário: "Tão logo o dinheiro tilintar nos cofres, a alma subirá aos céus", e todos compravam. Mas, como ainda tinham dúvidas se os certificados teriam validade teológica, correram para a Universidade de Wittenberg para pedir que um dos seus professores atestasse a autenticidade das indulgências. Mas o professor se negou a conferir o atestado.

Chamava-se Martinho Lutero.

No dia seguinte, ele afixou um cartaz na porta da igreja do castelo, no qual fundamentava sua recusa em 95 teses. E, para divulgá-las ao grande público, traduziu-as do latim para o alemão. Isso aconteceu no dia 31 de outubro de 1517. Até hoje os protestantes festejam o dia da Reforma nessa data.

Martinho Lutero

Quem foi Martinho Lutero? Filho de um mineiro, ele deveria ter estudado jurisprudência, mas antes de isso acontecer entrou em crise e jurou, durante uma tempestade, que caso sobrevivesse dedicaria sua vida à Igreja. Então, ingressou num convento agostiniano, tornou-se monge, tentou libertar-se dos sentimentos de culpa por meio da ascese, jejuou até quase morrer e, finalmente, esgotado pela flagelação, passou por uma experiência de redenção: durante a leitura de um trecho da Epístola de São Paulo, concluiu que apenas a fé na graça de Deus, e não as boas obras, poderia salvar as pessoas do inferno. Depois disso, progrediu rapidamente. Fez uma peregrinação a Roma, tornou-se professor da Universidade de Wittenberg e subiu os degraus da carreira eclesiástica até se tornar vigário-geral, ou seja, chefe administrativo do bispado.

A ruptura com Roma

A reação às teses de Lutero constituiu-se de uma alucinada guerra panfletária com as usuais ameaças do *establishment*: fogo e espada. Em função disso, o papa Leão chamou Lutero a Roma. Este último transformara-se numa peça de xadrez no tabuleiro da política. Leão havia decidido instituir um novo imposto a fim de levantar fundos para o financiamento de uma nova cruzada, de modo que as pessoas deveriam contribuir com dez a doze por cento de seus rendimentos (além de todos os outros impostos, tributos e taxas). Isso foi demais para o imperador Maximiliano e os príncipes, que protestaram veementemente e mantiveram Lutero como uma carta na manga, a fim de usá-lo como arma ideológica. Em vez de ir para Roma, ele teve de apresentar-se à Dieta de Worms. Lá, teria de defender-se diante do representante do papa, o cardeal Caetano, pelo crime de heresia, e retratar-se de sua doutrina herética. Não se retratou, e seus colegas da Universidade de Wittenberg, Filipe Melâncton e Andreas Karlstadt, colocaram-

CULTURA GERAL

se a seu lado. O vice-reitor da Universidade de Ingolstadt (mais tarde Franken-stein também estudaria ali), Johannes Eck, pôs mais lenha na fogueira, desafian-do Lutero à disputa. Durante a discussão, Lutero chegou a questionar a autorida-de do papa.

Por conseguinte, Eck voltou para Roma e recomendou a excomunhão de Lutero (expulsão da Igreja, o protótipo da exclusão político-partidária). Mas todo o país acolheu e aplaudiu Lutero como herói. O humanista Ulrich von Hutten saudou Lutero por ter libertado a Alemanha de Roma e, junto com outros cava-leiros, ofereceu-lhe proteção. Quando o papa realmente o ameaçou de excomu-nhão, Lutero recomendou, num texto escrito em alemão e intitulado *À nobreza cristã da nação alemã*, que eles negassem obediência ao papa e instituíssem uma Igreja alemã, pois, assim, o constante fluxo de dinheiro para Roma cessaria. Ale-gou, finalmente, que a única autoridade não era o papa, mas a Bíblia, e, de resto, cada pessoa era seu próprio sacerdote. Assim, o Rubicão foi atravessado (na sua época, César iniciou a guerra civil com a travessia do Rubicão, um rio de fronte-ira). O conflito era inevitável. E, com o seu apelo, começou a união da Reforma com o Estado: ao se converterem ao protestantismo, as pessoas também o faziam por razões nacionalistas, principalmente na Inglaterra.

Quando Lutero foi efetivamente excomungado, respondeu com o texto *O cárcere babilônico da Igreja*. Assim como antigamente os judeus na Babilônia, a Igreja do Novo Testamento teria sofrido o longo cárcere do papa romano. A par-tir disso, a única coisa que ambos os partidos faziam era atacar-se mutuamente, queimando em público as convocações, as mensagens e as bulas (edito papal, do latim *bulla* = selo) do partido rival. Finalmente, Lutero declarou que quem não rejeitasse as doutrinas do papa não iria para o céu. Erigiu sua Igreja e excomun-gou o papa. O cisma estava consolidado.

"Aqui estou; não posso agir de outro modo."

Nesse meio tempo, porém, aconteceu uma reviravolta no tabuleiro de xa-drez da política: o sucessor do imperador Maximiliano foi seu neto Carlos, mais tarde Carlos V. Mas, antes de tudo, ele era rei da Espanha, onde não se podia per-mitir o protestantismo. Além disso, precisava do apoio do papa no combate aos turcos que avançavam. A decisão coube à Dieta de Worms, em 1521. Carlos ofe-receu um salvo-conduto a Lutero, para que ele pudesse defender-se. Apesar das advertências dos amigos, Lutero decidiu ir, e sua viagem foi um triunfo. Diante da multidão de príncipes reunidos, o enviado papal fez duas perguntas a Lutero: em primeiro lugar, se ele era o autor daqueles textos (o enviado havia empilhado os textos de Lutero sobre uma mesa), e, em segundo, se ele os revogava. Lutero respondeu afirmativamente à primeira pergunta e solicitou um dia de prazo para

SABER

refletir sobre a segunda. No dia seguinte, a assembléia reuniu-se novamente, e todo o mundo conteve a respiração quando a pergunta foi repetida. Lutero respondeu que sua descrição dos desmandos da Igreja havia recebido aprovação geral, ao que o imperador, interrompendo-o, exclamou: "Não!" Quanto às questões teológicas, prosseguiu Lutero, ele retrataria tudo o que lhe pudessem comprovar estar em desacordo com a Bíblia. Então, o legado papal perguntou-lhe se ele acreditava de fato que era o único a ter razão, enquanto todos os apóstolos, papas e patriarcas do passado e do presente estariam errados. A isso Lutero respondeu que só acreditava nas Sagradas Escrituras. "Aqui estou; não posso agir de outro modo." O imperador Carlos deixou-o ir embora, mas decretou-o proscrito do Império.

A difusão da Reforma

Lutero vestiu-se com as roupas de um cavaleiro, passou a chamar-se Junker Jörg e escondeu-se no castelo de Wartburg. Enquanto isso, formou-se uma oposição independente, desvinculada da Igreja. Karlstadt, colega de Lutero, jogou fora o hábito de monge e casou-se. Pouco tempo depois, foi seguido por mais treze monges do convento dos agostinianos, antiga morada de Lutero. Em pouco tempo, metade dos conventos alemães estava vazia. Os estudantes destruíam altares e imagens da Virgem Maria. A Alemanha transformou-se num cenário de guerra, cujas armas eram panfletos, libelos e teses. Com o aparecimento de Lutero, o número de livros impressos na Alemanha aumentou de cento e cinqüenta, no ano da afixação da tese, para cerca de mil, sete anos depois. A maioria deles defendia o partido da Reforma. Por seu lado, os escritos de Lutero eram *best-sellers* vendidos em toda a Europa. A Reforma só foi possível com a revolução dos meios de comunicação, produzida pela invenção da imprensa. O protestantismo tornou-se uma religião difundida por livros.

A Bíblia alemã

Um dos feitos decisivos de Lutero foi a tradução da Bíblia para o alemão.
Em 1521, o Novo Testamento foi publicado nessa língua.
A base da tradução foi a recém-publicada edição bilíngüe da Bíblia em grego e latim, de Erasmo de Rotterdam.
Em 1534, Lutero traduziu o Antigo Testamento.
Sua Bíblia tornou-se o livro mais importante da literatura.
Os protestantes consideravam-na a palavra de Deus, por isso, o próprio texto era venerado. Era lido não apenas na Igreja, mas também no seio da família, depois das refeições, em comemorações familiares ou num canto tranqüilo. Ao mesmo tempo, a Bíblia era interpretada e explicada durante os sermões.

CULTURA GERAL

Por sorte, o reformador era um escritor talentoso e escreveu num alemão vigoroso, metafórico e popular. Assim, a Bíblia de Lutero abasteceu todo o povo com uma provisão comum de locuções, imagens, comparações, figuras retóricas, bem como frases e fórmulas citadas por todo o mundo. Com a ajuda de tudo isso, o alemão de Lutero penetrou nas últimas frestas e fendas da linguagem e foi aos poucos formando a língua alemã escrita, a partir dos diversos dialetos e modos de falar. Sob esse aspecto, a Reforma também forneceu o estímulo decisivo para o surgimento da consciência nacional.

A nova Igreja

Além disso, Lutero fez da Bíblia a diretriz única para todas as linhas religiosas. Como o purgatório, a veneração de Maria, os santos e os sacramentos da confissão e da extrema-unção não apareciam na Bíblia, ele os aboliu. Fez do sermão o ponto central da missa, no lugar do ritual. Assim, com o sermão e a Bíblia, a fé protestante tornou-se uma religião da palavra e da escrita.

Mas a sua maior antipatia era dirigida contra a pretensão de autoridade do papa e da Igreja romana. Os sacerdotes foram privados do privilégio de atuar como mediadores entre Deus e as pessoas, e seu celibato perdeu o sentido. Cada um passou a ser o sacerdote de si mesmo, o que significou um golpe mortal para a autoridade da Igreja oficial. Toda a hierarquia foi eliminada. A Igreja parou de administrar a graça divina, e tudo o que ela havia adotado das tradições do paganismo foi suprimido. Com isso, o cristianismo tornou-se novamente mais judaico.

A Igreja universal de outrora foi substituída por igrejas regionais nacionais, e cada uma delas era subordinada ao Estado. Assim, a religião passou novamente ao além, enquanto o aquém ficava a cargo das autoridades terrenas. Isso fez dos luteranos pessoas devotadas ao Estado.

Sob esse ponto de vista, Lutero teve o mesmo destino de todo revolucionário: outros mais radicais usaram sua doutrina para justificar suas próprias reivindicações sociais. Com palavras extraídas dos escritos de Lutero, camponeses realizaram um levante no sul da Alemanha. Lutero se distanciou, e a revolta foi violentamente sufocada. Ele chegou a se voltar contra os revoltosos e colocar-se ao lado dos senhores.

Os anabatistas

Nessa mesma época, surgiram na Suíça os primeiros anabatistas. Realizavam o batismo em adultos, esperavam o breve retorno de Cristo, praticavam a desobediência civil e opunham resistência pacífica a qualquer autoridade. Alguns também defendiam uma espécie de comunismo e a poligamia. Conquistaram rapidamente muitos adeptos e, com a mesma rapidez, passaram a ser perseguidos, tan-

80

SABER

to por católicos como por luteranos. Da Suábia, a mensagem dos anabatistas chegou à Holanda e convenceu o profeta Jan Mathys e seu discípulo Jan Bokelsen, de Leiden. Logo depois, ambos receberam o pedido de ajuda do pastor luterano Bernhard Rottmann, de Münster, que já não sabia como solucionar os conflitos com o bispo daquela cidade. Ansiosos por agir e encorajados pela ajuda de Deus, os dois holandeses foram correndo atender ao pedido do pastor e atacaram os mercenários do bispo, expulsando-os da cidade. Sob a pressão do cerco episcopal, montaram em Münster um regimento formado por uma mistura militar de lei marcial e domínio anabatista. Dele faziam parte uma espécie de economia comunitária e, o que mais fascinou a posteridade, a poligamia. Como havia um excesso de mulheres na cidade, elas ficaram muito entusiasmadas. Quando os conservadores prenderam o líder Jan Bokelsen, responsável por essa situação, ele foi libertado pelas mulheres da cidade. Mas isso não impediu que ele e os outros anabatistas fossem alvo da terrível vingança do bispo: quando a cidade foi tomada, depois de um longo cerco, os anabatistas foram torturados barbaramente, e seus corpos dilacerados foram abandonados em gaiolas junto à torre da igreja de São Lamberto para servirem de alimento às gralhas. Até hoje, as gaiolas estão penduradas ali como lembrança da severidade da Igreja católica. No entanto, os anabatistas voltaram a ser pacíficos, passaram a ser chamados de menonitas, por causa do holandês Menno Simons, e enfrentaram a sua segunda onda de perseguições nos Países Baixos. Mais tarde, muitos emigraram para a América e ali fundaram as comunidades *amish*, na Pensilvânia (retratada no filme *A única testemunha*). Outros sobreviveram na Suíça, escondidos na região de Emmental e de Jura, em Berna, ao redor de Bellelay. Sua rebelião anarquista foi um aperitivo ao fundamentalismo democrático, que mais tarde animaria os calvinistas da Holanda, os puritanos da Inglaterra e os "pais peregrinos" americanos.

A Suíça

As regiões (cantões) da Suíça e as cidades dos Países Baixos estavam interligadas por algo que as fez trilhar caminhos paralelos, a saber, o controle de importantes vias de transporte: nos cantões suíços, as passagens pelos Alpes, e, nas cidades dos Países Baixos, os portos marítimos no delta do Reno. Em ambos os casos, os donos dos territórios eram os Habsburgos. Os habitantes se rebelaram contra eles e tiveram êxito, tornando-se assim independentes do império alemão, que, na verdade, era o Império Romano. Foi essa a razão da sua autonomia. Ela foi reconhecida por Münster em 1648, no acordo de paz da Vestefália.

Talvez porque as rotas comerciais mais importantes atravessassem os Alpes, os suíços chegaram antes. Em 1291, os três primeiros cantões, Uri, Schwyz e Unterwalden, formaram junto ao lago dos Quatro Cantões, ou lago de Lucerna,

81

CULTURA GERAL

uma nova liga de confederados contra a Áustria e depois selaram o juramento de Rütli. Se pudermos acreditar no *Guilherme Tell*, de Schiller, diremos que sua reação se deveu ao fato de um austríaco sádico chamado Gessler ter exigido do valente Guilherme Tell, do cantão de Schwyz, que ele acertasse com sua flecha uma maçã colocada sobre a cabeça de seu filho, a cem metros de distância. Essa maldade deixou os suíços tão furiosos que, ao longo de todo o século XIV, uniram-se aos suíços primitivos. Todos juntos, com muita paciência, tiveram de combater constantemente os exércitos austríacos e mais tarde também os borgonheses, que constantemente invadiam a Suíça e eram massacrados; é que os suíços não lutavam de forma honesta, simplesmente não obedeciam às regras cavalheirescas de combate bélico, com o uso de armaduras e montados nos cavalos, como convinha a um aristocrata. Como eram camponeses, iam a pé e, com lanças de cinco metros de comprimento, dotadas de ganchos nas pontas e chamadas de alabardas, derrubavam os armados cavaleiros dos seus cavalos e davam-lhes o golpe de misericórdia quando eles jaziam de costas no chão, indefesos como besouros. Com exceção dos ingleses, os aristocratas eram praticamente incapazes de qualquer aprendizado, por isso, os suíços ganharam fama de invencíveis. Desde então, foram deixados em paz. Em vez de persegui-los, os príncipes da Europa cercaram-se de guardas suíços, um hábito que o papa mantém até hoje. A Suíça, com seu poderio militar e suas passagens pelos Alpes, quase se tornou uma grande potência. E como os suíços se autogovernavam de forma antiautoritária, deram as boas-vindas à Reforma, com exceção dos habitantes dos cantões de Uri, Schwyz e Unterwalden. Assim, a Suíça tornou-se a pátria de dois reformadores: Ulrich Zwingli, em Zurique, e João Calvino, em Genebra.

Num exame crítico da religião, o padre de Münster em Zurique, Ulrich Zwingli, chegou a conclusões semelhantes às de Lutero e, em 1524, introduziu a Reforma naquela cidade. Havia diferenças na doutrina da Santa Ceia. Lutero acreditava na transubstanciação (verdadeira transformação do vinho e do pão no sangue e no corpo de Cristo); mas Zwingli considerou esse fato meramente simbólico. Nos colóquios de Marburgo, ambos tentaram em vão entrar num acordo. Por algum tempo, metade da Alemanha tornou-se zwingliana. O próprio Zwingli morreu na guerra contra os católicos suíços (1531). Porém, em Genebra, a Reforma teve muito mais êxito.

O Estado teocrático calvinista de Genebra e o espírito do capitalismo

A ida de Calvino à cidade de Genebra teve conseqüências históricas de abrangência mundial. Localizada no cruzamento das rotas comerciais, a cidade estava em luta contra seus senhores, o bispo e o duque de Sabóia, que atrapalhavam as suas atividades comerciais e lhe davam prejuízo. Em seu desespero, pediu ajuda

SABER

aos suíços. Esses assentiram imediatamente e afugentaram o bispo e o duque. Como o clero católico havia declarado a cidade sua inimiga, ela aderiu à Reforma. Dois meses depois, o destino chegou à cidade sob a figura de Calvino (1536).

Nascido em Noyon, na França, Calvino estudara jurisprudência, mas se tornou conhecido graças a seus escritos de teólogo reformista.

Acreditava na predestinação, ou seja, para ele, no início da criação, Deus já teria predeterminado aos homens quem seria redimido e quem seria condenado.

À primeira vista, essa doutrina absurda parecia dizer que a moral devia perder sua influência sobre o comportamento do ser humano, pois tudo já havia sido decidido. Teoricamente, isso até pode ser correto. Na prática, porém, ocorre justamente o contrário: como o temor a Deus é considerado um sinal de que a pessoa pertence ao pequeno grupo dos eleitos, cada um quer identificar em si mesmo os sinais da graça divina e passa a se comportar de acordo com eles. A doutrina de Calvino funcionava como uma profecia que se realizava por si mesma e continha um sistema imunológico inerente: a constante preocupação com o fato de pertencer ou não ao grupo dos redimidos levava a pessoa a realizar esforços excepcionais, como a ascese ou a resistência a perseguições, sinais da sua condição de eleita. Desenvolveu-se então uma consciência elitista dos virtuosos, que passaram a sentir-se uma comunidade de santos. Os que perseguiam os calvinistas os fortaleciam.

Quando Calvino entrou em Genebra, tornou-se colaborador do reformador Farel, que acabara de introduzir um rígido regulamento de virtudes. Mas o partido dos libertinos revoltou-se contra isso (na contrapropaganda de Calvino, o termo assumiu o significado de depravado) e expulsou os reformadores da cidade. O bispo católico voltou, e com ele a arbitrariedade e a corrupção nociva aos negócios. Os comerciantes, arrependidos, chamaram Calvino de volta e ofereceram-lhe todo tipo de poder.

No entanto, Calvino tornou-se um aiatolá protestante e criou um Estado teocrático. Se existe algum lugar em que já tenha sido concretizada uma utopia, esse lugar é Genebra, sob a liderança de Calvino, entre 1541 e 1564. Genebra se tornou o modelo de quase todas as comunidades fundamentalistas e puritanas da Holanda, da Inglaterra e da América.

O princípio supremo do Estado teocrático era de que o direito e a lei da comunidade estão na Bíblia. A interpretação dessa lei era tarefa dos pastores e anciãos (presbíteros). Seu órgão supremo (em Genebra, o Consistório) também era submetido à autoridade terrena. Isso representava o estabelecimento de uma teocracia (governo de Deus), como no Israel antigo. Assistir à missa tornou-se uma obrigação, e a virtude passou a ser lei. O lazer, ou, segundo o ponto de vista, o vício, foi proibido. Concretamente, suprimiram-se as canções indecorosas, as danças, o jogo de dados, as bebidas alcoólicas, as visitas a tabernas, os excessos ali-

CULTURA GERAL

mentares, o consumo de artigos luxuosos, as peças de teatro, os penteados exagerados e as roupas indecentes. O número de pratos de uma refeição foi predeterminado. Ornamentos e rendas também eram indesejados, tanto quanto o uso de nomes de santos. Dava-se preferência aos nomes bíblicos, como Habacuc ou Samuel. Para a luxúria, o adultério, a blasfêmia e a idolatria aplicava-se a pena de morte. Por outro lado, Calvino permitia que as pessoas emprestassem dinheiro a juros (desde que não fossem agiotas).

A noção de eleitos, o caráter sagrado dos escritos, a orientação não pela consciência, mas pela lei, e a permissão dos empréstimos a juros aproximavam os calvinistas do povo de Israel. Isso separou a mentalidade calvinista da luterana e, sobretudo, secou a fonte do anti-semitismo. Tanto que, nos países impregnados pelo calvinismo, como a Holanda, a Inglaterra e os Estados Unidos, o anti-semitismo nunca foi expressivo (diferentemente da Espanha, da França, da Alemanha, da Polônia e da Rússia).

O regime calvinista em Genebra era totalitário. Os anciãos e pastores controlavam todos os lares, atuando como polícia de costumes. Realizavam inquéritos e expulsavam os infratores da cidade.

A fama de Genebra espalhou-se por toda a Europa. Os viajantes ficavam encantados, pois ali não havia roubos, vícios, prostituição, assassinatos nem brigas partidárias. Escreviam cartas para suas famílias, dizendo que ali o crime e a pobreza eram desconhecidos. Em vez disso, o que predominava era o cumprimento dos deveres, a pureza de costumes, a atividade caridosa e a ascese pelo trabalho.

Segundo Calvino, não desperdiçar em futilidades o tempo que Deus concedeu ao homem também é um mandamento divino, pois, quando o homem comete esse desperdício, mostra que pertence ao grupo dos condenados. Quando, ao contrário, utiliza seu tempo trabalhando, mostra que pertence ao grupo dos eleitos. Também é um eleito quando multiplica seu dinheiro, como agradável efeito colateral de seu trabalho, o que em todo caso convencia os bem-sucedidos.

Resultado: o calvinismo combinava muito bem com os interesses comerciais de Genebra, com o capitalismo em geral e com a mentalidade americana que valoriza muito o sucesso.

Esses fatos são relatados posteriormente no livro do patriarca alemão da sociologia, Max Weber, sobre a ética protestante e o espírito do capitalismo.

Enquanto o luteranismo possibilitou o casamento entre a religião e o Estado (veja-se o caso da Prússia), o calvinismo possibilitou o casamento entre a religião e o dinheiro.

Assim, a Reforma tornou-se a parteira da modernidade.

SABER

Estado e religião: as guerras religiosas

A cultura cortesã e o desenvolvimento do Estado pela monarquia absoluta são assuntos ligados à aristocracia.
A Reforma é um assunto relacionado às cidades e à burguesia.
No luteranismo, a religião submete-se ao Estado.
No calvinismo, o Estado orienta-se pela religião.
No mais, todos os partidos da Europa estão de acordo quanto ao fato de que uma sociedade só se mantém coesa por meio da unidade de credo (confissão = credo). Por isso, quase todas as guerras são travadas tendo em vista seu domínio.

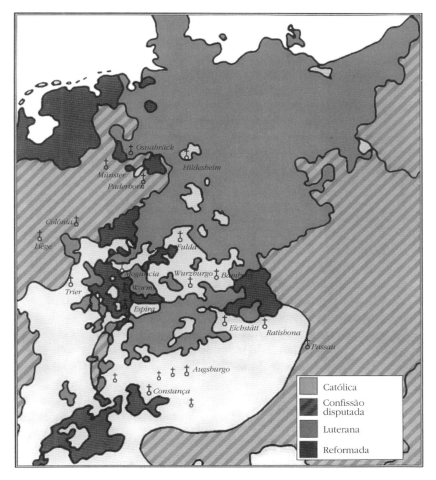

Distribuição das confissões por volta de 1600

CULTURA GERAL

O resultado da chamada Guerra dos Huguenotes foi a vitória do Estado sobre a religião: o herdeiro protestante do trono, Henrique de Navarra, converteu-se ao catolicismo por razões de Estado e implantou as bases para o absolutismo de Luís XIV.

A guerra religiosa seguinte eclodiu na Alemanha em 1618 e durou trinta anos. O resultado foi a devastação do país e a vitória da província sobre o Estado central. A cultura nacional, que havia começado tão vigorosamente com Lutero e Dürer, bem como com os reformadores, enfraqueceu-se e caiu num sono profundo de cem anos. Faltava uma capital que pudesse tornar-se o palco da nação e a despertasse. Por outro lado, o destino da França e da Inglaterra era decidido nas suas respectivas capitais, Paris e Londres. Mas a Alemanha tornou-se provinciana (o que se nota até hoje) e afastou-se da cultura européia por um século. Os aristocratas afrancesaram-se, e a burguesia emudeceu. Na Alemanha, quem não caiu na apatia dedicou-se à música como uma linguagem universal, situada mais além da linguagem comum.

Nessa época, o segundo período da Reforma já começara havia muito tempo.

A Contra-Reforma católica

Por que a Reforma conseguiu espalhar-se na primeira metade do século sem encontrar uma grande resistência por parte do imperador ou da Igreja?

Respostas:

1. Antes de conseguir convencer as pessoas das vantagens da verdadeira religião, o papa teve que reformar sua própria Igreja. Para isso, precisou de um empurrão. Por fim, organizou um parlamento reformista, denominado Concílio de Trento. Esse parlamento reuniu-se de 1545 até 1563 na capital da atual região trentina e reformou a Igreja com as seguintes medidas:

- definição da diretriz partidária católica diante dos dissidentes, dos revisionistas e dos paulinos protestantes;
- maior rigor na formação dos quadros eclesiásticos;
- reforma da hierarquia partidária e do clero;
- introdução da censura e do índex de livros proibidos;
- adoção dos métodos da Santa Inquisição, ou seja, espionagem, tortura e terror;
- organização militar dos quadros eclesiásticos na Ordem dos Jesuítas (fundada em 1534 por Inácio de Loyola, que freqüentara a mesma escola de Calvino e era muito parecido com ele).

Com essas medidas, grandes partes da Alemanha, toda a França e a Polônia foram reconduzidas ao catolicismo.

SABER

2. O imperador Carlos foi impedido de realizar um contra-ataque definitivo contra os protestantes, devido a um poder que o ameaçava vindo de um lado totalmente diferente: os turcos.

Os turcos

Chamavam-se otomanos, por causa do príncipe Otman (1299-1326), que conquistara a Ásia Menor. Desde o século VII, já se haviam convertido ao Islã. O filho de Otman, Urhan, que foi muito mais importante do que seu pai, organizou o povo como a casta de guerreiros de uma máquina militar móvel, dotada de um exército permanente, uma legião estrangeira – a tropa de elite dos janízaros (crianças cristãs arrancadas dos seus pais e educadas para serem soldados de elite) – e uma cavalaria de grande força combativa. Como a conversão ao Islã representava a aceitação na casta de guerreiros turcos, muitos cristãos aproveitaram essa oportunidade quando os turcos conquistaram os Bálcãs nos séculos XIV e XV. No dia 28 de junho de 1389, os turcos abateram os sérvios no Campo dos Melros, no Kosovo, depois que o sultão turco Murad havia sido assassinado pelo terrorista sérvio Obilie. Desde então, os sérvios comemoram esse dia, que se tornou feriado nacional, e fizeram do assassino um herói. No mesmo dia, do ano de 1914, o terrorista Gavrilo Princip atirou no novo Murad, o arquiduque Francisco Ferdinando da Áustria. E, por causa da mortandade no Campo dos Melros, até hoje os sérvios reivindicam o Kosovo como terra santa. Mas nunca perdoaram aqueles, entre o seu povo, que se converteram ao Islã e se juntaram aos opressores: os muçulmanos bósnios. Vingaram-se deles 600 anos depois, em Srebrenica. Os povos oprimidos por longos períodos possuem uma boa memória, porque ainda têm contas em aberto.

Mas os turcos, como prussianos orientais que eram, passavam de uma vitória a outra. Primeiro tomaram Constantinopla em 1453 e transformaram-na em sua capital, Istambul. Com isso, extinguiu-se o Império Romano do Oriente, que foi a "Grécia cristã por mais de mil anos". Depois de uma vitória sobre a Pérsia, Selim conquistou a Armênia, a Palestina, a Síria e o Egito e, por fim, tornou-se patrono das cidades sagradas de Meca e Medina, obtendo o título de califa.

Enquanto o Islã recuava diante dos cristãos na Europa Ocidental (na Espanha), no Oriente ele se expandia e dominava os povos cristãos dos Bálcãs. Sob Suleimã, o Magnífico (1520-66), os turcos tornaram-se uma ameaça para Carlos V. Em 1526, assolaram a Hungria e apareceram às portas de Viena em 1529. Sitiaram a cidade, mas não obtiveram êxito.

Enquanto durasse o perigo turco, Carlos V não podia dar-se ao luxo de enfrentar os protestantes e atirar a cristandade numa guerra religiosa. Assim, a Reforma também foi salva pelos turcos, e os protestantes deveriam ser-lhes gratos por isso.

CULTURA GERAL

A insurreição dos Países Baixos

Carlos V havia reunido o território dos atuais países do Benelux num só Estado, governado por uma administradora que residia em Bruxelas. Com sua renúncia ao trono em 1555, os países foram divididos: seu irmão Ferdinando herdou o título de imperador e ficou com os territórios austríacos; seu filho, Filipe II, herdou todos os territórios espanhóis e os Países Baixos. Imediatamente, trataram de implantar as decisões do Concílio de Trento. Mas grande parte das províncias dos Países Baixos tornara-se calvinista. Sob a liderança da nobreza, foram empreendidos ataques iconoclastas "contra-revolucionários". Em vista disso, Filipe enviou para aqueles países o duque de Alba, que em nome da fraternidade católica esmagou de forma sangrenta a contra-revolução. Em contrapartida, as sete províncias do norte (a Holanda atual) negaram obediência ao rei e declararam-se uma república independente (1581). Sob a liderança de Maurício, príncipe de Orange, lutaram pela liberdade numa longa e sangrenta guerra contra os espanhóis. Desse modo, a Holanda protestante (Países Baixos do Norte) separou-se da Bélgica (Países Baixos do Sul), que permaneceu espanhola e católica.

A Holanda, o comércio e a tolerância

Na República dos Países Baixos, o poder legislativo concentrava-se numa espécie de conselho federal, uma assembléia de delegados dos parlamentos provinciais, com o nome de "Estados Gerais". O governo era constituído pelos governadores das províncias, cuja maioria pertencia à casa Orange (o nome da casa Orange provinha da cidade francesa de Orange; por isso, as camisetas da seleção holandesa de futebol são cor-de-laranja. Como certo Guilherme de Orange tornou-se rei da Inglaterra em 1688 e derrotou os irlandeses católicos, os irlandeses do norte, protestantes, celebram até hoje o *Orange Day*). A Holanda continuou a lutar ao longo de toda a Guerra dos Trinta Anos e, em 1648, obteve a sua independência com a Paz de Vestefália, celebrada em Münster. Enquanto isso, já conquistara o domínio total dos mares, monopolizara os transportes marítimos, anexara as colônias portuguesas na África do Sul, na Índia Oriental (Ceilão) e na Ocidental (Caribe) e tomara a frota de prata dos espanhóis. Concentrara todo o comércio mundial e transferira o centro dos negócios bancários da Antuérpia para Amsterdam. E, como sempre, aos negócios bancários seguiu-se o florescimento da cultura (vejam-se os casos de Florença, Augsburgo, Antuérpia e Amsterdam).

Com a liberdade de comércio, chegaram à Holanda a liberdade intelectual, a ciência, a cultura livresca e a tolerância. Para lá também fugiam os perseguidos da Europa, os eruditos, os intelectuais e os artistas criativos. E Amsterdam tornou-se igualmente a nova Jerusalém dos judeus, que ali podiam praticar a sua fé sem serem perturbados.

SABER

Mas a oficina em que o espírito mundial forjara duas novas invenções culturais a partir das guerras religiosas e que deveriam determinar o futuro da Europa situava-se na Inglaterra. Essas duas invenções culturais eram:

– a monarquia controlada pelo parlamento, dotada de um sistema bipartidário e de um moderno aparato governamental com tolerância religiosa, e
– o moderno iluminismo, regido pela ciência e pela razão.

Antes de abordarmos esses temas, precisamos ainda nos deter sobre a terceira força motriz da modernização depois da formação dos Estados modernos e da Reforma: as descobertas dos astrônomos, navegadores e cientistas e a nova imagem do céu, da Terra, da natureza e do ser humano.

A imagem da Terra, do céu e da sociedade

Em 1453, os turcos haviam conquistado Constantinopla e passaram a ter o controle definitivo do comércio ocidental com o Oriente. Isso estimulou o infante Dom Henrique de Portugal, chamado "o Navegador", a tentar encontrar o caminho marítimo para a Índia, contornando a África. Mas só Vasco da Gama o encontrou, em 1498; a partir de então, a rota marítima ficou mais em conta do que o caminho por terra, e o comércio italiano sofreu um golpe mortal.

Em 1492, o genovês Cristóvão Colombo finalmente obteve de Isabel de Castela a permissão para descobrir a América. Na verdade, ele queria ir até a China, não à Índia. Não sabia que a América estava no meio do caminho e achou que aquelas terras pertenciam à Índia Ocidental, nome que até hoje é usado no Caribe. No dia 12 de outubro de 1492, seus navios atracaram em São Salvador.

Quando o enviado dos Médicis na Espanha, Américo Vespúcio, ouviu falar das descobertas de Colombo, ficou ele próprio tomado pela febre de viajar, vindo assim a ser o primeiro a alcançar, em 1497, o continente americano. Seus relatos chegaram aos ouvidos do professor de cosmografia Martin Waldseemüller, de Friburgo, que sugeriu dar o nome de "América" ao Novo Mundo. Essa sugestão foi concretizada pelo cartógrafo Gerhard Mercator, que no seu famoso mapamúndi chamou toda aquela região de América. Em vista disso, os habitantes primitivos do lugar foram chamados de americanos.

Portanto, o Novo Mundo foi descoberto por italianos e batizado por alemães, mas esses empreendimentos foram financiados e controlados por espanhóis e portugueses. A partir de então, a Península Ibérica fez jorrar para o Novo Mundo um fluxo interminável de pioneiros, aventureiros, missionários, criminosos, caçadores de ouro, especuladores e fugitivos, que molestavam os habitantes primitivos com sua avidez de fazer fortuna com o ouro, seus vírus da gripe, sua criminalidade e suas convicções cristãs.

CULTURA GERAL

Como os americanos eram pagãos, os cristãos espanhóis achavam-se no direito de roubá-los, abatê-los, oprimi-los, matá-los e saqueá-los. Assim, o combate aos infiéis, que terminara na Espanha em 1492, pôde estender-se à América sem um único ano de descanso. Os conquistadores eram velhos guerreiros brutais, com tendências ao genocídio. Em 1521, Hernán Cortés conquistou o império asteca, na atual região do México. Pouco depois, Francisco Pizarro destruiu o império dos incas no Peru. Sebastián Caboto explorou a região do rio da Prata na América do Sul. As naus de Fernão de Magalhães circunavegaram a Terra em 1519-21 e chegaram ao Oceano Pacífico. De Soto atravessou a Flórida, Pedro de Alvarado descobriu o Texas e Francisco de Coronado chegou até Kansas. Os ingleses e franceses tiveram de se contentar com as sobras encontradas nas florestas do norte e, durante séculos, tentaram em vão encontrar uma passagem para a China pelo noroeste, atravessando o gelo canadense.

A descoberta da América representou uma das maiores revoluções da história da humanidade.

– O centro de gravidade econômico deslocou-se do Mediterrâneo para o Atlântico. Ao declínio da Itália correspondeu a ascensão das nações do Atlântico: Portugal, Espanha, Inglaterra e Holanda. Os espanhóis foram os primeiros, mas depois perderam a concorrência para os holandeses e ingleses. Provavelmente porque não eram como aqueles calvinistas viciados em trabalho, mas sim hidalgos católicos com uma tendência a fazer a *siesta*.
– Para os habitantes primitivos, a descoberta da América foi uma terrível catástrofe. Tornaram-se vítimas de vírus europeus da gripe, contra os quais não tinham defesas, dos genocídios e do trabalho escravo, que não suportavam. Dos cerca de quinze milhões de habitantes que o México possuía na época das descobertas, apenas três milhões ainda estavam vivos depois de cem anos.
– Isso produziu a segunda catástrofe: os negros africanos, que conseguiam sobreviver melhor ao clima e ao trabalho na lavoura, foram aprisionados e depois vendidos como escravos.
– Em 1545, iniciou-se a exploração das minas de prata de Potosí, na Bolívia. A partir de então, todos os anos uma frota de navios carregados de prata atravessava o Atlântico. A busca por metais preciosos incendiou a imaginação de cada vez mais conquistadores, e a frota de prata dos espanhóis tornou-se a base do sustento de piratas ingleses. A longo prazo, estabeleceu-se o chamado comércio triangular: os navios partiam da Europa com contas de vidro e bugigangas para a África, que serviam para comprar ou caçar escravos, depois eram carregados com os escravos que eram levados

SABER

para a América, onde iam trabalhar nas plantações ou nas minas, e retornavam à Europa trazendo a prata ou a cana-de-açúcar, bem como o tabaco, o milho, o algodão etc. Assim, os navios nunca precisavam navegar vazios. Mais tarde, esse comércio triangular cairia nas mãos dos holandeses e ingleses.

– A Espanha recebeu um fluxo constante de metais preciosos, mas o país destruiu a sua cultura burguesa (expulsão de judeus, de mouros) e desperdiçou o dinheiro com uma política imperial improdutiva (campanhas militares, construções suntuosas); além disso, sua indústria têxtil perdeu a concorrência para a Inglaterra. Por conseguinte, a Espanha não tinha a infra-estrutura necessária para segurar o dinheiro no país; esse seguia caminho até a Holanda ou ia parar nos bolsos dos piratas ingleses como Drake ou Hawkins, que com o beneplácito do rei espoliavam os espanhóis e em nome do patriotismo deixavam a rainha participar dos lucros.

– Com a descoberta da América e o vínculo estabelecido com a Índia e a Ásia Oriental, formou-se um sistema econômico mundial unificado com uma divisão do trabalho correspondente: desenvolvimento industrial diferenciado no centro (Holanda, Inglaterra, França, com irradiações para o norte da Itália e oeste da Alemanha), monoculturas e economia agrícola, bem como servidão e escravidão na periferia (Europa Oriental e colônias) e trabalho assalariado no centro.

Ao mesmo tempo, iniciou-se a europeização do mundo em virtude da superioridade militar e da tecnologia armamentista daquele continente: inaugurava-se a era colonial. Depois da Antiguidade, surgia um novo tempo de escravidão.

A literatura substituiu o romance de cavalaria pelo romance de aventuras. O Santo Graal foi substituído pelo Eldorado, e Dom Quixote, por Robinson Crusoé, com o índio Sexta-Feira como o escravo.

O céu – da visão de mundo ptolomaica à copernicana

Em 1540, o professor de matemática de Wittenberg, Georg Joachim Rheticus, publicou seu primeiro relato sobre os trabalhos de Nicolau Copérnico, nascido em Thorn, uma cidade junto ao rio Vístula. Copérnico estudara jurisprudência e medicina na Cracóvia e em Bolonha e depois tornou-se cônego em Frauenburg, na Prússia Ocidental. Baseando-se nos dados do velho Ptolomeu, criador da visão geocêntrica do mundo (tudo gira em volta da Terra), calculou que os movimentos dos planetas podem ser mais bem explicados quando supomos que a Terra gira ao redor do Sol, e não o contrário. Essa hipótese era tão ousada que Copérnico anunciou o fato a apenas alguns iniciados. De fato, seus contemporâneos não concordaram com ele. A idéia pareceu-lhes absurda, e as evi-

CULTURA GERAL

dências pareciam mostrar o contrário. Lutero e Melâncton rejeitaram a idéia, porque a Bíblia dizia que Josué havia detido o Sol, e não a Terra. A Igreja ficou indignada, apesar de Rheticus ter astutamente dedicado seus escritos ao papa. Mas, quando Giordano Bruno, um neoplatônico radical, foi tão longe a ponto de ligar o seu panteísmo herético à teoria de Copérnico, a Igreja viu-se obrigada a queimar o filósofo em público.

Em 1543, logo depois da morte de Bruno, publicou-se a versão definitiva da teoria de Copérnico com o título *De revolutionibus orbium coelestium libri VI*, composta por seis livros sobre as órbitas dos corpos celestes. Quando Galileu sugeriu que Copérnico poderia ter razão, o papa mostrou-lhe a câmara de tortura, ao que o cientista examinou seus documentos mais uma vez e constatou que se havia equivocado e que efetivamente a Terra não se movia. Mas, quando se recuperou do choque, murmurou: "No entanto, ela se move", o que bem ilustra a emergente teimosia dos cientistas. Em 1616, ano da morte de Shakespeare, que achava a visão de mundo ptolomaica mais poética do que a copernicana, o papa incluiu o livro sobre as revoluções celestes no *Index librorum prohibitorum*, a lista dos livros proibidos. Só em 1757 ele foi retirado da lista. Desde então, os poloneses alegam que Copérnico era polonês, e os alemães que era alemão; antes, era o inverso.

A Igreja reagiu dessa forma tão violenta contra a revolução copernicana porque esta destruiu o tradicional conceito arquitetônico da casa de três andares: no andar de cima, o céu, no térreo, a Terra, e no inferior, o inferno. De repente, a Terra, junto com os outros planetas, navegava à deriva em meio a um espaço imenso; isso era semelhante a uma ação de despejo, a uma segunda expulsão do paraíso. Já não vivíamos no centro, e isso significava o exílio. As pessoas tornavam-se apátridas, e Deus, que por tanto tempo praticamente residira sobre elas, onde estava agora?

Por isso, levou muito tempo até que as idéias de Copérnico fossem amplamente aceitas. Todo o século XVI apegou-se à antiga visão de mundo ptolomaica. Com a ameaça da falta de uma pátria cósmica, a superstição até aumentou. O céu tornou-se um obscuro mapa do medo. O antigo calendário babilônico com os signos zodiacais, que haviam servido apenas para ajudar a memória, transformou-se num sistema de influências astrais mágicas. Houve uma difusão de grandes disparates. Acreditava-se realmente que a conjunção astral da hora do nascimento de uma pessoa determinaria todo o seu destino. Aos indiferentes corpos celestes atribuíam-se efeitos sobre o temperamento das pessoas. Aquele que tivesse nascido sob a influência de Saturno tornava-se melancólico (podemos ver um exemplo na gravura *Melancolia*, de Dürer). A astrologia entrou na moda, e charlatães, magos e astrólogos viveram um período de grande prosperidade. Essa era não apenas a época de Copérnico, mas também a de Nostradamus, Agripa e

SABER

Fausto. Nostradamus (na verdade Michel de Notre Dame) previu para Carlos IX da França um tempo de vida de noventa anos e acabou ficando com sua credibilidade só um pouquinho abalada, quando Carlos morreu aos 24. O mago da cidade de Colônia, Cornélio Agripa, criou o culto do abracadabra, com o qual passou a ter poder sobre os demônios. Um deles o acompanhava constantemente encarnado no seu cão (Agripa simplesmente chamou o seu cão de Demônio, o que talvez nem fosse tão irreal). A partir disso, surgiu a lenda do pacto entre o demônio e o mago negro Georg ou Johannes Faust (Goethe chama o seu Fausto de Henrique ["Henrique, tenho pavor de você"], em homenagem a Henrique Agripa).

Mais tarde, o filósofo francês Blaise Pascal diria: os espaços infinitos do universo nos amedrontam.

A sociedade

Atualmente, a humanidade se iguala à sociedade. Isso é historicamente único e novo. Na Idade Média – como já dissemos –, também faziam parte da sociedade os anjos, os mártires, os santos, os espíritos, os mortos, os diabos, sem falar dos duendes, dos gnomos, dos monstros, das fadas e de todo o zoológico de demônios que participavam da comunicação geral. Nesse sentido, o protestantismo efetuou uma redução radical: baniu os mártires, os santos e os inúmeros intermediários, os mensageiros e porteiros que se haviam intrometido entre Deus e os seres humanos, e condenou-os ao silêncio. Eliminou o purgatório e, assim, destruiu o reino paralelo dos mortos. Se até então, em princípio, esses eram acessíveis (podia-se influenciar sua condição por meio de preces), agora foram separados dos vivos, relegados ao passado, e acabaram se perdendo no rio do esquecimento. Isso fez com que se calassem. A única coisa que ainda interessava era a conversa direta entre o ser humano e Deus.

Isso representava o desencantamento do mundo em favor de uma enorme concentração na escrita. Um novo meio de comunicação tornou-se a nova fonte de significação: o livro.

A escrita

O texto impresso desenvolveu uma magia própria. As letras normatizadas, graficamente sempre idênticas, faziam com que o texto de um livro parecesse quase objetivo, conferindo-lhe uma legitimidade própria. Como não se via o autor, não se podia atribuir a mensagem a ele, e a perda de ênfase e suporte oferecidos pelo discurso oral eram compensados na escrita pela maior coerência e pela construção lógica. Só com a escrita é que se tornou possível a comparação com o discurso oral, e o que permaneceu idêntico na passagem de um ao outro foi o

CULTURA GERAL

sentido. Assim, o espírito tornou-se abstrato. Deixou de ser concebido como outra pessoa e passou a ser compreendido como sentido, o que agradou muito aos protestantes.

A concentração no diálogo entre Deus e o ser humano relegou todas as outras formas de comunicação à idolatria pagã. Por muito tempo, ela prejudicou a diversidade de espécies existentes na Idade Média, na medida em que privou os magos, os mortos e os santos de seu *habitat*. Eles passaram a sobreviver na reserva da Igreja católica ou no zoológico da literatura.

A literatura

A literatura compensou o desencantamento do mundo por meio de um novo encantamento artístico, a ficção. Mesmo desacreditadas, as fadas retornaram mais tarde no teatro, na peça *Sonho de uma noite de verão*, de Shakespeare. Mas o calvinismo, que não via nenhuma graça no paganismo e na diversão, proibiu o teatro por considerá-lo um templo da idolatria, no qual as pessoas se dedicavam a jogos de sombras demoníacos.

No entanto, nem todos os espíritos aceitaram esse genocídio. Assim como o pai assassinado de Hamlet, eles voltaram como fantasmas. Para algumas gerações posteriores, o velho mundo da Idade Média tornou-se fantasmagórico. Isso tornou o mundo da Reforma especialmente vulnerável aos acessos de pânico demonológicos. A perseguição aos judeus e a caça às bruxas ganharam novo fôlego. A luta entre os diferentes credos representou uma verdadeira transfusão de sangue para o demônio, que passou a ser visto com maior freqüência como o líder do partido adversário.

Houve épocas mais sinistras do que o século XVI, com o qual se iniciou a Idade Moderna. Por exemplo, o século XIV, com a peste; para a Alemanha, o século XVII, com a Guerra dos Trinta Anos, ou o século XX, com a tendência aos genocídios. Mas raramente houve um século que, do ponto de vista histórico, tivesse uma cabeça de Jano, ou seja, duas faces tão distintas quanto o século XVI. Os antigos poderes ainda lutavam pela vida e não sabiam que estavam condenados ao declínio: a cultura do Mediterrâneo, o império universal, a Igreja universal e a visão de mundo medieval. Todavia, os novos poderes já não podiam ser derrotados: a economia mundial que se estendia por todo o planeta, o Estado nacional, o protestantismo e a ciência. As pessoas do século XVI vivenciaram essas coisas ao mesmo tempo; não é de espantar que a tensão muitas vezes as deixasse histéricas.

Essa tensão encontrou sua mais forte expressão na maior luz da humanidade, um homem de Stratford, chamado William Shakespeare. Suas peças de teatro eram apresentadas na Itália, mas também nas Bermudas, na Roma antiga, em

SABER

Atenas, em Tróia e na Londres medieval. Nelas se agitam políticos modernos e maquiavélicos descrentes, mas também bruxas, demônios, espíritos e duendes. Elas mostram exemplos do amor mais terno e da brutalidade mais cruel, da fidelidade mais incrível e da mais fria falta de princípios. O mundo não conhecia outras imagens mais alegres de uma sociedade despreocupada como a que aparece em suas comédias, nem infernos de morticínio e desespero mais sinistros do que em suas tragédias. Suas peças são igualmente pagãs e cristãs, protestantes e católicas, individualistas e feudais, maquiavélicas e moralizantes, esclarecidas e supersticiosas, modernas e tradicionais. Embora acreditasse na visão de mundo ptolomaica, Shakespeare sempre reapresentava o princípio da revolução copernicana, ou seja, de que o olhar trai, e nossas maiores certezas podem ser convertidas em simples quimeras. Em sua obra, encontram-se todas as tensões que o nascimento de um novo mundo traz à tona. É por isso que precisamos lê-la ou, melhor ainda, assisti-la no teatro. Somente assim poderemos vivenciar o que aqui podemos apenas ler.

O século XVII

No século XVII, decide-se o destino de três nações, com base em três diferentes processos de formação dos Estados.

Alemanha – a queda

A Guerra dos Trinta Anos na Alemanha (1618-48) foi uma catástrofe, um morticínio do pior tipo, conduzido em função de dois princípios:

– estabelecer a predominância da fé católica ou evangélica;
– estabelecer a supremacia do imperador no império ou a independência dos príncipes.

A guerra terminou consagrando a independência dos príncipes. Com isso, a formação de um Estado nacional foi bloqueada. O resultado foi a debilidade do império e sua divisão em pequenos Estados. Para a luta entre as religiões, isso representava um empate: cada príncipe determinava qual fé deveria prevalecer em seu Estado. No principado de Bayreuth, as pessoas eram protestantes, no bispado de Bamberg, católicas. Do ponto de vista religioso, a Alemanha tornou-se uma colcha de retalhos, cujos efeitos são sentidos até hoje nos temperamentos regionais. Ao sul – portanto, na Áustria, na Baviera e em Baden, mas não em Württemberg –, as pessoas são católicas; na Alemanha Ocidental, constituída pelo Pala-

CULTURA GERAL

tinado, pela Renânia e pelo sul de Oldemburgo, a situação continua obscura. E o que diz o mito da criação da Vestefália? "E Deus disse: 'Faça-se a luz'." Apenas dois lugares ficaram às escuras: Paderborn e Münster. Por outro lado, em Hessen e na Baixa-Saxônia, assim como na Turíngia, em Anhalt, na Saxônia, em Schleswig-Holstein, em Meclemburgo e na Prússia, todos eram protestantes. Por muito tempo, essa cartografia também definiu o panorama partidário: nas regiões católicas, vota-se na CDU (União Democrata-Cristã), e nas protestantes, no SPD (Partido Socialdemocrata).

Do ponto de vista da organização do Estado, até a fundação do império de 1870/1, a Alemanha permaneceu fragmentada. Essa fragmentação tornou-a provinciana. Como não havia uma capital, também não se desenvolveu uma sociedade urbana de atuação determinante que pudesse servir de modelo à nação no que diz respeito ao gosto, à linguagem e ao estilo de vida. Os alemães perderam o contato com uma cultura da linguagem e da comunicação: o diálogo, a retórica, a conversação; a anedota, o entretenimento, a compreensão, as boas maneiras, os estilos de vida, o humor, a elegância da expressão, tudo isso não faz parte das características pelas quais os alemães são conhecidos por outras nações. Assim, os alemães refugiaram-se numa linguagem situada mais além da própria linguagem: no canto e na música, ou simplesmente na obstinação.

De resto, o longo massacre da Guerra dos Trinta Anos tornou-os melancólicos e possuídos por um desejo de morte. Em algumas regiões, dois terços da população foram dizimados pela guerra. Quase toda a Europa participou dessa carnificina: França, Dinamarca, Suécia, Espanha, Polônia e muitos outros países. No final, o país estava em ruínas, tomado pela barbárie e gravemente traumatizado. A memória coletiva não conseguiu processar tudo isso.

A Alemanha ficou de fora na competição das nações. Só depois de mais de duzentos anos conseguiu emergir, dividida em dois blocos: a Prússia e a Áustria, com a atual Alemanha meridional no meio. Essa escolha foi uma opção por um caminho catastrófico rumo à modernidade, nos moldes de uma história de desgraças e tragédias: o formato do Estado nacional fracassou. Porém, foi justamente nesse formato que primeiro surgiu a democracia.

Na França e na Inglaterra, tudo foi muito diferente. A ascensão desses dois países naquele momento tomava caminhos bastante diversos.

França – L'État c'est moi

Na França, forma-se o Estado burocrático centralizado, com o rei absoluto no topo.

Dois cardeais e um rei são responsáveis por esse desenvolvimento:

SABER

- Durante o reinado de Luís XIII (1610-43), quem governa, na verdade, é o cardeal Richelieu. Podemos conhecê-lo por meio da leitura de *Os três mosqueteiros*, de Alexandre Dumas.
- Enquanto Luís XIV é menor de idade, quem governa a França é o cardeal Mazarino.
- A partir de 1661, Luís XIV assume o governo e se destaca por conferir-lhe uma forma cultural, um estilo, uma dramaturgia e um palco. É o estilo barroco (→ Arte) da cultura cortesã de Versalhes. Nela, os eternamente perigosos nobres mantêm-se ocupados por meio do cerimonial, das intrigas, das festas e do constante teatro que é a corte. A corte de Luís XIV, chamado de "rei Sol" por seus admiradores, torna-se um modelo para a Europa. O próprio rei possui um poder absoluto que não é controlado por ninguém. Em tempos de ameaças constantes de sangrentas guerras civis, esse é um preço que os súditos não se importam de pagar pela paz. Por ela, estão dispostos a uma submissão total. No rei revela-se a essência do Estado: o monopólio da violência. Por isso, Luís XIV diz: "O Estado sou eu."

A construção do Estado é realizada de forma sistemática:

- uma política econômica, que consistia na importação de matéria-prima das próprias colônias e na exportação de produtos manufaturados, o que promove a indústria e dá início ao mercantilismo (de *mercantia* = comércio);
- organização de um exército permanente e construção de fortificações (engenheiro Vauban);
- criação de infra-estrutura de ruas, estradas e canais (ainda hoje exemplares);
- desenvolvimento da administração por meio de ministros especializados e representantes do rei nas províncias;
- condução de uma política colonial sistemática: aquisição da Louisiana – toda a região a oeste do Mississipi, de Nova Orleans até Quebec, no Canadá;
- desenvolvimento da cultura cortesã como liturgia da nova religião do Estado: em vez de igrejas, são construídos castelos, em vez de missas, são realizadas festas na corte, em vez da eucaristia e dos sacramentos, a representação e a adoração do rei pela sua corte.

Essa cultura tem sua expressão na teatralidade do barroco. É a época das crinolinas e das perucas empoadas. A corte de Luís XIV torna-se o modelo para todas as cortes da Europa. A nobreza européia torna-se afrancesada. Na corte dos czares russos também se fala francês, da mesma forma que mais tarde, na corte de Frederico, o Grande, da Prússia.

CULTURA GERAL

Cultura, teatro e literatura

Mais tarde, quando a burguesia alemã descobre sua nação e sua língua (a partir de 1750), sente necessidade de impor essas descobertas a uma nobreza afrancesada. Isso inaugura a alergia dos nacionalistas alemães à França, que, segundo eles, teria roubado sua identidade. Por conseguinte, a identidade coletiva alemã adota o estilo contrário a tudo que é considerado francês: elegância, humor, boas maneiras, refinamento aristocrático e *savoir-vivre*. Tudo isso é abertamente condenado como modismo superficial, decadência e mera civilização, em contraste com a profundidade, a franqueza, a cultura e a autenticidade que os alemães reclamaram para si.

Isso, e não o conflito entre os Estados, constitui a origem do mito da tradicional inimizade entre Alemanha e França.

Desde aquele época e até 1945, os alemães tiveram uma relação com os franceses nos mesmos moldes da relação que os árabes ou persas de hoje têm com os americanos. Odiavam-nos porque admiravam sua alegre e serena superioridade. O sentimento nacional embebedava-se em ressentimentos culturais.

Como sempre, com a cultura cortesã na França também floresceram as artes cênicas, porque a própria corte era um teatro.

Em 1643, o ator Jean-Baptiste Molière fundou a célebre *Comédie Française* e começou a escrever suas brilhantes comédias de tipos humanos, baseadas em personagens como o Avarento (→ Literatura). Esses personagens continuam vivos no teatro: Tartufo, que deu o nome a todos os virtuosos da falsidade e hipócritas disfarçados de gente boa; o Misantropo, arquétipo de todos os moralistas inimigos da humanidade, e o Avarento.

Corneille e Racine adotaram os preceitos de Aristóteles ao pé da letra e enquadraram suas tragédias em três unidades: ação, época e lugar. Desses preceitos, a tragédia só será libertada pelo *Sturm und Drang* alemão, com a ajuda do intrépido Shakespeare.

Apesar disso, os franceses consideram Corneille e Racine seus maiores dramaturgos.

La Fontaine escreveu suas fábulas sobre a cigarra e a formiga e sobre o lobo e o cordeiro em versos tão fluentes que ainda hoje aparecem nos livros de ensino da língua francesa de todo o mundo.

As damas recebiam artistas e escritores nos salões e escreviam e liam suas histórias românticas. À frente de todas elas estavam Madame de Scudéry, Madame de Sévigné e, sobretudo, Madame de Lafayette, que com seu romance *La Princesse de Clèves* [A princesa de Cléves] criou o primeiro romance psicológico. No salão de Madame de Sablé transitava François de La Rochefoucauld, que reuniu suas cínicas constatações sobre a natureza egoísta dos homens em brilhantes máximas melancólicas, que todo francês culto conhece: "A hipocrisia é uma reverência do vício diante da virtude." É possível expressar isso de modo melhor? Ou então: "O verdadeiro amor é como a aparição de um fantasma: todos falam dele, mas quase ninguém o vê." Ou ainda: "Mulheres virtuosas são como tesouros escondidos: só estão em segurança porque ninguém as procurou."

Até hoje, as colunatas do Louvre e o palácio de Versalhes mostram o esplendor da era de Luís XIV.

Entre suas ações menos louváveis contam-se a revogação do Édito de Nantes e a expulsão dos huguenotes. Estes fugiram para a Inglaterra e a Prússia, levando suas habilidades e suas virtudes protestantes. Mas, para a França, isso representou um "*brain drain*" (evasão de cérebros), como mais tarde a expulsão dos judeus da Alemanha.

O absolutismo foi um dos caminhos para a modernidade, que levou à Revolução Francesa.

O outro caminho foi o trilhado pela Inglaterra e levou à democracia parlamentar.

A Inglaterra, a revolução puritana e a criação da democracia parlamentar

Inglaterra: de 1588 até a Revolução Gloriosa de 1688

Em 1587, a grande rainha Elizabeth mandou executar a rainha da Escócia, Maria Stuart. Não porque fosse mais bonita, mas porque era católica e conspirara contra ela, planejando assassiná-la num complô armado com o sinistro rei Filipe II da Espanha.

Por causa disso, em 1588, Filipe enviou sua armada para recuperar a Inglaterra para a fé correta. Havia mais monges do que soldados nos seus navios, os ventos obedeciam a um Deus protestante, e a árvore genealógica do almirante espanhol era mais imponente do que a sua arte de navegar. Desse modo, a frota espanhola só conseguiu alcançar a fronteira das águas sob jurisdição espanhola e naufragou.

Logo depois, Shakespeare entrou em cena nos palcos do mundo e anunciou o brilho da cultura elisabetana. Nos últimos anos do reinado de Elizabeth, essa cultura brilhou mais do que nunca na história inglesa e continuou brilhando depois da morte da rainha, em 1603, que deixou o trono para Jaime I, filho protestante da decapitada Maria. Jaime uniu a Escócia à Inglaterra, mas demonstrou negativas tendências absolutistas. Deparou com um parlamento seguro de si, dividido em uma instância superior da aristocracia, a Câmara dos Lordes, e em uma instância geral, a Câmara dos Comuns. Originalmente, a Câmara dos Comuns era um órgão de representação das províncias, que servia à arrecadação central de impostos. Como o parlamento permaneceu fiel ao rei durante todo o sé-

CULTURA GERAL

culo XVI, os reis que se sucederam não o dissolveram, mas usaram-no para a implantação da sua política eclesiástica (introdução da Reforma, criação de uma igreja anglicana estatal, confisco dos bens dos conventos e sua respectiva venda a uma nova nobreza fiel ao rei). Mas, naquele momento, o parlamento estava cheio de juristas e tinha evoluído de um inofensivo clube de debates para uma confiante instituição com organização própria, comitês e subcomitês, direito de criar impostos e de legislar. Tornara-se essencialmente senhor de suas próprias vontades; e isso se devia a outra evolução.

Nas grandes cidades, sobretudo em Londres, as doutrinas de Calvino, oriundas de Genebra, conquistavam cada vez mais adeptos. Produziam protestantes fundamentalistas, que não gostavam dos ritos católicos da Igreja anglicana. Queriam concentrar o ofício divino na prédica e limpá-lo de todo o aparato papal. Por causa dessa intenção purificadora, foram chamados de puritanos. Finalmente, passaram a questionar a própria Igreja anglicana por causa de sua hierarquia de bispos e prelados e fundaram comunidades livres. Por isso, também eram chamados de congregacionistas (de *congregatio* = reunião), separatistas, independentes ou dissidentes. Eram protestantes fundamentalistas e adeptos da democracia, que gradualmente também foram assumindo a teologia calvinista, sobretudo a doutrina da escolha predestinada de alguns poucos eleitos pela graça divina, que eram como viam a si mesmos.

Já haviam vencido na Escócia e erigiram uma igreja presbiteriana autônoma (com sínodos e anciãos eleitos).

Quando Carlos I sucedeu a seu pai no trono inglês e escocês, em 1625 (desde Jaime I a Inglaterra e a Escócia estavam ligadas por uma união pessoal), o parlamento inglês estava cheio de deputados puritanos cuja primeira atitude foi rejeitar a aprovação de impostos. Depois de várias dissoluções e novas recusas, o parlamento declarou que a aprovação dependeria do reconhecimento formal da essência do poder parlamentar por parte do rei:

No taxation without representation (não aceitaremos a cobrança de impostos sem a aprovação parlamentar. Mais tarde, a violação desse princípio desencadeou a revolução americana).

Depois disso, Carlos dissolveu o parlamento e, com a ajuda de dois homens, instaurou um regime quase absolutista.

- Seu chanceler, conde de Strafford, imitou o cardeal Richelieu e implantou uma rigorosa administração.
- O arcebispo Laud reaproximou a Igreja anglicana da católica, poupou os católicos e perseguiu os puritanos.

Tudo isso teve conseqüências na história universal:

SABER

Os puritanos perseguidos nomearam-se padres peregrinos e embarcaram para a América. Em 1640, havia vinte e cinco mil deles na região que hoje se chama Nova Inglaterra. Suas instituições, sua fé e suas posturas imprimiram uma forte marca no desenvolvimento da grande sociedade que ali surgiu: os Estados Unidos da América.

Por outro lado, alguns anglicanos tornaram-se novamente católicos, como Lord Baltimore. Ele obteve de Carlos uma licença para também fundar uma colônia na América, porém católica. Foi o que fez, e deu-lhe o nome de Maryland, em homenagem à Virgem Maria. Sua maior cidade foi Baltimore.

Deslumbrado pelo êxito de seu regime autocrático na Inglaterra, Carlos voltou-se então contra a Igreja presbiteriana na Escócia. Em função disso, os presbiterianos uniram-se numa aliança religiosa (*National Convenant*). Para derrotá-los, Carlos precisava de um exército e, para formá-lo, precisava de dinheiro; e para obter o dinheiro precisava do parlamento inglês. Convocou-o, mas, como esse não se mostrou insubordinado, dissolveu-o e convocou outro. Esse outro ficou conhecido na história como *Long Parliament*, porque Carlos não conseguia mais se livrar dele. Em vez disso, o parlamento é que conseguiu livrar-se de Carlos.

Esse parlamento começa imediatamente a formular uma legislação reformista, declara ilegal o conselho secreto do rei, manda jogar fora os crucifixos das igrejas e passa à revolução, ao executar o chanceler real. Apresenta ao rei um libelo acusatório, que aponta os atos abusivos a serem suprimidos, e exige para si o comando supremo do exército. Por conta disso, quando o rei tenta mandar à prisão alguns deputados por alta traição, o parlamento coloca-se sob a proteção da cidade de Londres. Carlos foge, deixando a cidade nas mãos dos seus opositores. O parlamento conclama os cidadãos à desobediência ao rei, funda uma Comissão de Salvação Nacional como substituição ao governo e começa a organizar um exército próprio. Em agosto de 1642, inicia-se a Guerra Civil Inglesa.

As regiões rurais e a aristocracia são fiéis ao rei, mas parte da pequena nobreza proprietária de terras (*gentry*), os comerciantes, os artesãos e sobretudo a capital de Londres são fiéis ao parlamento. Como a marinha também apóia o parlamento e bloqueia os subsídios estrangeiros (verbas de auxílio) dos monarquistas, e como os escoceses presbiterianos põem-se a ajudar o parlamento, Carlos I é finalmente derrubado e preso. O êxito militar deve-se principalmente a um pequeno proprietário de terras, que organiza uma pequena cavalaria e finalmente forma um exército invencível de puritanos fervorosos, um exército tão disciplinado e religioso como provavelmente o mundo nunca vira antes: Oliver Cromwell.

Esse exército é mais radical do que o parlamento, que se tornara presbiteriano. Quando os revolucionários vitoriosos entram em conflito, os moderados imediatamente voltam a apoiar o rei. Então Cromwell marcha contra o parlamento, expulsa todos os membros moderados e monarquistas e deixa para trás apenas

101

CULTURA GERAL

um "esqueleto" de parlamento, o qual introduz o princípio da soberania popular e declara-se soberano. Como não podem existir dois soberanos, acusa o rei de alta traição e rebelião contra o verdadeiro rei, que passa a ser o povo.

No final do processo, o tribunal condena o rei à morte. No dia 30 de janeiro de 1649, Carlos I sobe ao cadafalso, coloca a cabeça no cepo, e, com um único golpe, sua cabeça é cortada pelo carrasco, rolando a seus pés.

A Inglaterra torna-se uma república.

É a primeira vez na história universal que um rei é decapitado como resultado de um programa revolucionário. Quando a cabeça do rei caiu, a multidão presente supostamente emitiu um gemido abafado, como se pressentisse a amplitude desse acontecimento na história do mundo. A mesma cena voltará a se repetir duas vezes – na França e na Rússia.

A república inglesa foi batizada de *Commonwealth* e com esse nome foi registrada nos livros de história. Durou apenas dez anos, até 1660, e não conseguiu elaborar uma constituição adequada. O antagonismo entre o parlamento moderado e o exército radical e puritano permaneceu sem solução. Por fim, Cromwell teve de governar sob o título de *Lord Protector* quase como um ditador militar, como um Napoleão precoce. Quando morreu, foram buscar na França Carlos II, filho de Carlos I. Com ele e seu irmão, Jaime II, realizou-se na Inglaterra a Restauração, entre 1660 e 1688.

Conseqüências culturais da Revolução Inglesa

Mesmo assim, o *Commonwealth* deixou profundas marcas. Em primeiro lugar, a experiência de que também é possível viver sem rei. Foi uma experiência primordial de democracia. De repente, muitas pessoas estavam participando da administração, em comitês, milícias e associações, adquirindo, assim, experiência política.

Durante o *Commonwealth* predominou a rigidez dos costumes dos puritanos que estavam no poder. O luxo deu lugar à simplicidade, o ócio, ao trabalho regular, a prática de esportes estava proibida, os teatros foram fechados, assim como os restaurantes (por isso até hoje eles obedecem a um horário absurdo de funcionamento), assistir à missa era obrigatório, a leitura da Bíblia tornou-se a principal ocupação, e a ascese dos monges, uma prática de vida metódica e cotidiana, na qual tudo servia ao objetivo de empregar o tempo de forma racional, para não desperdiçá-lo em futilidades e no ócio. Naturalmente, isso produziu uma mentalidade de autovigilância por meio da consciência pesada. Era o nascimento de uma disciplina masoquista, na qual a ascese interior tornou-se a ética de trabalho no mundo industrial moderno. Sem o puritanismo, o capitalismo teria sido diferente.

SABER

Sem o puritanismo, a Inglaterra não teria sido a pioneira da modernização, e os Estados Unidos teriam tido outro desenvolvimento. Se quisermos comparar as formas extremas do cristianismo, podemos tomar como exemplos o catolicismo do Rio de Janeiro e o protestantismo da cidade de Providence, nos Estados Unidos.

A corte de justiça da Igreja desloca-se para o interior das pessoas e torna-se um exame de consciência permanente. Como única diretriz das ações ela se transforma num espírito atormentador, mas também numa fonte de energia para a independência em relação a qualquer autoridade. A supressão da confissão é compensada pela declaração pública dos pecados. Como a observação de si mesmo transforma a própria vida num campo de treinamento de provações constantes, os puritanos gostavam de encenar essa auto-reflexão em torno de uma vivência dramática de ressurreição. Iniciava-se um nova vida, virava-se a página e ganhava-se uma nova oportunidade. Isso explica a tendência americana aos *fresh starts* (recomeços), com uma retórica e uma ação próprias. Até hoje isso é visível na avaliação positiva que os americanos fazem das mudanças de profissão e de moradia. Essas experiências, que fazem com que as pessoas sintam-se de alguma forma escolhidas, são vivenciadas como sinais da graça divina e constituem a origem do espírito americano de missão.

A Revolução Gloriosa e o desenvolvimento do sistema bipartidário

Carlos II, que em 1660 subiu ao trono deixado por seu pai decapitado, era um monarca sem preconceitos, que se tornou popular por sua cínica amabilidade, tolerância e pela grande quantidade de amantes. Mas tinha um irmão obstinado. Quando Jaime II herdou o trono, repetiu todos os erros de Carlos I, pois esforçou-se para reconduzir a Inglaterra ao seio da Igreja católica. Por causa disso, as esperanças dos protestantes concentraram-se em sua filha Maria, que se casara com Guilherme de Orange, holandês ainda mais protestante por ser calvinista. Mas, quando Jaime casou-se com uma mulher católica, que ainda por cima lhe deu um herdeiro, a paciência dos protestantes se esgotou. Em 1688, convidaram Orange para ir à Inglaterra e ajudaram-no a conquistar o trono.

Guilherme foi, viu, e o rei Jaime fugiu. Por conseguinte, criou-se uma disputa entre dois partidos: uns diziam que o trono estava vazio e Guilherme era o rei; eram os progressistas, chamados de *whigs* (de *whig a mare*, um xingamento que significa "ladrão escocês de cavalos"). Outros diziam que Guilherme seria apenas o representante de Jaime, o legítimo rei, e governava em seu lugar — eram os legitimistas, chamados de *tories* (xingamento que queria dizer "fora-da-lei irlandês").

103

CULTURA GERAL

Os *whigs* venceram, e os *tories* foram para a oposição. Mas ambos os partidos haviam aprendido muito com a Restauração de 1660. Antes de subir ao trono, Guilherme teve de assinar uma *Bill of Rights*.

Essa *Bill of Rights* tornou-se a base da constituição da Grã-Bretanha. Nela foram garantidos: eleições livres para o parlamento, liberdade de expressão, debates livres entre os parlamentares e imunidade contra perseguições judiciais. Nenhum imposto poderia ser criado sem a aprovação do parlamento; o rei não poderia revogar leis aprovadas pelo parlamento, não poderia ser católico nem manter um exército permanente sem autorização parlamentar.

Na seqüência, foi declarada a liberdade de culto para os puritanos. No entanto, um decreto passou a excluir os radicais do serviço público enquanto não fizessem uma reverência à Igreja anglicana, jurando formalmente obedecer-lhe. Aos quacres foi permitido que usassem seus chapéus dentro do tribunal, aos batistas e menonitas foi consentido o batismo de adultos, e para todos instituiu-se a liberdade de adorar Deus na forma que considerassem mais adequada.

Com isso, a política de Estado separou-se da religião. O Estado desistiu de assegurar a unidade da sociedade a partir da unidade da religião. Assim, a sociedade também se separou do Estado, podia ser diversificada e até conter discrepâncias internas, contanto que cumprisse as leis.

Isso constituiu um grande salto rumo à civilização política e aos direitos humanos.

Nesse contexto, formou-se, antes e depois da transição ao século XVIII, o aparato do governo parlamentar:

- Soberania parlamentar: graças a uma série de coincidências dinásticas, Guilherme, Maria e a rainha seguinte, Ana, não tiveram filhos (enquanto os herdeiros mais próximos eram todos católicos). Por isso, o parlamento teve de escolher os reis, de modo que todos se acostumaram a considerá-lo o verdadeiro soberano.
- Três dos reis regentes estavam sempre ausentes ou eram incompetentes: Guilherme estava sempre ocupado em combater Luís XIV e, além disso, era holandês; a rainha Ana era criança, e Jorge I era de Hannover e não falava inglês – por isso, o rei era sempre substituído por seus primeiros-ministros nas reuniões de gabinete, o que deu origem a esse cargo.
- O mais admirável, porém, foi a formação do sistema bipartidário. Na verdade, os partidos eram considerados uma das sete pragas do Egito, porque produziram a guerra civil. Mas os *whigs* e os *tories* aprenderam a fazer acordos em função de um paradoxo: em princípio, os *whigs* eram contra um reinado forte, mas Guilherme *não* era o rei deles, e por isso precisavam apoiá-lo. Já os *tories* eram a favor de um reinado forte, mas Guilherme *não*

104

SABER

era o rei deles, por isso precisavam combatê-lo. Além disso, estavam na oposição e serviam-se dos meios da propaganda, da sátira e da crítica em suas campanhas. O partido menos democrático precisou utilizar técnicas democráticas. Portanto, ambos precisaram fazer o contrário do que seus princípios exigiam.

— A agitação pública e a disputa partidária incluíam a liberdade de imprensa. Essa foi praticamente declarada em 1694, quando expirou o *Licencing Act*. Logo surgiram diversos jornais que se tornaram porta-vozes daquilo que pela primeira vez ressurgia desde Atenas: a opinião pública.

— Todos os escritores ingleses mantinham contato com os partidos e com os jornais, e com seus escritos participavam do debate público de opiniões. Direcionados, portanto, a um público treinado, precisavam escrever de forma compreensível e atraente. Isso tornou a literatura inglesa mais popular do que a alemã.

— Com a ampliação do serviço público, cada vez mais parlamentares tornaram-se dependentes de empregos do governo; o restante era subornado para votar a favor dele. Essa foi a forma precursora da facção do partido governista. Quem não conseguia emprego nem dinheiro permanecia virtuoso, indignava-se e passava à oposição. Assim, os partidos adquiriram uma forma parlamentar. Os contemporâneos consideravam todo o sistema como o ápice da corrupção.

Ao mesmo tempo, logo após a Revolução Gloriosa de 1688, a Inglaterra passa por um surto de modernização.

— O motor da modernização da economia monetária funciona em alta rotação: a bolsa e o banco da Inglaterra são fundados, sociedades anônimas brotam do solo, a especulação e a loteria tornam-se populares, o papel-moeda é inventado, o termo "milionário" torna-se corrente e o recém-criado seguro de vida torna possível zelar pelos descendentes sem a necessidade de comprar terras.

— O filósofo John Locke, em sua *Epistola de Tolerantia* e sobretudo em seus *Two Treatises on Government* [*Dois tratados sobre o governo*] fornece a teoria adequada ao desenvolvimento do parlamentarismo. O segundo tratado é decisivo, pois contém a doutrina da separação dos poderes legislativo (parlamento) e executivo (governo e rei). (Mais tarde, isso é complementado por Montesquieu com a criação do poder judiciário.) Raros foram os textos que tiveram influência maior do que *The Second Treatise* [O segundo tratado], obra que justifica as revoluções americana e francesa. A *Declaração de*

CULTURA GERAL

independência americana adota preceitos formulados por Locke. O mesmo vale para a *Declaração dos direitos humanos* da Revolução Francesa.

A teoria de Locke sobre a democracia representativa inspira os que lutam pela liberdade dos povos. Em seu *Leviatã*, ao enaltecer o Estado como a instância capaz de impedir a guerra civil, o filósofo Thomas Hobbes baseia a unidade da comunidade na permanente guerra civil das opiniões. Mas essa guerra civil é controlada, porque a oposição pode ser mantida em paz pela perspectiva de uma futura tomada do poder.

Assim, Locke aponta à sociedade civil o caminho para o êxito.

A nova visão de mundo

Nessa mesma época, a ciência inglesa vivencia um enorme avanço. Em 1660, foi fundada a *Royal Society*, que logo se tornou a mais conceituada sociedade de eruditos da Europa. Seu modelo era o *Domus Salomonis*, esboçado pelo pai da política e do planejamento científicos, *Sir* Francis Bacon, em sua utopia científica *Nova Atlantis* (1627) (Swift ridiculariza a *Royal Society* na obra *Gulliver's Travels* [*As Viagens de Gulliver*], de 1726). John Flamsteed instala em Greenwich o Observatório Nacional para oferecer à navegação inglesa uma determinação mais precisa do grau de longitude. Desse modo, a posição de Greenwich torna-se o meridiano zero da Terra. Com o microscópio, Robert Hook capacita o olho humano a enxergar o mundo dos seres vivos minúsculos e torna o relógio transportável e independente do pêndulo, pois nele introduz uma mola espiral. Com o relógio de bolso no colete, o mundo pode ser sincronizado. Com seu livro *The Sceptical Chymist* [O químico cético], de 1661, Robert Boyle envia todos os magos feiticeiros, alquimistas, necromantes e charlatães ao reino da fábula, desmistifica a crença na alquimia e na transmutação de metais, abandona as artes do ocultismo ao merecido ridículo e dá o golpe mortal na antiga doutrina dos temperamentos, cultivada na medicina. Por descobrir a órbita regular dos cometas, Edward Halley acaba com o medo que as pessoas tinham desses astros, até então considerados sinais dos acessos da ira divina.

Todas essas descobertas, além de outras, são reunidas em um novo sistema, elaborado por Isaac Newton. Em 1687, um ano antes da Revolução Gloriosa, a *Royal Society* publica sua principal obra: *Philosophiae naturalis principia mathematica* [Princípios matemáticos da ciência natural]. Nela, Newton desenvolve a teoria da gravitação como explicação do movimento dos corpos celestes a partir de um único princípio.

Esse também constitui um marco da modernidade, pois acaba com a idéia da existência de vários mundos – céu, terra e inferno – e a substitui pela idéia de um único espaço sideral, no qual todos os corpos se influenciam mutuamente.

106

SABER

Mais decisivo ainda é o conceito de um tempo abstrato e homogêneo, no qual todas as coisas podem ser sincronizadas umas com as outras. Na Idade Média, o tempo era dividido em um aquém fugaz e um além em repouso eterno. O aquém não era limitado à causalidade, mas estava sujeito a interferências do além, ou seja, aos milagres de Deus.

Mas o tempo de Newton é tão integral e absoluto quanto o espaço. Já não existe um além. Em vez disso, o tempo se divide em passado e futuro. Com isso, o real e o possível estão interligados. O possível então já não é algo que irrompe no aquém, a partir da presença paralela do além, mas algo que o futuro havia reservado como dimensão do possível. A direção do fluxo do tempo é determinada pelo encadeamento entre causa e efeito. Por meio de um entrelaçamento fechado de causalidades, o mundo torna-se então um sistema fechado. Nele, as interferências de Deus com seus milagres tornam-se impossíveis. O mundo é imaginado como um relógio, que funciona por si próprio. Até Deus, nesse caso, seria um empecilho para seu funcionamento. Tempo e espaço conectam-se num contexto de movimento permanente. O cosmos torna-se um sistema de partes que se encaixam umas nas outras. Deus, como Criador, é remetido ao início do universo. Mas, como diz Leibniz, o mundo já é o melhor de todos os possíveis e, com as interferências de Deus, só seria perturbado. A partir de então, já não se espera uma melhoria do mundo a partir do além, mas a partir do futuro. De resto, toda essa interligação causal expulsa do mundo os fantasmas, demônios e seres atemorizantes. O mundo se ilumina. O novo espaço homogêneo recebe luz; a chama da razão expulsa as trevas da noite e desperta os sonâmbulos da sonolência que havia tomado conta de suas mentes; o galo canta e o dia desponta. Depois da Revolução Gloriosa, os pensadores e cientistas ingleses criam os pressupostos para o Iluminismo francês. Ninguém disse isso com mais clareza do que Voltaire em suas *Lettres philosophiques* [*Cartas filosóficas*], de 1734.

Como anteriormente ocorrera em Atenas, o impulso da ciência e da filosofia na Inglaterra foi resultado direto da introdução da democracia. "A constituição inglesa", diz Voltaire, "alcançou tal perfeição que por causa dela todas as pessoas usufruem aqueles direitos naturais dos quais são privadas em quase todas as monarquias."

E, assim, no início do século XVIII, a Inglaterra encabeça a coalizão que faz malograr as tentativas de Luís XIV, no contexto da guerra de sucessão ao trono espanhol, de também se tornar herdeiro do trono da Espanha e alçá-la à posição hegemônica na Europa.

CULTURA GERAL

O século XVIII: Iluminismo, modernização e revoluções

No século XVIII, surge o Novo Mundo, que sofre a influência decisiva de dois modelos:

– a constituição inglesa torna-se para os intelectuais franceses um exemplo a ser seguido e inspira o pensamento do Iluminismo. Os resultados são revoluções na América e na França, onde o absolutismo é eliminado para implantação de uma democracia radical;
– o absolutismo francês torna-se o modelo para os países em desenvolvimento do Leste Europeu. Como resultado, surgem despotismos esclarecidos, nos locais onde a modernização vem de cima: Rússia, Prússia e Áustria.

Enquanto os poderes autocráticos são adubados com o suor e o sangue dos seus súditos, a Inglaterra e a França empenham-se em europeizar o mundo por meio da construção dos seus impérios coloniais. Em meados do século, a rivalidade chega ao ápice.

Esses dois processos se entrelaçam na Guerra dos Sete Anos, que acaba se transformando numa guerra mundial. De um lado encontram-se aliadas a Prússia e a Inglaterra e, de outro, a Rússia, a França e a Áustria. Os combates ocorrem ao mesmo tempo na Silésia, no Canadá e na Índia. Em 1763, quando é firmada a paz, a sorte está lançada e tudo está preparado para que tenham início os seguintes processos:

– a europeização do mundo, que partirá da Inglaterra;
– o avanço da França em direção a uma revolução, que transformará o Estado absolutista em democrático;
– a emergência de três novas potências: os Estados Unidos, a Prússia e a Rússia.

Esses três processos continuarão determinando a história do século XX. Os dois países modernizados de cima para baixo – Rússia e Prússia/Alemanha – tornam-se Estados totalitários. Ambos entrarão sucessivamente em confronto com as democracias anglo-saxônicas e a França.

Porém, antes de analisarmos tudo isso, explicaremos um pouco o Iluminismo (em grande parte) francês.

O Iluminismo francês e a emergência dos intelectuais

Eles se autodenominavam *philosophes*, mas não eram pensadores solitários, que criavam sistemas de difícil compreensão. Em vez disso, escreviam elegantes

108

SABER

ensaios para grande público, sátiras, romances espirituosos e diálogos engraçados. Eram escritores que filosofavam e chamavam-se Diderot, d'Alembert, d'Holbach, Helvécio e – o grão-mestre de todos eles – François Arouet, conhecido como Voltaire.

Foram os precursores do tipo que mais tarde seria designado como intelectual: sem lealdade, exceto em relação à própria racionalidade; críticos diante das autoridades estabelecidas e mais críticos ainda diante dos poderosos; sarcásticos e satíricos, sempre desmascarando todos com seu comportamento polêmico. Não eram eruditos, mas concentravam sua atenção na atualidade; tampouco eram acadêmicos, mas seu estilo era jornalístico. Preocupavam-se com as ações absurdas dos governos e as mazelas da sociedade. Prepararam uma recepção triunfal à razão e empossaram-na como juíza suprema de todas as instituições da sociedade. Organizaram a luta contra os mitos, os dogmas e as superstições. Consideravam a Igreja a representante do obscurantismo, e o cristianismo parecia-lhes especialmente absurdo.

Assim, com seu atrevimento, os *philosophes* transformaram o clima intelectual da Europa a partir de Paris, permeando a cultura com a mesma profundidade com que antes o fizera a Reforma. Isso exigiu uma nova síntese.

Em 1745-46, diversos editores uniram-se para compilar todo o novo conhecimento da época numa grande enciclopédia. Originalmente ela deveria ser apenas uma edição francesa da *Cyclopaedia* inglesa, de Chambers, datada de 1711. Mas então um dos *philosophes* foi encarregado da edição de um dicionário enciclopédico: Denis Diderot. Até então, ele havia se destacado apenas pelos escritos subversivos e um romance, no qual os órgãos sexuais das mulheres narravam suas aventuras (*As jóias indiscretas*, de 1748). Mas depois teve de convencer seu amigo Jean d'Alembert a colocar sua mente e sua pena a serviço da enciclopédia. Quando ambos se puseram a trabalhar, decidiram não consultar as edições de Chambers e, munidos das capacidades básicas do ser humano, criaram um novo mapa do saber: a história para a memória, a ciência para a filosofia, a teologia para a razão, a literatura para a imaginação etc. O conceito que organizou esses conhecimentos chamava-se natureza. Dela, extraiu-se o programa de uma religião, uma filosofia, uma ética e uma psicologia naturais.

Tudo isso foi desenvolvido no tratado introdutório de d'Alembert, juntamente com uma profissão de fé na força da razão, tão eloqüente que o texto se tornou um dos escritos mais famosos da literatura francesa em prosa. Os heróis e exemplos da enciclopédia eram Francis Bacon e John Locke.

Quando foram publicados os primeiros volumes, o censor os repreendeu, mas, com a intercessão da amante do rei, Madame de Pompadour, entre outras pessoas, Diderot e d'Alembert puderam retomar o trabalho. A censura atraíra a atenção do público para o empreendimento, e o número das encomendas subiu

CULTURA GERAL

de mil para quatro mil. O terceiro volume tratava, entre outros temas, das contradições da Bíblia, e semeando dúvidas onde antes havia fé. Então Voltaire juntou-se aos escritores e, na letra E, elaborou os verbetes "elegância", "eloqüência" e "espírito". Porém, foi o próprio Diderot quem escreveu o metaverbete *Encyclopédie*, que talvez seja o melhor e com certeza é o mais longo do dicionário. Nele, Diderot enfatiza mais uma vez a intenção iluminista da enciclopédia e a futura revolução da ciência.

Ao ser publicado, cada volume provocou uma enorme sensação em toda a Europa. A Igreja e a corte se indignaram. A todo instante a enciclopédia era proibida. O papa expediu um ato condenatório contra ela, e Frederico, o Grande, ofereceu-se para publicá-la em Berlim com o seu patrocínio. Em 1765, saiu o último volume; nessa ocasião, já haviam sido lançadas sete edições falsificadas, a maioria na Suíça. No total, foram publicadas 43 edições em 25 países. Em muitos lares burgueses, a enciclopédia tomou o lugar da Bíblia; os membros da família reuniam-se à noite para ler um verbete; fundaram-se associações para discuti-la e estudá-la.

A enciclopédia é um monumento do Iluminismo. Ela se tornou uma força determinante na dissolução da antiga ordem e na preparação da revolução. Seu objetivo era substituir a religião pela ciência e a fé pela razão.

Homens fortes e déspotas esclarecidos

O estado absolutista francês unia o despotismo a um governo racional. Isso exercia uma forte atração nos déspotas dos países subdesenvolvidos da Europa Oriental. Em todos os lugares, surgiam homens fortes – bem como mulheres – que se abriam às novas idéias e reestruturavam seus países ou os levavam ao fracasso.

Polônia – Jan Sobieski e Augusto, o Forte

A Polônia sofria da mesma doença que o Sacro Império Romano-Germânico: depois da união com a Lituânia (1569), sua influência estendeu-se para além das infindáveis planícies entre os mares Báltico e Negro, mas, assim como na Alemanha, a nobreza impedia a existência de uma forte monarquia hereditária. Todo rei polonês era eleito, e no planejamento da nobreza (o *Seym*) bastava uma voz contrária para impedir uma decisão (*liberum veto*).

Quando os poloneses elegeram o hábil comandante do exército, Jan Sobieski, para ocupar o trono real, em 1674, elegeram ao mesmo tempo um herói romântico: Sobieski tinha a aparência de um rei, era um comandante militar corajoso, genial, bem-sucedido e estimulava a fantasia dos seus súditos por meio do seu romance com a bela Maria Kaziemira, seu amor da juventude. Mas teve de

SABER

partir para a guerra, e ela se casou com um imbecil. Quando ele voltou, ela ainda suspirava por ele, e tornaram-se amantes. O imbecil fez o favor de morrer, e ambos se uniram.

Seu grande objetivo era a reforma da Polônia e a derrota dos turcos. Quando estes últimos ocuparam Viena, em 1673, foram Jan Sobieski e seu exército polonês que salvaram a cidade. Sua corte tornou-se um centro do Iluminismo. Protestantes e judeus usufruíram algo muito semelhante à liberdade religiosa. Em relação à cultura, ele abriu a Polônia à influência francesa, mas, no que diz respeito à política, não conseguiu reformá-la. Quando morreu, os membros do *Seym* foram subornados e elegeram o príncipe-eleitor da Saxônia, Augusto, o Forte. Esse, por seu lado, era suficientemente esclarecido para trocar a fé protestante pela católica e tornar-se rei da Polônia.

A Rússia e Pedro, o Grande

Pela primeira vez, e já bastante tarde, mencionamos aqui os eslavos orientais, que desde a sua unificação sob o rei *viking* sueco, Rurik (862), eram chamados de "rus". Sob Vladimir, o Santo (980-1015), os russos converteram-se ao cristianismo, em sua versão greco-ortodoxa, e assumiram os ritos da Igreja bizantina. O centro da cultura russa era Kiev. A partir de 1223, Gêngis Khan, o mongol expansionista, invadiu a Rússia e, em 1242, o país tornou-se parte do império mongol da Horda de Ouro. Porém, ainda que sob a supervisão mongol, os príncipes continuaram a reinar de forma relativamente independente. Ivã I (1323-40) fez de Moscou a capital dos russos. Em 1472, Ivã III libertou a Rússia dos mongóis, declarou-se grande príncipe de todos os russos e, por meio dos símbolos do seu domínio, deixou claro que se considerava sucessor do Império Bizantino, que havia sucumbido em 1453. Seu filho Vassili III tornou-se czar (imperador) e contratou arquitetos italianos para reconstruir a cidadela de Moscou, o Kremlin. O filho dele, Ivã IV (1533-84), recebeu o apelido de "o Terrível", porque eliminava de forma brutal qualquer resistência contra seu domínio autocrático, mas, ao mesmo tempo, modernizou o império e criou a guarda pessoal do imperador (os *streltsy*). Em 1613, extinguia-se a dinastia de Rurik, e um segundo ramo dela – os Romanov – garantiu sua continuidade até 1917. A partir de 1682, com a ajuda dos *streltsy*, quem passou a reger foi Sofia, no lugar de um irmão com problemas mentais e de seu meio-irmão Pedro I. Nesse ínterim, Pedro circulou na chamada "colônia alemã" de Moscou e descobriu que os estrangeiros que ali moravam eram bem superiores aos russos em termos de cultura, formação, e sobretudo de habilidades técnicas.

De fato, a Rússia ainda vivia imersa na sonolência medieval. Não tinha um direito romano, não vivenciara nem o Renascimento, nem a Reforma, mas, em

CULTURA GERAL

vez disso, sofrera sob os déspotas mongóis. Os camponeses conheciam apenas as agruras do solo, o açoite dos senhores e o balbuciar dos sacerdotes ortodoxos, que diante dos ícones dourados balançavam o turíbulo na penumbra das igrejas, sempre com os mesmos movimentos.

Quando Pedro tomou o poder em 1689 – um ano depois da Revolução Gloriosa na Inglaterra –, começou também para a Rússia uma nova era, porque raramente um príncipe modificara tanto seu país quanto o czar Pedro I. Foi superado apenas por Lênin, com o qual, aliás, tinha certa semelhança.

Pedro estava dominado pela idéia de acabar com o isolamento da Rússia em relação à Europa e queria abrir um acesso ao mar – talvez ao mar Negro, o que significava declarar guerra aos turcos – ou ao mar Báltico, o que significava declarar guerra aos suecos que dominavam a região e constituíam uma grande potência européia.

Primeiro, tentou enfrentar os turcos. Quando foi derrotado, reconheceu que antes de tudo o país precisava ser modernizado. Então iniciou-se um dos mais surpreendentes episódios na vida de um soberano. Criou uma comitiva de cerca de duzentos e cinqüenta homens que deveriam aprender, na Europa Ocidental, todas as habilidades referentes à construção naval e outras técnicas, e disfarçou-se como membro dessa comitiva para viajar com ela. Naturalmente, sempre se deixava reconhecer. A viúva do príncipe-eleitor de Brandemburgo notou a aversão de Pedro pelo garfo e pela faca. E ficou perplexa com o fato de os russos, ao dançaram com as damas alemãs, queixarem-se dos seus ossos duros. Eles haviam confundido os espartilhos das damas com suas costelas.

Disfarçado de carpinteiro, Pedro passou a morar por uns tempos na modesta casa do trabalhador Gerit Kist, em Zaandam, a meca holandesa da construção naval. Posteriormente, essa casa ganhou uma placa com a inscrição: "Para um grande homem, nada é pequeno demais", e Pedro, o Grande, ganhou um monumento na ópera *Czar e Carpinteiro*, de Lotzring. Durante o dia, ao longo de dez meses, trabalhava como simples carregador de vigas na construção de um navio e, à noite, estudava a respectiva teoria. Depois, visitou eruditos e cientistas nas suas oficinas, olhou pelo microscópio de Leeuvenhoek, viu o interior de um cadáver no salão de estudos anatômicos de Boerhaave, assistiu a palestras sobre a arte da engenharia e sobre mecânica e, além disso, aprendeu a arrancar dentes, o que depois exercitou em seus subalternos. Enviou para a Rússia carros lotados de novos aparelhos e ferramentas, bem como centenas de capitães, oficiais de exército, cozinheiros e médicos, para treinarem seus compatriotas.

Visitou Londres e Viena e, na viagem de volta, fez uma escala na Polônia, para encontrar-se com Augusto, o Forte. Nessa ocasião, iniciaram uma profunda amizade. Ao mesmo tempo, conceberam a capciosa idéia de se juntar e tomar as

112

possessões da Suécia no continente. Quando também a Dinamarca resolveu entrar na coalizão, teve início a Guerra Nórdica, que durou de 1700 a 1721.

Carlos XII e a Suécia

Essa foi a guerra de um estrategista genial, o rei sueco Carlos XII, contra o inverno russo. Carlos ganha todas as batalhas. Vence a Dinamarca, a Polônia e Pedro, o Grande, cujo exército ainda não alcançara o nível de formação desejado. Depõe Augusto, o Forte, e inicia a marcha rumo ao imenso território russo, a partir da Polônia. Com isso, torna-se o precursor de Napoleão e de Hitler. O czar Pedro recua e manda atear fogo em todas as cidades e provisões. Assim, ele atrai Carlos cada vez mais para o interior de um país devastado. Então chega o inverno, excepcionalmente rigoroso. Os pés e as mãos dos suecos enregelam-se.

Finalmente, no dia 11 de maio de 1709, a sudoeste de Charkov, ocorre a Batalha de Poltava, semelhante à que ocorreu em Stalingrado, no século XVIII. Quando o conflito termina e Carlos XII é derrotado, o mundo se havia transformado. A Rússia chega à Europa, engole o Báltico e a Ucrânia. Augusto, o Forte, sobe novamente ao trono da Polônia, sob as graças de Pedro. Carlos XII foge para a Turquia e ameaça novamente o czar Pedro, com o auxílio de um exército turco. Mas, quando o sultão já está farto dele, em apenas catorze dias Carlos empreende uma cavalgada forçada de Istambul a Stralsund, defende a cidade contra seus ocupantes, retorna à Suécia, organiza novas tropas e morre em combate, com apenas 36 anos de idade, quando ataca a Noruega.

Carlos XII era um Aníbal sueco. Foi um estrategista genial, quase conseguiu renovar o domínio *viking* sobre a Rússia, mas fez apenas o contrário do que queria. Promoveu o enterro da grande potência sueca e contribuiu para o nascimento da Rússia.

As reformas de Pedro

A modernização da Rússia realizada por Pedro é tão despótica quanto mais tarde a sovietização do país realizada por Lênin e Stálin. Em primeiro lugar, os russos foram obrigados a cortar a barba. Quem não o fizesse deveria pagar um imposto sobre ela. Depois, foi o traje típico russo que teve de sair de circulação. Pedro esvaziou as casas que acolhiam mulheres, apoiou o poder da Igreja ortodoxa, proibiu que os místicos e fanáticos fossem ordenados sacerdotes e introduziu a tolerância religiosa. Substituiu a nobreza de sangue por uma espécie de nobreza por mérito, subdividida em hierarquias; os escalões hierárquicos orientavam-se pela importância dos serviços prestados ao Estado. O governo consistia em um senado e em diversos ministérios especializados. Os governadores das províncias deviam responder ao senado. Nas cidades, havia três classes sociais: os comercian-

CULTURA GERAL

tes ricos e os acadêmicos, os professores e os artesãos, os operários e os empregados. A comunidade aldeã (*mir*) continuou sendo uma corporação coletiva, e a servidão permaneceu intacta. Ao mesmo tempo, Pedro promoveu uma ativa política industrial e incentivou a mineração, a manufatura e a indústria têxtil. Assim como aconteceu mais tarde na coletivização soviética, os camponeses foram obrigados a trabalhar nas indústrias, o que acabou dando origem a uma espécie de escravidão industrial. Após o término da guerra com a Suécia, introduziu o comércio livre no interior do país. Implantou o calendário juliano (protestante), tornou a escrita cirílica obrigatória (a Igreja ainda utilizava a antiga escrita eslava), mandou imprimir jornais, fundou bibliotecas e copiou o *gymnasium* alemão. Importou atores da Alemanha, arquitetos da Itália e cientistas de todos os países da Europa. Mas, sobretudo, arrastou a Rússia inteira ao Mar Báltico, onde construiu uma nova capital para o império: São Petersburgo. Da mesma forma que mais tarde os megaprojetos soviéticos foram construídos com mão-de-obra dos condenados do Gulag e dos prisioneiros de guerra, São Petersburgo foi construída com o suor e o sangue dos escravos russos e dos prisioneiros de guerra suecos. Mais de cento e vinte mil homens jazem nos pântanos do rio Neva.

Ao morrer, em 1725, aos 52 anos, Pedro, o Grande, era odiado por todos. Foi uma figura como Henrique VIII da Inglaterra ou Lênin: extremamente cruel e determinado, possuído por um ideal, extremamente vivaz, obstinado, talentoso e sem escrúpulos. Com violência, empurrou seu país à modernidade.

Assim, deu um exemplo aos seus sucessores Lênin e Stálin, mas também a Gorbachev. Desde então, a Rússia oscila entre os antigos russos eslavófilos e os renovadores ocidentais.

As czarinas: Ana, Elizabeth e Catarina, a Grande

Um homem pode ser extraordinário, porém mais extraordinário ainda é quando esse homem tem uma amante extraordinária. Catarina, que depois se tornou a czarina Catarina I, cresceu no lar do pastor luterano Glück, em Marienburg, onde trabalhava como criada. Quando a cidade foi ocupada, ela também foi conquistada e assumiu a profissão de concubina. Utilizando as camas dos comandantes como escada, conseguiu subir até o leito do czar. Tornou-se indispensável para ele, compartilhou sua cama de campanha sem se queixar, tranqüilizava-o quando ele tinha convulsões e animava-o quando ele ficava melancólico. Em 1712, ele se casou com ela e em 1724 coroou-a czarina. Com isso, ela conseguiu o mesmo que antes dela a imperatriz Teodora, esposa do imperador Justiniano: ascender de prostituta a imperatriz.

Depois da morte de Pedro, Catarina afastou o herdeiro legítimo e declarou-se czarina. Com isso, garantiu o trono para sua filha Elizabeth, depois que sua antecessora Ana o desocupou. Na Guerra dos Sete Anos, Elizabeth levou

SABER

Frederico, o Grande, à beira do abismo e determinou que o neto de Pedro, o Grande, o inepto Pedro III, fosse o seu sucessor. Mas compensou o erro ao escolher para ele uma mulher extraordinária: Sofia von Anhalt-Zerbst. Em meio a um caos de revoltas palacianas e conspirações, nas quais o inepto Pedro perdeu sua vida inútil, ela se tornou a czarina de todos os russos, com o nome de Catarina II (1762-96).

Para garantir a sua precária posição, além da sua grande inteligência utilizou suas armas de mulher. Embora suas antecessoras também já tivessem cultivado o amor livre, Catarina desenvolveu essa prática transformando-a num novo sistema de governo: fortaleceu a lealdade dos sucessivos ministros, sacrificando a própria castidade no altar da política. Em outras palavras, o ministro que se encontrasse no poder sempre se tornava seu amante, ou vice-versa. Era a monogamia em série, com base política. Enquanto na Inglaterra era a facção do partido majoritário que elegia o seu primeiro-ministro, na Rússia era Catarina quem assumia o papel da facção. Dentre seus favoritos, aquele que ficou mais famoso foi o príncipe Potemkin, que inventou as aldeias só de fachada para exibir à czarina falsas paisagens de prosperidade.

Catarina era uma filósofa esclarecida do teor de Voltaire. Correspondia-se com ele e com quase todos os filósofos do Iluminismo. Politicamente, deu continuidade às reformas de Pedro. Transferiu a jurisdição sobre os servos dos senhores feudais para os juízes públicos. Aboliu a tortura e reabilitou a tolerância religiosa, que sofrera novos abalos depois da morte de Pedro. Submeteu a Igreja ortodoxa ao Estado e criou um sistema educacional com escolas e academias, cujo desenvolvimento, porém, foi refreado pela Igreja. A formação das mulheres também não foi esquecida pela czarina, que fundou escolas para meninas. Construiu hospitais, melhorou a higiene e demonstrou que as vacinas não eram perigosas, tornando-se a segunda russa a receber a vacina contra a varíola.

Apesar de fortalecer os privilégios dos nobres por meio de sua política de favorecimento, deu prosseguimento à ativa política industrial de Pedro. E, além de todas essas atividades desgastantes, ainda encontrou tempo para escrever óperas, poemas, dramas, contos de fada, ensaios e memórias. Editou anonimamente uma revista satírica, com seus próprios artigos, e escreveu uma história dos imperadores romanos. Ao lado de Elizabeth da Inglaterra e Cristina da Suécia, foi uma das soberanas mais extraordinárias que já ocuparam um trono.

Prússia, o rei dos soldados e Frederico, o Grande

Mais ou menos na mesma época em que a poderosa Rússia emergia no horizonte da Europa, começou a crescer o montinho de uma toupeira na estrumeira do império alemão: Brandemburgo e Prússia. O grande príncipe-eleitor Frede-

115

CULTURA GERAL

rico Guilherme já havia preparado o terreno (1640-88). Modernizara a administração seguindo o modelo francês, criara um exército permanente e dera uma orientação mercantilista à política econômica. Seu filho, Frederico III, negociou o título real com o imperador e, a partir de 1701, passou a se chamar Frederico I, rei da Prússia. Mas, assim como a Rússia, a Prússia era um país atrasado, onde os camponeses eram servos dos senhores de terras e maltratados por uma arrogante casta de latifundiários, chamados *Junkers*. Por isso, assim como na Rússia, a modernização transcorreu por meio da militarização. Só que na Prússia protestante a obediência cega tornou-se um dever nobre e foi considerada um grande mérito.

Em consonância com isso, o pai da pátria era um modernizador de caráter brutal, semelhante a Pedro, o Grande. Estamos falando de Frederico Guilherme I, chamado de "rei dos soldados". Era uma combinação de professor e ríspido sargento. Seu companheiro permanente era o bastão, usado para bater nos que o desagradavam; também era o símbolo comum das duas instituições sobre as quais construiu a grandeza da Prússia: a escola e o exército. Em 1722, antes de qualquer outro país, a Prússia introduziu a escolaridade geral e obrigatória; toda comunidade devia manter uma escola. Uma geração depois, a Prússia passara à frente de todos os outros países europeus quanto à formação cultural. Mas a preocupação constante do rei era a formação do exército. Dois terços do orçamento do Estado eram consumidos nesse empreendimento. Os nobres eram obrigados a prestar serviço militar, como oficiais, e submetidos a uma rígida disciplina. Com toda essa disciplina, a cavalaria, a artilharia e a infantaria adquiriram tanta agilidade que nenhum outro exército conseguia medir forças com elas. De resto, o rei tinha um fraco por rapazes altos, que passou a colecionar, como Pedro, o Grande, colecionava anões; suas outras necessidades eram satisfeitas, por exemplo, no clube do tabaco, onde se divertia com brincadeiras grosseiras, como a de amarrar um filósofo às costas de um urso. Em resumo: tinha o senso de humor de um beberrão de taverna, mas gerou um filho completamente diferente dele.

Depois de um longo período de aridez, voltamos a encontrar um príncipe alemão que se perpetuou na memória coletiva da civilização. Foi Frederico II, o Grande. O simples fato de opor resistência à mentalidade militar do pai já o torna importante. O ideal educacional de seu pai era um tipo de soberano que conjugasse as virtudes de um pedante agente de pecúlio com a sensibilidade de uma bota militar. Mas o filho era inclinado à apreciação das artes e da literatura, fazia cachos nos cabelos, falava francês em vez do rude alemão dos soldados, zombava da religião, cultivava amizades suspeitas com o capitão Katte e o tenente Keith e tocava flauta. Em resumo, se Frederico não chegava a dar a impressão de efeminado a seu pai machão, no mínimo lhe parecia um molenga, totalmente inepto para governar a Prússia. Certa vez, quando o pai o surpreendeu lendo poesia em

SABER

segredo, deu-lhe uma surra com a bengala e, em outra ocasião, tentou estrangulá-lo com o cordão da cortina. Frederico quis fugir para a Inglaterra com o amigo Katte, mas ambos foram apanhados. O rei entregou-os a um tribunal militar, onde foram condenados à morte. Também nesse aspecto Frederico Guilherme igualava-se a Pedro, o Grande. Em consideração aos outros príncipes da Europa, poupou a vida de Frederico, mas o rapaz foi obrigado a assistir à execução do seu amigo Katte. Depois, foi encarcerado. Quando o pai o considerou suficientemente disciplinado, ordenou-lhe que estudasse a economia e a administração da Prússia e deu-lhe outro golpe, casando-o com Elizabeth Cristina de Brunswick. O príncipe herdeiro entrincheirou-se em Rheinsberg e iniciou uma correspondência com Voltaire, que duraria mais de quarenta anos. Tornou-se maçom, elogiou a constituição inglesa e escreveu um artigo contra Maquiavel. Quando sucedeu ao pai em 1740, o mundo pôde saudar um filósofo no trono real. O Iluminismo já havia preparado o seu caminho no coração do príncipe.

No primeiro dia de seu governo, aboliu a tortura. Nos dias seguintes, declarou a liberdade de religião e de imprensa. Nomeou um livre-pensador para a presidência da Academia de Ciências de Berlim e fez dela uma das melhores da Europa. No entanto, mais tarde decepcionou o mundo quando, usando desculpas esfarrapadas, iniciou uma guerra e tomou a Silésia da simpática Maria Teresa da Áustria. Mas a imperatriz recusou-se categoricamente a reconhecer a conquista de Frederico e preparou uma aliança com a Rússia e a França. Para se antecipar a ela, Frederico iniciou a Guerra dos Sete Anos, em 1756. E, pela primeira vez, o mundo percebeu espantado que por trás dos pinhais da fronteira de Brandemburgo havia crescido algo novo: a Prússia, que era um exército com um Estado a reboque. E, sob o comando do jovem general Frederico, esse exército marchou contra os três exércitos das potências aliadas, contando apenas com o apoio financeiro da Inglaterra, e conseguiu mantê-los em xeque por meio de brilhantes vitórias e desgastantes derrotas. Embora falasse francês, Frederico deu a todos os alemães, que se haviam acostumado com a impotência do império, a sensação de que finalmente surgira alguém para mostrar aos outros com quantos paus se faz uma canoa. Finalmente conseguiu ficar com a Silésia, e a província, que era metade protestante, tornou-se prussiana. Com os novos recursos e a superioridade de seu exército, a Prússia tornou-se uma grande potência. Na verdade, a menor de todas, mas com certeza uma grande potência dentro daquilo que era denominado o concerto das potências européias: França, Inglaterra, Áustria, Rússia e Prússia. E, por sua resistência na Guerra dos Sete Anos, Frederico ajudou sua aliada, a Inglaterra, a ganhar a guerra mundial contra a França, travada pelos dois países por causa das suas respectivas colônias ultramarinas.

CULTURA GERAL

A Guerra Mundial entre a Inglaterra e a França

Em 1756, William Pitt torna-se primeiro-ministro da Inglaterra. Foi o primeiro caso de um primeiro-ministro que representava exclusivamente os interesses da cidade de Londres, portanto, dos comerciantes e homens de finanças. Por conseguinte, seu objetivo era a construção de um império inglês e o domínio sobre o comércio mundial. Nesse ponto, contudo, deparou com os interesses da França na América do Norte e na Índia. Especialmente na América do Norte, os grandes territórios franceses, de Nova Orleans até Quebec, no Canadá, estavam asfixiando as treze colônias inglesas.

Enquanto Frederico combatia os franceses em terra, Pitt coordenava as ações no mar. O alvo de seus ataques já não era a França, mas o comércio francês. Sendo assim, ele usou a rede de informações dos comerciantes ingleses e conquistou Dacar, que se tornou a base para o comércio de borracha e de escravos na África; no Canadá, as cidades de Montreal e Quebec foram tomadas para servirem de acampamento de base à cadeia de entrepostos do comércio de peixes e peles. E, na Índia, a Companhia das Índias Orientais expulsou os franceses por conta própria, enquanto Pitt bloqueava as rotas comerciais da Ásia Oriental e assumia o comércio do chá com a China. A partir de então, os ingleses deixaram de tomar café e passaram a tomar apenas chá (mesmo porque ele se tornou mais barato).

Os franceses perderam um império mundial porque seus governos ainda consideravam as rivalidades dinásticas na Europa mais importantes do que a política mundial ultramarina. E os ingleses ganharam um império mundial porque seu governo, controlado por um parlamento, já representava os interesses comerciais dos capitalistas. A Índia, o Canadá e toda a região até o Mississipi, de Nova Orleans até a Flórida, tornaram-se ingleses. Frederico, o Grande, foi co-fundador do império britânico.

Em 1763, com o fim da Guerra dos Sete Anos, inicia-se a modernidade. Por quê?

A guerra preparou o palco no qual se produziu uma enorme aceleração do tempo em direção à quádrupla revolução.

1. A eliminação da França como rival colonial também afastou o perigo que pairava sobre as colônias inglesas. Essas já não precisavam ser protegidas e defendidas contra ninguém. Em outras palavras: com a vitória sobre a França na Guerra dos Sete Anos, os próprios ingleses haviam afastado o único motivo pelo qual as colônias aceitavam ser governadas pela Inglaterra. Em 1776 – portanto, apenas treze anos depois da vitória dos ingleses –, as treze colônias americanas da Inglaterra declaravam sua independência. Com isso, nascia outra grande potência, além da Prússia, e a

SABER

quem o futuro pertencia: os Estados Unidos da América. Ao mesmo tempo, a *Declaração de independência* representa uma revolução: os americanos – descendentes dos puritanos – negavam novamente sua obediência ao rei. A Guerra de Independência também é uma guerra de sete anos e durou de 1776 até 1783. Mas, na realidade, não passou de uma guerra civil com um oceano no meio. Em ambos os lados, existiam lealistas e rebeldes. Na Inglaterra, os rebeldes estavam no parlamento, como o velho Pitt, o dramaturgo Richard Sheridan, o boa-vida Charles Fox e o ensaísta político Edmund Burke, e realizavam discursos inflamados a favor da liberdade americana e contra a tirania do governo. Treze anos antes da Revolução Francesa inicia-se a Revolução Americana. A *Declaração de independência* contém a *Declaração universal dos direitos humanos*, numa condigna prosa inglesa: *We hold these truths to be self-evident: that all men are created equal; that they are endowed by their Creator with certain inalienable rights; that among these are life, liberty and the pursuit of happiness...* (Consideramos evidentes as seguintes verdades: que todas as pessoas foram criadas iguais; que foram dotadas, pelo Criador, de determinados direitos inalienáveis; que entre eles estão o direito à vida, à liberdade e à busca da felicidade).

2. A vitória da Inglaterra na Guerra dos Sete Anos e o seu domínio sobre o comércio mundial abriram as portas à Revolução Industrial. Para isso, foram necessárias três coisas: grandes mercados, gigantescos capitais e a produção de energias titânicas para operar as máquinas. Com a invenção e o aperfeiçoamento da máquina a vapor por James Watt, depois de 1765 fechou-se o círculo que deveria mudar o mundo cada vez mais rapidamente; como a máquina a vapor – ao contrário da eletricidade – concentrava sua energia num único local, o mesmo precisava ser feito com as máquinas e as pessoas que as operavam. Nascia, assim, o sistema fabril. Depois disso, nada mais foi como antes. Surgiu um novo tipo de inferno: o capitalismo.

Nesse sistema, grandes capitais contribuíram para reunir imensas quantidades de energia para o funcionamento de muitas máquinas, operadas por muitas pessoas ao mesmo tempo, a fim de produzirem produtos em massa para gigantescos mercados consumidores, de forma que se voltasse a ganhar grandes capitais. Uma vez posto em marcha, esse processo acelerava-se por si mesmo, e, assim, os *masters manufactors* foram sendo progressivamente substituídos pelos donos do capital à frente das fábricas. Esse sistema fabril possibilitou a introdução do pior tipo de exploração, desde o tempo das pedreiras de Siracusa e das minas de prata de Potosí. Os operários já não se organizavam em corporações e, portanto, fica-

CULTURA GERAL

vam desprotegidos. Trabalhavam por um salário de fome, num turno de dez a doze horas por dia, sob horríveis condições sanitárias, e moravam em cortiços.

Tudo isso deu ensejo à criação dos sindicatos e à crítica de Marx ao capitalismo.

A aceleração da transformação de todas as condições de vida produziu uma revolução cultural, que designamos como romantismo. Ele se inicia mais ou menos por volta de 1760. Podemos compreendê-lo melhor se atentarmos ao fato de que novas formas de vivência passaram a se expressar na transformação de conceitos centrais.

Uma nova vivência do tempo passa a ser decisiva: as modificações tecnológicas também fazem as coisas do dia-a-dia envelhecerem mais depressa. A própria infância torna-se obsoleta e uma mera lembrança. Descobre-se, assim, a nostalgia. Ser nostálgico é ser romântico. Com isso, também se descobre a "infância" como dimensão própria da vivência, o que estimula a empatia e a descoberta do amor materno.

Como tudo se modifica, descobre-se a "história". Até então, só havia histórias no plural, *stories*. Em princípio, elas podiam ser repetidas e serviam para ilustrar a constância dos preceitos morais, como o "orgulho antecede a queda". Por isso, podia-se aprender com a história. Só então surge o coletivo singular chamado "história", no sentido de uma história universal que possui continuidade e na qual nada se repete, pois, afinal, tudo se modifica. Isso tem amplas conseqüências:

A história torna-se a nova idéia condutora. Por ser concebida como um progresso, vinculam-se a ela todas as esperanças até então ligadas à religião. Seu objetivo é salvar o ser humano na utopia.

Tudo isso leva ao surgimento das ideologias. Com o fim da religião, anuncia-se a era das ideologias; as guerras religiosas do século XVII ressurgirão como guerras ideológicas no século XX.

– Como a história não se repete, pela primeira vez na história da humanidade as pessoas sentem-se únicas. Isso produz a valorização do conceito de originalidade. O termo "indivíduo" (que, na verdade, quer dizer "indiviso") passa a ter o significado de originalidade. Cada indivíduo vivencia o mundo à sua própria maneira. Isso se exprime melhor na arte e na poesia. Assim, a teoria da arte é colocada sobre uma nova base. Antes, a arte era uma imitação da natureza, segundo regras ditadas pelos clássicos. Mas agora a imitação impede a originalidade. Portanto, o artista já não imita o mundo, e sim cria um mundo novo. Torna-se um criador que, como Deus, atua livremente. É alçado à categoria de irmão menor de Deus e considerado gênio. E isso acontece a partir de 1750.

SABER

– Como todos os indivíduos são originais, todos também têm o mesmo valor. Não existem mais classes distintas de indivíduos de menor ou maior valor. Portanto, a divisão das pessoas em estamentos sociais – ou seja, nobreza, clero, burguesia e campesinato – deixa de ser plausível. São divisões arbitrárias, inventadas pelo homem, e que contradizem a natureza do ser humano. A natureza passa a ser enaltecida como antítese da falsa sociedade. Isso leva à descoberta dos povos ligados à natureza, como os índios. Surge a idéia do "bom selvagem". A Revolução Francesa quer restaurar a ordem natural e, por isso, desvaloriza tudo o que considera invenção da sociedade. Venera-se a deusa Natureza e pretende-se adotar fronteiras naturais, como o rio Reno (o que os alemães não consideram tão natural). As antigas províncias são suprimidas, e os novos *départements* são designados de acordo com acidentes geográficos, como os rios. Os meses recebem novos nomes naturais, como Termidor (mês do calor) ou Brumário (mês da neblina). Sob o ponto de vista político, o que é decisivo em tudo isso é que todas as pessoas passam a ter "direitos naturais", como "liberdade, igualdade...", como também consta da *Declaração de independência* americana. Se esses direitos são violados, as pessoas têm direito à revolução. E, para tornar tudo isso possível de ser vivenciado, a poesia romântica enaltece a boa natureza como espaço de ressonância e potencializador das vibrações da alma humana. Ao mergulhar na natureza, a alma toma um banho e se purifica de toda a sujeira social que nela ficou grudada. A sociedade é má, é um mundo de hipocrisia, de auto-engano e de falta de autenticidade. Nela, o ser humano se perde e se aliena. Mas há uma exceção: quando ele encontra uma alma gêmea com que pode viver a solidão a dois, ou seja, o amor.

– A intimidade do amor torna-se o substituto da sociedade que tudo falsifica. Essa intimidade é uma esfera na qual as pessoas podem permanecer consigo mesmas. Por isso, seu meio de comunicação também já não é a tão desgastada linguagem verbal, mas uma linguagem especial, situada além daquela convencional: o sentimento. Não se consegue falsificar os sentimentos, pois eles são sempre autênticos (mesmo assim, quem os falsifica, como um noivo que se casa por interesse, é considerado especialmente perverso). Por isso, o sentimento torna-se o lema da época.

Por mais paradoxal que isso possa parecer, no Iluminismo, sentimento e razão ainda não eram necessariamente constrastantes. O sentimento era tão natural quanto a razão. A contradição só surgiu quando a razão tornou-se dominante, ferindo sentimento. Existe uma pessoa, que, por sua excêntrica carreira e seu exibi-

CULTURA GERAL

cionismo emocional, fez mais pela disseminação do conceito de sentimento do que qualquer outra: Jean-Jacques Rousseau (1712-78). Com seu *Emílio*, escreveu um livro alternativo sobre educação para a criança preservada em seu estado natural (apesar de ter colocado seus próprios filhos num orfanato), desnudou sua alma no livro *Confissões* e fez toda a Europa participar da sua dor de rebelde solitário, marginalizado e proscrito. Como, de certo modo, todos se sentiam solitários, toda a Europa compartilhou seu sentimento. Ele inspirou a Revolução Francesa e o *Werther*, de Goethe, inventou a "dor do mundo" e o conceito de *volonté générale* (vontade geral). Por causa da sua falta de clareza, esse conceito tornou-se uma arma perigosa na Revolução Francesa. Representava algo semelhante ao que mais tarde seria o interesse objetivo do proletariado. Qualquer um poderia afirmar estar agindo em seu nome e assim justificar seus crimes. Com isso, chegamos à quarta revolução, aquela política. Ela acontece sob a forma de um prelúdio na América e de um drama na França.

O prelúdio: a independência americana

As revoluções não eclodem quando as pessoas estão na pior das situações, mas quando acreditam que pouca coisa as separa de uma situação melhor; quando surge uma sensação de que há algo errado, de que os governados estão fartos e os governantes já não acreditam na própria ideologia; e quando se encontra um pretexto para dar vazão à revolta.

Na América, esse pretexto foram os impostos. Eles feriam o preceito básico da constituição inglesa: *no taxation without representation* (nenhum imposto sem aprovação parlamentar). Embora as colônias americanas já tivessem seus próprios parlamentos com poderes legislativos, isso não valia para os assuntos econômicos. Nesses casos, o parlamento londrino é que tomava decisões por todo o império, rebaixando a América à condição de simples fornecedora de matéria-prima e mercado consumidor de produtos industrializados britânicos. Assim, impedia-se o surgimento das indústrias americanas. Além disso, os americanos só podiam exportar e importar mercadorias servindo-se de navios britânicos. Para se defenderem, organizaram um boicote aos impostos. Então, os britânicos substituíram o imposto pelos direitos alfandegários. Os americanos, por sua vez, responderam com um boicote às mercadorias britânicas. Quando, apesar disso, a Companhia das Índias Orientais descarregou um lote de chá em Boston, no dia 16 de dezembro de 1773, alguns habitantes da cidade disfarçaram-se de índios moicanos e jogaram o chá nas águas do porto. Foi a chamada *Boston Tea Party* (festa do chá em Boston), que desencadeou a Guerra da Independência.

Essa foi uma das poucas guerras que a Inglaterra perdeu. Mas o país foi derrotado por outros ingleses, descendentes dos puritanos, que já o haviam conquis-

SABER

tado uma vez durante a revolução. Além disso, no lado inglês, combatiam sobretudo soldados alemães de Hessen, que o landgrave havia vendido como escravos aos ingleses por uma boa quantia. Como todos sabem, o comando supremo do exército foi assumido por George Washington, apoiado pelo oficial prussiano Steuben, que treinou suas tropas (até hoje existe em Nova York um desfile militar que o homenageia). Os franceses, entusiasmados com a idéia de ver os ingleses apanharem, enviaram dinheiro, seis mil soldados e o general Lafayette.

A constituição dos Estados Unidos da América

Depois do tratado de paz com a Inglaterra, em 1783, reuniu-se na Filadélfia uma Assembléia Constituinte (1787). A figura dominante foi um antigo ajudante-de-ordens de Washington, Alexander Hamilton, que na chefia dos chamados federalistas pretendia fortalecer o governo central da União. Seu adversário era Thomas Jefferson, autor da declaração que enfatizava a independência dos Estados confederados. O problema provocaria mais tarde a guerra civil. E os Estados do sul só participariam da União se lhes fosse permitido manter a escravidão. Sob essas condições, a Assembléia decidiu redigir uma constituição que (de acordo com o esquema de Montesquieu) previsse uma rígida separação entre os poderes legislativo, executivo e judiciário. O legislativo foi para o congresso, que consiste em duas câmaras: 1) O Senado, para o qual cada Estado, independentemente de seu tamanho, envia dois senadores; 2) A Câmara dos Representantes (eleitos proporcionalmente ao número de habitantes de cada Estado; o total corresponde aproximadamente ao conselho federal e ao parlamento federal alemão). A cada três anos, um terço do Senado é renovado por meio de novas eleições. Também tem o poder de decidir, presidido pelo supremo juiz federal, sobre uma eventual destituição do presidente (*impeachment*). Os deputados da Câmara dos Representantes são eleitos diretamente em seus Estados para um mandato de dois anos. O presidente pode vetar leis. Mas, se, em seguida, dois terços dos representantes das duas câmaras votarem a favor, elas entram em vigor apesar do veto presidencial.

O presidente é eleito indiretamente, por meio de um colégio eleitoral presente em cada Estado, com um número de membros correspondente ao número de delegados que envia à Câmara dos Representantes e ao número de senadores que envia ao Senado. Os membros dos colégios eleitorais são eleitos pelos cidadãos com direito a voto. Portanto, o presidente não depende de uma maioria no parlamento como o chanceler alemão ou o primeiro-ministro britânico, que sempre caem tão logo percam a maioria. A desvantagem é que, nos Estados Unidos, o executivo e o legislativo podem combater-se e bloquear-se mutuamente, como durante a presidência de William Jefferson ("Bill") Clinton. Por outro

123

CULTURA GERAL

lado, a constituição dá ao presidente uma independência maior e mais poder. Isso torna a Casa Branca uma espécie de corte, na qual são as boas graças do presidente, e não o partido, que determinam a carreira num alto cargo no governo.

O judiciário depende de um Supremo Tribunal Federal independente (*Supreme Court*). Consiste em um juiz supremo (*chief justice*) e oito juízes associados (*associated justices*). Os juízes são nomeados em caráter vitalício pelo presidente e pelo Senado e só podem ser destituídos pelo Congresso.

A constituição foi complementada por emendas (*amendments*), mas não sofreu alteração substancial. Ela é o santuário dos americanos. Tornou-se o instrumento de integração dos imigrantes. Os pais da constituição tornaram-se uma espécie de santos modernos. A adoração da constituição corresponde à fé depositada nos textos da Bíblia por seus leitores. A veneração às leis assemelha-se ao respeito pelas leis divinas do Antigo Testamento. O patriotismo dos americanos é constitucional.

Por que eclode a revolução na França: uma comparação estrutural com a Inglaterra

Ao contrário do que ocorria na Inglaterra, na França a nobreza era isenta de impostos, e enquanto na Inglaterra apenas o filho mais velho herdava as terras e os títulos e os outros filhos tinham de casar-se com herdeiras burguesas ou abraçar uma profissão, na França eram proibidos de se associar ao Terceiro Estado. Enquanto na Inglaterra a nobreza se aburguesava por meio da prática econômica capitalista e a burguesia assumia os costumes dos nobres, assimilando a cultura do *gentleman*, na França a nobreza criava uma casta feudal fechada em si mesma.

Na Inglaterra, a Igreja já havia sido submetida ao Estado por Henrique VIII, e já não existiam conventos. A tolerância religiosa havia amenizado o calor das discussões. A Igreja era vista, em ampla medida, com uma instituição socialmente útil, que consolava e ajudava os pobres. Mas nos círculos de pessoas esclarecidas achava-se cada vez mais desnecessário e até insensato apresentar-se como cristão. O entusiasmo e as virtudes cristãs foram deixados a cargo das seitas puritanas.

Na França, as coisas eram diferentes: ao lado do rei, a Igreja era o poder determinante que possuía cerca de um terço das terras do país e não pagava impostos sobre elas. Em vez disso, cobrava de cada camponês mais de um décimo sobre seu gado e sua colheita. Assim, mantinha seus padres na nobreza e seus bispos no luxo. Apoiava a censura e estimulava a ignorância de seus cordeiros.

Na Inglaterra, o sistema de governo parlamentarista era tão flexível que podia conjugar e expressar os diversos interesses de camadas governantes. Já na França, esse sistema representou um entrave ao desenvolvimento do país.

SABER

A Revolução Francesa

A legitimidade do absolutismo está encarnada no rei. Se por si só tal afirmação já suscita dúvidas, tanto mais o fará se o rei for um tolo consideravelmente desorientado. E Luís XVI era exatamente isso. Permitiu que sua esposa austríaca, Maria Antonieta, se intrometesse nos negócios do Estado e desperdiçasse o dinheiro em coisas luxuosas e com os seus protegidos. Quando eclodiram em Paris as revoltas provocadas pela fome, ela perguntou às pessoas por que não comiam brioches, já que não tinham pão, o que soou bastante provocador ao cair no conhecimento do povo.

Finalmente, o rei foi obrigado a anunciar a falência do Estado. Para tentar resolver a situação, em 1788 convocou os Estados Gerais. Era um parlamento medieval, que se reunira pela última vez em 1614. Dele participaram os representantes da nobreza, da Igreja e dos cidadãos comuns, em separado.

A Assembléia Nacional

Quando os Estados Gerais se reuniram, no dia 5 de maio de 1789, começou o inferno em Paris. Em todo lugar se formavam associações políticas, nas quais eram feitos discursos e criadas facções. A mais importante era o Clube Bretão. Dele faziam parte homens que deveriam determinar o rumo da revolução: o abade Sieyès, o conde Mirabeau, Georges Danton e o inflexível advogado Robespierre. Essa associação viria a se tornar o berço dos jacobinos, um partido de republicanos radicais.

Logo depois das primeiras reuniões, o clero e os nobres começaram a passar para o lado dos delegados do Terceiro Estado, o dos burgueses. O rei enviou um mensageiro com a ordem de deliberar em separado. Então, o conde Mirabeau levantou-se e bradou com sua voz de leão: "O rei ordenou? O rei não tem nada a ordenar aqui. Nós somos o povo. Só abandonaremos nossos lugares se nos obrigarem a isso pela força das armas." Essa foi a declaração de guerra da democracia contra o absolutismo. Os Estados Gerais transformaram-se numa Assembléia Nacional. Sendo assim, o rei demitiu Necker, popular ministro das finanças, e concentrou tropas ao redor de Paris.

A Bastilha

Quando o fato foi divulgado, o jornalista Camille Desmoulins saltou sobre uma mesa num café e exortou a multidão a se armar. Então as pessoas começaram a usar distintivos nas cores azul, branco e vermelho e a assaltar os arsenais para distribuir armas. No dia 14 de julho, constataram que não tinham munição. Dirigiram-se à antiga fortificação da Bastilha e enviaram uma comitiva ao co-

CULTURA GERAL

mandante, o gentil marquês de Launay, para pedir-lhe que não abrisse fogo. O marquês prometeu-lhes não atirar e convidou a comitiva para uma refeição. Não devia ter feito isso, porque a multidão ficou impaciente. Alguns atrevidos saltaram por cima do muro e baixaram as pontes levadiças. Quando a multidão atravessou as pontes e entrou na fortaleza, os soldados atiraram e foram massacrados. Em seguida, a multidão enfurecida libertou os estupefatos prisioneiros, pegou a munição e linchou o marquês. Para celebrar esse evento, o feriado nacional da França passou a ser o dia 14 de julho, que até hoje é comemorado.

A tomada da Bastilha estimulou enormemente a autoconfiança dos radicais e do povo de Paris e encontrou sua expressão na imprensa. O mais radical dos jornalistas foi o médico Jean-Paul Marat. Como sofria de uma dermatite, uma inflamação crônica da pele, passava a maior parte do tempo numa banheira cheia de água. Tornou-se o porta-voz dos proletários, fazendo campanha contra os ricos e defendendo uma ditadura, da qual seria o representante. Iniciou-se um tempo de tumultos e levantes. Os camponeses armavam-se e atacavam castelos e conventos. Quando a Assembléia Nacional viu que a revolução se estendia de Paris ao campo, proclamou a libertação dos camponeses, que teve de ser confirmada pelo rei. Foi o fim do feudalismo na França.

No dia 27 de agosto de 1789, a Assembléia ratificou a *Declaração dos direitos humanos*. Esta fora proposta por Lafayette, que ficara impressionado com a *Declaração de Independência* dos Estados Unidos. No artigo 2 está escrito o seguinte: "Esses direitos são a liberdade, a propriedade, a segurança e a resistência contra a opressão." O artigo 6 diz: "A lei é expressão da vontade geral" (isso se refere à *volonté génerále* de Rousseau, e não à vontade da maioria).

O rei prisioneiro

No final de setembro de 1789, espalharam-se em Paris rumores de que o rei estaria concentrando tropas. Os jornalistas achavam que o rei deveria mudar-se de Versalhes para a capital, onde o povo poderia controlá-lo melhor. No dia 5 de outubro, as vendedoras do mercado reuniram-se numa procissão em direção a Versalhes, a dez milhas de Paris. Quando chegaram, os soldados se confraternizaram com elas. Para proteger o rei, Lafayette correu atrás delas com a Guarda Nacional, mas concordou com a idéia de que o rei se mudasse para a capital. Na manhã seguinte, formou-se um estranho cortejo: na frente, a Guarda Nacional, depois, os coches do rei com a sua família, atrás deles, uma longa fileira de carroças com farinha de trigo para os famintos de Paris e, por fim, o cortejo das vendedoras do mercado, acompanhadas por revolucionários, que carregavam nas pontas de suas lanças as cabeças cortadas dos vigias palacianos assassinados.

SABER

A constituição de 1790

Enquanto isso, elegia-se uma Assembléia Constituinte, para elaborar uma nova constituição e colocar as conquistas da revolução sob a forma de leis. A França foi dividida em *départements*. Os privilégios e títulos dos nobres foram abolidos. Só quem pagava tributos tinha direito de voto. O direito penal foi humanizado. A falência do Estado foi remediada, na medida em que se estatizaram os bens da Igreja, conforme sugestão de Charles Maurice de Talleyrand, bispo de Autun. No debate sobre a constituição, já se anunciavam os futuros conflitos entre a abastada burguesia e as massas proletárias. Mas logo a Assembléia convidou o povo a comparecer numa celebração no Campo de Marte, para prestar juramento sobre a nova constituição. Trezentas mil pessoas compareceram e prestaram o juramento. Em todas as cidades da França foram realizadas celebrações semelhantes. Isso aconteceu no dia 14 de julho, quando a revolução completava seu segundo aniversário.

Meio ano depois, o rei e a rainha disfarçaram-se de *Monsieur* e *Madame* Korff, deixaram à noite o *Palais des Tuileries* e tomaram a direção da Bélgica. Pouco antes de chegarem à fronteira, foram apanhados por camponeses e levados de volta a Paris. Em conseqüência disso, os clubes agitaram-se para que o rei fosse destituído. Este, porém, comunicou que aprovaria a nova constituição. Então a Assembléia Constituinte preparou a eleição de uma Assembléia Legislativa e se dissolveu. Ela havia transformado e reinventado a França.

A Assembléia Legislativa

As eleições para a Assembléia Legislativa foram acompanhadas pela gritaria dos jornais e dos clubes políticos. O Clube Bretão mudou-se para um convento jacobino. Por isso, seus membros passaram a adotar esse nome. Nas províncias foram fundados seis mil e oitocentos centros, com meio milhão de associados. Foi o poder mais bem organizado da revolução, ao lado da Comuna de Paris, que com o seu conselho controlava a Guarda Nacional. Os radicais de esquerda achavam os jacobinos demasiadamente burgueses, e então fundaram o Clube Cordellier, que passou a ser o lar de Danton, Marat e Desmoulins. Do outro lado do espectro político, os monarquistas fundaram o seu próprio clube no *Palais Royal*, em torno de Lafayette e Talleyrand.

A eleição em si foi acompanhada pelo terror nas ruas, promovido pelos jacobinos e pelos *cordelliers*. Na distribuição dos assentos da assembléia eleita, os fiéis ao rei sentaram-se à direita, e os radicais, à esquerda. A partir de então adotaram-se as designações de esquerda e direita na política. Como a esquerda ficou sentada um pouco mais acima, também logo foi chamada de "partido da montanha". Os jacobinos moderados geralmente eram representantes dos centros industriais

127

CULTURA GERAL

da província. Chamavam-se girondinos, em alusão ao departamento de Gironde. Também eram republicanos, mas representavam a autonomia das províncias diante da ditadura revolucionária de Paris.

A radicalização

Quando a Áustria e a Prússia fizeram uma aliança contra a França e o rei sabotou as medidas tomadas contra ela, uma comissão de marselheses radicais marchou para Paris a fim de celebrar a revolução e defendê-la em caso de necessidade. No caminho, cantaram uma canção revolucionária, que recebeu o nome de *A marselhesa*, que se tornou o hino nacional francês: *"Allons enfants de la patrie, le jour de gloire est arrivé"* [Adiante, filhos da pátria, o dia de glória chegou]. Quando o duque de Brunswick, no comando de um exército de invasores, declarou que o povo deveria submeter-se a ele e ao rei, os radicais acusaram o rei de traição e pediram sua deposição. Como a Assembléia Legislativa não reagiu, Marat usou seu jornal para incitar o povo a invadir o *Palais des Tuileries*, que era defendido por cerca de mil homens da guarda suíça. Quando a multidão pressionou o cordão formado pela guarda, os suíços abriram fogo. Com a comissão marselhesa à frente, a multidão atropelou-os e matou-os a pancadas. Depois atacou a criadagem da cozinha e massacrou todos os serviçais do palácio. A família real foi trancada num convento fortificado sob rígida vigilância.

Enquanto isso, por causa do terror, todos os deputados abandonaram a Assembléia Legislativa, com exceção dos que pertenciam à esquerda. Como o rei havia sido deposto, foi substituído por um conselho executivo. Georges Danton tornou-se o presidente desse conselho e chefe do governo.

Danton é uma daquelas personalidades notáveis que as revoluções costumam revelar. Era alto, deformado por uma cicatriz, tinha o rosto cheio de marcas de varíola e era exímio orador. Não era um fanático, amava a diversão e as mulheres, tinha um humor corrosivo e uma forte tendência a praguejar. Não tinha preconceitos e era extremamente perspicaz. Como político, tentou algo muito arriscado: defender a revolução contra a ameaça militar do exterior e contra os anarquistas radicais do próprio país, e, para tanto, foi trocando de aliados.

Os assassinatos de setembro

Nesse meio tempo, a Comuna e a Assembléia Legislativa foram enrijecendo as medidas anticlericais: o uso de vestimentas eclesiásticas em público foi proibido. Os sacerdotes foram obrigados a reconhecer o controle do Estado sobre a Igreja ou então emigrar. E o Pai, o Filho e o Espírito Santo foram substituídos pela nova Santíssima Trindade, *liberté, égalité, fraternité* [liberdade, igualdade, fraternidade]. Foi concedida a cidadania francesa a todos os defensores estrangei-

128

SABER

ros da liberdade, que, com exceção de Friedrich Schiller, eram quase exclusivamente americanos e ingleses.

Enquanto isso, as tropas prussianas do duque de Brunswick marchavam para Paris. O pânico cresceu. Circulou um rumor de que ele planejava libertar os prisioneiros, traidores da revolução. Para se antecipar, Marat deu um alerta para que os prisioneiros fossem executados antes que pudessem ser libertados. Juízes e carrascos, acompanhados de uma multidão sanguinária, foram de prisão em prisão e massacraram os internos, sacerdotes e nobres, loucos e jovens mulheres, enfim, todos os que pudessem encontrar. O massacre durou cinco dias.

A Assembléia Legislativa reconheceu que a destituição do rei tornara necessária uma reforma na constituição. Por isso, convocou novas eleições para a escolha de uma Convenção Nacional e dissolveu-se no dia 20 de setembro de 1792. Foi a data do massacre de Valmy, no qual as tropas da revolução opuseram resistência ao exército do duque de Brunswick. E Goethe, que estava presente, logo percebeu que: "A partir de hoje e deste local, começa uma nova fase da história mundial."

A Convenção Nacional

A eleição para a Convenção Nacional foi manipulada pelos jacobinos, com a ajuda do terror nas ruas. Por isso, na Convenção havia apenas jacobinos e girondinos. A primeira coisa que fizeram foi introduzir um novo calendário da revolução, para que o novo esquecesse os antigos dias santos e feriados. Os meses passaram a ser chamados de acordo com as características naturais de cada estação do ano, como Germinal, Floreal e Prairial para os meses da primavera. As quatro semanas de sete dias cada foram substituídas por três de dez dias, sendo que o décimo dia, o *décadi*, era de descanso. O rei foi processado, porque foi encontrado um baú com documentos secretos que atestavam a sua participação numa conspiração com emigrantes. Repetiu-se o cenário da revolução inglesa e seguiu-se a mesma lógica: o assassinato do rei serve para que os radicais unam os revolucionários por meio de um ato sanguinário, realizado em conjunto, e assim destruam o caminho de volta. Quem participou de um ato desses, mais tarde já não poderá passar para o lado inimigo e, ao defender a revolução, estará defendendo a si próprio. O assassinato do rei é um ato político simbólico. No dia 16 de janeiro de 1793, a maioria da Convenção votou a favor da aplicação da pena de morte ao rei. No dia 21 de janeiro, Luís XVI subiu ao cadafalso, quase no mesmo dia em que, 154 anos antes, Carlos I da Inglaterra percorria o mesmo caminho. E, do mesmo modo como naquela época, depois da execução, a multidão se dispersou, deprimida. Assistira à cena primordial do parricídio analisado por Freud. Pressentiu que já não teria um bode expiatório e estaria condenada a atacar a si mesma.

CULTURA GERAL

Repercussões

O assassinato do rei e a anexação da Bélgica provocaram a rivalidade da Inglaterra, porque a ocupação da foz do rio Schelde ameaçava seu comércio com a Europa. Ocorreram deserções em massa nas tropas revolucionárias. Na Bélgica, elas começaram a ser derrotadas pelos austríacos. Sob a pressão desses problemas, a Convenção delegou a sua resolução aos comitês encarregados de áreas específicas, como o comércio, as finanças, a agricultura etc. Os três comitês mais importantes eram o de segurança geral – portanto, a autoridade policial –, o tribunal revolucionário – uma espécie de corte de justiça popular para julgamentos sumários de inimigos da revolução – e o governo propriamente dito, o chamado Comitê de Salvação Pública. Na prática, esse comitê exercia uma ditadura, justificada pela luta da Revolução contra os inimigos externos. Os direitos humanos, que tinham acabado de ser ratificados, foram suspensos em nome de sua defesa.

Do dia 6 de abril até o dia 10 de julho de 1793, a presidência foi novamente ocupada por Danton. Nesse período ocorreu o confronto entre os jacobinos radicais e os girondinos moderados. Estes últimos tentavam quebrar o terror das ruas, liderado pela Comuna, por meio de um comitê de investigação. Em conseqüência disso, o terror das ruas aumentou, e a Convenção foi forçada pela multidão a prender os girondinos e condená-los. Marat leu os seus nomes, que constavam de uma lista. Três girondinos conseguiram fugir para Caen e ali fizeram discursos sobre a ira de Marat. Entre os ouvintes havia uma jovem de 25 anos, Charlotte Corday, antiga noviça. Ela conseguiu uma carta de recomendação e uma faca de cozinha, foi a Paris procurar Marat, que por causa de sua dermatite tinha se refugiado mais uma vez na banheira, e enfiou a faca em seu peito nu. David, o pintor da Revolução, pintou Marat morto na banheira. Posteriormente, seu cadáver foi trasladado ao *Panthéon*. Charlotte, por sua vez, foi executada na *Place de la Concorde*.

O domínio do terror

O líder do Comitê de Salvação Pública passou a ser Robespierre. Ele representava o terror em nome da virtude. No terror, conjugava-se a reação ao perigo militar vindo do exterior à maior radicalização da Revolução no interior.

Carnot, um membro do Comitê, organizou a *levée en masse* contra o perigo externo, ou seja, a formação de um exército revolucionário. Depois, foi decretada uma lei para a acusação geral de todos os inimigos da Revolução. A primeira a ser processada foi a rainha Maria Antonieta. A acusação baseava-se no seu enriquecimento à custa do patrimônio do povo e no abuso sexual do seu filho. Sob o escárnio dos espectadores, foi guilhotinada. Depois chegou a vez dos aristocratas e, finalmente, a dos próprios revolucionários "que traíram a Revolução". Assim como

SABER

Saturno, a Revolução devorou seus filhos. Foram enviados delegados especiais às províncias para colocar as guilhotinas em funcionamento: St. Just para a Alsácia, Carrier para Vendée e Fouché para o Baixo-Loire e Lyon. Os massacres foram acompanhados de campanhas de propaganda anticristã. A catedral de *Notre Dame* passou a se chamar *Templo da Razão*, o bispo de Paris vestiu o gorro dos revolucionários e todas as igrejas foram fechadas. Na província de Vendée irrompeu um levante, que com muito custo foi sufocado no sangue de quinhentas mil pessoas.

Enquanto isso, os generais e oficiais produzidos pela Revolução colhiam seus êxitos militares. Entre eles havia um capitão de artilharia chamado Napoleão Bonaparte, natural de Ajaccio, na Córsega. Graças a ele, o porto de Toulon foi reconquistado. Esses êxitos levaram Danton a pedir a paz e o fim do terror. Ao mesmo tempo, os radicais em torno de Hébert atacaram o Comitê de Salvação. Entre dois fogos, Robespierre jogou um partido contra o outro. Incitou Hébert ao levante e, depois, com a ajuda de Danton, ordenou que fosse condenado à morte. Em seguida, mandou preparar a acusação contra Danton, que era um ídolo da Revolução. E, assim, ambos se prepararam para brincar de Trotski e Stálin. Diante do tribunal, Danton defendeu-se tão habilmente que lhe tiraram o direito à palavra. No dia 5 de abril de 1794, foi levado à guilhotina na *Place de la Concorde*. Antes de se deitar sob a lâmina, disse ao carrasco: "Mostre ao povo a minha cabeça, ela o merece." A revolução era mesmo um drama. Georg Büchner transformou essas cenas em literatura, em sua peça *A morte de Danton*.

Em seguida, Robespierre encerrou a campanha contra o cristianismo com um acordo: no dia 8 de junho de 1794, mandou celebrar, à moda de Rousseau, uma festa em homenagem ao ser supremo, porém desconhecido. O simbolismo correspondia ao de uma festa de celebração da colheita, cheia de alegorias. Depois, Robespierre intensificou o terror contra os inimigos do povo por meio de uma lei, que determinava a pena de morte para quem espalhasse notícias falsas. As pessoas ficavam em casa e nada mais diziam. Enquanto isso, no Comitê de Salvação Pública, formava-se uma coalizão secreta daqueles que se sentiam ameaçados por Robespierre. Numa sessão tumultuada, ele foi acusado e julgado. Tentou suicidar-se, mas o tiro entrou no maxilar. Em 27 de julho, quando foi levado à guilhotina, que ainda estava manchada com o sangue das suas vítimas, as espectadoras vestiram suas roupas de domingo. Robespierre tinha recebido o apelido de "o incorruptível". E o era como a própria morte. Mas a execução da morte é um carnaval. Setenta adeptos de Robespierre na Comuna de Paris seguiram-no até a guilhotina. O terror chegara ao fim.

A Revolução atingira seu ponto extremo e, a partir dele, desviava novamente para a direita, para as mãos da burguesia abastada. Os girondinos retomaram seu mandato, os clubes de jacobinos foram fechados, as leis do terror foram abo-

CULTURA GERAL

lidas, a religião foi novamente liberada, e a liberdade de imprensa, restaurada. Finalmente, a Convenção decidiu elaborar uma nova constituição, muito parecida com a americana. Isso provocou um levante da direita. A Convenção convocou um jovem oficial, que naquele momento encontrava-se em Paris, para debelar a revolta, o que ele fez prontamente e com muita competência: seu nome era Napoleão Bonaparte.

O Diretório e o golpe de Napoleão

O chamado Diretório durou quatro anos, de novembro de 1795 a novembro de 1799. Era composto de duas câmaras, o Conselho dos Quinhentos e o Conselho dos Anciãos, que juntos formavam o legislativo. O governo era formado por uma comissão de cinco pessoas, chamada de Diretório. Foi a época em que Napoleão conquistou a Itália para a revolução e, como César, dominou o Egito. O Diretório era controlado por um triunvirato liberal de republicanos, que representava os interesses da grande burguesia, saqueava os cofres dos países conquistados e, por causa da sua fraqueza, acabou provocando a segunda guerra de coalizão, em que a França teve de enfrentar uma aliança composta pela Inglaterra, pela Rússia e pela Áustria. Em desespero, o Diretório pediu a Napoleão que voltasse do Egito. Quando, em meio à crise geral, houve a ameaça de uma reação dos jacobinos, o Diretório incentivou Napoleão a dar um golpe. Ele não hesitou, atravessou o rio Rubicão e tomou o mesmo caminho de César ao poder. Assim como este último, também herdou uma república que não conseguia encontrar a saída da crise.

A genialidade de Napoleão

Até 1804, Napoleão governou como cônsul e, de 1804 até seu fim, em 1815, como imperador. Pacificou a nação dilacerada, providenciou a redução dos impostos e uma boa administração, forçou a paz por meio de uma vitória sobre os austríacos, modificou o direito no *Code Napoléon* e fez as pazes com a Igreja. Quando tomou a Lombardia, Gênova e a Suíça, formou-se em 1805 a terceira coalizão entre a Inglaterra, a Áustria, a Rússia e a Prússia. O resultado foi a vitória de Napoleão, em Austerlitz, sobre os austríacos e os russos aliados.

O que tornou Napoleão um estrategista tão competente? Como um teórico do caos na vanguarda do tempo, ele tinha o dom raro de enxergar, na confusão das massas humanas em movimento, as diretrizes estruturais da ordem. Depois, concentrava sua artilharia e o ataque no ponto mais fraco do adversário e ali quebrava suas linhas. Além disso, sabia como conquistar a lealdade dos seus oficiais e a confiança dos seus soldados, na medida em que lhes dava a sensação de ser um deles. Fazia suas tropas marcharem mais depressa do que as outras e aproveitava melhor as condições do terreno. Enfim, tinha um olhar de águia que enxergava apenas o essencial.

Com essa perspicácia, redesenhou o mapa da Europa. Assim, para os alemães, tornou-se o mais importante governante na história antes de Bismarck e Hitler.

Europa na época de Napoleão

Napoleão e o fim do Sacro Império Romano

Em cerca de 1800, o Sacro Império Romano consistia em um amontoado de duzentos e cinqüenta principados independentes. Apenas duas potências destacavam-se do resto: a Áustria católica, com a casa Habsburgo, que também fornecia o imperador, e a Prússia protestante. Ambas tinham seu maior peso no leste, e seus territórios estendiam-se bem além das fronteiras do Império. A Áustria

CULTURA GERAL

unira-se ao reino da Hungria, que ela havia libertado dos turcos, e a Prússia havia herdado da Ordem Teutônica a Prússia Oriental, que não pertencia ao Império. Além disso, junto com a Rússia, ambas dividiram entre si a Polônia, que em 1795 havia desaparecido completamente do mapa.

A maior parte dos pequenos Estados situava-se na Alemanha Ocidental, no território da sua futura República Federal. A eles Napoleão conferiu pela primeira vez um formato. Para indenizar os diversos príncipes pelas perdas sofridas com a anexação à França da margem esquerda do rio Reno, uma assembléia extraordinária, encarregada de missões especiais do Império, decidiu suprimir o poder eclesiástico e as cidades livres, bem como reduzir os territórios a uma dimensão razoável. Em 1806, esses territórios se reuniram para formar a Confederação do Reno e se submeteram ao protetorado de Napoleão. Em função disso, Francisco I da Áustria declarou o fim do Sacro Império Romano-Germânico, que havia durado mais de mil anos, de 800 até 1806, e nunca funcionara. Era uma estrutura amorfa, com uma enorme capacidade de sobrevivência com ínfimos recursos. Foi substituído pelas conquistas da Revolução Francesa: o *Code Napoléon*, a igualdade perante a lei, a liberdade de religião, uma administração adequada etc. A formação da Confederação do Reno representava a primeira tentativa de uma união européia franco-alemã, dirigida pela França, e que incluía a Alemanha Ocidental e excluía a Prússia e a Áustria.

O espírito universal a cavalo e o desmoronamento da Prússia

O filósofo alemão Georg Wilhelm Friedrich Hegel havia se instalado em Jena e trabalhava num novo projeto: escrevia uma história do mundo na forma de um romance de formação. O herói do romance era o espírito. Por isso, Hegel chamou o romance de *Fenomenologia do espírito*. Assim como no romance, Hegel situou a perspectiva da narrativa nas respectivas experiências de vida do herói, que sempre se compreendia mal. Com isso, produzia contradições entre sua autocompreensão limitada e aquilo que não via. Isso constituía, portanto, a parede contra a qual o espírito se chocava. Os galos na cabeça que o herói ganhou dessa forma provocaram a ampliação de sua autocompreensão: "Sou alguém que passou a sentir a diferença entre si próprio e a parede. Ao saber disso, elimino a diferença entre mim (tese) e a parede (antítese), na minha nova consciência (síntese)." Hegel chamou de dialética esse processo de aprendizagem. Assim, o espírito do mundo alcança graus tanto mais elevados quanto mais contradições absorve e elabora. No final do romance, a síntese suprema de todas as contradições, o espírito mais experiente, que tudo elaborou, será realizada no gabinete de estudos de Hegel, em Jena: é Napoleão, a caminho da batalha em Jena e Auerstedt, na qual derrota a Prússia no dia 18 de outubro de 1806. Napoleão é o espírito do mundo a cavalo. É o objetivo necessário do processo de aprendizado da história universal, no qual o espírito conheceu a si mesmo. Mas Napoleão não sabe que é tudo isso, e Hegel precisa dizê-lo a ele. Portanto, entende Napoleão melhor do que esse a si mesmo. Assim, a história universal chega a uma última síntese: aquela entre Napoleão, o herói, e Hegel, que conta sua história porque a entende.

Pouco depois, essa história encontra na cidade de Trier um leitor atento, chamado Karl Marx. Ele a inverte, colocando-a de cabeça para baixo, conforme suas próprias palavras, e revela que as contradições não são de natureza espiritual, mas residem na diferença entre condições materiais de produção e relações de propriedade. Desse modo, Marx altera a relação de Hegel e Napoleão, fazendo com que ela aponte para o futuro, e não para o passado: quem entende a história universal como Hegel também pode planejá-la como Napoleão. O resultado é a Revolução Russa de 1917, que tem efeitos simétricos aos da Francesa: seu herdeiro, Stálin, reúne em si os papéis de Robespierre e Napoleão, exporta a revolução e, em vez da Europa Ocidental, conquista a Europa Oriental, derrota a Prússia e engole a Alemanha Oriental, o que leva ao ressurgimento da Confederação do Reno. Tudo isso foi conseqüência do encontro entre Napoleão e Hegel.

O renascimento da Prússia

Depois da batalha de Jena e Auerstedt, o rei prussiano Frederico Guilherme III fugiu para a Prússia Oriental, e Napoleão entrou em Berlim, anexou todo o território prussiano a oeste do rio Elba, formou o grão-ducado de Varsóvia a partir das regiões polonesas e apoderou-se das receitas públicas da Prússia a título de indenização de guerra.

Esse choque possibilitou ao ministro prussiano do interior, o barão Von Stein, e aos seus auxiliares e sucessores proceder a uma reforma radical da Prússia.

- O barão libertou os camponeses da servidão e permitiu-lhes a compra de terras.
- Proclamou a liberdade de escolha de uma atividade profissional, para que todos pudessem abraçar uma profissão, desimpedidos das restrições feudais. Os burgueses podiam comprar bens, e os nobres podiam ter uma profissão.
- Decretou que as cidades tivessem seu próprio governo, criando, assim, a exemplar administração municipal alemã.
- Além disso, Scharnhorst, Gneisenau e Hardenberg reorganizaram o exército prussiano. Em 1814, foi introduzido o serviço militar obrigatório.
- Quando Napoleão forçou a demissão de Von Stein, seu sucessor, Hardenberg, confiscou os bens da Igreja, impôs tributos aos nobres e emancipou os judeus.

CULTURA GERAL

– O ministro da educação, Wilhelm von Humbolt, reformou o sistema educacional e criou a escola primária única e o ensino médio. Em 1810, fundou a Universidade de Berlim. Nela os professores já não deveriam lecionar seguindo um programa didático fixo, mas pesquisar livremente com seus alunos. Essa idéia foi extremamente bem-sucedida e copiada mais tarde pelos Estados Unidos.

– Em 1806, Napoleão embargou a importação de mercadorias inglesas, com o intuito de arruinar a indústria daquele país. Sem a concorrência inglesa, a indústria na Alemanha conseguiu desenvolver-se.

A queda de Napoleão

Os grandes impérios desmoronam por causa da sua expansão excessiva, ou seja, por se submeterem a uma sobrecarga. Depois das vitórias de Nelson no mar, tornou-se claro que Napoleão não conseguiria derrotar a Inglaterra. Na Espanha, contra o duque de Wellington, suas tropas combateram numa guerra inútil e desgastante. Seus irmãos provocaram rebeliões nos países que governavam: José, na Espanha, e Luís, na Holanda. E o czar Alexandre se recusou a participar do fechamento dos portos às mercadorias inglesas. Sendo assim, Napoleão cometeu o erro que Hitler deveria repetir mais tarde: com um enorme exército de franceses, além de alemães e prussianos obrigados a lutar junto com eles, invadiu a Rússia. O comandante-em-chefe Kutusov fez o que Pedro, o Grande, já fizera por ocasião da invasão de Carlos XII: recuou e destruiu as provisões. Quando Napoleão entrou na Moscou abandonada, os russos a incendiaram. Isso o obrigou a bater em retirada ainda antes do inverno (19 de outubro de 1812). O que a fadiga e o gelo não conseguiram, Kutusov conseguiu quando o exército estava atravessando o rio Berezina. Em seguida, os prussianos mudaram de lado e se juntaram aos russos. A ocupação francesa e os encargos financeiros dela decorrentes haviam despertado o nacionalismo na Alemanha. Surgiram grupos de voluntários (os guerrilheiros de Lützow usavam as cores preta, vermelha e dourada, que se tornariam as cores nacionais alemãs). A Áustria entrou na coalizão, e, de 16 a 19 de outubro de 1813, a derrota de Napoleão na Batalha das Nações, em Leipzig, determinou o fim do domínio napoleônico na Alemanha. Em 1814, os aliados entraram em Paris, forçaram Napoleão a renunciar e exilaram-no na ilha de Elba, colocando no trono francês o irmão do último rei, que passou a se chamar Luís XVIII. Depois, reuniram-se para o Congresso de Paz em Viena e levaram outro susto, quando Napoleão voltou e organizou um novo exército. Foi definitivamente derrotado pelos prussianos e ingleses em Waterloo, na Bélgica, e, desta vez, exilado na distante ilha de Santa Helena, no Atlântico Sul, para meditar sobre a vaidade das ambições humanas.

136

SABER

O século XIX

O Congresso de Viena 1814-15

No Congresso de Paz, em Viena, houve muita dança. Nos intervalos do baile, sob a direção do chanceler vienense Metternich, criava-se a ordem dos Estados para o século XIX. Esse procedimento, porém, produziu uma grande contradição, que deveria determinar a história dos cento e cinqüenta anos subseqüentes.

- A Revolução Francesa tinha demonstrado que a forma pela qual um país podia se modernizar era o Estado nacional. A participação das pessoas na política por meio da democracia pressupunha uma comunidade cultural e lingüisticamente unificada. A democracia e a unidade da nação caminharam juntas. Quando não havia um Estado nacional, a democratização era obstada, porque ameaçava dinamitar o Estado.
- A Ordem de Paz de Viena enfatizava os princípios pré-revolucionários (restauradores) da legitimidade dos príncipes e do cristianismo. Por isso, reprimia os movimentos nacionais e democráticos. Para essa finalidade, as potências reacionárias, ou seja, a Prússia, a Áustria e a Rússia, fundaram uma Santa Aliança. Dessas três, somente a Prússia poderia ser considerada um Estado nacional, mas que não englobava a nação inteira.

As conseqüências do Congresso de Viena para a Alemanha

Para a Alemanha, foi decisivo o fato de a Prússia ter perdido suas conquistas polonesas e, por outro lado, ter ganhado o território que corresponde mais ou menos ao que hoje é a Renânia do Norte-Vestefália. Com isso, ela se tornou mais alemã e mais ocidental, ficou com a área que viria a ser um pólo industrial e criou uma ligação entre a Alemanha Ocidental e a Oriental. Como sucessora do Império Romano, foi fundada a Confederação Alemã. Sua capital era Frankfurt, porque antigamente era ali que se elegiam os reis alemães. A Confederação Alemã consistia em 39 Estados independentes. Alguns, como a Baviera ou Baden e Württemberg, correspondiam quase aos Estados atuais, ainda que a Baixa-Saxônia se chamasse principado de Hannover, a Renânia do Norte-Vestefália fosse prussiana, e Hessen se dividisse em principado de Hessen e grão-ducado de Hessen. Mas também havia o Estado independente do principado de Waldeck e o Estado do ducado de Brunswick. Além disso, pertenciam à Confederação Alemã os territórios austríacos, incluída a atual República Tcheca. Por outro lado, as duas grandes potências, Prússia e Áustria, possuíam imensos territórios fora da Confederação Alemã. A Prússia possuía a Prússia Ocidental e Oriental, além da província polonesa de Poznan, e a Áustria não tinha um nome certo, porque na

137

CULTURA GERAL

época do início da formação das nações e da democracia ainda era uma estrutura indefinida: era chamada alternadamente de Áustria-Hungria, monarquia dos Habsburgos, monarquia dupla, monarquia do Danúbio, prisão dos povos ou, como no romance de Musil, intitulado *O homem sem qualidades*, de Kakânia (a partir de k.u.k.: *kaiserlich und königlich* = imperial e régio). Além dos territórios alemães e tchecos, pertenciam-lhe (segundo a designação atual) a Hungria, a Eslováquia, o sul da Polônia, a Eslovênia, a Croácia, o noroeste da Romênia (Transilvânia), a Bucovina, o Tirol meridional e, mais tarde, a Bósnia.

Como compensação, a Áustria deu a independência à Bélgica, que em seguida se uniu à Holanda, mas depois se desentendeu novamente com ela e, em 1830, tornou-se independente. As outras potências garantiram sua neutralidade, e foi essa neutralidade que a Alemanha violou na Primeira Guerra Mundial.

Para a Áustria-Hungria, portanto, todos os movimentos nacionais, incluído o alemão, eram puro veneno. Sendo assim, até o ano da revolução seguinte (1848), o astuto Metternich nada tinha a fazer a não ser sufocar todo movimento nacionalista e democrático da Confederação Alemã. A Alemanha só poderia ser unificada com o desmantelamento ou a exclusão da Áustria. Ambas as soluções foram chamadas respectivamente de "Grande Alemanha" e "Pequena Alemanha". Por isso, o *Führer*, que afinal era austríaco, quando anexou seu país ao *Reich*, passou a falar do Império da Grande Alemanha.

Como a Santa Aliança (e principalmente a Áustria) impedia seguidamente a unificação dos alemães, aos poucos o nacionalismo alemão passou a assumir uma forma frustrada, carregada de ressentimentos e de maldade reprimida. Quando, em 1848, fracassou a Revolução Liberal, na qual as motivações nacionalistas e democráticas haviam se fortalecido mutuamente, foi preparado o terreno para a separação entre o nacionalismo alemão e a tradição democrática.

Portanto, precisamos sempre ter em mente que isso só aconteceu na Alemanha. Para os ingleses e franceses, o Estado nacional e a democracia são a mesma coisa. Seu nacionalismo tornou possível a democracia.

Pré-março

Como pré-março (*Vormärz*) definimos o período entre o Congresso de Viena e a Revolução de 1848, que começou justamente em março. Foi a época do *Biedermeier**, no qual a burguesia alemã, politicamente frustrada, retirou-se em seus aposentos para cultivar a intimidade alemã e o conforto provinciano, enquan-

---

* Em alusão à paródia publicada por Ludwig Eichrodt na revista *Münchener Fliegende Blätter*, entre 1855 e 1857, e que apresentava o personagem Gottlieb Biedermeier como autor de poesias supostamente honestas. [N. da R.]

SABER

to as associações nacional-democratas de estudantes faziam algazarras nas cidades universitárias, organizavam festas, cantavam canções nacionalistas, enchiam-se de cerveja e realizavam ataques terroristas. Em 1819, o estudante Karl Ludwig Sand assassinou, por patriotismo, o famoso dramaturgo Kotzebue, por considerá-lo um espião russo a serviço da reação. Sand foi julgado e executado diante do Portão de Heidelberg. Então, Metternich, o reacionário-mor da Europa, respondeu com um decreto de combate aos radicais, as chamadas Revoluções de Karlsbad: foi introduzida a censura, foram proibidas as agremiações desportivas e as associações estudantis, e o país foi inundado por espiões da polícia e delatores.

Também na Prússia as reformas foram interrompidas. A libertação dos camponeses acabou degenerando em sua expulsão e no aumento do patrimônio dos *Junkers* à custa dos primeiros. Por isso, a leste do rio Elba predominavam os latifúndios, enquanto na Alemanha Ocidental havia aldeias com camponeses livres. No início das guerras de libertação, Frederico Guilherme III chamara os cidadãos às armas, com a promessa de deixá-los participar do governo por meio de uma constituição. Depois da vitória, esqueceu a promessa. Quando Frederico Guilherme IV subiu ao trono, as expectativas dos liberais eram tão grandes quanto infundadas: a mente desse rei permanecera na Idade Média. Quando, em 1847, assim como Luís XVI, ele convocou uma Assembléia dos Estados, aconteceu-lhe algo semelhante ao que tinha ocorrido ao primeiro: eclodiu a revolução. E, assim como Luís XVI, apressou-se em convocar uma Assembléia Nacional Prussiana (1848).

1848

Era então evidente que a Revolução Alemã fora impedida pela segunda tarefa: antes de qualquer coisa, era preciso realizar a unificação alemã. Na França e na Inglaterra já existia o Estado nacional quando as revoluções eclodiram. A nação precisava apenas conquistar sua participação no poder. Já existiam uma capital, um palco nacional, uma imprensa, uma opinião pública, um governo e uma assembléia nacional, ou seja, um parlamento. Na Alemanha, tudo isso ainda tinha de ser criado. Como palco, foi escolhida a capital da Confederação Alemã, a cidade de Frankfurt. Ali foi aberta, no dia 18 de maio de 1848, na igreja de São Paulo, o primeiro parlamento geral alemão, a Assembléia Nacional Alemã.

Era um parlamento composto de professores universitários e, por conseguinte, alheio ao mundo, afeito a minúcias e categórico. Nele havia intermináveis debates sobre qual seria a melhor solução para a questão da unificação alemã, se seria a "Grande Alemanha" ou a "Pequena Alemanha" (com ou sem a Áustria), um império com um poder central forte ou fraco, uma monarquia ou uma república. Depois de um ano, no dia 28 de março de 1849, foi aprovada a nova constituição do império, que previa uma monarquia constitucional. A chefia do go-

139

CULTURA GERAL

verno seria ocupada por um imperador hereditário. O poder legislativo constituía-se de uma câmara com representantes dos Estados (*Bundesrat*, ou seja, Conselho Federal) e de outra com representantes do povo (*Bundestag*, ou seja, Parlamento Federal). Enquanto isso, a casa imperial austríaca reprimia todas as revoltas ocorridas em Viena e na Itália, de forma que o império permanecia absolutista e centralizado. Na Prússia, foi até introduzida uma constituição, mas o parlamento continuava dividido em estamentos e era subdividido em uma câmara de senhores e outra de deputados, esta última eleita novamente segundo um sistema de três classes, em que os direitos de voto eram escalonados em conformidade com as classes fiscais. Portanto, apenas os nobres e os ricos tinham representação parlamentar.

Depois de muito vaivém, o parlamento da igreja de São Paulo decidiu oferecer a coroa imperial ao rei Frederico Guilherme IV da Prússia. Mas ele perdeu uma oportunidade única de unificar a Alemanha pacificamente sobre uma base democrática. Não lhe bastava o que Guilherme III da Inglaterra já aceitara sem problemas em 1688, ou seja, uma coroa concedida pelo parlamento, e não pela graça de Deus. Como não quis ser coroado imperador por aqueles "canalhas", Frederico Guilherme recusou a coroa. Pela segunda vez, os democratas e os patriotas alemães ficaram frustrados. Isso deu ensejo à separação entre ambos e levou à seguinte conclusão: se a implantação da unificação nacional não pode ser feita de baixo para cima, ou seja, pelo caminho democrático, ela deverá ser feita de cima para baixo, ou seja, por meio do Estado. Esse foi o caminho escolhido por Bismarck e que acabou arruinando os alemães.

De forma paradoxal, até hoje muitos historiadores desconheciam esse fato, porque Bismarck, pessoalmente, como chanceler, punha um freio a toda megalomania nacional.

Marx

Antes da eclosão da Revolução de 1848, foi publicado no mês de janeiro daquele ano um panfleto que começava da seguinte forma: "Um fantasma ronda a Europa, é o fantasma do comunismo..." Os autores eram Karl Marx e Friedrich Engels. O primeiro era um jornalista independente de Trier, o segundo, dono de uma fábrica em Wuppertal. O panfleto chamava-se *Manifesto comunista*. Quase ninguém reparou nele, com exceção da polícia da Bélgica, onde Marx encontrava-se no momento. A polícia belga estabeleceu uma relação entre a violenta retórica do manifesto e a revolução que eclodiria poucas semanas depois de sua publicação, e expulsou Marx do país. Em função disso, o pai do marxismo tomou uma das decisões mais importantes da sua vida e emigrou para Londres. Lá encontrou, no Museu Britânico, todo o material que lhe possibilitou escrever *O capital*. As-

140

SABER

sim, o marxismo começou com um mal-entendido, que em 1917 foi elevado a um princípio: deu-se uma conotação socialista a uma revolução burguesa. O socialismo começou como parasita dos liberais e finalmente os devorou.

1850-70 na França, na Itália e nos Estados Unidos

Enquanto a Alemanha lidava com suas teias de aranha feudais, outros países mostravam como o conflito da modernização podia ser solucionado.

– Em 1850, na França, um segundo Napoleão assumiu o poder na segunda revolução e, contrariamente a Frederico, Guilherme IV deixou-se coroar imperador depois de um referendo popular e passou a se chamar Napoleão III (o filho mais novo de Napoleão governou a França por alguns dias sob o nome de Napoleão II, por isso também contava. O novo imperador, Luís Napoleão, era sobrinho do primeiro Napoleão). Na França de então, só se conseguia ser imperador pela graça do povo.

– Assim como a Alemanha, a Itália era dividida em pequenos Estados, dominados pela reacionária Áustria. E lá o nacionalismo estava igualmente frustrado (por isso, mais tarde, ambos os países tornaram-se fascistas). A pequena Prússia italiana chamava-se Piemonte-Sardenha, com a capital em Turim. Seu primeiro-ministro, Cavour, garantiu o apoio de Napoleão na unificação da Itália e, juntos, derrotaram os austríacos em Solferino (o filantropo suíço Henri Dunant ficou tão chocado com o massacre que fundou a Cruz Vermelha, cujo símbolo é o negativo da bandeira suíça). Depois disso, eclodiu na Itália uma revolta nacional, chefiada por Giuseppe Garibaldi, de Nice, que se tornou herói nacional. Quando o norte da Itália já havia sido unificado sob o rei Vittorio Emmanuele (1860), Garibaldi, com seus voluntários, expulsou os Bourbons da Sicília e de Nápoles.

– Depois das guerras napoleônicas, a guerra que teve as maiores baixas no século XIX e que durou de 1861 a 1865 foi a civil americana, entre os Estados do sul e do norte. Depois da eleição de Abraham Lincoln, os Estados escravagistas do sul haviam se retirado da União e formado uma confederação própria. Os Estados do sul dependiam economicamente das plantações exploradas por proprietários de terras pseudo-aristocráticos, que baseavam sua lucratividade no trabalho escravo (os latifúndios da Prússia também haviam empregado camponeses em regime de servidão, que só foram libertados em 1807). O norte dos Estados Unidos já era industrializado, e indústria pressupõe mobilidade e liberdade. Assim, na guerra civil, apesar de o conflito aparentemente girar em torno da postura "contrária ou favorável à União" ou "contrária ou favorável à escravidão",

141

CULTURA GERAL

na verdade o que estava por trás de tudo isso era o conflito entre duas formas incompatíveis de produção. Para muitos, isso fica evidente no romance e no filme *E o vento levou*, de Margaret Mitchell. Como todas as guerras civis, a americana também foi conduzida com muita crueldade, e a vitória dos Estados do norte deixou cicatrizes psíquicas que podem ser sentidas até hoje. O que teria acontecido se o sul tivesse vencido é o que podemos ver pelo exemplo da Alemanha. A Prússia latifundiária submeteu-se ao Ocidente industrializado. Essa situação só foi revertida por ocasião da anexação da antiga República Democrática Alemã pela Alemanha Ocidental. Hoje, a Alemanha encontra-se na mesma condição em que os americanos se encontravam no final da guerra civil.

O caminho para a unificação da Alemanha

No firmamento político da Prússia, a conjunção decisiva foi a ligação entre Guilherme I (que regia desde 1860) e Otto von Bismarck. Este último, como deputado do parlamento prussiano, ganhara fama de ultraconservador. Por seu lado, Guilherme I planejava uma reforma do exército, que era rejeitada pelo parlamento. Assim, em 1862, chegou-se a um bloqueio, do qual ninguém conseguia sair. Quando Guilherme já não encontrou quem pudesse ser primeiro-ministro, Bismarck colocou-se à sua disposição: assim como Alexandre, o Grande, ele simplesmente cortou o nó górdio de uma só vez, ao executar a reforma do exército sem a autorização do parlamento, para mais tarde, depois de algumas guerras vitoriosas, requerer o envio dessa autorização. Mas essa tática obrigou-o a implantar uma política de unificação da Alemanha, que deveria impressionar os liberais, atingindo-os em suas ambições nacionais.

A questão de Schleswig-Holstein ofereceu o pretexto para isso. Era tão complicada e intrincada que a qualquer momento poderia ser usada como motivo para um conflito. Palmerston, primeiro-ministro inglês, afirmou que apenas três pessoas teriam entendido essa questão: seu antecessor, que já havia morrido; um professor alemão, que teria enlouquecido com ela; e ele mesmo, que a esqueceu. Portanto, duas coisas devem ser consideradas distintamente: existia uma antiga determinação, segundo a qual os ducados de Schleswig e de Holstein nunca poderiam ser separados ("indivisos para todo o sempre"). Ambos os ducados eram regidos pelo rei da Dinamarca, mas só em um era permitida a sucessão feminina, no outro não. Holstein fazia parte da Confederação Alemã, mas Schleswig não. Para evitar as complicações que poderiam surgir na Dinamarca por causa de uma sucessão feminina, o rei dinamarquês Frederico VII simplesmente anexou ambos os ducados ao Estado dinamarquês. A conseqüência foi uma revolta dos habitantes daqueles ducados, em 1848, e uma onda nacionalista na Alemanha. No cha-

142

mado Protocolo de Londres, foi determinado que o direito de sucessão ao trono seria da Casa Sonderburg-Glücksburg e que ambos os ducados não poderiam ser anexados ao Estado dinamarquês. Mas Cristiano IX, da Dinamarca, simplesmente ignorou esse acordo quando assumiu o governo e os anexou em 1863. O fato deu a Bismarck o pretexto para convencer a Prússia e a Áustria a entrarem na bem-sucedida guerra contra a Dinamarca e tirarem os ducados dos dinamarqueses. Mais tarde, dividiu com a Áustria a administração desses "indivisíveis" ducados, o que deu margem a novas disputas. Quando, por causa desses conflitos, a Áustria apelou ao parlamento federal alemão, Bismarck considerou esse ato como rompimento de contrato, fez com que a Prússia saísse da Confederação Alemã e declarou guerra à Áustria (1866). Como tinha armas mais modernas, a Prússia venceu em Königgrätz. Bismarck poupou a Áustria, mas anexou os Estados do norte da Alemanha, que tiveram o azar de se colocarem no lado errado; entre eles estavam Hannover, Hessen, Frankfurt, Schleswig e Holstein. A Confederação Alemã foi dissolvida e substituída por uma Confederação da Alemanha do Norte, sob a liderança da Prússia.

Essa Confederação era muito mais um Estado federal do que uma confederação de Estados. Era responsável pela representação no exterior, pelo comando supremo do exército e pela decisão sobre a guerra e a paz. Havia um Conselho Federal (*Bundesrat*) e um Parlamento do Império (*Reichstag*), eleito livremente, que tinha direito de decidir sobre o orçamento; havia também um chanceler, nomeado pelo presidente da nação, o rei da Prússia. Esse era o formato preliminar da posterior constituição do império.

Na câmara dos deputados, Bismarck apresentou seus êxitos militares e pediu aos membros da casa a sua imunidade, isto é, a aprovação *a posteriori* da violação à constituição, cometida por ele por ocasião da reforma do exército. Naquele momento os liberais encontravam-se num dilema: se concordassem, trairiam os princípios liberais do Estado de direito, se recusassem, trairiam os ideais nacionais.

Em outras palavras, por meio desse truque, Bismarck separou o que deveria permanecer junto: a democracia e o sentimento nacional.

Resultado: o partido liberal dividiu-se em:

– liberais democratas e
– "liberais nacionalistas".

A maioria era constituída pelos últimos. Bismarck comprara seus princípios democráticos com as cintilantes contas de vidro do nacionalismo. O liberalismo nunca mais se recuperou desse pecado original.

CULTURA GERAL

A fundação do Império Alemão

Um dos defeitos de nascença do novo Império Alemão foi ter sido fundado à custa da derrota francesa. E, ainda por cima, o fato de a Alemanha ter tomado a Alsácia-Lorena da França fez com que o novo Império ficasse associado à lembrança de uma humilhação na França e de um triunfo militar na Alemanha. Por isso, a celebração da fundação do Império passou a ser sempre uma celebração da vitória sobre a França. Isso envenenou o relacionamento entre ambos os países.

Essa situação se deu da seguinte maneira: um príncipe católico da dinastia Hohenzollern tornou-se um pretendente ao trono espanhol. O fato agitou a opinião pública francesa, que se lembrou do poder dos Habsburgos na época de Carlos V. Sabiamente, o príncipe renunciou à coroa. Mas seguiu-se a invasão de Napoleão III, que exigiu de Guilherme, chefe da casa Hohenzollern, a renúncia ao trono para todo o sempre. Bismarck redigiu essa exigência para a imprensa com tanta eficiência que o sentimento do povo alemão foi de indignação contra a França. Transtornado, Napoleão declarou guerra à Prússia.

E ocorreu algo inédito: os Estados do sul da Alemanha ligaram-se aos da Confederação da Alemanha setentrional e, graças à utilização da ferrovia e da melhor liderança, derrotaram os franceses em Sedan e Metz. Napoleão renunciou, a França tornou-se uma república e continuou lutando até a capitulação de Paris.

Depois de complicadas negociações com os príncipes, Guilherme I foi proclamado imperador alemão no salão dos espelhos do Palácio de Versalhes.

Vinte e dois anos depois da criação do parlamento alemão na Igreja de São Paulo, o resultado almejado na época foi obtido pelo caminho oposto: o parlamento não participou. A unificação foi um ato soberano dos príncipes e dos militares, que haviam roubado e escondido no próprio bolso a identidade nacional. Dali em diante, a nação já não era associada ao povo, mas sim ao Estado autoritário. O estrategista que conseguiu driblar tudo e todos chamava-se Otto von Bismarck. Ele foi promovido a herói por aqueles que conseguira enganar e chamado de chanceler de sangue e ferro, bem como de forjador da unidade alemã. Esse foi o resultado da perversão em que o sonho nacionalista dos democratas foi realizado por um *Junker* tão genial quanto desprovido de escrúpulos, dotado de instintos feudais e de um intelecto sem preconceitos.

Essa perversão também se expressou na constituição do Império: o imperador era o chefe, e o chanceler e o primeiro-ministro da Prússia deviam reportar-se apenas a ele, e não ao parlamento, além de serem nomeados e destituídos por ele. Existia um Conselho Federal, com representantes dos Estados, e um Parlamento do Império, eleito por meio de eleições livres, diretas e por voto secreto. A figura central era o chanceler, que, por seu lado, era subordinado ao monarca. Como não dependia do Parlamento, também não podia ser destituído por ele.

144

SABER

Assim, a constituição impedia que os partidos aprendessem seus papéis, tanto como partido do governo quanto como partido de oposição, e adquirissem experiência com o aparato do governo. Permaneceram como associações ideológicas, e tudo o que podiam era apenas ter opiniões.

A nação atrasada

A Alemanha construiu seu Estado nacional bem mais tarde do que os outros grandes povos europeus (com exceção da Polônia). Isso se deu num momento em que as outras nações já haviam iniciado o processo de dividir o mundo e formar seus impérios coloniais. Ao mesmo tempo, o mundo intelectual era invadido pelo alarido dos debates sobre a teoria de Darwin, em que a sobrevivência do mais capaz é o motor da evolução biológica. Esse clima, bem como a súbita liberação de todos os recursos nacionais desencadearam um desenvolvimento explosivo, que teve sobre a Alemanha o efeito de uma bem-sucedida recuperação do seu atraso:

- A rápida industrialização fortaleceu o poderio econômico alemão, mas também produziu um proletariado industrial, que crescia rapidamente.
- Isso conduziu à fundação de partidos de trabalhadores: em 1875, a Associação Geral dos Trabalhadores Alemães, fundada por Lassale, uniu-se ao Partido Socialdemocrata de Bebel e Liebknecht, formando o SPD. A doutrina ainda era clássico-marxista, portanto, não era nem revisionista (renúncia do conceito de revolução em favor do conceito de evolução), nem leninista (delegação da vontade da maioria a uma vanguarda de revolucionários profissionais).
- Bismarck reagiu com o rigor das perseguições e proibições estatais (leis socialistas), mas atenuou a situação com uma legislação social progressista (seguro-saúde, seguro contra acidentes e aposentadoria para os trabalhadores). Tratou os socialdemocratas do mesmo modo como tratara os liberais, abandonando o rigor do Estado autoritário com o nacionalismo.
- A rápida modernização do direito, do sistema monetário, dos correios, das ferrovias, da rede viária e de toda a infra-estrutura. O crescimento da economia foi, temporariamente, mais rápido do que nos Estados Unidos.

Em resumo: a Alemanha rapidamente ganhou peso no exterior. Em função disso, Bismarck obteve fama com sua política externa, na qual enfatizava o pacifismo da Alemanha e enredava todas as potências européias numa complicada teia política de alianças, que lhes deveria tornar impossível entrar em guerra entre si e sobretudo contra a Alemanha.

CULTURA GERAL

A pedra angular dessa política foi o lema: a França é irreconciliável, portanto, precisa permanecer isolada.

Primeiro, Bismarck tentou uma tríplice aliança entre Alemanha, Áustria e Rússia. Mas como a Turquia européia desintegrava-se lentamente, a Rússia e a Áustria desentenderam-se nos Bálcãs.

Portanto, sobrava a Áustria.

Depois, Bismarck tentou uma tríplice aliança entre Alemanha, Áustria e Itália, mas os italianos não conseguiam perdoar a Áustria por essa ainda possuir, em Veneza, terras italianas "não redimidas" (*irredente*).

Em seguida, foi ainda mais perspicaz e promoveu uma tríplice aliança entre Áustria, Itália e Inglaterra contra os ataques russos em Dardanelos.

Ao mesmo tempo, firmou com a Rússia um acordo secreto (Tratado de Resseguro), no qual prometia apoiar a Rússia nos ataques contra Dardanelos.

Tudo isso era tão bem armado que só Bismarck entendia os planos. Mas então aconteceu a catástrofe: Guilherme I e seu sucessor liberal, o imperador Frederico III, morreram em 1888. Com sua morte, toda a geração de liberais foi deixada de lado. No seu lugar, assumiu o jovem Guilherme II.

Guilherme e o guilhermismo

Guilherme espera até o dia 20 de março de 1890 para demitir Bismarck. O novo Império terá então somente mais 24 anos de vida. Depois disso, inicia-se a Primeira Guerra Mundial. Exatamente onze meses antes, Clara, uma antiga criada da Baixa-Áustria, presenteia seu marido, Alois, com um menino, que será chamado de Adolf Hitler e terá seu caminho preparado pelo imperador.

Guilherme é um arrogante fanfarrão, vaidoso e desprovido de humor, que adora desfiles e ameaças militares; é a caricatura do prussiano, de capacete pontudo, barba que impõe respeito e monóculo. Tem uma mão aleijada, que esconde durante os desfiles, e um complexo de inferioridade em relação à Inglaterra. Por isso, também precisa de uma frota, pois sabe que o futuro está no mar. Já tinha o maior exército, mas o que seria ele aos olhos do seu primo anglo-saxão sem uma frota? Sente-se, e de fato é, um arrivista que inveja o sentimento natural de superioridade alheia. Mas também sente a própria força e quer mostrá-la. Assim, faz muito barulho e espalha a intranqüilidade.

Em tudo isso, Guilherme II é um representante da burguesia da sua época: inebriado pela sensação de força, não conseguiu assimilar o galopante crescimento do poder da nação unificada. Por meio da militarização da vida, provocada pelo serviço militar obrigatório e pelo prestígio dos militares, os burgueses sentem-se um tanto aristocratas e até adotam os hábitos deles: o tom militar adotado na linguagem de comando das repartições públicas e das autoridades, a disci-

SABER

plina rigorosa nas escolas, os duelos nas associações universitárias, a cicatriz no rosto, como quem acabou de chegar de uma batalha, e as fardas por toda parte. O mundo espanta-se com um novo homem-máquina e começa a temê-lo, como a uma figura de horror. A imagem dos alemães modifica-se: antigamente eram vistos como poetas sonhadores e eruditos excêntricos; agora são vistos como imprevisíveis e desalmados portadores de capacetes pontiagudos, inacessíveis pela voz da razão. Surgia, assim, um monstro na Europa Central.

Os campos de batalha

A política de Guilherme destruiu o sistema de alianças de Bismarck. Primeiro, o governo do Império empurrou a Rússia para a cama da França, que com isso abandonou seu isolamento. Depois, iniciou-se a construção de uma frota alemã, para enfrentar a Inglaterra. Esta, por seu lado, provou o sabor amargo do isolamento na Guerra dos Bôeres, em cerca de 1900. Assim, despediu-se do venerável princípio da *splendid isolation* e estabeleceu laços militares com a França. Como a Inglaterra continuou a cultivar o princípio de não fazer alianças fixas, falava-se diplomaticamente de uma *entente cordiale*, ou seja, um acordo cordial. Por fim, o sistema de alianças de Bismarck transformara-se de uma bênção em uma maldição. Na Europa, dois campos de batalha muito bem armados se enfrentavam: de um lado, Alemanha e Áustria-Hungria, as chamadas potências centrais, de outro, Inglaterra, França e Rússia (a Itália era aliada das potências centrais, porém mais tarde entrou na guerra do lado dos aliados). Se antigamente só se estabeleciam alianças quando havia uma ameaça de guerra, agora, em meio à paz, já se sabia, graças às alianças fixas, quem seria o próximo adversário. Isso transformava a paz num prelúdio à guerra, nutria a desconfiança, envenenava a atmosfera, despertava a paranóia e avivava o anti-semitismo: na França, o capitão judeu Dreyfuss foi condenado injustamente por espionagem a favor da Alemanha. Na busca por traidores, sempre se encontravam judeus. Os Estados-maiores já planejavam a guerra em plena paz. Esse foi o resultado da decadência do sistema de alianças de Bismarck, que muitos historiadores ainda elogiam. Mas ainda não é tudo: num ato de incrível estupidez, o governo imperial havia unido o destino da Alemanha a uma potência que se dissolveu lentamente no banho de ácido dos movimentos de libertação de seus povos: a Áustria-Hungria. A decadência galopante do seu único aliado deu aos políticos alemães a sensação de urgência, como se ainda precisassem arriscar um último confronto antes da morte definitiva da Kakânia.

O século XX

O despontar do século XX é um dos momentos mais paradoxais da colorida história desse inquieto continente. A Europa estava no auge do seu poder. Com

CULTURA GERAL

seus impérios coloniais, os europeus dividiram a Terra entre si. Sua civilização era, em todos os lugares, modelo para os povos. O século XIX trouxera o bem-estar material e o progresso cultural. Os conhecimentos científicos prolongavam a vida, e a técnica tornava-a mais fácil. Mesmo sem viver no luxo, os trabalhadores das indústrias já não passavam pelas necessidades que haviam sofrido no início do século. Um mínimo de proteção era oferecido pelos sindicatos e partidos socialistas. Até mesmo a libertação das mulheres progredia, sob a forma de melhores possibilidades de acesso à educação. Embora não tivessem liberdade política, os povos da Rússia e da Áustria-Hungria podiam contar com uma administração adequada – naturalmente em diversos graus – e em condições relativamente civilizadas. Nunca os povos da Europa haviam usufruído tanto bem-estar quanto nos anos 1900.

Quarenta e cinco anos depois, a mesma Europa estava em ruínas. Sob os destroços fumegantes, jaziam cerca de setenta milhões de mortos. Numa leviandade verdadeiramente espantosa, os políticos haviam soltado os cães de guerra e desencadeado um delírio autodestrutivo. A história conheceu épocas terríveis, como a da peste ou da Guerra dos Trinta Anos, mas nunca antes havia presenciado genocídios com a dimensão daqueles ocorridos nos trinta anos de guerra, de 1914 a 1945 (se não considerarmos o breve intervalo entre os combates). Por que as coisas tiveram de chegar a esse ponto é um enigma. Mas uma coisa é certa: a loucura coletiva foi desencadeada pela Alemanha, que se transformou num hospício, onde um fanático declarou guerra à própria civilização. Só nos resta acompanhar, com espanto, como – uma vez aberta a caixa de Pandora – os acontecimentos foram tomando o pior rumo possível. A Primeira Guerra Mundial foi a catástrofe primordial do século XX. Dela partiram as sucessivas ondas de barbárie, que tornaram as décadas subseqüentes uma era de tirania e genocídios.

O desencadeamento da Primeira Guerra Mundial

Quando os vencedores da Primeira Guerra Mundial se reuniram na Conferência de Paz de Versalhes, constataram o seguinte: "A guerra foi planejada pelas potências centrais, com premeditação..." A chamada tese de culpabilidade pela guerra serviu como justificativa para punir a Alemanha e fazê-la pagar pesadas indenizações. Por causa disso, tal tese foi muito combatida pelos historiadores alemães. Quando, depois da Segunda Guerra Mundial, já não havia dúvida de que esta fora desencadeada por Hitler, os alemães não quiseram ser culpados também pela Primeira e continuaram a combater a tese de culpabilidade. Hoje é universalmente reconhecido: ela corresponde aos fatos e transcorreu do seguinte modo:

No dia 28 de junho de 1914, o terrorista sérvio Gavrilo Princip assassinou a tiros o herdeiro do trono austríaco, o arquiduque Francisco Ferdinando, e sua mulher, quando esses se encontravam numa visita a Sarajevo. O governo alemão (o imperador, o chanceler imperial Bethmann-Hollweg, altos funcionários e militares) viu nesse fato uma boa oportunidade para mudar a situação mediante um confronto militar. Por isso, a Áustria foi pressionada a reagir rápida e agressivamente. Essa atividade foi escondida por trás do véu de um falso clima de férias, para que o Império se colocasse como uma vítima surpreendida. Primeiro, a intenção era influenciar a opinião pública inglesa, convencendo a Inglaterra a não entrar em guerra contra a Alemanha, e depois fazer os socialdemocratas alemães acreditarem que a Alemanha precisava defender-se, para que votassem a favor dos empréstimos de guerra. Desse modo, no dia 23 de julho, a Áustria entregou aos sérvios um ultimato, cujo teor extremamente rigoroso obrigou-os a recusá-lo. Só então as autoridades alemãs tomaram conhecimento do cronograma austríaco: era preciso esperar a resposta dos sérvios, depois romper as relações diplomáticas e mobilizar o exército, o que demorou catorze dias, para finalmente declarar a guerra. Mas isso poderia permitir a outras potências que servissem de mediadoras para neutralizar a crise. Por isso, os alemães obrigaram os austríacos a uma declaração de guerra imediata, o que ocorreu no dia 28 de julho, exatamente um mês depois do atentado. Assim, a sorte foi lançada, pois os acordos das alianças e os planos de mobilização foram automaticamente acionados, e os militares assumiram o comando.

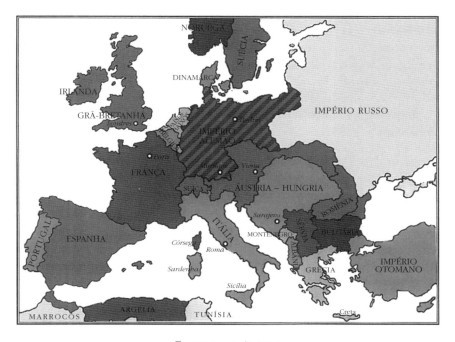

Europa antes de 1914

CULTURA GERAL

A guerra

Hoje é inimaginável que a eclosão da guerra tenha provocado uma onda de alegria, sobretudo na Alemanha. Vivenciava-se a fusão do indivíduo com o coletivo, numa festa que o aliviava das limitações de uma vida presa à rotina de uma sociedade industrial. Ao mesmo tempo, imaginava-se que toda guerra seria como a anterior, porque ainda não se conheciam as conseqüências do progresso técnico das armas. Na guerra de 1870/71, a rapidez alemã havia sido decisiva, e o enérgico ataque simultâneo a partir de duas frentes paralelas foi recompensado. Quis-se repetir essa tática no chamado Plano Schlieffen, a fim de tomar Paris. Mas as tropas passavam bem no meio da Bélgica neutra, o que levou a Inglaterra a entrar na guerra, pois ela garantira a neutralidade belga. Porém, a ironia da história foi que tudo se realizou em vão, porque, nesse meio tempo, a invenção da metralhadora beneficiara o defensor contra o agressor. O ataque alemão ficou emperrado. Entre a fronteira suíça e Flandres, os exércitos atolaram na lama e ali ficaram até a incapacidade de aprendizagem dos generais custar a vida de dez milhões de jovens. Foi um massacre, com artilharia e metralhadoras, disfarçado de guerra, pelo fato de um ou outro lado de vez em quando conquistar um monte de lodo ao preço da vida de milhares de soldados. Toda uma geração de jovens foi traumatizada e brutalizada durante quatro anos. Entre eles havia um estafeta chamado Adolf Hitler, a quem a guerra libertara do isolamento de sua existência de marginal. Ele amava a guerra, que lhe dava a sensação de comunhão na camaradagem entre homens, e mais tarde glorificou a experiência de lutar na linha de frente. A experiência de guerra deixou muitos soldados incapazes de se integrar em uma futura vida civil. Hitler sempre fora incapaz disso, e, assim, um tipo como ele pôde expressar mais tarde os sentimentos de tantos outros: com seus desfiles da SA, simplesmente representava essa experiência de guerra, embelezada por uma dramaturgia wagneriana. Como admirador da vida militar, foi o regente de todos aqueles que, como ele, passaram muitos anos em trincheiras, observando o lampejar do fogo das granadas.

A revolução em Petrogrado

A Primeira Guerra Mundial é a mãe da Revolução Russa. Foi a revolução burguesa que eclodiu entre 8 e 14 de março de 1917, em Petrogrado (esse era o nome de São Petersburgo no início da guerra), e o pretexto foi o caótico rumo dado pelo governo à guerra. No dia 16 de março, o czar Nicolau renunciou, e o príncipe Lvov formou um governo burguês provisório que quis continuar a guerra. Foi um erro, pois os operários e os camponeses, que se organizaram nos chamados sovietes (conselhos), já estavam cansados da guerra. Esperavam alguém que acabasse com ela. Mas esse alguém estava rodeado pelas potências inimigas, encerrado num pequeno apartamento em Zurique, pensando aflito numa maneira de conseguir chegar a Petrogrado. Os alemães sabiam que esse homem tinha influência suficiente para enfraquecer a ânsia de guerra dos russos com sua propaganda de paz. Portanto, no dia 12 de abril de 1917, colocaram-no, juntamente com alguns companheiros de luta, num vagão de trem fechado e escoltaram-no pela Alemanha até a embarcação para a Suécia, de onde ele conseguiu chegar a Petrogrado, em 17 de abril. Seu nome era Vladimir Ilitch Ulianov, conhecido por Lênin.

Lênin

Desde o seu surgimento nos anos 30 do século XIX, a *intelligentsia* russa (assim eram chamados os intelectuais naquele país) estava dividida em eslavófilos (defensores do eixo russo) e pró-ocidentais. Quando os revolucionários sociais eslavófilos passaram ao terror, a balança pendeu novamente para o lado dos próocidentais, que, sob a influência de Plekhanov, haviam se tornado marxistas e tiveram seus pontos de vista confirmados pela forçada industrialização da Rússia. Deles também fazia parte Vladimir Ilitch Ulianov, filho de um inspetor escolar e de uma alemã protestante. Seu irmão fora condenado à morte por causa de um ataque terrorista ao czar. Vladimir Ilitch estudou Direito, filiou-se ao Partido Socialdemocrata, ficou conhecido na Rússia como teórico marxista por causa de um ensaio sobre o capitalismo e, em 1900, fundou a revista clandestina *Iskra* (faísca). A equipe de redação era na verdade o centro de um partido clandestino rigidamente organizado, cujos grupos locais eram controlados pela central por meio de uma correspondência regular. A equipe do *Iskra* também organizou o primeiro congresso dos socialistas russos. Nele, as opiniões sobre a própria contribuição de Lênin ao marxismo ficaram divididas: a teoria da estratégia revolucionária. Marx havia dito pouca coisa a esse respeito, porque acreditava que nas sociedades liberais do Ocidente as contradições do capitalismo produziriam por si só as maiorias necessárias para se fazer a revolução. Mas Lênin sabia que num Estado gendarme como a Rússia isso seria impossível. Por isso, concebeu um partido que, nos moldes de uma ordem religiosa com uma organização rigidamente dirigida por revolucionários profissionais muito bem disciplinados, educaria as massas inertes ao socialismo. Os adeptos de Lênin chamavam-se *bolcheviques* (majoritários), e os adversários do partido de quadros, *mencheviques* (minoritários). No final, Lênin conseguiu impor-se. Mas, antes de qualquer coisa, as massas precisavam ser educadas pelo partido, não era necessário esperar que o capitalismo atingisse seu estágio maduro e podia-se, portanto, passar logo à revolução socialista. Em 17 de abril de 1917, quando Lênin entrou em Petrogrado, com a ajuda dos alemães, era o único com uma teoria clara, um programa definido e um instrumento eficaz para uma ação imediata. Com a exigência de uma reforma agrária e

CULTURA GERAL

uma paz imediata, conquistou a adesão das massas. Em maio, um congresso do partido bolchevique adotou a posição de Lênin. Por seu lado, os bolcheviques ganharam o controle sobre os sovietes. No verão, o primeiro-ministro Lvov renunciou, e Kerenski formou um governo liberal-menchevique, que ia tropeçando numa crise atrás da outra. No dia 7 de novembro, os bolcheviques ocuparam pontos estratégicos em Petrogrado e formaram um conselho de comissários do povo, com Lênin na presidência, Leon Trotski como comissário para assuntos exteriores e Josef Stálin como comissário para assuntos internos. Esse governo exortou todos os trabalhadores das potências envolvidas na guerra a cessar os combates e, no dia 3 de dezembro de 1917, assinou um armistício com as potências centrais. Assim, conquistou a adesão de soldados, camponeses e operários. Numa das crises, um pequeno grupo de revolucionários profissionais assumiu o poder, porque conseguiu avaliar corretamente o ânimo momentâneo do povo. Um único homem havia provocado essa mudança: Vladimir Ilitch Lênin. Sua autoridade como fundador e pai do Estado soviético sempre permaneceu incontestável. A experiência da tomada de um Estado por alguns poucos conspiradores determinados inaugurou a paranóia stalinista. Mais tarde, a propaganda soviética pintou a tomada do poder como um levante de massas, em que o assalto ao Palácio de Inverno deveria representar a tomada da Bastilha, e, de acordo com o calendário russo, passou a chamá-lo de "Revolução de Outubro". Mas não foi uma revolução, e sim um golpe.

O colapso da Alemanha

Desde o início da guerra, a Inglaterra havia imposto um bloqueio marítimo contra a Alemanha, e esta revidou com um bloqueio contrário, por meio de submarinos. Quando os ingleses resolveram intensificar o bloqueio, os alemães declararam a guerra irrestrita de submarinos, na qual até navios americanos foram afundados. Isso deu ao presidente Wilson um pretexto para declarar guerra à Alemanha, em abril de 1917. Esse fato, por seu lado, decidiu a guerra a favor dos aliados. Em 1918, uma ofensiva alemã fracassou, e, quando os ingleses lançaram mão dos seus tanques de guerra, os aliados conseguiram atravessar as linhas alemãs. Atormentado pelo medo de que o exército alemão pudesse desintegrar-se, o general Ludendorff tentou convencer o governo a pedir um cessar-fogo. Em Berlim, logo foram lembrados os catorze princípios proclamados pelo presidente americano para uma paz justa, sem vencedores nem vencidos; além disso, admitiram-se socialdemocratas no governo, democratizou-se a constituição e, em 3 de outubro, solicitou-se um cessar-fogo. A notícia provocou um choque na linha de frente alemã e em casa, porque até o último momento a propaganda do governo anunciara que a vitória final estava próxima. Esse colapso inexplicavelmente re-

SABER

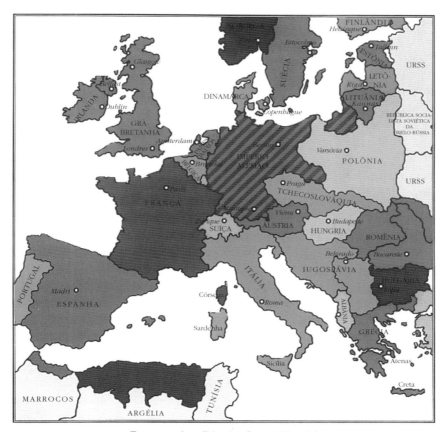

Europa após a Primeira Guerra Mundial

pentino, sem que a linha de frente tivesse realmente desmoronado e o país tivesse sido ocupado, fez com que mais tarde surgisse a lenda da punhalada pelas costas: o exército não fora vencido no campo de batalha, mas os judeus e os bolcheviques haviam traído os alemães. Tal cenário obteve depois uma aparente credibilidade, quando o imperador, por causa de insurreições e intrigas, foi obrigado a renunciar, Scheidemann proclamou a república, e a chancelaria foi transferida ao socialdemocrata Friedrich Ebert. Tudo isso podia ser interpretado como se os socialistas estivessem se beneficiando com a derrota.

Versalhes

O Tratado de Paz de Versalhes é um monumento à miopia e um atestado de falta de sabedoria dos aliados. Em todos os lugares eram plantadas sementes para

CULTURA GERAL

novos conflitos. A monarquia dos Habsburgos foi desintegrada, mas as fronteiras entre os Estados sucessores foram traçadas de forma que criassem inúmeras minorias. A Alemanha foi amputada, sofreu a humilhação de ser considerada culpada pela guerra e foi sobrecarregada com o pagamento de indenizações, que levaram o país ao desespero, atiçaram o ódio aos vencedores e, ao mesmo tempo, arruinaram a economia mundial. A Áustria foi proibida de se anexar à Alemanha. Na Tchecoslováquia e na Polônia, uma grande minoria alemã ficou à mercê de governos hostis, e a soberania alemã foi restringida por meio de controles, encargos, restrições armamentistas e militares, bem como pelo estabelecimento de zonas proibidas. Mas o fato determinante foi que os perturbados aliados conseguiram, com essas imposições, que os alemães identificassem a jovem república com a derrota, e o Império com os tempos áureos. A maioria encarou o Tratado de Paz forçado como uma humilhação e passou a chamá-lo de "O ditado de Versalhes". Aqueles que o haviam assinado foram tachados de traidores, e alguns foram assassinados. Nenhum político poderia ter a coragem de não defender a revisão do Tratado de Versalhes. Foi ele um dos mais importantes motivos para a burguesia não se identificar com a nova democracia e, ao lado da crise econômica mundial, foi a causa principal da escalada do nacional-socialismo.

Weimar

Depois da dissolução do antigo regime, o poder estava nas mãos da esquerda. Mas essa estava dividida em torno da seguinte questão: o país deveria ser um Estado composto de conselhos à maneira da nova União Soviética ou uma democracia parlamentar segundo o modelo ocidental? Com a aliança dos socialdemocratas e o Estado-maior, optou-se pela democracia parlamentar. Assim, o SPD colocou-se ao mesmo tempo contra os próprios correligionários, que queriam um Estado de Conselhos. O resultado foi a separação entre socialdemocratas e comunistas ("Quem nos traiu? Foram os socialdemocratas!"). Portanto, desde cedo o dilema dos socialdemocratas foi sendo definido como o dilema da República de Weimar. Para afastar os radicais de esquerda, os socialdemocratas fizeram pactos com o exército imperial e com os funcionários do Império. Mas estes, assim como os comunistas, também não aceitaram a democracia. Quando a república foi ameaçada pela direita, os burgueses deixaram os socialdemocratas na mão. Olhando para trás, vê-se que foi um erro estes últimos não terem criado um corpo de funcionários e seu próprio exército. Mas, naturalmente, também foi algo muito perverso ter de lidar com uma burguesia que rejeitava a democracia burguesa. Assim, os socialdemocratas tiveram de manobrar o barco da República de Weimar entre o monstro Cila, representado pelos camaradas comunistas, e o monstro Caribde, representado pela direita burguesa. E, quando, com a crise eco-

SABER

nômica de 1929, surgiu no cenário um partido de direita com uma militância até então desconhecida, os socialdemocratas viram-se totalmente despreparados.

Hitler

Ninguém jamais conseguiu explicar a contradição entre o fato de Hitler ter tido uma mente tão estéril e, ao mesmo tempo, ter conseguido realizar ações tão monstruosas. Mas provavelmente representou o limite máximo ao qual uma pessoa pode chegar para se tornar a figura que domina os ânimos, que concentra em si elementos variados de uma atmosfera social, funcionando como uma espécie de denominador comum de milhares de pessoas, que, reunidas em massas, só reagem àquilo que é do interesse de todos. Ele era o que unia a multidão, reforçando, por meio de suas encenações, o sentimento de coletividade dela. Aliás, era um mestre da encenação. Incapaz de fazer um trabalho regular, antes da guerra dedicou seus dias em Viena e Munique aos sonhos de futura grandeza, imagens essas que ia buscar nas óperas de Richard Wagner. Quando, em seu papel de informante da polícia de Munique do pós-guerra, deparou com um bando de fantoches, que depois iria transformar na célula embrionária do partido nazista, descobriu seu talento para entorpecer as massas por meio de sua retórica. Com isso, tinha encontrado seu *métier*. Finalmente podia encenar suas fantasias de grandeza. Alguns estudiosos de Hitler acham que só naquele momento é que ele descobriu o seu anti-semitismo. Talvez seus adereços ideológicos – o socialdarwinismo, a loucura racista, a teoria do espaço vital, o antibolchevismo, o anti-semitismo – só lhe fossem importantes na medida em que eram úteis à sua encenação.

E, assim, torna-se evidente que ele não era exatamente uma pessoa, mas antes uma pérfida encarnação de um sentimento coletivo. Teve a idéia genial de enfiar numa farda os desclassificados e desempregados. Desse modo, alcançou vários objetivos ao mesmo tempo. Os fardados recuperaram certa auto-estima e deixaram de sentir-se isolados, pois passaram a fazer parte de um grupo. Hitler evocou sua famosa vivência na linha de frente e, em sua imaginação, fez com que a derrota nunca tivesse acontecido. Sugeriu aos burgueses a ordem de um exército em contraposição ao caos, que temiam viesse da esquerda. Desse modo, ele mesmo pôde apresentar-se como o poder que garantiria a ordem, no caso de alianças futuras. A estrutura de comando de um exército que ele tentava reproduzir justificava a sua autoprojeção como um líder que exigia obediência absoluta. E, sempre que fosse necessário, conseguia recrutar entre os fardados tropas para semear o terror nas ruas e garantir a segurança nos comícios, intimidando os demais. Mas, sobretudo, o panorama composto pelas filas dos soldados fardados constituía o cenário em que encenava suas apresentações teatrais, com inebriantes árias de retórica.

CULTURA GERAL

Hitler superava a contradição existente entre a grandeza nacional e seu duplo fracasso pessoal e nacional recorrendo à simulação teatral. Sempre havia alterado a realidade por meio de seus sonhos, mas depois passou a simulá-la por meio de rituais e encenações, cenários e sortilégios. A teatralidade forneceu um contexto à sua retórica insensata e tornou-a plausível. Ele encenava os anseios dos alemães e resolvia suas contradições. Seu exército não tinha sido derrotado, nenhum inimigo externo podia derrotá-lo, só um traidor poderia levá-lo à queda, alguém que combatesse com outras armas, de forma secreta e escondida, um parasita e responsável pela desagregação, o eterno judeu. Naquele momento os alemães tinham um inimigo, a quem preferiram atribuir a sua derrota, em vez de culpar franceses ou ingleses. O racismo serviu para que, ante os judeus, os alemães se sentissem parte de uma irmandade unida pelo parentesco de sangue. O anti-semitismo fornecia-lhes o negativo para a auto-encenação da comunidade fardada, porque o eterno judeu podia ser considerado o arquétipo daquele que não se integrava e era imune à magia da comunhão. Era o genuíno traidor, que, ao mesmo tempo, sempre se encontrava nos dois lados da fronteira do grupo, tanto no alemão quanto no estrangeiro, tanto adaptado quanto ortodoxo, tanto dentro quanto fora e, no interior da nação, funcionando ao mesmo tempo como parasita e sabotador a serviço das potências estrangeiras. Se o ódio de Hitler em relação aos judeus surgiu apenas depois do início de sua carreira de demagogo, era porque ele sabia que os judeus eram imunes às suas encenações. Seu anti-semitismo era o rancor contra o espectador que não o aplaudia, o ódio do xamã por aqueles que não se deixavam impressionar pelas suas contorções.

A Rússia soviética

Na Rússia, o Partido Comunista consolida seu domínio por meio do terror e, sob a liderança de Leon Trotski, constrói um Exército Vermelho, que em 1922 vence a guerra civil contra os "brancos". Depois da vitória, foi fundada a União das Repúblicas Socialistas Soviéticas. O novo Estado consiste em uma pirâmide de sovietes desde o nível distrital, passando pelo regional, até o estatal. Cada soviete é composto por delegados dos sovietes imediatamente inferiores. Os candidatos, porém, são sugeridos pelo Partido e eleitos publicamente; portanto, o verdadeiro poder está nas mãos do Partido, que, na qualidade de casta sacerdotal, detém o monopólio da interpretação dos textos sagrados do marxismo-leninismo. O Partido é governado de cima para baixo e de forma ditatorial. Seus órgãos dirigentes mais importantes são o politburo e seu respectivo Comitê de Salvação Nacional, o Comitê Central. Se, por um lado, na Revolução Francesa havia um paralelismo entre a Convenção e o clube dos jacobinos, na Revolução Russa havia a bipartição entre soviete e Partido. A diferença é que na França as decisões

156

SABER

eram tomadas na Convenção e os debates realizados nos clubes políticos, enquanto na Rússia soviética as decisões são tomadas no Partido, e no soviete é votado aquilo que o Partido decidiu. Além disso, naturalmente, existiam diversos clubes políticos na França, ao passo que na Rússia havia apenas um único partido. É como se a Igreja tivesse submetido o Estado.

Como na famosa parábola do livro *Os irmãos Karamasov*, de Dostoiévski, Cristo foi substituído pelo grande inquisidor. Esse era Lênin, até o seu ataque de apoplexia, em 1922. Depois começou a luta pela sucessão. Os candidatos eram Leon Trotski, criador do Exército Vermelho e cabeça mais brilhante do partido; Gregory Zinoviev, presidente do soviete de Petrogrado; Lev Kamenev, presidente do soviete de Moscou; e Nikolai Bukharin, chefe do jornal do Partido, o *Pravda*. Mas, depois da morte de Lênin (1924), quem venceu foi um homem discreto, que havia sido subestimado por todos os outros e que, por causa de seu talento organizacional, fora nomeado por Lênin para o cargo de secretário geral do partido: Josef Stálin. Nesse cargo, sua "discrição" possibilitou-lhe ocupar, com seus seguidores, todas as posições importantes. Depois do ataque de apoplexia de Lênin, formou-se um triunvirato antitrotskista, composto por Zinoviev, Kamenev e Stálin. Este último revelou-se como a figura dominante. Zinoviev e Kamenev trocavam várias vezes de lado, e, em 1927, Trotski foi expulso do Partido como herege. Isso também fez vencer o programa de Stálin, chamado "Construção do socialismo num só país", baseado no conceito de Trotski, da "exportação da revolução aos países capitalistas". Depois da vitória, Stálin iniciou a construção de uma das tiranias mais sangrentas, que mergulhou o mundo no maior horror já vivenciado desde os tempos de Tamerlão*.

Mussolini

O ex-professor Benito Mussolini começou sua carreira como jornalista, defendendo o Partido Socialista. Influenciado por teorias sindicalistas sobre a violência espontânea, fundou uma tropa de combate *fascio di combattimento*, para atuar na luta dos proprietários de fábricas contra os trabalhadores grevistas. Onde quer que houvesse grevistas ou camponeses ocupando terras alheias, entravam em cena as tropas de combate de Mussolini, trajando camisas negras. Assim, o fascismo cresceu como parasita do socialismo. Ao mesmo tempo, Mussolini, chamado de *duce* (líder) dos fascistas, enobrecia a demonstração de violência com uma retórica nacionalista. Num país abalado por greves, combates de rua e terrorismo, os burgueses viam no *duce* o único que poderia restaurar a ordem pública. Nesse clima, Mussolini preparou em Roma uma parada militar das tropas de

---

* Conquistador tártaro, fundador do segundo Império Mongol. [N. da R.]

CULTURA GERAL

combate, e o assustado rei Vittorio Emmanuele nomeou-o primeiro-ministro no dia 30 de outubro de 1922.

Então Mussolini formou um governo de coalizão entre fascistas e burgueses, e criou a milícia fascista, não subordinada ao rei, mas a ele próprio. Aboliu a liberdade de imprensa, montou um conselho fascista, aterrorizou os adversários, ordenou que nas eleições o maior partido obtivesse três quartos dos assentos do parlamento e conquistou a opinião pública por meio de programas estatais de criação de emprego e restabelecimento da ordem pública (até mesmo os trens deveriam circular pontualmente, o que representava o ápice da eficiência). Em seguida, expulsou os não-fascistas do governo e enquadrou todo o funcionalismo e as associações profissionais na sua linha ideológica. As eleições de 1929 revelaram um resultado jamais visto antes, de 100% de votos para o *duce*. Nem mesmo os socialistas alcançaram um dia um resultado assim.

Os valores supremos no altar ideológico do fascismo eram o Estado, a vitalidade e a luta e preconizavam uma forma de existência masculina envolta numa auréola de heroísmo e dinamismo. Sem dúvida, o fascismo era um tipo de machismo elevado à categoria de ideologia, e tinha um lado pueril.

O movimento de Mussolini tornou-se um modelo para Hitler. Já no ano de 1923, o *Führer* tentou imitar Mussolini com a sua marcha por Roma marchando também até a Feldherrnhalle, em Munique. A polícia da Baviera abriu fogo contra os participantes, e Hitler foi condenado a um ano de prisão; mas isso lhe possibilitou, num culto aos mortos, associar os mártires do movimento às vítimas da Primeira Guerra Mundial, conseguindo desse modo imiscuir-se sorrateiramente no luto dos alemães por seus filhos mortos na guerra.

Intervalo

O fracassado golpe de Hitler, em 1923, foi a última das revoltas do pósguerra. Depois disso, predominou certa calmaria, porque a pressão relativa ao pagamento das indenizações diminuiu e uma reforma monetária estabilizou a economia (novembro de 1923). Os partidos de centro roubavam cada vez mais eleitores da extrema esquerda e da extrema direita, e, em 1925, o general Hindenburg foi eleito presidente do Império. Com isso, a República de Weimar obteve finalmente um representante adequado, como materialização de suas próprias contradições: na chefia do Estado havia um presidente que rejeitava a constituição e a democracia, e ele estava lá porque os eleitores dos partidos democráticos haviam dispersado os seus votos. E o fato de um general do Império ter aceito esse cargo era expressão da aliança da República com o *ancien régime* contra os comunistas. Quando se apresentou um novo parceiro à aliança, na pessoa do

SABER

Führer e suas massas marrons*, os conservadores do Império abandonaram a República e ingressaram nas fileiras das massas marrons.

Hitler ante portas: *da sexta-feira negra de 1929 até 30 de janeiro de 1933*

O mês de outubro de 1929 marca o divisor de águas entre o pós-guerra e o pré-guerra. É nesse mês que ocorre, na famosa "sexta-feira negra", o *crash* da bolsa de Nova York e inicia-se a grande crise econômica mundial. A causa foi a combinação da superprodução nos Estados Unidos e os prejuízos econômicos decorrentes das exigências de indenizações feitas à Alemanha. Para esta última, isso representou a falência de muitas empresas e a multiplicação dos desempregados, cujo número chegou a seis milhões. Essa catástrofe parece ter dado razão ao apocalíptico Hitler: os partidos democráticos fracassaram. A falta de transparência da situação financeira atraía os olhares para os supostos especialistas em dinheiro: os judeus.

Nesse meio tempo, o SPD, com seu chanceler Müller, dominava o *Reichstag* numa grande coalizão com os partidos burgueses. Ele tinha uma confortável maioria de 289 dos 450 assentos. Com ela, até teria sido possível o combate às conseqüências da crise mundial. Mas, numa leviandade até hoje inacreditável, a maioria perdeu o jogo e abriu a caixa de Pandora. Na primavera de 1930, houve um conflito na coalizão por causa de uma taxa de 25% nas contribuições para o seguro-desemprego. Todos os partidos estavam dispostos a fazer um acordo, mas, com a pressão dos sindicatos, o ministro do trabalho, Wissell, impediu que tal acordo fosse firmado. Em função disso, o governo renunciou. Foi a renúncia que mais gerou conseqüências na história da Alemanha.

Esse governo foi o último que pôde apoiar-se numa maioria parlamentar. Depois, Hindenburg nomeou Brüning como chanceler. Esse governou com um gabinete minoritário e, por causa da redução de gastos públicos, o número de desempregados cresceu. A maioria do *Reichstag* era contrária a essa política: Brüning reagiu com medidas de emergência, dissolveu o parlamento e convocou eleições para o mês de setembro de 1930.

Antes disso, havia no *Reichstag* 54 comunistas e 12 nazistas. Mas ainda era o parlamento eleito antes da sexta-feira negra. Enquanto isso, os demônios da crise econômica mundial estavam à solta nas ruas. As novas eleições, em setembro de 1930, deram assento a 77 comunistas e 107 nazistas no *Reichstag*. Já não era possível formar uma maioria. Brüning só conseguiu continuar governando com medidas emergenciais. Em 1931, os aliados proibiram uma união alfandegária entre

---

* Referência ao nacional-socialismo, em alusão à cor do uniforme de seus representantes. [N. da R.]

CULTURA GERAL

a Áustria e a Alemanha. Isso reavivou a propaganda da direita nacionalista, e os nazistas juntaram-se aos partidos de direita, o Partido Nacional Alemão e os Capacetes de Aço (*Stahlhelm*), formando a Frente de Harzburgo.

Mas o destino deu outra oportunidade aos alemães. A primavera de 1932 era a época de reeleição do presidente do Império, e Hitler apresentou-se como candidato contra Hindenburg. Resultado: 19 milhões de votos para Hindenburg, 13 milhões para Hitler (3,7 para Thälmann, o comunista). Depois dessa evidente derrota de Hitler, Groener, ministro do interior, proibiu as tropas de combate da SS e da SA, e o número de desempregados voltou a cair. Mas então o destino interferiu novamente e deu o sinal para a entrada em cena dos reacionários prussianos, que surgiram numa dupla formação: a dos armadores de intrigas e a do *lobby* agrário dos proprietários de terra a leste do rio Elba. O governo imperial fez com que seus subsídios a essas propriedades rurais dependessem da doação de terras por parte dos latifundiários para o assentamento de camponeses. Em vista disso, deram a Hindenburg um latifúndio de presente, para que ele passasse a ser um deles. Quando Brüning apresentou uma lei para a desapropriação de terras excessivamente endividadas, Hindenburg recusou e demitiu-o. Ao mesmo tempo, o general Schleicher, chefe de gabinete do Ministério da Defesa, e Meissner, secretário de Estado na presidência, faziam conchavos para implantar um governo de direita, sussurrando suas intrigas aos ouvidos do senil Hindenburg. Este último nomeou o oficial da cavalaria, Franz von Papen, ao cargo de chanceler. Papen formou um governo de aristocratas reacionários, suspendeu a proibição de atuação das SA e marcou eleições. Durante a campanha eleitoral, Hitler promoveu uma onda de terror, que se espalhou pelo país. Resultado: no novo *Reichstag* havia 230 nazistas, 133 socialistas e 89 comunistas. Os nazistas haviam se tornado o partido mais forte e impediam a formação de qualquer maioria parlamentar. Papen ofereceu a Hitler a participação numa coalizão, como parceiro menor, mas o *Führer* recusou categoricamente: queria todo o poder para si. Em função disso, Papen convocou eleições pela segunda vez. Estas foram realizadas no dia 6 de novembro de 1932. Resultado: o Partido Nazista encolheu de 37,4 para 33,1%. Novamente o destino parecia tomar uma direção mais propícia. Hitler ficou desesperado. Em seu diário, Goebbels escreveu que todos ficaram deprimidos. Acreditavam que teriam perdido a oportunidade de chegar ao poder. Mas novamente o destino reverteu a situação e direcionou-a ao abismo.

No dia 1º de dezembro de 1932, Papen e o general Schleicher, que nesse meio tempo fora nomeado ministro da defesa do Império, apresentaram a Hindenburg sua avaliação da situação. Papen queria governar sem o *Reichstag* e, apoiando-se no exército, introduzir uma constituição autoritária; Schleicher acreditava que isso pudesse levar à guerra civil. Em vez disso, propõe que Hitler seja usado con-

160

SABER

tra a ala esquerda dos nazistas, agrupados em torno do seu rival, Strasser, e, com a ajuda dos nazistas divididos, ainda tente constituir um governo com apoio parlamentar. Hindenburg teme uma guerra civil e nomeia Schleicher para o cargo de chanceler, mas a manobra fracassa. Então, Papen entra em contato com Hitler, e o destino transforma em maldição a bênção do retrocesso do Partido Nazista nas eleições anteriores: as perdas sofridas nessas eleições fizeram com que Hitler se dispusesse a fazer acordos. E ele acaba aceitando o que antes havia recusado a Papen: uma coalizão. Sua única condição era tornar-se chanceler. No dia 30 de janeiro de 1933, Hindenburg nomeia Hitler para o cargo de chanceler. A sorte está lançada. Raramente alguém fez algo que gerasse conseqüências tão funestas. Os dois diletantes, Schleicher e Papen, brincaram com fogo e acabaram incendiando o mundo. Em agradecimento pelos seus esforços, o general Schleicher foi morto pelos nazistas, na "noite das longas facas" (ver abaixo). A associação dos latifundiários a leste do rio Elba havia derrubado, em nome da política de interesses, o último chanceler do Império cujo governo havia se colocado entre a Alemanha e os nazistas. A conseqüência disso foi o desaparecimento total desses latifundiários da face da Terra.

Hitler era partidário do pangermanismo. Seu caráter formou-se no fantástico mundo de sombras da "Kakânia" (a Áustria imperial e régia). Sua carreira política começou nas brumas das barracas de cerveja da Baviera. Seus maiores êxitos eleitorais tinham sido obtidos nas regiões rurais e protestantes do norte da Alemanha. Mas quem o colocou de fato no poder foram os *Junkers* prussianos, politicamente inexperientes e de incrível falta de visão. A princípio, sua arrogância levou-os a subestimá-lo, achando que poderiam tratá-lo como um simples serviçal doméstico; depois, seguiram-no e tornaram-se seus instrumentos de destruição do mundo, porque concordavam com ele em uma coisa: queriam desforrar-se da derrota da Primeira Guerra Mundial, que lhes havia tomado o prestígio e a boa reputação. Ambos foram abortos da guerra.

Hitler e a autocastração voluntária do Reichstag

Como chanceler, Hitler começou a montar uma coalizão com Hugenberg, o chefe do Partido Popular Nacional Alemão. Em seu governo, havia apenas três ministros nazistas, mas eles ocupavam posições-chave para a campanha eleitoral seguinte: Göring era ministro sem pasta, portanto, disponível para tudo; Frick tornou-se ministro do interior, portanto, controlava a polícia; e Goebbels tornou-se ministro da propaganda política. Tudo isso foi celebrado como uma união de forças nacionais e selado por uma bem-comportada reverência de Hitler diante de Hindenburg, num ato público em Potsdam. Em 5 de março de 1933, Hitler convocou novas eleições para o *Reichstag* (os nazistas tinham apenas 33% dos assentos).

161

CULTURA GERAL

Na campanha eleitoral, associou a capacidade de intimidação do aparato estatal ao terror da SA, provocando uma agitação na propaganda partidária sem paralelo na história. No dia 27 de fevereiro, o *Reichstag* ardia em chamas (até hoje não ficou totalmente esclarecido se o incêndio foi provocado a mando dos nazistas ou por um louco holandês chamado Van der Lubbe, que teria agido por conta própria).

Imediatamente, os nazistas declararam que o incêndio teria sido o sinal para o início de um levante comunista, e, no dia 28 de fevereiro, baseando-se no § 48 da Constituição de Weimar, Hitler decretou estado de emergência para a proteção do país e do povo, suspendendo os direitos fundamentais (esse decreto permaneceu em vigor até 1945). Depois, interditou o Partido Comunista, prendeu seus funcionários e reprimiu sua imprensa.

Desde que Nero incendiou Roma e culpou os cristãos só para persegui-los, não houve nenhum incêndio tão explorado politicamente quanto esse. As eleições levaram ao Parlamento 288 nazistas e 52 nacionalistas alemães. Assim, do total de 647 assentos do *Reichstag*, uma maioria de 340 ficou para a coalizão contra os 307 assentos da oposição, divididos entre o centro, o SPD, o KPD, além de vários pequenos partidos burgueses. Portanto, Hitler teria podido governar com uma maioria no *Reichstag*. Mas então sobrevém o último ato do suicídio parlamentar.

Apesar de ter a maioria, Hitler exige que seja aprovada uma lei que lhe possibilite governar por quatro anos sem o Parlamento. Em outras palavras: exige a ditadura e a dissolução do *Reichstag*. Para aprovar essa lei, precisa de uma maioria de dois terços. E eis que o inacreditável acontece. A oposição burguesa, isto é, o centro (antecessor da CDU) e os pequenos partidos burgueses votam a favor. O único partido cujos representantes votam contra – louvada seja sua memória – é o SPD (94 votos contrários). Os comunistas já haviam sido excluídos do *Reichstag* bem antes.

Com isso, Hitler tornou-se ditador por vias legais. O rebanho votou em seu próprio matador e entregou-lhe no Parlamento o instrumento de controle do poder, os facões com que poderia matá-los. E a sua efetiva intenção de fazê-lo já havia sido explicitada anteriormente com todas as letras. Os políticos alemães cometeram suicídio por pura e simples estupidez.

As gerações seguintes se perguntam: o que levou a essa inacreditável idiotice? Os motivos baseavam-se na identidade romântica dos alemães, em conjunto com uma submissão cega à autoridade do Estado. Essa mistura era fruto de uma longa prática em duas disciplinas especiais, não olímpicas: obedecer à realidade e substituí-la por um fantástico mundo fictício. Hitler lhes deu as duas coisas: militarismo e fantasmagorias nacionalistas. Bendito o povo que encerra em seu coração homens e mulheres que conseguem pensar com independência, que não se deixam tutelar e que só aceitam aquilo que estão convencidos de ser certo.

162

SABER

O domínio nazista

A lei dos plenos poderes marca o fim da República de Weimar e o início do Terceiro *Reich* (depois do Sacro Império Romano-Germânico e do império guilhermino). A partir de então, seguiu-se passo a passo a submissão ao tirano. Primeiro, a SA foi convertida numa polícia auxiliar, e o terror tornou-se estatal. Depois, foram dissolvidos os parlamentos estaduais, o SPD foi interditado, e os sindicatos, assim como as associações profissionais, as associações juvenis e as que representavam todo tipo de interesse foram transformadas em subdivisões do Partido Nazista. Ao mesmo tempo, com a conquista do Estado, Hitler foi obrigado a realizar alterações decisivas no interior das organizações nazistas. O motivo foi que a SA colocou-o diante de um dilema: com ela, Hitler havia ao mesmo tempo simulado e conquistado o Estado. Mas agora que já o tinha nas mãos, a SA tornara-se mais do que supérflua. Ou queria prosseguir com a conquista do Estado (mas como um exército de arruaceiros poderia organizar um Estado que deveria conquistar o mundo?), ou também poderia permanecer como uma simples peça de decoração, a paródia de um exército, como nas operetas. E então Hitler revelou seu segredo teatral. O chefe da SA era seu velho companheiro de lutas, chamado Röhm, e era homossexual. Ele queria unir seus trezentos mil homens aos cem mil do exército do *Reich* e criar um exército revolucionário próprio, nacional-socialista (como Trotski havia feito na Rússia). Mas isso significava semear um conflito com os parceiros de Hitler, os *Junkers* prussianos do exército do *Reich*. Assim, Hitler aproveitou a rivalidade existente entre dois grupos, acusou Röhm de planejar um golpe de Estado e, no dia 30 de junho de 1934, na "noite das longas facas" mandou assassiná-lo, juntamente com a liderança da SA, reunida em Bad-Wiessee. Isso desencadeou a "noite de São Bartolomeu", que durou muitos dias e serviu para Hitler acertar antigas contas, entre outras coisas, assassinando o único homem que sabia como ele chegara ao poder, porque o ajudara a subir ao cargo: o general Schleicher (ver acima). Esse também havia colocado a corda da forca na mão do seu carrasco. Mas o exército do *Reich* mostrou-se muito satisfeito com o assassinato, apesar de dois generais seus também terem sido mortos. Esta é a função dos crimes planejados em conjunto: unir. Com o sangue dos seus companheiros da SA, Hitler uniu o exército do *Reich* aos nazistas, sacrificando a SA em favor dele. Em vez do regicídio, praticou o fratricídio. Com isso, também tranqüilizou a população, que estava farta do terror da SA. Hitler agradava as pessoas, eliminando um problema que ele mesmo havia produzido. Tinha-se a impressão de que, com sua subida ao poder, os combates de rua haviam cessado e a ordem havia sido restabelecida. Os gângsteres enfiaram-se em *smokings* e assumiram uma pose de homens de Estado. O professor de direito público Carl Schmitt procurou aplaudir Hitler, ao escrever: "O *Führer* protege o direito."

163

CULTURA GERAL

Os assassinatos foram realizados com muito profissionalismo por uma unidade especial, que começara sua atuação como guarda pessoal de Hitler e cujos membros haviam feito um juramento de lealdade ao *Führer*. Essa unidade usava fardas pretas (diferentemente da SA, que usava fardas marrons), um emblema com uma caveira, denominava-se esquadra de proteção (*Schutzstaffel* = SS) e desde 1929 era comandada por Heinrich Himmler. Sentia-se como a nova elite do Estado nazista e treinava para executar os trabalhos sujos do futuro. Depois da tomada do poder, assumiu parte da polícia e, durante a guerra, formou uma tropa de elite do exército, chamada de *Waffen-SS* [Armas da esquadra de proteção]. Os assassinos da SS concentravam-se sobretudo na direção geral da segurança do *Reich*, constituída pela Gestapo, pela polícia de segurança e pelo serviço de segurança, bem como nos postos de comando e de vigilância dos campos de concentração. O próprio Himmler previra para as suas tropas a implementação da "política do espaço vital" no Leste a ser conquistado, que implicava os seguintes atos: transferência de populações, germanização, escravização dos povos conquistados, cultivo de uma raça de dominadores e eliminação dos judeus. Depois de Hitler, ele se tornou o homem mais poderoso no Estado nazista e sem dúvida foi o mais fanático de todo o bando de assassinos.

Êxitos

Quando se pretende explicar o espantoso fato de uma elite de um povo culto colocar-se a serviço desses assassinos em série, encontramos quatro motivos:

1. no início, eles não agiam só como assassinos em série, mas também como idealistas altruístas (filantropos abnegados), que haviam colocado suas vidas a serviço do povo, cometendo apenas algumas irregularidades;
2. a cultura quase não era atrelada à moral política e era superestimada;
3. os nazistas apresentavam-se como o último baluarte entre a burguesia e a "maré vermelha";
4. o restante é explicado pelos êxitos que se apresentam como uma justificativa *a posteriori* de sua abnegação:
   – o desemprego foi reduzido, em função de medidas públicas de criação de empregos. Naturalmente não se sabia que a intenção era a de que essa dívida fosse paga com futuras conquistas;
   – a propaganda e os rumores espalharam um clima eufórico de histeria;
   – os aliados permaneceram fiéis à própria idiotice e deram a Hitler o que haviam recusado à antiga república: êxitos na política externa. Uma após a outra, Hitler foi conseguindo alterar as determinações do Tratado de Versalhes. Voltou a implantar o serviço militar obrigatório, equi-

SABER

pou o exército, recuperou o Estado do Sarre da mão dos franceses, ocupou a Renânia (que estava na zona desmilitarizada e, por causa do rompimento do Tratado com a França, sofreu a intervenção do exército deste país), anexou a Áustria (tornando realidade o sonho de 1848 de formar a "Grande Alemanha") e fragmentou a Tchecoslováquia, para anexar os Sudetos alemães. A Conferência de Munique, em 1938, na qual os representantes da Inglaterra, da França e da Itália serviram-lhe de bandeja o que se haviam comprometido a proteger, ou seja, a Tchecoslováquia, é considerado o ponto culminante e de transição da política de apaziguamento (*appeasement*) do primeiro-ministro britânico Chamberlain, que achava que conseguiria manter Hitler quieto, jogando-lhe porções bem dosadas de carne. Tão logo Chamberlain virou as costas, Hitler torceu-lhe o nariz e devorou o resto da Tchecoslováquia. Isso provocou uma reviravolta na Inglaterra e, depois da eclosão da guerra, levou ao poder um rival de Hitler, Churchill.

A política racial

À luz do posterior extermínio dos judeus, o início da perseguição, da discriminação e da exclusão dos judeus da sociedade surge como uma vergonha monstruosa para os alemães. Esses judeus eram alemães como todos os outros. Mas os nazistas trataram-nos como inimigos, confiscaram seus direitos de cidadãos, identificaram-nos com uma estrela amarela, como na Idade Média, humilharam-nos, insultaram-nos, rebaixaram-nos, atormentaram-nos, aterrorizaram-nos, privaram-nos da possibilidade de se alimentar, de se instruir culturalmente, de se movimentar e se informar, roubaram seus bens, torturaram-nos e assassinaram-nos. E ninguém os ajudou. Tinham vizinhos, superiores, subalternos, senhorios, inquilinos, colegas de associações, professores, alunos, educadoras infantis, colegas de trabalho, fregueses, clientes, pacientes, médicos, advogados, amigos, estudantes e criados; mas ninguém os defendeu, ninguém protestou, ninguém se indignou, ninguém disse que aquele comportamento era incompatível com a dignidade nacional. Pois bem, muitos se sentiam intimidados e impotentes. Mas e as elites, os generais? Por acaso disseram que a discriminação era contrária ao código de honra do exército, dando apoio a seus oficiais judeus? E as universidades? Nelas havia muitos professores judeus. E os empresários? Os altos funcionários? Os latifundiários e grandes fazendeiros? Os chefes de grandes corporações e os banqueiros? E os bispos e padres alemães, os vigários-gerais e os conselheiros consistoriais? Todos tão impotentes quanto a tia Erna, que xingou os homens da SA que destruíram sua padaria preferida? Não há dúvida, as elites alemãs estavam moralmente esfaceladas. Mesmo que não tivesse havido a mortandade final, sua indiferença

165

CULTURA GERAL

diante dos judeus (também poderiam ter sido os ciclistas, a escolha foi totalmente arbitrária) é um monumento ao esvaziamento psíquico do ser humano e à barbárie política. Apesar de toda a firmeza com que mais tarde suportaram os tormentos que infligiram a si próprios, os alemães haviam perdido todo crédito moral, e, em 1968, foi exatamente isso o que tiveram de ouvir.

Um grande número de judeus alemães ainda teve sorte: as primeiras vexações sofridas serviram de aviso. Muitos emigraram e, assim, escaparam dos assassinatos em massa no Leste europeu.

Stálin

Se nos horrorizamos diante do espetáculo que mostra os pais e avós dos alemães entregarem-se a um bando de palhaços demoníacos, que tinha a intenção de escravizar o mundo, achamos ainda mais difícil compreender como, a partir da doutrina de libertação dos trabalhadores da escravidão salarial, pudesse surgir a outra grande tirania do século XX. Isso aconteceu na Rússia, e o tirano chamava-se Stálin. Era uma figura rude como Hitler, desconfiado e astuto, que, sem respeitar a complexidade dos contextos econômicos, iniciou a industrialização forçada (imposta e precipitada) e a súbita coletivização da agricultura. As terras conquistadas pelos camponeses (cúlaques) na revolução foram novamente confiscadas e reunidas em grandes propriedades estatais (sovcozes) ou fazendas coletivas (colcozes). Com isso, os grandes proprietários foram liquidados e deportados aos campos forçados. O resultado foi que milhões de pessoas morreram de fome. Como Stálin não atribuía o fracasso dos seus planos a si mesmo, mas à ação de supostos sabotadores, iniciou uma caçada generalizada a bodes expiatórios e uma procura de inimigos do povo e parasitas. Outros tantos milhões de pessoas caíram vítimas do terror. Com essa política irracional, despertou certa oposição no interior do partido. Enquanto Stálin ainda pensava em como neutralizá-la, Hitler forneceu-lhe um exemplo de determinação, a "noite das longas facas". Então, com ou sem a ajuda de Stálin, o secretário do partido de Leningrado (antiga São Petersburgo), chamado Kirov, foi assassinado. Iniciou-se a chamada "grande limpeza". O Comissariado Popular para Assuntos Internos (NKWD) prendeu milhares de membros do partido e acusou-os de terem organizado uma conspiração, sob a liderança dos antigos colegas de triunvirato de Stálin, Zinoviev e Kamenev. Em estranhos processos que mais pareciam espetáculos, os líderes revolucionários de outrora foram levados a julgamento e, por meio de torturas, obrigados a confessar os mais absurdos crimes. Suas confissões provocaram espanto no mundo. Hoje se sabe: quem não quisesse confessar não chegava a ser levado a julgamento público; era simplesmente fuzilado nos bastidores. Centenas de generais e milhares de oficiais do Exército Vermelho foram liquidados dessa maneira. Todo aque-

SABER

le que fosse amigo de uma vítima ou amigo desse amigo era levado ao inferno. Mais da metade dos delegados do XVII Congresso do Partido e 60% do Comitê Central foram liquidados. Sob a nuvem da suspeição generalizada, todo o mundo tentava provar sua lealdade denunciando os outros, antes de ser denunciado. Era a repetição em grande escala do domínio do terror da Revolução Francesa. A revolução devorou seus próprios filhos, mas dessa vez voltava a ser Saturno, e seu nome era Stálin.

Qual o sentido dessa "limpeza"? Sua matriz também fora a Primeira Guerra Mundial. Stálin conseguira enxergar, melhor do que os outros, as intenções de Hitler. A limpeza começara depois da tomada do poder pelos nazistas. Stálin suspeitava que haveria uma guerra com a Alemanha, o que poderia fazer com que a situação de 1917 se repetisse. Nesse caso, ele se via no papel de czar e seus opositores no papel de revolucionários vermelhos. Portanto, achou melhor liquidá-los antes e preencher seus cargos com seus próprios adeptos.

Ao mesmo tempo, os acusados, que confessavam os piores crimes diante do tribunal, livraram Stálin da suspeita de ter cometido graves erros políticos. Nisso também se evidenciava uma conseqüência imprevisível da doutrina marxista: no reino da liberdade, como era considerado o socialismo, só podia haver más intenções em tudo o que não desse certo. E o deus Stálin procurava os culpados, para não ser obrigado a denunciar a si mesmo.

Stálin era um monstruoso Pedro, o Grande. Sob sua tirania, a Rússia transformou-se num país de escravos da indústria, e o imenso império foi coberto por uma rede de campos de trabalhos forçados, o "Arquipélago Gulag".

Cada um a seu modo, Hitler e Stálin construíram as piores tiranias que o mundo já viu. O fato de a tirania de esquerda ter sido inimiga da tirania de direita e, assim, ter-se tornado a esperança dos antifascistas impediu, por muito tempo, que os intelectuais de esquerda do Ocidente percebessem que talvez Stálin tenha assassinado muito mais gente do que Hitler.

A Guerra Civil Espanhola

A república espanhola, assim como a República de Weimar, surgiu a partir da desintegração (queda) da monarquia. Da mesma forma que na República de Weimar, era ameaçada pelo conflito entre os partidos burgueses e os dos trabalhadores, e, como na Alemanha, a crise social era agravada pela crise econômica mundial. Num caos de greves, combates de rua e excessos anticlericais da Frente Popular de esquerda, as tropas do general Franco, que era fascista, revoltaram-se no Marrocos, em 1936. Com a ajuda dos alemães e dos italianos, elas entraram na Espanha, ocuparam metade do país e marcharam por Madri. Mas a ajuda soviética à república conseguiu deter Franco.

167

CULTURA GERAL

No lado republicano, a defesa não foi organizada pelo impotente governo, mas pelos comitês locais de defesa dos próprios operários e camponeses, que eram dominados por anarquistas, socialistas ou comunistas, conforme a região a que pertenciam. Esses comitês começavam por chacinar os opositores locais e aterrorizavam as igrejas. Finalmente, o governo liberal foi substituído por uma coalizão socialista-comunista. Enquanto isso, o terror dos nacionalistas se intensificava. Até o poeta García Lorca tornou-se vítima dele.

Para os imigrantes, os intelectuais, os democratas e os literatos ocidentais, frustrados pela impotência das democracias diante de Hitler e Mussolini, finalmente ofereceu-se uma oportunidade de combater os fascistas por meio de uma ação pessoal. Assim, muitos passaram voluntariamente para o lado republicano, ingressando nas brigadas internacionais, e seus relatos sobre a guerra, as mortes e as vítimas nos legaram a memória de uma epopéia antifascista repleta de crueldade, diversidade, idealismo e amor pela Espanha. O livro mais famoso sobre o assunto foi o romance de Ernest Hemingway, *Por quem os sinos dobram*.

A guerra foi decidida com a ajuda militar prestada a Franco pela Alemanha e pela Itália. Os alemães forneceram uma *avant première* do horror a que eles mesmos foram expostos pouco depois, em escala milhões de vezes maior: a Legião Condor bombardeou a cidade basca de Guernica, para que os pilotos adquirissem um pouco de experiência prática. Esse ato terrível foi documentado no quadro *Guernica*, de Picasso.

A Segunda Guerra Mundial

No dia 1º de setembro de 1939, as tropas alemãs entraram na Polônia sem declarar guerra e iniciaram a Segunda Guerra Mundial. Essa se tornou possível porque Stálin havia firmado com Hitler um pacto de não-agressão, no qual ambos dividiram a Polônia entre si. Os comunistas e os socialistas não pouparam malabarismos para justificar os motivos de Stálin. Na realidade, ele quis jogar as potências capitalistas umas contra as outras, pois a Inglaterra encerrara a sua política do apaziguamento (*appeasement*) e, junto com a França, dera à Polônia uma garantia de assistência militar. Mas era tarde demais para segurar Hitler. Então, depois do seu ataque, a Inglaterra e a França declararam guerra à Alemanha.

Hitler conduziu a guerra como um gângster, por meio de ataques-surpresa, que se tornaram possíveis graças à combinação de ataques aéreos com avanços rápidos das divisões motorizadas. A França ainda vivia na Primeira Guerra Mundial e construíra uma trincheira de proteção chamada Linha Maginot. O general De Gaulle tentara conseguir divisões de tanques e blindados, mas fracassou, deixando os franceses indefesos quando os alemães marcharam França adentro, passando pela Bélgica e pela Holanda. Até o dia 22 de junho de 1941, Hitler havia

SABER

atacado todo o norte e o oeste da Europa (com exceção da Espanha, da Suécia e da Suíça), assim como a Iugoslávia e a Grécia. Ao contrário das expectativas, Churchill, o novo primeiro-ministro da Inglaterra, não se mostrou disposto a firmar a paz com Hitler depois da derrota da França. A tentativa de Hitler de forçar a Inglaterra a sentar-se à mesa de negociações, coagindo-a por meio de ataques aéreos, fracassou na batalha conhecida como *Battle of Britain*. Então, no dia 22 de junho de 1941, Hitler iniciou o empreendimento chamado *Barbarossa*: a invasão da Rússia Soviética. Em outubro de 1941, o inverno interrompeu o ataque alemão, a vinte milhas de Moscou. Hitler não havia fornecido ao exército equipamentos de inverno, pois queria que os soldados acreditassem que no outono estariam em casa novamente. Foi o momento da virada da guerra, porque, na mesma data, 7 de dezembro, os japoneses atacaram a frota americana em Pearl Harbor, no Oceano Pacífico. E, quatro dias depois, Hitler declarou guerra aos Estados Unidos. Foi então que ela se tornou uma guerra mundial.

No ano de 1942, os alemães repetiram a ofensiva na Rússia, até que em dezembro, em função das ordens de Hitler para que resistissem até o fim, o sexto batalhão foi cercado em Stalingrado e completamente aniquilado, depois de uma luta longa e cruel. A partir de então, os alemães só puderam recuar. Em sua retirada, destruíram todo o país, para privarem o adversário de toda e qualquer possibilidade de obter provisões.

Em 10 de julho de 1943, os britânicos e os americanos desembarcaram na Itália e, no dia 6 de junho de 1944, no chamado "dia D" (*debarcation day* – o dia do desembarque), chegaram à Normandia, na França, abrindo uma segunda frente de combate no Ocidente.

Havia muito tornara-se evidente que a Alemanha já não conseguiria ganhar a guerra. Mesmo assim, nenhum dos altos generais pensou em prender Hitler e acabar com os combates. Continuaram a sacrificar seus soldados, pois, para muitos, o seu juramento de fidelidade a Hitler era mais importante do que a vida dos seus soldados. Era a perversa moral da casta de guerrilheiros de um Estado militarista. No final, deixaram nas mãos do coronel Stauffenberg, um oficial com um único olho e um único braço, a tarefa de eliminar o tirano por meio de um atentado. No dia 20 de julho de 1944, o atentado falhou e teve como resultado apenas o assassinato dos conspiradores e de outros opositores do regime.

De resto, os alemães continuaram a lutar, até que os russos conquistaram Berlim. Em 30 de abril, o *Führer* suicidou-se com um tiro na cabeça em seu *bunker*. E, em 8 de maio, o almirante Dönitz assinou a capitulação incondicional. Os alemães haviam se identificado com Hitler até o final e o seguiram até a sua derrocada. Nunca um governante fora tão popular entre os alemães quanto Hitler. Primeiro, tornara-se a encarnação da sua patologia, depois, levou-os a celebrar

CULTURA GERAL

junto com ele um sabá de feiticeiros sem igual: coisas desse tipo unem as pessoas. Ainda hoje o país mostra-se possuído por ele quando jura, a cada dois minutos, tê-lo superado.

Esse vínculo foi produzido pelos crimes cometidos conjuntamente, numa dimensão que o mundo jamais conhecera antes.

Os crimes

A origem desses crimes situa-se nos genocídios da Primeira Guerra Mundial, perpetrados durante quatro anos. Eles haviam arruinado a razão de muitas pessoas, oprimindo suas psiques, e eliminado as inibições próprias do comportamento civilizado. Os nazistas e os generais que queriam anular a derrota da Primeira Guerra convenceram-se de que a perderam porque não conseguiram conduzi-la com desrespeito suficiente. E agora queriam consertar seu erro. Para as mentes mais simples, a doutrina racial darwinista da luta pela existência e da sobrevivência dos mais fortes continuava sendo uma justificativa para suas transgressões e tranqüilizava suas consciências. Nunca na história da humanidade civilizada um povo fez uma guerra tão bárbara como a que fizeram os alemães.

– Logo atrás da frente oriental, as unidades motorizadas iam à caça dos judeus do local conquistado, reuniam-nos diante de valas coletivas recém-escavadas e fuzilavam-nos, fossem eles homens, mulheres ou crianças. Desse modo, foram assassinados cerca de dois milhões de pessoas.
– Todos os funcionários comunistas capturados foram fuzilados.
– Na luta contra os guerrilheiros, civis inocentes eram feitos reféns e depois liquidados.
– Os prisioneiros da campanha da Rússia foram usados como escravos, em trabalhos forçados, sem receber nutrição suficiente. Desse modo, milhões morreram de fome.
– Na Polônia, os nazistas praticavam a política de destruir as elites, com o objetivo de escravizar o povo polonês. Com isso, mataram milhões de pessoas.

Em contrapartida, os alemães tornaram-se vítimas do extermínio em massa.

– Os anglo-americanos resolveram destruir as cidades alemãs por meio de bombardeios, matando inúmeros civis.
– Na invasão da Alemanha, o Exército Vermelho, usando de violência contra as massas, expulsou todos os alemães da Prússia Oriental, da Pomerânia, da Silésia e da região dos Sudetos. Na fuga morreram milhões de pessoas.

SABER

O genocídio dos judeus

O poder da imaginação humana evita olhar para aquilo que passou a ser designado com os termos *Shoah* ou *Holocausto*: o sistemático assassinato em série dos judeus em campos de extermínio como Auschwitz, Treblinka, Majdanek e Sobibor. Se incluirmos as pessoas mortas pelas unidades de combate, o número de pessoas assassinadas chega a seis milhões. O objetivo era o extermínio do povo de Israel.

Esses crimes têm uma dimensão tão monstruosa que é impossível entendê-los. Como estão além de toda razão, a reflexão a seu respeito adquiriu traços religiosos. Mas, enquanto seu estudo permanece a cargo da ciência histórica, existem duas opiniões teóricas:

– os intencionalistas dizem que Hitler sempre quis esse genocídio e planejou-o antecipadamente,
– enquanto para os funcionalistas o genocídio ocorreu passo a passo, a partir das conseqüências cada vez mais graves das próprias medidas implementadas pelos nazistas, segundo o seguinte esquema: os nazistas queriam abrir zonas de assentamentos para os alemães, portanto, levaram os judeus para os guetos, mas ali não conseguiam alimentá-los, por isso teve-se a idéia de assassiná-los etc.

Nunca foi encontrada uma ordem expressa do *Führer*, ordenando o genocídio. O que está documentado é simplesmente uma reunião de trabalho entre representantes do Ministério do Interior, da Justiça, do Ministério para os Territórios do Leste, do Ministério dos Negócios Estrangeiros, da Chancelaria do *Reich* e os responsáveis pelo plano quadrienal, que determinaram em conjunto as medidas de execução do extermínio. A conferência ocorreu no dia 20 de janeiro de 1942, numa casa de campo situada junto ao lago Wannsee, e foi presidida pelo chefe da SS, Reinhard Heydrich. Logo depois da reunião, houve uma agradável confraternização regada a champanhe. O que chama a atenção é que essa reunião ocorreu quando Hitler foi obrigado a reconhecer, depois do fracasso do ataque à Rússia e da entrada dos americanos no conflito, que não conseguiria ganhar a guerra. Será que, em sua derrocada, ainda quis levar consigo ao menos os judeus? Certamente levou consigo muitos alemães, mas esses o haviam ajudado. Nunca um povo havia feito algo tão irracional. Com isso, fizeram a si mesmo o que haviam planejado para os judeus: excluíram-se do círculo da civilização humana; passaram a carregar o estigma com o qual os cristãos perseguiram os judeus até os nossos dias: haviam matado Deus. Não se pode imaginar um mundo no qual isso seja esquecido.

CULTURA GERAL

O apocalipse

A Alemanha jazia sob a fumaça que emanava das ruínas, enquanto o Japão continuava a lutar. Os americanos haviam recuperado uma a uma as conquistas dos alemães, mas a invasão do Japão já teria custado a vida de muitos jovens americanos.

Pouco antes da eclosão da guerra, Otto Hahn e Fritz Strassmann descobriram como se podia dividir o átomo e, com isso, liberar uma enorme quantidade de energia. Poucos físicos entendiam do que se tratava e, antes da guerra, quase todos haviam estudado juntos em Göttingen ou já se conheciam pessoalmente: Otto Hahn, Carl Friedrich von Weizsäcker, Enrico Fermi, Niels Bohr, Robert Oppenheimer, Eduard Teller, Albert Einstein etc. Muitos deles, como Einstein, haviam fugido dos nazistas, emigrando para os Estados Unidos. Então, Eduard Teller descobriu que Niels Bohr, durante uma conversa com Weizsäcker, em Copenhague, havia tido a impressão de que os físicos alemães iriam desenvolver a bomba atômica para Hitler. Teller pediu a Einstein que explicasse ao presidente Roosevelt que os Estados Unidos deveriam antecipar-se aos alemães. Einstein escreveu uma carta ao presidente, e esse ordenou que a bomba fosse construída. No deserto de Los Álamos, foi montado um laboratório e reunido um grupo de físicos que, sob a liderança de Robert Oppenheimer, construiu uma bomba atômica contra Hitler. Quase todos haviam fugido de países fascistas: da Alemanha vieram James Franck, Max Born, Rudolf Peierls, Hans Bethe, Eugen Wigner; da Itália, Enrico Fermi e Bruno Pontecorvo; e da Hungria, Leo Szilard, Eduard Teller e Johann von Neumann. A bomba ficou pronta logo depois da capitulação alemã. Se a guerra tivesse durado um pouco mais, quem sabe? Mas, para o horror dos físicos, o sucessor de Roosevelt, o presidente Truman, decidiu jogá-la sobre o Japão, para forçar a imediata capitulação daquele país. No dia 6 de agosto de 1945, um súbito e violento raio iluminou as cidades de Hiroshima e Nagasaki. Essas duas cidades desintegraram-se dentro dele. Havia começado uma nova era. Poucos dias depois, o Japão capitulava. Terminava a Segunda Guerra Mundial.

O mundo dividido: de 1945 a 1989

Com o fim da Segunda Guerra Mundial também termina o domínio da Europa sobre o globo. Duas potências dividem o legado: os Estados Unidos da América e a União Soviética. Stálin foi o primeiro a empreender o expansionismo. Com a ajuda dos partidos comunistas nacionais, transformou em Estados satélites os países do Leste Europeu, ocupados pelo Exército Vermelho, e a metade oriental da Alemanha. Em 1949, a China também se tornou comunista, por meio da revolução de Mao Tsé-tung.

Para impedir a expansão soviética, os Estados Unidos reergueram a Europa Ocidental destruída e as zonas ocidentais da Alemanha com o auxílio do Plano

Marshall; implementaram na Alemanha Ocidental uma reforma monetária (1948), superaram o bloqueio de Berlim Ocidental com a ponte aérea (1948) e fundaram a OTAN (Organização do Tratado do Atlântico Norte). Finalmente, Berlim, a Europa e o mundo foram divididos pela Cortina de Ferro. A União Soviética também construiu uma bomba atômica, e o mundo ficou estarrecido com o equilíbrio do terror. Começava a era da "Guerra Fria". Na Coréia dividida, os Estados Unidos empreenderam uma "guerra quente", quando o regime comunista do norte iniciou uma invasão na Coréia do Sul (1950).

Raramente um vencedor – motivado pelas novas frentes que se estabeleciam – comportou-se com tanta generosidade com os inimigos do passado quanto os Estados Unidos com a Alemanha e o Japão. Assim, conseguiu torná-los seus aliados e construir neles democracias estáveis. Em 1949, a República Federal da Alemanha tornou-se uma realidade. As experiências da República de Weimar foram utilizadas em sua nova constituição: impediu-se a formação de partidos pequenos por meio da cláusula dos cinco por cento, e o chanceler só poderia ser destituído por um voto de desconfiança construtivo, impedindo uma política de bloqueio apenas negativa. Com essa constituição, a República Federal da Alemanha tornou-se o Estado democrático mais estável e pacífico da história alemã. Isso se

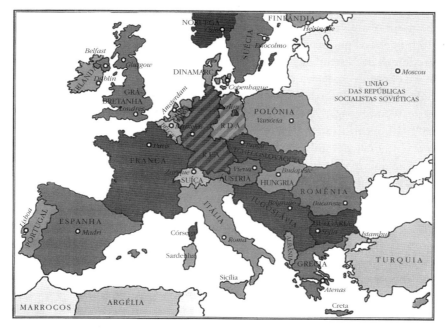

A Europa após 1945

CULTURA GERAL

deve ao fato de a CDU ter conseguido reunir os fragmentos nacionalistas e anti-democráticos dos partidos burgueses e educar esses partidos para a democracia; além disso, os *Junkers* prussianos desapareceram como grupo social.

Ao mesmo tempo, a Alemanha Ocidental tornou-se o ponto de cristalização da unificação européia. Para colocar o "paciente alemão" sob supervisão psiquiátrica, o primeiro-chanceler e filiado à CDU, Konrad Adenauer, promoveu, contra a oposição do SPD, a integração da República Federal no Ocidente. Conseguiu a parceria dos franceses, que, com a derrota contra Hitler, compreenderam, com mais clareza do que os ingleses, a perda do próprio poder e, assim, pretendiam compensá-la com a unificação européia. Desse modo, a Comunidade Econômica Européia foi fundada inicialmente sem os britânicos e abrangia quase o mesmo território governado no passado por Carlos Magno (Benelux, Itália, França e Alemanha Ocidental).

Com a integração ocidental, a democracia estável, a unificação européia e a americanização da cultura, assim como o descrédito (desvalorização) da própria tradição nacionalista, a Alemanha Ocidental passou por uma profunda metamorfose: alterou seu caráter social, ocidentalizou-se em seu estilo de vida, seus hábitos e suas posturas. Em termos sociais, isso se tornou possível porque a guerra, a expulsão do Leste e a total mobilização da população haviam fragmentado e nivelado a hierarquia social. Socialmente (não politicamente) falando, a guerra foi o equivalente a uma revolução. E, sob o ponto de vista psicológico, isso foi possível porque os alemães, por meio dos processos de crimes de guerra no tribunal de Nuremberg, da desnazificação, da reeducação, do trabalho cultural e da política escolar norte-americana e, finalmente, do movimento estudantil de 1968, foram forçados a encarar seus crimes. Com isso, também foi possível aos alemães pagar grandes somas indenizatórias ao Estado de Israel, fundado em 1948; reconstruir as próprias cidades sem guardar ódio pelos destruidores (que haviam agido, militarmente, de forma insensata) e aceitar, sem revanchismo, que quinze milhões de alemães fossem expulsos da pátria e que as províncias do Leste da Alemanha passassem definitivamente a fazer parte da Polônia. Assim, a população da Prússia pagou pelos estragos que a sua camada dirigente ajudou a fazer. A própria Prússia desapareceu da história, passando a representar, de modo geral, um papel nada salutar. A unificação alemã realizada por Bismarck teve um preço muito alto.

Esse epitáfio à Prússia teve exceções: Frederico, o Grande, os reformadores prussianos e as rainhas dos salões de Berlim, no início do século XIX. Todos eles, porém, de certa forma eram não-prussianos: Frederico foi um amante das artes e da literatura, as rainhas dos salões eram judias, e os reformadores não eram prussianos.

174

SABER

Ao mesmo tempo, com sua derrota, sua soberania limitada e sua integração no Ocidente, a Alemanha como potência autônoma despediu-se da grande política. Começava a era do bem-estar e do conservadorismo político, à qual o movimento de 1968 reagiu intensamente com uma nova ideologização e fantasias políticas (transição para o socialismo).

O movimento estudantil foi um fenômeno internacional. Na Alemanha, surgiu a partir de uma mistura de três tendências: a crise de legitimação dos Estados Unidos em função da guerra do Vietnã, a ampliação do sistema educativo e a confrontação com os crimes nazistas. A problemática nazista empurrou novamente a cultura política ao círculo do mundo fantástico alemão. A desagregação do movimento estudantil gerou gangues terroristas de "desesperados" políticos e o movimento fundamentalista dos "verdes". Neles se mostrou com mais nitidez a metamorfose sofrida pelos alemães: uma oficina subterrânea de teorias rotulou de esquerdistas antigos comportamentos da direita, como a veneração da natureza, a crítica cultural e a mentalidade de reformulação da vida, fazendo, assim, com que uma autocompreensão de esquerda se reconciliasse com uma mentalidade de direita. Nesse ínterim, essa geração chegou ao governo. É a primeira geração não diretamente marcada pela guerra.

Enquanto a Alemanha transformava-se gradualmente, as potências da Europa Ocidental liquidavam seus impérios coloniais dos anos 60. Em 1947, a Índia tornou-se independente e, com muito sofrimento, dividiu-se em um Estado muçulmano, o Paquistão, e outro hinduísta, a Índia. E a França continuava a promover guerras coloniais totalmente insensatas contra os movimentos de libertação da Indochina e da Argélia. Mas a Inglaterra conseguiu, no geral até bastante bem, organizar a libertação das suas inúmeras colônias de forma civilizada. Nos outros lugares, os novos países foram imediatamente ameaçados por guerras civis, realizadas como guerras entre os representantes das superpotências: cada uma protegia o próprio lado e, desse modo, prolongava a guerra. Os Estados Unidos não viram nenhum problema em apoiar regimes autoritários ou semifascistas e, assim, minaram seu crédito moral. Isso motivou o movimento estudantil a igualar o capitalismo ao fascismo (e a apresentar a guerra dos Estados Unidos contra Hitler como um insignificante escorregão).

Esse dualismo mundial permaneceu estável por causa do perigo de uma mútua aniquilação das potências nucleares, no caso de um ataque de uma delas. Isso forçou ambos os lados a se moverem com muito cuidado nos pontos sensíveis. Só uma vez o confronto esteve prestes a chegar às vias de fato: quando, em 1962, o presidente Kennedy impôs um bloqueio a Cuba contra navios soviéticos com mísseis a bordo: no último momento, Kruchev, chefe do partido e do governo soviético, recuou, e os navios retornaram. O resto constituiu-se de atos de espionagem, inspeções mútuas, conferências, crises e soluções diplomáticas.

175

CULTURA GERAL

Como a própria União Soviética, o chamado bloco soviético alternava-se entre épocas geladas e épocas de degelo. Cada degelo provocava uma revolta nos Estados satélites (Alemanha Oriental [1953], Hungria [1956], Tchecoslováquia [1968] e Polônia, com o movimento dos sindicatos Solidariedade, a partir de 1979). E a União Soviética sempre reagia com a repressão do movimento e uma nova época gelada, até que, com o secretário-geral Gorbachev, o degelo atingiu a própria União Soviética. Então, o enorme império derreteu como gelo ao sol. Mantivera-se coeso apenas pelo frio, isto é, pelo terror. Exatamente duzentos anos depois da Revolução Francesa, a era das ideologias chegava ao fim.

Com ela se realizou na Europa e nos Estados Unidos a dolorosa transição da sociedade aristocrática, dividida em estamentos, para a moderna sociedade industrial. Essa transição deu-se por meio de dois caminhos:

- Um deles foi trilhado pelos países centrais da modernidade: Inglaterra, França, Holanda, Suíça e Estados Unidos. Quando desistiram de garantir a unidade da sociedade por meio da unidade de crenças, criaram constituições baseadas na tolerância e no controle do poder. Assim, fundaram a unidade da sociedade na disputa permanente entre governo e oposição, cuja alternância no poder seguia as mudanças da sociedade. Desse modo, a guerra civil era refreada e domada pela via parlamentar. Foi a única forma bem-sucedida de modernização. Os países que a adotaram estavam marcados pelo Iluminismo e pela Reforma calvinista.
- O outro caminho foi seguido pelos países que forçaram a adaptação da população à industrialização, por meio da disciplina burocrática e militar. É o caminho tomado pela Rússia, pela Prússia, pela antiga Áustria e pelo Japão e, com algumas ressalvas, pelos países semidesenvolvidos, como a Itália e a Espanha, onde os regimes pactuavam com a Igreja. Depois da Revolução Russa, todos eles se tornaram fascistas no combate ao socialismo. Mas fascismo e socialismo eram sistemas totalitários, baseados no controle total da sociedade por meio do aparato do poder. Ambos eram instáveis. O fascismo vivia da dinâmica que mantinha as pessoas acuadas e, por isso, foi empurrado ao caminho da dominação. O socialismo, por seu lado, arruinou a economia, na medida em que tentou dirigir o trabalho pela opressão e pelo controle. Como foi implementado pela Rússia, tornou-se um despotismo oriental, inadequado para a moderna sociedade industrial. Em 1989, isso se tornou definitivamente claro até para os intelectuais mais obstinados.

SABER

Final – de 1989 até 2000

Desse modo, chegou ao fim uma era que alguns definem como modernidade. Agora, segundo dizem, vivemos na pós-modernidade. Mas as definições são uma besteira. As guerras religiosas acerca do melhor caminho para a modernidade fazem parte do passado. Já chegamos a essa modernidade e só agora sabemos onde esse caminho começou: na Inglaterra, há trezentos anos, com a Revolução Gloriosa de 1688. Ou será que foi antes, em 1649, com a decapitação de Carlos I? Para decidir isso, precisamos reler essa narrativa, porque só então poderemos compreendê-la.

A noite daquele século sinistro chegou ao fim. Em sua primeira metade parecia não haver constelação que não apontasse para a pior direção. Por outro lado, na segunda metade, tivemos muita sorte: os povos da Europa haviam aprendido com seus desastres. Tomara nunca esqueçamos do quão inverossímil é tudo isso.

O objetivo da cultura é entender a própria sociedade. É chover no molhado. A alvorada do novo milênio lança sua luz sobre uma nova Europa, que, depois de uma longa tirania, está prestes a renascer. Não obstante, a guerra civil na Europa retornou recentemente, no mesmo lugar onde começou em 1914: nos Bálcãs.

II. A LITERATURA EUROPÉIA

As formas de expressão

A literatura apresenta-se sob duas formas: em verso e em prosa. Há ainda três gêneros: o lírico, o dramático e o narrativo.

No início, o verso dominava os três gêneros: tanto a *Ilíada* quanto a *Canção dos nibelungos* são narrativas em verso. Nos tempos em que as histórias não eram lidas em livros, mas transmitidas oralmente, o verso servia de subsídio à memória. Também as baladas, que antigamente eram decoradas com prazer, são pequenas narrativas em verso.

Com a invenção da impressão tipográfica, o verso desligou-se da narrativa e ficou limitado ao drama e à poesia. A partir desse momento, as narrativas passaram a ser redigidas em prosa. Por fim, no século XX, também o drama abandonou o verso.

Na época pré-moderna, ou seja, na literatura pré-romântica (anterior a 1770), os gêneros, o enredo e o nível estilístico eram determinados pela condição social do herói.

Portanto:

1. Deuses e heróis pertenciam à esfera do fantástico e do sobrenatural. Seu gênero era a romança. O princípio que norteava a construção do enredo era a aventura (Hércules, Ulisses, Jesus Cristo, cavaleiros errantes). O estilo era elevado.
2. Embora reis e aristocratas fossem pessoas extraordinárias, estavam sujeitos às leis da sociedade e da natureza. No enredo típico, esqueciam-se disso, pecavam por *hýbris* (arrogância) e eram punidos. Seu gênero típico, por-

CULTURA GERAL

tanto, era a tragédia. De resto, somente um aristocrata podia viver uma grande paixão. Até o século XVIII, a aspiração de um burguês de também amar apaixonadamente teria sido considerada uma insolência tão ridícula quanto a de arranjar um pajem. Aliás, destinos sérios e moralmente interessantes eram reservados aos aristocratas, porque somente eles eram livres, aptos a portar armas e a duelar, e somente eles dispunham de algo como a honra.

3. O estilo realista era adequado à representação dos burgueses e do povo comum. Era prosaico e, portanto, servia-se da prosa. Originalmente, os gêneros que lhe correspondiam eram cômicos: o romance picaresco, a farsa e a comédia. No século XVIII, sobretudo depois do romantismo, esse estilo intermediário passou a ser a forma de expressão dominante para o gênero burguês e o mais importante da literatura moderna: o romance realista.

4. A sátira servia à representação de patifes, monstros, vilões, seres humanos perversos, mesquinhos e repugnantes, assim como de circunstâncias infernais e ridículas. Seu estilo característico era o grotesco. Em termos de gênero, ela deu continuidade à romança; era, portanto, irrealista e salientava o anormal, o mesquinho, o vulgar e o feio, assim como a falta de dignidade do corpo, os excrementos, a sujeira, a sexualidade e tudo quanto era piedosamente velado pelo pudor. A sátira expressava as contravenções da ordem moral da sociedade por meio do esfacelamento das formas estéticas. Tornou-se o estilo dominante da literatura moderna do século XX, que salienta o terror político, a loucura, a alienação, o isolamento e as dores do corpo torturado. É isso o que torna a literatura moderna tão deprimente.

Enredos

O número de enredos típicos é menor do que seria de supor, considerando-se a abundância prolífera de obras literárias. Muitos são somente variações de modelos básicos. Já citamos quatro desses modelos:

1. **A romança**: seu princípio básico é uma série de aventuras, que devem ser as mais fantásticas possíveis. A forma de organização mais comum é uma viagem ou odisséia. Não raro, a viagem passa a ter um objetivo ao ser consagrada à procura de um tesouro, de um segredo ou de qualquer objeto de aspiração, de cobiça ou de redenção. Esse pode ser um cálice como o Santo Graal, uma cornucópia, o velocino de ouro, o eldorado, o paraíso, um tesouro escondido, um local mágico, os segredos de um romance policial ou de espionagem ou uma virgem que está presa em algum lugar e, muitas vezes, de posse do tesouro (e, por isso, tam-

SABER

bém é chamada de "tesouro"). Por regra, a utopia também é uma romança (assim como a *Utopia* de Thomas Morus, até os tempos modernos, as utopias não se situavam no futuro, mas em regiões distantes). A romança tem um ar estival, de conto de fadas.

2. **A tragédia**: a estrutura de sua trama é mais complexa, definida por contradições, reviravoltas e paradoxos. Começa com a felicidade do herói, que o torna imprudente, arrogante e crédulo. Depois se acumulam as advertências. Por fim, inicia-se um conflito, e o herói toma decisões para evitar perigos iminentes, que estão sujeitos à lei da ironia trágica: a ação do herói provoca justamente a catástrofe que ele queria evitar. Após hesitações que aumentam o nível de tensão, o herói acaba chegando a um doloroso reconhecimento, quando é obrigado a compreender que cavara a própria cova.

Com base nessa estrutura, a tragédia é capaz de representar situações desesperadas, apuros, dilemas e conflitos insolúveis entre valores da mesma importância. Freqüentemente são usados presságios para fazer avançar a ação: sonhos, oráculos, avisos, planos, profecias de bruxas ou de comissões de especialistas. Essas previsões produzem reações, que provocam justamente o desastre que deveriam evitar.

Do ponto de vista social, a tragédia é um ritual que envolve um bode expiatório: um indivíduo eminente, de posição social elevada, que de início era amado, é rapidamente levado ao isolamento em virtude de suas complicações, até que a sociedade projeta nele todo o seu ódio acumulado e sua culpa e se purifica por meio do sacrifício desse indivíduo. Hoje, tramas trágicas muitas vezes assumem a forma de escândalos, onde o papel da turba de linchadores é desempenhado pelos meios de comunicação. Caça às bruxas, perseguição de vítimas de assédio, *pogroms*, discriminação de minorias e campanhas contra supostos patifes têm todos uma estrutura semelhante, onde uma vítima isolada sempre se encontra frente a frente com um bando de caçadores.

A tragédia enfatiza a inexorabilidade do tempo, a sucumbência à morte e a sujeição às leis da sociedade e da natureza. O isolamento é punido como egotismo, como se o herói se excluísse da sociedade por orgulho.

3. **A comédia clássica** é o reverso da tragédia. Se o tema da tragédia é a morte, o da comédia é o amor. Ela faz com que o herói cômico comece onde o herói trágico termina: no isolamento. A sociedade, representada pelo pai da amada, não lhe permite desposá-la. Mas, aos poucos, o jovem herói – com seu charme, seu encanto e seu vigor otimista, que representa a própria vida – conquista um número cada vez maior de aliados, até quase reunir uma anti-sociedade. Com in-

181

CULTURA GERAL

trigas e enganos, sujeita o velho pai (na romança era o dragão, que vigiava a virgem) a uma terapia cômica, que o leva a cair em si e a dar a mão de sua filha ao jovem vencedor. Durante a subseqüente festa de casamento, a sociedade dividida celebra a reconciliação consigo mesma, incluindo o velho antagonista.

Enquanto a tragédia é a estetização do ritual do bode expiatório no sacrifício pela catarse (purificação), a comédia dramatiza o casamento e trata da fertilidade que vence a morte. Além disso, tematiza a sexualidade e o erotismo. Seu objetivo é a integração social.

Eis por que a democracia corresponde à comédia: o líder da oposição seduz, à revelia do velho governante, sua filha (o eleitorado); com charme, promessas e jovialidade, convence-a a passar para o seu lado e, por fim, submete o ancião a uma terapia cômica por meio da campanha eleitoral, até que esse caia em si, na véspera das eleições, quando a filha já apóia o jovem herói, que então assume o governo, sucedendo quem governava até então. Ao final, a sociedade dividida reconcilia-se com o povo e consigo mesma durante a festa de casamento do novo governo.

Na tragédia, a antiga lei da sociedade vence a vida rebelde; na comédia, a vida rebelde vence a lei do velho governante, que não quer entregar a filha. Vista sob esse prisma, a história de Cristo é ambas as coisas: tragédia e comédia. Primeiro, a lei triunfa, e Jesus é processado, condenado e morto como bode expiatório; mas depois ressuscita, substitui o Velho Testamento (a lei) pelo Novo e reconcilia a sociedade por meio do amor, unindo-se à nova Igreja, sua noiva.

A comédia também pode demonstrar diretamente como evitar a tragédia, ao inverter a relação com a lei: a sociedade torna-se ilegal, e um único indivíduo, sozinho, defende a lei até converter os outros. Esse é o esquema do faroeste americano, no qual o xerife solitário enfrenta a turba dos fora-da-lei.

4. **A sátira** é o reverso da romança na medida em que seu tema não é a viagem rumo à liberdade, e sim rumo ao encarceramento. Portanto, seus cenários preferidos são locais de coerção e de falta de liberdade, como prisões, instituições psiquiátricas, escolas, hospitais, casas de correção, campos de concentração, navios, colônias penais e tudo o que se destinar a simular o inferno. Logo, o elenco da sátira consiste em demônios sádicos e suas vítimas inocentes, preferivelmente tiranos grotescos e crianças ingênuas. Na Idade Média, o infanticida Herodes era o arquivilão do teatro, e, em Shakespeare, Ricardo III e Macbeth são os que, juntamente com as crianças, matam o futuro da sociedade. A trama típica da sátira distingue-se pela *stasis*, pela imutabilidade e estagnação ou pela árida repetição, assim como em uma prisão, onde nada muda e tudo se repete. Quem expressou isso de forma mais pungente foi Beckett, com sua peça *Esperando Godot*, que, ao

182

ser apresentada na prisão de St. Quentin, encantou os prisioneiros. Por ser a sátira o gênero típico da literatura moderna, suas formas foram especialmente propícias para representar o totalitarismo do século XX, com seus porões de tortura e campos de concentração. Aqui a própria história é vítima da ironia trágica dos gêneros: ao tentar traduzir a utopia em romança da revolução, produziu-se o inferno satírico dos campos de concentração, e então se pôde dizer que a revolução tornara-se o tirano que devora seus filhos.

Em virtude da representação dualista, oriunda do contraste entre sadismo e inocência, a sátira facilmente se transforma em melodrama e em literatura de horror. Essa era uma especialidade do romantismo, onde o inferno era feito de masmorras medievais, prisões da Inquisição e abóbadas de castelos em ruínas, onde virgens inocentes eram aprisionadas por nobres dementes, monges sádicos, cientistas loucos ou criminosos diabólicos e, em meio a risadas loucas, entretidas com a perspectiva de serem violentadas ou submetidas a torturas semelhantes. Esse arsenal do romantismo negro com seus mitos triviais ainda alimenta grande parte da atual produção cinematográfica e literária sem valor, que vai de Drácula a *snuff movies**.

História da literatura e cânone literário

Poderíamos ainda refinar essa cartografia inicial da literatura, mas ela basta aos nossos propósitos de demarcar o terreno, no qual a literatura moderna está inserida.

Na Idade Média predomina a romança.

No Renascimento, a tragédia e o estilo heróico assumem a liderança, tomando por base modelos da Antiguidade.

Com o século XVIII, e sobretudo com o romance realista do século XIX, esse estilo intermediário da prosa realista torna-se o padrão da literatura burguesa e seu gênero de romance dominante.

Com a vanguarda do século XX, a literatura volta a ser "irrealista", rompe com o pressuposto básico da "atitude natural" – caráter, ação, causalidade, lógica e linguagem como meios de comunicação – e expressa a perda da integração moral da sociedade no esfacelamento das formas estéticas da literatura. Em vez delas, passam a prevalecer as formas da sátira na figura do grotesco, do deformado, do excesso, do choque, da desintegração e do feio.

Por isso, nada há que a literatura moderna tema mais do que ser bela, pois isso a coloca imediatamente sob a suspeita de ter-se corrompido, ou seja, de ter-se tornado *kitsch*. Mas – e essa constatação é inevitável – é por isso que ler a literatura moderna é cansativo e, às vezes, deprimente.

---

* Filmes pornográficos que mostram cenas reais de morte. [N. da T.]

CULTURA GERAL

Por outro lado, embora a literatura mais antiga seja bela, por referir-se a uma sociedade passada ela não é capaz de expressar adequadamente experiências presentes.

Formação literária

Na Europa, a emancipação intelectual da Igreja ocorreu com a redescoberta dos autores clássicos. Portanto, esses eram tidos como modelos para uma cultura significativamente influenciada pela aristocracia.

Isso muda com o romantismo (a partir de 1770). Os burgueses, que sonhavam com igualdade e democracia, não podiam permitir que os estilos da literatura se guiassem pela posição social, e adotaram o lema: verso e destinos heróicos para os nobres, prosa e situações ridículas para o povo comum.

Com isso, as normas da poesia deixaram de ser extraídas da literatura clássica, e a literatura deixou de ser vista como imitação da vida. As conseqüências foram abrangentes:

- De artesão, que procedia seguindo as regras, o poeta passou a ser um criador. Como tal, tornava-se o irmão caçula de Deus, e como Deus criava novos mundos e figuras, porque seu irmão mais velho lhe dera um pouco de discernimento divino; era a genialidade encarnada pelo gênio – um tipo de sensibilidade extra-sensorial, que beirava a loucura e condenava o seu portador a entrar em conflito com a multidão habitual de burgueses.
- Como a poesia já não imitava a realidade e os autores clássicos, tornou-se original. Com sua originalidade, o poeta afirmava-se agora como criador. Isso pressupunha outro entendimento da história. A história já não consistia na repetição de enredos típicos, com os quais poderíamos aprender lições sobre moral e cosmopolitismo, mas sempre fazia surgir algo novo. Por isso, a experiência da Antiguidade parecia ultrapassada. Cada momento presente era diferente do outro e exigia uma nova literatura. Isso fez com que a literatura se tornasse o meio pelo qual o *Zeitgeist* (espírito da época) ganhava uma expressão sempre nova. Nele, a humanidade certificava-se das formas usadas para organizar o processamento de suas experiências. A literatura tornava-se o histórico da humanidade.
- Ao contrário dos outros países ocidentais, na Alemanha, a literatura culta surgiu somente no romantismo. Ela emergiu exatamente desse abismo que existia entre a literatura clássica, voltada para a Antiguidade, e a nova literatura burguesa. Por ser a literatura clássica aristocrática, e a aristocracia européia do século XVIII, culturalmente francesa, a literatura alemã

desde o início enfatizou o reverso de tudo quanto fosse tipicamente francês: em vez da imitação dos clássicos, originalidade; em vez da razão, o irracional e fantástico; em vez da poesia regrada, inspiração e genialidade; em vez da sociedade, as vibrações da alma solitária na natureza; em vez de convenções, liberdade, rebelião e *Weltschmerz**. Como os alemães não possuíam um Estado comum, pela primeira vez extraíram da literatura seu senso de unidade (de povo de poetas e pensadores). Eis a razão pela qual se desenvolveu especialmente na Alemanha uma idéia de cultura nascida da nova literatura e que afirma o seguinte: culto só é aquele que conhece as grandes obras literárias como expressão da história das experiências da humanidade, já que a literatura oferece o melhor acesso à compreensão da própria cultura.

Graças à influência de Goethe e à reforma universitária de Humboldt, essa idéia de cultura também foi adotada em outros países e infiltrou os planos curriculares e ciências humanas nas universidades.

Goethe e a biografia exemplar

A literatura clássica greco-latina tinha a vantagem de ser atraente e compreensível em toda a Europa. A aristocracia européia era internacional. No entanto, a nova literatura era escrita nos respectivos idiomas dos países. Isso acarretava o perigo de um provincianismo nacional. E, de fato, deu origem a literaturas nacionais, que, antes de tudo, pretendiam reforçar a identidade nacional por meio da memória coletiva.

A essa tendência à auto-restrição voluntária opunha-se o conceito de *Weltliteratur* (literatura mundial) como a idéia universal de cultura. Seu expoente era Goethe.

Além disso, Goethe tornou-se um representante exemplar da nova idéia de cultura, pois combinava impulsos românticos e anti-românticos:

- diante do nacionalismo romântico, defendeu o conceito de literatura universal;
- ao culto à genialidade e ao subjetivismo, reagiu retomando formas e temas clássicos (*Ifigênia*);
- à ênfase dada a sentimentos de alienação e *Weltschmerz* – até por ele mesmo (*Werther*) –, reagiu com a acomodação ao *establishment*, assumindo um cargo ministerial;

---

* Dor do mundo – estado de tristeza diante dos males que atormentam o mundo, encampado pelo romantismo alemão. [N. da T.]

CULTURA GERAL

– ao desânimo romântico, reagiu com ingenuidade;
– à rejeição de todas as convenções e à glorificação da solidão heróica, reagiu dando ênfase ao cosmopolitismo e à urbanidade.

Enfatizando os contrastes, equilibrou seus próprios impulsos românticos. Com isso, substituiu, de certa forma, a tradição clássica que faltava na Alemanha. E por personificar a união entre a tradição romântico-burguesa e a clássico-aristocrática, reaproximou a literatura alemã do padrão europeu e tornou-a acessível a outros povos. Contudo, a forma com que o fez era romântica.

Era a forma da biografia exemplar, com crises de identidade e mudanças periódicas. Assim como a filosofia da história de Hegel, essa biografia também estava sujeita à lei da dialética dos antagonismos. É preciso que se conheça o princípio do antagonismo dialético, pois ele ocupa uma posição estratégica como figura do pensamento na modernidade. Ficou conhecido como a tríade tese – antítese – síntese.

Mas o que significa essa fórmula na vida real? Significa mais ou menos o seguinte: em decorrência da sua limitação, toda postura (figura de experiência, visão de mundo, atitude perante a vida) cristaliza em suas margens questões por resolver, energias não canalizadas, em suma, um excedente que aos poucos vai se avolumando até se tornar um mundo antagônico tangível. O Antigo Regime provoca a revolução; o classicismo provoca o romantismo; os *whigs*, os *tories*; a utopia, o ceticismo; o iluminismo, a irracionalidade etc. Essa é a antítese. Por fim, a antítese sobrepõe-se à tese. Não se trata, porém, de uma simples negação da tese no sentido de mera rejeição ou aniquilação; essa é, antes, complementada com uma forma de preservação quando se eleva o antagonismo a um nível superior por meio da síntese. Para esse fim, Hegel cunhou a expressão "tripla superação": simultaneamente, a negação, a conservação e a elevação num nível superior (ver acima a descrição da comédia como antagonismo entre o pai e o amante e a posterior reconciliação durante a festa).

Por que nos ocupamos com essa sofística?

Porque, assim como Marx, Hegel acreditava ter com isso encontrado a lei que rege a história do mundo. Mas, na realidade, descreveu com bastante precisão como se desenvolve o romance de formação de uma identidade. Hegel descreveu, portanto, as crises de uma exemplar biografia de formação, tal como Goethe a apresentou aos alemães por meio de sua própria vida.

Da mesma maneira como as obras literárias expressavam épocas históricas, em Goethe elas expressavam fases da vida, nas quais ocorria uma sucessão de experiências exemplares.

SABER

O romance de formação ou um prefácio tardio

A vida e a poesia de Goethe serviram de biografia de formação exemplar para os alemães, norteando gerações de professores de escolas secundárias e classes sociais cultas. Em sua autobiografia *Poesia e verdade* e em seus romances de formação *Os anos de aprendizado de Wilhelm Meister, Os anos de viagem de Wilhelm Meister* e *As afinidades eletivas*, ele refletiu seu romance de vida.

Com isso fica claro por que o conceito de formação e cultura está tão intimamente entrelaçado com a literatura e a história. Ele se consolida em uma forma literária chamada romance de formação (*Bildungsroman*) ou de desenvolvimento. Essa forma de romance normalmente se concentra em um período da vida de um personagem, no qual esse se torna adulto e encontra seu destino. Ela mostra como os protagonistas necessariamente cometem erros em virtude de sua falta de experiência, lutam penosamente com esses erros e os corrigem em seguida, ascendendo, assim, ao próximo patamar de autoconhecimento. Depois, ao olhar para trás, compreendem sua própria história de erros como um processo necessário ao autoconhecimento. Portanto, esse processo leva à formação, e somente por meio dela é possível compreendê-lo. Esse tipo de romance possui uma estrutura circular.

Há ainda duas outras formas de romance, com uma estrutura bastante semelhante, mas nomes diferentes: o romance de artista e o romance de amor.

No romance de artista, a estrutura circular do romance de formação fica ainda mais nítida: trilhando um caminho de erros, chega-se à autocorreção e, a partir dela, à compreensão de que era preciso passar pelos erros. Dessa forma, o futuro artista encontra o caminho que o leva à arte e que lhe permitirá descrevê-lo, caso de fato ele venha a ser escritor.

O retrato do artista quando jovem, de James Joyce, é um exemplo desse tipo de romance. É comum escritores distanciarem seu desenvolvimento artístico, travestindo-se de pintores ou escultores. Assim, o herói da obra de Gottfried Keller, *Henrique, o verde*, romance de formação mais conhecido da literatura alemã do século XIX depois de *Wilhelm Meister*, é um pintor, e o do romance de Hermann Hesse, *Narciso e Goldmund*, um escultor.

Se, por um lado, o romance de amor é mais do que simplesmente uma história, ao fim da qual os protagonistas se casam, por outro, muitas vezes também é um romance de formação disfarçado. Os obstáculos que no início ameaçam o amor não são de origem externa, como a política adotada pelos pais em relação ao casamento ou as diferenças de condição social, mas advêm da falta de experiência ou de autoconhecimento dos personagens. A história de amor é construída como uma série de equívocos e erros que impedem a concretização do amor; ao superá-los, os envolvidos não somente descobrem seus verdadeiros sentimen-

CULTURA GERAL

tos um pelo outro, mas também a si próprios. Por se tratar sempre de dois personagens, o autoconhecimento está relacionado à melhor compreensão do outro:
somente quando vemos a nós mesmos e aos nossos sentimentos com clareza é
possível compreender o outro e vice-versa. Assim, romances de amor desse tipo
são organizados como processos de experiência, que eliminam preconceitos, clichês românticos, complexos de superioridade ou coisas do gênero e freqüentemente mostram uma educação emocional de um dos parceiros em função do outro. Os melhores romances de amor desse tipo são os de Jane Austen, intitulados
Orgulho e preconceito ou *Razão e sensibilidade*.

O ponto crucial é que a forma sob a qual a cultura se manifesta é a do romance. Por isso, se quisermos nos descobrir, temos de conhecer a forma literária
adequada.

A literatura é a arte de escrever histórias na forma de vivências e experiências
pessoais. E essas experiências cristalizam-se em determinados personagens literários, que, depois da leitura, conhecemos melhor do que a nós mesmos: Hamlet,
Dom Quixote, Rei Lear, Ofélia, Romeu e Julieta, Don Juan, Robinson Crusoé,
Tartufo, Ahasver, Fausto, Mefisto, Huckleberry Finn, Oliver Twist, Frankenstein,
Drácula, Alice no País das Maravilhas etc. Todos eles formam a roda de amigos e
conhecidos das pessoas cultas.

As grandes obras

A divina comédia

No início da literatura européia escrita em língua vernácula (portanto, não
em latim) está a maior obra da literatura italiana e da Idade Média européia: *A divina comédia*, do poeta florentino Dante Alighieri (concluída em 1321).

Para entendê-la melhor, é preciso considerar que a impressão tipográfica
ainda não havia sido inventada e que o conhecimento dependia em grande parte
da transmissão oral. O que não está escrito tem de ser memorizado. Por isso, existia uma desenvolvida cultura da memória. A ordem simbólica do mundo era
imaginada como uma espécie de museu moral, com diversas seções para acomo-
dar cada pecado e cada pena. Quando alguém queria lembrar-se de algo, percorria em pensamento esse edifício, acompanhado por um guia, e procurava o local
(lugar-comum) onde se encontrava o personagem e a história exemplar que queria citar. *A divina comédia* de Dante é um sistema mnemônico dessa natureza.

Começa na Sexta-feira da Paixão de 1300. Dante está perdido na selva obscura, onde encontra Virgílio, autor da *Eneida*, e esse o conduz por uma descida
íngreme pelos nove círculos do inferno. Primeiro, cruzam o vestíbulo do inferno,

SABER

o limbo, onde residem os grandes da Antiguidade, irrepreensíveis, mas não batizados. Na seqüência descendente de círculos infernais, chegam ao primeiro círculo; nele suspiram os que pecaram pelo amor proibido e que ainda recebem a pena mais branda. Seguem os gulosos, os avarentos, os vencidos pela ira e os indolentes. No sexto círculo do inferno, onde se encontram os hereges, dá-se início às penas verdadeiramente terríveis. O sétimo círculo é a câmara de torturas para assassinos, suicidas, blasfemos e perversos; o oitavo mostra as torturas às quais são submetidos os enganadores, bruxos, charlatães, traidores e delatores; no centro do nono círculo, Dante vislumbra o próprio Lúcifer, envolto em gelo eterno, que com suas três cabeças rói os traidores Bruto e Cássio, os assassinos de César, e Judas, o traidor de Cristo.

Virgílio o conduz por um túnel ao hemisfério oposto, onde se encontra a montanha do purgatório. Essa montanha é a contraposição simétrica do abismo do inferno: em nove círculos concêntricos o caminho ascende ao cume. Está inteiramente organizado como um campo de trabalho; os pecados que os prisioneiros expiam – por exemplo, a avareza, a gula e a luxúria – são perversões oriundas de uma busca em si divina de um amor que foi desviado de seu destino verdadeiro e redirecionado para ambições terrenas.

Virgílio abandona Dante na entrada do paraíso terrestre, e Dante é conduzido pela vida ativa até a beatitude da vida contemplativa. É recebido por Beatriz Portinari, que Dante venerava e amava platonicamente, além de idealizar e transformar no arquétipo de todas as personagens femininas inspiradoras da poesia européia. O enobrecimento do "eterno feminino" de Goethe ainda guarda essa tradição. E é Beatriz quem conduz Dante ao paraíso. Primeiro, ouvem a música celestial e depois se erguem pelos céus de esferas planetárias com seus respectivos bem-aventurados, que representam determinadas virtudes, ascendendo ao nono céu. Esse está dividido em nove graus da hierarquia angelical. Em seguida, vislumbra-se um fluxo de luz resplandecente. No centro, eleva-se a corte divina em forma de rosa branca. Em suas pétalas estão sentados os padres da Igreja, profetas e anjos, jubilosos na contemplação de Deus. Beatriz volta a ocupar seu lugar junto a Deus, e Dante foi tão purificado por essa viagem que lhe é concedido contemplar a divindade.

Encontramos aqui o esquema da viagem cultural como precursora do romance de formação. Nessa viagem, o leitor conhece os grandes da mitologia e da história. Nesse sentido, *A divina comédia* também é para a Idade Média em declínio um livro didático intitulado *Cultura geral – tudo o que se deve saber*. Quem leu essa obra foi guiado por Dante, como esse o foi por Virgílio e Beatriz. Goethe irá imitá-lo, quando faz Mefisto arrastar Fausto pelas alturas e profundezas da existência. Apesar da travessia pelo horror e das agonias do inferno e do purgatório, tudo acaba bem e por isso se chama "divina comédia".

CULTURA GERAL

Francesco Petrarca

Francesco Petrarca (1304-74), natural da cidade de Arezzo, ficou famoso por seus estudos humanistas e, principalmente, por sua lírica de amor. Trata-se de canções, madrigais, baladas e – sua marca registrada – sonetos, dedicados à amada Laura. É evidente que não existe um modelo real para Laura, contrariamente à Beatriz de Dante; por outro lado, ela é representada de forma mais real do que as figuras angelicais dos trovadores ou de Dante. Os poemas dirigidos a Laura estabelecem o conflito que se apresentará em poetas líricos posteriores: o amado quer ser ouvido, mas sabe que, se o for, sua poesia sofrerá. Por séculos, os sonetos de Petrarca e seus temas servirão de modelo para a Europa e ainda orientarão os sonetos de Shakespeare. E todos os que visitam o sul da França sabem que Petrarca escalou o Monte Ventoux em Vaucluse, perto de Carpentras, para exaltar a natureza, embora isso não corresponda à verdade.

Giovanni Boccaccio

Amigo de Petrarca, Giovanni Boccaccio (1313-75) passou a viver em Florença a partir de 1341. Seu nome está intimamente ligado à imortal coletânea de histórias, o *Decamerão* (do grego *déka*, "dez" + *hēméra*, "dia"). No ano da peste negra, 1348, sete moças e três rapazes encontram-se para fugir da cidade e se reunir em uma casa nas montanhas. Nela passam dez dias narrando dez histórias. As cem farsas, anedotas e novelas que assim surgem formam um inventário de histórias que serviu de inspiração a gerações de dramaturgos e escritores europeus. E outras tantas gerações de alunos de instituições de ensino européias puderam deleitar-se com a liberdade irreverente das histórias eróticas e, com ela, aprender quão animada podia ser uma cultura sexualmente desinibida.

Depois da literatura italiana, também as literaturas espanhola, inglesa e francesa ganham vida, enquanto a alemã continua adormecida até o romantismo.

Dom Quixote

O mais famoso romance da literatura espanhola é *Dom Quixote*, de Miguel de Cervantes (1547-1616). Incentivado pela leitura de velhos romances de cavalaria, o fidalgo espanhol Dom Quijano adota o nome romântico de Dom Quixote, enverga a armadura enferrujada de seus antepassados, arrasta do estábulo um matungo, Rocinante, rebatiza uma jovem camponesa de Dulcinéia de Toboso e a elege para senhora do seu coração. Em uma estalagem de aldeia, que ele toma por castelo, o hospedeiro o arma cavaleiro da Ordem dos Cavaleiros Andantes e o aconselha a contratar um escudeiro. Depois de os seus amigos terem queimado sua biblioteca, em uma vã tentativa de submetê-lo a uma terapia, Dom Quixote

SABER

escolhe o camponês Sancho Pança como escudeiro. Juntos, percorrem a Espanha a fim de ajudar os fracos a lutar contra os opressores – o Cavaleiro da Triste Figura montado em seu matungo e o gordo Sancho Pança, em um burro, um par arquetípico e o contraste vivo entre o idealista visionário e o realista com sua astúcia rústica.

Para continuar sustentando seu papel de salvador do mundo, Dom Quixote descobre a opressão em toda parte: toma criminosos por fidalgos presos, um rebanho de carneiros por um exército inimigo e moinhos de vento por gigantes. Atribui o fato de Sancho Pança enxergar moinhos de vento em vez de gigantes a uma ofuscação ideológica por parte do inimigo.

Mais tarde, ambos são convidados de um duque, que, juntamente com toda sua corte, faz parecer que entrou no mundo de loucuras de Dom Quixote, a fim de se divertir às suas custas, até se sentir envergonhado pela ingenuidade e pelo idealismo do cavaleiro. Finalmente, Dom Quixote é desafiado ao duelo por um cavaleiro, que o faz jurar que renunciará à condição de cavaleiro por um ano caso perca. Após ter sido derrotado, Dom Quixote cumpre sua promessa e, em um doloroso processo de conscientização, percebe como seus ideais se transformam em motivo de profunda vergonha: por fim, vê suas ilusões com clareza, vive um momento de absoluta lucidez e morre.

O romance criou um personagem que se multiplica com especial intensidade quando ideologias atraentes, mas obsoletas, entram em coma e formas de vida ultrapassadas tornam-se fantasmagóricas. Por conseguinte, o século XX viu muitos Dom Quixotes. Ao mesmo tempo, esse é o primeiro romance significativo que apresenta o efeito ilusório dos romances e, com isso, torna-se tanto auto-referente quanto realista: ele se distingue das novelas de cavalaria e, ao ridicularizá-las, afirma seu caráter realista.

Dom Quixote serviu de modelo a muitos escritores, e seu esquema foi imitado de várias maneiras (por exemplo, por Henry Fielding em *Joseph Andrews*); também se via no par fidalgo-escudeiro um retrato da Espanha.

O burlador de Sevilha e o convidado de pedra

A literatura espanhola presenteou a Europa com outro personagem arquetípico: Don Juan, o sedutor de mulheres. Origina-se no drama *O burlador de Sevilha e o convidado de pedra*, de Tirso de Molina (1584-1648). Don Juan, como se sabe, é inescrupuloso. Em uma de suas aventuras, mata o pai da amante e, quando, anos mais tarde, retorna à cidade natal de sua vítima, vê na igreja a estátua do morto. Zombando, Don Juan puxa a barba da estátua e convida o morto para jantar. E, de fato, a estátua comparece e, por sua vez, convida-o para uma ceia em sua cripta. O audacioso Don Juan a acompanha e, por fim, a estátua o agarra com sua mão pétrea e o arrasta ao inferno.

191

CULTURA GERAL

Há muitas adaptações, mas essa história chegou à memória européia graças ao *Don Giovanni*, de Mozart, um alerta a todos os sedutores irresponsáveis e um consolo para todos os maridos traídos e pais enganados. Ou não? Ao que tudo indica, existe uma relação entre o efeito sedutor de Don Juan e sua ousadia blasfematória.

William Shakespeare

Coube à Inglaterra presentear a humanidade com o poeta dos poetas e o dramaturgo dos dramaturgos, que, depois de Deus, foi o que mais criou no mundo: William Shakespeare (1564-1616). Nasceu no dia de São Jorge, o patrono da Inglaterra, em 23 de abril de 1564, em Stratford-upon-Avon; casou-se com uma mulher oito anos mais velha, Anne Hathaway, também de Stratford; desapareceu para reaparecer mais tarde em Londres. Seus colegas o ridicularizavam, dizendo que queria ser tudo ao mesmo tempo. De fato, foi ator, sócio e dramaturgo da companhia de teatro *Lord Chamberlain's Men*, autor de comédias, dramas históricos e tragédias, dono de uma criatividade inesgotável, favorito de reis e do público, autor de campeões de bilheteria e gênio teatral por excelência, adotado pelos poetas românticos alemães e elevado à categoria de modelo, de irmão caçula de Deus, cuja obra duplica no oitavo dia da criação com sua própria criação poética. Morreu no dia de seu aniversário, em 23 de abril de 1616, o dia da plenitude, e foi enterrado na igreja paroquial de Stratford, embora sobreviva para todo o sempre graças a suas obras imortais. Amém.

Os personagens de Shakespeare estão vivos até hoje e continuam a povoar todos os palcos do mundo. Hamlet, a quem o espírito do pai assassinado aparece instigando-o à vingança, passa a se debater com a dúvida que vitimou Dom Quixote: o que vi foi um fantasma ou a aparição foi real? De que critérios dispomos para avaliar nossas próprias observações? Somente as próprias observações. Abre-se um abismo de reflexão infinita: o mundo interior da subjetividade. E, assim, Hamlet, esse histérico melancólico e comediante suicida, torna-se o primeiro intelectual, rico em idéias e pobre em ações, e o arquétipo do homem romântico, que se debate com delírios ideológicos e alucinações oriundas da dúvida em relação a si mesmo. Nele, a Alemanha reconheceu-se e continua a se reconhecer: como Hamlet, ela olha para trás, possuída por um passado não redimido e obcecada por assassinatos e suas vítimas.

Muitos dos personagens de Shakespeare foram incorporados à memória coletiva: Otelo, o mouro de Veneza, marido da bela Desdêmona, é induzido a um ciúme frenético por Iago, o demônio em forma humana, o intrigante maquiavélico, cuja maldade gratuita nos dá calafrios.

Ou Shylock, o agiota judeu, a personificação de um povo vivendo à margem da sociedade, o representante dos guetos, avarento e vingativo, que Shakespeare faz proferir ao mesmo tempo um apelo comovente à justiça, à humanidade e à fraternidade, o antagonista de *Nathan, o sábio*, de Lessing.

Ou Falstaff, a encarnação do carnaval e da boa vida, um gordo imenso e grande zombeteiro, a união de carne e espírito, destruidor da ordem estabelecida e do mundo; é o bufão do príncipe que inventa inesgotáveis desculpas, mentiras, histórias e cenas, imitando seu criador, um dramaturgo disfarçado como Shakespeare. Representa também a encarnação do espírito da festa, durante a qual o desperdício e a euforia assumem o comando, e, como no próprio drama, o estado de exceção impera.

Ou Macbeth com sua Lady, que não conhece outra motivação além da ambição, um homem disfarçado e uma bruxa que induz seu marido de um assassinato a outro, até que, por fim, ele se transforma – como Herodes – em um tirano infanticida, que precisa ser abatido como um cão sarnento.

Ou o rei Lear, homem velho que submete suas três filhas a uma prova de amor, para depois, como no conto de fadas, repudiar a filha boa e legar seu reino às duas filhas hipócritas; como castigo, elas o expulsam, e acompanhamos no palco o tormento de um lento processo de declínio, no qual o velho rei, entre gritos e protestos, perde seu poder, seu papel na sociedade, seus serviçais, sua casa, suas roupas, seus filhos e, por fim, seu juízo, por já não poder suportar a tensão entre sua impotência e os tormentos enfurecedores a que é submetido.

Ou Romeu e Julieta, o par romântico arquetípico, que em uma só noite lírica vive toda a embriaguez do amor, antes que esse, no cúmulo do paradoxo, desemboque em seu oposto e se eleve à última união na morte. Assim, com um suspiro, ambos se estilhaçam, conforme Julieta havia previsto, em milhares de fragmentos brilhantes que são colocados no firmamento da cultura européia como signo dos amantes, para que, no futuro, à noite, os casais possam guiar-se por eles, enquanto Romeu e Julieta sussurram eternamente o soneto que Shakespeare lhes colocou na boca para seu primeiro encontro.

E que mundos mágicos são evocados: o mundo do *Sonho de uma noite de verão*, com a briga matrimonial entre a rainha das fadas, Titânia, e seu Oberon, que, por vingança, envia o duende Puck para causar confusão, até que Titânia se apaixona por um asno. É um mundo mágico, no qual Shakespeare inventa seu próprio folclore liliputiano e submete todos os elementos do clássico sabá de bruxas a um processo de desintoxicação artística, um mundo de mudanças constantes e de limites flexíveis, enfim, um mundo de mascaramento e da própria encenação.

Que abismos separam esse mundo mágico do mundo da política em *Júlio César* ou *Ricardo III*, onde só existem cálculo, manipulação do adversário, manobras políticas e estratégias racionais. Aqui impera o espírito sem ilusões de Maquiavel, que deixa de entender a política de um ponto de vista moral para entendê-la de um ponto de vista técnico.

CULTURA GERAL

E que diferença há entre o inferno obscuro de *Macbeth* e *Rei Lear* e o mundo idílico de *Como lhes aprouver*, com a espirituosa Rosalinda, ou o clima despreocupado de festa em *O que quiserdes*, com sua turma de beberrões, apaixonados e estultos líricos. É inacreditável que tudo isso tenha sido criado pelo mesmo poeta, mas é fato. Qual o segredo de William?

Shakespeare é um mestre da fusão nuclear lingüística, liberando energias que brilham como sentido puro. Eis um exemplo extraído da comédia *Medida por medida*.

Original:

> *But man proud man*
> *dressed in a little brief authority*
> *most ignorant of what he's most assured*
> *(his glassy essence) like an angry ape*
> *plays such phantastic tricks before high heaven*
> *as makes the angels weep who, with our spleens,*
> *would all themselves laugh mortal.*

Tradução:

> Mas o homem, o homem cheio de orgulho, revestido
> de autoridade mínima, ignorando
> quanto julga saber: sua essência frágil,
> qual sanhoso macaco tais momices
> representa ante o céu, que os próprios anjos
> choram de vê-lo. Mas tivessem estes
> nosso temperamento e fora certo
> rirem como mortais.*

A fissão nuclear ocorre na metáfora: *dressed in a little brief authority*. Nela, a autoridade é apresentada como vestimenta. Isso provoca uma reação semântica em cadeia, que leva à fusão nuclear e transforma todo um mundo em teatro: o homem é um macaco sanhoso que faz caretas diante do espelho. Da mesma forma, o mundo transforma-se em palco, e o céu, com suas camadas de cristal (assim o imaginavam os elisabetanos), em balcões de espectadores, nos quais os anjos assistem às macaquices dos homens; estes se tornam ainda mais ridículos por

---

* *Medida por medida*, trad. de Carlos Alberto Nunes. São Paulo, Melhoramentos, s/d. [N. da T.]

não reconhecerem sua verdadeira natureza: sua essência frágil (*his glassy essence*), que, como o céu e o espelho, é feita de vidro e, por isso, é invisível e imutável para poder tornar visíveis as mudanças que se alternam. No entanto, nesse sentido a alma também se assemelha ao teatro, que coloca o homem diante do espelho (os atores são invisíveis para que os personagens se tornem visíveis). Assim como a chuva cai do céu, os anjos choram por aquilo que, em nossa limitação, nos faz rir: nossas contorções grotescas. Portanto, o homem está exatamente entre seres divinos (anjos) e seres animalescos (macacos), o lado mortal voltado para fora, e o imortal, invisível, assemelhando-se mais uma vez ao espelho, que, imutável e invisível, só torna visíveis as aparições fugazes. Em apenas seis versos, Shakespeare foi capaz de invocar no espelho da linguagem toda uma cosmologia, anjos, macacos, homens, teatro, riso e pranto, céu e terra, mostrando-nos o que é a arrogância da autoridade, à qual somos seduzidos por um cargo. Isso é magia.

Quem for capaz de compreender tudo isso – não com dificuldade e lentamente como agora, mas no ritmo e compasso do verso – terá a sensação de estar observando Deus no primeiro dia da criação; sentirá o *big bang* como um poético orgasmo da criatividade. Não há no mundo sensação melhor do que essa. Ela nos liberta da depressão e do mau humor e faz com que sejamos gratos pelo fato de estarmos vivos.

Jean-Baptiste Molière

A literatura clássica francesa permanece viva até os dias de hoje na figura de Jean-Baptiste Molière (1622-73), que na verdade se chamava Jean-Baptiste Poquelin. Molière é o criador da comédia francesa e tornou-se o favorito de Luís XIV. Dotado de um talento teatral completo, escrevia peças, dirigia e atuava nos papéis principais. Pelos títulos de suas comédias percebe-se que ironiza aqueles tipos característicos, que, em virtude de uma determinada obsessão, perderam o equilíbrio e acabaram acomodando-se nessa situação. Graças a essa tipologia, seus personagens tornaram-se proverbiais.

Em *O misantropo*, o protagonista Alceste jurou a si próprio que já não se deixaria guiar pelas convenções sociais hipócritas e que só falaria honesta e francamente. Mas, infelizmente, apaixonou-se pela mordaz, vaidosa e coquete Célimène, que personifica tudo aquilo que ele despreza, enquanto ele próprio rejeita o afeto da sincera Eliante. Com isso, Molière mostra a ambivalência dos sentimentos fortes: odiamos especialmente o que amamos em segredo; só desprezam a sociedade os que em vão tentam obter seus favores.

Em *O avarento*, Molière mostra-nos a loucura reprimida pelo medo da vida e que só o dinheiro pode trazer à tona. Um dos tipos que recebeu seu nome das criações de Molière foi *Tartufo*, ou seja, o hipócrita. Trata-se de um farsante simu-

CULTURA GERAL

lado, que, escondendo-se atrás de discursos pomposos, acaba conquistando a confiança do simplório Orgon, intromete-se em sua vida particular, afasta-o de sua família e apropria-se indevidamente de seus bens; ele, por fim, é desmascarado quando assedia sexualmente a mulher de Orgon. A peça era um ataque às "boas pessoas" da época, aos religiosamente corretos e falsos devotos, especialistas em consternação, e que freqüentemente se infiltravam em casas abastadas, agindo como pesos na consciência e conselheiros e tentando usar a devoção de suas vítimas para usurpar sua herança. Por conseguinte, as reações foram violentas: interdição da peça, ameaça de excomunhão contra todos que contribuíssem com a sua divulgação e sugestão de queimar Molière na fogueira. Tudo isso foi revogado quando o rei voltou de sua campanha, mas comprova a função da comédia de tornar patente, por meio do ridículo, as falhas da sociedade. Por isso, a longevidade das comédias de Molière também inspira considerações melancólicas: pouco mudou, e o presente está povoado de Tartufos e de gente politicamente correta, que, empunhando a bandeira da moral, procura obter a influência que o clero possui.

Circunstâncias quase trágicas unem Molière à sua notável comédia *O doente imaginário*. Trata-se de um hipocondríaco que quer obrigar sua filha a casar com um médico para assim obter assistência médica permanente. Molière desempenhou o papel principal quando realmente estava muito doente. Parecia tão autêntico que a platéia se contorcia de tanto rir enquanto ele morria no palco.

O aventureiro Simplício Simplicíssimo

A primeira obra significativa da nova literatura alemã, que cativa ainda hoje, é o romance *O aventureiro Simplício Simplicíssimo*, de Hans J. Chr. von Grimmelshausen (cerca de 1621-76). Trata-se de um romance picaresco, cujo jovem herói Simplício (o simplório) passa pelas mais loucas aventuras na Europa da Guerra dos Trinta Anos (1618-48). Durante um ritual fraudulento, por exemplo, tem de fazer as vezes de bezerro, é raptado por croatas selvagens, disfarça-se de mulher, depois volta a ser ele mesmo e, a serviço do imperador, em Lippstadt, é obrigado a se casar; viaja para Paris, Viena e Moscou, ganha e perde uma fortuna, adquire experiência com as mulheres e finalmente termina como sábio eremita em uma ilha. É, simultaneamente, uma espécie de romance de desenvolvimento, uma alegoria da peregrinação da alma a caminho da salvação e uma ilustração da inconstância do destino no espírito do pessimismo cristão, com o qual o tom picante não parece condizer. Devido ao sucesso do livro, Grimmelshausen deu continuidade ao gênero nos *Simplicianische Schriften* [Escritos simplicianos], onde também narra a história da *Andarilha Courage*, aproveitada por Brecht na sua peça *Mãe coragem*. A famosa revista satírica *Simplicissimus* foi batizada em homenagem a seu romance.

196

SABER

Robinson Crusoé

Se não considerarmos *Dom Quixote*, o direito ao título de "primeiro romance realista da literatura mundial" cabe a *Robinson Crusoé*, de Daniel Defoe (1660-1731). E Defoe, por sua vez, tem o direito ao título de "primeiro jornalista". Assim, chegamos ao mundo da modernidade e da burguesia. Defoe era um fervoroso partidário de Guilherme de Orange, rei da Inglaterra de origem holandesa, que os *whigs* proclamaram rei na Revolução Gloriosa de 1688, após ele ter assinado a *Bill of Rights* como garantia dos direitos constitucionais de liberdade de todo cidadão inglês. Graças a esse compromisso com a tolerância, também foi abolida a censura à imprensa, e a Inglaterra foi a primeira a desenvolver uma imprensa livre, que lutava por um novo poder: a opinião pública. Defoe envolveu-se mais do que os outros nessa evolução. Com *The Review*, fundou o primeiro jornal, que trazia não apenas notícias, mas também comentários. Além disso, desempenhou alternadamente o papel de empresário, homem falido, agente eleitoral, espião, consultor do governo, editor e autor, que escreve obras históricas, biografias, relatos de viagem, livros didáticos e romances.

Em 1719, com *A vida e as estranhas e surpreendentes aventuras de Robinson Crusoé*, escreve um texto-chave da modernidade. Já que na versão infanto-juvenil do romance o conteúdo é sempre reduzido à estada na ilha, lembramos que o naufrágio é somente o terceiro de uma série de episódios, nos quais Crusoé sempre comete o mesmo pecado: desconsidera os conselhos do pai para que se contente com sua modesta condição burguesa. Em vez disso, foge de casa para enriquecer rapidamente com o comércio marítimo. Ao fazê-lo, recebe duas advertências de Deus: na primeira vez, enfrenta uma tempestade, na segunda, é escravizado. Depois de ser libertado, torna-se um rico fazendeiro no Brasil, mas novamente é acometido pela inquietação de perspectivas maiores, que o levam a uma viagem para a aquisição de escravos, ao naufrágio e à estada na ilha. Somente ao entrar em crise na ilha é que aprende a entender seu destino como castigo pela sua rebelião à ordem social imposta por Deus e aceita sua permanência no local como oportunidade de provação.

Experimentando constantemente várias soluções para os problemas, Robinson recapitula a história do domínio da natureza pelo homem, da agricultura à domesticação dos animais. Sua criatividade inventiva e sua visão da ilimitada utilidade de tudo fazem com que o mundo inteiro seja comparável a partir do mesmo ponto de vista, o da instrumentalização a serviço da autopreservação (→ Filosofia, Hobbes).

O mesmo se aplica ao tempo. Ele o administra como suas provisões. Nesse sentido, mostra-se um verdadeiro puritano burguês. Administra o tempo de vida como uma reserva da qual, mais tarde, terá de prestar contas a Deus e a si mesmo.

CULTURA GERAL

Na ilha, Robinson aprende a usar o tempo proveitosamente para o trabalho. Para conservar uma visão ampla de sua situação, escreve um diário e se exercita na arte da auto-observação. Assim, aprende a levar uma vida metódica, dividindo o seu tempo e conferindo estabilidade à sua existência por meio da ordem, de modo que, apesar da solidão, não perde a si próprio de vista. Dessa forma, a permanência de Robinson na ilha sintetiza o destino burguês: a combinação de isolamento social, autocontrole, vida metódica, autonomia e engenhosidade técnica passa a ser o esquema dos séculos subseqüentes. Robinson Crusoé é a ilustração da relação existente entre puritanismo e capitalismo.

Juntamente com esse cenário coercivo que é a ilha, Defoe inventa o estilo realista da descrição detalhada. Ambos estão interligados: o cenário da ilha chama a atenção para o cotidiano, e, de repente, as conhecidas rotinas do dia-a-dia já não parecem evidentes. Isso torna o cotidiano interessante e o eleva a objeto da literatura, para além da trivialidade. Começa a era do realismo e do romance.

Ao mesmo tempo, *Robinson* é um romance de desenvolvimento, no sentido em que o herói – como representante do leitor – aprende a assimilar moralmente uma catástrofe e a lhe dar sentido com a auto-interpretação autobiográfica: o crédito obtido para poder desfrutar a vida tem de ser pago com sofrimento. Essa é a reintrodução do purgatório, que já começa antes da morte; aqui é retratada a vida moderna.

É óbvio que o cenário da ilha muda radicalmente com a aparição de Sexta-feira. Perdido no oceano do tempo, Robinson está tão inseguro quanto à sua identidade que se vê constantemente perseguido pelo medo de ser devorado – devorado pelo mar, por animais selvagens e, finalmente, por canibais. Quando vê a primeira pegada na areia, entra em pânico. E, a partir daí, o romance passa a ser uma história colonial. Robinson liberta Sexta-feira de uma horda de canibais, transforma-o em serviçal, ensina-lhe modos europeus e seu idioma. Por fim, povoa a ilha com europeus naufragados e torna-se governador. O Império Britânico o recupera.

Devido ao seu valor didático, o romance foi não somente um imenso sucesso, mas também um modelo a ser imitado. Em um período de cinco anos, surgiram versões em holandês, alemão, francês, sueco e até saxão. O modelo desse tipo de romance é modificado com outros objetivos e outros personagens. Ficaram famosos o emocionante romance de Schnabel, *Insel Felsenburg* [Ilha de Felsenburg] (1721), e a idílica história de amor passada numa ilha, intitulada *Paulo e Virgínia* (1787), de Bernardin de Saint-Pierre. *Robinson* inspirou os romances utópicos, a literatura de viagens e os romances educativos. Haveria ainda inúmeras variantes ideológicas de suas histórias. São variantes independentes, como *Masterman Ready* [Marinheiro Ready] (1843), de F. Marryat, *Ilha da Grande Mãe* (1925), de

SABER

Gerhart Hauptmann, e *Lord of the Flies* [O senhor das moscas] (1954), de William Golding, que se tornou um clássico escolar.

As viagens de Gulliver

O gênero das viagens imaginárias também inclui uma obra que tem muitas semelhanças com *Robinson Crusoé*, mas que não é um romance, e sim uma das sátiras mais contundentes jamais escritas: *As viagens de Gulliver* (1726), de Jonathan Swift (1667-1745). Trata-se do relato de quatro viagens marítimas, empreendidas pelo médico de bordo Lemuel Gulliver. A primeira viagem o leva ao país chamado Liliput (Swift inventou o nome), cujos habitantes medem seis polegadas (aproximadamente 15 cm). Gulliver chega à corte de Liliput e tem a oportunidade de observar as lutas entre os partidos dos tramecksans e dos slamecksans. Com isso, Swift apresenta uma sátira dos partidos da sua terra natal, especialmente os *whigs*. Na segunda viagem, a perspectiva é invertida, e Gulliver visita Brogdingnagg, a pátria dos gigantes virtuosos. Nela, Gulliver é o liliputiano, e suas histórias sobre o Estado de partidos corruptos na Inglaterra deixam o rei de Brogdingnagg espantado. Esse personifica os ideais políticos do humanismo inglês, que, segundo Swift, eram representados pelos *tories*: uma combinação de virtudes dos romanos, vida rural e engajamento político pelo bem comum. Ao mesmo tempo, a descrição que Gulliver faz de Brogdingnagg é marcada pela ampliação da perspectiva que confere a seu olhar uma acuidade de microscópio: a pele do rosto dos brogdingnagguianos é uma paisagem de crateras, e ver as feridas e abscessos torna-se insuportavelmente nauseante. Isso dá a Swift a oportunidade de alçar sua sátira a um impulso de nojo hamletiano diante do corpo humano. Enojado, Gulliver descreve os piolhos gigantes, que, como porcos, revolvem a carne de mendigos, e deixa-se entorpecer pela exalação das glândulas mamárias, quando uma dama de companhia da rainha, por brincadeira, coloca-o sentado no bico do seu seio.

A terceira viagem leva Gulliver a Laputa, Balnibarbi, Luggnagg, Glubbdubdrib e ao Japão. Laputa é uma ilha volante, que, como a Inglaterra faz com a Irlanda, ameaça pousar com todo o seu peso sobre Balnibarbi, país dominado por ela, para esmagá-lo. Em Balnibarbi, Gulliver visita a academia de Lagado, famosa por seus experimentos ousados e projetos fantásticos. Uma de suas propostas é, por exemplo, eliminar diferenças políticas por meio de cirurgias cerebrais e evitar conspirações, fazendo análises oportunas dos excrementos dos políticos. Com essa indireta, Swift tem em vista a *Royal Society*, a mais renomada sociedade científica do mundo.

Na sua viagem a Glubbdubdrib, Gulliver conhece os grandes heróis da história apenas para constatar que, na verdade, foram os maiores patifes. Aqui, a re-

CULTURA GERAL

lativização da perspectiva de Swift funciona no mesmo padrão, segundo o qual seu amigo John Gay retrata o primeiro-ministro Walpole na figura de Peachum, rei dos mendigos em sua *Ópera dos mendigos* (que serve de modelo para a *Ópera dos três vinténs*, de Brecht). Finalmente, em Luggnagg, Gulliver encontra os struldbruggs – seres humanos biologicamente imortais – e, assim, perde todas as ilusões quanto às vantagens da imortalidade. Com o avançar da idade, os struldbruggs degeneram em um estado senil de estupidez sub-humana.

A quarta viagem é provavelmente a mais extraordinária de todas, pois leva Gulliver a um país habitado por dois tipos de seres de caracteres inteiramente distintos. O primeiro é o dos houyhnhnms, uma espécie de cavalos racionais tão nobres e virtuosos que têm dificuldade em compreender as histórias que Gulliver conta sobre as guerras, as mentiras dos políticos e a corrupção dos pervertedores da lei de seu país, porque lhes faltam os conceitos fundamentais para entender a maldade. A outra espécie é a dos yahoos, um tipo degenerado de humanóides, que se destacam por sua mesquinhez, por sua depravação e por seu caráter repulsivo. Graças ao convívio com os admiráveis cavalos e pelo fato de uma moça yahoo o desejar sexualmente, para sua vergonha, Gulliver é obrigado a reconhecer que, como homem, ele se assemelha muito mais aos yahoos do que aos cavalos; desse modo, sente um profundo ódio por si mesmo, que desencadeia nele uma forte repulsa por todo o gênero humano.

Ao comparar os houyhnhnms aos yahoos, Swift confronta a antropologia de Thomas Hobbes com a de John Locke (→ Filosofia, Hobbes, Locke). Os yahoos representam o estado animalesco da guerra de todos contra todos. Segundo a concepção de Locke, os houyhnhnms vivem sem soberano, em liberdade, mas não em anarquia moral, e sim regidos pelas leis da razão e da civilidade, na qual natureza e cultura se encontram. Portanto, o quarto livro das *Viagens de Gulliver* apresenta-nos a mudança da antropologia negra do século XVII para o otimismo do século XVIII. Os yahoos encarnam a visão cristã tradicional de que o homem possui uma natureza corrupta, que requer uma autoridade firme; os houyhnhnms representam a confiança na capacidade da sociedade civil de se auto-regular. Até hoje, as opções ideológicas diferenciam-se de acordo com esse modelo: os que tomam o ser humano por yahoos são conservadores e exigem um Estado forte, que deverá ser governado pelos houyhnhnms; quem os toma por houyhnhnms, vê o Estado como mascaramento ideológico dos yahoos.

Defoe e Swift vivem em meio às turbulências que formam a máquina do governo e a mentalidade econômica da democracia burguesa moderna. Com a obra *Robinson Crusoé*, de Defoe, aprendemos quais são os conceitos e impulsos religiosos e morais que estão por trás de uma mentalidade, que, afinal, também é a nossa. E em Swift vemos como, do ponto de vista da virtude, deve parecer absurdo um sistema de governo entregue a um conflito partidário sem reservas. No entanto, vemos também que foi justamente essa óptica relativizante de partidos antagônicos que introduziu Swift na literatura, uma vez que ele apresenta o mesmo homem ora como anão moral, ora como gigante ético.

Pamela *e* Clarissa

Dois clássicos, pouco lidos atualmente, tiveram em seu tempo um efeito enorme, que permanece até hoje: os romances *Pamela* e *Clarissa*, de Samuel Richardson (1689-1761). Em ambos os casos, trata-se de um romance epistolar. Ambos narram a história de como uma jovem burguesa virtuosa acaba nas garras de um nobre imoral que a assedia sexualmente. Pelas cartas, o leitor fica sabendo da miséria das moças, de sua firmeza e também de seus sentimentos ambivalentes em relação aos seus assediadores, que elas não consideram totalmente sem atrativos. Em *Pamela*, o nobre ameaça violentá-la; em *Clarissa*, ele realmente o faz. Isso justifica a diferença entre ambos os romances. Em *Pamela*, o assediador acaba por ficar tão desmoralizado que, embora a moça seja apenas uma criada, ele pede sua mão em casamento, que ela concede graciosamente, já que a situação é legalizada. Em *Clarissa*, o assediador destruiu essa possibilidade mediante o estupro: quando a pede em casamento, ela recusa.

A forma epistolar permite um novo tipo de narrativa. Quase sempre é relatado o que acabou de ser vivido ou até mesmo o humor, o estado de espírito e as emoções do momento. A história não é narrada a partir de uma retrospectiva distanciada, mas sim à medida que vai ocorrendo. A ação é transferida para o interior da casa e dos personagens. O romance passa a ter um cunho psicológico e permite que as mulheres entrem em evidência no papel de heroínas e autoras. Isso implica uma participação emocional do leitor muito mais intensa do que até então, e, assim, o romance conquista principalmente as leitoras.

Fundamental, no entanto, é que Richardson cria um novo mito, o do casal de amantes exemplar do romance burguês. Esse mito tem como pré-requisito cultural o fato de a sexualidade ser um tabu para as mulheres e de o casamento basear-se no sentimento. Encontramo-nos no limiar da era da sensibilidade.

O sentimento é um laço que une a todos e que também transpõe as barreiras das classes sociais ("Teus encantos reúnem o que o uso comum vigorosamente apartou..."). Torna-se o lema da burguesia no seu conflito com a nobreza, a cuja imoralidade ela contrapõe a virtude. Usando esse pano de fundo, Richardson transfere o antagonismo entre aristocracia e burguesia ao novo casal. O amante é um nobre, que se sente impelido a manter, de forma machista, ativa e inescrupulosa, a tradição de relações extraconjugais; a heroína é burguesa, passiva, caseira, afetuosa e, em termos de sexualidade, virtuosa e de princípios rígidos. Assim, Richardson projeta na relação entre homem e mulher o antagonismo exis-

CULTURA GERAL

tente entre as classes sociais, confere a esse antagonismo uma dimensão sexual e transforma o conflito social em uma guerra entre sexos, entre o vício aristocrata e a virtude burguesa, conflito em que um anjo em forma de mulher é assediado por um demônio masculino.

Isso oferece a Richardson o modelo para o romance romântico burguês: uma mulher burguesa, movida por sua virtude, resiste às insinuações dúbias do homem aristocrata até que esse, inteiramente desmoralizado, aprende a respeitar sua sensibilidade e seus anseios e lhe propõe casamento. Somente então ela pode descobrir seus próprios sentimentos e amar o que até então a torturava. Com isso, criam-se dois estereótipos que dominarão a literatura por cento e cinqüenta anos: o sedutor aristocrata, em cuja libidinosidade declarada a heroína virtuosa pode perceber, horrorizada, seus próprios impulsos sexuais reprimidos, e a nova heroína: jovem, frágil, delicada, passiva, assexuada, virtuosa e livre de sentimentos em relação ao seu admirador, até ser desposada. Caso essas barreiras sejam transpostas, ela desfalece.

Encontramos esse modelo de forma sublimada, por exemplo, em *Orgulho e preconceito*, de Jane Austen (o aristocrata Darcy e a burguesa Elizabeth), ou em *Jane Eyre*, de Charlotte Brontë (o inescrupuloso Rochester e a virtuosa governanta). Os romances de Richardson, no entanto, marcaram profundamente seus contemporâneos, e todo o clero europeu respirou aliviado, porque a literatura finalmente enaltecia a virtude, pois encontrara seu tema: o amor e o sentimento. A partir de então, ela se dedicaria cada vez mais a esse objeto e passaria a ser a forma na qual se podia comunicar publicamente o que era de âmbito privado. Graças à dramatização mais intensa dos acontecimentos e à maior participação por parte do leitor, ela mesma se transformou em um tipo de comunicação íntima, na medida em que, por meio de sua capacidade de sugestão e de sua carga emocional, exortava à co-participação.

Os sofrimentos do jovem Werther

Influenciado diretamente por Richardson, Goethe escreveu a contrapartida aos romances predominantemente femininos de Richardson – o manifesto do sentimento a partir da perspectiva masculina: *Os sofrimentos do jovem Werther* (1774). Esse romance epistolar nos apresenta, ao mesmo tempo, um episódio crítico da biografia de Goethe, que ele supera por meio da literatura.

Como aspirante a advogado, Goethe é estagiário no Supremo Tribunal de Justiça do Império, em Wetzlar, e, durante um baile em Volpertshausen, apaixona-se por Charlotte Buff. Faz-lhe a corte, mas ela já está comprometida com o secretário diplomático Kestner. No mesmo baile, conhece o secretário de legação Carl Wilhelm Jerusalem. Após ter assediado Charlotte em vão e ter novamente seguido

202

SABER

viagem, Goethe descobre que Jerusalem pediu a pistola de Kestner emprestada, suicidando-se com ela. É que estava apaixonado por uma mulher casada.

Seu próprio desespero e o ato de Jerusalem confluem no personagem de Werther, um homem dado a sentimentos ardorosos e arroubos de paixão. Deixa-se dominar por sensações panteístas e, em uma prosa lírica, celebra a fusão de sua alma com a natureza. No entanto, essa exaltação vai contra as convenções sociais e a sóbria respeitabilidade cosmopolita, de modo que Werther, em vez de poder expressar-se, torna-se solitário por causa da intensidade de seus sentimentos. Em um baile, no campo, conhece Lotte e tem novamente a sensação oceânica de felicidade arrebatadora: "Vi seus olhos cheios de lágrimas / quando pôs sua mão sobre a minha e / disse: 'Klopstock!' Lembrei-me logo da ode / sublime que lhe ocupava o pensamento / e mergulhei na torrente de sentimentos que ela / derramava sobre mim naquele momento. Não pude / suportá-lo, inclinei-me para a sua mão e beijei-a / sob o impulso de lágrimas deleitosas."* Nesse momento, Albert, o sóbrio noivo de Lotte, chega para atrapalhar o relacionamento. Werther deixa os dois, sente-se aborrecido com o espírito mesquinho de seus colegas e, por ser burguês, tem de se manter afastado da sociedade aristocrata; então, pede demissão de seu emprego, sentindo uma aversão cada vez mais forte pela vida. Isso o reconduz à companhia de Lotte, junto à qual reencontra o miserável Albert. Com a leitura de *Ossian*, falsa epopéia escocesa (mas Goethe ainda não o sabia), sua frustração aumenta progressivamente até atingir o desespero. Pela última vez, lê a obra na companhia de Lotte, beija-a e joga-se a seus pés. Ela se tranca no quarto contíguo, e ele pede a Albert que lhe empreste algumas pistolas; escreve uma carta de despedida a Lotte, veste o traje da primeira noite do baile e suicida-se junto à escrivaninha – a reencarnação de um Hamlet da sensibilidade.

O romance fez um enorme sucesso. Toda uma geração reconheceu-se na dor de Werther. Houve uma verdadeira moda wertheriana, que imitava seu traje: casaca azul, colete amarelo, chapéu de feltro e cabelo sem talco. Uma onda de suicídios assolou o país, e, mais tarde, o grande Napoleão, que era o oposto de Werther, carregaria sempre uma edição do romance consigo.

Gotthold Ephraim Lessing

A dramaturgia alemã teve início com a adoção de Shakespeare e de seu verso branco (pentâmetro jâmbico = xx: *die Axt / im Haus / erspart / den Zim / mermann***) por Gotthold Ephraim Lessing (1729-81). Ao escrever *Minna von Barn-

---

* *Os sofrimentos do jovem Werther*, trad. de Marcelo Backes. Porto Alegre, L&PM, 2001. [N. da T.]

** "O machado em casa poupa o carpinteiro" – *Guilherme Tell*, trad. de Sílvio Meira. Rio de Janeiro, MEC/Serviço Nacional de Teatro, 1974. [N. da T.]

CULTURA GERAL

helm (1767), produziu uma das mais encantadoras comédias alemãs, em que um oficial prussiano, obcecado por sua honra, é curado de sua quixotice pela genialidade de sua amada: já que ele só a quer quando ela está infeliz, ela se finge de infeliz. E, em *Nathan, o sábio*, Lessing lembra o nível de civilização que o Iluminismo já atingira na Alemanha: a peça passa-se em Jerusalém, durante as cruzadas; o protagonista é um comerciante judeu, que considera todas as religiões como expressões diferentes da mesma verdade. Quando um templário se apaixona por sua filha adotiva, Recha, e esse relacionamento, por sua vez, envolve o sultão Saladino, que é muçulmano, as três religiões monoteístas são confrontadas. No final, descobre-se que Recha e o templário são irmãos e filhos do irmão de Saladino. O pai espiritual comum a todos, no entanto, é Nathan, o sábio, de modo que, por fim, todos podem abraçar-se como membros de uma mesma família: a humanidade.

Fundamental à mensagem de Lessing é o episódio central da peça, quando o sultão testa a renomada sabedoria de Nathan e lhe pergunta qual é a verdadeira religião. Nathan responde com a parábola do anel, extraída da terceira história do *Decamerão*, de Boccaccio: desde tempos imemoráveis, a cada geração, o pai de uma família deixa de herança a seu filho favorito um anel valioso, que o manterá no caminho da virtude e da felicidade. Finalmente, chega a vez de um pai que não consegue decidir entre seus três filhos, porque os ama da mesma forma. Assim, manda fazer duas réplicas do anel e dá uma a cada um dos filhos. Após sua morte, inicia-se o conflito, porque cada um deles reivindica possuir o anel autêntico. O juiz decide que, de acordo com o testamento do pai, o anel autêntico estaria nas mãos daquele cuja mudança de vida exemplar provasse o poder do anel. Dessa forma, ambos teriam a oportunidade de comprovar a autenticidade de seu anel.

Essa resposta salomônica entusiasma o sultão e demonstra o que Nathan e Lessing entendiam pela transformação de verdades da fé em verdades da razão. O drama é uma contraposição ao *Judeu de Malta*, de Christopher Marlowe, uma peça em que judeus, cristãos e muçulmanos se esmeram para enganar uns aos outros. E é também uma contraposição ao *Mercador de Veneza*, de Shakespeare, com seu obscuro agiota judeu Shylock.

Friedrich Schiller

A segunda estrela, ao lado de Goethe, no firmamento do classicismo de Weimar é Friedrich Schiller (1759-1805). Durante os dez anos compreendidos entre 1794 e 1805, divididos exatamente ao meio pela virada do século, seu trabalho esteve intimamente ligado ao de Goethe.

Ao contrário deste último, o temperamento poético de Schiller concentrava-se na ação dramática do teatro político em trajes históricos. Ao mesmo tempo,

SABER

ele possuía o dom de condensar seus pensamentos em aforismos, o que faz com que sua obra seja um tesouro de citações da língua alemã.

Schiller teve um início de carreira estrondoso com *Os bandoleiros* (1782), drama arquetípico do *Sturm und Drang*. Ao contrário do ideal estilístico do classicismo francês, esse movimento literário, cujos participantes incluíam Max Klinger, Goethe, Schiller, Lenz e Bürger, era norteado por Shakespeare, Ossian, Rousseau e Hamann e salientava o rebelde, o prometéico e o demoníaco. *Os bandoleiros* trata dos irmãos Franz e Karl Moor, que se confrontam com o livre pensamento francês (Franz) e o *Sturm und Drang* alemão (Karl); o irmão mais novo, Franz, engana o mais velho, Karl, e usurpa sua herança. Este se cerca de um bando de fora-da-lei, vai para a floresta e se transforma em um Robin Hood. No final, volta para casa, manchado com o sangue de inocentes, para ver sua amada Amália pela última vez; e tudo termina em complicação, suicídio, assassinato e catástrofe. A direção do autor contém caracterizações como: "[...] adentra a sala em movimento selvagem e caminha precipitadamente de um lado para outro", ou: "Sapateando no chão com fúria."; e Amália diz frases como: "Assassino! Demônio! Eu não posso te deixar, anjo!"* Na estréia, o público de Mannheim ficou tão entusiasmado que pessoas que nem se conheciam se abraçaram. Não lhes importava que Schiller tivesse roubado os irmãos rivais do *Rei Lear*, de Shakespeare.

Dom Carlos (1787) é baseado na vida do filho do rei Filipe II da Espanha. O protagonista partilha seu ideal de liberdade com o marquês de Posa, mais velho e mais experiente. Quando ambos conspiram contra o tirano, as suspeitas recaem sobre Dom Carlos. A fim de eximir o príncipe, o marquês de Posa atrai toda a suspeita para si e é executado. Quando, em seguida, oferecem a liberdade a Dom Carlos, ele acaba afrontando o tirano devido a um arroubo de idealismo e é entregue à Inquisição. O verso mais conhecido da peça, o apelo do marquês de Posa a Filipe, "[...] Dai liberdade de pensamento!", provocou salvas de palmas durante o nazismo. A peça serviu de base para a ópera *Don Carlo*, de Verdi (1867).

Wallenstein (1798/99) é uma trilogia composta pelas seguintes obras: *O acampamento de Wallenstein*, *Os Piccolomini* e *A morte de Wallenstein*. Trata da queda do general imperial Wallenstein durante a Guerra dos Trinta Anos. Com ela, inicia-se a fase clássica da produção de Schiller. Ao mesmo tempo, a peça representa o ápice de sua obra dramática.

Wallenstein vê-se como representante de uma nova ordem de paz. No entanto, para se armar contra a falta de seriedade do imperador e para fazê-lo notar sua autonomia, estabelece contato com o adversário sueco, mas é traído por seu "amigo" Otávio Piccolomini, cujo filho, Max, está do lado de Wallenstein; movi-

---

* *Os bandoleiros*, trad. de Marcelo Backes, Porto Alegre, L&PM, 2001. [N. da T.]

CULTURA GERAL

do por sua crença nos astros, reage com indecisão e provoca a catástrofe que queria evitar: sua destituição do cargo e seu assassinato. Até hoje é válido o que se diz sobre Wallenstein no prólogo: "Confundido pelo favor e pelo ódio dos partidos / a representação de seu caráter oscila na história." Golo Mann escreveu uma interessante biografia sobre ele.

Maria Stuart (1801) trata da rivalidade entre a poderosa rainha Elizabeth da Inglaterra e a bela rainha Maria Stuart da Escócia, que a primeira mantém em cativeiro. A tensão advém da incerteza se a pena de morte imposta a Maria seria ou não executada. O tema é a problemática do espetáculo político e da política de imagem.

A donzela de Orleãs (1802) é uma tragédia romântica que aborda a ação de Joana d'Arc. Esta levou à reviravolta em favor da França na Guerra dos Cem Anos com a Inglaterra. A obra mostra como a virgem compromete sua missão histórica quando se apaixona – humana que é – pelo inglês Lionel. Mas é só no conflito com a vontade divina que ela cresce como "ser humano". O drama vive do seu formato operístico. A título de comparação, deve-se ler a peça *St. Joan* [Santa Joana], de Shaw, escrita depois da canonização da virgem, que acabou sendo queimada como bruxa.

Guilherme Tell (1804) é um drama sobre o mito de libertação, representado pela fundação da Suíça: a humilhação de um indivíduo (Tell tem de acertar com uma flecha a maçã que está na cabeça do filho) desencadeia um movimento de libertação geral. O drama trata da inter-relação existente entre a ação do indivíduo (Tell) e o comportamento da coletividade, que, no caso da Suíça, conduz à libertação: "Não, uma fronteira tem a força da tirania. / Quando o oprimido não encontra a justiça em parte alguma, / quando insuportável se torna a opressão... / Procura ânimo e consolo no céu / e traz para a terra sua eterna justiça..."

Schiller foi, na Alemanha, o sucedâneo de uma revolução burguesa. Figurava entre um dos poucos alemães a quem a república francesa outorgou o título de cidadão honorário após a Revolução. Por saber unir seu *páthos* revolucionário de liberdade ao espírito edificante e à teatralidade, tornou-se o poeta da burguesia liberal alemã. Ao mesmo tempo, por sua tendência política, seus dramas eram o motivo principal pelo qual os judeus do Leste Europeu se apaixonaram pela cultura alemã. O nome de Schiller popularizou-se entre eles. Mas esses dramas também mostram que na Alemanha substituía-se política por história.

Heinrich von Kleist

Heinrich von Kleist (1777-1811) pertence à categoria dos poetas românticos, que em francês eram chamados de *poètes maudits* (literalmente, poetas malditos). Neles se entrelaçavam um estilo de vida arriscado, a auto-exposição psí-

SABER

quica a perigos e a originalidade poética. Em 1811, Kleist e Henriette Vogel cometem suicídio juntos. É de estranhar, portanto, que com *A bilha quebrada* (1808) ele tenha escrito a melhor comédia alemã. Trata-se da história de Adão, juiz de aldeia holandês, que tem de examinar um caso de assédio sexual (a bilha quebrada simboliza a reputação maculada da moça, Eva), em que ele mesmo é o culpado. Essa é a versão cômica de Édipo, e a comicidade é estabelecida a partir das tentativas desesperadas do juiz de salvar sua pele diante dos olhos de Walter, conselheiro da justiça.

A peça resgata a velha imagem que equipara a psique humana a um tribunal interno; por um lado, essa imagem representa a herança protestante e, por outro, desempenha um papel muito importante em Freud (negação, censura etc. → Psicanálise).

Kleist também trata do tema do desdobramento interno na sua maravilhosa comédia *Anfitrião* (1807), onde a esposa do protagonista, Alcmena, trai o marido sem o saber, porque Júpiter a possui assumindo o aspecto físico de Anfitrião. Trata-se da diferença entre o amante divino e o marido mortal, entre amor como obrigação e amor espontâneo.

Em *O príncipe de Homburg* (1811), Kleist retoma o tema da autocondenação: o herói do drama é o sonâmbulo general de cavalaria do grande eleitor, que, envolto em sonhos românticos, ataca o inimigo em combate antes de obter a autorização para fazê-lo; com isso, consegue trazer a vitória, mas, mesmo assim, é condenado à morte por desobediência militar. Após uma impressionante representação do medo da morte, o príncipe reconhece a justiça da sentença, e somente quando se submete à lei é que o eleitor pode conceder-lhe clemência.

Em 1808, Kleist conclui uma das novelas clássicas da literatura alemã, a história de *Michael Kohlhaas*, um negociante de cavalos de Brandemburgo, que, ao ver seus cavalos arruinados por um proprietário de terras e não conseguir indenização perante o tribunal, faz justiça com as próprias mãos; incendeia a propriedade do adversário e cobre o país com guerra até ser duplamente justiçado: seus cavalos são restituídos e ele é executado por seu crime. O nome Michael Kohlhaas tornou-se sinônimo de fanático pela lei.

Fausto. *Tragédia em duas partes*

Fausto. Tragédia em duas partes de Johann Wolfgang von Goethe; primeira parte (1797-1806), segunda parte (1824-31).

Fausto é a mais fenomenal composição em idioma alemão e nos oferece um inventário dessa cultura como só encontramos em *A divina comédia*, de Dante, ou em *Ulisses*, de James Joyce. Sua estrutura engloba o céu, a terra e a história européia, de Homero e Goethe, e, portanto, é um sistema de memória. Goethe transformou a figura do Fausto em representante de uma exorbitância e inquietação es-

207

CULTURA GERAL

pecificamente modernas, fenômenos esses ligados à ciência, à técnica e às ilimita-
das possibilidades do futuro. É nesse sentido que se usa o termo "faustiano".

No esboço da obra, Goethe associa a aposta feita entre Deus e o diabo a respeito de Jó (→ Jó) ao tema do pacto diabólico entre Fausto e Mefistófeles. Fausto era o nome de um legendário mago, praticante de magia negra e erudito do século XVI, cuja vida já fora tema de um drama escrito pelo contemporâneo de
Shakespeare, Christopher Marlowe, em sua peça *Dr. Faustus*. Existia um livro popular sobre os feitos deste necromante. Sua figura era um misto de imagens vin-
culadas a outros magos espetaculares, tais como Paracelso e Henrique Agripa. Por
isso, Goethe dá a seu Fausto o nome de Heinrich, embora o Fausto histórico se
chamasse Georg, e Marlowe o chamasse de Johann.

Goethe introduz a ação de Fausto com um prólogo no céu, onde o diabo faz
uma aposta com Deus, dizendo que conseguirá desviar o espírito de Fausto de
sua aspiração interminável e satisfazê-lo com trivialidades ("Ingira pó, com deleite, o papalvo"*). Para esse fim, Deus lhe dá carta-branca, como no caso de Jó.

No início da ação propriamente dita, vemos como o erudito Fausto, à noite,
em seu gabinete, e depois com seu fâmulo (criado) Wagner, durante o passeio de
Páscoa, expressa sua insatisfação em relação à ciência tradicional e à limitação da
existência burguesa em geral. Esse estado de espírito aciona Mefisto, que entra fur-
tivamente, disfarçado de cachorro ("Do perro era esse o cerne, então?") e o convence a selar um pacto. Mefisto deve ajudar Fausto a reconhecer "o que a este mundo /
Liga em seu âmago profundo". Em troca, Fausto lhe dará sua alma, mas acrescenta
uma condição: "Se vier um dia em que ao momento / Disser: Oh, pára! és tão for-
moso! / Então algema-me a contento." Após apartes satíricos, dirigidos ao ambiente da universidade e aos costumes que nela vigoram (cena com estudantes e bebe-
deira na taberna de Auerbach), Fausto é transformado em um jovem dândi. Começa então o enredo com Margarida, que perfaz a primeira parte de *Fausto*.

Essa tragédia é uma variação do cenário de Richardson (→ Richardson): a
sedução inescrupulosa de uma ingênua moça burguesa por Fausto, transmutado
em jovem libertino, com a ajuda do diabo; o envenenamento da mãe de Margarida, a morte do irmão de Margarida em duelo, a gravidez ilegítima, o infanticídio, o encarceramento e a loucura de Margarida. Para tanto, Goethe serviu-se intensamente da Ofélia de *Hamlet*: Fausto corresponde a Hamlet, Margarida, a
Ofélia, e seu irmão Valentim, a Laertes, enquanto Mefisto canta as canções de Ofélia. A fim de ilustrar a natureza demoníaca do desejo sexual, Goethe introduz a
romântica Noite de Valpurgis no enredo de Margarida. É um sabá de feiticeiras,
cuja descrição é inspirada em *Macbeth* e em *Sonho de uma noite de verão*.

---

* As citações de *Fausto* em português foram extraídas da tradução de Jenny Klabin Segall
(Belo Horizonte, Itatiaia, 2002). [N. da T.]

SABER

Em contraste com o desenrolar trágico da ação nessa primeira parte, a segunda muda para o estilo panorâmico de um teatro que apresenta o mundo de forma simbólica. No prólogo, Fausto desperta de um sono reparador como de um surto psicótico e, no primeiro ato, aparece na corte imperial em companhia de Mefisto. Lá trabalha como mago, dedicando-se às finanças arruinadas do Estado. Mefisto mostra ser adepto de Keynes, fomentando o processo inflacionário com a impressão de papel-moeda. Do ponto de vista político-cultural, Fausto tenta impulsionar o renascimento do classicismo grego ao evocar Helena e Páris como encarnações da beleza clássica e, por fim, falha na tentativa. O segundo ato leva ao antigo gabinete de Fausto, onde Wagner – já promovido a doutor – instalou um laboratório de genética e, como o famoso cientista Frankenstein da Universidade de Ingolstadt, cria, em tubo de ensaio, um embrião artificial feito de biomassa adequada: o homúnculo. Esse homenzinho indica a Fausto o caminho para a clássica Noite de Valpurgis. Nela, seres fabulosos e pré-homéricos, deuses gregos e filósofos da natureza reúnem-se para uma festa do mar, que, como em *O banquete*, de Platão (→ Sócrates), culmina na exaltação do todo-poderoso Eros. No terceiro ato, Fausto encontra Helena. Ela representa o sentido estético da Antiguidade, e Fausto, o norte romântico e a força da vivência anímica. Da união de ambos nasce o espírito da poesia, Eufórion, com o qual Goethe tenta apreender a aparição meteórica de Byron: Eufórion esvai-se em um êxtase poético, assim como Byron com seu entusiasmo se sacrifica pela libertação da Grécia. Depois da morte de Helena, cujos traços se confundem com os de Margarida, Fausto retorna dessa esfera atemporal à Terra; com o auxílio de Mefisto, ajuda o imperador a vencer seu adversário e, como recompensa, recebe uma faixa costeira. No quinto ato, dá início a um grande projeto de engenharia; ao represar o mar com a construção de diques, expande suas terras. Para tanto, manda incendiar o casebre do casal de velhinhos Filemon e Baucis, que constituem um obstáculo para a reorganização das terras, e ambos perecem. Graças à técnica, Fausto agora é capaz de fazer milagres sem magia, de modo que, aos poucos, vai se libertando de Mefisto. Mas isso o faz antever um estado de contentamento que leva Mefisto erroneamente a considerar cumprida a condição que o próprio Fausto formulara: ele vislumbra a possibilidade de uma sociedade trabalhista organizada livremente ("Quisera ver tal povoamento novo") e diz: "Na presciência desse altíssimo contento, / Vivo ora o máximo, único momento." Dito isto, cai morto. Mefisto quer apoderar-se de sua alma, mas eis que desce do céu uma legião de anjos jogando rosas, e Mefisto é distraído eroticamente por um anjo sensual, enquanto os mensageiros celestiais raptam a alma de Fausto. E, mais uma vez, o "pobre diabo" é enganado. Os anjos cantam a razão de Fausto ter sido salvo: "Quem aspirar, lutando, ao alvo / À redenção traremos." No final, Margarida o aguarda como Bea-

CULTURA GERAL

triz a Dante e procede a uma variação de versos da primeira parte: "Inclina, inclina, / Ó Mãe Divina, / À luz que me ilumina, / O dom de ter perdão infindo. / O outrora-amado / Já bem-falado, / Voltou, vem vindo." E, por fim, o *chorus mysticus* interpreta tudo cantando: "Tudo o que é efêmero é somente / Preexistência; / O Humano-Térreo-Insuficiente / Aqui é essência; / O Transcendente-Indefinível / É fato aqui; / O Feminil-Imperecível / Nos ala a si."

Esse resumo simples e sucinto só é capaz de dar uma fraca impressão do brilho e da riqueza dessa obra. Graças à sua contraposição entre modernidade e antiguidade, paganismo e cristianismo, arte e técnica, poesia e ciência, romantismo e classicismo, e às suas inúmeras invocações, encenações e transformações, ela oferece um inventário das múltiplas formas e figuras de nossa cultura, como não o encontramos em nenhuma outra obra. Isso também se aplica às formas da poesia propriamente dita. Não existe nenhuma outra obra que utilize tantas variantes métricas. Deus fala em pentâmetros jâmbicos com rimas cruzadas; Fausto alterna entre tetrâmetros que fluem com nostalgia, tercetos e trímetros sem rima; a fala de Mefisto desdobra-se em versos madrigais, descontraídos e elegantes, de comprimentos variados: "O Gênio sou que sempre nega! / E com razão; tudo o que vem a ser / É digno só de perecer; / Seria, pois, melhor, nada vir a ser mais." A obra está repleta de canções, baladas, hinos e coros. *Fausto* reúne todas as formas da linguagem poética. É uma verdadeira *summa poetica* e uma anatomia da cultura alemã. Nela, a língua mostra do que é capaz, as figuras que domina e o resplendor e a expressividade que sabe produzir. Em *Fausto*, a cultura alemã funde-se com a européia; não há obra com tantos pontos em comum entre ambas. *Fausto* é a obra poética que melhor proporciona às outras nações conhecer a literatura alemã, e Fausto e Mefisto são os dois alemães a que elas provavelmente deram mais atenção.

Naturalmente, foi inevitável que *Fausto* fosse utilizado como um instrumento nacional em prol do povo e da pátria e que o excesso faustiano servisse para legitimar o messianismo alemão. Thomas Mann corrigiu isso com seu *Dr. Faustus*, de 1947, ao atualizar o personagem após o nazismo: os protagonistas são a música, o êxtase, a loucura e Nietzsche, e, no final, Fausto é realmente buscado pelo diabo, a quem havia vendido sua alma.

Considerações intermediárias: o romance

Os poetas do classicismo alemão concentraram-se na lírica e no drama. O romance realista ainda não desempenha um papel importante entre eles. Na Inglaterra, no entanto, ele havia evoluído plenamente nos cem anos que se seguiram a *Robinson Crusoé*. Depois que Richardson inventou o modelo da história de amor e conferiu um caráter psicológico ao romance, Laurence Sterne (1713-68), com seu romance humorístico *Tristram Shandy* (1759 ss.), escreveu um meta-ro-

SABER

mance. Em 1764, Horace Walpole inventava a ficção gótica (do inglês *gothic novel*) com a obra *O castelo de Otranto*, e Sir Walter Scott, o poeta da Escócia romântica, criou o romance histórico (*Ivanhoé*, 1819). Finalmente, Jane Austen (1775-1817) desenvolveu a perspectiva narrativa móvel em seus romances *Emma* e *Orgulho e preconceito*. Com isso, conferiu ao romance o princípio de formação, que é a chave de seu sucesso: narrar a história de tal forma que ora a vivenciamos da perspectiva de um personagem importante, ora de forma direta, observando o personagem de fora. Dessa maneira, o romance consegue conciliar a introspecção psicológica a um amplo panorama social. Ele nos mostra como sociedade e indivíduo se confrontam e como, nessa confrontação, ocorre uma relativização mútua . Por isso, nos séculos XIX e XX, o romance moderno é a forma literária predominante. É a forma literária da burguesia.

Em 1830, eclode em Paris mais uma revolução: o reacionário Carlos X abdica, e, em seu lugar, sobe ao trono Luís Filipe, o "rei burguês". Com ele, tem início o apogeu da burguesia. Um ano antes, portanto, em 1829, Honoré de Balzac (1799-1850) havia iniciado sua produção literária, que totalizaria mais de noventa romances e contos. Com eles, reunidos sob o título *La comédie humaine* ("a comédia humana" em oposição à "divina comédia"), tentou fazer um inventário sociológico completo da sociedade francesa de seu tempo.

Em 1832, Goethe e Scott haviam morrido. No mesmo ano, na Inglaterra, Charles Dickens (1812-70) dava início à sua produção. Em 1832, ocorreu algo na Inglaterra que teve o efeito de uma revolução: uma reforma do direito eleitoral, que foi responsável pela transferência do poder político da nobreza para a burguesia. Também nesse âmbito a sociedade burguesa se desenvolvia e, com ela, o romance.

Menos na Alemanha. Por quê? Será que isso se devia somente às condições retrógradas? Esse não deve ter sido o único motivo, pois outro país começou a participar da produção da grande literatura: a Rússia. E eram romancistas que logo ocuparam a linha de frente e produziram panoramas sociais formidáveis e estudos psicológicos de grande profundidade e precisão: Dostoiévski e Tolstoi. Sua sociedade era a de Moscou e a de São Petersburgo.

Era exatamente o que faltava na Alemanha. Não havia uma capital que a sociedade pudesse usar como palco para se apresentar. O romance é o gênero das metrópoles. As histórias passam-se em Paris, Londres e São Petersburgo, e mesmo aquelas que se passam na província extraem da capital a imagem da sociedade como um todo.

Ao contrário dos países vizinhos, até Thomas Mann a Alemanha não produziu romances que pudessem ser comparados a Dickens, Flaubert ou Dostoiévski. Em vez disso, a energia narrativa fluía para a historiografia e a filosofia da história: em lugar de romances havia especulações históricas, e em lugar de narrativas, ideologia.

211

CULTURA GERAL

O vermelho e o negro

Em 1830, foi publicado um dos mais famosos romances da literatura francesa: *O vermelho e o negro*, de Henri Stendhal (cujo verdadeiro nome era Henri Beyle). O subtítulo da obra, *Crônica do século XIX*, indica que o presente também é tido como histórico. Nessa obra, Stendhal narra a história de Julien Sorel, filho de um carpinteiro da região de Franche-Comté, que ambiciona a ascensão social. Bonito e talentoso, mas incapaz de executar trabalhos braçais, Julien nasceu na classe social errada e por isso decide tomar o único caminho de ascensão social acessível a um provinciano: o sacerdócio. Como admirador de Rousseau e Napoleão, precisa fingir devoção para alcançar seu objetivo. Mas, em virtude de seus bons conhecimentos de latim, antes de fazer os votos é admitido como preceptor na casa do conservador prefeito de Verrières, cuja esposa se apaixona por ele. Então ele aproveita a submissão amorosa da mulher socialmente superior como instrumento de ascensão social. Diante do escândalo iminente, refugia-se no seminário de padres, onde, diante da perversidade e mediocridade generalizadas, aperfeiçoa-se na arte da dissimulação. Por indicação de um protetor, torna-se secretário e confidente do marquês de la Mole, em Paris, onde se torna um cosmopolita. Começa a relacionar-se com a filha do marquês, que, tão dura e voluntariosa quanto Julien, designa-lhe um papel no seu sonho de escapar de uma sociedade que a entedia, enquanto ele a usa para ascender a mais um degrau social. Julien vence a luta pelo poder que existe entre eles: ao engravidar, a moça convence seu pai a conseguir um título de nobreza para Julien. Ele passa a ser *Chevalier* de la Vernaye e alcança o apogeu social. Nesse momento, volta a ser derrubado por uma carta que sua antiga amante, a esposa do prefeito de Verrières, escreve ao marquês, para desmascarar o fingimento de Julien . Fora de si de tanta raiva, ele viaja para Verrières, encontra sua ex-amante na igreja e atira duas vezes contra ela. Ela fica apenas ferida, mas ele é condenado à morte. Já que, em virtude de seu futuro, sua ambição social tornou-se irrelevante, ele pode então descobrir seus verdadeiros sentimentos pela antiga amante que o arruinou.

Stendhal retrata na figura de Julien uma daquelas naturezas superiores, que vibram de energia e paixão, e a quem, por sua vitalidade, ele dá o direito de se realizarem sem consideração alguma pelos outros. Ao se confrontarem com uma sociedade limitada e pequeno-burguesa, essas pessoas extraordinárias não dispõem de outro recurso a não ser a dissimulação para mascarar sua rebeldia. Por outro lado, Julien é um parâmetro da mediocridade social. *O vermelho e o negro* é, ao mesmo tempo, um romance psicológico e de crítica social. O fato de Stendhal desenvolver o conflito trágico de uma pessoa oriunda de uma classe social inferior de forma tão concludente e a partir da própria organização estrutural da sociedade é algo novo e faz com que ele seja um dos criadores do realismo social no romance.

212

SABER

Oliver Twist

A sociedade vitoriana encontra em Charles Dickens (1812-70) o seu retratista. Um de seus romances mais populares é *Oliver Twist* (1837/39). Esse se passa no submundo londrino e em uma daquelas horripilantes recém-instaladas instituições para desempregados e crianças órfãs, o chamado "reformatório". É lá que Oliver, um menino abandonado pelos pais, cresce e comete o crime intolerável de pedir uma segunda porção de mingau de aveia. É entregue por Mr. Bumble, o diretor da casa, a Mr. Sowerberry, dono de uma funerária, para trabalhar como aprendiz, mas foge e cai nas mãos de um bando de ladrões. O chefe do bando é o taciturno Fagin, que, como um professor de escola profissionalizante, tenta educar Oliver no exercício de virtudes burguesas, como o esforço e a precisão, para que ele se torne um ladrão profissional. Para essa tarefa, conta com a ajuda de Nancy, Bill Sikes e de "Artful Dodger". O rico e paternal Mr. Brownlow salva Oliver, mas o perverso Monks instiga seu bando a raptá-lo, e ele é envolvido em um roubo, do qual é obrigado a participar. No assalto, é ferido, e a carinhosa Rose – que se revela como sua tia – cuida dele até que ele se restabeleça. Finalmente, descobre-se que o perverso Monks está por trás da infelicidade de Oliver: é seu meio-irmão e queria embolsar a sua herança. No fim, os maus são castigados, e Oliver é adotado por Brownlow, que lhe dá uma boa educação.

Nesse romance, encontramos várias linhas temáticas, que podemos aplicar, de forma generalizada, aos romances subseqüentes e que produzem o típico efeito de Dickens: primeiramente, há uma injustiça social gritante, vinculada a uma instituição, no caso, o reformatório. Como primeiro romancista, Dickens descreveu as instituições que se destinam a disciplinar a sociedade moderna, tais como escolas, prisões, fábricas, reformatórios, escritórios, tribunais, delegacias etc. E é o primeiro a descrever um novo tipo, surgido em decorrência da burocracia estatal, a quem cabe inspecionar e explorar as pessoas. Esse tipo pode justificar seu sadismo invocando o cumprimento das leis (→ Foucault, Adorno). Desse grupo, ele extrai uma galeria de tiranos menores, brutais e trapaceiros, movidos pelo ressentimento. Dickens os apresenta como seres grotescos, estranhos e sinistros.

A perspectiva que confere a esses tiranos uma figura especialmente assustadora é a da criança, que nada entende e tudo vê sob uma ótica estranha. A obra de Dickens gira em torno da confrontação da criança inocente com o monstro de coração endurecido.

É na cidade grande que as crianças descobrem seu estado de desamparo. Dickens é um dos primeiros a trazer as experiências da cidade grande para a literatura. Ele passa a ser o autor que retrata Londres. Ainda hoje, a imagem de Londres como metrópole relativamente familiar traz a marca de Dickens.

213

CULTURA GERAL

Mas, em sua época, preponderava a idéia de que a cidade grande exigia das pessoas uma percepção que ultrapassava sua capacidade de apreensão. Por isso, Dickens descreve a cidade como o lugar onde se vivencia o monstruoso, o vago, o amorfo; Londres fica embaçada em meio à névoa, dilui-se na chuva; as ruas afundam na imundície; o Tâmisa torna-se irreconhecível com suas margens lamacentas; as casas são soterradas em montanhas de lixo, e as pessoas perdem-se na massa das coisas que as cercam.

A riqueza de detalhes presente na obra de Dickens oferece, ao mesmo tempo, um catálogo das conquistas da era moderna: ele é o primeiro a descrever a estrada de ferro, a instituição policial, a burocracia, as escolas, as eleições parlamentares, os jornais, a iluminação a gás, o trânsito de Londres, a remoção de lixo, a administração do cemitério e uma infinidade de profissões, do dono de loja ao trapeiro. Até mesmo os historiadores usaram seus romances como fontes documentais.

Flaubert e as irmãs Brontë

Para as mulheres, a convenção social implica ter de escolher entre a segurança pequeno-burguesa e a aventura romântica, que leva ao abismo. Em meados do século XIX, surgem três romances que se dedicam a esse tema, mas que diferem quanto aos meios empregados: *Jane Eyre*, de Charlotte Brontë (1816-58); *O morro dos ventos uivantes*, de sua irmã Emily (1818-48), e *Madame Bovary*, de Gustave Flaubert (1821-80).

Jane Eyre é uma variação do casal richardsoniano, composto por uma moça burguesa e um aristocrata libertino: sua heroína, Jane, é uma governanta, mulher de estatura baixa, pouco vistosa mas extremamente resistente, que ama o pai da criança de que cuida. Trata-se do estranho e excêntrico proprietário de terras, Mr. Rochester, cujo comportamento nada convencional é proveniente de um segredo: no sótão, ele esconde do mundo sua mulher, que ficou louca. Ela é uma presença incômoda, que se faz sentir a todo momento. No dia do casamento de seu marido com Jane, ela escapa, e o segredo vem à tona. Após muitas complicações, a história tem um final feliz, mas, antes que isso possa acontecer, toda a propriedade é incendiada, Rochester fica cego e a louca morre em meio às chamas. Charlotte Brontë tinha um irmão alcoólatra, que muitas vezes adormeceu com a vela acesa, pondo fogo na casa. O que ela não sabia é que o escritor Thackeray, autor do romance *Feira das vaidades* (1848), a quem dedicou seu romance *Jane Eyre*, tinha uma mulher louca.

O morro dos ventos uivantes, de Emily Brontë, irmã de Charlotte, é um romance *sui generis*: a ação se passa nas isoladas charnecas de Yorkshire. É uma saga familiar, que trata do destino dos rudes Earnshaws em Wuthering Heights e dos civilizados Lintons no vale. Entre as duas famílias está Heathcliff, uma criança

214

SABER

abandonada e de aparência cigana, que o velho Earnshaw traz para casa para brincar com sua filha Catherine. Entre Catherine e Heathcliff nasce um amor que assume um pouco da rudeza das charnecas de Yorkshire: ele parece ser tão necessário e incondicional quanto a própria natureza. Mas visto que, sob o domínio do irmão de Cathy, Heathcliff permanece rude e inculto, ela se casa com o bem-educado Edgar Linton. Profundamente magoado, Heathcliff desaparece por alguns anos, enriquece misteriosamente e transforma-se em um *gentleman*, retorna e vinga-se de todos que contribuíram para afastá-lo de Cathy. Casa-se então com a irmã de Edgar Linton, Isabella, para ficar com a herança dela, tira a propriedade Wuthering Heights do irmão de Cathy, que havia se degenerado em um beberrão, e deixa o filho dele embrutecer exatamente como seu pai havia feito com ele. Com a segunda geração, no entanto, inicia-se uma reconciliação da natureza rude com a civilização: a jovem Cathy já não se retrai diante do menino embrutecido, mas o educa para ser um homem culto.

Por outro lado, *Madame Bovary* (1856), de Flaubert, pode ser incluída no gênero quixotesco. A protagonista, Emma Bovary, casada com o bondoso mas tolo médico rural Charles Bovary, é uma mulher insatisfeita e sentimental, que norteia seus anseios por estereótipos românticos. Ela comete adultério, faz dívidas imensas e, por fim, tira a própria vida. O romance ficou famoso pela descrição precisa da trivialidade do cotidiano, e o termo "bovarismo" passou a designar a contrapartida feminina de Dom Quixote.

Comum aos três romances é o fato de as mulheres mostrarem-se exigentes do ponto de vista emocional e anunciarem seu direito à realização sexual e emocional.

Guerra e paz

Um dos grandes romances da literatura mundial é *Guerra e paz*, de Leon Tolstoi (1828-1910). A ação engloba mais ou menos o período entre 1805 e 1820 e se concentra na campanha de Napoleão contra Moscou e na resistência russa. Nesse sentido, o romance toma a dimensão de um panorama colossal com mais de quinhentos personagens, que representam todos os níveis e classes sociais. Entremeada nessa rede está a história da vida dos protagonistas: Natasha Rostova, o príncipe Andrei Bolkonski e Pierre Bezuchov. Os amigos simbolizam duas posturas de vida contrastantes: Bolkonski tenta apreender o mundo com a ajuda do intelecto; Pierre representa a antiga tradição russa da sabedoria dos camponeses, que se fiam na intuição e no instinto. Ambos amam a graciosa e vivaz Natasha, cujo charme ilumina todo o romance. Ela é considerada a mais convincente e bem-sucedida personagem de Tolstoi. O desenvolvimento de sua exaltação pueril pelo primeiro baile e pelo primeiro amor até seu destino como mãe e

CULTURA GERAL

mulher é acompanhado com uma admirável riqueza de detalhes e uma sensibilidade perfeita. Inicialmente ela fica noiva do príncipe Andrei, perde-se com o libertino Anatol Kurabin e, por fim, casa-se com Pierre. A narrativa alterna-se entre destinos pessoais e a descrição de batalhas, relatos sobre a situação, marchas e desfiles militares, assim como a discussão da filosofia de Tolstoi. Esses contrastes produzem um retrato monumental da sociedade russa como um todo. Aliás, a técnica do contraste é o princípio de composição mais importante do romance, como o título já dá a entender. Nele, a diferença entre os dois protagonistas amigos, Pierre e Andrei, também reflete o contraste ideológico, que caracteriza a história da Rússia desde Pedro, o Grande: a oposição entre a antiga tradição russa dos eslavófilos, ligados à comunidade aldeã e à religiosidade russa, e os pró-ocidentais, que, seguindo a tradição de Pedro, o Grande (→ História, Pedro, o Grande), querem modernizar a Rússia à imagem e semelhança do Ocidente.

Os irmãos Karamazov

Esse contraste ideológico entre pró-ocidentais e eslavófilos também ajuda a compreender a obra de outro grande narrador russo do século XIX, tido como psicólogo entre os romancistas: Fiodor Dostoiévski (1821-81). Ele se envolveu com um círculo de intelectuais, que liam os escritos censurados dos socialistas franceses. Descobertos, foram acusados de conspiração e condenados à morte. Dostoiévski estava sendo levado à execução com outros quatro, quando, no último momento, sua pena foi mudada e ele foi condenado a quatro anos de trabalhos forçados em Omsk e quatro anos de serviço militar (1849). Sua prisão em Omsk lhe permitiu conhecer as classes mais desprivilegiadas da sociedade russa, o que mostrou ser de inestimável valia para seu futuro trabalho. E foi fundamental para a sua concepção de redenção pelo sofrimento, que remetia à tradição russa. Em 1879/80, foi publicada sua obra-prima, *Os irmãos Karamazov*, que refletia outro trauma na vida de Dostoiévski: o assassinato do seu pai por seus servos.

Esse romance é a história de Fiodor Pavlovitch Karamazov e de seus quatro filhos, Dimitri, Ivã, Aliocha e o epilético Smerdiakov, um filho bastardo. O velho Fiodor, um palhaço indigno e desprezível, disputa a beldade do local, Gruchenka, com seu filho mais velho, Dimitri. Pai e filho envolvem-se em brigas violentas por causa dela e da herança de Dimitri. Pouco depois, o velho Fiodor é encontrado morto, assassinado. Dimitri é preso e acusado de assassinato. Esse enredo é entrelaçado com o destino dos outros irmãos: Ivã, o intelectual brilhante, é obrigado a admitir para si mesmo que secretamente desejava a morte do pai e que transferira esse desejo ao irmão ilegítimo Smerdiakov, que, de certa forma, lhe é submisso e em tudo constitui uma caricatura bizarra sua. O racionalismo de Ivã contrapõe-se à religiosidade tradicional russa do filho mais novo, Aliocha, e do

216

seu mentor espiritual, Zosima, a quem é dada a oportunidade de expressar as convicções religiosas do próprio Dostoiévski.

Naturalmente, a história do parricídio é uma ressonância do ateísmo racionalista ocidental. Esse é mostrado de forma exemplar com uma parábola inventada por Ivã, a lenda do grão-inquisidor: Cristo volta à Terra e aparece na Espanha do século XVI. O grão-inquisidor manda prendê-lo imediatamente e o acusa de ter recusado as ofertas do diabo, pão, milagres e comando autoritário em nome da liberdade. Essa rejeição seria a causa de todo o sofrimento da humanidade. Diante disso, o grão-inquisidor declara seu apoio ao Anticristo: com sua ajuda, tornaria as pessoas felizes na Terra. Depois disso, em silêncio, Cristo beija o grão-inquisidor na boca e o deixa.

Essa lenda antecipa o desenvolvimento ideológico dos cem anos seguintes, depois de Nietzsche ter declarado que Deus estaria morto e de os ditadores do século XX terem empreendido o programa do grão-inquisidor.

Com a encenação radical de um mundo sem Deus, Dostoiévski avança na direção de conceitos que os existencialistas desenvolveriam mais tarde a respeito do absurdo da existência. Assim como Nietzsche, o ateu Ivã também acaba louco, enquanto Dimitri é condenado pelo parricídio cometido por Smerdiakov e involuntariamente inspirado por Ivã. Isso antecipa a história da Rússia no século XX. Portanto, se quisermos entender o clima ideológico da Rússia e a história que precedeu a posterior União Soviética, não há nada melhor do que ler Dostoiévski.

Os Buddenbrooks

O primeiro romance alemão de importância relativamente comparável aos demais é *Os Buddenbrooks* (1901), de Thomas Mann. É a história de uma família de comerciantes de Lübeck, a cidade de Thomas Mann e de seu irmão Heinrich, também escritor (autor de *Professor Unrat*). O romance narra a trajetória de quatro gerações. O fundador da família, Johann Buddenbrook, representa a aspiração inabalável de ascensão de uma burguesia autoconfiante, que sabe estar em sintonia com os seus valores. Embora seu filho, o cônsul Buddenbrook, ainda viva de acordo com os mesmos princípios, ele já se encontra dividido entre a devoção pietista e duro realismo, sendo que nem sempre acompanha o curso dos negócios. De forma evidente, os sinais da decadência anunciam-se em seus quatro filhos: Christian torna-se um boêmio altamente endividado; apesar de sua graça e adorável jovialidade, a irmã Tony continua uma tola, que sempre se casa com os homens errados; depois de casar, Klara morre de um mal no cérebro, e somente Thomas é capaz de continuar administrando a empresa. Ele se casa com uma rica holandesa, que, apesar de sua frieza, traz uma veia artística para a famí-

CULTURA GERAL

lia. Sob a forma de grande talento para a música, essa veia é herdada por seu filho Hanno, que, porém, tem de pagar pelo seu talento com nervosismo e com a perda de vitalidade. O fracasso dos casamentos de Tony e a morte de Klara fazem com que Hanno seja o último Buddenbrook. Mas, como exemplo perfeito de hipersensibilidade artística, ele morre de tifo. O declínio da distinta e sólida família burguesa de Buddenbrooks é complementado pela ascensão da família Hagenström, composta de inescrupulosos capitalistas.

O valor da decadência da sensibilidade e da espiritualidade elevadas quase chega a compensar, para o desenvolvimento da humanidade, os custos do declínio – pelo menos no entender de Thomas Mann: ele acreditava que a produtividade cultural elevada somente seria possível ao preço da alienação da vida. Apesar do seu alto nível literário, a obra logo ganhou popularidade. Nela, a burguesia alemã reconhecia a si mesma e ao seu declínio.

Em busca do tempo perdido

A hipersensibilidade personificada por Hanno Buddenbrook e que tanto fascinava Thomas Mann era indubitavelmente a marca registrada de um romancista que viria a escrever um dos romances mais extensos da era moderna: Marcel Proust (1871-1922), autor do romance *Em busca do tempo perdido*. Por um lado, quando jovem, ele se empenhava em ter acesso àquela alta sociedade esnobe que descreveu em seus romances; por outro, mais tarde, retirou-se dessa sociedade para um quarto isolado, forrado de cortiça, para escrever seus romances.

A seqüência dos volumes começa com *No caminho de Swann*. Aqui, o narrador recorda sua infância na casa dos pais, em Paris, e na de parentes, em Combray, incluindo sua adoração idealizadora pela filha de Swann, Gilberte. Depois, salta para o passado remoto e conta a história do amor de Swann por Odette.

Em *À sombra das moças em flor*, o segundo volume, o narrador está em Paris, onde seu amor por Gilberte se esvai aos poucos. Alguns anos mais tarde, na companhia de algumas moças, ávidas por diversão, apaixona-se por Albertine.

Em *No caminho de Guermantes*, o narrador descreve seu esforço para ser admitido no exclusivo círculo dos Guermantes e finalmente ser convidado para a recepção oferecida pela duquesa. Nesse livro também morre sua amada avó.

Sodoma e Gomorra trata de dois temas inter-relacionados: a homossexualidade do barão Charlus e a postura da sociedade quanto aos judeus durante o (histórico) caso Dreyfus, em que um capitão judeu, com base em provas falsificadas pelos militares, é condenado por alta traição, e a revisão do erro judiciário desencadeia uma onda de anti-semitismo. O narrador retorna a Balbec, onde Charlus introduz seu amante Morel nas *soirées* dos Verdurins. Seu amor por Albertine é reaceso quando ele desconfia que ela seja lésbica.

SABER

Em *A prisioneira*, o narrador descreve como vigia Albertine praticamente sem parar. Os Verdurins provocam um rompimento escandaloso entre Charlus e Morel, e Albertine foge.

Em *A fugitiva*, Albertine morre, e o narrador observa como seu luto é consumido pelo esquecimento. Gilberte casa-se com o novo amante de Morel, St. Loup.

O tempo recuperado nos conduz ao acelerador do tempo da Primeira Guerra Mundial. O narrador está presente em uma recepção da nova princesa de Guermantes, antiga Madame Verdurin, e encontra seus velhos conhecidos, que estão quase irreconhecíveis. Ele se lembra de três momentos que se destacam em sua memória e descobre que sua vocação é imortalizar suas vivências por meio de obras de arte.

Para Proust, o ato de recordar é uma forma de experiência involuntária de efeito arrebatador, que não vivenciamos na própria ocasião nem podemos provocar com um trabalho de memória, dirigida pela consciência. Mas, em momentos espontâneos, em virtude de uma associação casual, somos inundados com recordações que levam a uma simultaneidade de presente e passado e, com isso, tornam visível uma realidade situada além do tempo. O episódio em que Proust ilustra esse tipo de recordação é o mais famoso de todo o labirinto do romance, também conhecido por aqueles que nunca leram Proust: "Mas no mesmo instante em que aquele gole, de envolta com as migalhas do bolo, tocou o meu paladar [...]. E de súbito a lembrança me apareceu [...]. Aquele gosto era o do pedaço de madalena que nos domingos de manhã [...] minha tia Leôncia me oferecia [...]. E mal reconheci o gosto do pedaço de madalena [...], eis que a velha casa cinzenta, de fachada para a rua, [...] e, com a casa, a cidade toda, [...] a praça para onde me mandavam antes do almoço, as ruas (...)."*

O romance é o mais profundo mergulho nas águas da memória de toda a literatura mundial. É significativo que ele tenha sido elaborado em uma época em que Freud desenvolvia a psicanálise como método para fazer aflorar memórias reprimidas.

Ulisses

Pode-se dizer algo semelhante a respeito de um romance que, com certa razão, é equiparável ao *Fausto* ou à *Divina comédia* por apresentar todo um cosmos e por interligar a soma das formas literárias, a história de uma sociedade, o conhecimento simbólico de uma cultura e um inventário do tempo presente. É o romance *Ulisses*, de James Joyce, publicado em 1922.

---

* *No caminho de Swann* (*Em busca do tempo perdido*), trad. de Mário Quintana. Porto Alegre, Globo, 1981. [N. da T.]

CULTURA GERAL

Ele descreve um dia – 16 de junho de 1904 – na vida de três pessoas de Dublin. Trata-se do jovem intelectual Stephen Dedalus, do agente comercial Leopold Bloom e de sua mulher Molly. O romance consiste em 18 episódios, organizados segundo o modelo da *Odisséia*, de Homero. Os três primeiros e o nono são dedicados a Stephen, o décimo, a todos os personagens do romance, e o último contém o monólogo interior de Molly Bloom. Todos os demais são dedicados a Leopold Bloom. Ele é o Odisseu moderno, mas, como Bloom é judeu, também é o moderno Ahasver, que, marcado pela maldição de Jesus, vaga errante pelo mundo, um eterno exilado sem morada. Com essa duplicação, Joyce remete às duas fontes da nossa cultura: a Grécia antiga e os escritos judaicos. A odisséia em *Ulisses* é a jornada de Bloom, um moderno cidadão mediano, pela cidade de Dublin desde as primeiras horas da manhã, quando Bloom levanta da cama e vai ao banheiro, até a manhã do dia seguinte, quando – após ter visitado o bairro dos bordéis – volta para casa, trazido por Stephen, e deita com a cabeça voltada para os pés da cama, ao lado de sua mulher Molly, cujo infindável fluxo de consciência desemboca no sono, assim como o rio Liffey desemboca no mar. Nesse ínterim, acompanhamos Bloom no restaurante, na redação de um jornal, em um enterro, no banho turco, em um bar, em um hospital, em uma biblioteca, em um bordel e pelas ruas, praças e parques de Dublin. E tudo o que vivenciamos se dá pelos sentidos de Bloom.

Até então, nenhum escritor jamais se aventurara a arrebatar tão completamente o leitor, introduzindo-o em outra consciência, onde ele passa a vivenciar memórias semiconscientes, idéias vagas, sentimentos confusos, sensações físicas difusas, juntamente com imagens, odores e sons com tal vitalidade, complexidade e ritmicidade pulsante que acaba por conhecer Bloom melhor do que a si mesmo. Em parte alguma da literatura encontramos um retrato tão completo de outra pessoa como aqui. Atravessamos todas as zonas do inconsciente e dos acervos amorfos de memórias culturais, pessoais e cotidianas; cada recôndito de intimidade, de intangíveis estados de espírito e colorações ambientais, bem como todos os ritmos e variações vitais dos sentimentos. Os episódios são interligados por uma técnica de composição tão elaborada que o modelo de episódios paralelos, extraído da *Odisséia*, ainda está concatenado a um estilo artístico, a uma cor, a um órgão humano, a uma disciplina e a um elemento.

Cinco formas da totalidade que abrange a obra estão inter-relacionadas: a família, que é composta por Bloom, sua mulher e seu filho Stephen, com quem Molly tem grande afinidade; a odisséia como explicação do mundo; a consciência em tudo o que ele percebe; o decorrer de um dia, de uma manhã à outra, como um tipo de cotidiano mundial da época – desde então, fãs de Joyce têm chamado o dia 16 de junho de *bloomsday* (o dia de Bloom) – e a cidade como cosmos moderno. Dessa forma, *Ulisses* torna-se o romance urbano exemplar da literatura moderna. A compacidade da cidade permite retomar a descrição da sociedade como um corpo gigante. A cidade é transformada em um organismo urbano, e o fluxo de trânsito, em corrente sangüínea e metabolismo; as ruas e trilhos, em artérias. As multidões que se aglomeram nas ruas correspondem às águas do Liffey, que corta Dublin. Tanto a fluidez quanto a instabilidade da consciência tornam-se, ao mesmo tempo, o retrato da metrópole, onde fluxos de notícias, de mercadorias e de pessoas circulam como as associações na mente de Leopold Bloom. Ambos, a cidade e o cérebro humano, são como um labirinto; não é à toa que o auto-retrato juvenil do autor chama-se *Stephen Dedalus*. Seu futuro é idêntico ao de Joyce, que, no seu exílio em Zurique e Trieste, refletindo sobre os mapas da cidade de Dublin, transforma a capital irlandesa no umbigo do mundo, e a odisséia de Bloom em anatomia da modernidade, crônica diária de uma cidade, retrato monumental e instantâneo do seu tempo, inventário da cultura e cotidiano da época.

Joyce parte de uma estética da percepção muito parecida com a de Proust: se neste a lembrança repentina revela a essência das coisas, em Joyce é a epifania que interrompe o fluxo do tempo e evidencia a realidade com uma luminosidade arrebatadora. Ambos os romances dão testemunho de que procuramos fugir do tempo e da história em direção ao mito, ao caráter repentino da experiência, à constância das formas e à repetição do que é eternamente igual: no final de *Ulisses*, teremos vivido em um dia todos os dias de nossas vidas. E, por fim, com o fluxo de consciência do eterno feminino, descemos o rio para desembocar na noite.

O homem sem qualidades

Não é por acaso que os romances colossais de Proust e Joyce, que inventariam o cosmos de toda uma cultura, se passam pouco antes da Primeira Guerra, embora tenham sido escritos durante ou depois dela. Um mundo estava ruindo e, naquele momento, era possível contemplá-lo como um todo por meio da lembrança. Isso também se aplica ao equivalente alemão desses romances mundiais, *O homem sem qualidades*, de Robert Musil (1880-1942).

O mundo que ele descreve é batizado de "Kakânia", e representa o império austro-húngaro. O herói é Ulrich, de 32 anos, que até então havia experimentado trabalhar como oficial, engenheiro e matemático e que enfim, como já não sabe o que fazer, tira um ano de férias para conhecer-se melhor. Isso tem ares de um clássico romance de formação, mas Ulrich é um homem sem qualidades. Ele não acredita que o caráter seja a chave para entender as coisas, mas acredita apenas na lógica impessoal dos sistemas. Assim, no romance, Ulrich passa a ser o ponto de interseção das opções ideológicas e científicas, que ele tenta perceber como homem de possibilidades que é. Além disso, o romance transforma-se em um laboratório, em que idéias são testadas e ideologias são provadas. Com isso,

CULTURA GERAL

somos apresentados a discípulos de Nietzsche, judeus liberais, socialistas subnutridos, nacionalistas cheios de ressentimento, integralistas goethianos, sexólogos freudianos, generais com interesses intelectuais, pedagogos precipitados, grandes industriais amantes das artes e da literatura, extasiados idólatras de Wagner e a uma longa lista de outros ideólogos, fanáticos e excêntricos.

A ação é determinada pela nomeação de Ulrich como secretário de um comitê que planeja a chamada "ação paralela". Trata-se dos preparativos para o jubileu de setenta anos de governo do imperador Francisco José, em Viena, que correm paralelamente aos preparativos para o jubileu de trinta anos de governo do imperador Guilherme, em Berlim. A ironia da história consiste no fato de esse jubileu duplo ocorrer em 1918, ano em que ambos os imperadores irão abdicar.

Assim como as obras de Joyce e Proust, esse romance também retrata simultaneamente a modernidade e o mundo do século XIX, que ruiu com a Guerra Mundial, e descreve as forças que o implodiram. Com o mundo também foi implodida a concepção que, no século XIX, era tida como a mais real: a da história. Essa concepção inclui o próprio romance como forma literária. Por isso, o século XIX é o apogeu do romance. E, ao mesmo tempo, é essa forma literária que dá os primeiros indícios de que a concepção da história está se tornando frágil. Joyce, Proust e Musil ainda oferecem grandes sínteses; todas elas se servem de soluções semelhantes: sair da concepção do tempo por meio da memória, da epifania e do misticismo. Com isso, eles atingem uma precisão na descrição do consciente humano que até então era desconhecida: o fluxo de consciência de Molly Bloom, a experiência com as madalenas, de Proust, e as viagens incestuosas de Ulrich fazem parte das "passagens púrpuras" da literatura moderna.

Estas últimas grandes sínteses são seguidas por destruidores das formas, que mostraram que a máquina produtora de sentido chamada "romance" já não funcionava: os mais radicais foram Franz Kafka (1883-1924), que descreveu o absurdo da burocracia (*O castelo*, 1926, *A sentença*, 1916), e Samuel Beckett (1906-83; *Molloy, Malone morre* e *O inominável*, 1951/53), o mestre do absurdo e secretário provisório de James Joyce, a quem esse ditou trechos de *Ulisses*.

Indicações de leitura

Dentre as obras apresentadas, o conhecedor de literatura dará por falta de algumas, e com razão. Para nossa seleção, obedecemos aos seguintes critérios:

1. Apresentamos obras cujos protagonistas constituem a síntese dos cenários a que pertencem, como Dom Quixote ou aquele que luta contra os moinhos de vento; Don Juan ou aquele que seduz as mulheres e desafia o inferno; Fausto ou aquele que vende sua alma ao diabo. Naturalmente, faltam alguns outros que pertencem ao âmbito dos mitos populares ou da literatura infantil, ou ainda de ou-

222

SABER

tra categoria específica. Assim, por exemplo, a mulher do poeta Shelley, Mary Shelley, escreve aos 19 anos – como resultado de uma competição da qual também participaram seu marido e Byron – *Frankenstein* (1818), clássico da literatura popular. Mais ou menos ao mesmo tempo que Goethe faz Wagner criar, em *Fausto II*, um ser humano artificial, o professor Frankenstein faz o mesmo na Universidade de Ingolstadt. O resultado, no entanto, é um monstro carente de afeto e feio como o diabo. Curiosamente, no folclore, o nome do criador passou para a criatura, como de pai para filho. É a época das revoluções, dos regicídios e dos protestos contra o Criador.

É discutível se *Frankenstein* deve ser lido ou não. No entanto, o que necessariamente deve ser lido são os clássicos do *nonsense*, como *Alice no país das maravilhas* e *Do outro lado do espelho* (1865/72), do professor de Oxford, Lewis Carroll. À parte o prazer que proporcionam, esses clássicos são recomendáveis pelo simples fato de toda criança anglófona conhecer e nunca mais esquecer seus personagens, de modo que esses acabaram se tornando proverbiais: o Chapeleiro Maluco, a Lebre de Março, o Gato de Cheshire e Humpty Dumpty. Devido às reviravoltas lógicas e lingüísticas, que viram as regras sociais e gramaticais de ponta-cabeça, ambos os livros tornaram-se fonte de exemplos para teóricos da ciência e lingüistas (→ A casa da linguagem).

O livro da selva, de Kipling, com Mogli e seus amigos Baghira e Bayoo (1894/95), e o *Ursinho Puff* (1926), de Alan Alexander Milne, naturalmente também são verdadeiros clássicos da literatura infantil. Entre os mitos populares, dos quais o cinema se apoderou – como no caso de Frankenstein –, encontra-se igualmente *Drácula* (1897), de Bram (Abraham) Stoker, que com sua história de vampiros mergulhou de uma vez por todas a Transilvânia na obscuridade. Em um nível mais elevado, podem ser destacados outros dois romances criadores de mitos: *Dr. Jekyll e Mr. Hyde* (1886), de Stevenson, a história do médico que, em virtude de uma experiência feita nele próprio, desdobra-se em duas pessoas distintas, uma boa e outra má; e *A máquina do tempo* (1895), de H. G. Wells, no qual o viajante do tempo depara com um país subdividido em elois ociosos e decadentes (elites) e morlocks soturnos e subterrâneos (proletários), que à noite saem dos buracos para devorar os elois.

Esses cenários e personagens fazem parte do patrimônio comum das pessoas cultas.

2. Dedicamo-nos às obras dos clássicos alemães, mesmo que não estejam à altura das outras, por terem, um dia, pertencido ao tesouro literário nacional desse povo. Isso se aplica principalmente a Schiller, que antigamente era lido na escola. Hoje é difícil conseguir vê-lo no palco, embora esse seja o seu lugar. Por ou-

223

CULTURA GERAL

tro lado, deixamos de mencionar um autor que já na década de 1830 escrevia dramas modernos; estamos nos referindo a Georg Büchner (1813-37). Sua obra *A morte de Danton* é um drama revolucionário que trata da luta de Robespierre, o representante do terrorismo das virtudes adverso a todo tipo de prazer, contra Danton, que, dada a impotência perante a lógica inerente à história, é acometido por uma aversão hamletiana à vida e termina no niilismo. Seu *Woyzeck* (1836) é um drama escrito na forma de vários fragmentos e que aborda a história de uma pobre criatura, atormentada e torturada com experiências médicas e que, por fim, já não sendo inteiramente capaz de responder por seus atos, comete um assassinato por ciúme. A peça marca o início dos dramas sociais e influencia Hauptmann, Wedekind, Brecht e Frisch. Além disso, apresenta certa semelhança com o teatro expressionista e foi musicada por Alban Berg.

O material de leitura obrigatório nas escolas alemãs incluía ainda as novelas de Keller (*A gente de Seldwyla*), Storm (*O homem do cavalo branco*), Annette von Droste-Hülshoff (*A faia do judeu*), Jeremias Gotthelf (*A aranha negra*) e C. F. Meyer (*O disparo vindo do púlpito*). Como se pode observar, muitos suíços: será que isso tem algo a ver com a democracia que só existia na Suíça?

3. Ademais, selecionamos obras que fossem, ao mesmo tempo, significativas e que constituíssem um novo *tópos* literário (por exemplo, *Robinson*, *Gulliver*, os romances de Richardson). Todas as outras obras que discutimos aqui representam um cosmos cultural completo e, a seu modo, são como manuais de formação: *A divina comédia*, *Fausto*, *Ulisses* e os romances do século XIX. Certamente não se pretenderá ler todos. Citamos Richardson apenas pela sua importância e porque, mesmo assim, ninguém o lê. Também é possível que não se queira ler a obra inteira de Dante. E talvez tampouco se queira ler todos os volumes de Proust. Mas o que se deve ler é *Fausto*, por ser um museu nacional vivo da cultura alemã: devemos visitá-lo pelo menos uma vez. Por outro lado, os grandes romances, de Stendhal a Musil, são um verdadeiro deleite, e cada um deles oferece uma viagem cultural completa. Lendo Dostoiévski ou Tolstoi, aprende-se mais sobre a Rússia do que com qualquer viagem, e é muito mais econômico. Para uma viagem à França, deve-se levar Stendhal ou Flaubert, mas é claro que Balzac, Victor Hugo, Maupassant ou Zola também são ótimas opções. Para quem vai à Provença, recomenda-se Daudet, e para Vaucluse, Marcel Pagnol.

Da literatura inglesa omitimos um daqueles romances que representa simultaneamente todo um cosmos e toda a cultura da sua época, mas que somente pode ser lido nas férias, quando temos a sensação de que o tempo de que dispomos é infinito e podemos interromper a leitura em qualquer ponto com uma refeição ou um mergulho: *Tristram Shandy* (1760/67), de Laurence Sterne (1713-68). Esse romance trata da interrupção. Começa com a concepção do herói em

224

SABER

um coito interrompido. Em seguida, cada história é interrompida pela narração da história, e cada ação, pelo planejamento da ação. Isso também ocorre com o próprio romance. Ele narra a história da vida do narrador Tristram Shandy e, portanto, é uma autobiografia fictícia. Mas, já que para explicar cada episódio o narrador precisa retomar uma história anterior, a narrativa anda mais para trás do que para a frente. Depois de escrever por um ano, o narrador chega apenas ao dia de seu nascimento. Ao final do romance, não narrou mais do que seus primeiros cinco anos de vida, e esse curto período consiste unicamente em acidentes: na concepção, sua vitalidade é prejudicada em virtude da interrupção; no parto, a última moda, o fórceps, esmaga-lhe o nariz (e, como Freud, Sterne acreditava na correlação entre a capacidade de procriação e o nariz); no batismo, em virtude de um mal-entendido, recebe o nome mais triste que há, ou seja, Tristram (Tristão); e, por fim, uma janela de correr corta-lhe um órgão crucial.

Um acidente semelhante, mas muito mais sério, também debilita seu tio Toby, que sente a compulsão de contar a história de sua castração forçada, mas, por ter sido de certa forma transformado em mulher, não consegue fazê-lo por vergonha; em vez disso, inventa um *hobby*: um tipo de comportamento compulsivo inofensivo, indício de uma neurose florescente.

O livro está repleto de uma erudição bizarra, e nele pululam insinuações obscenas, que ilustram a convicção de Sterne de que não pode haver uma comunicação inequívoca. Ele confronta a teoria da gravitação, de Newton, com a teoria do sujeito, de Locke (→ Filósofos), documenta a invenção do inconsciente como território inacessível à auto-observação, desmascara a linguagem corporal dos sentimentos como paradoxo entre falar e calar (o silêncio eloqüente, a pausa carregada de sentido, o aperto de mão silencioso, a lágrima solitária, o desmaio como nomeação do inominável) e, em sua estrutura, é uma ilustração antecipada da teoria sistêmica de Niklas Luhmann, na época a mais moderna teoria sociológica no mercado.

No geral, *Tristram Shandy* é um dos romances mais bizarros, inteligentes e espirituosos já escritos. O único equipamento necessário à sua leitura é o tempo.

Aliás, deveríamos orientar a leitura de romances pelo estado de espírito desejável em cada momento. Por exemplo, *Robinson Crusoé* tem um efeito muito claro: ele eleva o moral quando nos encontramos em uma situação desesperadora, como ter naufragado, ter falido, ter perdido o emprego ou ter sido abandonado. O romance mostra que podemos sair dessa situação quando organizamos o nosso dia-a-dia e que podemos recuperar o tempo perdido e concluir tarefas intermináveis, como as do ensino médio, dando um passo de cada vez; além disso, que por meio de um trabalho metódico também podemos vencer a solidão e manter a visão global de nossa vida, escrevendo um diário; que dentro de nós temos todas as possibilidades da humanidade e que não devemos desistir nunca en-

CULTURA GERAL

quanto em nós ainda houver uma centelha de vida que seja, porque Deus geralmente ajuda os mais esforçados.

Recomenda-se a leitura de *As viagens de Gulliver* quando os partidos políticos do país em que vivemos nos causarem repulsa ou quando já não suportarmos ligar a televisão ou abrir o jornal. Quem estiver profundamente decepcionado com a política encontrará em *As viagens de Gulliver* o remédio para transformar nojo em incontida risada. Mas, para tanto, deve-se ler somente as primeiras três viagens e evitar a quarta a todo custo. Quem desconsiderar essa advertência não poderá se queixar se, após a leitura, ficar tão enojado com a raça humana que, em depressão profunda, queira meter uma bala na cabeça.

Dom Quixote é recomendado a quem tem de lidar com pessoas que se acreditam numa cruzada, ou seja, que, movidas pela necessidade premente de conferir algum sentido à sua vida banal, por meio de fantasia transmutam a realidade em um cenário que lhes possibilite desempenhar um papel grandioso: por exemplo, aqueles cavaleiros da triste figura, que, munidos de suas armaduras enferrujadas, até hoje combatem diariamente o fascismo. E o que *Dom Quixote* é para os homens, *Madame Bovary* é para as mulheres: uma grande tentativa de desbanalizar o mundo quando se está casada com um homem tedioso. E qual é a mulher que pode afirmar que seu marido é tão interessante quanto um bom romance?

Teatro

O século XIX amava o teatro, mas dificilmente produziu algum drama de peso antes da década de 1880. O motivo era que, com o romance, a literatura havia se especializado cada vez mais em retratar o mundo interior. Paralelamente, a representação pública de papéis era substituída pela divisão em esferas de comunicação pública e íntima: a primeira parecia sem emoção e convencional; a segunda, embora fosse autêntica, era irrelevante. A comunicação direta, face a face, já não permitia expressar os problemas sociais. As formas de convívio social da elite – cerimonial, conversação, modos – perdiam sua magia e já não eram representativas. A expressão autêntica do sentimento passou a ser a única a ter valor.

No entanto, para espanto geral, no final do século XIX, o drama levantou de seu leito de morte transformando sua crise em tema. Demonstrou a impossibilidade de retratar a sociedade com as formas da comunicação privada justamente por meio do desmantelamento da esfera íntima.

O novo tema de Henrik Ibsen (1828-1906; *Nora ou uma casa de bonecas*, 1879) ou de August Strindberg (1849-1912; *A dança da morte*, 1901) são casamentos desfeitos; por meio deles, obtém-se a imagem da mais profunda desmoralização, da trivialidade assoladora e da monotonia fatigante.

SABER

Já que situações íntimas de conflito muitas vezes nada mais são do que conflitos íntimos de comunicação ("Você sempre me contradiz" / "Não é verdade" / "Está vendo? Você está me contradizendo de novo!"), a comunicação torna-se um círculo fechado, em eterna repetição. O drama moderno tira daí o seu tema e a sua forma ao tematizar o seu meio – a própria comunicação; assim, torna-se paradoxal, contraditório, confuso e absurdo. Muitas vezes, já não se pode fazer a distinção entre forma e tema. É o que queremos ilustrar a seguir ao instigarmos uns contra os outros, em um drama, cinco dos mais conhecidos dramaturgos do século XX. Esse drama imita todas as formas com as quais esses dramaturgos são identificados: o teatro de tese, de Shaw, o metateatro, de Pirandello, o teatro didático de Brecht, o drama do absurdo, de Ionesco, e a farsa metafísica de Samuel Beckett. Superficialmente, a peça assemelha-se a *Os físicos*, de Dürrenmatt. Ao lê-la, deve-se observar tanto a forma quanto o conteúdo. A peça chama-se:

Dr. Godot
ou Seis personagens em busca do 18.º camelo
Uma farsa metadramática

Personagens: G. B. Shaw
Luigi Pirandello
Bert Brecht
Eugène Ionesco
Samuel Beckett
Dr. Watzlawick
Dr. Godot

Estamos na sala de leitura da clínica psiquiátrica de Palo Alto, Califórnia, na seção para casos graves de esquizofrenia. A sala de leitura geralmente é freqüentada pelos mesmos pacientes. São cinco homens, e todos têm algo em comum: cada um deles julga ser um dos grandes dramaturgos do século XX. Por isso, tratam-se pelos nomes desses dramaturgos e também os médicos os chamam assim: Shaw, Pirandello, Brecht, Ionesco e Beckett. No momento, só estão presentes Brecht e Shaw, e Brecht dirige-se a Shaw com certa insistência.

BRECHT: G.B.S., digo-lhe o que já disse ao Luigi: esqueçam seu vitalismo irracionalista! Toda a filosofia de vida é besteira. Ela não passa de fumaça de pólvora ideológica, que sobe e se espalha sobre o último combate de uma burguesia decadente. O que nos trouxe o desnorteamento que ela propaga? O fascismo. Que Pirandello lamba as botas de Mussolini é compreensível. Afinal, ele é filho de um

CULTURA GERAL

proprietário de mina de enxofre da mais retrógrada burguesia siciliana. Mas que você, um socialista, elogie o Mussolini! Isso já não é perdoável. Embora você seja um fabiano e, em última análise, um dissidente socialdemocrata, ainda é um camarada na luta justa.

SHAW: B.B., tenho que lhe fazer uma confidência.

BRECHT: Não faça isso, G.B.S., não se deve confiar em mim, pois os traidores devem ser traídos.

SHAW: Você sabia que Pirandello é louco?

BRECHT: É o que digo. Enquanto não imperar a nova ordem, todos serão loucos. Quer que eu leia meu último poema sobre a nova ordem? Olá, Luigi!

Entra PIRANDELLO *com pose de diretor de teatro.*

PIRANDELLO: Ah, vejo espectadores. Que bom. Onde há espectadores, há teatro! O espetáculo pode começar.

Bate palmas. IONESCO *entra, amarrado a uma longa corda.* BECKETT *segura a corda com uma mão, e com a outra vibra um chicote.*

BECKETT *(puxa a corda com força)*: Pare!

IONESCO *deixa-se cair.*

Uma criatura miserável, não acham? Levante, porco!

Puxa a corda com força, IONESCO *levanta-se aos poucos.*

BECKETT *(choroso)*: Ele me força a ser cruel! Mas, de noite, choro. Por ele dizer "sim", tenho de dizer "não". *(Pausa)* Aliás, por ele dizer "não", tenho de dizer "sim". *(Pausa)* Por ele querer ser bom, tenho de manter a disciplina. *(Pausa)* Por ele se deixar levar, preciso manter a cabeça fria.

PIRANDELLO *(para Shaw)*: Ele não é ótimo? Beckett faz o papel de Bert Brecht, e Ionesco faz o de Ionesco. Brecht como comunista doutrinário, e Ionesco como sua vítima.

IONESCO: É como em minha peça *A lição*, sabem? Quem ousa doutrinar os outros é um violentador. Por isso, todos esses papas, stalinistas, professores, cromossomos, funcionários dos correios, reis e chaves de fenda devem ser reconhecidos pelo que são: rinocerontes idiotas e obtusos ou pior... Qual é o pior termo que você conhece, Sam?

BECKETT: Críticos!

IONESCO: Oh!

SHAW: Infelizmente, Ionesco só pode representar a si mesmo, pois não tem uma única idéia na cabeça.

228

SABER

PIRANDELLO: Ora, G.B.S., ouvimos coisas parecidas a respeito das suas peças, embora nelas você tenha usado todas as idéias do século XIX.

BRECHT: Não briguem, as idéias de vocês são as mesmas: o vitalismo obsoleto e a miserável filosofia de vida, que se perde na bruma.

PIRANDELLO (*inflamado*): Não, suas idéias é que são as mesmas: socialismo doutrinário com traços de loucura e a tendência de reprimir tudo o que não lhe convém.

IONESCO: Que curioso, que estranho e que coincidência peculiar que ambos, Shaw e Brecht, sejam socialistas; que curioso, que estranho e que coincidência peculiar que em ambos o intelecto reprima o sentimento; que curioso, que estranho e que coincidência peculiar que ambos coloquem sua arte a serviço da propaganda política; que curioso, que estranho e que coincidência peculiar que ambos, por medo do inconsciente, se mostrem disciplinados, cerebrais e durões; que curioso, que estranho e que coincidência peculiar que ambos apreciem a companhia de boxeadores e pilotos de corrida; que curioso, que estranho e que coincidência peculiar que ambos desempenhem os próprios papéis feitos em casa e que, para tal, até tenham amputado seus nomes, transformando-os em siglas: B.B. e G.B.S., o sarcástico abecê do socialismo, a doutrina mais desumana jamais inventada para transformar homens em rinocerontes.

PIRANDELLO (*para os outros*): Isso tudo é só encenação de Ionesco. Tudo é fictício e foi previamente combinado comigo, até esse arrebatamento.

BECKETT: Isso não vai acabar nunca? Que tormento! Haverá um tormento maior do que o meu? (*Morde uma cenoura.*) Sem dúvida.

Entra porta adentro o famoso psiquiatra DR. WATZLAWICK.

DR. WATZLAWICK: Bom dia a todos! Então, como vão as coisas dentro da ficção? Estamos nos sentindo bem, não? O que há de novo?

BECKETT (*taciturno*): Algo toma seu curso.

IONESCO: E cada vez mais rápido.

PIRANDELLO: Mas nada muda.

SHAW: Isso significa a morte.

BRECHT: Por que não nos deixam sair?

WATZLAWICK: Vocês podem ir, ninguém os está detendo! (*Pausa*) Por favor, vão! Vocês estão livres!

BRECHT: No capitalismo ninguém é livre.

BECKETT: O senhor quer se livrar de nós?

IONESCO: Repudiar-nos?

BECKETT: Isso é um truque para que tudo continue como está. Se ao menos pudéssemos parar, mas sempre acontece algo que faz as coisas continuarem.

WATZLAWICK: Um dia vai parar, Sam, você vai ver.

CULTURA GERAL

BECKETT (*taciturno*): Mas já não estarei vivo para presenciar isso.

WATZLAWICK: Pois é, por ora realmente continua. Vocês terão companhia. Peço a todos que ajudem o novato a se ambientar; expliquem as regras da casa e sejam simpáticos e prestativos. Coloquem-se na situação dele.

PIRANDELLO: Suspeito que estejamos no lugar dele.

IONESCO: Ou ele no nosso.

SHAW: Mas quem é?

WATZLAWICK: É um médico!

IONESCO: Um médico? Não é um paciente?

WATZLAWICK: É ambas as coisas. Como vou explicar? É um paciente que imagina ser um médico; para ser mais exato, julga ser um psiquiatra. E já que vocês são dramaturgos e têm experiência em desempenhar papéis, pensei que pudessem libertá-lo desse delírio.

SHAW: E como devemos fazer isso?

WATZLAWICK: Bem, como psiquiatra ele logo tentará curar vocês. Essa é, justamente, sua ilusão, a de acreditar que tem de curar o mundo de todos os seus males psíquicos. Por isso, ele logo dará início a uma terapia. Façam-me o favor e cooperem. Tenho uma teoria de que a ilusão de ser psiquiatra advém do medo recalcado de ser louco. Portanto, ele deve aprender que não se deve ter medo da insanidade. E se existe alguém que lhe pode ensinar isso são vocês. Aliás, ele se chama dr. Godot.

BECKETT: Como?

WATZLAWICK: Por aí vocês vêem que tipo de missão escolheu para si mesmo! Então, não me decepcionem e me ajudem a resolver seu bloqueio. Aí vem ele.

Entra o DR. GODOT, *um homem simpático e sorridente, com cerca de quarenta anos, vestindo um jaleco.*

Permitam-me apresentar-lhes meu novo colega, dr. Godot. Dr. Godot, esses são G. B. Shaw, Bert Brecht, Luigi Pirandello, Eugène Ionesco e Samuel Beckett.

A apresentação é acompanhada de sorrisos simpáticos, meneios de cabeça e saudações murmuradas por todos.

DR. GODOT: Conheço quase todas as suas obras e sinto grande admiração por vocês.

BECKETT *diz claramente*: *"Imagine!", todos os outros murmuram expressões de modéstia, tais como "não vale a pena falar sobre isso", "tudo bobagem", "é exagero" etc.*

DR. WATZLAWICK: Bem, agora vou deixar os senhores a sós. O dr. Godot certamente vai querer fazer-lhes algumas perguntas. Mas lembrem-se: almoçamos ao meio-dia e meia!

230

SABER

DR. WATZLAWICK *desaparece.*

PIRANDELLO (*chama por ele*): Dr. Watzlawick, posso lhe fazer mais uma pergunta? (*para o dr. Godot*): Com sua licença, volto já! (*Segue o Dr. Watzlawick*).

SHAW (*para o dr. Godot*): Dr. Godot?

DR. GODOT: Pois não?

SHAW: Eu já disse para Bertolt: Pirandello está louco.

DR. GODOT: É mesmo?

SHAW: Sim. Ele não é realmente Pirandello!

IONESCO: O quê?

SHAW: É só imaginação dele. Está possuído pela idéia maluca de ser Pirandello.

BRECHT: Você admite agora que esse irracionalismo bergsoniano leva à loucura?

SHAW (*confidencialmente para o dr. Godot*): Na verdade, eu sou Pirandello!

BRECHT (*também muito confidencialmente para o dr. Godot*): O senhor quer saber de uma coisa? Eu também. Mas mantenho isso em segredo. Esse é meu estratagema para enganar os fascistas. Imagine, se ele descobrir que na verdade Pirandello não é ele, e sim nós: o senhor não faz idéia da cena que ele armará!

Todos riem, e PIRANDELLO *volta.*

PIRANDELLO: Ah, dr. Godot, vejo que já lhe contaram que na verdade não sou Pirandello! Eles fazem essa brincadeira com todos os novatos. Quem é que diz ser o Pirandello?

DR. GODOT: Shaw e Brecht.

PIRANDELLO: O quê? Logo esses dois? É um enorme absurdo! Não dê ouvidos a eles, dr. Godot!

DR. GODIT: Claro que não! Aliás, senhores, também devo confessar-lhes algo: na verdade, não sou o dr. Godot!

BECKETT (*desesperado*): O quê? Também não?

DR. GODOT: Não, foi uma idéia do dr. Watzlawick: eu deveria fazer-me passar por um paciente que julga ser psiquiatra. Dr. Watzlawick também escolheu o nome, dr. Godot, porque é bem parecido com o meu nome verdadeiro: na realidade me chamo dr. Godit, dr. William H. Godit.

PIRANDELLO: E na verdade o senhor também não imagina ser um psiquiatra?

DR. GODIT: Claro que não. (*Pausa*) Na realidade, sou psiquiatra.

SHAW: Ah!

DR. GODIT: Mas sabem de uma coisa? Isso foi algo que me incomodou desde o começo. Esse nome, Godot, só podia soar inverossímil, e, já que revelei isso, posso muito bem dizer tudo: o dr. Watzlawick queria fazer uma experiência. Como eu

231

CULTURA GERAL

me passaria por psiquiatra, poderia envolvê-los abertamente em seções de terapia. E como vocês pensariam que sou um paciente, nem desconfiariam de mim.

IONESCO: E em que tipo de terapia o senhor tinha pensado?

DR. GODIT: Bem, eu tinha uma idéia.

BRECHT: Estamos ansiosos.

SHAW: Estamos ardendo de curiosidade! Afinal, o senhor é mesmo um psiquiatra.

DR. GODIT: Sim. Pois bem, o dr. Watzlawick acredita que vocês estejam insistindo em uma divergência: Shaw e Brecht representam o lado da sociedade, Ionesco e Beckett, o da subjetividade privada, e Pirandello, ao representar o seu papel, vai alternando de um lado para outro. Acho que, se vocês tentarem descobrir o que têm em comum, talvez – como direi? – possam ser curados dos seus pesadelos.

PIRANDELLO: O que quer dizer com "curados"? Depois que Sartre explicou em St. Genet por que Genet havia se tornado um criminoso, subitamente deixou de escrever.

BECKETT: E, quando Brecht foi ao paraíso dos trabalhadores e camponeses, aconteceu o mesmo.

IONESCO: O que não é de espantar, porque ele nunca soube escrever.

SHAW: Pare, Eugène! B.B., o que você acha da idéia do dr. Godit?

BRECHT: Seria uma experiência interessante. Em vez de sempre só se explicarem, vocês teriam de buscar explicações para os outros. Eugène, faz tempo que nenhuma idéia lhe ocorre, e a Sam só ocorre que nada lhe ocorre.

IONESCO: Provavelmente você já tem uma explicação que gostaria de nos impor?

BRECHT: Mas vocês têm de admitir que realmente temos pontos em comum. Estamos todos de acordo que as antigas formas do realismo aristotélico já não bastavam. Elas já não significavam nada. E por que isso? Porque numa sociedade capitalista a interação direta, cara a cara, já não representa nada. Já não se pode expressar nada com ela. Perguntem a G.B.S. com que dificuldade ele conseguiu conferir significado às formas de comportamento da alta sociedade.

SHAW: Sou de outra opinião. O drama realista do século XIX baseava-se em uma premissa que parecia tão inabalável quanto o padrão-ouro da libra esterlina: a identidade entre a teatralidade melodramática, o sentimento passional e o significado exacerbado da felicidade privada em forma de relacionamentos sentimentais, cuja necessidade no palco era tão certa quanto sua irrelevância para a sociedade. Foi aí que Ibsen mostrou como se resolve esse problema.

IONESCO: Como assim? Ibsen também permanece na esfera privada. Todos nós permanecemos nela. Pirandello constantemente mostra cenas de ciúmes de casais. Eu mesmo, desde *A cantora careca*, passando por *As cadeiras* até *Jacques ou*

SABER

a submissão, descrevi casais e famílias, e o relacionamento dos personagens de Sam nada mais são do que versões contraídas de relacionamentos íntimos envelhecidos.

BRECHT: Mas é justamente essa a questão; vocês só mostram que essas formas nada significam.

PIRANDELLO: Em Ibsen já era assim?

SHAW: De certa forma, sim. Ibsen criou uma situação inteiramente nova para o público ao reestruturar a distribuição da informação. Se nas intrigas do drama tradicional o público geralmente estava inteirado de tudo, no drama analítico de Ibsen ele passou a ser um *outsider* e a ver as coisas de fora. Assim como é praxe nos relacionamentos entre estranhos na nossa sociedade, Ibsen colocava o espectador na posição de alguém, a quem, desde o início da peça, era apresentada a fachada respeitável de uma família burguesa. No decorrer do drama, essa fachada ia desmoronando, pedaço por pedaço, e o espectador ia percebendo, com crescente consternação, que a tão vangloriada intimidade das relações familiares estava fundada em um monte de mentiras. Se a interação no âmbito íntimo ainda significava algo, pelo menos já não era o que aparentava.

PIRANDELLO: Não é de surpreender, então, que o drama de Ibsen e de G.B.S. tenha-se preocupado tanto com os temas da libertação feminina.

SHAW: Era um drama de revelações. A ação propriamente dita já havia ocorrido anteriormente.

PIRANDELLO: Sim, era como na psicanálise: tudo era retrospectiva. Nem um pouco diferente da tragédia grega.

SHAW: Você está falando de pecados ancestrais, de fantasmas e tudo mais?

PIRANDELLO: Bem, em Ibsen ainda se tratava da hereditariedade, mas depois vieram os traumas psíquicos, as memórias e o inferno do inconsciente. Ficou fácil associar o ressurgimento do recalcado com Erínias, espíritos vingadores e maldições familiares. Eliot fez isso em suas comédias de salão, e O'Neill, com a obra monumental sobre Electra e Orestes. De qualquer maneira, repentinamente as tragédias gregas passaram a ser reeditadas em profusão.

SHAW: Toda a psicanálise foi uma dessas reedições. Com ela, foi possível inflar a miséria pessoal com um significado mitológico.

BRECHT: É o que digo. Para onde quer que olhemos, vemos casais de namorados, de marido e mulher, de amigos e famílias como na Antiguidade. E será que isso é uma representação da sociedade? Ou até mesmo uma análise? Onde está a guerra? Onde estão a ciência e as altas finanças? Em resumo, onde está a sociedade?

IONESCO: Eu lhe digo onde está a sociedade, seu idiota com espírito de escoteiro pequeno-burguês! A sociedade está em todas as regras impostas ao eternamente flutuante inconsciente, em tudo o que é rígido, repetitivo, mecânico, que transforma a individualidade de um espírito original em um rinoceronte coletivo.

CULTURA GERAL

BRECHT: Eugène, poupe-me do velho antagonismo nada dialético entre inconsciente flexível e sociedade rígida. Isso é coisa do velho Bergson. A alienação não é causada pela sociedade, meu querido, mas pela sociedade capitalista.

DR. GODIT: E se fosse mesmo assim – desculpem-me se me intrometo –, e se, independentemente de a sociedade ser capitalista ou socialista, seu desenvolvimento abrisse um abismo cada vez maior entre consciência e sociedade? E se, com essa divisão, a consciência se ocupasse consigo mesma de modo que considerasse insatisfatória quase toda comunicação e, por isso, estranhasse sua própria *persona* pública, como uma máscara que já não a representa?

PIRANDELLO: Disse bem, dr. Godit!

BRECHT: Isso é esquizofrenia.

PIRANDELLO: B.B., o que deu em você para falar de esquizofrenia, como se não tivesse nada com isso? Olhe para os seus personagens: Puntila, que é bom quando está bêbado e egoísta quando está sóbrio. Shen Te, a boa alma de Setsuan, que só pode continuar boa porque, de tempos em tempos, se transforma no inescrupuloso Shui Ta, que defende seus interesses; olhe para a galeria de conformistas e Schweijks que perambulam por seus dramas e se dividem em máscara externa e personalidade interna. É toda uma série de Dr. Jekylls e Mr. Hydes. Já sabemos: você era obrigado a ser cruel e chorava de noite. Não aja como se não conhecesse a esquizofrenia!

IONESCO: Isso é típico de B.B. Ele simplesmente não tem tato algum (*gritando com Brecht*): Por acaso não sabe que a mulher de Luigi era esquizofrênica?!

SHAW: Mas qual! Dramaturgos não têm pudor. Todo o mundo sabe que Luigi explorou a esquizofrenia da mulher em suas peças. Ele mesmo admite, e era isso mesmo o que acontecia. Afinal, ele não usou esse recurso para mostrar-nos que o mundo da loucura é tão lógico e estável quanto o mundo real?

BECKETT: Sim, mas por que é assim?

BRECHT: Ah, preparem-se para ouvir uma mensagem vinda do útero.

BECKETT: Porque o mundo real é tão paradoxal quanto o da loucura. Toda solução reproduz o problema que está sendo resolvido. Essa é a mais profunda lógica dentro da lógica. A lógica férrea de Brecht estabiliza sua crença obsessiva e ilusória no marxismo, passando por cima de limpezas étnicas, campos de trabalhos forçados e genocídios. Por quê? Pois bem, a revolução mundial produz adversários que devem ser aniquilados com uma crueldade que a própria revolução pretende eliminar. Isso é loucura, e é loucura xingar de loucos os que descrevem a loucura. A loucura de B.B. é sua crença no progresso. Mas o progresso traz retrocesso.

IONESCO: Ah, esse é o ponto! Se você gosta tanto de fazer experiências com idéias como diz, B.B., então por que não pula fora de seu sistema marxista e experimenta umas idéias inteiramente novas, hein?

SABER

BRECHT: E você, Sam? Também é esquizofrênico?

BECKETT: Quer saber de uma coisa, B.B.? Meses a fio joguei xadrez com um homem em um manicômio, e durante todo esse tempo ele nunca me dirigiu uma única palavra. Finalmente, levei-o à janela e disse: "Olhe lá, o trigo e todas aquelas velas dos barcos! Mas ele desviou o olhar. Só havia visto cinzas.

BRECHT: Horrível!

BECKETT: O homem era eu. Mas você, B.B., você não vê os mortos em suas covas. Quem não os vê é tão esquizofrênico quanto aquele que os vê.

SHAW: Muito bem, isso seria outro ponto em comum.

PIRANDELLO: Isso é motivo de piada?

SHAW: Tudo é motivo de piada!

IONESCO: Não há pontos em comum. Do ponto de vista dramático, temos objetivos completamente opostos! Vocês querem esclarecer as coisas porque acham ter entendido o mundo. Mas sabemos que não o entendemos. O que sempre volta a me dominar com um poder monstruoso é a incompreensibilidade das coisas, sua intransparência obscura. É isso o que vocês não conseguem suportar, e é isso o que os leva ao mundo da loucura de seus sistemas explicativos.

BRECHT: E qual é o objetivo dos dramas de vocês, senão o esclarecimento?

SHAW: O contrário do esclarecimento, ou seja, a mistificação!

PIRANDELLO: Exatamente, mistificação, a representação do secreto, você deveria ser capaz de entender isso, G.B.S.! Toda a sua filosofia se resume em louvar o poder subterrâneo da força vital.

SHAW: Mas uma força vital que no decorrer da evolução se conhece cada vez mais e, com isso, aprende a se guiar! Você sabe, Luigi, que o seu drama me impressionou muitíssimo, porque conheço a sensação de ser o ator da minha própria *persona*! Luigi tem razão, B.B., somos todos *poseurs*, incluindo você! E por que não? Somos ainda mais livres, porque somos o que decidimos ser. Nós nos inventamos, coisa que os gênios sempre fizeram. Mas o que Eugène e Sam estão fazendo ultrapassa meu poder de compreensão. Com o drama analítico, Ibsen nos ensinou a não revelar aos espectadores todas as informações dos bastidores, para que eles pudessem participar, pouco a pouco, da revelação, o que tem como resultado um processo cognitivo. Já com Sam e Eugène os espectadores permanecem na incerteza até o final; e até o fim os personagens sabem mais do que o público; há pressupostos que são considerados evidentes – um encontro marcado com certas pessoas, certas incumbências – mas nunca são explicados. Vocês colocam o público inteiramente à margem e não lhe dão nenhuma outra informação!

BRECHT: Ou somente informações contraditórias.

IONESCO: E quem é que sempre frisou que o mundo é contraditório?

BRECHT: Contraditório, sim, mas não inexplicável. Muito bem, se nessa peça sobre a sogra Luigi apresenta a mesma história com duas interpretações antagônicas, isso é contraditório. Mas, se ele confere a ambas as versões o mesmo

235

CULTURA GERAL

grau de plausibilidade, porque cada uma delas poderia vir de um louco, mas também de uma pessoa normal, então ele dilui o limite entre loucura e realidade e coloca o público na posição de asno de Buridano.

IONESCO: Ajude-me, Luigi! De que peça ele está falando?

PIRANDELLO: De *Assim é como lhes parece*. Você se lembra: a família recém-chegada à pequena cidade e seu comportamento estranho – o genro declara que sua sogra enlouqueceu com a morte da filha, a sua primeira esposa, e que agora pensa que a sua segunda esposa é a filha.

IONESCO: Ah, sim, e a sogra diz que o genro, após ter passado um tempo em um sanatório, já não reconhece sua mulher e acredita ter casado pela segunda vez. Sim, eu me lembro. Mas você não entendeu o ponto crucial, B.B.: a graça é que uma versão contém a outra e que ambas as versões dão uma explicação absolutamente verossímil do porquê de a outra ser falsa. E isso não torna o mundo inexplicável, mas explica a contradição. É exatamente isso o que ocorre quando confrontamos você com os motivos psicológicos do seu marxismo delirante, sendo que o seu marxismo se antecipa e relativiza qualquer relativização que lhe seja feita ao declará-la uma arma ideológica. Toda essa dialética de luta de classes provê o marxismo com um sistema imunológico: ele espera que o contradigamos, pois toda contradição é para ele uma confirmação.

PIRANDELLO: Ah, muito bem explicado, Eugène! Sim, B.B., minhas peças também sofrem a influência de experiências sociais. Quando criança, eu tinha certeza absoluta da minha capacidade de me fazer compreender. Mas com minha mulher não consegui me comunicar. Quanto mais eu me esforçava, mais ela se retraía na sua loucura. Quanto mais eu buscava dissipar seu ciúme e mais motivos enumerava para ser-lhe fiel, mais ela via nas minhas justificativas uma prova da minha infidelidade. Praticamente me lancei em um paroxismo de argumentação e com isso só fortaleci a convicção dela de que eu a traía. Meu teatro inspira-se na constatação de que a tentativa desesperada de comunicação impede justamente a própria comunicação, e de que, no interior da encenação de nós mesmos, somos, em última análise, inacessíveis.

SHAW: Mas você tem de permitir que eu relativize essa experiência do ponto de vista social, Luigi. Não, não proteste, pois com isso ela só ganha em ressonância social. Nela se evidencia a limitação claustrofóbica e a perda de realidade da esfera íntima pura, em cujo interior, assim como no círculo inferior do inferno, habita um único casal burguês para percorrer, em voltas infindáveis, a eterna trajetória circular dos conflitos que se auto-alimentam.

BRECHT: Muito bem, G.B.S., e isso não se aplica unicamente a Luigi, mas também a Eugène – afinal, ele mesmo o diz – e a Sam. Se arrancarmos as máscaras metafísicas de palhaço do rosto de seus famosos Hams, Clovs, Estragons, Vladimirs, Pozzos e Luckies, surgirá debaixo delas um monte de pequenos casais

236

SABER

amargurados, todos descendentes de Kurt e Alice, de *A dança da morte*, de Strindberg. Todo o aparato do teatro do absurdo já se encontra nela: o recinto fechado, a atmosfera claustrofóbica, os movimentos circulares do conflito matrimonial, o vampirismo dos personagens, tudo!

IONESCO: Acho que, vindas de você, as acusações de plágio soam um pouco vazias, B.B. Todos sabem como você era displicente em relação a assuntos ligados à propriedade intelectual. E está perfeitamente claro para todos que você também roubou todo o seu maquinário épico do drama de estações* de Strindberg, mais concretamente de *A dança da morte* e *Caminho para Damasco*.

BRECHT: Ah, não estou nem um pouco preocupado em roubar ou deixar de roubar! A propriedade intelectual é coletiva! Que roubem todos! O problema é, antes, o fato de que a maioria não sabe o que fazer com a propriedade intelectual. Não, Eugène, com a menção a Strindberg eu só queria dizer que todo o seu teatro do absurdo mistificado não oculta tanta metafísica quanto vocês pretendem, mas, em compensação, contém a referência social de família e casamento, que em Strindberg ainda é visível.

DR. GODIT: Permitam que eu interfira novamente? Sim? Parece-me que, com o drama do absurdo, se alcançou uma qualidade inteiramente nova do ponto de vista da história do teatro. Há pouco, G.B.S. mencionou a diferença na distribuição de informações. Acho isso decisivo. Ao contrário do que se vê em Strindberg, o teatro do absurdo já não retrata a loucura como característica dos personagens, mas, retendo informações importantes, induz no público uma sensação de desorientação delirante.

SHAW: Isso é verdade. O público é tão mistificado que recorre a interpretações loucas. Mas Pirandello também faz isso!

DR. GODIT: E como o faz?

SHAW: Bem, eu diria que ele brinca com as estruturas teatrais. Primeiro, ele nos faz acreditar que no palco está sendo simulada uma cena da realidade, como estamos acostumados no teatro. Mas, de repente, faz com que nos falte o chão ao declarar que tudo não passa de teatro, de uma encenação, e que os personagens são somente atores; mas, assim que voltamos a aterrissar com um forte baque no solo da realidade, ele nos desfere um soco no plexo solar, ao dizer que essa nova realidade também não passa de encenação, dando assim um golpe mortal na nossa sensação de solidez da realidade. Meu Deus, como na época nos empolgávamos com o "pirandellismo"! Até os americanos ficaram entorpecidos de entusiasmo, e os alemães, arrebatados. Provavelmente tudo isso provenha dos estudos de Luigi sobre o idealismo alemão com todas as questões subjetivistas de Schlegel, Tieck, Schelling, Fichte e o ego, que também define o ego e o não-ego. Meu

---

* Representação em blocos isolados, e não em seqüência contínua. [N. da T.]

CULTURA GERAL

Deus, como estou contente por ter-me debatido com a biologia e a economia, e não com tudo isso!

IONESCO: Sim, mas o seu Hegel também começou assim.

DR. GODIT: Acho que G.B.S. descreveu muito bem a técnica de Pirandello, mas não mencionou o que ela contém de novo: pense na técnica de Shakespeare da encenação dentro da encenação. A encenação externa, digamos em *Sonho de uma noite de verão*, deve diferenciar-se da interna de Píramo e Tisbe. A externa é apresentada como ficção da realidade, a interna, como drama. Mas em Luigi esse limite é diluído. O drama já não tem um exterior. Torna-se total. Isso dá ao espectador a sensação irritante de ser sugado para dentro do drama e significa que esse já não reproduz o mundo, operando com o limite entre si mesmo e o mundo, mas só faz referência a si, torna-se tautológico. Significa que o drama representa unicamente o drama. Mas isso é um marco na evolução social, no qual a interação nada mais representa além de si mesma. Ela só se preocupa com o seu caráter não representativo.

SHAW: Isso significaria que a sociedade só existe na negação, como ausência.

DR. GODIT: Exatamente! Indica que a sociedade já não é acessível pelas formas de comunicação direta.

IONESCO: Admita, G.B.S., você também só conseguia incluir a sociedade no drama sob a forma das chamadas "idéias", que depois ofereciam assunto para conversas ou discussões. Mas você tem de admitir que, às vezes, tinha dificuldade em relacionar esses "temas" com a ação e os personagens. E tudo só funcionava porque você admirava a cultura de conversação da elite inglesa, já que, como bom e velho fabiano, você acreditava na conversão da elite ao socialismo, que Deus o perdoe! Você via na cultura comportamental aristocrática inglesa a expressão do princípio elitista de um serviço republicano ao bem comum. Pode-se ver isso claramente naquilo que seu *Pigmalião* diz à sua própria criação, a florista, a respeito do autocontrole. Você confere ao autocontrole na conduta a mesma função que B.B. confere à disciplina partidária e à frieza. Você certamente não vai gostar de ouvir isso, G.B.S., mas na sua admiração pela cultura de elite e na sua orientação pelo drama social, você era tão antiquado quanto a própria Inglaterra. Toda essa rigidez inglesa é imitada até os Martins e Smiths.

BRECHT: Eugène! Que análise! Que visão social! Bravo! Concordo.

SHAW: Você concorda! Eu, antiquado?! Nunca me disseram isso. Eu sabia que um dia estaria ultrapassado, é a evolução. Mas você também não escreveu dramas sociais de idéias, B.B.?

PIRANDELLO: Não, agora vejo tudo com clareza: B.B. é tão moderno quanto nós!

BRECHT: Ah! Você está me deixando curioso. Tão moderno quanto vocês – isso soa ameaçador.

SABER

PIRANDELLO: O dr. Godit tem razão. O seu problema também é o de que a sociedade já não é acessível por meio da interação. Com isso, o drama torna-se auto-referencial e tautológico. O seu famoso efeito de alienação nada mais é do que a tautologia. O drama diz apenas: Veja, pessoal! Sou um drama e quero mostrar-lhes algo. Como se já não soubéssemos disso! O drama sempre representou algo. Mas agora você vem e mostra o ato de mostrar. Primeiro, você aponta seu dedo indicador para alguma coisa – o que você chama uma parábola –, mas como não se vê o que seu dedo está apontando, você toma o outro dedo e aponta para o dedo indicador. Isso é tautológico.

IONESCO: Bravo! Brecht, um herdeiro de Pirandello. Todos somos herdeiros de Pirandello. Eu o confesso abertamente, porque, no meu caso, a estrutura encenação na encenação não tem como passar despercebida. Sam, por que você está tão quieto? Diga alguma coisa!

SHAW: Ele está meditando, como sempre.

BRECHT: Não se trata apenas de encenação na encenação, Eugène. O que Luigi quer dizer é a mescla de níveis entre a situação de representação e a ficção dramática. Nesse sentido, Sam realmente é um mestre insuperável da mistificação. A meu ver, ele dilui o sentido manifesto da ação no palco a tal ponto que a interação entre os personagens quanto à situação de representação torna-se transparente.

IONESCO: Você poderia explicar isso melhor?

BRECHT: Com prazer. O que quero dizer é que muito do que os personagens de Sam dizem também poderia ser dito pelos atores a respeito de sua situação no palco. Tome *Esperando Godot*, por exemplo: os atores também têm de esperar a noite *inteira* por Godot; eles também não sabem quem é Godot; também já esperaram por ele na noite anterior; e ficaram contentes quando a noite acabou; mas, mesmo assim, tiveram de continuar; também receiam que em breve já não lhes ocorrerá outra idéia; que precisarão de reforços; que só existem quando são vistos; e sei lá o que mais... Quase tudo o que acontece torna-se significativo quando é relacionado ao não-tempo e ao não-local do palco. Mas Sam habilmente omitiu isso e ainda por cima fingiu que os eventos em si significavam algo. Sam simplesmente teve o topete de provocar um curto-circuito na situação teatral e dramatizar, ele mesmo, a encenação, sem mencioná-lo. Dessa forma, levou toda a humanidade ocidental a partir em busca de significados metafísicos ocultos e a se atirar, sob a liderança dos críticos, no buraco negro da profundeza sem limites. E todos caíram! Todos reagiram como paranóicos, que buscam significados ocultos por toda parte. Foi uma enorme trapaça dadaísta, uma piada surrealista, não é, Sam? Confesse, você engabelou todos os especialistas em profundezas, oh flautista do absurdo!

BECKETT: Nunca menti. Quando os professores me perguntavam qual era o significado simbólico de Godot ou de outros personagens, eu sempre respondia: são personagens; desempenham seus papéis para existir.

239

CULTURA GERAL

BRECHT: É o que digo. Na realidade, seu drama não significa absolutamente nada. Só significa si mesmo. É a perfeita auto-referência, um círculo tautológico que diz: "Significo eu mesmo!"

SHAW: Mas há pouco você dizia que ele representa o inferno matrimonial à la Strindberg!

BRECHT: É a mesma coisa. O âmbito da família é o âmbito da interação. Você já prestou atenção nas jogadas de Eugène e Sam e de todo o bando de seus imitadores, de Pinter a Albee?

SHAW: Bem, o teatro do absurdo sempre me pareceu ser o reino obscuro da chicana. Nele impera a maldade total, que trabalha com armadilhas de relacionamentos, normas confusas e insignificâncias perversas. É a tirania kafkiana das situações de confinamento, o que explica a semelhança entre famílias e campos de trabalhos forçados e instituições fechadas. Mas, acima de tudo, a chicana mina constantemente a diferença entre encenação e verdade.

IONESCO: Isso é verdade. Vocês sabiam que a palavra *chicane*, a dificuldade criada no decurso de um processo judicial, vem de *chicaneur*, que significa a linha que delimita um campo esportivo?

SHAW: Você está vendo? Ela deve ter sido inventada na França, de onde também vem o teatro do absurdo.

BECKETT: Mas que é escrito por estrangeiros.

SHAW: Mais uma chicana. De qualquer maneira, a chicana é um paradoxo, em que a maldade produz a condição para o seu próprio surgimento, tornando-se reflexiva, de acordo com o seguinte princípio: torturo todos os que têm medo de mim. Assim, são encenados jogos de gato e rato, são apresentadas profecias que se cumprem, são estabelecidas normas que provocam sua própria infração e liberados todos os paradoxos do inferno, com os quais podemos nos levar mutuamente ao desespero e o público, à loucura.

BRECHT: Disse bem! É a figura básica do conflito doméstico mesquinho, que, ao ser deflagrado, torna-se o próprio tema e, dessa forma, vai se prolongando. É a eterna metacomunicação, que sucumbe à comunicação e que a perpetua. Não é de espantar que Sam faça seus personagens ansiarem pelo fim.

BECKETT: Bem observador, B.B. O fim seria a dissolução do círculo paradoxal, cujo fim volta a desembocar no começo.

SHAW: Resumindo, a fuga da loucura.

BECKETT: Talvez. Mas toda tentativa de fuga é parte da loucura e reconduz a ela.

SHAW: Mas por que ocupar-se tanto com a loucura, por quê?!

BRECHT: Pergunte a Sam, ele é louco.

IONESCO: Você vai começar de novo?

240

SHAW: Mas uma pessoa que nada teme além de se tornar esquizofrênico é simplesmente esquizofrênica. É loucura ocupar-se permanentemente com a loucura.

BECKETT: Além do mais, é algo que não tem fim. Ocupar-se com a loucura é perpetuá-la, é um sofrimento sem fim, um inferno! Vocês porventura sabem o que quer dizer ser esquizofrênico? Significa que há uma parede de vidro entre vocês e o mundo. O contato com o mundo fica a cargo de uma parte de vocês, com a qual vocês nada têm a ver, uma *persona* pública, que ajuda a realizar as expectativas dos outros, um conformista desprezível. Mas vocês mesmos se retraem cada vez mais ao seu interior, onde sua única referência, sua única companhia são vocês mesmos. É a solidão total. É a morte em vida. Vocês ouvem o seu outro eu fazendo barulho lá fora. Ouvem os ruídos que os outros fazem, mas nada disso significa alguma coisa. Todos são somente bonecos mecânicos, sua conversa soa como um murmúrio, um burburinho. Vocês perderam o contato com a vida dos outros e com a própria também. Não, vocês nunca tiveram esse contato. Sentiam-se tão sem valor que não se atreviam a existir. Não tinham direito a uma existência. Se tivessem reclamado seu direito à realidade, os outros os teriam coisificado e matado. Vocês se anteciparam a eles; com mimetismo e camuflagem, vocês mesmos se coisificaram. Tornam-se invisíveis, colocam uma máscara, fundem-se com o ambiente, mantêm-se incógnitos e fingem-se de mortos. De tanto medo dos olhares mortais e penetrantes dos outros, na fantasia vocês roubam a vitalidade para eles também. Vocês os despersonalizam transformando-os em robôs, em objetos, e, mesmo assim, toda a sua existência depende de serem vistos; vocês se apagam se não existirem no olhar de alguém. Mas, já que o olhar dos outros é fatal, a única garantia de sua existência reside na sua própria autoconsciência. Vocês se observam permanentemente. Essa auto-observação mata qualquer espontaneidade. O seu *self* morre, enrijece e se petrifica de forma irreal. Vocês se transformam na própria cova.

PIRANDELLO: Maravilhosa, maravilhosa a sua descrição, Sam! Sim, é exatamente assim. O que você descreveu é o antagonismo entre o ego e o papel, o indivíduo e a máscara, o lado subjetivo e o objetivo da existência. O *self* interior não é autônomo, porque não se torna objetivo, e a máscara externa não se torna real, porque é rejeitada internamente. Assim, temos de aparentar algo que não somos e ser algo que não aparentamos ser. A unidade da pessoa explode em uma multiplicidade de papéis, que vagueiam errantes pelo palco estreito do *self*, implorando ao ego que os reconheça e que venha a ser o seu autor.

BRECHT: Acho que estou começando a entender o que Eugène tem contra mim.

BECKETT: Sim, você representa esse mundo exterior da autoridade arrogante, que é frio, maquinal e impessoal. O mundo das prescrições, das instruções e

CULTURA GERAL

da mecânica. Você já reparou que as primeiras peças de Eugène sempre tratam da submissão a normas completamente absurdas e vazias de sentido, como em *A lição* ou em *Jacques ou a submissão*? E que ele despersonaliza os conformistas por meio dessas normas e os declara rinocerontes?

IONESCO: Não é o fato de B.B. ser um rinoceronte que me exaspera, Sam. Existem milhões de rinocerontes. O que me irrita é que ele poderia não cair nessa, mas mesmo assim se debanda para o lado errado. Ele conhece o conflito, sabe o que é vivenciar a esquizofrenia, basta olhar para seus muitos Schweijks: sua famosa argúcia nada mais é do que colaboração com o inimigo, traição, conformismo, camuflagem – tudo o que Sam disse. Mas protestamos contra isso, denunciamos essa mecânica, sua idiotice, sua natureza ridícula e seu caráter absurdo. Brecht, no entanto, prega o conformismo; ele o louva. Tomem a sua peça *A medida*, uma das mais repugnantes jamais escritas. Nela, um jovem é liquidado por seus camaradas comunistas por ter rompido a máscara de sua impessoalidade pétrea para demonstrar sentimentos humanos. Pois bem, isso sempre volta a acontecer no comunismo. O que é repugnante é que o jovem concorda com tudo isso, ele se autocritica e exige que os outros o liquidem. Essa é a antecipação dos processos espetaculares de Stálin. Brecht inventou esse processo antes que ele existisse de fato. Stálin só o imitou. A autocrítica é a institucionalização da esquizofrenia. Os verdadeiros processos espetaculares dos anos 30 trouxeram isso à tona: Brecht é um stalinista; também teria sido nazista se antes não se tivesse decidido diferentemente.

SHAW: Não diga nada, B.B., permita que eu responda. Isso também me atinge. Sim, B.B. e eu tomamos a mesma decisão, nós nos posicionamos contra a subjetividade e do lado da sociedade. Mas por que fizemos isso? Porque queríamos existir! Só se pode ser real dentro da sociedade. Estamos de acordo quanto ao fato de que a sociedade está errada. Para existir dentro dela, tínhamos que mudá-la. E, para mudá-la, tínhamos que nos adaptar a ela. Tínhamos que adotar a sua dureza para atacá-la.

IONESCO: Que nada! Vocês elevaram a dureza a um fim em si mesmo. Sentiam repulsa pelo homem subjetivo, fraco e vulnerável.

BRECHT: Não, nós nos colocamos contra vocês, porque sua retirada à interioridade é uma forma de se perder do mundo, e a mera zombaria que vocês fazem da sociedade é a reação infantil de uma criança narcisista quando descobre que o mundo não conspirou para fazê-la feliz.

IONESCO: E nos voltamos contra vocês, porque sua opção pela disciplina e submissão às pressões da sociedade representa a colaboração com os senhores totalitários e termina no processo espetacular de Stálin.

SHAW: É o que digo, o paralelo entre família e campo de trabalhos forçados.

BRECHT: Você me acusou de ter a mentalidade de um nazista, só porque combati os nazistas em vez de ficar choramingando. Vocês, no entanto, são "emi-

242

SABER

grantes internos", que nada fazem porque acreditam que já basta ter uma opinião divergente.

IONESCO: Isso é uma ofensa a Sam, que arriscou seu pescoço na Resistência enquanto você prosperava com dólares capitalistas em Hollywood.

DR. GODIT: Será que a mesma forma de loucura se mostra nos dois e que ambos somente representam os lados opostos da mesma esquizofrenia? E que os senhores, ao jogarem um lado contra o outro, reproduzem seu próprio problema, ou seja, a separação entre ambos, que depois lhes permanece oculta como problema? Os senhores acreditam que ambos poderiam ter sucesso como grandes dramaturgos se não representassem o mesmo problema de diferentes perspectivas, ou seja, a separação entre interação privada e sociedade, entre o âmbito das relações emocionais e a dimensão das situações anônimas, objetivas e impessoais? E não percebem que, como dramaturgos, isso os coloca diante do mesmo problema, a saber, que a interação nada mais representa além dela mesma e que ao drama só resta mostrar exatamente isso e fundamentar sua eficácia nessa tautologia?

BRECHT: Sim, mas tudo isso só prova que a interação íntima, quando se desprende dos significados sociais generalizados, é concomitantemente sobrecarregada com a expectativa de conferir, a partir de si mesma, todo o sentido da vida.

BECKETT: Isso mesmo, B.B. Sobrecarregando a interação privada com expectativas exageradas de sentido, podemos mostrar a sobrecarga que o drama sofre com a expectativa de representatividade artística. É essa frustração da expectativa de sentido que eliminamos e da qual você fugiu no seu marxismo. É possível que o problema do sentido seja o sentido.

SHAW: Agora sei o que vocês são, Sam! Seguidores de Nietzsche!

Vê-se a cabeça do DR. WATZLAWICK *pela porta.*

DR. WATZLAWICK: Chega de discussão, crianças. Está na hora de comer!

A cabeça some.

BECKETT: Vocês ouviram, tem comida.

Todos se levantam e fazem menção de andar, exceto BERT BRECHT.

SHAW: O que foi, B.B., está sem fome?

IONESCO: E aí, B.B.? Primeiro a comida, depois a moral. Você sempre tem fome.

BRECHT: Eu realmente já não estou com fome. E sabem de uma coisa: acho que não sou Bert Brecht.

Surpresa geral, exclamações de todos os lados: "O quê?", "Como?", "E quem é você então?" etc.

243

CULTURA GERAL

BRECHT: Sou alguém que imaginava ser Brecht.

PIRANDELLO: Um germanista! Sei o que é isso, também estudei germanística. Por falar nisso, também não sou Pirandello.

BRECHT: Não, eu sei, na verdade, Shaw é Pirandello, foi o que ele disse.

IONESCO: Que nada, na verdade ele imagina ser Shaw!

SHAW: E quem é você, Eugène?

IONESCO: Se Brecht parar de fingir ser Brecht, paro de afirmar ser Ionesco.

SHAW: Ah, estão começando a ver que trazem o conflito entre vocês dentro de vocês mesmos. Esse é o primeiro passo para a cura.

PIRANDELLO: Você fala em cura, G.B.S.? Quem é você?

SHAW: Já que, ao que tudo indica, os dois estão perdendo a sua loucura, posso revelar: sou psicólogo. Estou realizando um estudo sobre a possibilidade de encontrar métodos para melhorar as possibilidades de cura usando a comunicação participativa com doentes mentais. Por falar nisso, você é o que mais me inspirou esperança, Luigi. Você me parecia ser o mais lúcido e equilibrado.

PIRANDELLO: Pois você escolheu a pessoa errada; na verdade, sou mesmo germanista e estou escrevendo uma tese sobre até que ponto os traços de um autor conhecido se reproduzem na pessoa que julga ser esse autor. Você poderia ter me dado uma dica, G.B.S., pois agora os resultados que eu tenho sobre você perderam todo o valor. Pena, porque justamente você era o que mais se assemelhava ao seu modelo: o mesmo olhar diabólico, a mesma tendência ao anticlímax.

SHAW: Também li muito sobre Shaw: um cara engraçado, mas completamente maluco. Aliás, um grande admirador de Pirandello! Maldição, agora também posso jogar fora minhas anotações sobre você, Luigi!

PIRANDELLO: Temo que todos nós sejamos pessoas normais, que se fizeram passar por loucos por acharmos que os outros eram loucos.

BRECHT: Pelo menos isso se aplica a Eugène e a mim.

IONESCO: Isso se aplica a muitos, B.B.

PIRANDELLO: Só falta Sam ser um dramaturgo que está escrevendo uma peça sobre os internos de uma instituição, que julgam ser dramaturgos. Isso seria um cenário realmente pirandelliano.

SHAW: Então, diga, Sam, quem é você realmente?

BECKETT: Não sou Beckett.

PIRANDELLO: É o que já tínhamos imaginado. Mas quem é você?

BECKETT: Não se faça de desentendido, Luigi, você já adivinhou há tempo.

PIRANDELLO: Talvez, mas tem de sair da sua boca.

BECKETT: Estou um pouco acanhado.

BRECHT: Deixe de rodeios! Eugène e eu também admitimos que sucumbimos à loucura.

BECKETT: Pois bem, sou Pirandello.

244

SABER

Silêncio incômodo. Os outros se entreolham.

BRECHT: Esperem aí, amigos, vocês não notaram uma coisa? Cada um de nós afirmou uma vez ser Pirandello! G.B.S. afirmou...

SHAW: B.B. o afirmou...

IONESCO: Mas eu não!

BRECHT: Você não precisa, porque é óbvio. Pirandello afirmou ser Pirandello, e agora é Sam que afirma. É isso o que o dr. Watzlawick tinha planejado: nós deveríamos descobrir o que temos em comum, e é justamente o pirandellismo.

DR. GODIT: A essência do drama moderno. A representação da auto-referencialidade da comunicação íntima por meio da auto-referencialidade.

SHAW: Sim, mas nesse caso a sua terapia teria funcionado. O senhor não seria realmente um psiquiatra? E todo esse tempo pensamos...

DR. GODIT: ... que só imaginei isso. Eu sei. Os senhores conhecem a história dos três beduínos, cujo pai lhes deixara 17 camelos como herança?

BRECHT: Conte!

DR. GODIT: Antes que o pai precavido encomendasse sua alma a Alá, o Todo-Poderoso, havia disposto no seu testamento como a herança deveria ser dividida entre os três filhos: o mais velho receberia a metade, o do meio, um terço, e o terceiro, um nono. Mas, embora calculassem, não conseguiam dividir os 17 camelos dessa maneira. Então, por acaso, o xeique Helim Ben Bakhtir, de Nasr-Al-Fadh, passou por ali; ele era conhecido por sua sabedoria. Os irmãos pediram seu conselho. O xeique Helim apeou de seu camelo e colocou-o junto aos outros, de modo que fossem 18 camelos. Tomou a metade, ou seja, nove, e deu ao mais velho. Depois tomou um terço, ou seja, seis camelos, e deu-os ao segundo filho e, por fim, tomou um nono, ou seja, dois camelos e os entregou ao filho mais novo. Depois disso, voltou a montar seu camelo, que havia sobrado, e disse: "Alá esteja convosco!", e saiu cavalgando. O nome de Alá seja louvado!

IONESCO: Isso quer dizer que funcionou porque acreditamos. Mas diga sinceramente, o senhor é mesmo o Dr. Godit?

DR. GODIT: Não. Mas me identifico assim, porque ninguém acredita no meu nome verdadeiro.

SHAW: E qual é seu nome verdadeiro?

DR. GODIT: Godot.

Todos caem na gargalhada.

245

III. A HISTÓRIA DA ARTE

"Por favor, sigam-me ao museu. Vejam", disse ele, quando adentramos a ante-sala, "o museu é um templo grego.

Através do pórtico entra-se no grande saguão de entrada, cuja austeridade convida-nos à introspecção intelectual. Estão todos reunidos? Após pagarmos o óbolo (o ingresso), caminharemos em direção aos altares e relicários da história da arte para, em íntimo recolhimento ou êxtase mental, comemorarmos a comunhão com o Espírito Santo da arte. E agora, por favor, sigam-me ao salão do estilo." O guia foi à frente e depois se voltou em nossa direção.

"A estrutura do museu demonstra que a história da arte se desenvolve como a história do estilo. O estilo surge do antagonismo entre a integridade da obra e a autonomia da arte. Se quisermos distinguir a arte de outros domínios – por exemplo, do artesanato ou da técnica –, precisaremos de algo que una várias obras, embora cada uma seja individualmente integral. E isso é estilo. O termo italiano para isso era *maniera* (*Manier*, *manière* ou *manner*), termo que também designava as 'maneiras', ou seja, o estilo de comportamento de uma pessoa."

Arte românica e gótica

"Estamos entrando agora no salão da Idade Média." Quando todos estavam reunidos, ele prosseguiu:

"No início do desenvolvimento da arte na Idade Média, o 'estilo' se referia à simples recomendação de extrair e 'copiar' o que convinha da abundância de produções artísticas do passado – em latim, abundância é *copia*. Dessa forma, surgiu a primeira linguagem artística usada em toda a Europa, a arte românica. Ela começa por volta de 1000 d.C. e vai até o século XIII. Seus grandes monumentos

CULTURA GERAL

são as igrejas. Seus traços distintivos são os arcos redondos, as jambas e as cavidades semicirculares sobre as portas, nas quais figuras em relevo, dispostas em semicírculos concêntricos, formam os chamados tímpanos. E, por falar nisso, a palavra *tímpano* vem do termo grego que significa "tambor" e também designa a membrana situada no ouvido médio. As figuras básicas da arquitetura românica são o quadrado e o semicírculo. Duas abóbadas cruzadas e quadradas de uma nave lateral costumam corresponder a uma abóbada cruzada e quadrada da nave central. O quadrado se repete nos chamados capitéis cúbicos, que encimam colunas cilíndricas, como nesta aqui." Depois de comprovar nossa surpresa, continuou:

"A partir de 1150, o estilo românico foi substituído pelo gótico. Seu berço é a Île de France, ou seja, a região que cerca Paris. Ao contrário do que ocorria na arquitetura românica, o interior de uma igreja já não era visto como um conjunto de diferentes recintos, e sim como uma unidade de espaço. As igrejas ficaram mais altas, e nervuras em cruz transferem a pressão maior exercida pelas abóbadas para as colunas, que, por sua vez, são sustentadas por contrafortes colocados do lado de fora, contra as paredes externas. A característica mais marcante em relação à arquitetura românica é o arco ogival, que possibilita a inserção de arcos mais estreitos e, conseqüentemente, uma seqüência maior de arcos. Entre os contrafortes, as paredes abrem-se em janelas, cujas partes superiores são preenchidas com ornamentos. Nas fachadas que dão para o oeste, edificam-se torres monumentais, que são ornadas com uma riqueza de formas, como remates, rosáceas e estátuas.

Nesse estilo foram construídas as catedrais de Laon, Bourges, Paris (Notre Dame), Chartres, Reims e Amiens. Na Alemanha, o estilo gótico só se estabeleceu lentamente. Entre as mais famosas construções religiosas estão as catedrais de Estrasburgo e Friburgo e a catedral de Colônia. Mas depois as formas da arquitetura gótica também foram adotadas em construções ditas profanas (ou mundanas), e prefeituras, castelos, fortalezas e residências foram construídos em estilo gótico. Na Itália, o estilo gótico só se fez presente no norte (catedral de Milão), e grande parte dos bastidores da cidade de Veneza consiste em palácios góticos.

A estatuária gótica – aqui vemos um belo exemplo – ateve-se à arquitetura. Figuras góticas ornam os portais de igrejas e necessitam de consoles sob os pés e baldaquinos sobre as cabeças. As pregas de suas roupas lhes conferem expressividade. Na Alemanha do século XIII, são criadas as esculturas das catedrais de Bamberg e Naumburg, o Cavaleiro de Bamberg e a Uta, bem como as esculturas da catedral de Estrasburgo.

Por favor, sigam-me ao salão do Renascimento."

SABER

Renascimento

"A arte medieval é marcada pelos seguintes fatos: 1º) ela ilustrava a religião a serviço da Igreja, portanto, não era autônoma; 2º) os artistas se viam como artífices, associavam-se em guildas e, por isso; 3º) permaneciam anônimos, porque não desejavam criar algo original, e sim copiar modelos.

Tudo isso muda com o Renascimento (→ História, Renascimento), que teve seu ponto de partida na Florença do século XV. Para tanto, foram necessários o florescimento das cidades italianas e o surgimento de uma classe de patrícios, cuja fortuna lhes possibilitava legitimar sua posição de liderança por meio do mecenato, da ostentação e de encomendas públicas a artistas. A arte torna-se autônoma. Os artistas saem da ordem das guildas e, com isso, entram em evidência como personalidades. Passa-se a fazer a distinção entre arte e artesanato. O artesanato é imitação, a arte é criação do novo. Dessa forma, o artista transforma-se em criador, portanto, no irmão caçula ou até mesmo no filho de Deus. É por essa razão que Dürer se retrata como Cristo. Já que agora tudo pode ser objeto da arte, surge o excesso da representação de tudo e todos, obcecada por detalhes. Leonardo da Vinci desenha o esboço de ervas, folhas, redemoinhos, animais e todos os ângulos do corpo humano. Como o artista cria a natureza pela segunda vez, no Renascimento a arte passa a imitá-la. Isso é alicerçado por estudos científicos de anatomia, matemática e teoria das proporções. A partir de 1420, em Florença, o círculo de amigos de Brunelleschi começa a se ocupar com a transferência da visão espacial à superfície e desenvolve a estética da perspectiva central. E Donatello e Ghiberti a transferem ao relevo. Assim, a composição gótica é abandonada. Tratava-se de uma revolução estética. Na Idade Média, a pintura ainda acumulava a função da escrita: antes da invenção da imprensa, os quadros também serviam de fonte e informação aos fiéis, e pintava-se não somente o que se via, mas também o que se sabia. Por meio da estilização, o visível era transmutado em emblemático: coisas importantes eram pintadas em tamanho maior do que aquelas consideradas sem importância; o bidimensional predominava e, por regra, pintavam-se séries de desenhos e histórias em quadros. As seqüências de imagens mostravam simultaneamente o que ocorria de modo sucessivo.

Com a composição do quadro a partir da perspectiva central, a pintura foi inteiramente focada na visão. Todo o resto podia muito bem ficar a cargo da informação veiculada pelos livros. O espaço visto de certo ponto, em dado momento, passou a ser o princípio de organização que norteava a composição do quadro. Com isso, separava-se o tempo do espaço e ambos podiam ser vivenciados individualmente: assim, por exemplo, ao se estreitar a perspectiva das pedras de um pavimento, podia-se calcular quanto tempo seria necessário para atraves-

CULTURA GERAL

sar uma praça. E, ao mesmo tempo, constatava-se que o local só era visto como aparecia no quadro a partir de um único ponto no espaço. Desse modo, o observador ganhava uma posição fixa no espaço e esse adquiria uma dimensão absoluta, na medida em que a perspectiva relativizava a observação a partir de um local fixo.

Essa transição assinala uma revolução da experiência: o ser já não se mostra em sua totalidade e na profusão significativa dos signos; o que se vê depende do lugar onde se está. A visão torna-se autônoma e volta-se para si mesma. E, assim, a riqueza é descoberta apenas nas coisas visíveis: no espaço, na cor, na luz e no corpo. Nesse ilusório espaço espelhado, que, de certa forma, duplica o espaço real, os temas herdados da Antiguidade são vinculados à realidade visível do presente.

Esses temas que os humanistas redescobriram vêm agora juntar-se aos motivos religiosos. A aristocracia e os patrícios preferem ser representados como deuses gregos, uma vez que seu mundo iconográfico é livre, e não administrado por uma instituição como a Igreja, que possui o *copyright* dos motivos religiosos. O afastamento da religião redireciona os sentimentos religiosos para uma celebração da beleza mundana. O corpo humano é despido de seu drapeado gótico e pintado em sua beleza nua. As feições do rosto são registradas em retratos individuais, e a natureza é descoberta nas paisagens de Pollaiuolo e Leonardo da Vinci. Tudo isso é produzido para uma sociedade, na qual a arte é reconhecida publicamente como esfera autônoma. Academias de arte são fundadas, teorias de arte são desenvolvidas, e Giorgio Vasari dá início à história da arte ao escrever as biografias de artistas renomados. Também é Vasari quem cunha o termo 'estilo gótico', conferindo-lhe um caráter bárbaro em memória aos exércitos de godos saqueadores. Para aqueles que encomendavam as obras, a arte torna-se um meio de se projetar além da morte. Nos testamentos, as coleções de arte já não são incluídas entre 'outros bens' e recebem um tratamento diferenciado.

A arquitetura guia-se pelas construções antigas e pelo livro *De architectura*, de Vitrúvio. Esse é o único manual sobre a arquitetura romana que nos foi legado, e é inspirado na arquitetura grega; por isso não devemos subestimar o seu valor. Vitrúvio viveu no tempo de César e Augusto; sua obra trata dos fundamentos da construção em geral e contém plantas para edifícios públicos, teatros, templos, balneários, casas urbanas e rurais, sugestões em relação a canalizações, murais e planejamento urbano. Os arquitetos do Renascimento – Bramante, Ghiberti, Michelangelo e Palladio – inspiraram-se diretamente nele, e a tradição clássica da arquitetura, com suas proporções regulares, suas simetrias e suas colunas dóricas, jônicas e coríntias, remonta a Vitrúvio (→ História, Grécia).

SABER

Desde o Renascimento, artistas e amantes das artes de toda a Europa peregrinavam pela Itália. Toda a arte européia da modernidade baseou-se nas formas que os artistas italianos haviam criado. Até o século XIX, não havia períodos estilísticos que não tivessem procurado seus modelos no Renascimento italiano. Logo a educação de um *gentleman* inglês passou a incluir uma viagem cultural à Itália, o que fez com que as paisagens inglesas fossem ocupadas por casas de campo no estilo de Palladio, estilo que depois também viria a ser difundido nos Estados Unidos da América.

Isso permite compreender que a história dos estilos assemelha-se à da evolução: um estilo é como uma espécie biológica, em que os indivíduos e as obras de arte se reproduzem, transmitindo sua estrutura genética. Nesse processo, um estilo evolui a partir de variações, das quais só sobrevivem aquelas que, pela sua originalidade, estiverem mais bem-adaptadas ao meio ambiente do gosto. Somente de vez em quando ocorre uma mutação, que dá origem a uma nova espécie. De início, ela é tida como uma aberração monstruosa. É o que se percebe quando denominações de estilo, como gótico ou barroco, são usadas primeiramente em sentido pejorativo. Mais tarde, porém, essa variação estabiliza-se, transforma-se em uma nova espécie e introduz um novo período estilístico, no qual o antigo estilo ainda sobrevive por um tempo, mas depois, na luta pela preferência, sai perdendo e é extinto. O novo estilo conseguiu impor-se.

No que se refere aos grandes artistas do Renascimento, nosso departamento de história tem um anexo, onde, sob o título *Renascimento*, os senhores encontrarão a documentação da carreira dos cinco grandes artistas: Botticelli, Leonardo da Vinci, Michelangelo, Rafael e Ticiano. Lá, os senhores poderão complementar o que ouviram aqui com o material ilustrativo." (→ História, Renascimento)

Barroco

"Passaremos agora por uma pequena galeria, em cuja parede está afixado um quadro cronológico. A Reforma (a partir de 1517) significou um corte na evolução da arte européia e levou a ondas de destruição de obras de arte sacra, uma vez que foram consideradas símbolos de idolatria pagã (trata-se de iconoclasmo [repúdio à veneração e à representação de imagens religiosas]). Como reação a tudo isso, a Contra-Reforma (que teve início por volta de 1550) dos países católicos promoveu o desenvolvimento do estilo barroco. O nome vem da ourivesaria: 'barroco' é a palavra portuguesa que designa uma pérola de formato irregular; depois, o termo passou a ser usado com o sentido de 'rebuscado'.

Inicialmente, a arte barroca é um meio de propaganda da cúria católica. Esta última encomendou a construção de várias igrejas, que deveriam promover uma atmosfera solene e festiva. Com intenção análoga, os príncipes absolu-

CULTURA GERAL

tistas adotaram as formas de expressão do barroco, que, com isso, passou a ser o estilo da magnificência dos soberanos: em seus palácios, os príncipes construíam os bastidores para seu teatro de Estado absolutista, ao qual a aristocracia também deveria submeter-se. Na sua orientação para o cosmos cortês ou divino, o estilo barroco salientava a subordinação de cada um dos elementos da construção ao todo. A tensão é expressa por meio de formas curvas e movimentos fortes. Os adornos são extremamente ricos, e os espaços internos, decorados com pinturas que os tornam grandiosos e festivos. A era do barroco são os séculos XVII e XVIII.

Na França, a exuberância barroca é domada pela forma clássica (pela simplicidade própria da Antiguidade clássica), de modo que os palácios foram dotados de jardins rigorosamente organizados, muitas vezes desenhados por Le Nôtre (Versalhes). Decisivas para a evolução do barroco foram as construções de Bernini e Borromini em Roma.

Na Alemanha atrasada, o Barroco tardio comemorou seus triunfos depois de 1700, com as construções de Fischer von Erlach, na Áustria, Johann Balthasar Neumann, em Würzburg, Andreas Schlüter, em Berlim, e Matthäus Pöppelmann e Georg Bähr, em Dresden.

Se a Itália é a pátria dos grandes pintores renascentistas, os Países Baixos assumem esse papel quanto ao barroco. Mas os Países Baixos estão divididos em Flandres, católica e governada pelos Habsburgos, com Bruxelas e Antuérpia como centros, e a Holanda, calvinista-protestante, com Amsterdam como capital. O século XVII não só é a era da Contra-Reforma, mas também da ascensão da Holanda à primeira potência comercial e marítima da Europa.

Portanto, os pintores holandeses trabalham, de um lado, para reis e aristocratas e, de outro, para a ascendente burguesia comercial. Queiram me seguir ao próximo salão.

Essa tendência mostra-se de modo ideal no antagonismo entre Rubens e Rembrandt; por isso, expomos os seus quadros em paredes opostas. Rubens (1577-1640) torna-se pintor oficial dos governantes belgas e pinta para os príncipes europeus; esses desejavam quadros grandes e representativos. Assim, Rubens produzia quadros enormes, pomposos e suntuosos para adornar os palácios. Sua especialidade é a carne 'barroca' de mulheres rechonchudas, que se tornou proverbial. Também pinta para os jesuítas e a Igreja, para o rei da França, o príncipe herdeiro da Inglaterra, o príncipe-eleitor da Baviera e o rei da Espanha. A fim de poder executar as muitas encomendas, mantém uma oficina extremamente organizada com aprendizes e subalternos. O próprio Rubens traça o esboço do quadro, manda ampliá-lo e pintá-lo. Ele mesmo se incumbe de dar a última pincelada, que torna o quadro um 'Rubens'.

252

SABER

É tido como o pintor mais representativo do estilo barroco. Os historiadores de arte definem seu estilo pictórico como '*páthos* em movimento', pois suas figuras costumam ser sinuosas e mostradas em estado de êxtase.

Agora, dirijamos nosso olhar à outra parede. Rembrandt van Rijn (1606-69) já é atípico pelo fato de não ter ido estudar na Itália; em vez disso, foi aprendiz de um pintor de temas históricos em Leiden e depois, em Amsterdam, abriu seu próprio ateliê. A princípio, pinta cenas bíblicas ao estilo dos pintores de temas históricos – o que reflete seu protestantismo –, contudo, desenvolve um estilo pessoal, concentrando-se em poucas figuras, intensificando a dramatização e conferindo uma nova intensidade e dramaticidade à luz. Figuras iluminadas por uma luz lateral em cômodos mergulhados na penumbra são sua marca registrada. Assim como Rubens, Rembrandt seleciona em cada evento o momento mais emocionante, por exemplo, a faca prestes a cegar Sansão ou os últimos segundos do sacrifício de Isaac antes da sua salvação. Dessa forma, Rembrandt torna-se o pintor dos afetos humanos em momentos de grande tensão. Em tempos em que ainda não se faziam especulações de cunho psicológico, via-se nessa psicologização a interioridade específica e menos superficial do norte protestante, e Rembrandt era reivindicado como representante da alma alemã. Um exemplo típico é o *best-seller* de 1890, *Rembrandt als Erzieher* [Rembrandt como educador], de Julius Langbehn, no qual o autor, referindo-se a Rembrandt, convoca os alemães a resistirem à superficialidade e ao materialismo e, com isso, influencia o movimento de arte nacionalista da colônia de artistas de Worpswede. Esse absurdo lança uma luz rembrandtesca sobre os movimentos que fazem da arte uma religião.

Rembrandt obtém seus efeitos transformando as tradições pictóricas em algo momentâneo e dramático. Nele, retratos que deveriam ser representativos tornam-se estudos psicológicos. Nos auto-retratos, faz até mesmo experiências com caretas e variações extremas da expressão. Os tradicionais e rígidos retratos de atiradores, nos quais as corporações das cidades holandesas são perpetuados, sofrem uma dramatização cênica; o exemplo mais ilustre é *A ronda noturna*, que mostra a corporação no momento em que se reúne.

Em 1657, apesar das inúmeras encomendas, Rembrandt vai à falência em virtude de seu estilo de vida perdulário. Nas obras posteriores, abdica das ações dramáticas, especialmente na representação de temas bíblicos (*A ceia em Emaús, Saul e Davi, A bênção de Jacó, Isaac e Rebeca*).

Ao mesmo tempo, Rembrandt supera todos os seus contemporâneos no que diz respeito à pintura de paisagens e, particularmente, na gravura, cujas múltiplas cópias testemunham sua evolução e sua técnica de trabalho.

Até hoje, Rembrandt é tido como um dos mais importantes pintores dos Países Baixos, que produziram tantos pintores quanto a Itália. Rubens e Rem-

253

CULTURA GERAL

brandt também representam a Europa do século XVII com sua divisão religiosa: Rubens é o pintor da Contra-Reforma católica e dos príncipes absolutistas; e Rembrandt é o pintor da burguesia protestante abastada, dos dignitários urbanos, das associações e dos grupos profissionais.

Agora iremos à pequena sala ao lado e contemplaremos um pintor barroco completamente diferente. Bem, que tipo de pinturas já conhecemos? Mencionamos o retrato e a pintura de temas históricos. Especialmente as telas com cenas bíblicas e religiosas estavam sujeitas a regras de representação específicas e a uma linguagem pictórica determinada. Isso não se aplicava a um tipo muito usado na pintura holandesa: a pintura de gênero. São telas com cenas do cotidiano, e as pessoas retratadas geralmente permanecem anônimas. Todos conhecemos essas telas, porque seus temas tornaram-se muito populares: casamentos de camponeses, cenas de taberna, diversões de inverno em lagos congelados, festas em aldeias e cenas domésticas. Peter Brueghel, o Velho, Jan Steen e Peter de Hooch são conhecidos representantes desse gênero.

O principal representante da pintura de gênero barroca é Jan Vermeer (1632-75), de Delft. Algumas de suas telas tornaram-se ícones modernos em calendários e são reproduzidas repetidas vezes, como a *Moça lendo uma carta à janela*. A razão desse sucesso é a delimitação do espaço e a estruturação da pintura por meio do domínio da luz: esses elementos conferem à cena um ar de intimidade, e as respectivas figuras parecem estar absortas. O mesmo ocorre com o tema da leitura e da música (*Homem e mulher sentados ao Virginal, A tocadora de viola* e *A aula de música*), até que, com o pintor e o modelo em *A alegoria da pintura*, Vermeer retrata a própria pintura. Ele amplia o espírito de contemplação do observador por meio daquilo que retrata. Essa é a causa de sua popularidade, que foi reforçada quando o genial falsário Jan van Meegeren falsificou suas telas com tal maestria que enganou a maioria dos especialistas. Queiram me seguir, por favor."

Rococó

"O barroco tardio enfatiza o traço ornamental e decorativo na pintura e na arquitetura. Nele, ornatos em forma de concha têm especial importância; em francês, esses elementos são chamados de *rocaille*. Daí o termo *rococó*, um estilo que predominou no período entre 1720 e 1760 e que também é originário da França. Embora seja essencialmente aristocrático, distancia-se do teatro de Estado absolutista e volta-se para o íntimo, o lúdico e o frívolo. A influência mais marcante partiu do pintor francês Antoine Watteau (1684-1721), que criou um novo tipo de quadro: das festas galantes (*fêtes galantes*) e do piquenique (*la fête champêtre*). Esse tipo tornou-se o tema pictórico representativo do rococó e ex-

SABER

pressava um escapismo (fuga do desagradável) da corte para a Arcádia (lugar da felicidade bucólica), onde era possível refugiar-se em cenas pastoris e agarrar-se a sonhos de uma juventude eterna e de uma sensualidade jovial e inesgotável. A pedido da amante do rei, Madame Dubarry, Jean Honoré Fragonard (1732-1806) pintou cenas eróticas de caráter pastoril (*As quatro estações do amor*), que, no entanto, ficaram tão imorais que a cliente as rejeitou. Sua arte foi proibida durante a Revolução Francesa. O mesmo não sucedeu ao terceiro dos grandes pintores do rococó: François Boucher (1703-70). Esse pintor conseguiu ascender ao patamar de primeiro retratista oficial da corte graças à Madame Pompadour, uma predecessora de Dubarry. Suas cenas pastoris, galantes e eróticas encantavam, e ele era perdoado pelo fato de retratar apenas as aventuras amorosas dos deuses mitológicos: o rapto de Europa ou Leda e o cisne. O rococó celebra o triunfo do erotismo, e em nenhum outro lugar há mulheres tão encantadoras quanto nos quadros dessa época."

Classicismo e romantismo

"Passaremos agora ao próximo salão, no qual os classicistas e românticos estão pendurados em paredes opostas. De certa forma, essas duas correntes dão seqüência ao antagonismo entre Rubens e Rembrandt: os seguidores de Rubens tornam-se classicistas, especialmente na França, e os de Rembrandt, românticos, sobretudo na Inglaterra e Alemanha." Subitamente, nosso guia interrompeu o que dizia. "Onde estão os outros?" Realmente, agora nos dávamos conta de que a maioria dos homens havia ficado no salão do rococó e que, dado o seu profundo interesse pela história da arte, havia se concentrado nas imagens eróticas. Só depois que nosso guia bateu palmas várias vezes é que eles, muito a contragosto, vieram juntar-se a nós. "Como eu ia dizendo, a divisão da arte perdura durante a Revolução Francesa e no século XIX. Enquanto na Inglaterra e na Alemanha surge uma pintura romântica, a França se submete à rigidez do classicismo. O fundador da pintura classicista é um protegido de Boucher, pintor rococó: Jacques Louis David (1748-1825). Sua ruptura com o rococó ocorre pouco antes da Revolução Francesa. Com a tela *O juramento dos Horácios*, de 1785, encomendada pelo rei, David reintroduz o rigor da composição clássica, sinalizando com isso que as cenas pastoris ao ar livre haviam chegado ao fim e que a vida voltara a ser séria. Por isso, em 1789, o encontramos nas barricadas da revolução. Em 1792, ele se torna deputado da Convenção Nacional; em 1793, presidente do clube dos jacobinos e, em 1794, presidente da Convenção e dedica-se à política. Seus quadros refletem tudo isso, mediante a expressão do *páthos* moral da ação política. Seu quadro mais conhecido é o que retrata Marat, assassinado em sua banheira. Mais tarde, torna-se retratista oficial da corte e exalta Napoleão. Graças à atuação

CULTURA GERAL

de seu discípulo Jean Dominique Ingres, consolida o domínio do classicismo na França até depois de meados do século XIX.

Outro pintor político é o espanhol Francisco Goya (1746-1828), cujos dados biográficos praticamente coincidem com os de David. Durante a Revolução Francesa, ele se torna retratista oficial da corte espanhola, mas retrata os membros da família real como um grupo de idiotas limitados."

Tenho vontade de perguntar como ele conseguiu se safar, mas prefiro deixar a pergunta de lado. Trata-se seguramente de um enigma a ser pesquisado.

"Graças a seu convívio com intelectuais liberais, sua pintura transforma-se em crítica política. Em *Desastres de la guerra*, retrata as atrocidades da guerra contra Napoleão. Em seguida, uma doença o deixa quase surdo, e ele começa a pintar quadros mesmo sem encomenda. Estes tratam de temas que beiram a loucura: visões fantasmagóricas, alucinações sinistras e intensos delírios febris. Goya é o primeiro a considerar suas próprias fantasias dignas de serem retratadas. Esse é o prólogo da despedida da arte figurativa. Nesse sentido, Goya é o primeiro pintor moderno. Ele se aprofunda no elemento visionário e próprio ao pesadelo. Essas características também estão presentes nos quadros em que Goya retrata os horrores da guerra. Ao violar as regras clássicas de composição e retirar as figuras de contexto, abre o caminho da pintura para o surrealismo.

Observemos, agora, a parede oposta. Vemos a Inglaterra e a Alemanha. Na Inglaterra, o romântico William Turner (1775-1851) é impressionista antes mesmo da existência desse estilo. Se até então os pintores só pintavam paisagens quando precisavam de dinheiro, Turner transforma paisagens no objeto pictórico por excelência. Desse modo, acerta o romantismo em cheio. Seu tema central é a relação de ressonância entre a consciência solitária e a natureza desenfreada. Essa relação recebe o nome de 'atmosfera'; o difuso passa a ser poético. Conseqüentemente, Turner causa espanto em seus contemporâneos ao abolir a linha como meio de contornar os objetos e ao dissolver as formas em cores. Nele, a natureza transforma-se em um forte turbilhão de luz, nuvens e água, que traga as figuras humanas assim como o faz com todos os contornos rígidos que normalmente conferem sustentação à existência. Após uma viagem pelos Países Baixos e pela Renânia, que marca sua fase intermediária, em 1819 Turner faz sua primeira viagem à Itália, que, mais uma vez, revoluciona seu estilo pictórico. A partir de então, concentra-se na reprodução da luz. Em Veneza, ficou particularmente fascinado com a capacidade da luz, associada a fenômenos atmosféricos do clima, de mudar a forma dos objetos. A reprodução do objeto propriamente dito já não o atrai, mas sim a impressão, o resultado visual da interação entre objeto e luz. Assim, os quadros da sua última fase, chamada de 'transcendental', levam títulos como *Luz e cor* ou *Sombra e trevas*. Ele já não pintava somente objetos, mas o brilho, a escuridão, as sombras, a tempestade e, no caso de objetos, navios em peri-

SABER

go ou um trem, como na tela que intitulou *Chuva, vapor e velocidade*. Na sua pintura, a percepção descobre a si própria e se assusta com a falta de contornos da consciência, quando esta deixa de ser ordenada pela presença de objetos.

De maneira semelhante, o romântico alemão Caspar David Friedrich (1774-1840) não se interessa pela reprodução fiel de uma paisagem, mas pela sensação que ela evoca no pintor e por aquela que seu quadro desperta em quem o contempla. Por isso, pintava pessoas observando paisagens, em que o espectador pode observar-se observando a tela.

Bem, vamos agora à próxima sala, onde se encontra o estilo de transição à modernidade: o impressionismo."

Impressionismo

"Até por volta de 1860, a pintura era uma arte de ateliês controlada por academias, onde os pintores recebiam sua formação. Pré-requisito inquestionável era crer no caráter figurativo da arte. Essa crença é abalada primeiramente pela invenção da fotografia e, a partir de 1860, por um grupo de pintores que fizeram de Paris a meca da pintura e criaram o último estilo antes da eclosão da arte vanguardista: o impressionismo. Este tem, portanto, duas faces: para os contemporâneos representava um choque moderno e um escândalo, para nós, em retrospectiva, é uma forma de modernidade que serve de justificativa para nossa secreta predileção pela arte tradicional. Constitui o último estágio, no qual a arte ainda podia ser 'bela' e, ao mesmo tempo, já ser moderna. Isso proporcionou uma posição privilegiada aos impressionistas junto ao público atual. Eles são populares. Depois deles, tudo fica feio.

Os nomes mais conhecidos são: Renoir, Manet, Monet, Degas, Cézanne e Van Gogh.

Uma nota de jornal sobre uma das primeiras exposições impressionistas deixa claro quão revolucionários eles eram: 'Acaba de ser inaugurada, na galeria Durand-Ruel, uma exposição que alega conter quadros. Ao visitá-la, deparei estarrecido com algo terrível. Cinco ou seis loucos, entre os quais uma mulher, juntaram-se para expor suas obras. Vi pessoas rolando de rir diante dos quadros. Fiquei condoído diante da cena. Tais artistas proclamam-se revolucionários e 'impressionistas'. Tomam um pedaço de tela, tintas e pincéis, fazem alguns borrões aleatoriamente e assinam seu nome embaixo. É uma cegueira tal qual a de internos de um manicômio que apanham pedregulhos e acreditam ter encontrado diamantes.'

O que enfurece o crítico é que os impressionistas revolucionam o uso das cores. Pintam os efeitos de luz e sombra de modo que as cores só surgem no olhar de quem observa. De perto, vê-se um caos de pinceladas, mas, quando nos afastamos, temos a impressão de uma ordem maravilhosa. Para os contemporâneos, com suas antigas formas de enxergar as coisas, isso era incompreensível. Como

CULTURA GERAL

acontece hoje com muitos artistas, os impressionistas eram considerados amadores que não sabiam pintar direito. Assim, utilizava-se o termo 'impressionista' como um insulto.

Os motivos impressionistas também não eram propriamente temas dignos de serem retratados: salões de baile (Renoir), hipódromos (Degas), bares (Manet), estações de trem (Monet) e mulheres nuas acompanhadas de senhores vestidos fazendo piquenique (*Almoço na relva*, de Manet) não inspiravam a confiança do público da época.

O tema dos impressionistas era a vida fugaz nas grandes cidades, o fluir do Sena (Monet sempre pintava em um barco no rio) e o vaivém das pessoas nos bulevares, parques e locais de diversão.

Com os impressionistas, já não havia retorno ao figurativismo. Pelo contrário, os dois mais radicais deles procuraram a direção oposta: Van Gogh bateu à porta da loucura, e Cézanne tornou-se o pai da modernidade ao fazer exatamente o contrário: afastou-se das histerias dos impressionistas e experimentou possibilidades de organizar a profundidade do quadro não mais a partir de uma perspectiva central, e sim a partir da cor. Os quadros já não eram elaborados a partir de uma composição geral, mas de formas individuais. Bastou que seus seguidores abandonassem sua estrutura linear e estática para que formas e cores se tornassem autônomas, e eles mesmos, cubistas.

A vanguarda havia chegado e, com ela, seu futuro rei, Pablo Picasso, expoente da pintura do século XX. Assim, chegamos ao fim do museu tradicional. Queiram, por gentileza, me acompanhar.

Bem, por favor, entrem no elevador. Iremos agora para outra dimensão. Cuidado ao saírem; os senhores sentirão um pouco de tontura, mas isso passa. Vou deixá-los com a equipe encarregada da arte moderna. Vocês serão divididos em duplas, e cada uma receberá um guia ou uma guia. Em nosso jargão, nós os chamamos 'cicerones'. Bem, chegamos. Diante de nós está a grande maquete de um museu. Podem entrar. Temos muito orgulho dessa idéia. Por que cada dupla recebe seu próprio guia? Muito simples: porque a arte moderna requer uma orientação muito mais intensa, pelo menos no início."

Entramos na maquete, e logo me vi a sós com minha parceira, ou melhor, estávamos acompanhados apenas de um guia, que surgira tão repentinamente como se houvesse saído de um dos quadros. "Olá, meu nome é Praxitelopoulos, mas podem me chamar de Praxi. Minha tarefa é perturbá-los com comentários e piadas, caso queiram assumir uma atitude contemplativa diante de uma obra."

Indaguei se isso não era permitido.

"No metamuseu do novo milênio, não. Veja, a experiência demonstrou que a contemplação meditativa da obra de arte apenas prejudica a visão. As pessoas não conseguem focar suas pupilas. Por isso é que nos antigos museus os visitantes saíam da visitação dos quadros em estado de choque e se jogavam – como quem está mor-

258

SABER

rendo de sede após uma peregrinação pelo deserto – sobre cartões-postais e livros de arte da loja do museu. Somente ao reconhecer o que haviam visto é que resgatavam sua visão cotidiana. Já não precisavam fingir ver mais do que viam realmente.

Venham, temos que entrar nesta sala. Como vêem, aqui nada se vê além de um quadro-texto; leiamos:

'A pintura é a mais contraditória das artes. Ela nos é dada como intuição sensível.

Como a percepção penetra diretamente o consciente, as imagens despertam uma impressão imediata. Temos a sensação de que não há nenhuma linguagem simbólica entre nós e o que vemos.'

Se chegarem mais perto, verão que se trata de uma tela de monitor. E aqui, no canto superior direito, existe uma linha com ícones. Estão vendo? Agora vou tocar o ícone 'continuar'. O que vocês vêem? Isso mesmo: a palavra 'girassóis'. E agora vemos como do fundo emerge lentamente a tela *Girassóis*, de Van Gogh. Não, não se aprofundem na contemplação da tela. Em vez disso, visualizem o papa Clemente VI."

"Não posso", protestou minha parceira. "Não conheço..." Mas Praxi indicou-lhe o teclado sob a tela. Ela compreendeu e digitou a seguinte frase: "Não posso, nem conheço esse papa."

Em seguida, surgiu o termo "Clemente VII". Ela o fitou fixamente por um tempo até que Praxi retirou de um suporte um capacete de material sintético, conectado a cabos e eletrodos, e o colocou na cabeça da minha parceira. Imediatamente, surgiu na tela a silhueta indistinta de um papa, que, de longe, lembrava o papa Woytila.

"Mas essa é a imagem que me vem à mente quando leio o nome 'papa Clemente'", exclamou espantada.

Mal acabara de falar e o fantasma de Woytila já havia desaparecido. Quando Praxi tocou novamente no ícone, duas imagens idênticas surgiram, uma ao lado da outra. Pela legenda, podia-se depreender que retratavam o papa Clemente VII, sentado em uma cadeira, diante de uma escadaria escura. Suas vestes cobriam as pernas com uma riqueza de pregas brancas e brilhantes, mas seu tronco estava coberto por um pesado manto de veludo carmim, fechado até a gola, que, assim como o solidéu vermelho, tinha um brilho aveludado e intenso. Via-se o papa de frente, um homem no auge da idade, mas ele desviava o olhar arrogante do espectador, o queixo ligeiramente erguido, a boca marcada por um traço de crueldade; é assim que olhava do quadro, sob pálpebras muito pesadas e semicerradas, para alguém de quem não gostava, segurando na mão uma carta dobrada. Não o veríamos melhor se ele estivesse sentado diante de nós em carne e osso. Sim, o tecido tinha um brilho tão provocante que ficamos tentados a tocá-lo.

259

CULTURA GERAL

Praxi pegara um microfone para que mesmo de capacete minha parceira pudesse ouvi-lo. "O que estão vendo é a tela *Clemente VII*, de Sebastiano del Piombo, pintado em 1562, naturalmente sob encomenda. Está exposto no museu de Nápoles. Comparem as duas imagens. Vêem alguma diferença? Não? Uma delas é a original, quer dizer, naturalmente não *a* original, porque esta está exposta em Nápoles, mas a cópia computadorizada desse original." Clicou o ícone Z na tela, e, sob a imagem à esquerda, surgiu a seguinte frase: "Olá, aí de fora. Sou o quadro que você está vendo." E, sob a imagem da direita: "Olá, aqui de dentro. Sou a cópia da imagem na sua mente." "Estão vendo?", continuou Praxi, "ambas as imagens são idênticas. Por isso, normalmente vocês não percebem que são duas. Têm a impressão de estar vendo algo de modo imediato. Mas esse caráter imediato está em oposição a séculos de saber que os separam desse quadro. O que vocês sabem sobre esse papa? O que acontecia por volta de 1526? Será que Clemente deu instruções ao pintor de como gostaria de ser retratado? Será que Sebastiano se tornou o retratista mais solicitado de Roma por embelezar seus clientes e dar-lhes uma aparência mais nobre do que tinham na realidade? Nesse caso, Clemente deve ter sido uma pessoa de aparência extremamente antipática. Qual era a função dos retratos? Enaltecimento? Lembrança para a posteridade? Quem se fazia retratar? Somente monarcas e aristocratas ou também burgueses? Será que o retrato era a expressão da consciência da própria originalidade? E mais: será que o caráter imediato e sensorial do que se vê esconde uma mensagem codificada e simbólica? Há uma linguagem pictórica que já não compreendemos? Podemos tirar conclusões a partir da composição? A divisão da figura em torso vermelho e membros inferiores brancos se deve unicamente às vestes do papa, que eram assim, ou nela o pintor esconde uma menção secreta à divisão religiosa, com a qual Clemente era confrontado? Seria esse o motivo pelo qual ele parece tão sombrio? Será que os degraus da escadaria atrás do papa simbolizam a escada para o céu, em cujo topo – que não vemos – somente podem estar Deus e suas legiões de anjos? O bilhete dobrado em sua mão poderia ser uma mensagem que ele, como mediador entre Deus e a humanidade, acabara de receber de cima e estava prestes a encaminhar para o nível inferior? Será que o quadro contém, portanto, uma citação cifrada, uma menção a Moisés, que desce do Monte Sinai trazendo as Tábuas da Lei para o povo de Israel? E, se esse for o caso, não seria uma ironia velada o fato de o agreste Monte Sinai ter-se transformado para os papas em uma confortável escadaria?

Resumindo: o caráter imediato da impressão sensorial contém, simultaneamente, uma série infinita de complexas etapas de mediação, que teriam de ser primeiramente percorridas se quiséssemos compreender o quadro corretamente. Esse caráter imediato da impressão sensorial é ilusório. Não se sabe o que se está vendo. E, ao olhar de novo, também se vê que o próprio quadro retrata essa discrepância: a impressão imediata da imagem do Santo Padre, salientada pela qualidade sensorial do tecido de suas vestes, contrasta com a função efetiva do papa no plano das coisas: como representante de Cristo na Terra, ele é o mediador entre Deus e os homens no mesmo sentido em que a escrita o é entre o espírito e o leitor. E é justamente esse papel de mediador que Sebastiano retrata no modo da percepção imediata.

É essa discrepância não solucionada, a discrepância entre o caráter imediato da percepção e aquele mediato do saber sobre a linguagem pictórica que abre as portas ao entendimento da arte."

Praxi interrompe abruptamente seu discurso, porque na tela a imagem gêmea da direita sumira de repente. Em seu lugar, aparecera uma imagem nítida da cafeteria.

O museu e a Mona Lisa

O salão contíguo estava completamente escuro, exceto por um quadrado iluminado na parede. Nesse quadrado via-se a projeção de uma construção com um frontão classicista e uma colunata no mesmo estilo, que parecia um templo grego. Embaixo, podia-se ler a inscrição "Museu". Ao lado da projeção, alguém explicava as imagens. Estávamos em meio a uma apresentação de *slides* e sentamo-nos em silêncio.

"... assim como a igreja é a casa de Deus", dizia o palestrante, "o museu é a morada da arte. Nele podemos visitá-la. Mas nem sempre ela morou lá. Na verdade, o museu é uma invenção da burguesia e surge com a Revolução Francesa. No primeiro aniversário da decapitação de Luís XVI, em 1793, é inaugurado o primeiro museu, o Louvre."

Apareceu uma foto do Louvre.

"O museu é herdeiro da monarquia. Até então, as pinturas faziam parte de coleções que pertenciam aos nobres e eram acessíveis somente às elites, excluindo, assim, o público comum. A Revolução Francesa também constituiu uma revolução na arte. O quadro, como obra individual, havia sido inventado somente pouco antes da Revolução, no século XVIII. Antes disso, era parte da decoração de interiores e servia a um fim específico. Portanto, correspondia muito mais ao nosso papel de parede. Isso também era revelado pelo fato de, nas coleções dos nobres, os quadros não serem expostos como peças individuais."

Apareceu uma foto de uma coleção de arte, na qual os quadros estavam expostos tão perto uns dos outros que não se via espaço entre eles; cobriam as paredes até o teto, de modo que era impossível ver os que ficavam mais acima.

CULTURA GERAL

"Vejam", explicou o palestrante, "para que os quadros coubessem nos espaços vazios, muitas vezes eram cortados e mutilados. As épocas que produziram esses quadros maravilhosos tinham pouco respeito pela integridade e inviolabilidade da obra de arte. Esse respeito surge somente com a invenção da história."

Mal havia dito isso, o *slide* com a coleção de arte desapareceu e, em seu lugar, começou a passar um filme que mostrava um livro em formato grande, com uma capa ricamente ornamentada, na qual estava escrita a palavra "História". Uma mão invisível abria o livro aos poucos e, à medida que era folheado, líamos o seguinte texto:

Pequena digressão sobre a história

É óbvio que mesmo antes da Revolução Industrial (a partir de 1770) e da Francesa (a partir de 1789) já havia uma história, dada a existência de acontecimentos. Mas acreditava-se que, em princípio, a história se repetia. Não havia um termo abrangente para designar a história como algo coletivo, ou seja, como a única história global e biográfica da humanidade. Em vez disso, só havia histórias no plural, exemplos, biografias, ações de poderosos e do Estado, queda de príncipes, conspirações, rebeliões, carreiras, histórias de amor e feitos de homens famosos. Esses eram acontecimentos que se repetiam ciclicamente, e essa sua capacidade de se repetir garantia a continuidade das coisas. Isso mudaria com as revoluções Industrial e Francesa. Elas provocaram uma transformação tão radical que o mundo cotidiano, aparentemente imutável, começava a se alterar à vista das pessoas. Não só os reis mudavam, mas também as constituições; e não só as épocas do ano, mas também a técnica para semear e colher, cozinhar e se locomover, habitar e aquecer; e mudava até mesmo a paisagem, que permanecera a mesma por milênios. Assim, mudava também o mundo cotidiano. A infância das pessoas ia se tornando algo longínquo; a lembrança dava origem à nostalgia; a própria distância era motivo de meditação e devaneios; sentia-se o próprio tempo, descobria-se a infância como um espaço peculiar de experiências; ruínas e prédios desmoronados tornavam-se populares. Resumindo, a revolução cultural do romantismo foi a resposta à experiência da aceleração do tempo. E o romantismo inclui o conceito de uma história abrangente. Assim como na política há progressistas e conservadores, a história também é contabilizada de duas formas: como progresso e melhoria, como revolução no campo da técnica e da política e como saída rumo ao futuro; mas também como perda do antigo, como declínio da autoridade, como fugacidade, como nostalgia e saudade do que foi perdido: o caráter imediato da juventude, a proximidade, a percepção direta e a intimidade sensorial das experiên-

SABER

cias infantis, portanto, aquilo que Goethe chamava de "ingenuidade". E o museu é uma resposta a essa saudade. Nele, todas as épocas estão presentes simultaneamente e se reverencia a história em forma de arte.

Quando o texto chegou ao fim, subitamente surgiu o quadro da *Mona Lisa*. E, para nosso espanto, enquanto lentamente crescia um bigode nela, o palestrante prosseguia impassível: "Por isso, o museu herdou não só o palácio real, mas também a religião. Porém, em vez da igreja, ele imita o templo. Sua arquitetura essencialmente classicista reflete isso. Nele, os novos deuses da arte são reverenciados na medida em que adotamos uma atitude meditativa diante de suas telas. Porque aqui a história se mostra de maneira imediata, o que é paradoxal. Vemos o passado sob a forma de evidência sensorial. Essa contradição age como um enigma, no qual podemos nos concentrar, e é tão profundo quanto os enigmas que formam a base da religião, como o da encarnação do espírito. O maravilhoso é que o histórico, o passado e o que se tornou incompreensível pode manifestar-se na percepção imediata. Isso nos permite desfrutar da profusão das experiências da história de forma absolutamente imediata.

Diante desse pano de fundo, com seus escritos e palestras, o professor de arte de Oxford, Walter Pater, transformou a *Mona Lisa* de Leonardo da Vinci no ícone mais famoso da nova religião artística; interpretou seu sorriso ambíguo como uma reação dela ao fato de nenhuma experiência da história lhe ser desconhecida, e sua expressão facial enigmática como expressão do fato de já ter experimentado com deleite todas as vivências do mundo. Ela estava saciada com as vivências da história. Era uma medusa histórica. Desse modo, os devaneios românticos passaram a ser a forma que marcaria o estilo de contemplação da arte. As pessoas passaram a dedicar aos quadros a mesma compenetração que dedicavam a uma prece silenciosa; observavam-no de forma introspectiva; mantinham diálogos com ele, que eram tanto mais íntimos por serem tácitos. A arte não podia ser profanada. Diante dela caía-se em silêncio, como diante de Deus. Quando se contemplava um quadro, olhava-se para longe como as figuras em *Homem e mulher contemplando a lua*, de Caspar David Friedrich."

A *Mona Lisa* desapareceu e, em seu lugar, surgiu um quadro, no qual três figuras contemplavam o mar a partir das rochas calcárias da ilha de Rügen. O palestrante havia, por engano, trocado os quadros.

"Isso leva a um outro paradoxo", prosseguiu. "Pensamos que a arte é profunda justamente por não a entendermos. Mais um motivo para lhe atribuirmos sentido. Quadros passam a ser 'grandes recipientes', nos quais se pode projetar qualquer sentido. É esse paradoxo que levou a arte moderna a uma reviravolta radical: ela bloqueia o caráter imediato da percepção sensorial por deixar de retratar objetos. Ao mesmo tempo, aumenta o grau de incompreensão, a fim de desmascarar

263

CULTURA GERAL

o aprofundamento meditativo no caráter enigmático da obra e reconhecê-lo pelo que realmente é: o culto de uma religião artística, que se alimentava do fato de nada entendermos."

Arte sobre arte

"Queiram agora, por gentileza, me acompanhar à sala seguinte." Dizendo isso, acendeu as luzes; encontrávamo-nos na companhia de outras quatro duplas, enquanto Praxi havia sumido. Quando estávamos todos no salão contíguo, reunidos à volta do nosso guia, ele começou:

"O artista francês Marcel Duchamp violou o mandamento da originalidade ao elevar objetos de uso diário e manufaturados industrialmente (*ready mades*) à nobreza hereditária da arte." Em seguida, dirigiu nossa atenção a um pneu de bicicleta que havia sido montado sobre um banquinho de cozinha. Alguns dos visitantes davam risadinhas.

"É óbvio que isso teve efeito provocativo", prosseguiu nosso cicerone, "como se um proletário inculto fosse nomeado magistrado na Inglaterra. Além disso, Duchamp bloqueia o caráter imediato da percepção ao preparar o caminho da chamada *concept art* por meio de suas provocações. Nela só são desenvolvidos idéias e conceitos, e o meio artístico passa para segundo plano. Cabe ao espectador imaginar o quadro. Com isso, destrói-se o caráter de obra propriamente dita e produz-se uma ruptura na arte como era conhecida até então. A obra era algo parecido com o corpo humano: sua integridade era sagrada e protegida por tabus e rituais de demonstração de respeito. A princípio, a obra era tratada como uma pessoa: expressava toda a personalidade do artista e atraía toda a personalidade do espectador.

Talvez alguns dos senhores conheçam o romance de Oscar Wilde, *O retrato de Dorian Gray*. Não conhecem? Nele, essa correlação é mostrada por meio da troca de papéis entre imagem e pessoa. O protagonista é um libertino que escondeu seu retrato no sótão. Aos poucos, aparecem nesse retrato indícios dos vícios, enquanto Dorian Gray permanece jovem como uma obra de arte. Quando, por fim, o herói, horrorizado, apunhala o retrato, é encontrado sem vida com uma faca fincada no peito.

Os artistas modernos cometem o mesmo assassinato contra a obra de arte, pois destroem o caráter sagrado da obra. Em vez de mostrar uma obra que age como um buraco negro, no qual desaparecem todas as dúvidas, a arte moderna mostra processos. Já não proclama (anuncia) o caráter imediato da percepção. Em vez disso, afasta esse caráter com suas bizarrias, até que a própria percepção se torne perceptível. Ou seja, a arte moderna é, quase sempre, a arte sobre a arte. Ela se fraciona em si mesma e disso extrai seus paradoxos. Em outros termos, usa

SABER

como tema suas próprias condições. Olhem para esta ilustração: indubitavelmente é um cachimbo. Mas tem um título enigmático: *Ceci n'est pas une pipe* [Isto não é um cachimbo]."

Alguns visitantes riram. "O que é então?", murmurou uma mulher. Nosso cicerone retomou a questão: "Exatamente, o que é senão um cachimbo? Está claramente visível. Todos vocês estão vendo. Então? Só vejo rostos perplexos? Ninguém pode me dizer o que está vendo? Bem, por ora deixaremos essa questão em aberto; observemos outro quadro do mesmo pintor. O título é *Carte blanche* [Carta branca], e a obra, de René Magritte.

Vemos uma mulher cavalgando pela floresta. Mas sua figura às vezes é encoberta pelas árvores, às vezes pelos espaços entre elas, e é possível vê-la por entre os troncos. E agora vemos este painel com o poema *Lattenzaun* [Paliçada], de Morgenstern.

> *Es war einmal ein Lattenzaun / mit Zwischenraum, hindurchzuschaun.*
> *Ein Architekt, der dieses sah, / stand eines Abends plötzlich da —*
> *und nahm den Zwischenraum heraus / und baute draus ein großes Haus.*
> *Der Zaun indessen stand ganz dumm, / mit Latten ohne was herum.**

Se compararmos o texto ao quadro da mulher na floresta, Magritte parece muito mais perturbador do que Morgenstern. Por quê? Porque nossa percepção sensorial é muito mais importante para garantir a nossa sensação de realidade. Quando somos iludidos verbalmente, isso não é tão desconcertante quanto quando não podemos acreditar nos nossos próprios olhos. Pelo fato de a percepção sensorial ser tão imediata, a ruptura com a pintura foi particularmente radical quando a arte moderna rompeu o pacto com a representação figurativa. Desde então, existem os modernistas que compreendem a arte moderna, e os tradicionalistas, que a rejeitam e veneram a arte tradicional. E, finalmente, existem os idiotas, que, diante da arte moderna, têm a postura que aprenderam com a tradicional. Vão a exposições e permanecem em silêncio contemplativo diante de um monte de sucata; meditam diante de um bule de chá enferrujado e se aprofundam na visão de um rolo de arame como se estivessem olhando para *A cruz nas montanhas***. Agora vocês vão vaiar, mas lhes digo que estão confundindo 'a imagem de um cachimbo' com um cachimbo."

---

* Era uma vez uma paliçada, / para espiar-se, espaçada.
Um arquiteto, que isto viu, / certa noite aí surgiu,
E os espaços arrancou / e com eles uma mansão edificou.
Enquanto a cerca, tola, parada / ficou com estacas e mais nada. [N. da T.]
** *Das Kreuz im Gebirge*, obra do pintor romântico alemão Caspar David Friedrich. [N. da R.]

265

CULTURA GERAL

Em seguida, todos vaiamos: "Uhuhuhu."

"Posso entender a reação de vocês. Essa história com o quadro do cachimbo lhes parece simplesmente uma enganação. Afinal de contas, a convenção diz que um quadro não pode comentar a si mesmo, como se estivesse do lado de fora. Quando o faz, cria um paradoxo, porque ocupa, simultaneamente, o seu lugar e o do espectador. Mas conhecemos algo semelhante na realidade social, quando, por exemplo, alguém que é tido por louco conversa sensatamente com o psiquiatra a respeito de sua loucura. De certa forma, essa pessoa sai dos padrões nos quais foi colocada. É significativo que se trate sempre de formas da auto-referencialidade. Isso nos leva à conclusão de que a própria palavra 'eu' já é um paradoxo: quando nos reconhecemos como um 'eu', quem reconhece e quem é reconhecido? Ou, dito de outra forma: quando nos vemos diante do espelho, estamos olhando para dentro ou para fora dele? Quem observa e quem é observado? Este é um bom exemplo: quando comparamos o quadro intitulado *Isto não é um cachimbo* com a frase 'A última palavra desta frase não é um cachorro', talvez o compreendamos melhor."

As três posturas diante da arte moderna

"Queiram, por favor, acompanhar-me à próxima sala. Por aqui. Sim, podem sentar-se e descansar um pouco. Agora vocês verão um filme curto, que apresentará as três posturas típicas diante da arte moderna de que lhes falei antes. Estou me referindo à postura do conhecedor da arte moderna, a daquele que a rejeita e a do idiota que acredita poder compreendê-la com a mesma postura adotada diante da arte tradicional. O filme se chama *Arte* e foi baseado em uma peça de Yasmina Reza[1]. Trata de três amigos – Serge, Marc e Yvan – e de um quadro intitulado *Riscas brancas em superfície branca*, do pintor Antrios. Portanto, o quadro é inteiramente branco. Nada além de uma superfície branca."

Na tela de projeção dois homens carregam um grande quadro branco até um cômodo e o penduram na parede.

"Vemos aqui Serge e Yvan. E o terceiro homem, que está entrando e se sentando, é Marc. Serge comprou esse quadro por 200.000 francos. Isso desencadeia uma crise no relacionamento dos três amigos. Marc é o representante da formação clássica, que só tem desprezo pela modernidade, e Yvan, que está compenetrado na contemplação do quadro, finge entender a modernidade, reagindo a ela com o comportamento da antiga religião artística. Vou ligar o som e escutaremos um breve diálogo."

---

1. Comédia, Libelle Verlag, Lengwill 1996, pp. 42-4.

SABER

YVAN (*apontando para o Antrios*): Onde quer pendurá-lo?

SERGE: Ainda não sei.

YVAN: Por que não o pendura lá?

SERGE: Porque lá a luz do sol vai ofuscá-lo.

YVAN: Ah, sim. Hoje lembrei de você: no trabalho, imprimimos 500 cartazes de um cara que pinta flores brancas, inteiramente brancas em fundo branco.

SERGE: O Antrios não é branco.

YVAN: Não, claro que não. Eu só estou dizendo...

MARC: Você não acha que este quadro não é branco, Yvan?

YVAN: Não inteiramente...

MARC: E que cor você vê?

YVAN: Vejo cores... vejo amarelo, cinza, linhas que são um pouco ocre...

MARC: Essa cores lhe dizem alguma coisa?

YVAN: Sim, elas me dizem.

MARC: Yvan, você não tem mesmo nenhum caráter. Você é um homem híbrido, fraco.

SERGE: Por que você está sendo tão agressivo com Yvan?

MARC: Porque ele é um puxa-saco pequeno e servil, que se deixa iludir pela grana e por aquilo que julga ser cultura; uma cultura que, diga-se de passagem, abomino.

Breve silêncio.

SERGE: O que deu em você?

MARC (*para Yvan*): Como você pode, Yvan...? Na minha presença, na minha presença, Yvan?

YVAN: Na sua presença o quê? ... O quê? Estas cores me dizem alguma coisa sim! Quer você goste ou não. E pare de querer definir tudo.

MARC: Como você pode dizer na minha presença que estas cores lhe dizem algo?

YVAN: Porque é a verdade.

MARC: A verdade? Estas cores lhe dizem algo?

YVAN: Sim, estas cores me dizem algo.

MARC: Estas cores lhe dizem algo, Yvan?!

SERGE: Estas cores lhe dizem algo. É um direito dele.

MARC: Não, ele não tem direito.

SERGE: Como, não tem direito?

MARC: Não tem direito.

YVAN: Não tenho direito?!...

MARC: Não!

CULTURA GERAL

SERGE: Por que ele não tem direito? Você sabe que no momento você não está bem. Deveria procurar um médico.

MARC: Ele não tem o direito de dizer que as cores lhe dizem algo, porque não é verdade.

YVAN: Estas cores não me dizem algo?

MARC: Não há cores. Você não as vê. E elas também nada lhe dizem.

YVAN: Este pode ser o seu caso!

MARC: Que humilhação, Yvan...!

SERGE: E quem é você, Marc?!... Quem é você para querer impor a sua lei? Uma pessoa que não gosta de nada, que despreza todo o mundo, que empenha sua honra em não ser um homem do seu tempo...

"Não precisamos assistir ao filme inteiro", interrompeu nosso guia, "mas quero mostrar-lhes o fim e vou adiantar a fita. Querem saber como continua? Pois bem. Na seqüência, Marc ofende o quadro, o que leva Serge a ofender Paula, a namorada de Marc. Serge acusa Marc de tê-lo traído devido a seu relacionamento com Paula. Então, Marc acusa Serge de tê-lo traído devido ao seu relacionamento com o quadro. Ambos se envolvem em uma pancadaria, e, quando Yvan intervém para apaziguá-los, leva uma pancada, que rompe seu tímpano. Finalmente, Serge prova que dá mais valor à amizade com Marc do que ao quadro, riscando-o com um marcador preto. A última cena mostra Marc tirando os riscos – o marcador era lavável, mas Marc não sabia que Serge sabia disso. Esse truque, porém, permite que Marc compreenda o quadro. Agora ele vê algo e o diz no fim da peça. Esperem, eis a cena:"

MARC: Sob as nuvens brancas cai a neve. Não se vêem nem as nuvens brancas, nem a neve; não se vê nem o frio, nem o brilho alvo do chão. Um homem solitário desliza sobre esquis, a neve vai caindo, caindo, até que o homem desaparece e redescobre sua opacidade. Serge, que é meu amigo há muito tempo, comprou um quadro. É uma pintura de aproximadamente 1,60 m por 1,20 m, que retrata um homem que atravessa uma sala e depois desaparece.

O filme terminou com Marc desaparecendo em um fundo branco, que aos poucos se fundia com o quadro. Nosso cicerone desligou o vídeo.

"Bem, quem vocês acham que é esse homem que está desaparecendo? Sempre vejo as mesmas mãos levantadas?" (No entanto, ninguém havia levantado a mão.) "Isso mesmo, é o próprio Marc, o homem de visão curta, que nada entende de arte moderna. Ele atravessa o espaço dessa peça como se tivesse feito uma viagem cultural e desaparece, transformando-se em outra pessoa, um conhecedor de arte moderna. Afinal, seu nome não é Marc, que significa marco, limite, linha? E

268

SABER

o nome do quadro não é *Riscas brancas em superfície branca*? E o paradoxo da auto-referencialidade não significa que o limite entre sujeito e objeto desaparece, do mesmo modo como a risca branca desaparece na superfície branca que ela marca?

Bem, com essa apresentação, chegamos ao fim do nosso metamuseu e agora voltaremos ao museu tradicional de arte tradicional. Ah, estou vendo que vocês estão aliviados. Vamos pegar o elevador para descer, mas ainda temos uma surpresa para vocês. Queriam me acompanhar, por favor."

Velázquez

No andar inferior, fomos conduzidos a uma sala com pouca iluminação, na qual havia uma série de poltronas muito confortáveis. Em menos de um segundo, quase todas estavam ocupadas; ficamos olhando para um quadro, no qual um anão e uma princesa ricamente trajada encaram o espectador, enquanto duas damas de companhia cuidam da princesa; um grande cão encontra-se deitado em primeiro plano. No lado esquerdo do quadro, via-se por trás uma tela superdimensionada e o pintor que se afasta um pouco, evidentemente para comparar seu quadro com o modelo.

"Esta tela", começou nosso guia, "ilustra o problema da arte moderna não figurativa com a linguagem pictórica da arte figurativa. Seu título é *As meninas* e é obra do pintor espanhol barroco Diego Velázquez (1599-1660). Ao comentar esse quadro, retomo a descrição do teórico francês Michel Foucault, inserida no início de seu livro *A ordem das coisas*. O quadro mostra Velázquez pintando o casal real da Espanha, Filipe IV e Mariana. Mas só vemos o pintor, e não seu quadro nem seu modelo, o casal real. Em vez disso, vemos o que o casal real vê, ou seja, a Infanta Margarida, as damas de companhia e os anões. Como sabemos que Velázquez pinta o casal real? Bem, no fundo do ateliê, ao lado da porta que serve de saída para a sala, há um espelho. Ele abre a sala tanto para trás como para a frente, para onde está posicionado o modelo invisível. No reflexo aparece o casal real. O rei e a rainha observam a cena que vemos no quadro, e todos no quadro observam o rei e a rainha.

Com isso, Foucault quer ilustrar a seguinte tese: com base em seu condicionamento cultural, Velázquez não era capaz de ver o espectador simultaneamente como sujeito e objeto. Segundo ele, isso se mostraria na tríade de produção, quadro e observação da obra, portanto, no pintor, no modelo e no espectador, que personificam os três aspectos da representação. O modelo só apareceria como reflexo, o espectador não apareceria de jeito nenhum, e o pintor não teria um quadro; ao menos ele não é mostrado.

Portanto, Foucault observa algo que Velázquez não pode ver. Ao visualizar ambos os lados do ambiente, observa observações.

As meninas

Façamos a mesma operação com as observações de Foucault. Olhem para cá. Este é um retrato da Infanta Margarida, que vocês vêem no quadro *As meninas*, pintado quase na mesma época. Pois bem, algo lhes chama a atenção? Isso mesmo, o cabelo da jovem dama está repartido uma vez para um lado, outra, para outro. O retrato está invertido? É o que se poderia pensar. Mas, na verdade, é o que acontece com o quadro de Velázquez. Esse é o resultado de uma pesquisa realizada por um historiador da arte, que examinou a sala que Velázquez nos mostra. Mas, se essa representação está invertida, então ele não pinta o casal real,

SABER

mas uma parede de espelhos. O quadro *As meninas* é um reflexo do espaço que vemos. A descrição feita por Foucault está errada. Ele se deixou iludir por Velázquez e tomou uma ilusão por uma sala real. E podemos ver que ele não podia ver isso, porque a sua opinião preconcebida do século XVII não o permitia.

Mas o que vemos quando enxergamos o que Foucault não podia ver? Vemos a ambigüidade do espelho. Paradoxalmente, ele reúne invisibilidade e visibilidade. Não podemos ver o espelho propriamente dito e, por isso mesmo, vemos o que nele está refletido. E o que observamos quando nos olhamos no espelho? Exatamente, um espectador. E este também está invertido.

Atualmente, o tema de *As meninas* de Velázquez é um princípio dominante na pintura: a observação da observação. Com ela se rompe o caráter imediato, que no museu é a base para uma comunicação íntima com a obra de arte. Por isso, com suas obras, a arte moderna nos mostra não apenas objetos, mas também o modo como os observamos e, assim, nos obriga a uma observação de segunda ordem.

Para ilustrar essa idéia, montamos uma exposição na sala ao lado com obras em que artistas modernos reagem à instituição 'museu'. Por aqui, por favor.

Muito bem, estão todos vendo bem? Este armário de aparência estranha é o *Schubladenmuseum* [museu de gavetas], de Herbert Distel. Nele estão expostas cerca de 500 obras em miniatura de vários artistas; como numa casa de bonecas, isso mesmo. E este monte de caixas sob a janela é de Susan Hiller. Ela o chama *From the Freud Museum* [Do museu de Freud]. Trata-se de uma coleção de atos falhos, equívocos e ambivalências. E, se olharem para lá – sim, estou falando daquela estrutura independente de objetos –, verão exatamente 387, que juntos fazem o contorno do Mickey Mouse, como vocês podem ver daqui. A figura é de Claes Oldenburg, e ele a chama de *Mouse Museum* [Museu do rato]. Esta maleta de caixeiro-viajante é o museu portátil de Marcel Duchamp, intitulado *Boîte-en-valise* [Caixa em valise]. Agora vou ligar este projetor. Vocês verão alguns *slides* da série de Lothar Baumgarten intitulada *Unsettled Objects* [Objetos desarranjados]. O trabalho foi realizado sob a influência de Michel Foucault. O que vocês estão vendo são todos os objetos do Pitt Rivers Museum, que Baumgarten considera vítimas da classificação etnográfica.

Como podem notar, muitos artistas modernos protestam contra o museu. Desse protesto surgiu o movimento da *land art*, cujos adeptos transferem sua arte para a natureza. Acredito que possamos considerar essas duas visões de Komar e Melamid como a seqüência lógica desse movimento: um dos quadros é *Scenes from the Future: The Guggenheim Museum* [Cenas do futuro: o Museu Guggenheim], e o outro, *Scenes from the Future: Museum of Modern Art* [Cenas do futuro: o Museu de Arte Moderna]. Eles retratam os museus como ruínas em um ambiente campestre. E este aqui vocês vão reconhecer imediatamente. Isso mesmo, é Christo, o artista do empacotamento, que embalou a *Kunsthalle* de Berna.

271

CULTURA GERAL

Bem, nosso *tour* chegou ao fim. Ou quase. Se seguirem a seta, chegarão a uma sala em que instalamos uma loja, onde poderão comprar cartões-postais, reproduções e coisas do gênero. Atrás dela está a simulação de uma cafeteria, onde poderão beber café solúvel. Não se incomodem com os visitantes que estão atrás da cancela: eles pensam que vocês fazem parte da exposição. Vocês não se importam, não é? Não se importam que os observem um pouco? Para aqueles que se sentem incomodados, penduramos alguns espelhos. Se olharem para eles, irão readquirir o *status* de visitantes. E o que vêem então? Isso mesmo, um espectador. E, dessa forma, vocês se tornam um espectador de espectadores. Agradeço-lhes por sua atenção."

IV. A HISTÓRIA DA MÚSICA

Falar sobre música é um pouco como explicar uma piada: intuitivamente já entendemos o que é conceitualizado com dificuldade. A música é a linguagem que ultrapassa a linguagem. E, segundo o poeta Eichendorff, é a linguagem das coisas que as vivifica. Ao realizarem suas estações, as estrelas fazem música, e o corpo do violino responde à vibração das cordas. E nós também respondemos, ou seja, nosso corpo vibra junto.

Em virtude dessa "ressonância direta", a descrição de fenômenos musicais parece estranhamente distante. Seria de supor que uma "terça menor" fosse um pseudônimo desnecessário para aquilo que todos conhecemos do campo, da floresta e do prado: o canto do cuco. E, ainda assim, toda disciplina requer tal linguagem técnica, até mesmo a música.

Existem diversas teorias a respeito da origem da música, mas todas estão relacionadas à profundidade de seu efeito; a música faz com que corações e movimentos de várias pessoas entrem em sintonia e, por isso, é adequada à comunicação entre homens e deuses. Alguns acreditam até hoje que anjos passam seu tempo cantando e fazendo música. E, assim, a estruturação do som trouxe o divino para a Terra. Aquele que produzisse os sons que mais agradassem aos deuses era o xamã ou sacerdote. Se dissessem a seu respeito: "Os deuses falam através do sacerdote", isso era outra maneira de expressar a constatação de que "o homem faz boa música".

Os instrumentos mais antigos foram a voz humana e os elementos de percussão. Ambos estavam sempre disponíveis; a voz, de qualquer maneira, e cepos para tamborilar e fazer barulho encontram-se em qualquer lugar. Desde então, essa invenção renova-se permanentemente em todos os quartos infantis e já contém os dois elementos básicos da música: ritmo e altura. O ritmo organiza o tempo, a altura organiza o som. Toda música está fundamentada em ambos.

CULTURA GERAL

As primeiras experiências com a música estavam, portanto, intimamente ligadas à dança. O ritmo vai para as pernas e movimenta os corpos. Seja como for, a música é sempre um processo corporal. Ouvimos não somente com os ouvidos, mas também com o corpo todo, principalmente os tons mais graves. A batida cardíaca pode adaptar-se ao ritmo da música.

Os primeiros instrumentos foram a flauta e o tambor. O progresso na manufatura de metais trouxe as primeiras trompas. Surgiram diferentes instrumentos de corda e, após a invenção da escrita, foram feitas as primeiras tentativas de notação musical. No entanto, as notações não permitem tirar conclusões quanto ao tipo de música que era tocada. Quando muito, é possível deduzir, a partir da distância dos orifícios nas primeiras flautas, quantas e quais eram as notas e em que distância eram usadas dentro de uma oitava.

E assim esbarramos no primeiro termo técnico: oitava. O que é isso? Tomemos como termo de comparação o campo de percepção visual: a oitava corresponde ao espectro do arco-íris. Das sete cores, a sétima, o violeta, aproxima-se da primeira, o vermelho. Por quê? Porque o violeta possui quase (não inteiramente) o dobro da freqüência luminosa do vermelho. O mesmo vale para os sons. Um som consiste em vibrações e chega ao nosso ouvido em forma de onda sonora. Quanto mais aceleradas forem as vibrações, mais agudo será o som. Na oitava, o som mais agudo vibra exatamente duas vezes mais rápido que o mais grave. Por isso percebemos esses dois sons como sendo iguais em alturas diferentes.

No caso da luz, nosso campo de percepção não alcança propriamente uma oitava: se ele fosse maior, durante temporais, veríamos várias seqüências cromáticas repetitivas. No âmbito da acústica, realmente ouvimos vários arco-íris.

As primeiras flautas e outros instrumentos dispunham de cinco notas. A música na qual são usadas cinco notas é chamada pentatônica. Quem quiser ouvi-la, basta tocar qualquer coisa no piano usando apenas as teclas pretas.

Com a filosofia, os gregos também começaram a refletir sobre a música. Surgiram os primeiros escritos sobre teoria musical (Aristóteles, Euclides, Nicômaco, Aristoxeno). Foi desenvolvido um sistema de escalas e uma notação musical. De importância duradoura foi a teoria da harmonia do cosmos, de Pitágoras (cerca de 570 a 497/96 a.C.). Seguindo seu pressuposto de que os números seriam a essência das coisas, ele acreditava que a distância entre os planetas seria proporcional às relações entre o comprimento de cordas em sons harmônicos, e estas, por sua vez, aos movimentos da alma humana. Por conseguinte, em suas trajetórias, os astros fariam música, que infelizmente não podemos ouvir se não estivermos moralmente à altura. Shakespeare repete esta teoria em *O mercador de Veneza*: "Senta-te, Jéssica, e observa como o firmamento / está todo adornado com pedacinhos de ouro cintilante. / Não há uma só estrela, por menor que seja, que em /

SABER

seu curso não cante como um anjo / junto ao coro dos querubins de olhar jovem. / Essa harmonia existe em nossa alma. / Mas, quando a triste veste da maldade / a encobre, não podemos ouvi-la." Aqui encontramos as raízes da idéia de qualidade moral da música: "Onde se canta, senta-te em paz, pois quem tem maldade não tem canção." É uma verdadeira discriminação contra os que não possuem inclinações musicais e, ao mesmo tempo, salienta o poder da música para criar um sentimento de comunhão. Isso pode levar à busca doentia por harmonia. Baseando-se em Pitágoras, o filósofo da Antiguidade tardia, Boécio (480-525 d.C.), cunhou os conceitos de *musica mundana* (música do mundo), *musica humana* (equilíbrio da alma humana) e *musica instrumentalis* (a música propriamente dita). Procurava-se um estado de harmonia recíproca em todos os níveis.

Naturalmente, a inter-relação entre o movimento dos planetas e a música consiste no fato de ambos serem acontecimentos periódicos, que se repetem em intervalos definidos. Um ritmo só existe quando ordena um período e lhe impõe certas unidades. A mais importante unidade musical é o compasso, que sempre forma seções com a mesma duração e que, por sua vez, contém um número definido de notas. Assim como nos poemas, fala-se aqui de métrica. A nota mais importante sempre fica no começo do compasso, e o efeito de todas as outras notas depende de sua posição. Fica fácil compreender quando repetimos os seguintes sons: mm-ta-ta-mm-ta-ta... Já na segunda repetição fica claro que se trata do compasso típico da valsa. O "mm" é o tom do início do compasso, seguido por dois outros. Já que, segundo Pitágoras, a música retrata acontecimentos cósmicos cíclicos, Stanley Kubrick, na sua abertura de *2001 – Uma odisséia no espaço*, fez as naves espaciais deslizarem pelo universo ao compasso de uma valsa.

Aos gregos também devemos a palavra "música". Vem de *musiké* e designa o canto de versos da Antiguidade. Outras fontes remetem o termo a *musiké tékhne*: a arte das musas. Estas eram originariamente ninfas que habitavam as fontes e deusas do ritmo e do canto. Das nove musas, somente seis estão envolvidas com a música: Clio (história e epopéia), Calíope (poesia e canção épica), Terpsícore (lírica coral e dança), Érato (cantiga de amor), Euterpe (música e flauta) e Polímnia (canto e hinos). Essa lista deixa algo bem claro: a música não era uma arte independente, mas uma parte integrante de todas as outras formas de arte.

No início da Antiguidade grega (antes do século VI), predominava o canto de narradores de histórias épicas, acompanhado da harpa. No século VII, surgiu o gênero lírico, o canto acompanhado por uma lira. Especialmente no âmbito dos rituais, o canto coral tinha um papel importante, como no hino, um cântico para louvar os deuses. As tragédias antigas também obtinham grande parte de seu efeito graças à música, sendo que o coro se alternava com um solista. Ao teatro grego também devemos um termo musical muito importante, o de orquestra. (A palavra

275

CULTURA GERAL

grega *orchestra* designava a área semicircular que ficava diante do palco propriamente dito e que, com o passar do tempo, foi rebaixado, dando origem ao fosso.)

Para os gregos, duas figuras antagônicas personificavam os diferentes lados da música: Apolo e Dioniso. Apolo, o deus da música e da luz, da verdade e da poesia, tocador de lira e condutor das musas, representa o poder civilizante da música; enquanto Dioniso, o deus do êxtase, da dança e da embriaguez sempre nos coloca em transe musical. Esses dois efeitos reaparecem mais tarde sob forma de antagonismos: música vocal *versus* música instrumental, música sacra *versus* música profana, música erudita *versus* música popular. O pai que, à noite, toca algumas peças de Bach no piano de casa está mais próximo de Apolo do que sua filha, muito mais envolvida com a corrente dionisíaca da *Love Parade*.

A relação entre as freqüências de uma oitava, como já constatamos, é de 1:2. Mas o que acontece com as outras notas? Para que possamos designar seus lugares, é preciso introduzir outro conceito, o de intervalo. Esse indica a diferença entre as alturas de duas notas. A oitava também é um intervalo. Os outros intervalos resultam igualmente das relações da freqüência (expressa em números inteiros) entre duas notas. Depois da oitava 1:2, a próxima relação de freqüências seria 2:3, ou seja, a quinta nota de uma escala musical. Em seguida vem a relação de 3:4, a quarta nota, e assim por diante. Isso soa abstrato, mas é audível. Quem já tentou afinar seu violão de ouvido sabe que, quando se chega ao intervalo desejado entre duas cordas, o som produzido pelas duas juntas é claro e puro. Por isso, esses intervalos são chamados de "puros". A relação entre freqüências expressas com números inteiros é mais facilmente compreendida pelo ouvido do que pelo intelecto. Com as notas assim obtidas, chega-se à escala musical, que nada mais é do que uma seqüência de notas dentro de uma oitava. Devido às proporções numéricas entre as freqüências, a escala soa para nós como uma seqüência natural de sons. Mesmo assim, o mecanismo das proporções de intervalos harmônicos não nos ajuda a chegar a uma escala musical definida, única e clara. Ele somente coloca à nossa disposição o arsenal de notas, com as quais podemos construir escalas musicais. Chegou-se a um conjunto de doze notas, que podem ser usadas para construir escalas de cinco (essa seria a pentatônica) ou sete notas. Fica fácil entender se imaginarmos o teclado de um piano. Dentro de uma oitava, há mais de doze notas, todas eqüidistantes entre si (obviamente não em centímetros, mas em altura da nota). Há sete teclas brancas e cinco pretas, sendo que as pretas estão intercaladas com as brancas primeiramente em um grupo de dois e depois em um grupo de três. Em dois lugares, as teclas brancas não são separadas por teclas pretas. Chamamos a distância entre duas teclas de semitom. Quando pulamos uma tecla, obtemos um tom inteiro. Temos uma escala musical quando, começando por uma tecla branca qualquer, acionamos todas as teclas brancas seguintes. Obtemos, assim, uma estrutura, que consiste em cinco tons e dois semitons. Conforme a nota com a qual começamos, a escala musical adquire um caráter distinto, que depende unicamente da posição dos dois semitons em relação à nota inicial. Para facilitar, as notas de uma escala inicial são identificadas por sílabas; as teclas brancas são chamadas *dó, ré, mi, fá, sol, lá, si*. Os teóricos gregos da música sistematizaram as escalas musicais e lhes deram nomes que, de certo modo, lembram termos da arquitetura: dório, frígio, lídio, mixolídio e jônio. Como variante, todos recebem o prefixo *hipo*, portanto, hipodório, hipofrígio etc. E, agora, a boa nova: depois do fim da Idade Média, a história da música jogou quase todas essas escalas pela janela, mantendo apenas duas, a jônica e a eólica, mais conhecidas como escalas maior e menor.

Música medieval

Nos cultos das primeiras igrejas, os instrumentos musicais eram terminantemente proibidos, e as pessoas limitavam-se a louvar Deus por meio de hinos. Nesse contexto, destacaram-se duas formas: as chamadas salmodias (cantos de Salmos) e o canto gregoriano. Trata-se de um canto religioso monódico em latim, que ainda hoje faz parte da liturgia da Igreja católica. No final do século VI, o papa Gregório unificou a liturgia romana e se esforçou, assim como os papas que o seguiram, para compilar os cantos nas diferentes arquidioceses e monastérios. Para isso, era preciso dotar a música de uma notação. Depois de várias tentativas e variações de uma linguagem simbólica, estabeleceu-se o sistema de Guido d'Arezzo (992-1050), que marcava a altura das notas em pautas – a forma primitiva do que conhecemos hoje como notação musical. A maior parte da música medieval que nos foi legada surgiu como música religiosa em igrejas e mosteiros. Ela servia unicamente à glorificação de Deus. Aqui é preciso correlacionar o efeito do canto litúrgico com a arquitetura. Se observarmos as construções góticas, que tentavam alcançar o céu, também sob o aspecto da acústica, dois efeitos da liturgia musical tornam-se claros: Deus está em toda parte, porque o eco dos cantos litúrgicos ressoa por toda a igreja; e Deus ouve tudo, já que o mais leve sussurro é perceptível. O canto em latim, reforçado pelo poder de ressonância das igrejas, provavelmente foi uma das demonstrações mais convincentes da onipotência de Deus que a Idade Média veio a conhecer.

Mas a música mundana da Idade Média também era voltada ao canto. Desde o século XI, os trovadores franceses eram os astros da música para aristocratas e cavaleiros. Depois vieram os trovadores alemães, conhecidos como *Minnesänger*. Freqüentemente, as melodias assemelhavam-se aos cantos religiosos. Havia um intercâmbio intenso entre ambas as esferas, identificado pelo termo *contrafactum*. Uma melodia goza da liberdade de servir tanto para enaltecer Deus como a amada, e o texto pode ser facilmente alterado.

CULTURA GERAL

Nas cidades, burgueses e artesãos em ascendência recebiam essa tradição em escolas de canto. Na França, eram os *puis*, e na Alemanha, os mestres cantores. O mais famoso representante desse gênero foi o sapateiro Hans Sachs (1494-1576), de Nuremberg. Enquanto os nobres *trouvères* (trovadores) e *Minnesänger* dedicavam-se cada vez mais à conquista amorosa e à formação de seu público, os textos do arsenal burguês faziam referência à Bíblia ou satirizavam a política.

A inovação mais importante na música religiosa da Idade Média foi a criação da polifonia. Ela experimentou seu primeiro auge na chamada "época de Notre Dame", que coincide com a construção da catedral de mesmo nome, entre 1163 e meados do século XIII. O que significa polifonia? Ao contrário do coro, aqui os cantores não cantam todos a mesma melodia. Isso revolucionou o pensamento musical. Agora, os músicos tinham de refletir não somente sobre o que soaria bem em seqüência, mas também sobre o que soaria ao ser executado de forma simultânea. E mais, que seqüência de sons simultâneos soaria interessante. Com isso, chegamos ao tão temido campo da harmonia.

Chamamos de acorde o conjunto de sons de no mínimo três notas. Já sabemos que os intervalos puros soam bem, e os menos puros, mal. Se o acorde destoa, diz-se que é dissonante, se soa bem, consonante. Na verdade, somente as quintas e terças maiores eram consideradas consonantes agradáveis. As quintas já conhecemos; uma terça é a terceira nota de uma escala musical e apresenta duas variantes: a terça menor equivale a três semitons, a maior, a quatro. Como a relação entre as freqüências da terça maior (4:5) é maior que a da menor (5:6), ela é a terça mais pura. A terça menor era o canto do cuco que os homens tanto temiam antigamente, pois significava que tinham sido traídos por suas mulheres.

Na verdade, uma seqüência de sons consonantes torna-se facilmente monótona, e acordes dissonantes podem dar vida a uma peça, desde que, no fim, se volte a um acorde harmônico. A partir de certo momento, foi preciso estabelecer na organização temporal da música quando o som de uma melodia deveria coincidir com o de outra. Demorou muito para que os copistas musicais tivessem a idéia de escrever na parte inferior da notação aquilo que deveria ser tocado ao mesmo tempo. Por muito tempo, as diferentes melodias – as vozes – eram anotadas individualmente, e cabia aos músicos achar um meio para que o efeito de conjunto funcionasse. Podemos agora reconhecer dois eixos da música: a melodia é aquilo que soa em seqüência, e a harmonia, aquilo que soa simultaneamente. Assim como na linguagem, podemos falar do eixo da combinação (ou sucessão) e do eixo metafórico do paralelismo (da justaposição) (→ A casa da linguagem). Para alcançarem juntos o mesmo objetivo, também foi preciso definir com mais precisão a duração das notas. Assim, foi usado um método simples: tomava-se uma nota longa, que era dividida em partes iguais, como uma maçã cortada em

SABER

porções iguais. As partes, por sua vez, eram divididas da mesma forma. Dessa maneira, surgiu a denominação de duração de notas que usamos hoje. Havia uma nota inteira, que era dividida em duas meias notas, que, por sua vez, eram subdivididas em dois quartos; seguiam-se os oitavos, dezesseis avos de nota etc. A duração absoluta dependia do ritmo da peça. Em uma peça lenta, a nota inteira é naturalmente mais longa do que em uma peça mais rápida. É claro que as notas também podiam ser divididas em três partes iguais; o resultado é o que hoje chamamos de "tercina". As divisões em quintos, sextos e sétimos também ocorrem, mas são bem mais raras. Dividir as notas em duas ou três partes é suficiente para praticamente toda a música. No entanto, a Idade Média preferia as divisões ternárias. Uma divisão ternária era chamada de "perfeita", enquanto a binária era apenas "imperfeita". Desejava-se expressar a trindade cristã na estrutura musical. Nesse simbolismo numérico nota-se, mais uma vez, a influência de Pitágoras.

Perotinos Magnos, que fazia música em Paris por volta de 1200, é tido como um dos compositores expoentes da escola de Notre Dame. Sua música não é contemplativa como a dos cantos gregorianos, mas bastante rítmica e enérgica. Deve ter soado especialmente bem na nave da Notre Dame. Há gravações baseadas em manuscritos antigos. Atualmente, sua peça mais célebre é *Sederunt principes* e pode ser adquirida em boas lojas de música.

Barroco

A Idade Média definiu as escalas musicais para a composição de melodias, assentou as bases para acordes consonantes e inventou a notação musical. Nesse solo cresceu uma flora musical tão diversificada que, quando muito, poderemos apenas abrir uma trilha de passagem. O Renascimento, por outro lado, é menos inovador no campo da música do que em outras áreas, limitando-se a dar continuidade à evolução iniciada na Idade Média. A música vocal polifônica estendeu-se ao domínio do profano. Na música sacra, predominava, assim como na Baixa Idade Média, o moteto, variante mais importante da música vocal polifônica. Seu equivalente profano era o madrigal. Na época da Reforma, o moteto esteve sob suspeita ideológica. Havia se tornado cada vez mais exigente e complexo, de modo que se temia que a doutrina cristã pudesse afundar em meio a uma torrente de sons. Houve esforços para banir a música por completo dos cultos religiosos. No Concílio de Trento (1546-63), houve discussões acaloradas sobre o papel da música. A música sacra foi salva pelo compositor italiano Giovanni da Palestrina (1525-94), que soube traduzir em suas composições vocais as exigências do Concílio quanto à compreensibilidade do texto e à dignidade de expressão. Palestrina é considerado o inventor de um recurso composicional, o contraponto. Trata-se de um conjunto de regras que garante a consonância a cada uma das vozes.

CULTURA GERAL

Porém, no fim do Renascimento, surgiu algo inteiramente novo: foi inventada a ópera. Dando seqüência à programação do Renascimento, pretendia-se ressuscitar a tragédia antiga, que, segundo Aristóteles, era um drama musical. Quando a música foi acrescentada à tragédia, surgiu em Florença a ópera. A primeira e mais importante foi *Orfeu*, de Claudio Monteverdi (1576-1643). A partir dela, as óperas italianas passaram a ser formadoras de estilo e dominaram os palcos até o classicismo. Na época, os grandes astros eram os castrados. Porém, como foram "extintos", nunca saberemos como uma ópera italiana soava originalmente.

Junto com a ópera, inicia-se o barroco musical. A música instrumental, que, durante o Renascimento, ainda estivera ofuscada pela música vocal, emancipou-se e tornou-se independente. A cultura barroca da corte absolutista exigia novas formas para o seu teatro de Estado. Os músicos passaram a ser artistas da corte, que produziam a música para espetáculos gigantescos.

Um deles foi Antônio Vivaldi (1678-1741). O fato de agora a arte também ser considerada uma vocação mais elevada é ilustrado pela seguinte anedota: Vivaldi formou-se padre, mas, durante uma missa, abandonou sem permissão seu local de trabalho, o altar, para anotar uma idéia musical que lhe passava pela cabeça. Isso mostra que a música se emancipara da Igreja. Vivaldi não foi padre por muito tempo; estabeleceu-se rapidamente como músico da corte. Compôs tanto (cerca de 500 obras) que foi acusado de ter composto a mesma peça quinhentas vezes. No entanto, isso reflete menos a falta de competência de Vivaldi do que o gosto musical da época. Em cada temporada exigia-se algo novo, mas o novo não deveria desviar-se muito do que era conhecido.

Um dos princípios básicos da música barroca é a chamada teoria dos afetos, que já conhecemos da literatura. A partir dela, eram estabelecidas correspondências entre paixões ou estados de excitação humanos e certos sons. À alegria, por exemplo, correspondiam os tons maiores, a consonância e um ritmo acelerado, enquanto para expressar a tristeza eram usados tons menores, a dissonância e um ritmo lento. No entanto, Apolo era muito mais venerado do que Dioniso; os afetos expressos por meio de gestos musicais eram fortemente estilizados.

As novas formas da música instrumental desenvolveram-se a partir da música teatral e da dança. A idéia de uma música instrumental independente, que servisse exclusivamente para ser ouvida, era completamente nova. Na ópera havia um enredo; na dança, o ritmo era ditado pela música; no caso da música representativa, era o contexto festivo que conferia uma função à música; mas música sem algo em que se apoiar era um conceito novo. Todavia, foi exatamente isso o que constituiu a etapa seguinte na evolução. As aberturas das óperas transformaram-se em sinfonias, as danças, em suítes. E, assim como dançarinos depois de

SABER

danças rápidas precisam de outra lenta para recuperar o fôlego, suítes e sinfonias alternam partes mais rápidas e mais lentas.

Um dos grandes representantes da ópera é Georg Friedrich Händel (1685-1759). Ao lado de Scarlatti, Händel já havia conquistado a Itália com as suas óperas e, em seguida, foi nomeado mestre de capela do príncipe-eleitor de Hannover, que mais tarde subiria ao trono inglês como Jorge I. Quase simultaneamente, Händel torna-se astro da ópera londrina e, depois da coroação de Jorge, professor de música da filha da princesa consorte Carolina. Quando o público começa a abandonar a ópera régia, um grupo de ricos amantes da música funda, em 1719, a *Royal Academy of Music*, sob a forma de uma sociedade; com a ajuda dela, Händel monta uma companhia caríssima no continente e abre a nova temporada com sua ópera *Radamisto*. O sucesso estrondoso desencadeia uma guerra de óperas: o conde de Burlington convence a *Royal Academy* a abrir a temporada seguinte com *Astarto*, de Bononcini. É a vez de Bononcini se destacar, e logo compõe mais duas óperas e a elegia pela morte do duque de Marlborough. Händel revida, contratando a legendária soprano Francesca Cuzzoni para sua ópera *Ottone*. Com seu comportamento afetado, ela provoca a ira do mestre e, com sua voz, o deleite dos londrinos. O rei e os *whigs* apóiam Händel, o príncipe consorte e os *tories* fazem propaganda para Bononcini. Este traz a meio-soprano Faustina Bardoni para enfrentar Cuzzoni, e Händel leva o conflito ao extremo ao dar às duas divas da sua ópera *Alexandro* a mesma quantidade de solos e um dueto equilibrado. Quando Bononcini tenta superá-lo em *Astianotte* com a mesma técnica, cria-se um violento conflito entre os fãs das duas prima-donas, do qual ambas as divas também acabam participando. Essa guerra preparou muito bem os ânimos para a estréia, no inverno de 1727/28, da *Beggars Opera* (Ópera dos mendigos), de John Gay. Seus heróis já não são César, Dário ou Alexandre, mas sim o gângster McHeath, Peachum, rei dos mendigos, os ladrões, os arruaceiros e as mulheres de vida fácil de Londres. A ópera dos mendigos serviu de inspiração para a *Ópera dos três vinténs*, de Brecht. Foi apresentada 63 vezes seguidas e tornou-se um sucesso absoluto. No entanto, o fracasso da ópera de Händel obriga-o a compor oratórios, nos quais ele elabora episódios da Bíblia para coro e orquestra e identifica com a Inglaterra o povo de Israel, em sua luta contra egípcios e babilônios pela liberdade. Sua obra-prima nessa forma é o *Messias*.

Atualmente, é quase inimaginável que o superastro da música barroca Johann Sebastian Bach (1685-1750) tenha caído em esquecimento logo após sua morte. Contudo, no século XIX, ele ressuscitou e alcançou fama mundial. Hoje Bach faz parte do aparato cultural básico do calendário festivo: a *Paixão segundo São Mateus* faz parte da Páscoa tanto quanto o coelhinho, e o *Oratório de Natal* está tão associado à data quanto a própria árvore.

CULTURA GERAL

Bach era de uma família de gênios musicais. Ficou famoso primeiramente como organista, e seu primeiro emprego foi em Arnstadt/Mülhausen, antes de assumir o cargo de organista da corte em Weimar. O auge de sua carreira profissional foi como mestre de capela da corte de Köthen. Nela, compôs muitas das suas obras profanas, entre as quais os famosos *Concertos de Brandemburgo*. Em 1723, torna-se organista e diretor do coro da igreja de São Tomás, em Leipzig. Isso representava uma queda social e financeira. Ocasionalmente, Bach queixava-se da falta de disposição dos habitantes de Leipzig para morrer, porque ele era pago para fazer o acompanhamento musical de funerais. Ao mesmo tempo, em Leipzig, teve a oportunidade de compor seus famosos oratórios e paixões. Bach não via sua atividade como produto de genialidade artística, e sim como ofício em um mundo cuja ordem é estabelecida por Deus.

E, realmente, a música de Bach tem um quê de artesanal. Um exemplo típico disso é a fuga, uma forma musical que Bach dominou com mestria e sobre a qual escreveu uma obra de referência: *A arte da fuga*. Uma fuga (do latim *fugere* = fugir) funciona da seguinte forma: um instrumento entoa um tema – é como se chama uma melodia característica que serve de ponto de partida para uma peça; ao final do tema, um segundo instrumento toca o mesmo tema em outra altura, enquanto o primeiro acrescenta uma melodia de acompanhamento. Esse é o contratema, que contrasta com o primeiro tema. Desse modo, cada novo instrumento entra com o tema e é acompanhado por um outro instrumento que toca o contratema, enquanto todos os outros instrumentos executam as acrobacias que o compositor lhes preparou. Isso continua dessa forma até que os sons de todos os instrumentos se encaixem uns nos outros como as peças de um relógio. É a época em que a teoria da gravidade de Newton se tornava conhecida e o mundo era pensado como um relógio.

Em 1747, quando tinha 62 anos, Bach visitou a corte de Frederico, o Grande, onde seu filho Carl Philipp Emanuel era mestre de capela. O rei lhe pediu que improvisasse alguma coisa nos seus novos pianos Silbermann, e Bach tocou, de improviso, uma fuga após a outra, para as quais o rei lhe dava o tema. Depois de voltar para casa, Bach reuniu as improvisações em uma fuga de seis partes, que integraria um presente musical ao rei, que ele chamou de *Oferenda musical*. O especialista em inteligência artificial, Douglas Hofstadter, escreveu um livro intitulado *Gödel, Escher, Bach*, no qual afirma que improvisar uma fuga de seis partes equivaleria a jogar 60 partidas de xadrez simultaneamente, sem ver o tabuleiro, e ganhar todas!

Com as duas partes do *Cravo bem temperado*, Bach criou algo inteiramente novo: uma seqüência de prelúdios (introduções) e fugas em todas as tonalidades. Qual era a novidade? E por que o cravo é "bem temperado"? Era a época do barroco, que das muitas escalas musicais legadas pelos gregos havia escolhido duas, a maior e a menor. À maior associamos a alegria, à menor, a tristeza. E isso tem uma explicação física: uma escala maior contém mais intervalos puros, ou seja, a terça maior, que já vimos, e mais acima na escala, a sexta maior, a sexta nota da nossa escala musical. Uma escala menor consiste em intervalos menores, menos puros, de modo que o som é mais tenso. Assim, cria-se um belo contraste, que vem ao encontro da nossa tendência de pensar em pares opostos: claro–escuro, alegre–triste, sereno–dramático etc.

Uma escala musical é batizada de acordo com a sua primeira nota, que também é chamada de tônica. Uma escala em dó maior começa com dó, e todas as outras notas dependem dessa. Com doze notas temos, portanto, doze tonalidades maiores e doze menores. Por que é tão difícil compor peças em todas as tonalidades? A relação entre as notas pode ser natural, mas infelizmente a natureza tem um defeito.

Já sabemos que uma escala musical é construída a partir de intervalos puros. Ao mesmo tempo, todas as doze notas devem ter a mesma distância entre si. No entanto, não é possível conciliar essas duas exigências; não há como colocar doze notas em uma oitava, mantendo, simultaneamente, intervalos puros. A natureza não o permite. Por muito tempo, isso fez com que não fosse possível tocar num piano todas as tonalidades, porque o que é um intervalo puro em uma tonalidade não o é em outra, mas sim um som dissonante. Por isso, recorreu-se a um truque: desafinava-se o piano de modo que não tivesse intervalos inteiramente puros, sem que os ouvintes notassem. O barroco já tendia a ilusões teatrais, e, assim, nessa época recorreu-se a essa saída; o resultado da manobra recebeu o nome de "afinação temperada". Dessa forma, Bach podia, finalmente, compor em todas as tonalidades. Ainda assim, essa afinação não eliminou as diferenças entre elas. As que incluíam muitas teclas brancas soavam mais puras, as com muitas teclas pretas, menos, mas talvez mais interessantes. É por isso que no *Cravo bem temperado* de Bach cada peça tem seu caráter individual.

O período barroco também desenvolveu as leis da harmonia. Essas leis não ditam ao artista o que compor, mas descrevem a gramática da música, que possibilita o entendimento entre o público e os artistas.

Por isso, seguem algumas regras gramaticais da harmonia: para cada escala musical existe uma tríade consonante. Tomemos como exemplo o dó maior. A escala em dó maior possui uma tríade de dó maior, que consiste em dó, portanto, na primeira nota, na terceira, mi, e na quinta, sol; esta é uma terça maior e uma quinta, ou seja, intervalos puros. Para cada nota da escala, podem ser construídos três sons com as outras notas, e para cada escala obtemos três tríades maiores, três menores e um acorde um tanto dissonante. Todos esses acordes podem

CULTURA GERAL

ser usados para acompanhar uma melodia em dó maior, de acordo com o que soar melhor, sendo que todos têm a tônica como referência. Se surgir um acorde em sol maior, isso ainda não significa que estamos em sol maior, mas que estamos ouvindo o sol maior como parte de uma seqüência de acordes em dó maior. O acorde em sol maior possui a característica de nos levar de volta ao acorde básico. Portanto, se em uma melodia em dó maior ouvimos um acorde em sol maior, já sabemos que não demorará para acabar, porque o acorde em sol maior prepara o acorde final em dó maior. É claro que uma seqüência razoável de acordes não deixa o ouvinte na mão, pois finaliza corretamente com o acorde básico, causando uma sensação de satisfação e saciedade, como em um final feliz. Esses efeitos harmônicos criaram para os músicos do período barroco e dos períodos subseqüentes um arsenal de resultados milagrosos.

Período clássico

No final do barroco, as pessoas estavam cada vez mais enfastiadas com as construções musicais complexas e fugas difíceis. Elas ansiavam por vivacidade, jovialidade e naturalidade. O resultado dessa mudança de gostos foi o período clássico. Embora ele englobe somente um curto intervalo que vai da segunda metade do século XVIII até aproximadamente o primeiro quarto do século XIX, esse foi um dos períodos mais importantes na história da música, repleto de transformações de grande repercussão. Do ponto de vista técnico, essas transformações significam principalmente um abandono das estruturas polifônicas do barroco em prol de peças orientadas para a melodia. A posição social dos compositores também mudou. Na sucessão dos três maiores compositores da época, Haydn, Mozart e Beethoven, produziu-se, como nos três passos dialéticos de Hegel, a libertação do compositor da sua dependência em relação à aristocracia e sua metamorfose em artista autônomo.

Joseph Haydn (1732-1809) ainda dependia de seus empregadores aristocratas, mas que lhe davam liberdade suficiente para desenvolver as principais formas da música clássica praticamente sozinho: a sinfonia como música para orquestra, a sonata, sobretudo para piano, mas também para outros instrumentos solo, e o quarteto de cordas. Por causa dessas invenções, mais tarde Beethoven o apelidaria carinhosamente de "papai Haydn". Todas essas formas são permeadas por um princípio estrutural, fundado em uma dramaturgia independente, a chamada "forma sonata".

Ela começa com o andamento principal, na maioria das vezes em ritmo acelerado, no qual dois temas contrastantes geram tensão. Segue um andamento lírico, mais lento. Antes que o ouvinte se regale ou até mesmo adormeça com esse andamento lento, é despertado por um andamento final vivo, por uma pequena

SABER

dança intercalada, um minueto ou uma pequena peça divertida, uma brincadeira ou *scherzo*. O andamento final arredonda o todo, e o que fica é a sensação de uma excursão divertida ou dramática, dependendo de ter sido utilizada a escala maior ou menor.

Entre os compositores, o favorito dos deuses era Wolfgang Amadeus Mozart (1756-91), uma criança prodígio. Aos três anos, era capaz de aprender em meia hora e tocar minuetos de cor no piano. Aos cinco já compunha, e seu pai, Leopold, que também era músico, apresenta-o em todas as cortes européias e permite que ele dê concertos com sua irmã mais velha. Aos 9 anos, compõe sua primeira sinfonia. Aos treze, é nomeado primeiro violino no arcebispado de Salzburgo. Depois de viajar para a Itália e Paris, Mozart vai para a meca da música, Viena, e de compositor da corte transforma-se em artista autônomo. Em Viena, vive de concertos, composições sob encomenda e aulas. E não vive mal, mesmo quando constitui família com a sua Constança. É um dos solistas mais bem pagos da capital, mantém um cavalo e freqüenta os círculos mais requintados. Em 1784, ingressa em uma loja maçônica e passa a compor também para ela.

Seu método de trabalho é surpreendente. Primeiro compõe tudo mentalmente para depois anotar a peça. Em 1786, é apresentada a ópera *As bodas de Fígaro*, que é acolhida com reações variadas, porque pela primeira vez uma ópera mostra conflitos sociais: um nobre espanhol deseja uma moça burguesa, embora esta esteja noiva. A mulher do nobre, a moça e seu noivo formam uma coalizão para dar uma lição ao nobre. Faltam três anos para a Revolução Francesa, e a aristocracia já não pode fazer o que bem entende. Em seguida, Praga testemunha a pré-estréia da ópera *Don Giovanni*, que confere à história de Don Juan uma forma tão perfeita que mais tarde o filósofo dinamarquês Sören Kierkegaard a elevaria a modelo estético de vida.

Nos tempos que se seguiram, Mozart entrou em dificuldades financeiras. A guerra com os turcos leva a uma diminuição nas encomendas e nos concertos, Constança adoece e precisa fazer tratamentos caros. Mozart compõe *Così fan tutte* e a opereta *A flauta mágica*. Em 1791, surge um mensageiro misterioso, que lhe dá uma incumbência anônima para compor um réquiem, ou seja, uma missa para os mortos. (O nome vem do intróito que começa com as palavras latinas *requiem aeternam dona eis, Domine* – "Senhor, dai-lhes o repouso eterno".) Ele adoece, continua trabalhando mesmo acamado e morre em 5 de dezembro de 1791, aos 35 anos, na flor da idade.

Logo surgiram boatos a respeito de sua morte. Por exemplo, de que Antonio Salieri, o medíocre compositor da corte, teria envenenado o divino gênio Mozart por inveja. Puchkin espalhou o boato, e o dramaturgo inglês Peter Shaffer aproveitou-o como ponto de partida para sua peça *Amadeus*, que Milos Forman

CULTURA GERAL

transformou em filme homônimo, com o qual arrebatou oito Oscars. No filme, Tom Hulce faz o papel de Mozart como um tipo de McEnroe da música.

A morte precoce de Mozart, associada ao efeito sobrenatural de sua música, deu origem a um mito. Seus sucessores o viam como um favorito dos deuses, perseguido por seres inferiores. Na verdade, Salieri era inocente, e o mensageiro misterioso vinha em nome do conde Waldeck, que havia encomendado o réquiem para poder fazê-lo passar como sua própria composição.

Embora Mozart utilizasse toda a linguagem formal legada pela ópera, pela sinfonia e por todas as variantes da música instrumental, deu-lhe vida nova com sua forma de expressão e seu temperamento pessoais. Sua música era elegante e podia ser sensível, mas nunca sentimental. Suas óperas afastavam-se dos destinos de Dário e Alexandre para se aproximar dos problemas da sua época. E em *A flauta mágica*, cujo libreto fora escrito por um maçom, até mesmo Sarastro e o grupo dos iniciados lutam pelos ideais do Iluminismo e da justiça, e o príncipe Tamino tinha de passar por provas que correspondiam aos ritos de iniciação da maçonaria.

Se Mozart representa a transição de compositor da corte a artista que produz para o livre mercado, Ludwig van Beethoven (1770-1827) é o arquétipo do artista genial e livre por excelência. Festejado primeiramente como pianista, consegue estabelecer-se rapidamente como compositor autônomo com a ajuda de diversos mecenas. Logo cedo, começa a perder a audição e fica completamente surdo. Isso o isola da sociedade e o obriga a compor somente na sua imaginação. Por causa disso, tem dificuldade em compor. Ao contrário de compositores anteriores, que aprendiam a compor e o faziam como um ofício, Beethoven queria mais: buscava unir sentimentos profundos e mensagens humanistas em uma música ricamente elaborada sob o ponto de vista formal. Como provam seus rascunhos, ele precisava de muitos esboços. Por vezes, chegou a trabalhar anos em algumas de suas peças. O resultado, no entanto, também tem outro nível de qualidade. Ele inventa a música como arte independente e ignora as expectativas da superficial cultura de entretenimento aristocrática. Sua música possui uma notação musical mais precisa do que a de Mozart. Enquanto este permite que o solista improvise em seus concertos, Beethoven define suas partituras com precisão. Em sua época, é inventado o metrônomo, de modo que Beethoven também pode definir o ritmo em números precisos.

Beethoven compôs principalmente música instrumental. As obras mais conhecidas são suas sinfonias e sonatas para piano. Ele eleva a sonata clássica a um novo patamar, levando-a ao extremo em termos formais e dotando-a de idéias dramáticas e extramusicais. A famosa *Ode à alegria*, no final da *Nona sinfonia*, é uma expressão especialmente nítida da postura revolucionária do compositor.

286

SABER

Graças à simples intensificação da expressão, Beethoven deu uma nova direção à evolução da música, antecipando a época seguinte, o romantismo. Assim como Byron ou Schiller, representa o novo tipo de artista autônomo, que só se sente comprometido com sua própria arte. Isso se reflete em sua fisionomia, em seu olhar intensamente compenetrado e em sua cabeleira desgrenhada. Não é à toa que seu busto tenha se tornado um sucesso de vendas.

Romantismo

O começo do romantismo encontra em Franz Schubert (1797-1828) seu representante mais ilustre. Enquanto Beethoven representa a turbulência do movimento *Sturm und Drang*, seu contemporâneo Schubert já simboliza a intimidade burguesa. Suas populares *schubertíadas*, o convívio alegre de uma espécie de comuna de artistas, tirou a música do palco da sociedade vienense e a colocou dentro dos lares burgueses. Schubert ficou conhecido por suas canções, suas composições para piano e seus quartetos de corda – em resumo, música para a sala de estar da época do *Biedermeier*. Por isso, até hoje chamamos de "música de câmara". Mas mesmo em uma sala pequena há sempre espaço para uma grande obra: a transcrição musical exata das canções, especialmente em suas *Winterreise* [Viagens de inverno], e as melodias de sua música instrumental têm uma qualidade inigualável.

A associação da forma clássica à sensibilidade burguesa, adotada pela música de Mozart, Beethoven e Schubert, faz com que os anos da virada do século sejam um dos períodos mais interessantes da história da música. Era praticamente impossível haver algo melhor. E não houve mesmo, porque o século XIX inventou uma série de instituições que comercializavam a música, ao mesmo tempo que a canonizavam: o editor, o crítico de música, o virtuose e a idéia de que a música é uma obra de arte e, portanto, não pode servir ao entretenimento. Resumindo, inventou-se a indústria burguesa da música. Nela, a música encontrou um destino semelhante ao da imagem da mulher: era prostituta ou santa. Por conseguinte, foi dividida em música erudita e música popular. *A flauta mágica* de Mozart é a última peça musical que, com o casal de fidalgos Tamino e Pamina, se dedica à moral, mas com Papageno e Papagena, o gracioso casal de aves do paraíso, não negligencia o fator diversão.

Além disso, o legado de Beethoven pesava sobre seus sucessores musicais. Sozinho, ele dissera tudo o que poderia ser dito com uma sinfonia. Isso desencadeou a busca por novas formas e um confronto entre inovadores e conservadores. A crítica aclamou Johannes Brahms (1833-97) como conservador, que, no entanto, sofria com o fato de suas sinfonias soarem como as de Beethoven. Os inovadores, por outro lado, ofereceram várias soluções diferentes.

CULTURA GERAL

Uma delas foi a "música programática". Em vez de se ater a modelos formais, como o da sonata, contavam-se histórias. Conteúdos extramusicais definiam a evolução musical. De certa forma, inventava-se a música do cinema antes da existência dele. A *Symphonie fantastique* [Sinfonia fantástica], de Hector Berlioz (1803-69), é o protótipo da música programática; ela descreve o mal de amor e as experiências com drogas de um jovem romântico. Qualquer semelhança com as experiências do compositor não são mera coincidência.

Franz Liszt (1811-86) criou a poesia sinfônica e aventurou-se em uma sinfonia sobre o Fausto. Mais foi Richard Strauss (1864-1949) quem chegou ao extremo. Ele afirmava ser capaz de traduzir em música o som da cerveja sendo despejada no copo, de modo que fosse possível identificar o tipo de cerveja. A fragilidade dessa idéia é evidente. Já que a música instrumental tem de arranjar-se sem palavras explicativas, o ouvinte precisa conhecer o evento extramusical para entender do que se trata. Sem esse conhecimento, a música não passa de uma seqüência de momentos altos e baixos, rápidos e lentos, líricos e dramáticos, cuja interligação deixa apenas um ponto de interrogação.

Para Robert Schumann (1810-56), a vida artística em si era programática. Para ele, a experiência extramusical mais importante era a poesia, e seu modelo de artista, Jean Paul. No entanto, arruinou sua carreira de pianista virtuoso com um acidente pouco poético, que teria sido digno de um Tristam Shandy: construiu um aparelho para fortalecer o dedo anular e, com isso, sofreu uma distensão do tendão que se tornou crônica. Casou-se com a pianista Clara Wieck, mas não sem antes entrar em conflito judicial com o pai dela. Clara Schumann era uma mulher surpreendente. Era uma pianista respeitada, também compunha e deu à luz oito filhos, que, por razões de ordem prática, deixou aos cuidados de parentes para que não atrapalhassem seus estudos. Para ter uma recordação deles, Schumann compôs suas *Cenas da infância*. Paralelamente, fundou a *Neue Zeitschrift für Musik* [Nova revista de música], que existe até hoje. Seu fim ilustra a tese da proximidade entre genialidade e loucura: depois de sofrer de depressões profundas, jogou-se no Reno, perto de Düsseldorf, e em seguida foi internado em um manicômio, onde morreria alguns anos mais tarde.

Schumann e Felix Mendelssohn (1809-47) foram os compositores que redescobriram Johann Sebastian Bach, trazendo-o para a época deles e fazendo com que sua música fosse apresentada. Em Mendelssohn reconhecemos a sombra de Mozart: começou a compor ainda criança e teve uma carreira de sucesso. Mas, assim como Mozart, morreu cedo. Embora tivesse produzido obras maravilhosas, foi imortalizado sobretudo por meio de sua *Marcha nupcial*, ou melhor, DA marcha nupcial.

Outra reação à crise das formas do século XIX foi a criação de músicas nacionais. Com a explosão do nacionalismo no século XIX, muitos compositores vincularam sua música a mitos nacionais e ao folclore. O *Réquiem alemão*, de Brahms, o ciclo *Minha pátria*, de Bedrich Smetana (1824-84), com a correnteza veloz do rio Moldávia, e a suíte *Peer Gynt*, de Edward Grieg (1843-1907), são exemplos famosos. O universo da ópera, até então dominado pela Itália, dividiu-se em ópera francesa, italiana e alemã. Por não quererem participar, os russos simplesmente fundaram a tradição russa de balé. Ao mesmo tempo, o internacionalismo até então vigente na música foi fragmentado por causa de ressentimentos nacionalistas. Por exemplo, em pouco tempo, na Alemanha, a música francesa era tida como inferior por não corresponder às exigências alemãs quanto à profundidade de sentido e à seriedade.

Frédéric Chopin (1810-49) fez a ponte entre a Polônia e a França. Nascido na Polônia, de pai francês e mãe polonesa, e sendo, como Mendelssohn, uma criança-prodígio, foi atraído pela sedutora atmosfera de Paris, que Liszt e Paganini haviam transformado na meca dos virtuoses, e decidiu revolucionar a arte de tocar piano. Em virtude de sua saúde frágil, evitava os palcos de concerto, embora sua forma de tocar – dotada tanto de lirismo quanto de virtuosismo – entusiasmasse todos, mesmo com suas mãos pequenas. Depois, tornou-se pioneiro do turismo; juntamente com a poetisa George Sand, descobriu Maiorca como destino de férias e decidiu repetir o clichê de Mozart morrendo jovem.

Um grupo de artistas russos do círculo de Mikhail Glinka (1804-57) permaneceu no leste e extraiu sua inspiração do folclore e do universo das lendas russas: recebiam o nome de "grupo dos cinco". Dos membros desse grupo, ainda hoje conhecemos Modest Mussorgski (1839-81), especialmente sua obra *Os quadros de uma exposição*, que ilustra de forma exemplar como a pintura pode inspirar a música. *Os quadros de uma exposição* são peças para piano que exploram o som desse instrumento de forma que muitos músicos depois dele se animaram a compor músicas referentes aos quadros: da versão orquestrada de Ravel, passando pelos primeiros sons sintetizados ao gênero *rock*. Vassili Kandinski, por sua vez, retraduziu isso em quadros. Mas, na verdade, essas peças para piano são uma exceção na obra de Mussorgski. O "grupo dos cinco" produzia principalmente óperas populares, inspiradas no folclore russo. A chamada "escola nacionalista russa" também inclui Piotr Tchaikovski, que amamos menos pelas suas onze óperas do que por seus três balés: *O lago dos cisnes*, *A bela adormecida* e *O quebra-nozes*. Somente por esse desvio chegamos à terceira resposta à crise das formas musicais do século XIX: a ópera.

Para a ópera, a transição para o romantismo inicialmente foi fácil. Trabalhava-se com temas românticos, repletos de enredos situados em florestas e campos e de seres maravilhosos de todos os tipos de mundo possíveis: superiores, inferiores e intermediários. Um representante popular desse gênero é a ópera *O franco-*

CULTURA GERAL

atirador, de Carl Maria von Weber (1786-1826). A marcha *Wir winden dir den Jungfernkranz* [Nós te tecemos esta coroa virginal] tornou-se um sucesso que quase fez com que contemporâneos como Heinrich Heine perdessem o juízo. Rossini (1792-1868), Donizetti (1797-1848), Verdi (1813-1901) e, finalmente, Puccini (1858-1924) levaram a ópera italiana a novos patamares. Eles praticamente não foram influenciados pelo romantismo alemão, mas encenaram, de forma teatral, grandes temas, como Shakespeare. Quase não houve inovações formais, porque o público italiano era demasiadamente apaixonado pelo canto. A ópera clássica consistia em números individuais, árias, duetos, *ensembles*, interligados pelo recitativo – tipo de canto declamatório –, no qual era narrado o tema para manter a ação em andamento. Tudo isso mudou com Richard Wagner (1813-83), o grão-mestre da ópera romântica alemã. Até hoje, ele é uma figura que divide as opiniões. Principalmente o apreço que Hitler nutria por ele, seu anti-semitismo, seu nacionalismo exagerado e as aliterações de seus textos converteram-no num personagem ambíguo. Seus dramas musicais extraem os temas da mitologia nórdica. Sua obra mais importante é o ciclo *O anel do nibelungo*; outras óperas suas são *Tristão e Isolda, Os mestres-cantores de Nuremberg* e *Parsifal*. Além disso, sua imagem é associada a Luís II, o rei louco da Baviera, e à tendência de fazer patéticas encenações de si mesmo, que culmina com a fundação de um culto, para o qual é construído um santuário em Bayreuth: o *Festspielhaus*. Sua mulher, Cosima Wagner, filha do compositor Franz Liszt, levanta os fundos necessários. A direção dessa casa de ópera é legada ao filho, o regente Siegfried Wagner, e deste ao neto, o diretor musical Wieland Wagner. No culto a Wagner, uma dinastia encontra uma comunidade.

Porém, em sua época, esse culto é mais do que um capricho pessoal: é prova de que a arte chegou ao ápice de sua soberania. E para muitos contemporâneos – como Schopenhauer –, o ápice da arte é a música. No simbolismo, a poesia também tenta imitar a música, e no esteticismo da virada do século até a vida se desfaz em arte.

Conseqüentemente, Wagner procura reunir todas as artes sob o domínio da música em uma única obra de arte geral. Texto, música, cenário e coreografia são inter-relacionados com uma intensidade até então desconhecida. E suas óperas já não se dividem em números, mas são compostas de modo que cada estrofe seja musicada de maneira diferente e cada ato seja perfeito. Para tanto, ele desenvolve um novo princípio de construção: o *Leitmotiv*. Todos os elementos significativos de uma história passam a ser reconhecidos por um tipo de marca musical, assim como se reconhece uma pessoa por seu tique. Isso se aplica não somente a pessoas, mas também a objetos, sentimentos e situações. Assim, por exemplo, o motivo da espada de Siegfried é constituído por uma seqüência ascendente de notas

SABER

que remetem ao universo masculino. É com esse repertório de motivos que Wagner monta suas óperas. Variações dos motivos indicam mudanças. Se repentinamente o motivo da espada surge em tons menores, isso significa que Siegfried está perdendo seu poder.

Wagner também desempenha uma função exemplar em outro sentido. O romantismo já não se contenta com as seqüências harmônicas clássicas (ou seja, seis acordes para uma tônica). As seqüências harmônicas tornam-se cada vez mais complexas, incluindo notas que os clássicos não teriam tolerado em um acorde, e novas combinações de acordes foram compostas. Para alguns contemporâneos, o acorde de Tristão no começo de *Tristão e Isolda* é o fim da harmonia. A seqüência de acordes subseqüente ainda se baseia em uma tônica, mas esta já não aparece. Com a busca por mais expressão, por uma arte mais elevada e por significados mais profundos na música, a música romântica chega ao seu limite. E, além dele, está a música moderna.

A música moderna

Gustav Mahler (1860-1911) é considerado o primeiro compositor moderno. Na verdade, como romântico e fã de Wagner, com uma tendência para o grandioso (sua *Sinfonia dos mil* requer 1.379 músicos), ele começa a dissolver suas sinfonias em uma música parecida com uma colagem, que se auto-reflete. O ambiente acústico caótico que o circunda serve-lhe de modelo para uma combinação díspar de sons, nos quais a música tece comentários sobre ela mesma. O chilro dos pássaros primeiro é imitado à perfeição e depois se transforma em motivo musical; a música de uma orquestra de sopro é inserida como fundo acústico, e o banal, mesclado ao artístico. Tudo isso é emoldurado por um mundo expressivo de sons, atento ao inconsciente, que expressa a sensação de Mahler de alienação no mundo. Ele se sentia triplamente expatriado: como boêmio na Áustria, como austríaco entre alemães e como judeu no mundo inteiro. Portanto, não é de estranhar que venha a se deitar no divã de Sigmund Freud. Lá, entendeu o significado de uma experiência pessoal da infância: certa vez – o pai mais uma vez havia maltratado a mãe –, o pequeno Gustav, em seu desespero, saiu correndo de casa e encontrou um músico de rua que tocava uma canção popular. A conexão entre a música alegre e o sofrimento pessoal foi marcante e subverteu os ideais estéticos tradicionais.

Foi então que na música, como em outras artes, começou a era da perturbação. Os impressionistas deram o primeiro passo. Claude Debussy (1862-1918) buscava novos sons, desfazendo, assim como na pintura, a antiga linguagem formal em seqüências de acordes e escalas difusas para expressar atmosferas e retratar emoções e cores, como em sua peça para orquestra *La mer*. Embora os sons

CULTURA GERAL

ainda fossem consonantes, as combinações de acordes e as escalas musicais eram tão novas e inusitadas que o público reagiu com grande perplexidade.

Igualmente desconcertante é a obra de Erik Satie (1866-1925), amigo de Debussy e artista invulgar em todos os sentidos. Pianista bizarro, conhecido junto aos surrealistas e artistas de outras linhas estilísticas novas, dizia coisas como: "Se a música não agrada a pessoas mudas ou surdas, isso não é motivo para menosprezá-la." Compõe música sobre a música, como a *Sonate bureaucratique*, que ridiculariza os gestos da música burguesa para piano; escreve instruções para a execução de músicas que ditam a repetição de certas passagens por dezoito horas seguidas; publica obras e proíbe que sejam executadas; e funda uma igreja, cujo principal mandamento é que somente ele pode ser membro. Ao mesmo tempo, compõe, com suas *Gymnopèdies* e *Gnossiennes* (dois títulos dadaístas sem nenhum sentido), uma música de uma beleza de outro mundo, mas nada romântica. Satie é agraciado até mesmo com o reconhecimento de Adorno.

Arnold Schönberg (1874-1951) tenta dar início a uma expansão da linguagem formal da música, partindo do raciocínio de que, se o romantismo usou todos os sons belos, é preciso acrescentar a eles os menos belos. Isso significa a emancipação da dissonância, ou seja, os sons dissonantes já não são etapas intermediárias que fazem com que, em contraste, no final a harmonia soe ainda mais bela, mas passam a ser sons independentes. O segundo passo consistiu em superar o antigo modelo de tons maiores e menores, porque também com eles tudo já fora dito. Ao mesmo tempo, não era tão simples livrar-se das antigas escalas musicais, pois elas estavam baseadas no efeito natural das notas. A resposta de Schönberg a esse dilema é a invenção da música dodecafônica, que se fundamenta em uma regra simples: em uma seqüência de doze notas, cada uma delas tem de estar presente pelo menos uma vez. Isso é chamado de série e serve de base para o restante da peça. Dentro dessa série, nenhuma nota pode ser ressaltada em detrimento das outras. O princípio, portanto, é a total igualdade entre as notas, um tipo de entropia musical (termo da física que designa a morte térmica). Os ensinamentos de Schönberg exerceram grande influência sobre outros compositores. Alguns de seus alunos, como Alban Berg, Anton Webern e Marc Blitzstein, tornaram-se compositores importantes.

Thomas Mann usa o recomeço radical de Schönberg para criar o compositor Adrian Leverkühn em seu romance *Doutor Fausto* (→ Literatura). Quando o herói, assim como Schönberg, constata que a linguagem formal da música está exaurida, procede como Fausto e vende sua alma ao diabo, que em troca o faz descobrir a escala dodecafônica. Portanto, quem quiser, pode aprender alguma coisa sobre a música moderna lendo *Doutor Fausto*. Para escrevê-lo, Mann pediu orientação técnica a Theodor W. Adorno.

SABER

Não se pode dizer que a música de Schönberg tenha sido bem aceita pelo público. Nesse sentido, Igor Stravinski (1882-1971) teve mais sorte. Em vez de tentar aperfeiçoar a música com novos métodos, baseou-se em formas antigas, em parte clássicas, em parte arcaicas, que arranjava com tanta ironia que conseguiu encenar sua música como um escândalo público. Especialmente *Le sacre du printemps* [A consagração da primavera] chocou por sua temática pagã e seu ritmo excessivo. Com isso, Stravinski instituiu o procedimento de utilizar o cabedal da história da música como elemento constitutivo de novas composições. Enquanto Schönberg e Stravinski gozavam da liberdade artística da sociedade burguesa, Serguei Prokofiev (1891-1953) e Dimitri Chostakovitch (1906-75) brincavam de esconde-esconde com a censura soviética. Isso explica a contradição entre o espírito oficialmente otimista e o protesto subliminar de suas obras.

Os Estados Unidos da América

A contribuição americana para a música remonta à cultura afro-americana: o *jazz*. Esse gênero musical desenvolveu-se a partir do *blues*, em uma mistura de cantos africanos tradicionais, hinos cristãos e orquestras de baile européias. Também os *klezmer*, os tradicionais músicos judaicos do Leste Europeu, trazem sua música para a América com as grandes ondas de imigração e animam a cena com os sons orientais do clarinete. Com a migração de trabalhadores negros da agricultura para a indústria, essa música deslocou-se rapidamente do campo para as cidades. Segundo uma teoria popular, o ritmo sincopado do *ragtime* vem do chacoalhar dos trens, que levavam os negros a Chicago. Em pouco tempo, o *jazz* também é assimilado pelos brancos, e a onda invade a Europa, onde Stravinski e outros compositores já incorporam elementos jazzísticos em suas músicas. Por outro lado, compositores americanos procuram conectar-se à música erudita européia, como demonstra o *jazz* sinfônico de George Gershwin (1898-1937). A evolução continua em ritmo acelerado rumo ao *swing* popular e às legendárias *big bands* de Duke Ellington (1899-1974) e Benny Goodman (1909-86). As formas cada vez mais elaboradas, como o *bebop* e o *free jazz*, têm um destino semelhante ao da música erudita européia, pois agradam somente ao público de conhecedores. Mas o *jazz* resgata para o mundo musical um elemento que, em seu recatamento, os europeus haviam recalcado: trata-se de uma música corporal, e como órgão musical, o corpo volta a participar. O *rock'n'roll* torna-se símbolo desse movimento de libertação do corpo no pós-guerra (o gingado sensual dos quadris dá a Elvis o apelido *the pelvis*, a pelve). Entretanto, a vitória já fora alcançada muito antes. A reunião de êxtase corporal e música é expressa pelo fato de esta última também ter conquistado a cultura jovem. Somos governados pelo rei *pop*, que rege vários clãs, várias tribos e vários clubes, que produzem seus próprios rituais

CULTURA GERAL

com batuques, pinturas tribais, ritos, drogas e objetos de coleção de fãs. *Techno*, *house, hip-hop, drum and bass,* bandas de veteranos que parecem com os Rolling Stones do Mount Rushmore, grupos de garotos, grupo de garotas... a lista é interminável.

A mais nova tendência é utilizar essa variedade para fazer combinações. O lema é o *cross-over*: virtuoses do *jazz* tocam música clássica, orquestras clássicas tocam música *pop*, tenores são tratados como *popstars* e cantam as canções destes; o folclore nacional une-se a sons urbanos, criando a *world music.* Isso também implica a diluição da fronteira entre música erudita e música popular. Ao mesmo tempo, a música hoje é uma questão de *marketing* da indústria cultural. No século XX, a era industrial invadiu a música. Isso se tornou possível graças a duas invenções tecnológicas: o disco e o rádio, ou seja, a possibilidade da divulgação em massa da música. Graças a ela, surge uma cultura musical democrática, na qual todos têm acesso a todos os tipos de música. Isso pôs em funcionamento uma máquina de entretenimento milionária, que opera no mundo inteiro com alta tecnologia. Como na ilha encantada da peça *A tempestade*, de Shakespeare, o mundo está repleto de sons. Alguns sentirão saudades dos tempos em que música ainda era arte, mas hoje Pitágoras poderia realizar seu sonho de música das esferas em qualquer loja de departamentos.

V. GRANDES FILÓSOFOS, IDEOLOGIAS, TEORIAS E VISÕES DE MUNDO CIENTÍFICAS

Filósofos

Na Europa, muitas coisas são inventadas duas vezes, a primeira na Grécia, em Atenas, e a segunda na Europa do começo dos tempos modernos, como a democracia, o teatro e a filosofia.

Na parte deste volume dedicada à história, sobretudo naquela que trata da Grécia, falamos dos três filósofos gregos mais importantes: Sócrates, Platão e Aristóteles. Mas eles também não se encaixam no clichê do filósofo como homem velho e sábio. Sócrates era um piadista e discursava nas ruas. Desenvolvera uma técnica que, por meio de truques mágicos de lógica, deixava seu interlocutor tão inseguro que este engolia qualquer explicação que lhe fosse oferecida.

Isto ilustra o início de qualquer filosofia: a grande insegurança. Alguém nota que o que é tido como verdade não passa de *nonsense*, de um monte de preconceitos, alimentado pelos desejos humanos e possibilitado pela limitação de sua visão.

Não é por acaso, portanto, que em ambas as ocasiões o teatro e a filosofia surjam ao mesmo tempo: para o filósofo, o mundo também é um teatro, mas a encenação no palco é uma ilusão que somente os espectadores ingênuos tomam por realidade; no entanto, ele se interessa pelos bastidores, local de onde a encenação é dirigida. Em suma, o filósofo busca a parte velada da realidade; procura a verdade nua e crua. Seu objetivo é o esclarecimento.

Por isso, a filosofia, assim como o teatro, tem sua origem na religião. Antes, durante toda a Idade Média, ela não passava de uma serviçal da teologia, ou seja, o resultado era definido de antemão. Isso acabou quando, após a divisão da Igreja, a religião caiu em descrédito nas guerras santas.

CULTURA GERAL

O criador da filosofia moderna, o francês René Descartes, atravessa a Alemanha durante a Guerra dos Trinta Anos (1618-48) como soldado. Seu contemporâneo, Thomas Hobbes, vivencia a Guerra Civil inglesa (1642-49) e é exilado como professor de matemática do príncipe Carlos, filho de Carlos I. Deve ter sido um alívio enorme para eles quando puderam afastar-se dos conflitos religiosos sem sentido e da carnificina da guerra para se dedicar às verdades eternas da matemática e da lógica. Contemplar os primeiros princípios da filosofia deve tê-los consolado, e as revelações da geometria devem ter irradiado um brilho formidável. Sua confiança no mundo e seu conceito de verdade podiam ser mais bem fundamentados nessas verdades eternas do que na religião, que, em vez de levar a verdades, levava a massacres.

René Descartes (1596-1650)

Em suas campanhas durante a Guerra dos Trinta Anos, Descartes chegou a Ulm e a regiões adjacentes. Fazia frio e, como ele mesmo relata, abrigou-se em uma estufa. Dentro dela adormeceu e teve três sonhos. Quanto voltou a sair, encontrou um novo ideal para a filosofia: a matemática. Os enunciados da filosofia deveriam ser tão fundamentais e lógicos e tão inexoráveis quanto os da matemática. E, para abrir espaço a essa fundamentação, Descartes começou duvidando de tudo. Foi assim que chegou ao fundamento de todos os fundamentos, à base da filosofia moderna e à rocha na qual esta poderia erguer sua nova igreja.

Essa base era a seguinte conclusão: ainda que eu duvide de tudo, não posso duvidar de que duvido.

Uma reflexão que oferecia segurança. O novo princípio básico era o eu ou o sujeito. Toda negação precisa fazer uma exceção para si mesma: a democracia não pode ser objeto da própria votação; o estômago não pode se autodigerir; o glutão não pode devorar a si mesmo; o juiz não pode condenar a si próprio. Resumindo: o eu não pode imaginar como seria se não existisse.

E foi assim que Descartes proferiu a frase mais famosa na história da filosofia: *Je pense, donc je suis* [Penso, logo existo].

A versão mais conhecida dessa frase é latina: *Cogito ergo sum*.

Essa idéia foi revolucionária. Até então, para suas reflexões, os filósofos sempre partiam do mundo dos objetos. Descartes, no entanto, transfere o ponto de largada de sua corrida de obstáculos filosóficos para a consciência. Desse modo, lança-se ao mundo material, incendeia-o e, com o fogo dos pensamentos, queima tudo o que não é estritamente necessário ao pensamento, até ter em mãos somente o que pode ser medido pela matemática: extensão, forma, movimento e número. Declara o restante – paladar, olfato, calor e cor – como temperos subjetivos, que só são acrescentados à sopa material pela consciência humana.

SABER

Assim, promove a noção de um mundo insípido, incolor e silencioso, que só obedece às leis da mecânica. Esse mundo é destituído de encantamento e regido pela causalidade (princípio de causa e efeito) e pela matemática. Isso faz com que uma fenda seja aberta na extensão do cosmos, até então integral. Na ruptura reflexiva com o mundo dos objetos, o sujeito se dá conta de que ele próprio é quem tempera a realidade. A partir de então, como espírito, ele é capaz de se distinguir da matéria, o que permite que sujeito e objeto se defrontem. E o mundo dos objetos se despe para ser examinado pelo sujeito da ciência. A subjetivação do eu e a objetivação na ciência estão interligadas.

Mais tarde, isso foi chamado de dualismo (do latim *duo* = dois).

E por ter permitido que a atividade da razão mantivesse sua autonomia em relação ao mundo, Descartes foi o fundador do racionalismo (primazia da razão).

Thomas Hobbes (1588-1679)

Comparado ao moderado e comedido dualista que foi Descartes, seu contemporâneo inglês Thomas Hobbes é um radicalista exaltado, que coloca de lado todo o *nonsense* e o *status* especial do intelecto e o submete à lei da causalidade: nossas idéias não passam de diferentes combinações de impressões sensoriais, e nossos pensamentos encadeiam-se de forma causal, seguindo a lei da associação. Nem mesmo o arbítrio é livre, mas constitui somente o resultado de uma luta entre o medo e a ganância. Até mesmo o bem e o mal são relativos. Chamamos de "bem" o objeto da nossa simpatia, e de "mal" o de nossa antipatia. O homem é uma máquina.

A relação causal perfeita não deixa lugar para as intervenções de Deus. A preservação do homem por Deus é, portanto, substituída por um princípio novo, descoberto por Hobbes: o da autopreservação. Essa já não é divina, e sim demoníaca. E é nesse impulso infernal que Hobbes fundamenta sua teoria do Estado.

Tal teoria foi desenvolvida em *Leviatã*, obra que até hoje acirra os ânimos.

Hobbes concebe o homem como animal irrequieto, acossado. Por ser capaz de vislumbrar o futuro, esse animal tem um medo constante de que lhe acabem as provisões ou de que alguém as tome dele. Por isso deseja cada vez mais ter poder, o que o torna um ser solitário e associal. Por conseguinte, o estado primário do homem antes da sua socialização é deprimente. Hobbes o imagina da seguinte forma: todos estão em pé de guerra contra todos. A vida é solitária, pobre, feia, cruel e breve. Dessa descrição advém uma expressão conhecida e citada até hoje:

Homo homini lupus [O homem (*homo*) é o lobo (*lupus*) do homem (*homini*)].

Finalmente chega a vez da conclusão: por temerem uma morte violenta, as pessoas celebram um acordo entre si, o chamado "contrato social" (em inglês, *social contract*, em francês, *contrat social*). Nele transferem seu direito de exercer a

CULTURA GERAL

violência a um único indivíduo, o soberano. Dessa forma, toda a sociedade transforma-se em um indivíduo, o Estado, que é o Leviatã (o nome designa um monstro marinho no *Livro de Jó*), o Deus mortal, a quem devemos – depois do Deus imortal – paz e proteção. Esse Deus – o Estado – é absoluto. Está acima dos partidos e da moral. Considerando-se as experiências históricas do século XX, isso parece absurdo.

Mas a experiência de Hobbes havia sido outra, a da Guerra Civil inglesa. Nela ele viu que a pretensão moral das religiões de terem sempre razão levara o país à autodestruição, o que lhe permitiu concluir o seguinte: em caso de conflito, quem reivindica toda a moralidade para si deixa ao inimigo somente a imoralidade. Isso conduz o adversário à criminalidade e agrava o conflito até se chegar à guerra. Há somente uma conseqüência possível: a religião é separada do Estado, a consciência passa a ser um assunto privado, o Estado torna-se absoluto e, como árbitro, impõe a paz aos dois galos de briga morais.

Com essa obra, Hobbes provocou a ira de todas as partes: o materialismo enfureceu os teólogos; a justificação do absolutismo rendeu-lhe a inimizade do Parlamento inglês; a privatização da moral irritou os puritanos; e a teoria do contrato social custou-lhe a benevolência dos monarquistas exilados.

Até hoje, a doutrina de Hobbes polariza as opiniões. Uns consideram imoral justificar a função pacificadora do Estado sob o ponto de vista puramente técnico, sem fazer referência a valores fundamentais. Outros apelam para ele quando querem alertar sobre o perigo representado pelas pessoas que crêem deter o monopólio da moral: nada os faz recuar. Hobbes descobriu que nada pode ser mais perigoso do que a moral.

John Locke (1632-1704)

Em John Locke, a imagem do homem volta a iluminar-se. Seu pai era partidário do Parlamento, e ele mesmo torna-se médico particular do primeiro líder do partido dos *whigs*, o conde de Shaftesbury, e preceptor do neto dele; mais tarde, esse neto viria a tornar-se igualmente um grande filósofo.

Locke é autor de duas obras que estão entre as mais influentes jamais redigidas. A primeira é *An Essay Concerning Human Understanding* [Ensaio sobre o entendimento humano]. Nela, Locke dá razão a Hobbes, no sentido de que não há idéias inatas, mas que todas as nossas representações mentais provêm de percepções sensoriais e todos os homens são como uma folha em branco (*tabula rasa*), que é preenchida somente a partir das experiências. E concorda com Descartes quando diz que são reais somente as qualidades que podem ser medidas matematicamente; todas as demais, que ele denomina "qualidades secundárias", surgem a partir de combinações dessas qualidades primárias. Para Locke, a qualidade pri-

SABER

mária do movimento é decisiva; com a descoberta da gravitação, seu amigo Isaac Newton havia elevado o movimento uniforme a um novo ideal da ordem natural (assim como Einstein o faria mais tarde com a velocidade da luz).

Locke transfere a gravitação para dentro do homem e nele descobre a seqüência uniforme de idéias na mente. Mas a procissão de idéias deve ser observada a partir de uma instância que também dure, para ser percebida como uma unidade. Para Locke, o sujeito é justamente essa relação interna e observável entre permanência e mudança. A matéria da qual são feitos os sujeitos é o tempo. E a forma pela qual eles se organizam, a reflexão. Com isso, a velha diferença entre a permanência do eterno e o caráter mutante da vida terrena é transferida para o sujeito (→ História, Idade Média). A reflexão corre paralelamente à passagem do tempo e, graças ao contato do sujeito consigo mesmo, cria a permanência na mudança. Locke sublima (purifica) a inquietação das paixões humanas de Hobbes, transformando-a em inquietação do pensamento, que é unificada pela reflexão e se torna a base da auto-estima do sujeito.

Esse texto tornou-se um marco na epistemologia (filosofia da cognição) e uma bíblia do Iluminismo francês. Forneceu a plataforma sobre a qual a filosofia até Kant formulou seus problemas, acelerou a subjetivação da literatura no romance e exerceu uma grande influência sobre literatos, artistas e psicólogos.

Provavelmente, a obra política de Locke, *Two Treatises on Government* [*Dois tratados sobre o governo*], foi ainda mais importante, especialmente o segundo tratado: também aqui, Locke toma como base a hipótese de Hobbes de um Estado natural pré-social, que, no entanto, não é caracterizado pela guerra de todos contra todos, mas pela igualdade e pela liberdade de todos os indivíduos. Assim como em Hobbes, os indivíduos celebram um contrato, mas não delegam seus direitos a um monarca absoluto, e sim à própria comunidade. Esta é soberana e, por sua vez, delega seus direitos a um governo, que é organizado pelo princípio da divisão de poderes: o legislativo, situado no Parlamento, e o executivo, centrado no rei e em seus ministros. A função do governo é proteger a propriedade, e a propriedade é não somente um recurso econômico para a maximização de lucros, mas também a garantia de independência política do cidadão por parte do Estado e a base de seu engajamento cívico. Liberdade e propriedade são pensadas concomitantemente, e não, como mais tarde no socialismo, uma em oposição à outra. Por conseguinte, um governo pode ser derrubado, caso disponha sobre a liberdade ou a propriedade dos cidadãos sem a aprovação dos interessados. (Foi o que ocorreu com as colônias americanas quando foram tributadas sem seu consentimento.)

Essa obra transformou-se na Carta Magna da democracia burguesa (a Carta Magna de 1215 é tida como a primeira garantia dos direitos de liberdade). Ela

CULTURA GERAL

justifica a Revolução Gloriosa de 1688, a Revolução Americana de 1776 e a Revolução Francesa de 1789. A declaração de independência americana adota quase literalmente as formulações de Locke e, por sua vez, inspira a *Declaração dos direitos do homem* da Revolução Francesa. A teoria constitucional é importada para a França por Montesquieu e Voltaire, onde é armazenada e ampliada pelo poder judicial, e depois exportada para os Estados Unidos; tornou-se a grande obra de legitimação da doutrina de soberania do povo e dos direitos humanos, bem como da divisão dos poderes em um governo controlado pelo Parlamento, e, com isso, a base da civilização política que reconhecemos. A guerra civil, que Hobbes evocara como uma ameaça, converte-se num conflito pacífico de opiniões sobre a diferença entre governo e oposição. Desse modo, Locke indica o caminho das pedras para uma sociedade civil.

Gottfried Wilhelm Leibniz (1646-1716)

Na filosofia manifestam-se os temperamentos nacionais: os ingleses têm um Estado democrático e são empíricos; os franceses têm um Estado de administração central e são racionalistas como Descartes; os alemães não têm nem Estado e muito menos experiência: por isso, são compelidos ao caminho das especulações e se tornam idealistas (para eles, toda realidade é essencialmente espiritual).

Idealista é também seu primeiro grande filósofo, Gottfried Wilhelm Leibniz, que substitui o modelo mecânico dos ingleses por um modelo de dinâmica orgânica. Para ele, o princípio natural decisivo não é o movimento, mas a força que o impulsiona. Ao contrário de Locke, não se interessa tanto pela pluralidade da experiência, mas sim pelo princípio da unidade do sujeito. Assim, complementa a declaração de Locke: "Nada está no intelecto que não tenha estado antes nos sentidos", acrescentando: "A não ser o próprio intelecto!" (*Nihil est in intellectu quod non ante fuit in sensu*, e Leibniz prossegue: *Nisi intellectus ipse.*) Portanto, Leibniz retoma o conceito das idéias inatas, a partir do qual consegue estabelecer um vínculo entre o intelecto e a força.

Por conseguinte, concebe os detentores da força como sendo um tipo de átomos espirituais, aos quais dá o nome de "mônadas". As mônadas são indivíduos indivisíveis, almas fechadas em si mesmas, sem forma nem extensão, mas plenas de ambições, apetite e atividade interior. Embora não tenham janelas, cada uma delas reflete o universo inteiro. No entanto, diferenciam-se quanto à nitidez desse reflexo. Disso decorre uma hierarquia que vai das mônadas sonâmbulas das coisas, passando por aquelas perceptivas dos animais até as racionais dos seres humanos. A idéia dessa hierarquia leva Leibniz a descrever áreas semiconscientes, nebulosas e resguardadas da percepção de si próprias, que antecipam o conceito de inconsciente.

300

SABER

Qual é, então, a relação entre a mecânica dos corpos e a dinâmica das almas? Do ponto de vista da mecânica, o que parece causalidade no âmbito das mônadas é um sistema de finalidades. A conexão é produzida por uma harmonia pré-estabilizada, à maneira dos pêndulos de dois relógios, cujas batidas parecem uma dança de ações recíprocas, embora cada uma siga sua própria dinâmica. De acordo com esse mesmo princípio, tudo o que entendemos como efeito está estabelecido desde o início: percepção e percebido, mente e corpo, sensação e movimento etc. Naturalmente, o autor dessa harmonia é a mônada suprema, Deus, o criador de todas as coisas e a síntese da razão. Ele elevou a bem-aventurança dos homens à meta de seu governo. "Mas parece que as coisas não vão tão bem assim", objeta o advogado do diabo. "Muitas vezes, os homens são tão infelizes. Como pode um Deus sábio, onipotente e bom permitir isso?"

E Deus justifica-se como o fazem todos os governos: "Mais não se pode fazer. Afinal de contas, tenho de satisfazer os mais diferentes grupos de interesses, unir a maior ordem possível dos conservadores à maior diversidade possível dos anarquistas de esquerda. Tenho de vincular os caminhos mais fáceis aos maiores efeitos possíveis e só posso alcançar essas metas com o sofrimento de muitos. Após analisar uma infinidade de mundos possíveis, meu computador escolheu o melhor deles. *Take it or leave it**, não existe outro melhor." Assim fala Deus.

Esse argumento chama-se teodicéia, uma justificação de Deus diante do mal no mundo.

Após o terremoto de Lisboa (1755), o mundo recebeu esse argumento com uma risada sarcástica, e Voltaire escreveu um romance inteiro intitulado *Candide* [Cândido] para levá-lo ao absurdo. Isso fez com que Deus fosse absolvido por ser inexistente e, ao mesmo tempo, executado. Tudo não passava de besteira. Mas uma besteira fatal, pois, como Deus já não estava disponível para ser o principal causador de tudo, foi necessário encontrar um novo bode expiatório. Se Deus não é o autor da história, quem mais poderia sê-lo? Bem, o próprio homem. Nesse caso, quem é responsável pelos absurdos? O homem. A partir disso, a história universal transformou-se em tribunal. Na era das revoluções, sempre havia quem fosse culpado de ter barrado o caminho para a felicidade: reis, padres, aristocratas, capitalistas, reacionários, parasitas, inimigos do povo, dissidentes da direita, dissidentes da esquerda e traidores da revolução. Mais tarde, eles seriam processados, porque Deus já não estava presente; e, na maioria dos casos, o processo era breve.

A noção de uma pluralidade de mundos possíveis mostrou ser um campo minado, no qual, juntamente com as utopias, também surgia quem as impedisse.

---

* É pegar ou largar. [N. da T.]

CULTURA GERAL

De resto, Leibniz tentou, não sem sucesso, competir com a universalidade de Deus e tornou-se um Leonardo da Vinci da ciência: dominou quase todas as disciplinas, inventou o cálculo infinitesimal e tornou-se o primeiro presidente da Academia de Ciências de Berlim.

Jean-Jacques Rousseau (1712-78)

Por direito, Rousseau não deveria ter sido francês, e sim alemão, porque seu entusiasmo excessivo pela natureza, sua hostilidade em relação à sociedade e às suas convenções, sua forma de se apresentar como *outsider* perseguido e sua devoção ao sentimento correspondem inteiramente ao estado de espírito dos alemães. Mas, na verdade, foi Rousseau quem tornou os alemães possíveis; ele é, portanto, uma conciliação entre franceses e alemães, porque é suíço e vem de Genebra.

Em termos pessoais, Rousseau era insuportável: um resmungão, um egocêntrico associal, que constantemente fazia menção aos seus sentimentos e à sua autenticidade, acusava os outros de hipocrisia e brigava com todos. Mas poucas foram as pessoas com essas características que foram capazes de produzir obras de tamanha influência. Com elas, ele captou o espírito da época, articulou uma nova sensação de vida e inspirou a Revolução Francesa e o romantismo. Criou uma filosofia revolucionária, construída em torno de um grande antagonismo: a natureza é boa, a sociedade, ruim (é óbvio que ele se referia à sociedade do Antigo Regime antes da Revolução, mas posteriormente suas idéias serviriam para justificar qualquer crítica à sociedade).

A esse antagonismo está associada uma série de outros. À natureza pertence tudo o que não é artificial, mas verdadeiro: o sentimento, a espontaneidade, a autenticidade, a honestidade, a falta de arbitrariedade, a vida no campo, os povos primitivos, os selvagens (que são nobres) e a criança deixada ao curso da natureza. O bem maior é a própria autenticidade, e, por isso, em suas próprias *Confessions* [Confissões], Rousseau desnuda-se sem constrangimentos.

À sociedade nociva pertencem as convenções, a moda, a dissimulação, a cortesia, o teatro, a máscara, a elegância, a amabilidade, as instituições e tudo aquilo com que controlamos nossos impulsos para poupar os outros. A partir disso, em suas obras *Émile* [Emílio] e *La nouvelle Héloise* [A nova Heloísa], Rousseau passa a desenvolver um novo conceito de educação, cujo cerne é o desenvolvimento natural da criança. No entanto, para escrever com tranqüilidade, colocou seus próprios filhos em um orfanato.

Em sua teoria social, ele parte, como Hobbes e Locke, do cenário do contrato social, no qual o indivíduo renuncia aos seus direitos em prol da comunidade. Embora Rousseau se manifeste a favor da divisão de poderes, seu bem supremo é a soberania do povo, que se expressa na *volonté générale*, uma espécie de interesse

SABER

comum e objetivo (não a opinião da maioria). Durante a Revolução, a ênfase dada à comunidade servirá para justificar o terror.

Rousseau teve uma influência duradoura, ampla e profunda. Suas constantes querelas, que ele apresentava como a perseguição a uma alma solitária e a um rebelde digno, comoveram metade da Europa. Ele influenciou o movimento *Sturm und Drang*, a filosofia da história de Herder, a etnologia dos povos primitivos, a pedagogia de Pestalozzi, a economia nacional dos fisiocratas, que davam ênfase à agricultura, e toda a literatura do romantismo com seu culto ao sentimento. Nesse ínterim, foi eleito presidente honorário dos Verdes, não sem antes ter dado aos alemães a possibilidade de sentirem que, comparados aos franceses superficiais, eram os detentores de uma autêntica cultura da interioridade. Nesse sentido, os Verdes retomaram as origens rousseaunianas dos alemães.

Immanuel Kant (1724-1804)

Kant é o Copérnico da filosofia. Inverteu a direção do olhar e, *voilà*, a razão parou de girar em torno da realidade, e o mundo de experiências passou a girar em torno do sol da razão. Ou, dito de forma menos poética: Kant já não observava a realidade para se perguntar depois como a razão poderia retratá-la corretamente. Em vez disso, passou a observar a razão e a se perguntar como seria o conhecimento *a priori*, ou seja, antes de qualquer experiência. Isso fez com que chegasse a uma hierarquia inteiramente nova de níveis lógicos: a razão não faz parte do mundo das experiências que ela vem a conhecer posteriormente; pelo contrário, só gera o mundo pela forma como o constrói; não faz parte do mundo, mas é a sua origem; não é empírica, mas transcendental; prescreve ao mundo empírico como ele deve ser. As categorias que utiliza para observá-lo, como a causalidade, não fazem parte do mundo, mas sim de nossa matriz cognitiva. Em outras palavras: a razão não pertence ao mundo, assim como uma classe de coisas, por exemplo, a classe dos cães, não é um elemento dela mesma. A classe dos cães não é, ela própria, um cão; um cão específico (empírico) e a categoria de cães (transcendental) estão em patamares lógicos diferentes.

Com essa reviravolta construtivista, Kant esclarece como a razão unifica a pluralidade de experiências. Ela não encontra a unidade no mundo, mas a traz consigo; não podemos saber como o mundo é em si – Kant chama isso de "a coisa em si". Mas aquilo que conhecemos, conhecemos por necessidade, e somente graças ao poder unificador de nossa razão.

Kant utiliza o termo "transcendental", que ele opõe a "empírico" (baseado na experiência), para designar tudo o que não se refere à realidade, mas às condições da possibilidade do conhecimento. Sua filosofia é, portanto, transcendental. É crítica porque vincula a cognoscibilidade do mundo às condições da razão, li-

CULTURA GERAL

mitando-a. Por isso, Kant batiza suas três principais obras de *Crítica da razão pura* (que trata das condições do conhecimento), *Crítica da razão prática* (que trata da moral) e *Crítica do juízo* (que trata da estética e de objetivos mais elevados). Com elas, ele responde às três grandes questões: o que posso saber? O que devo fazer? O que posso esperar?

Ao mesmo tempo, a "crítica" de Kant já é algo como uma crítica da ideologia do espírito humano: se não conheço as condições da possibilidade de minhas experiências, tendo a projetá-las na realidade. Já que a palavra "Deus" (*Gott*) soa tão semelhante à palavra "pão" (*Brot*) e tem a mesma aplicação gramatical, penso que Deus é tão real quanto o pão preto, embora não Lhe corresponda nenhuma experiência sensorial. Embora Kant não se expressasse exatamente dessa forma – quem o faz é o filósofo da linguagem Ludwig Wittgenstein – era isso o que tinha em mente quando dizia: idéias reguladoras, ou seja, instruções de como usar a razão, não podem ser confundidas com idéias constitutivas, que são atos administrativos externos para a constatação de fatos, caso contrário, tomaremos fantasmas por realidade. E como posteriormente Wittgenstein, Kant entende sua "crítica" como terapia de uma razão, que ainda não se compreende como algo transcendental e, por isso, não se distingue do mundo que constrói.

Após essa virada copernicana de Kant, nenhum filósofo podia ser ingenuamente "pré-crítico" sem justificá-lo. Suas três "críticas" continham as questões às quais a filosofia dos próximos cem anos estaria ligada. Principalmente "a coisa em si", o incognoscível, exercia o fascínio de um enigma não resolvido.

Kant mudou fundamentalmente nossa compreensão do conhecimento. Hoje, quase ninguém acredita que o espírito reproduza o mundo. Na prática, todas as teorias sérias são construtivistas: somos nós que construímos nossa realidade. Apreendemos somente o que cabe nessa construção, assim como somente os sons de uma determinada freqüência, mas não os ultra-sons como o cão. Ao mesmo tempo, a partir de Kant tornou-se possível imaginar que, embora a matriz do conhecimento fosse transcendental, ela dependia de fatores mutáveis. Esses fatores podiam estar condicionados pela história, pela sociedade ou pela cultura, variando de acordo com o sexo e o ambiente, ou serem guiados por interesses inconscientes. De qualquer modo, não nos são conscientes, já que são anteriores a todo conhecimento. Isso abre a categoria olímpica da suspeita generalizada. Todos passaram a descobrir no outro os motivos de sua própria limitação: fulano é um capitalista, só consegue pensar em termos de maximização de lucros; sicrano é um WASP (*White Anglo-Saxon Protestant* [Protestante anglo-saxão branco], só consegue pensar nos moldes racionais da cultura européia e nem sequer se dá conta disso. Dessa maneira, era possível ser inocentemente culpado; via-se o mundo de forma errada, mas sem sabê-lo. Os dois séculos que se seguiram a Kant

SABER

seriam a era da suspeita ideológica. Mas, antes que isso pudesse começar, Hegel ainda teria de corrigir a falta de historicidade da filosofia kantiana.

Georg Wilhelm Friedrich Hegel (1770-1831)

Hegel arrasta Kant até as margens do rio Jordão e o batiza nas águas da história. Em outros termos, narra a história universal como um romance de formação (→ História, capítulo sobre Napoleão; → Literatura, "Formação"). O paralelismo entre ambos foi primeiramente aproveitado no romance: assim como Robinson Crusoé repete toda a história da civilização em sua ilha, todos nós repassamos a história da cultura.

Hegel transforma a virada copernicana de Kant em princípio do progresso histórico (ver Kant). No que consistia essa virada? Vamos repetir: primeiro, o espírito observa o mundo de forma desinteressada, sem pensar em si mesmo (postura pré-crítica; tese). Depois, transforma-se em Immanuel Kant e volta o olhar para si mesmo para filtrar sua própria participação no resultado do conhecimento (postura crítica; antítese). E, por fim, Kant, como representante do espírito do mundo, transmuta o próprio Hegel em filósofo e reconhece que esse antagonismo não passa de uma fase transitória na evolução, que em Hegel é elevada a uma unidade superior (compreensão histórico-filosófica; síntese). Primeiro, o espírito surge como coisa "em si" (consciência, pré-crítica), depois a consciência descobre a si mesma e o espírito surge na forma do "para si" (autoconsciência, Kant). Finalmente, aparece na síntese histórico-filosófica do "em si e para si" (Hegel, que cunhou essa expressão comumente usada).

A síntese implica que ambos os lados da contradição sofrem uma superação em três etapas: eles são simultaneamente negados, conservados e elevados a um nível superior. Em outras palavras, tornaram-se "momentos" de um novo contexto; foram relativizados, contextualizados, mitigados e, com isso, transformados em experiência. A nova síntese passa a ser o ponto de partida para um novo ciclo. É como se, depois de cada *round* de uma luta de boxe, ambos os adversários desistissem, mas, em compensação, o árbitro tivesse de disputar o próximo *round* contra um novo adversário.

A esse princípio Hegel dá o nome de dialética, elevando-o à categoria de lei do desenvolvimento da história universal. O movimento sempre vai da consciência (ingênua) à autoconsciência (crítica, Kant) e ao saber absoluto (Hegel).

Que feição toma essa situação quando esse princípio se concretiza na forma da história? A consciência ingênua, por exemplo, projeta no mundo seu próprio estado de desintegração (tomando eventos internos por externos) e nele faz a distinção entre esta vida e o além: a consciência religiosa medieval. Depois, sob a forma de autoconsciência, assume a configuração histórica do Iluminismo; essa é

CULTURA GERAL

a antítese racional à postura religiosa medieval. Mas só se chega à síntese quando a razão se auto-regulamenta e se realiza no mundo exterior; é o que ocorre com a moralidade. Essa síntese passa a ser a nova tese quando a moralidade, como "loucura da vaidade", deseja melhorar o mundo sendo regida apenas pelos sentimentos. Nesse caso, o espírito do mundo adota o nome de Rousseau, coloca o boné dos jacobinos e dá início à Revolução.

Como em um romance de formação (→ Literatura), o espírito do mundo transpõe os degraus dos seus erros e galga as escadas de um discernimento cada vez mais profundo até chegar a Hegel, no topo. Esse é o estado da autotransparência (autocompreensão), em que o espírito absoluto transforma-se na sua própria lembrança. A história da identidade e a identidade da história coincidem em uma reconciliação amorosa.

Com esse conceito, Hegel interliga a história e a filosofia na forma do romance. Afinal, o romance também passa por uma virada copernicana à moda de Kant: assim como o eu transcendental já não é parte do mundo empírico, mas constitui antes sua origem (→ Kant), o narrador também se afasta do mundo do romance para poder contar o evento do ponto de vista do herói. Graças a uma série de crises, o herói amplia cada vez mais seus horizontes até que, no fim, compreende sua própria história e alcança o mesmo nível de conhecimento do narrador. Da mesma forma, Hegel posiciona sua perspectiva narrativa no horizonte de cada época, concebe a diferença entre o espírito da época limitado e aquilo que lhe escapa como contradição dialética e, passando por uma série de crises dialéticas, leva o espírito do mundo a compreender sua própria história até que finalmente se equipara ao Hegel onisciente.

Assim, Hegel transformou os homens em personagens de romance. Eles passaram a desempenhar um papel na história universal e podiam dar provas de serem parteiros do espírito. Mas ai de quem se opusesse ao curso da história – seria esmagado sem piedade!

Portanto, com Hegel é introduzido no pensamento europeu um novo cenário, que imediatamente se torna o modelo de realidade dominante: a história. A partir desse momento, iniciam-se as lutas pela interpretação da história. Ganharia quem tivesse alcançado a melhor interpretação, porque com isso adquiriria o direito de assumir o poder de interpretar o curso da história de acordo com o seu ponto de vista. As interpretações com pretensões de exclusividade eram chamadas de ideologias (originalmente, o termo designava uma falsa consciência, que podia ser atribuída a interesses inconscientes; → Marx). Com Hegel, dá-se início à era das ideologias com fundamento histórico.

Sua filosofia propagou-se principalmente na Alemanha e na Rússia, onde os intelectuais tinham tido poucas oportunidades para adquirir experiências práti-

SABER

cas com a política. E por confundirem a realidade com um romance, tornaram-se quixotescos. Esse é o motivo por que – em comparação com os países ocidentais – a Alemanha do século XIX quase não produziu grandes romances. Afinal, já se tinha o romance da história. Hegel foi o maior romancista, e Karl Marx, seu leitor mais dedicado.

Karl Marx (1818-83)

Hegel tem muitos filhos, que, em parte, o sucedem, em parte, o enterram. Karl Marx faz ambas as coisas. Adota o modelo de Hegel por inteiro, incluída a dialética, como força motriz da história, mas o coloca, como ele mesmo diz, "de cabeça para baixo". Para ele, a realidade não é mental, mas material. Para uma cultura o que é decisivo é a forma como uma sociedade garante sua própria sobrevivência material, ou seja, sua organização econômica. No feudalismo essencialmente agrícola domina a aristocracia, no capitalismo essencialmente industrial, a burguesia. E a contradição dialética não está entre consciência e autoconsciência, mas entre as condições de produção e o acesso desigual aos meios de produção, entre trabalho e distribuição de riqueza. Essa contradição leva à divisão dos homens em classes; e, assim, a luta de classes é a força motriz da história. Marx volta, então, a ser hegeliano: há uma contradição entre a mera consciência e a autoconsciência de uma classe. A essa autoconsciência Marx chama de consciência de classe. É esse o útero no qual amadurece o desejo de uma revolução. Partindo dessas premissas, Marx considera o drama da Revolução Francesa como o processo mais fascinante da história. Nascida das contradições da sociedade feudal, ela se torna paradigma do que se pode esperar quando as contradições do capitalismo tiverem levado as diferenças de classe ao extremo. É o que ocorre quando massas empobrecidas do proletariado confrontam-se com poucos capitalistas, que se apropriaram de todo o controle sobre os meios de produção por meio da exploração dos trabalhadores. Trata-se de exploração, porque os capitalistas não pagam aos trabalhadores o equivalente a seu trabalho, mas somente um mínimo necessário à sua subsistência, e embolsam a chamada mais-valia como lucro. E conseguem fazer isso de modo tão fácil porque difundem ideologias que mascaram a realidade, como a das "leis objetivas do mercado"; e visto que o dinheiro confunde o senso de valores, o preço de uma mercadoria parece ter um valor objetivo. Na verdade, ele não passa de um modo de encobrir a injusta distribuição de riqueza. A primeira tarefa do marxista consiste, portanto, em destruir a aparência ideológica. Segundo Marx, as ideologias podem ser reconhecidas pelo fato de os capitalistas venderem os interesses de sua própria classe como interesses de toda a sociedade. Desse modo, toda cultura burguesa passa a ser suspeita. E o marxismo transforma-se em escola superior do desmascaramento. Os sistemas simbólicos da

307

CULTURA GERAL

civilização são desvendados. Isso produz gerações de detetives, que desmascaram Deus e o mundo e fazem da condenação de opressores disfarçados sua atividade principal. A suspeita ideológica universal confere imunidade ao marxismo, porque transforma todo e qualquer adversário em objeto de aplicação da teoria: quem é contra, ou é inimigo da classe, ou é vítima de uma ofuscação ideológica.

Arthur Schopenhauer (1788-1860)

Schopenhauer pediu ajuda para enterrar Hegel. Seus ajudantes são Thomas Hobbes e Buda. Mas seu ponto de partida é a constatação de Kant de que o mundo seria cognoscível somente quando houvesse uma conformidade com as nossas categorias, e a "coisa em si" propriamente dita fosse incognoscível. "Isso mesmo", diz Schopenhauer, e, por um momento, transforma-se em Descartes, "o mundo só nos é dado em forma de representações ilusórias, com uma exceção: o próprio eu. Isso também nos é dado como coisa em si. Conheço-o por dentro e por fora. E qual é a essência do eu? A vontade de viver. O eu como sujeito é vontade, o eu como objeto de sua própria observação é representação." Quando Schopenhauer chegou a esse ponto, intitulou sua principal obra *O mundo como vontade e representação*, porque o que vale para o eu também vale para a realidade como um todo: por trás de sua fachada como representação, ela é vontade. A matéria e o corpo são objetivações da vontade.

Essa vontade é uma variante do impulso de autopreservação de Hobbes (→ Hobbes). Ela é cega, infundada e insaciável; mostra-se nas mais diferentes formas, do magnetismo, passando por processos metabólicos orgânicos, à consciência (aqui sentimos a influência de Hegel), e seu único objetivo é ela própria.

A partir disso, Schopenhauer chega a uma conclusão extremamente sombria: já que a vontade é avidez e a avidez é insaciável, a vida parece uma camiseta infantil – curta e suja. Aqui Schopenhauer transforma-se em Hobbes e aterrissa em sua antropologia negra (concepção do homem). A vida é uma via dolorosa de desânimo, na qual só podemos escolher entre angústia e ansiedade (nisso Schopenhauer se adianta a Heidegger).

Há dois caminhos para sair desse vale de lágrimas:

O primeiro passa pela contemplação desinteressada da arte (aqui Schopenhauer adota a idéia de Kant de que a arte aquietaria a avidez). Além disso, na arte, o véu da ilusão é afastado e a vontade mostra-se como o princípio supra-individual que está por trás de cada coisa. Chegamos a essa conclusão com maior nitidez por meio do êxtase provocado pela música; essa é uma idéia que influenciou sobretudo Wagner e Nietzsche e finalmente também Hitler.

O segundo caminho para a redenção passa pela negação e pela aniquilação da vontade. Como a vontade é a essência da realidade, o objetivo da redenção está no nirvana. Aqui a filosofia de Schopenhauer desemboca no budismo.

SABER

Com isso, Schopenhauer inverte o otimismo histórico de Hegel: em vez de formas cada vez mais elevadas de consciência, por trás das manifestações ele enxerga somente o impulso inconsciente de vida; em vez de heroísmo a serviço da história, fala de sofrimento inútil; em vez de ver sempre algo novo, vê sempre o mesmo; em vez de história, vê vida, e, em vez de ajudar a história a nascer, recomenda acabar com ela.

Duas escolas anti-hegelianas

É como se Schopenhauer tivesse previsto as novas guerras santas que o otimismo histórico de Hegel desencadeou sob a forma do marxismo, porque muitas vezes Schopenhauer soa como Hobbes, que reagiu às reais guerras religiosas de sua época.

Com sua decisão de declarar a vida em si como princípio primordial da realidade, Schopenhauer inspirou duas escolas filosóficas posteriores:

– O vitalismo e a chamada filosofia da vida: seu representante mais ilustre foi o francês Henri Bergson, mas foi na Alemanha que essa corrente teve maior influência. Entre suas características essenciais está o fato de opor o fluxo da vida ao poder de distinção do pensamento, o irracionalismo à razão, a embriaguez à sobriedade, e o estômago à cabeça. A parte mais interessante são as descrições do fluxo de tempo subjetivo que ela inspira na literatura (o fluxo de consciência de Joyce e Virginia Woolf).

– A filosofia existencialista: opondo-se à subordinação do indivíduo ao "sentido" do romance histórico hegeliano, essa corrente enfatiza a irredutibilidade da existência pura à ansiedade, angústia e insegurança. Ao refletir sobre os riscos das decisões humanas, o filósofo dinamarquês Sören Kierkegaard mostra a Hegel esse aspecto da existência.

Dada a sua hostilidade anti-hegeliana à história, os marxistas combateram a filosofia existencialista e a filosofia da vida considerando-as ideologias burguesas. E, de fato, elas comprovam que a burguesia já não esperava nada da história.

Friedrich Nietzsche (1844-1900)

Dos filósofos, Nietzsche é sem dúvida alguma o mais provocador. É um antifilósofo que foge do padrão. Assim, renunciou a desenvolver sistematicamente seu raciocínio para fundi-lo nos moldes poéticos do aforismo, da profecia visionária, da confissão e até mesmo do poema lírico. E não teve medo de expressar sua despedida da filosofia normal por meio de contradições e paradoxos, de modo que pode ser invocado para defender posições diametralmente opostas.

CULTURA GERAL

Talvez fique mais fácil explicar seu paradoxo central mediante o conceito de "espírito da época", com base no conceito de história de Hegel: quando sabemos – com a ajuda de Hegel – qual é nosso próprio espírito da época, podemos adotar uma postura contrária a ele. Então abandonamos a história. Porém, como após o fim do cristianismo a história passou a representar o esquema de sentido mais abrangente, também abandonamos o sentido. Só quando o homem renuncia ao consolo de atribuir uma significação externa às coisas é que adquire uma grandeza verdadeiramente aristocrática. Até então, ele se encontrava enredado em uma moral escravizante, introduzida no mundo pelo cristianismo. Mas, após a morte de Deus, o próprio homem torna-se Deus, portanto, um super-homem. A partir disso recupera a alegria pré-cristã dos gregos, que na tragédia reconstroem o paradoxo no qual Nietzsche reconhece o super-homem: aceitar em liberdade o que necessariamente tem de acontecer, incluindo o sofrimento e a morte. Isso une o reino da necessidade e da causalidade ao livre-arbítrio. Adotando essa postura, é possível renunciar ao significado da história, libertar-se da coerção do espírito da época e enxergar a história sem ilusões, vendo-a como ela é: o eterno retorno do mesmo.

Nietzsche combate, pois, a herança judaico-cristã da nossa cultura para expor as origens gregas de uma postura aristocrática e estética diante da vida. Graças a esse distanciamento, ele se torna um crítico perspicaz de uma época que, com suas ilusões, cria empecilhos à compreensão do seu próprio niilismo.

Há quem tenha encontrado boas razões para dizer que Nietzsche teria inspirado os nazistas e Hitler com seus *slogans* da moral escravizante, do direito do super-homem, da vontade de poder, da reavaliação de todos os valores e da apologia da "besta loira"*. Outros encontraram razões igualmente boas para dizer que ele teria desprezado tipos como os nazistas, classificando-os como pequeno-burgueses. Provavelmente ambos estão corretos.

Paradoxalmente, Nietzsche talvez seja mais interessante como crítico perspicaz do espírito da época, relativo à decadência anterior à Primeira Guerra Mundial. Ele mesmo também tem um quê de decadência e, como um dândi, mistura vida e estilo, parece exaltado e histérico, sente-se artista e acaba enlouquecendo, a ponto de somente assinar suas cartas como "Dioniso" ou "o crucificado".

Martin Heidegger (1889-1976)

Desde Platão, a filosofia havia dividido o mundo em palco de meras aparências e bastidores da realidade propriamente dita. Kant inverteu essa divisão e a

---

* A "besta loira" era aquela que nada temia e para a qual tudo era permitido, desde que fosse útil. [N. da R.]

SABER

transformou em diferença entre o transcendental e o empírico: a razão humana transformava-se então em bastidores, de onde se encenava o espetáculo da experiência (→ Kant). Heidegger declara que essa divisão platônica de palco e bastidores é o pecado original da filosofia. Por trás do espetáculo das aparências não há bastidores, mas sim uma estrutura transcendental, que organiza nossa compreensão do mundo, da ciência e da filosofia e que precede todo o nosso raciocínio: é a forma da existência concreta. Heidegger denomina "ser" essa estrutura transcendental, a fim de deixar claro que é mais do que uma simples categoria: trata-se da multidimensionalidade da sensação humana básica em relação à experiência da estrutura do eu-aqui-agora do próprio corpo. Essa é a origem de onde são deduzidas todas as categorias superiores, como sujeito, objeto etc. Somente tomando-se essa estrutura como base é que se chega a objetos da experiência, sobre os quais posso declarar alguma coisa. Heidegger chama esses objetos de "entes". De modo geral, até agora, a ciência e a filosofia só têm tratado de objetos que podem ser classificados sob a categoria "ente". Mas como Heidegger quer falar do ser como estrutura que torna a ciência viável, inventa uma linguagem bizarra, por meio da qual sinaliza que, nessa esfera, os termos normais não têm valor (afinal de contas, em um texto teórico também não encontramos as categorias que servem para descrever o estado de ebulição em que se encontra o cérebro de quem o redigiu). Por exemplo, Heidegger chama a existência humana de *Dasein* [ser-aí] e escreve frases como: "O ser-aí é um ente...", que "em seu ser lida com o próprio ser". Poderíamos traduzir isso da seguinte forma: o ser humano existe de tal maneira que a própria existência se torna um problema para ele. Em outras palavras: o ser humano define-se pelo fato de ter uma relação existencial pré-teórica consigo mesmo. A forma que ele dá a essa relação fica em aberto. Por isso, Heidegger define a existência como *Seinkönnen* [ser para poder-ser]. Com essa abertura, depara com uma limitação: a morte. Antecipando a morte, descobre a existência como finitude. A partir disso, Heidegger define a essência do homem comparando-a à ampulheta da temporalidade: de cima, do futuro, vêm as oportunidades a serem aproveitadas; de baixo, o passado se espreme por entre a estreita passagem do presente. Já que Heidegger coloca a existência e a temporalidade em pé de igualdade, sua obra principal é intitulada *Ser e tempo*.

Em virtude de sua linguagem enigmática, poucos a leram e menos ainda a entenderam. Mesmo assim, teve uma repercussão enorme e articulou o sentimento diante da vida durante as guerras mundiais. Essa repercussão deve-se ao fato de Heidegger ter libertado o homem concreto do matadouro hegeliano da história justamente no momento em que esse estava sendo assassinado na realidade. Porém, em 1933, Heidegger fez uma reverência diante de Hitler que até os dias de hoje não foi esquecida. Mas, se Hannah Arendt, sua amante judia e a analista do totalitarismo, o perdoou, nós também podemos fazê-lo.

311

CULTURA GERAL

Panorama teórico e mercado de opiniões

Quando, na modernidade, a religião entrou definitivamente em coma, as "visões de mundo" tomaram seu lugar. Eram modelos abrangentes que explicavam o mundo e no início eram produzidos sobretudo nas oficinas de filosofia; mas, com o passar do tempo, as ciências também produziram grandes esquemas teóricos com pretensões de explicar o mundo. Tais esquemas eram designados por palavras terminadas em *-ismo*, como liberalismo, marxismo, darwinismo, vitalismo etc. Por trás delas estavam as chamadas escolas de intelectuais, que formavam algo parecido com as comunidade de reflexão, os clubes de opinião, de visão de mundo, conventículos de irmãos de fé, células ideológicas e associações de defensores da mesma convicção. O termo "teoria" prevaleceu como o menor denominador comum para a mistura de filosofia, ideologia e ciência. Hoje, o cenário teórico é um mercado de opiniões com taxas cambiais flutuantes. É regido pela mesma deusa que rege os outros mercados: a deusa da moda, que se alimenta das freqüentes inovações obtidas por meio de variações do que já existe. Por isso, oferece vantagens a quem sai na frente: estar atualizada, ser alguém do seu tempo e ter o prazer de superar os demais.

Há, portanto, teorias que são *in*, e outras que são *out*. Há etiquetas falsas e imitações de produtos de marca, concorrência desleal e liquidações, nostalgias, ondas de reciclagem, venda para renovação de estoque e pechinchas; há altos e baixos, falências e ascensões. Para não se perder, o indivíduo precisa ter uma visão geral do mercado. Precisa conhecer as empresas, a seriedade dos vendedores no setor de teorias, a cotação das ações, os preços, as margens de lucro, os fornecedores e a preferência do público, bem como ter um faro para as tendências teóricas.

A suspeita ideológica generalizada

Nos parágrafos seguintes, pretende-se apresentar um panorama das ofertas disponíveis no mercado e algumas dicas para orientar-se entre elas.

Em primeiro lugar, observemos que a moda pegou rápido no mercado de teorias porque elas têm uma tendência para a concorrência. Elucidemos isso uma vez mais à luz do marxismo (→ Marx e Kant).

O marxismo contém uma teoria sobre a consciência do seu adversário: essa consciência está necessariamente enganada, porque sua classe social condiciona o adversário a pensar como capitalista. Portanto, a consciência não passa de um mascaramento de interesses. Com os marxistas não é diferente, só que seus interesses coincidem com os da humanidade. Por isso, sua consciência é a correta.

Isso acarreta uma conseqüência terrível: já não existe uma consciência inocente. A consciência é moral ou imoral. Quem tem a consciência errada torna-se culpado. Isso faz com que o esclarecimento seja um dever sagrado. Ele era chama-

SABER

do de "crítica à ideologia", porque no marxismo dialético "ideologia" sempre significa consciência errada (portanto, segundo sua própria concepção, o marxismo não era uma ideologia). Nessa situação, quase todas as teorias desenvolveram um departamento de suspeita generalizada em relação a todas as outras teorias. De certo modo, as teorias já nasciam polêmicas. Toda teoria descobria na outra estruturas latentes nas quais podia relativizá-la. A concorrência entre as teorias transformou-se em um jogo: "Vejo o que você não vê: as estruturas atrás de você, condicionando o seu raciocínio."

Marxismo

As teorias cujos departamentos de suspeita funcionassem melhor tinham maior poder de aceitação no mercado. Por muito tempo, mais precisamente desde 1968, o marxismo ocupou um lugar dominante no mercado de teorias da Alemanha, pois era imbatível no campo da suspeita ideológica. Podemos avaliar sua força pelo fato de suas cotações terem continuado em alta mesmo quando ficou evidente que sua realização provocaria uma catástrofe.

No entanto, é preciso admitir que, em termos de "atribuição de sentido", ele também dispunha de uma ampla gama de ofertas. Cada cliente recebia um cenário grandioso, no qual podia desempenhar o papel do herói. E como a oferta atraía principalmente os intelectuais, que satisfazem suas necessidades de sentido por meio do cumprimento zeloso de certas missões, o marxismo ia se difundindo por meio dos sucessos de venda e ao colocar simultaneamente o adversário sob suspeita.

Após o colapso do socialismo real, houve uma nítida crise. Isso era inimaginável, já que, até então, o marxismo se mostrara imune a contestações por parte da realidade. Mas passou a ser *out*. É difícil dizer se um dia irá se recuperar. Talvez não na forma original, e provavelmente haverá radicalizações, formação de seitas e metamorfoses teóricas. No momento, até mesmo os melhores observadores de mercado adotam uma postura comedida.

Liberalismo

O liberalismo geralmente é tido como beneficiário da queda real do marxismo. Quase não tem raízes na Alemanha, e todos os seus pais intelectuais são ingleses: John Locke (→ Locke), Adam Smith e John Stuart Mill (→ Livros que mudaram o mundo). Em todos os países anglófonos, esses autores são tratados praticamente como padroeiros nacionais.

Quais são os conceitos centrais do liberalismo?

O valor supremo é a liberdade do indivíduo. É por isso que os mestres-pensadores inventaram os direitos humanos, o Estado constitucional democrático, o

CULTURA GERAL

controle do exercício do poder por meio da divisão dos poderes e o conceito de propriedade como garantia da independência do indivíduo em relação ao Estado.

Além disso, o liberalismo difundiu na economia o conceito de que a livre expansão do egoísmo econômico serviria ao bem comum, pois o que no indivíduo parecia ganância seria transformado pelo poder mágico do mercado (por sua mão invisível) em contribuição ao equilíbrio econômico a serviço da produtividade. Essa teoria ficou conhecida na Inglaterra como o paradoxo dos *private vices and public benefits* – vícios privados e benefícios públicos. Por isso, o Estado não deveria intervir no jogo livre das forças econômicas. As leis da oferta e da procura se incumbiriam de regular tudo da melhor maneira.

Foi particularmente essa teoria que o marxismo desmascarou, alegando tratar-se de uma ideologia, ou seja, de um disfarce para interesses capitalistas. E, realmente, em lugar algum foi possível manter, sem a intervenção do Estado, o liberalismo econômico puro para proteger os pobres.

Mas o liberalismo teve um destino paradoxal. Nas democracias ocidentais, teve tanto sucesso que se tornou um bem comum a todos. Esse sucesso provocou a morte dos partidos liberais, que, por regra, foram sucedidos por partidos social-democratas.

Por outro lado, na Alemanha – ao contrário das outras democracias ocidentais – o liberalismo nunca desempenhou um papel decisivo. Por isso, até hoje ainda existem no país necessidades por satisfazer. Além disso, para o povo alemão, o conceito de propriedade como garantia de independência do indivíduo e como motivação do seu engajamento cívico nunca prosperou. A máxima liberal: "Sempre trate as pessoas como indivíduos, nunca como parte de um grupo" é continuamente violada por uma excessiva divisão de interesses e pelas negociatas políticas, sem que ninguém pareça incomodar-se com o fato. Esse princípio simplesmente não foi absorvido pelo subconsciente político. Embora o marxismo esteja *out*, seu departamento de suspeita antiliberal sobreviveu: do liberalismo o que se vê agora é somente seu caráter econômico. Na Alemanha, a tradição do humanismo burguês, que unia o movimento cultural ao engajamento político, é praticamente desconhecida e por isso mesmo também é alvo de suspeitas.

Comunitarismo

O sonho liberal do homem culto realmente não passa de um sonho. Entende-se por cultura a capacidade que o indivíduo possui de usar a complexidade de sua personalidade para reproduzir a sociedade nele mesmo e, com isso, desenvolver a partir de si o vínculo moral que a sustenta.

Isso provou ser um desejo irrealizável. Se a sociedade é deixada à própria sorte, existe o perigo de que vários setores sejam negligenciados (que se vejam a cri-

314

minalidade, as favelas, a formação de guetos, a solidão crescente etc.). Foi por isso que, na América, a função socializante das pequenas comunidades (*community*, daí comunitarismo) foi lembrada, e seu efeito pedagógico, elogiado. A idéia abrange bairros, aldeias e comunidades religiosas. Hillary Clinton escreveu um livro sobre o comunitarismo, *It Takes a Village* [É tarefa de uma aldeia], cujo título deveria ser complementado com *to educate a child* [educar uma criança]. Reverencia-se, portanto, uma retórica, na qual é dada prioridade à pequena comunidade supra-individual sobre o indivíduo.

Nos Estados Unidos, com sua forte tradição liberal, isso não causa suspeitas. Na Alemanha, no entanto, com seu liberalismo tísico, essa questão está associada a tradições desacreditadas: tanto os socialistas quanto os conservadores sempre jogaram a comunidade contra a sociedade (de indivíduos), tornando suspeita a mudança de direção da comunidade. Isso acelerou o conformismo e penalizou os desvios. Afinal, os nazistas alçaram a comunidade ao grau de "comunidade do povo", e toda mudança de direção foi perseguida como traição.

Embora a Alemanha tenha tradições comunitaristas muito mais sólidas do que os Estados Unidos, estas – por serem de direita – ainda hoje precisam ser exportadas para os Estados Unidos, armazenadas em um entreposto, ter suas etiquetas trocadas e depois ser novamente importadas para que sejam admitidas na Alemanha como mercadoria intelectual.

Por outro lado, existe uma demanda enorme por teorias comunitaristas, pois elas ocuparam o nicho de mercado deixado pelo declínio do socialismo. Se tais teorias serão capazes de manter essa posição é algo que depende da capacidade do consórcio que é o marxismo erguer de suas ruínas novas fábricas de teorias vitais, que adotem uma política comercial agressiva. O comunitarismo em si é uma teoria relativamente branda. Isso não quer dizer que não esteja correto ou que não seja bom, mas simplesmente que não tem uma presença de mercado muito agressiva.

Psicanálise

O marxismo está para a sociedade como a psicanálise para o indivíduo: ela possui uma teoria da evolução com um pecado original (em lugar da divisão em classes, a fragmentação em neuroses), um programa revolucionário (em lugar da libertação do proletariado por meio da revolução, a libertação do inconsciente por meio da terapia) e um departamento de investigação extremamente sólido (em lugar do desmascaramento de ideologias, o desmascaramento de repressões). À divisão de classes em burguesia, proletariado e aristocracia corresponde a subdivisão da psique em ego, inconsciente e superego. Assim como a burguesia se iludia a respeito da sua participação na miséria do proletariado, o ego (com a aju-

CULTURA GERAL

da do superego) reprimia tudo que era sórdido, penoso e inconsciente. E assim como os comunistas promoviam atividades subversivas nas empresas e conspiravam na clandestinidade, o inconsciente fazia barulho e desmascarava as declarações oficiais do ego com piadas ou dançava nas ruas no carnaval dos sonhos. Para combatê-lo, o ego usava a polícia da repressão e submetia o clamor revolucionário do inconsciente à censura. Freud descrevia a psique como os socialistas de sua época descreviam o Estado gendarme capitalista.

Essa é a razão pela qual a psicanálise não teve o menor problema para entrar em simbiose com o marxismo: foi o que aconteceu na chamada Escola de Frankfurt ou em proporções diferentes com alguns teóricos, tais como Wilhelm Reich, Erich Fromm, Theodor W. Adorno, Max Horkheimer e Herbert Marcuse. Nessa mistura, o psicomarxismo pós-68 conquistou uma posição quase dominante no mercado, e essa aliança entre marxismo e psicanálise multiplicou a eficácia de seus respectivos departamentos de investigação. A partir disso, qualquer teoria ou opinião poderia ser desmascarada como sendo não somente uma ideologia capitalista, mas também um sintoma oral, um extravasamento da repressão edipiana ou uma forma de disfarçar o desejo de ir para a cama com a própria avó. O discurso psicológico dividia-se em discurso da auto-experimentação e discurso da suspeita dos outros. Toda a cultura de comunicação de uma sociedade foi tomada pelo fungo da suspeita. Todos viam no outro razões para que ele não conseguisse se compreender: repressões, traumas, neuroses, bloqueios, complexos. Isso explicava as catástrofes em termos de comunicação, que eram produzidas por esse mesmo discurso. Quem iria querer reconhecer que não compreendia a si próprio ou que tinha uns parafusos a menos? Diante de tal situação reagimos de modo defensivo, porque sentimos que não estamos sendo levados a sério nem sendo tratados como pessoas responsáveis. Mas com essa reação somente confirmamos a suspeita de que reprimimos tudo. Portanto, a psicanálise ainda possuía outra receita de sucesso de mercado que não a do marxismo: ela mesma criava os problemas para os quais apregoava-se como solução. Isso abriu-lhe um mercado inesgotável. Quanto mais a psicanálise era difundida, mais era necessária para o reabastecimento.

Embora o mercado estivesse um tanto saturado, a psicanálise sobreviveu à queda do seu mais velho parceiro socialista; sim, talvez até tenha se beneficiado com isso ao arrebanhar alguns novos clientes. Essa parceria duradoura estava fundamentada no legado comum deixado por Hegel (→ Hegel), que havia narrado a história na forma de um romance de formação acerca de um indivíduo. O modelo de evolução (aqui a sociedade, lá, o indivíduo) era o mesmo em ambos os casos. Graças a isso, Marx e Freud puderam unir-se em uma *joint venture*.

SABER

Mas dessa *joint venture* nasceu um filho: o feminismo. O conflito de classes foi substituído pela guerra de sexos; e a teoria freudiana da repressão foi desmascarada como sendo uma repressão ao abuso. No entanto, para que isso pudesse acontecer, era preciso que o coquetel de teorias fosse enriquecido com outros ingredientes.

Fascismo e suspeita de fascismo – um campo minado

Para sermos exatos, o fascismo foi inventado por Mussolini (→ História; o termo "fascismo" vem de *fasces* = feixe de varas, insígnia dos lictores romanos). A fim de evitar qualquer alusão à palavra "socialismo", a terminologia soviética substituiu "nacional-socialismo" por "fascismo", o que também foi adotado pela esquerda da Alemanha Ocidental. Aceitamos essa convenção, mas, quando falamos em "fascismo", estamos nos referindo ao nacional-socialismo alemão.

Quais foram, então, os ingredientes do fascismo?

- A transposição da teoria darwinista de luta pela sobrevivência, extraída da biologia, para a história e sua transformação em uma rude teoria de raças, com o programa de criação de uma raça superior.
- O anti-semitismo como método para declarar os judeus como os únicos culpados de todos os males da modernidade, a saber: crises capitalistas, desintegração da sociedade e o crescente desenraizamento e a alienação do indivíduo. Com a expulsão do bode expiatório, a comunidade podia sentir sua própria coesão.
- O antibolchevismo, que declarava o comunismo como parte integrante da conspiração mundial dos judeus.
- A extensão do nacionalismo à pretensão imperialista da raça superior, no sentido de poder revogar as leis da moral na luta pela dominação do mundo.
- A teatralização de uma vida viril e aristocrática mediante a exaltação do exército, do heroísmo, das virtudes soldadescas de lealdade e obediência, da honra, da ação e da guerra.
- A crença estabelecida na perspectiva agrária (*Blut und Boden* [sangue e solo]) de que, para sobreviver, o povo alemão precisaria de mais "espaço vital".
- O desprezo pela democracia, pela cultura individualista do Ocidente e pelo liberalismo, ao mesmo tempo que o indivíduo era totalmente submetido à comunidade.

Se deixarmos de lado os conteúdos evidentes como o anti-semitismo e coisas do gênero, todas as zonas teóricas limítrofes ficam expostas à suspeita de fascismo. Por exemplo, são suspeitos:

317

CULTURA GERAL

- Toda e qualquer transposição de modelos biológicos para a sociedade, como tomar a teoria da evolução como modelo para a evolução social ou os modelos neurológicos como parâmetro para sistemas sociais.
- Toda e qualquer pesquisa sobre a hereditariedade de talentos, a distribuição de quocientes intelectuais na sociedade, as doenças genéticas ou a genética como um todo.
- O conceito de nação, o que impede que as pessoas compreendam que, para os países ocidentais, nação e democracia formam um todo; nesse caso, no entanto, a nação não é um destino comum, mas um clube político, que conferiu as regras democráticas a si mesmo. Ainda assim, de acordo com essas premissas, quem for a favor da nação e contra a burocracia européia estará sujeito a ser suspeito de fascismo, porque na Alemanha o conceito de nação tem uma conotação negativa.
- Toda e qualquer reflexão sobre a elite, que evidentemente só pode ser concebida como raça superior.

Por outro lado, foram criadas zonas de insensibilidade, na medida em que a mentalidade de direita foi rotulada como sendo de esquerda.

- Isso diz respeito à exaltação da comunidade em detrimento da liberdade individual.
- O antiamericanismo de esquerda retoma a crítica cultural da propaganda de guerra da direita, na qual a "cultura alemã da interioridade" era confrontada com a civilização ocidental do materialismo.
- A veneração da natureza pelo Partido Verde e o irracionalismo *new age* dão continuidade à antiga tradição de direita de restaurar a vida, confrontando a natureza curativa com a sociedade nociva. Às vezes, a aura do misticismo do "sangue e solo" não está muito longe.

Seja como for, toda essa área é um campo minado, no qual devemos movimentar-nos com cuidado. Quem o conhece bem, no entanto, tem a vantagem de poder expor os outros à suspeita de fascismo.

A Escola de Frankfurt – teoria crítica

Por "Escola de Frankfurt" designa-se um grupo de teóricos do Instituto de Pesquisa Social de Frankfurt, que emigraram para os Estados Unidos durante a época do nazismo e lá se subdividiram em dois grupos. Após a guerra, um deles retornou para fundar novamente o Instituto em Frankfurt. Os que voltaram chamavam-se Max Horkheimer e Theodor W. Adorno; dos que ficaram nos Estados Unidos, o mais influente era Herbert Marcuse.

318

SABER

Foram esses três que, mais do que qualquer outro grupo de teóricos (se desconsiderarmos os mestres-pensadores Marx e Freud), inspiraram a revolta estudantil de 1968.

O estranho é que Adorno e Marcuse tinham opiniões diametralmente opostas. O tema abordado por Adorno girava em torno de uma inter-relação complexa; talvez fique mais fácil entendê-la se voltarmos nossa atenção para um contemporâneo inglês de Marx: o escritor Charles Dickens (→ Literatura, Oliver Twist). A Inglaterra de 1850 estava tomada pelo espírito da Reforma. Os reformadores inspiravam-se nos mestres-pensadores liberais Jeremy Bentham, James Mill e John Stuart Mill (→ Inteligência, Talento e Criatividade). Muitas de suas propostas – por exemplo, a de construir casas de correção, reformar o sistema penitenciário, fiscalizar a saúde, combater a criminalidade e inspecionar grupos inteiros da população em nome da formação escolar ou do combate de epidemias – levaram à estruturação de uma burocracia racional do planejamento, que, em prol do progresso, expunha as pessoas a imposições degradantes. Dickens também era favorável a reformas, mas não a *essas*, e manifestou seu protesto ao retratar em seus romances casas de correção (*Oliver Twist*), escolas (*Nicholas Nickleby*), prisões (*Little Dorrit*), a burocracia (*Bleak House*) etc. como verdadeiros infernos, nos quais tiranos brutais se aproveitam de normas administrativas para torturar crianças e mulheres inocentes. Dickens não oferecia outra alternativa, mas protestava em nome do sentimento e da humanidade contra a incapacitação de pessoas pela tirania friamente racional e degradante da administração moderna. A seu ver, o progresso não libertara as pessoas, mas a escravizara ainda mais.

Essa era exatamente a postura de Adorno como teórico do fascismo. Em princípio, o fascismo era irracional, portanto, a esperança dos antifascistas residia originalmente na racionalidade do Iluminismo. Mas, ao disciplinar o homem por meio do exército, da fábrica e da administração moderna, a racionalidade aliavase à mais irracional violência. Era como se a polícia tivesse debandado para o lado dos bandidos. O Iluminismo havia se tornado cúmplice da barbárie mais sinistra. Por isso, Horkheimer e Adorno intitularam um de seus livros mais importantes *A dialética do esclarecimento*. Esse emaranhado de irracionalidade, violência mítica e racionalidade moderna encontrara sua expressão mais nítida na fábrica de morte de Auschwitz.

Segundo Adorno, esse emaranhado havia permeado toda a nossa cultura moderna, nossa língua e nossos sistemas simbólicos. Era uma fatalidade da qual não se podia escapar, uma mistificação universal e uma total ofuscação a ser decifrada. Por isso, Adorno inspirou principalmente os germanistas que podiam identificar o fascismo em textos, mas que nunca precisaram lutar contra ele. Adorno não apoiou a ação política direta dos estudantes. Por conseguinte, ele

CULTURA GERAL

mesmo se tornou alvo de protestos, que, como afirmam alguns, em 1969 provocaram nele um ataque cardíaco fulminante.

Marcuse optou pelo caminho oposto e inspirou as ações estudantis. Segundo ele, o capitalismo tardio assemelhava-se ao fascismo no sentido de que ambos aplacam os conflitos sociais e promovem a integração da sociedade: o que o Estado fascista alcançava somente com violência e terror, o capitalismo tardio atingia por meio da manipulação universal da consciência pela indústria da cultura (aqui Marcuse coincide com Adorno). Essa manipulação impedia que os homens se dessem conta de que o acúmulo de imensas riquezas no capitalismo tardio já permitia a libertação e a felicidade de todos. Por isso, Marcuse reservou o papel de sujeito revolucionário (de agente da revolução) aos que ainda não haviam sido integrados à estupidez generalizada, por ainda serem demasiadamente jovens e sua formação ainda não ter sido concluída: os estudantes. Portanto, o ponto fraco do sistema encontrava-se onde ocorria a integração: no sistema educacional. Para Marcuse, o papel de catalisador da revolução passara dos operários aos estudantes.

As idéias de Adorno e Marcuse complementam-se no que diz respeito à influência que exerceram sobre o movimento estudantil. Com Adorno, tudo podia ser desmascarado como fascismo, e Marcuse permitia escapar dele imediatamente. A necessidade máxima justificava a máxima urgência. Com Adorno as pessoas olhavam para o passado alemão, e seus olhares permaneciam fixos em Auschwitz; com Marcuse elas olhavam para o futuro, sedentas de ação, animadas com o otimismo da prosperidade. Adorno, que fazia parte do grupo que retornara à Alemanha, encarnava a melancolia alemã; Marcuse, que lecionava em San Diego, representava o otimismo americano, com o qual a geração de jovens se afastava de seus pais.

Por outro lado, Adorno marcou a linguagem de toda uma geração. Por sempre se referir à ofuscação universal, essa linguagem era incompreensível e, ao mesmo tempo, sugestiva. Nela a fatalidade era permanentemente invocada. Com sua sintaxe labiríntica, ela assumia um ar sacerdotal e misterioso, um quê de ritualismo e narcose. Sua ininteligibilidade despertava interesse e dividia o público em iniciados e *outsiders*. Isso provocou nos últimos uma epidemia de imitação, pois todos queriam obter a chave mágica para decifrar o mundo. Também aqui a atratividade da linguagem residia em sua capacidade de desmascarar o "latente" e "oculto", o "reprimido" e "recalcado", sobretudo porque a *teoria crítica* (doutrina da Escola de Frankfurt) fundia marxismo com psicanálise. Sob esse ponto de vista, tudo era codificado. A palavra favorita da época era "velado". Tudo adquirira um sentido duplo, um "latente" e outro "manifesto", um aparente e outro oculto, um imediato e outro que, como em uma obra de arte, procedia da relação com o todo (nesse caso, um significado "mediado").

A sociedade transformou-se em um romance policial, e os adeptos da teoria crítica, em detetives. E por se tratar de uma obra de arte, cada detalhe que estivesse fora do lugar deveria ser interpretado como sinal de que tudo estava errado. Uma das principais frases de Adorno diz: "Não há vida verdadeira na falsa." Uma frase que nos faz refletir.

O discípulo de Adorno, Jürgen Habermas, foi o único a dar continuidade à tradição da Escola de Frankfurt ao pesquisar as condições para uma comunicação ideal e elevá-las a pré-requisito transcendental para uma compreensão democrática (→ Kant). Com isso, aproximou-se bastante da real função da Escola de Frankfurt na história da República Federal da Alemanha, que era a de contribuir para o nascimento de um público crítico. Ao mesmo tempo, a prosa narcotizante de Adorno corrompeu a linguagem de toda uma geração, de modo que sobreviveram somente os jargões. Ela turvou as mentes de tal modo que a diferença entre o terror fascista e o embotamento da consciência produzido pelo capitalismo era tão esmaecido quanto a diferença entre democracia burguesa e governo totalitário. Com isso, Adorno prejudicou seriamente o discernimento político de toda uma geração.

A linguagem da teoria crítica está totalmente ultrapassada. Nela reconhecemos os velhos de 68. Claro que muitos deles ocupam postos de chefia na indústria da cultura; e quem quiser ser admitido nela deve aprender o dialeto de Frankfurt.

Teoria do discurso – culturalismo

A teoria do discurso foi criada quase exclusivamente por um único homem, o francês Michel Foucault. O seu ponto de partida assemelha-se bastante ao de Adorno. E, nesse sentido, também se parece com Charles Dickens: ele se interessa pela modernização como processo de disciplinamento. Assim, examina a história das instituições também descritas por Dickens: hospitais, manicômios, presídios etc. Mas sua atenção não está dirigida unicamente à análise do aparato de coerção e à sua ordem, mas aos respectivos "discursos", nos quais se define o que vem a ser um louco, um criminoso, um doente, um caso patológico.

Em outras palavras: Foucault investiga a linguagem das disciplinas que possuem a autoridade de definir o que é um ser humano. São as linguagens da burocracia, da ciência, da medicina, da psicologia, em suma, as linguagens do poder, que não descrevem, mas determinam, estipulam e definem. Assim como o termo "transcendental" de Kant, elas prescrevem, ou seja, constituem, criam doentes, loucos e criminosos. Como São Pedro, têm o poder de excluir o indivíduo do céu da sociedade e de estipular as condições de sua inclusão: capacidade jurídica, responsabilidade, imputabilidade, cultura, formação, disciplina, senso de ordem etc.

Portanto, Foucault, assim como Adorno, interessa-se pela fusão entre linguagem e poder. Aos sistemas de poder da linguagem, regiões soberanas, demarcadas

CULTURA GERAL

por fronteiras como os territórios nacionais, Foucault dá o nome de *discursos*. Seu procedimento é, de certa forma, uma "arqueologia aérea". Os discursos propriamente ditos são subterrâneos, e para trazê-los à tona é preciso eliminar a superfície da fala normal e desenterrá-los. Mas para localizar e identificar a sua estrutura é preciso ter uma visão geral muito ampla, e isso só é possível a certa distância.

A teoria do discurso é *in*. Mas, para entender por que é assim, devem-se ler os dois tópicos seguintes, já que eles se ocupam com dois parentes da teoria do discurso.

O desconstrucionismo

O desconstrucionismo também é obra de um único homem, o francês Jacques Derrida.

Antecipando: ele não parte do mesmo ponto que Foucault, mas acaba chegando tão próximo dele que da mescla de ambos pode-se deduzir a teoria fundamental do feminismo e do multiculturalismo.

O problema tratado por Derrida é relativamente complexo, e sua linguagem, praticamente incompreensível. Por isso, começaremos com uma frase enigmática, mas ridícula, supostamente de autoria do professor Galletti, de Gotha:

"O porco faz jus ao seu nome, porque realmente é um animal bastante sujo."

O que nos deixa perplexos nessa frase? É a suposição de que a seqüência de sons constituída pela palavra "porco" já expresse a essência de falta de asseio. Na realidade, ela é inteiramente arbitrária, e nada nela expressa a essência do suíno. Um porco não se chama porco porque a palavra descreve acertadamente a essência do animal, mas para que não o confundamos, por exemplo, com a palavra "cisne"*. Em si, nada nos impediria de chamar a ave branca de "porco" e o suíno de "cisne": nesse caso, falaríamos do "Lago dos porcos", de "Leda e o porco" e do "Porco de Avon".

É estranho que tenhamos demorado tanto para descobrir que a seqüência de sons de uma palavra é completamente arbitrária e que ela nada tem a ver com o significado. Essa descoberta só foi feita pelo fundador da lingüística moderna, o suíço Ferdinand de Saussure. Desde então, distinguimos entre significante – a seqüência de sons, portanto, a substância material, portadora de sentido – e significado como sentido, ou seja, a imagem mental, evocada pela palavra no emissor e no destinatário.

O fato de essa descoberta ter demorado tanto é o ponto de partida para Derrida. Para explicar essa demora, ele remete à invenção da transcrição fonética.

---

* No original, a comparação se justifica devido à semelhança fonética entre os termos "porco" (*Schwein*) e "cisne" (*Schwan*). [N. da R.]

322

SABER

Para ele, ela é o pré-requisito para a filosofia ocidental. Ao contrário de como era na China e no Egito, na transcrição fonética um signo autônomo não se interpõe entre o emissor e a palavra enunciada. Em vez disso, na imagem acústica o signo se torna transparente. Isso provoca a ilusão acústica de que o sentido de uma palavra esteja "imediatamente" presente e oculte a diferenciação entre significante e significado, por tornar o signo invisível como signo. Temos a impressão de estarmos olhando diretamente para o sentido. Esse é o motivo pelo qual, por tanto tempo, foi ignorado o fato de que o significante ocupa um lugar distinto do significado. Pensava-se como o professor Galletti.

Derrida acredita que a "ilusão acústica" tenha marcado todo o pensamento ocidental. Como este é caracterizado pela ilusão da presença imediata do *lógos* (do significado), Derrida fala de logocentrismo. Já que esse pensamento logocêntrico gira em torno da "presença", ele transforma a terceira pessoa do singular do presente do indicativo – o "é" – em uma declaração privilegiada da verdade (e não, por exemplo, "nós fomos" ou "você será"). Mas, acima de tudo, ao declarar o significante como algo sem importância e ao relegá-lo a segundo plano, o logocentrismo oculta a sua autonomia.

Essa assimetria primária (oscilação) persiste em uma série de oposições conceituais, em que um conceito é sempre mais valorizado do que outro: por exemplo, espírito/matéria, homem/mulher, idéia/objeto, forma/conteúdo, essência/imagem, original/cópia, ativo/passivo, dar/receber, cultura/natureza etc. Essas oposições conceituais e assimétricas organizam a ordem simbólica de nossa cultura e definem o que vem a ser o "sentido". Portanto, nosso entendimento ocidental de sentido pressupõe reprimir partes de nosso sistema de símbolos, que também desempenham um papel importante na produção de significado. Em outras palavras: sentido é domínio. A repressão ocorre sempre no sistema de símbolos.

O reprimido reaparece nos textos da literatura. A interpretação de textos pode contribuir para esse reaparecimento restituindo-lhe seus direitos e libertando-o do poder do sentido oficial. Derrida chama esse procedimento de desconstrução. É um tipo de carnaval do sentido, em que invertemos tudo e estabelecemos um domínio às avessas, para em seguida o abolirmos em prol da compreensão de que signo e objeto designado, corpo e espírito, mulher e homem têm os mesmos direitos. E, assim, nos aproximamos de Foucault.

Uma vez que tanto Derrida quanto Foucault entendem os sistemas de ordem simbólica como instrumentos de repressão sutis, mas onipresentes, suas análises tornaram-se especialmente populares nos estudos culturais e literários. Sob sua influência, a crítica social transformou-se em crítica aos sistemas de símbolos culturais. O fato de a maioria das mulheres que estudam em universidades optarem por carreiras em ciências humanas fez que as armas do feminismo fossem

CULTURA GERAL

forjadas nessa área. Por isso, a teoria do discurso e a desconstrução estão *in*. Nos estudos literários, o jargão de Derrida substituiu o de Adorno. Mas, quando se trata de competir por ininteligibilidade, ele ganha de longe.

Feminismo e multiculturalismo

Derrida define a cultura européia não somente como logocêntrica e, portanto, racional, mas também como falocrática, ou seja, machista. Reencontramos a assimetria das oposições conceituais entre significante (símbolo) / significado (conceito) na assimetria entre homem/mulher. Em termos lingüísticos, essa assimetria é expressa quando o homem é visto como modelo original do ser humano e a mulher como variante, por exemplo, camponês/camponesa, político/política etc. (→ A criação e o pecado original).

Por conseguinte, a cultura ocidental não somente desapossou outras culturas de seus símbolos, mas também colonizou a cultura da feminilidade. A partir desse posto de controle, as feministas estabelecem um paralelo entre a cultura da feminilidade e as culturas dos países do Terceiro Mundo e apresentam-se como minoria cultural. Sua revolta, portanto, consiste na conquista dos discursos por meio da política de símbolos. Elas obrigam a sociedade a se comportar de acordo com uma nova etiqueta feminista. Por obra de um tipo de Nossa Senhora de Lourdes da semântica, expressões feias e discriminadoras são curadas e transformadas em expressões belas; na Alemanha já não se diz "baixo", e sim "verticalmente prejudicado"; em vez de "burro", "pessoa dotada de outros talentos". Além disso, estabelece-se a igualdade dos sexos: a assassina está em pé de igualdade com o assassino.

O "politicamente correto"

Após seu colapso, o socialismo foi sucedido por um culturalismo que caracteriza tanto a teoria do discurso quanto a desconstrução e o feminismo. O marxismo ainda trabalhava com a relativização do oponente, tentando comprovar sua falsa consciência. Em contrapartida, as teorias culturalistas converteram-se em seus próprios programas: já que tratam os sistemas simbólicos como instrumentos de dominação disfarçados, querem conquistar os discursos por meio de uma coação moral. Além disso, a antiga esquerda, com seu programa histórico-filosófico, também perdeu o critério para distinguir entre si mesma e seus oponentes: "Representamos o futuro, portanto, somos os progressistas; os outros são representantes do passado, portanto, são reacionários." Em vez disso, recorreu-se a uma diferença moral: "Somos os bons, enquanto os outros são os maus." Isso leva à moralização do mercado de opiniões mediante lutas e campanhas semânticas: uma palavra errada pronunciada em público e você já está pronto para comparecer diante

324

SABER

da Comissão de Salvação Nacional. O murmúrio dos discursos é acompanhado pelos interrogatórios dos processos inquisitoriais e pelos sermões sobre penitências feitos pelos padres, que mantêm uma verdadeira indústria de acusações para tingir os altares da retidão política com o sangue das vítimas sacrificadas.

Em outras palavras: o mercado de opiniões também se tornou um campo de batalha. Pode-se estar do lado certo ou errado, e, portanto, é preciso ter cuidado. A título de orientação, há avisos luminosos com inscrições como: "Fascista. Entrada proibida. Perigo de vida!"; "Machista. Acesse por sua própria conta e risco. Filhos responderão por seus pais"; "Atenção! Trecho em más condições. Eurocêntrico. Logocêntrico. Falocrático"; "Atenção! Elitista"; "Biologista. Risco de derrapagem."

A CIÊNCIA E SUAS VISÕES DE MUNDO

No âmbito das ciências, distinguimos entre ciências naturais e todas as outras. Antigamente, essas outras eram chamadas de ciências do espírito, ou seja, humanidades. Mas isso ocorria somente na Alemanha, porque lá se acreditava no espírito e nas ciências. Hoje isso é considerado até embaraçoso. É por isso que nos países anglo-saxões não se fala de ciências; as disciplinas que tratam do homem e de sua cultura são chamadas *humanities*; analogamente, os alemães também falam de ciências humanas. As ciências da sociedade, ou ciências sociais, separaram-se das antigas ciências humanas, as filologias, que na Alemanha são preferencialmente chamadas de "ciências do texto".

Comparadas à filosofia ou até mesmo à ideologia, as ciências são consideradas extremamente sólidas. A filosofia sempre implica especulação, e a ideologia é uma religião política de "salvação". Em oposição a elas, encontram-se as "ciências exatas".

Ao pensarmos em ciências, o que naturalmente nos vem à cabeça em primeiro lugar são as ciências naturais. Elas dispõem de dois meios para aferir a veracidade de seus enunciados, que freqüentemente estão interligados aos experimentos e cálculos matemáticos de seus objetos.

Uma das inexplicáveis maravilhas do mundo é o fato de a natureza se expressar na linguagem da matemática pura. Isso constitui um milagre, porque a matemática possui uma gramática que não mostra a menor consideração para com o mundo externo, mas obtém suas regras unicamente da lógica das relações internas. Portanto, é o oposto da natureza, ou seja, é puro espírito. Entretanto, a natureza finge dominar todas as leis da matemática e orientar-se por elas.

As ciências do texto e as sociais são menos exatas, mas também possuem mecanismos sólidos de controle. No caso das ciências do texto, realiza-se um "traba-

CULTURA GERAL

lho de detetive" na produção de textos precisos, com pesquisa de arquivos, busca de provas, estabelecimento de contextos, detecção de influências e comprovação do resultado por meio de notas de rodapé. Se a ciência natural se caracteriza pela experiência, as ciências do texto o fazem pela nota de rodapé[1].

---

1. Nota de rodapé sobre a nota de rodapé:

Qual é o sentido e a função de uma nota de rodapé? Essa é uma questão para cuja resposta provavelmente teríamos de procurar uma nota de rodapé esquecida; e uma questão, que tortura todo calouro quando ele mergulha pela primeira vez nesse submundo de textos curtos, que, como um sistema de canalização, abastece todos os grandes textos científicos com provas ao mesmo tempo em que os descontamina de doutrinas divergentes de colegas incapazes. Notas de rodapé são duas coisas: suprimento de alimentos e digestão, banquete e banheiro, festim e lugar para vomitar. Assim como uma casa só se torna uma moradia civilizada com abastecimento de luz e água, canalização e remoção de lixo, um texto só se torna científico com notas de rodapé. Essas surgiram como reação às acusações cartesianas de que as ciências históricas não seriam suficientemente científicas: como instrumento de verificação da ciência do texto, a nota de rodapé passou a equivaler à experiência das ciências naturais. Essa evolução teve início no *Dictionnaire historique et critique* de Bayle, de 1697, e foi concluída por Ranke, ao permitir que seu entusiasmo pelo trabalho de arquivamento permeasse as notas de rodapé e ao fundar o seminário histórico, que se concentrava no trabalho com as fontes.

Dessa forma, a nota de rodapé passou a ser, primeiramente, uma prova da retidão das afirmações contidas no texto. Ela cita fontes, documentos e dados comprobatórios; faz menção a predecessores ou os refuta; equivale aos testemunhos diante do tribunal e, ao mesmo tempo, possibilita a acareação. E somente a audiência nas notas de rodapé possibilita um veredicto a respeito do texto.

Mas o verdadeiro segredo para se entender a nota de rodapé reside na busca pela fama. Em seu romance *Small World*, David Lodge abre a ação com um congresso sobre romances de cavalaria. Com isso, pretende comparar professores a cavaleiros andantes, que, buscando a fama, vão de um torneio a outro como os professores de um congresso, a fim de competir com seus adversários científicos. A busca da verdade é possivelmente o maior incentivo da pesquisa. Mas, logo em seguida, vem o reconhecimento dos outros pesquisadores. É para isso que serve a nota de rodapé. Ela é para os cientistas o que o brasão é para o cavaleiro; identifica-o como cientista, confere-lhe credibilidade e o direito de participar do torneio. Também é sua arma. Com ela, ele não só aumenta sua própria fama como também diminui a de seus rivais. Ela prova ser uma arma com funções múltiplas, que pode ser usada praticamente de todas as formas. Uns a usam como punhal que se pode fincar nas costas do adversário; outros, como clava para abatê-lo; outros ainda como florete para travar elegantes duelos. Por isso, para o leitor, as notas de rodapé são muitas vezes mais divertidas do que o próprio texto. Nesse sentido, as controvérsias das notas de rodapé se assemelham às brigas que fazem os brigões deixarem o bar para se baterem na rua. Na nota de rodapé, o autor pode deixar cair a máscara da respeitabilidade que porta no texto principal e desvelar sua verdadeira face. Nesse aspecto, a nota de rodapé também é mais verdadeira do que o texto, pois permite ao autor que se apresente a seus adversários.

Para isso há variantes traiçoeiras. Uma delas consiste em não citar o inimigo e simplesmente ignorá-lo, independentemente de quão relevante seja seu livro. Quem não é citado não

SABER

Por outro lado, as ciências sociais são mais matemáticas: seus instrumentos de controle são a estatística, as tabelas e a correlação entre diferentes fatores (por exemplo, a correspondência matematicamente comprovável entre a redução na taxa de natalidade e a redução do número de cegonhas), a análise de fatores etc. No entanto, assim como as ciências do texto, elas dependem muito mais de interpretações.

---

existe para a ciência, pois não tem nenhum "fator de impacto". Esse fator é calculado pelo *Science Citation Index*, do *Institute of Scientific Information*, na Filadélfia, a partir da freqüência com a qual uma publicação é citada. Portanto, quem não é citado também não é registrado no mapa da ciência. A arma do ignorar pode causar ferimentos graves. Mas assim como o arco de Odisseu, ela só pode ser usada por lutadores reconhecidos; caso os outros o façam, serão alvo da suspeita de não terem citado o texto por não o conhecerem.

Por outro lado, os pesos-pena podem atrair a atenção para si, atacando as celebridades em notas de rodapé. Estas têm a mesma sorte que os heróis do Velho Oeste: todos querem competir com elas. Quem sobreviver pode ficar famoso da noite para o dia. Essa possibilidade é utilizada principalmente por talentos parasitários, que por não terem realizações próprias baseiam sua reputação na crítica aos outros. Isso não significa que não tenham uma função importante no mundo da ciência: como as hienas, só matam textos enfermos. Aplica-se a eles o que os documentários sobre animais dizem dos abutres: são a polícia sanitária dos textos e eliminam os cadáveres científicos.

Se ampliarmos o cenário dos torneios a batalhas abertas, a nota de rodapé também serve de estandarte pelo qual aliados e adversários podem reconhecer as escolas científicas e os partidários da mesma teoria. Nas notas de rodapé, qualquer um pode apresentar-se como aliado de um grupo, bastando para tanto que se refira a ele. Assim, consegue ingressar num clube científico. Os membros de uma escola costumam citar uns aos outros. Por isso é que no folclore científico se fala de "cartel de citações", o que aumenta o "fator de impacto" dos membros. Pelo mesmo motivo, nas ciências naturais muitas vezes os cientistas são citados como autores, que têm tanto a ver com a redação do texto publicado quanto o fabricante da frigideira tem a ver com a refeição que nela é preparada: ele é o chefe do laboratório onde foi realizada a experiência descrita, mas a publicação aumenta seu fator de impacto. É claro que todo texto está fadado a servir de matéria-prima para notas de rodapé de outras obras ou até a converter-se integralmente nelas. Ou inversamente, no sentido freudiano: onde havia texto, que se faça nota de rodapé. Todo texto cresce em um monturo de textos, que se decompõem em adubo para notas de rodapé; todos os textos novos relegam seus predecessores a um monte de entulho de notas, do qual selecionam o que lhes convém. Entre textos e notas realiza-se uma metamorfose interminável, e o mar de textos contém o material genético, do qual a infinita combinatória das notas extrai continuamente novos textos.

Mesmo assim, como todo calouro universitário sabe, é preciso acostumar-se à leitura de textos repletos de notas de rodapé. No texto lemos algo a respeito da história da Prússia, mas nas notas de rodapé lemos informações a respeito do processo de criação desse texto. É como se alguém nos contasse uma piada e a explicasse ao mesmo tempo. Ou, como diz Noel Coward, é como se, em meio ao ato sexual, tivéssemos de atender a porta para receber uma visita e prosseguir depois. Esse coito interrompido na leitura também tem de ser praticado.

CULTURA GERAL

As universidades e suas disciplinas

As ciências derivam seu perfil individual de seu objeto e de seu método. A física examina a matéria inanimada, e seu método é a compilação quantitativa do que é matematicamente mensurável de acordo com leis gerais. O que nela é tratado, portanto, não é nem a matéria orgânica (biologia), nem a transformação e a recombinação de substâncias (química).

A maioria das disciplinas é ensinada como matérias nas universidades, onde podem ser estudadas.

Mas existem matérias que não deduzem sua unidade de uma disciplina científica, e sim extraem seu perfil da prática profissional para a qual preparam os seus estudantes. Por exemplo, a medicina recorta partes da biologia e da química e as combina, não porque o corpo humano seja um objeto científico em si, mas porque a prática da medicina assim o requer. E o direito e a pedagogia tampouco são ciências, mas práticas que pressupõem certa reflexão estratégica.

Seus êxitos fizeram com que a ciência adquirisse um prestígio considerável. Por isso, um número cada vez maior de matérias vestiu a roupagem da ciência e se estabeleceu nas universidades, embora na realidade sejam práticas elevadas a um grau acadêmico: jornalismo, artes cênicas, pesquisa sobre o ensino de línguas, direção de arte, ciências políticas e várias disciplinas de psicologia, que vão do xamanismo ao abracadabra. E a formação de professores também sofre com um hibridação indefinida entre prática e ciência, de maneira que nem a ciência nem a prática gozam de seus direitos e os professores se acostumam desde cedo ao teatro de máscaras profissional.

O progresso das ciências

Por muito tempo, a imagem da história das ciências também foi extraída dos êxitos obtidos por elas: essa história era concebida como um acúmulo contínuo de um número crescente de verdades, assim como com a descoberta da Terra foram sendo investigados cada vez mais territórios.

Até que veio Thomas Kuhn, o historiador da ciência. Durante suas investigações, ele se deu conta de que as ciências também haviam produzido um monte de disparates e que a refutação desses havia contribuído para o seu progresso. Portanto, a ciência não poderia ser descrita apenas como acúmulo de verdades, mas também como acúmulo de disparates. Assim, entre 1670 e 1770, acreditava-se, por exemplo, que todos os materiais combustíveis contivessem a substância chamada flogístico, que seria liberada durante a combustão. A suposição foi extremamente fértil e possibilitou muitas descobertas, mas era errônea. O flogístico é tão real quanto o abominável homem da neve.

Quando Thomas Kuhn aprofundou-se nessa questão, descobriu que o progresso científico se dava de forma inteiramente distinta da que se acreditava até

SABER

então. Ele não consistia num acúmulo contínuo de um número crescente de verdades, mas numa série de legislaturas com campanhas eleitorais acirradas e várias mudanças de governo.

Kuhn constatou que toda ciência é regida por uma doutrina dominante, que se baseia em uma série de conceitos que se complementam, bem como em suposições prévias. Essas suposições são consideradas evidentes, indiscutíveis e não requerem justificativas. Elas sustentam o consenso científico. Esse tipo de rede de conceitos e suposições é mais do que uma teoria mas não chega a ser uma visão de mundo. Kuhn chama-a de paradigma, a palavra grega para designar modelo (ou exemplo). A maioria dos cientistas está preocupada em confirmar o paradigma dominante por meio de suas pesquisas. De certo modo, formam o governo e exercem a ciência normal.

Mas há sempre uma minoria de inconformistas, que fica fascinada com as questões que não podem ser explicadas dentro do paradigma dominante. É claro que essa minoria é perseguida com desconfiança pelo governo e obrigada a trilhar o caminho da oposição. Nele reúne cada vez mais fatos e adeptos até empreender um ataque generalizado ao paradigma dominante e, em seguida, assumir o governo e estabelecer sua nova doutrina como dogma científico, divulgando o *newspeak* (nova linguagem) científico. Kuhn designa esse processo como revoluções científicas. Também poderíamos falar de uma troca democrática de governo, em que, depois de uma longa campanha eleitoral, a oposição depõe o governo para assumir o controle. Esse processo é extremamente doloroso para os membros do antigo governo, porque com ele toda a produção científica de sua vida é desvalorizada e jogada no ferro-velho. Por isso, eles defendem o antigo paradigma com unhas e dentes. Só desistiram do flogístico quando este praticamente se desfez sozinho. Do ponto de vista pessoal, essa tenacidade demonstra o caráter doutrinário dos cientistas estabelecidos no paradigma dominante, mas favorece o progresso da ciência, pois obriga a oposição a realizar investigações sólidas.

Naturalmente, o novo governo permanece no poder com seu novo paradigma até que sejam adquiridos novos conhecimentos, que não se encaixam nele, e, assim, o processo reinicia.

As investigações de Thomas Kuhn também foram revolucionárias porque ele implodiu o antigo paradigma de uma ciência retilínea. Isso mudou completamente a imagem da ciência. Desde então, sabemos que a ciência não mora em um mosteiro, onde monges ascéticos trabalham em convivência pacífica nas suas pesquisas, reunindo-se regularmente para, juntos, murmurarem orações e louvarem o Senhor. Ela é, antes, um parlamento, onde ecoam o ruído das controvérsias e o barulho dos debates; onde o governo é bombardeado com as descobertas da oposição, que contradizem a doutrina governamental, e onde

CULTURA GERAL

o governo atira na oposição com todo o poder de fogo do paradigma vigente e, por causa de algumas anomalias que certamente ainda seriam esclarecidas, acusa-a de querer derrubar todas as doutrinas comprovadas e disseminar o caos e a anarquia.

Ou seja, muitas vezes, a ciência não oferece segurança, mas insegurança. Como a democracia, ela se desenvolve em forma de comédia (→ Formas de expressão da literatura). Por isso, é controversa e freqüentemente polêmica. O lugar da polêmica é a nota de rodapé (→ Nota de rodapé sobre a nota de rodapé). Por isso, nem todas as notas de rodapé são monótonas quando provam pela enésima vez algo que já se sabe. Também há aquelas em que são travadas disputas divertidas.

Em alguns casos, as revoluções que permitiram a implantação de um novo paradigma foram tão espetaculares, e os novos paradigmas, tão fundamentais que restabeleceram partes importantes do conhecimento humano e se converteram nas bases culturais de nosso saber.

Em seguida, passaremos em revista alguns conceitos que nasceram da efervescência dos debates científicos.

Evolução

Hoje, todos sabem que a teoria da evolução de Charles Darwin foi desenvolvida em seu livro *A origem das espécies* e que revolucionou a visão de mundo da época. As seguintes suposições eram novas e provocadoras:

– A Bíblia, com seu relato da criação, não é a palavra de Deus, ditada literalmente pelo Espírito Santo, mas uma coleção bastante duvidosa de lendas.
– Sobretudo o homem, assim como qualquer outra criatura, não provém diretamente da mão de Deus, mas de uma família que inclui antepassados constrangedores, como chimpanzés e gorilas.
– O mundo não tem, como se acreditava, sessenta mil anos de idade, mas foi se formando no decorrer de milhões de anos.

Isso causou uma sensação de expatriação temporal, como se fôssemos viajantes do tempo, vagueando, solitários, por espaços vazios.

Até Darwin, a idéia da evolução das diferentes espécies estava bloqueada por um paradigma, em que dois grupos inimigos se confrontavam: os uniformitarianistas e os catastrofistas. Sob o comando do geólogo Charles Lyell, os uniformitarianistas acreditavam que a Terra e a vida que nela encontramos teriam mudado ao longo de extensos períodos de tempo e sob a influência constante de forças que podemos observar até hoje: clima, condições atmosféricas, movimentos tec-

SABER

tônicos. Eram tidos como o grupo mais científico. Sob influência de Georges Cuvier, os catastrofistas, por outro lado, concentravam-se nas rupturas no desenvolvimento da Terra, que pareciam ser comprovadas pelos achados pré-históricos, pelos sedimentos, pelos fósseis e pelo vulcanismo. Disso deduziram a tese de que a Terra teria sido assolada por uma série do catástrofes, que repetidas vezes destruíram toda e qualquer forma de vida, fazendo com que Deus criasse sempre novas espécies. Essa tese tinha a vantagem de conseguir conciliar (com um pouco de esforço) a ciência com a Bíblia e com seus relatos catastróficos, sem ter de renunciar à idéia de que o homem – como todas as espécies – provinha diretamente das mãos de Deus, e não do lombo de um chimpanzé um pouco mais esperto. Os adeptos do conceito da diversidade de espécies e os que propagavam a idéia da evolução pertenciam a grupos diferentes, e, enquanto não houve uma combinação entre ambos os conceitos, a teoria da evolução permaneceu bloqueada.

Darwin conseguiu romper esse bloqueio, porque era um *outsider* científico (estudou teologia e era biólogo amador) e, portanto, não era atingido pela controvérsia. Além disso, tinha uma mentalidade interdisciplinar: durante a viagem às ilhas Galápagos, leu o economista Thomas Malthus, que constatou que a população sempre crescia mais rápido do que os recursos alimentares disponíveis e que, portanto, a assistência social só poderia adiar o estado de pobreza sem, contudo, nunca ser capaz de erradicar o número de pobres. Quando Darwin desembarcou em Galápagos, viu a abundância de espécies pelos olhos de Malthus e exclamou "heureca": havia descoberto que a pressão ao limite de crescimento demográfico era o princípio de seleção para a sobrevivência das espécies mais bem-adaptadas.

Era difícil aceitar a teoria evolucionista não somente pelo nosso parentesco com os macacos, embora isso significasse uma considerável ofensa ao amor-próprio, mas também porque era praticamente impossível imaginar um processo sem sujeito, um processo que, embora não fosse planejado e não tivesse uma finalidade, não era caótico nem desorganizado. Até Darwin, existia o famoso argumento do relógio de Paley. Segundo esse teólogo, a descoberta de um relógio durante um passeio no bosque pressupõe necessariamente a existência de um relojoeiro. Afinal de contas, Newton havia provado que o mundo era um mecanismo similar ao de um relógio. Então havia um Deus, e, mesmo que ele se assemelhasse a um relojoeiro, as pessoas estavam contentes por poder salvá-lo.

A idéia de Darwin de um processo que subsistisse mesmo sem um projetista, porque regia a si próprio, destruiu a última esperança dos teólogos. E a idéia de um planejamento inteligente do mundo e de uma meta para a história natural demonstrava ser supérflua. O homem deixou de ser a obra suprema da criação e passou a ser um estágio evolutivo repleto de falhas e imperfeições, um produto

331

CULTURA GERAL

das circunstâncias e do acaso, um macaco melhorado em comparação com o super-homem que ainda poderia vir.

Na verdade, a vida sem o projetista se reproduz por sexo. Os parceiros são formados pelo caos e pela ordem. Essa era a primeira diferença. Quando, por acaso, em algum lugar havia mais ordem do que em outro – por exemplo, em uma molécula, em uma célula –, a ordem funcionava como princípio de seleção da desordem. E, assim, no primeiro dia de criação, surgiram a variação e a seleção. Bastava então estabilizar as ordens selecionadas para dar início à evolução. Graças à combinação desses três princípios – variação, seleção e estabilização da seleção –, é possível que o improvável (leia-se, a ordem) se torne provável. Em outras palavras, que organismos superiores (cordeiros, lobos, primatas, fãs de futebol e cientistas) se tornem prováveis e sejam originados.

O conceito de evolução, juntamente com a idéia de luta pela existência e de sobrevivência do mais forte, foi transposto para a sociedade, com a recomendação de readaptá-la à natureza. É o que se designava como darwinismo social, e seus representantes mais insensatos foram os nazistas. Esses ignoravam o fato de que, com o homem, a evolução havia alterado sua forma de proceder, porque gerara uma espécie que criava seu próprio ambiente simbólico e técnico dentro da cultura; de que a concorrência entre as diferentes espécies não poderia ser aplicada às relações dentro da mesma espécie. Mas foi exatamente isso o que os nazistas fizeram ao inventar o conceito das raças, que eles tratavam como pseudo-espécies.

Esse abuso racista da teoria evolucionista trouxe ao conceito de evolução um considerável descrédito: embora na biologia de hoje a teoria de Darwin seja incontestável (é claro que foram realizadas algumas melhorias), ao transferi-la para qualquer outro campo, ouve-se: "Cuidado! Biologismo", ou: "Atenção! Racismo à frente!" E evidentemente esse alarmismo é uma característica particular do povo alemão. Mas é uma tolice e paralisa o raciocínio.

Foi assim que, sobretudo nas ciências sociais e nos estudos culturais, o conceito de evolução retomou seu trabalho. Fala-se da evolução das idéias. A noção do gene egoísta na biologia levou à invenção do mêmore (conteúdo da memória) egoísta, e na teoria de sistemas fala-se em evolução sociocultural. O paradigma da evolução é, portanto, um conceito que revolucionou a visão de mundo, o pensamento e a idéia do lugar que o homem ocupa na história. Ele acabou com a idéia de uma história teleológica (voltada a um objetivo), e por isso todas as ideologias, principalmente o marxismo, passaram a considerá-lo uma arma do demônio. Além disso, propagou o ceticismo quanto à noção de que a história seria passível de planejamento, o que provocou a ira de todos os representantes do progresso, e supôs que, em princípio, o modo como as coisas evoluem não pode ser totalmente previsível. Nesse sentido, o princípio das variações tem de suprir a ordem com surpresas, assim como a mutação genética bombardeia os organismos com acasos. Devido a esse ceticismo, para uns, o conceito evolucionista constitui um freio realista para ideólogos precipitados; para outros, um mascaramento ideológico dos conservadores.

Einstein e a teoria da relatividade

Pouquíssimos são os que compreenderam inteiramente a teoria da relatividade, mas seu nome já contém o fator decisivo: de certa forma, tudo é relativo. É o que basta para marcar o clima da época. O que se sabe é que a teoria da relatividade descartou todas as antigas certezas e criou uma nova visão de mundo. E foi exatamente isso o que transformou seu inventor, Albert Einstein, na figura de pai da ciência e em uma espécie de substituto do amado Deus. Sem dúvida, o que contribuiu para isso foi o fato de Einstein, com sua cabeça coberta por uma cabeleira branca e desgrenhada e seu semblante de pessoa boa e inteligente, parecer-se com um ícone da onisciência divina.

Mas do que trata exatamente a teoria da relatividade? No âmbito específico (1905) e no geral (1914/15), Albert Einstein revoluciona a forma como entendemos o tempo. Assim como a reviravolta copernicana é marcada por uma revolução em nossa percepção do espaço, Einstein atribui ao tempo um novo lugar dentro da nossa visão de mundo ao aproximá-lo mais do espaço e declará-lo a quarta dimensão (as primeiras três são a linha, a superfície e o volume).

O segredo para compreender essa revolução está na posição do observador. Até Einstein, o observador havia sido excluído da ciência justamente para impedir que os dados da ciência natural fossem adulterados por interferências e pontos de vista subjetivos. Einstein resgata o observador e passa a observar a partir de seu ponto de vista. (De certa forma, ele é o Kant da ciência.) Estabelece a velocidade da luz como condição essencial para a observação. Ela não pode ser excedida, senão suas causas agiriam mais rapidamente do que poderiam ser observadas. Em outras palavras, a observação de todos os objetos requer tempo, e quanto mais distantes estiverem, tanto mais tempo será requerido. Uma estrela, que fica a um ano-luz (distância que a luz percorre em um ano a uma velocidade de 300.000 km/s), é vista como era há um ano. (Ou seja, é impossível vê-la como é "agora".) Ou também podemos dizer: quando a vejo, estou olhando para o passado. Isso destrói a noção de simultaneidade, que é extremamente rara. Vamos imaginar que eu esteja sentado em uma estrela que flutua exatamente a meio caminho entre duas estrelas gêmeas; em cada uma delas existe uma bomba atômica, aguardando para ser detonada por um sinal do meu canhão de luz. Se eu apertar o botão, verei em dez minutos uma explosão em ambas as estrelas; nesse caso, vivencio sua simultaneidade, mas somente a partir dessa posição. Se eu programas-

CULTURA GERAL

se meu canhão de luz com um *timer* para ser acionado daqui a duas horas e abandonasse a minha estrela a bordo de uma nave espacial rumo a uma das duas estrelas gêmeas, depois de mais de duas horas de viagem, veria uma das explosões antes da outra, embora elas ocorram "ao mesmo tempo". O termo "simultâneo" é relativo e depende do ponto onde se encontra o observador. Sem essa referência, ele não tem sentido.

Com o intuito de ilustrar as conseqüências espantosas desse fato, o físico Gamov, inspirado em *Alice no País das Maravilhas*, de Lewis Carroll, escreveu uma história intitulada *Mr. Tompkins in Wonderland*. No contexto de um caso criminal confuso, no qual o que está em jogo é a verificação de um álibi, um cientista confronta Mr. Tompkins com o seguinte cenário: no domingo ocorreria um evento, e Mr. Tompkins sabe que o mesmo sucederia a um amigo distante. Se a conexão mais rápida entre ambos fosse o trem-correio, ele não conseguiria avisar o amigo acerca desse evento antes da quarta-feira seguinte. Se, em vez disso, o amigo ficasse sabendo do evento com antecedência, o último dia em que poderia ter-se comunicado com Mr. Tompkins teria sido a última quinta-feira. Em relação à causalidade, ambos estariam separados um do outro por uma distância de seis dias. "Mas", intervém Mr. Tompkins, "mesmo que a velocidade do trem-correio fosse máxima, o que isso tem a ver com a simultaneidade? Meu amigo e eu comeríamos nosso assado de domingo no mesmo horário, não é?" Diante disso, obtém a seguinte resposta: "Não, tal afirmação já não faria sentido. Um observador lhe daria razão, mas os que o observassem a partir de outros trens diriam que o senhor está degustando seu assado de domingo enquanto seu amigo está tomando o café da manhã de sexta-feira ou comendo seu jantar de terça. Porém, em nenhum momento alguém poderia ver simultaneamente o senhor e o seu amigo fazendo as refeições que distam uma da outra mais do que três dias. E lhe explicam: "Pois o limite máximo de velocidade, mesmo quando observado a partir de diferentes sistemas em movimento, tem de permanecer idêntico."

Após assistir a uma palestra sobre a teoria da relatividade, Mr. Tompkins é levado em sonho a um país onde a velocidade da luz é de apenas 20 km/h. Lá ele vê um ciclista vindo em sua direção como se fosse plano. No entanto, ao tentar alcançá-lo com sua bicicleta, sua própria aparência não muda, e o ciclista também parece normal quando finalmente o alcança. Por outro lado, as ruas encurtam-se e, quando ele chega à estação de trem, seu relógio está atrasado, porque ele pedalou rápido demais. Para sua surpresa, na estação ele vê como uma senhora de idade cumprimenta um jovem chamando-o de "avô"; este justifica sua jovialidade dizendo que é obrigado a andar muito de trem e por isso envelhece em um ritmo mais lento do que as pessoas que ficam em casa. Esse relato nos mostra como o mundo nos pareceria se, ao andarmos de bicicleta pelas galáxias, não fôssemos impulsionados à frente pelo vento de oeste, como na Terra, mas por raios de luz: a divisão entre espaço e tempo já não faria sentido.

Desde então, as teorias de Einstein foram confirmadas empiricamente. Ele fez previsões que já se concretizaram. No universo de Newton, com seu espaço e tempo absolutos, essas duas dimensões estavam separadas. Ambas eram formas inteiramente distintas de distância: o espaço era distância sob o pressuposto da simultaneidade: o tempo era distância sob o pressuposto da sucessão (seqüência). Por isso, o filósofo John Locke, um contemporâneo de Newton, dizia: "Suponho que tal combinação de duas idéias distintas não ocorrerá outra vez na ampla gama do imaginável..." Einstein volta a fundir essa diferença de essências. O espaço pode ser convertido em tempo e vice-versa. Um tempo absoluto, como o de Newton, já não existe; ele é, antes, uma função da acessibilidade recíproca.

A teoria da relatividade de Einstein teve tanta repercussão, porque na virada do século XIX para o XX o tempo também era o tema em outras áreas: o filósofo francês Henri Bergson, um dos fundadores da filosofia da vida, descobriu o "tempo interno" da experiência subjetiva como um fluxo contínuo, que ele chamou de duração (*durée*) e diferenciou do tempo mecânico externo. Os romancistas retomaram o mesmo raciocínio e formaram o fluxo de associações desorganizadas, aquela seqüência interminável de impressões, sensações físicas, fragmentos de pensamentos, imagens, palavras e impressões amorfas como "fluxo de consciência". O *Ulisses* de Joyce e os romances de Virginia Woolf são exemplos clássicos. Com a idéia do eterno retorno e do êxtase dionisíaco, Nietzsche havia concebido a saída do tempo da história. Literatos como Joyce e Proust interessaram-se pela repentinidade, que se converteu na categoria em que a essência das coisas se revela além do tempo como epifania ou lembrança repentina ($\rightarrow$ Literatura). Os existencialistas como Heidegger opunham o tempo histórico da sociedade à temporalidade existencial da vida pessoal, marcada por desamparo, morte e finitude (*Ser e tempo*), e declararam que todos os outros conceitos temporais seriam deduções secundárias. Em resumo, o tempo deixou de ser uma grandeza rígida, independente e objetiva e se tornou relativo.

Freud e a psique

Marx, Darwin, Einstein – todos eles mudaram tanto nossa visão de mundo que a vaidade humana recebeu um pontapé atrás do outro. Marx nos disse que nossa cultura e toda a nossa consciência são determinadas por condições econômicas. Isso também é uma teoria da relatividade: a consciência é relativa às posições sociais. Darwin nos disse que, ao contrário do que acreditávamos, não fomos criados à imagem e semelhança de Deus, mas que somos primos de primeiro grau dos chimpanzés e que, apesar de não requerer projetista nem meta, o processo evolutivo não transcorre de forma desordenada. E, por fim, Einstein nos

CULTURA GERAL

tirou até mesmo o que parecia ser o único fundamento em que poderíamos confiar: a objetividade do mundo externo, fisicamente mensurável.

Tudo isso fez com que a auto-estima dos homens decaísse a zero; em compensação, sua desorientação foi elevada ao máximo. Mas o pior ainda estava por vir, e disso se encarregou Sigmund Freud.

Provavelmente nenhum outro cientista alterou tanto quanto Freud o modo como os indivíduos entendem a si próprios em nossa cultura. Sua influência é tão onipresente, e seu pensamento permeou nossa cultura de tal forma que é difícil imaginar como o homem entendia sua psique antes dele.

Originalmente – na época de Shakespeare, Montaigne e Calvino (ou seja, nos séculos XVI e XVII) –, havia somente uma alma humana, que era imortal, racional e imutável. O que hoje incluímos na psique, as paixões, os sentimentos, as pulsões e os impulsos, eram atribuídos ao corpo. O que chamamos de caráter dependia dos humores corporais: bile negra, bile amarela, fleuma e sangue; dependendo do humor prevalecente, a pessoa era melancólica, colérica, fleumática ou sangüínea. Se os humores corporais estivessem em desordem, tratava-se de um caso para a medicina. Posteriormente, no século XVIII, instalou-se uma zona intermediária entre a alma imortal e o corpo mortal, que poderia ser definida como o campo do mental. Ela passou a sediar sobretudo algo que até então era tido como irracionalidade ameaçadora: as paixões. Mas as paixões somente poderiam ser admitidas na sala de estar depois de passarem por um processo de refinamento, para se despojarem de toda falta de consideração e assumirem uma natureza mais sociável. Então, não eram chamadas de paixões, mas de sentimento, afeto, emoção, sensibilidade e simpatia. Como o sentimento geralmente era entendido como compaixão, ele adquiriu uma qualidade moral. Todos gostavam de enxergar em si esse lado nobre. E, dessa forma, a descoberta do sentimento no homem abriu uma espécie de espaço mental interno, no qual ele localizava suas disposições de espírito, seus sentimentos, seus estados de alma e suas emoções profundas, assim como seus choques, suas exaltações e reações espontâneas. Esse espaço era um turbilhão de névoas e vapores, uma espécie de lavanderia, ou melhor, uma paisagem da alma, onde turbulências atmosféricas se alternavam com um céu ensolarado, brisas amenas e serenas noites de luar. Não é à toa que o romantismo descobriu tanto o espaço psicológico interno quanto a natureza como local onde ressoam as vibrações psíquicas.

No século XIX, a alma imortal foi imperceptivelmente sucedida em sua racionalidade por duas instâncias: o intelecto, que muitas vezes recebia a desagradável reputação de ser frio; e o caráter, que, comparado à instabilidade do sentimento, possuía a qualidade moralmente positiva de ser "firme" e de se guiar por normas, deveres e princípios. Essas instâncias psíquicas foram marcadas pelos papéis estereotipados dos sexos: as mulheres tornaram-se especialistas em sentimentos, e seu verdadeiro domínio era a residência ensolarada do emocional. Já aos homens cabia a desagradável, mas necessária dupla constituída pelo intelecto frio e pelo caráter moralmente firme. Isso correspondia à divisão de tarefas entre os sexos. Enquanto o homem, com sua frieza, cuidava dos interesses econômicos de sua família no trabalho e em público e representava a respeitabilidade social desta com sua firmeza de caráter, a mulher, no âmbito familiar, fazia derreter essa rigidez em um banho de espuma de sentimentos, usando o emocional como emoliente. Se o sentimento era espontâneo e nem sempre passível de ser controlado, essa espontaneidade era vista como sinal de autenticidade e, portanto, como símbolo de qualidade. Por outro lado, se aparecessem impulsos ambíguos que dessem margem a desconfiança, eram interpretados como sintomas de mau-caratismo, e a pessoa tornava-se culpada. Presumia-se, portanto, que a pessoa fosse o senhor do seu castelo e que, com a devida autodisciplina, controlasse seus sentimentos e sua psique. Maus hábitos, fraquezas, obsessões, vícios como o alcoolismo, compulsões etc. eram moralmente proscritos. Supunha-se que todos tivessem a liberdade de, com a devida força de vontade, poder cumprir suas obrigações. E, se não conseguissem, pensava-se que era por falta de vontade.

E foi exatamente isso o que Freud inverteu: se hoje alguém não quer fazer algo, pensamos imediatamente que não pode. Freud aboliu a moral e colocou a psicologia em seu lugar. Isso só foi possível porque ele acrescentou mais um cômodo à casa da psique: o inconsciente. Desde então, o homem já não é o senhor do seu castelo. Na verdade, coabita com ele alguém que ele nunca vê, mas que o guia sem que ele perceba. Em virtude dessa invisibilidade, Freud o chama de *id*. Com isso, voltamos à antiga concepção religiosa da possessão e, com ela, à prática do exorcismo. Mas há uma diferença fundamental: no exorcismo, imaginava-se que o demônio fosse uma força de ocupação estranha, vinda de fora, e que teria de ser expulsa para o mesmo lugar de onde veio. Para Freud, ao contrário, a pessoa afasta de si aquilo que não consegue suportar ou que não é permitido – ele chama isso de recalque – e o desfigura de tal forma que deixa de percebê-lo. No entanto, o *id* se apresenta incógnito, coloca uma máscara e, com esse disfarce, engana a pessoa e a leva a fazer coisas que ela não quer fazer. Assim, o *id* aflora em atos involuntários, quando a pessoa se solta, como em piadas ou lapsos verbais – fala-se até mesmo de lapsos freudianos – ou em outros atos falhos, como quando a pessoa sempre se esquece do mesmo nome. Há momentos em que ocorre uma total baixa da guarda e o *id* assume o comando – quando o consciente vai dormir. Nesse caso, o inconsciente faz um carnaval no sonho. Os sonhos são mensagens do inconsciente para o consciente, mas estão codificados em uma linguagem simbólica incompreensível, em que o inconsciente é condenado a permanecer incógnito.

CULTURA GERAL

E quem o condenou a esse destino? O consciente, é claro. Freud também o chama de *ego*. O ego é a instância da racionalidade e do realismo. Mas o que não se encaixa nessa instância é por ela afastado e reprimido, sendo dotado de uma linguagem cifrada. Para esse fim Freud lhe deu mais um ajudante: o *superego*. Ele contém o ideal do ego, ou seja, o ego como esse gostaria de ser. Os ideais do ego são retirados do mundo exterior e interiorizados por meio da adoção de normas sociais. Freud chama esse processo de interiorização. Assim, o alheio também é interiorizado. Ao mesmo tempo, o inconsciente destaca de si mesmo algo que lhe é próprio e o transforma em algo alheio.

E o que é destacado? As pulsões, os desejos e os prazeres que a sociedade não nos permite. Como esses já não podem ser identificados nos adultos, Freud observa o que as crianças aprontam e, a partir disso, calcula os desejos cifrados do inconsciente. Crianças brincam prazerosamente com seus excrementos; fantasiam um mundo de acordo com seus desejos; berram enfurecidas quando sentem falta de alguma coisa; batem em tudo que as incomoda; gostam de imaginar que são as melhores; tiranizam tudo e todos, quando podem; recusam qualquer responsabilidade e, se forem meninos, se pudessem, matariam o pai para dormir com a mãe. Este último desejo foi especialmente importante para Freud. Já que na mitologia grega o rei Édipo de Tebas realmente vive essa experiência, Freud dá a esse emaranhado psicológico de culpa o nome de complexo de Édipo.

Édipo rompe com um tabu central na sociedade, a proibição do incesto, no qual está baseada a ordem familiar. Se os filhos casassem com suas mães, como Édipo fez, seria impossível distinguir as gerações; não saberíamos quem são os pais, os filhos e os maridos; as categorias familiares básicas entrariam em colapso, e seria impossível estabelecer qualquer tipo de hierarquia como pré-requisito de autoridade. Já que esse tabu torna viável a molécula fundamental da sociedade, ou seja, a família, Freud pode expandir sua psicologia a toda uma teoria social, com a qual nos explica como a sociedade, o Estado e a religião se originam do tabu do incesto e do parricídio.

Se o inconsciente contém os próprios desejos infantis que foram codificados mais tarde, teoricamente poderíamos parar por aí. E, de fato, segundo Freud, nada havia a ser objetado se eles ficassem bem quietinhos, guardados a sete chaves. Mas isso nem sempre acontece, aliás, nunca acontece. Eles se evadem, ficam vagueando, se misturam – mascarados – aos convidados, imitam o anfitrião e sua voz e o comprometem socialmente a ponto de realmente fazê-lo sofrer. Quando isso ocorre, Freud fala de neurose. Nesse caso, fazemos coisas que não queremos fazer e não nos reconhecemos. É a hora de procurar um psicanalista.

Esse psicanalista sabe o que deve ser feito: o inconsciente fala uma língua codificada que precisa ser decifrada. A codificação é uma técnica pela qual o ego

SABER

destacou uma parte de si mesmo e a declarou alheia a si. Portanto, a terapia consiste em fazer que o ego admita que aquilo que lhe parece alheio e estranho – os medos e as compulsões, o horror e as fobias – é uma parte dele mesmo. Já que a terapia consiste em decifrar símbolos misteriosos e enigmáticos, a psicanálise exerceu uma grande influência sobre a literatura. Na verdade, praticamente não existe uma disciplina que lide com linguagem e símbolos que não tenha sido profundamente influenciada pela teoria freudiana. A mudança mais radical da psicanálise foi na forma como os indivíduos refletem sobre si mesmos e transformam-se em tema. Freud primeiro limpou completamente esse terreno para depois ocupá-lo com suas categorias. Essas se fluidificaram e – por um efeito de infiltração – penetraram o folclore e a consciência comum do dia-a-dia, de modo que milhões de pessoas que nunca leram uma só linha de Freud conhecem suas categorias. De certa forma, isso equivale a uma revolução tão profunda quanto a descoberta do sentimento no século XVIII.

Freud não apenas mudou drasticamente a auto-estima como também o estilo de comunicação do indivíduo no século XX: todos passaram a considerar o inconsciente alheio. Isso enfeitiça a observação: agora, tudo pode ser consciente ou inconsciente. E também enfeitiça a auto-observação, porque o mesmo se aplica a nós.

Existem basicamente dois modos de desacreditar alguém: moralmente – "fulano é um canalha" –, mas isso pressupõe liberdade. Ou seja, só posso acusar uma pessoa quanto à sua conduta moral se ela pudesse ter agido de outra forma. O outro modo de descrédito é cognitivo: "Fulano não sabe, não pode agir de outra maneira; é neurótico, compulsivo, talvez até mesmo louco; seja como for, tem um grave transtorno." Na comunicação com o outro, a divisão em consciente e inconsciente só me dá esta opção: se esqueço seu inconsciente, julgo-o moralmente e o responsabilizo por seus atos; por outro lado, se faço referência a seu inconsciente, desculpo-o moralmente, declaro que ele não pode ser responsabilizado por seus atos – afinal, ele é neurótico, pobre coitado! – e o considero perturbado.

Dessa forma, também posso sentir-me aliviado. Mas qualquer alívio moral é contrabalançado por uma perda da auto-estima no que diz respeito ao aspecto cognitivo. Resumindo, podemos escolher se preferimos ser canalhas ou loucos; ou – em termos mais amenos – egoístas ou neuróticos.

Mas o sucesso da teoria freudiana provavelmente se deve mais à esperança que ela traz de presente na bagagem: a possibilidade de desvendar o próprio inconsciente abre a todos a perspectiva de felicidade pessoal. E como o próprio inconsciente nos parece tão próximo, o reino da liberdade parece igualmente a nosso alcance. Por outro lado, o inconsciente por definição já é uma caixa-preta, para a qual não posso olhar. Por isso, nada me impede de imaginar que ele seja a fonte de todos os meus problemas.

CULTURA GERAL

O trabalho de decodificação sempre nos reconduz à nossa própria biografia. Isso faz com que todos nos transformemos em historiadores da família; nela encontramos os verdadeiros culpados: os próprios pais. Eles fizeram tudo errado; devo todos os meus problemas a eles, afinal, dominaram minha vida quando eu era pequeno. Por sua vez, essa constatação transformou o diálogo entre gerações em um processo jurídico. A geração jovem é o acusador, os pais, os réus. Por conseguinte, o papel dos pais perdeu todo o seu lado atrativo, pois passou a ser largamente associado a sentimentos de culpa: já se pode prever as futuras acusações.

Em uma sociedade que abre cada vez mais espaços de liberdade e, conseqüentemente, mais possibilidades de escolha, há cada vez mais oportunidades para se sentir culpado ou acusar o outro. Nesse ponto, a psicanálise oferece um paliativo geral: o homem não deixa de fazer besteiras, mas, na verdade, não é ele quem age, e sim o seu passageiro clandestino, o inconsciente. Desde a invenção do inconsciente, todos nós temos um irmão gêmeo que podemos responsabilizar por tudo. O gêmeo, assim como a imagem no espelho, é um paradoxo: ele se faz notar, mas permanece invisível. É algo alheio e estranho, mas na verdade é parte de nós mesmos. E é nosso eterno bode expiatório, o herói trágico, no qual descarregamos nossa culpa, para depois termos que reconhecer que ela é nossa.

Graças a Freud, termos como "complexo", "recalque", "inconsciente", "projeção" (ato de atribuir aos outros nossos próprios estados psíquicos) e "interiorização" (apropriação interna) entraram e se tornaram corriqueiros no vocabulário geral do leitor médio de jornal. Isso também se aplica ao termo "identidade", que não procede diretamente de Freud, mas de um de seus discípulos, Erik Erikson. Segundo Erikson, a identidade de uma pessoa é formada a partir da superação de uma série de crises, sendo que a última delas coloca em dúvida a própria identidade do indivíduo. É a fase da adolescência. Por isso, a sociedade permite ao jovem adulto aquilo que Erikson chama de "moratória psicossocial", portanto, uma fase em que experimentamos diferentes modos de vida e de relacionamento. Para muitos, essa fase (estudo, primeiros relacionamentos) é a mais rica e poética de nossa vida, é a fase que mais tarde recordaremos com nostalgia. No fim – se tudo der certo –, teremos encontrado nossa identidade. Isso quer dizer que nossa psique estará em conformidade com as exigências da sociedade. Essas exigências são expressas por um conjunto de papéis que o indivíduo desempenha: o de pai, marido, diretor de banco, presidente do clube de futebol, juiz leigo, membro do partido etc. Portanto, papel é o termo complementar ao da identidade. Aquele que integra todas as diferentes exigências de papéis e as une à sua capacidade de trabalhar e amar possui uma identidade estável. Assim, a identidade é o modo como o indivíduo desempenha todos esses papéis. Esse modo permanece inalterado, mesmo com a mudança de papéis, que pressupõe certa distância em relação

340

SABER

aos papéis propriamente ditos: no de pai não nos comportamos como o presidente de uma associação, e no de diretor não nos comportamos como pai. A regra geral reza que identidade é aquilo que permanece inalterado durante a mudança de papéis, e papel é aquilo que permanece inalterado durante a mudança de atores. Com a identidade se ocupa a psicologia, e com o papel, a sociologia, o que felizmente permite que se chegue a um limite entre ambos.

Sociedade

Em termos científicos, a "sociedade" só foi descoberta muito tarde. Os clássicos da sociologia são estudiosos que viveram na segunda metade do século XIX e nos anos próximos à virada do século. Além de Marx, na Inglaterra temos Herbert Spencer e os fundadores da *Fabian Society*, Sidney e Beatrice Webb, que também fundaram a *London School of Economics*; na França, temos Auguste Comte e Émile Durkheim; e na Alemanha, Max Weber e Georg Simmel.

Assim como a psicanálise, foi somente graças ao movimento estudantil que a sociologia foi reconhecida como ciência, que também marcou a consciência do dia-a-dia. Tudo parecia ser condicionado pela sociedade. Outras ciências, como a história ou a literatura, foram "sociologizadas", ou seja, fez-se história social e reduziu-se a literatura a tendências sociais. A sociologia manteve um forte vínculo com a política e inspirou principalmente os movimentos sociais: o antiautoritário, o neomarxismo, a revolução sexual, a oposição extraparlamentar, o protesto contra usinas nucleares, a defesa da paz, o feminismo etc. Todos esses movimentos compartilham uma óptica: normalmente, a sociedade é sentida como condição inquestionável do dia-a-dia. Mas, quando a vemos como um todo, como na sociologia, tomamos certa distância e conseguimos imaginar que ela também poderia ser completamente diferente. Nesse ponto já nos encontramos perto do movimento alternativo, porque este requer uma sociedade alternativa.

Porém, isso não passa de puro desejo. A sociedade é demasiadamente complexa para que possamos mudá-la a nosso bel-prazer. Se acreditamos nessa possibilidade é porque estamos nos guiando pelas revoluções ocorridas na transição da sociedade tradicional para a moderna e porque acreditamos que a sociedade moderna possa ser tratada como a tradicional. Infelizmente, a sociedade moderna é completamente diferente da tradicional. Dessa forma, misturamos tudo, confundimos os dois tipos de sociedade, interpretamos a moderna nos termos da antiga e deixamos de nos entender.

Por isso, tudo depende de esclarecermos a diferença entre uma sociedade tradicional e outra moderna. A tradicional sociedade aristocrática européia era composta de estratos. Os estratos não eram classes, mas estamentos que representavam modos de vida distintos. O estrato superior consistia na aristocracia e no

341

CULTURA GERAL

alto clero; no meio estavam os burgueses urbanos, os artesãos, os comerciantes, os acadêmicos e outros profissionais, e bem abaixo estavam os camponeses, os servos e os criados.

A organização social pautava-se pelo princípio da divisão das pessoas em grupos, ou seja, em famílias, lares, clãs e estamentos. A pessoa pertencia integralmente a um único estamento. Isso significa que, em todos os aspectos – psicológico, jurídico, econômico, social etc. –, o indivíduo ou era duque, ou camponês, ou mestre-carpinteiro. A identidade pessoal era idêntica à identidade social; ainda não havia a diferença entre ego e papel. Por isso, a originalidade não era necessária, e a tipificação era suficiente.

Hoje tudo é diferente. Os estamentos se diluíram. Mas isso não foi o bastante. Seu lugar foi ocupado por um novo princípio de diferenciação social, que já não se baseia na divisão das pessoas em grupos; já não se trata de famílias, clãs, tribos e estratos. Pelo contrário, a sociedade extrai de si mesma o princípio de sua divisão. Em que consiste a sociedade? Em comunicação (e não em pensamentos, sentimentos ou metabolismo dos organismos). O que são comunicações? Acontecimentos efêmeros e passageiros. Em que consiste, então, a estrutura da sociedade? Em instituições que possam interligar acontecimentos efêmeros e passageiros como as comunicações. Na sociedade moderna, já não se diferenciam grupos de pessoas, mas tipos de comunicação.

Os diferentes tipos de comunicação se cristalizam em torno das funções sociais. Essas funções incluem, por exemplo, a regulação de conflitos (direito), a garantia de decisões coletivas (política), o ensino complementar (educação), a alimentação e a segurança material (economia), o domínio da natureza (técnica) e a percepção da realidade (ciência). Esses tipos de comunicação são diferenciados (separados) uns dos outros na medida em que limitam, como raios *laser*, as possibilidades de recusar comunicações com base numa única oposição: portanto, na ciência, uma informação só pode ser recusada se não for verdadeira, e não por ser feia, imoral, antipedagógica, politicamente incorreta ou antieconômica. Caso contrário, tem de ser aceita, mesmo que venha carregada dessas características antipáticas. Dessa maneira, pode-se aumentar em muito a improbabilidade e a eficiência da comunicação. Juntamente com as respectivas instituições, como tribunais, governos e partidos, escolas e universidades, fábricas, bolsas de valores, mercados etc., esses tipos de comunicação formam os subsistemas sociais que já não estão organizados em hierarquias. Todos são igualmente importantes para o conjunto e funcionam de acordo com o princípio da divisão do trabalho. Em termos históricos, esses subsistemas surgiram em seqüência e, por isso, vincularam-se em parte aos estratos da sociedade tradicional. Primeiro surgiu a religião com o estrato dos sacerdotes, em que a separação era justificada com a diferença entre a vida

SABER

terrena e o além. Os sacerdotes ocupavam uma posição especial, porque serviam de intermediários entre esses dois mundos. Em seguida, com a aristocracia e os governantes, foi a política que se distinguiu dos outros subsistemas, e, como Estado, opôs-se à sociedade. Na verdade, nessa oposição, o conceito de sociedade desenvolveu-se como contraponto ao Estado. Com essas duas áreas específicas, a sociedade de classes ainda podia ser conciliada. Mas a expansão da economia monetária, a formação escolar geral e o progresso científico fizeram ruir a velha sociedade dividida em estamentos e impuseram a transição para a modernidade. Isso mudou essencialmente a relação do indivíduo com a sociedade: se antes a identidade pessoal era sinônimo de identidade social, isso se tornou impossível com a transposição aos subsistemas eqüitativos.

O homem já não pertence inteiramente a esses subsistemas, mas somente em alguns aspectos e de forma passageira: fazemos as vezes de estudantes (sistema científico), de especuladores da bolsa (sistema econômico), de cabos eleitorais (sistema político), mas sempre de forma passageira e limitada a alguns aspectos. Já não aparecemos por inteiro em nenhum lugar na sociedade; pelo contrário, somos excluídos como indivíduos. Por isso mesmo precisamos de uma identidade ($\rightarrow$ Freud e a psique).

Entre a sociedade tradicional e a moderna está o pecado capital. Depois dele, o homem como um ser inteiro foi expulso da sociedade. Agora, dependendo do caso, ele é admitido, praticamente como visitante, em funções que se alternam. Como ser inteiro ele perambula fora da sociedade, isto é, no deserto de sua psique, e fica imaginando que peças do guarda-roupa social deve escolher para compor o traje de sua identidade. Assim como todos têm sua própria identidade, todos também têm seu guarda-roupa pessoal. É verdade que as revistas de moda apresentam tendências, estilos e recomendações: há *designers*, modelos e costureiros; a cada estação, as grandes *maisons* apresentam suas novas coleções, e, naturalmente, essas ofertas exercem uma certa pressão. Mas elas só existem porque a maioria não consegue lidar com sua liberdade de opção. Em si, todos são livres para montar seus trajes como lhes convém. Depois da expulsão do paraíso da sociedade, o homem pode até mesmo ser imoral e pecar sem com isso ameaçar a sociedade. Identidade e sociedade se separaram. As identidades foram libertadas, de modo que hoje todo o mundo pode ser original sem nenhuma conseqüência; por outro lado, a sociedade não consegue ser compreendida pelo homem. Ela é uma entidade autônoma, regida pelas próprias regras sociais, e não pessoais. Essa dificuldade representa o maior obstáculo para a compreensão da sociedade moderna. A compreensão intuitiva comum é errônea. Ela faz parecer que a sociedade é um aglomerado de pessoas. Nada poderia estar mais longe da verdade: seria o mesmo que dizer que um monte de pedras e vigas é uma casa, ou que um tonel

CULTURA GERAL

com água, um pouco de gordura e massa orgânica é uma vaca. Mas a sociedade se distingue dos indivíduos como a casa do tijolo. Por essa razão, não podemos chegar a conclusões a respeito da estrutura da sociedade a partir do indivíduo. Isso seria acreditar que um texto é construído do mesmo modo que uma palavra. A sociedade é regida por leis diferentes das que regem o indivíduo.

As conseqüências são desagradáveis. Por exemplo, já não basta querer o melhor sob o aspecto social nem concretizá-lo por meios diretos. No âmbito particular, ainda temos alguma oportunidade, porque esse terreno ainda é relativamente acessível. Mas os planos sociais gerais têm unido as melhores das intenções aos resultados mais catastróficos, e isso sempre se deveu ao fato de termos uma imagem ingênua da sociedade. Na maioria das vezes, imaginou-se a sociedade moderna como uma sociedade tradicional, e isso sempre foi fatal.

VI. HISTÓRIA DO DEBATE SOBRE OS SEXOS

Uma coisa é evidente: metade da humanidade consiste em mulheres e meninas, ou deveríamos dizer em homens e meninos?

A linguagem encontra dificuldades para expressar a igualdade entre os sexos. Falamos de camponês e camponesa, operário e operária. Parece que o homem é o modelo básico para o ser humano, e a mulher, uma variação. Em algumas línguas, usa-se a mesma palavra para ser humano e homem, como se o homem designasse todo o gênero humano. Em inglês, *man* é homem e ser humano (*the rights of man* = os direitos humanos) e, em francês, acontece o mesmo com *homme*.

Tudo isso é injusto. A própria cultura parece ser machista e sexista. Por outro lado, o nível de civilização de uma sociedade sempre foi medido por quão respeitoso era o tratamento deferido às mulheres e por sua influência social. Por isso, hoje em dia, uma compreensão moderna de civilidade inclui a familiaridade com o debate sobre os sexos. Não resta dúvida: se medirmos o nível de cultura por sua pacificidade, sua aversão à crueldade e sua capacidade de comunicação, as mulheres são o sexo mais civilizado. Se objetarmos com Nietzsche que essas são as características dos mais fracos, a civilização será então composta por eles, que, com a invenção das boas maneiras, obrigam os mais fortes a não se comportarem como o homem de Neandertal.

O discurso sobre os sexos

Hoje em dia, a convicção de que homens e mulheres têm os mesmos direitos faz parte da mentalidade civilizada em geral.

Uma pessoa minimamente esclarecida também precisa fazer a distinção óbvia entre *sex* e *gender*. Ambos os termos, oriundos do movimento feminista ame-

CULTURA GERAL

ricano, imigraram para a Alemanha: *sex* designa o sexo biológico, *gender*, os papéis sociais de "homem" e "mulher", que foram acrescidos ao sexo biológico. Essa diferenciação considera que o sexo biológico é fixo, mas que os papéis sociais são invenções culturais que poderiam ser diferentes.

Isso também é incontestável, pois sabemos que a imagem da mulher (e do homem) mudou no decorrer da história e que cada uma dessas imagens sempre foi representada como a natureza biológica das mulheres (ou dos homens). Por exemplo, antes do século XVIII, acreditava-se que a mulher fosse muito mais suscetível ao sexo e que pudesse sentir muito mais prazer do que o homem – idéia essa que surgiu a partir da história do pecado original –, mas depois essa crença foi completamente invertida e criou-se o clichê da mulher quase assexuada da era vitoriana.

Embora até hoje não esteja claro o que se deve à natureza e o que se deve ao condicionamento social por meio de modelos de papéis e da educação, os sensatos chegaram a um consenso e reconhecem que a sociedade utiliza a diferença entre os sexos para se estruturar ao deduzir dela sua célula fundamental: a família. Por isso, a posição da mulher depende da função da família, e esta, por sua vez, depende do tipo de sociedade. Portanto, para esclarecermos os motivos da posição desprivilegiada das mulheres na história, é preciso explicar os diferentes tipos de sociedade, que se seguiram no decorrer da evolução cultural.

Diferentes tipos de sociedade

Da veneração de divindades maternas e parentescos matrilineares, etnólogos como Bachofen (→ Livros que mudaram o mundo) deduziram que um dia houve sociedades matriarcais onde as mulheres dominavam. Hoje isso é contestável. Mas, seja como for, onde houve sistemas familiares em que o pai das crianças devesse desempenhar algum papel, a paternidade teria de ser garantida. Isso pressupunha controlar a sexualidade da mulher. Sem dúvida, esse deve ter sido um dos principais motivos para se restringir a soberania feminina e o preço para ligar os homens à família: somente enclausurando a sexualidade feminina era possível garantir que os filhos realmente descendessem do pai.

Em princípio, existem três tipos diferentes de organização social (→ Ciência, Sociedade).

1. Sociedades tribais. São formadas pela simples agregação de famílias. O modelo familiar consiste em uma mulher e três homens: seu irmão, seu marido e seu filho. Isso expressa as três relações fundamentais do parentesco: a consangüinidade (irmão), o matrimônio (marido), a descendência (filho). Na maioria das sociedades, o tabu do incesto garante a exogamia. Por regra, as mulheres são incorporadas à família do marido. Até os tempos modernos, a posição social e os direitos de uma mulher decorriam da posição social de seu marido.

SABER

Devido à obrigação dos homens de procurarem mulheres que não pertencessem à própria família, as famílias se expandiram, formando ramificações, clãs e tribos, em que a diferença entre os sexos era fortemente acentuada. Todas as estruturas sociais eram definidas em termos de diferença entre os sexos. E, seguindo esse esquema, o cosmos também se tornou mitológico: o céu era masculino (pai do céu), a Terra, feminina (a mãe Terra: ela era fértil, mas a chuva que caía nela vinha do céu etc.); o espírito era masculino (soprava para onde quisesse, era vento e brisa, portanto, móvel e pertencente ao céu) (→ História, a análise da *Primavera*, de Botticelli), mas a matéria era feminina: *mater*, em latim, é mãe, e era o jarro de barro (ver *A bilha quebrada*), no qual a nova planta crescia.

Resumindo, pode-se dizer que a natureza era identificada com a feminilidade, e a cultura, com a masculinidade. Isso teve conseqüências na ordem simbólica dos sexos: as mulheres eram produzidas pela natureza, os homens eram criados artificialmente. Por isso, somente depois de terem passado a infância na companhia de meninas é que os meninos convertiam-se em homens por meio de um rito especial. Em princípio, tinham de passar por uma prova; os etnólogos chamam essa prova de "rito de iniciação". Os candidatos eram isolados da sociedade e, na solidão da floresta, submetidos a vários testes de medo, estresse e coragem. Só eram aceitos pela comunidade como homens após serem aprovados nos testes. Sua nova posição social era indicada simbolicamente, por exemplo, por tatuagens, corte de cabelo, circuncisão ou vestuário.

Por isso, os homens desse tipo de sociedade tinham uma identidade frágil, que poderia ruir caso mostrassem não estar à altura das exigências impostas ao seu papel. Isso era expresso pelo conceito de honra. Caso ele a perdesse, também perderia o reconhecimento que cabia à sua posição social. A honra de um homem implicava não ser dominado pela mulher, não ser traído nem se comportar como uma mulher.

O panteão de uma sociedade como essa era – como ocorria com os gregos – um enorme clã familiar, e sua história era uma saga. Todo o povo de Israel descendia de uma única família, cujos patriarcas foram Abraão, Isaac e Jacó, de sobrenome Israel. Laços de parentesco eram extremamente importantes, e a fidelidade das mulheres representava o principal capital simbólico.

2. O tipo de sociedade seguinte surgiu depois da invenção da escrita e das cidades: eram as civilizações avançadas, estruturadas em pirâmides formadas por camadas hierarquicamente organizadas de camponeses, funcionários públicos, aristocratas ou sacerdotes, com um soberano no cume. A esse tipo também pertencia a sociedade européia da Idade Média e da Idade Moderna até a Revolução Industrial. Foi então que, na Europa, surgiu um novo tipo de sociedade, que nunca ocorrera na história da humanidade.

347

CULTURA GERAL

3. A chamada sociedade funcionalmente diferenciada. Esse termo obscuro significa que as pessoas, como os aristocratas ou burgueses, já não se encontravam firmemente ancoradas em um determinado estrato social, do qual derivavam sua identidade. Aliás, significa que a sociedade já não consistia em estratos, mas, como uma torta, era formada de fatias com os mesmos direitos, que haviam surgido da divisão do trabalho (diferenciação funcional): portanto, justiça, administração, educação, economia, polícia, indústria etc.; e que o indivíduo poderia entrar e sair livremente dessas áreas, seja por sua profissão ou formação, seja como cliente, mas que ele se tornara um indivíduo completo, que se sentia em casa em todos os lugares da sociedade.

A transição da sociedade tradicional à moderna

A transição da sociedade organizada hierarquicamente à moderna sociedade industrial compreende a história da Idade Moderna até os dias de hoje, sendo que seu auge está na segunda metade do século XVIII (Revolução Francesa e Revolução Industrial).

Primeiramente, foi decisiva a evolução da classe alta. Nos séculos XVI e XVII, com o fortalecimento do poder monárquico, na maioria dos países europeus surgem grandes cortes, nas quais aristocratas conhecem mulheres de posição social mais elevada que a deles. Devem tratá-las de forma respeitosa, cortês e galante. Com isso, tem início uma cultura comportamental, em que as demonstrações de respeito pela posição social e o culto erótico à mulher, herdado da cavalaria, se fundem em uma nova "cortesia". O prestígio de um aristocrata já não é determinado unicamente por seu poder, mas por seu estilo de comportamento, sua presença, sua gentileza, sua galantaria, seu senso de humor, sua capacidade de entreter e encantar os presentes com a vivacidade de sua conversa, resumindo, por tudo aquilo que a partir de então seria chamado de "boas maneiras". Quem julga esse estilo são as mulheres. Assim, o primeiro empurrão no sentido da civilidade foi dado pela necessidade de satisfazer as expectativas das mulheres cultas no que diz respeito à forma de se comportar.

Ao mesmo tempo, porém, a estrutura familiar da aristocracia manteve-se, em grande parte, tradicional. A família dessa sociedade estratificada distinguia-se fundamentalmente da família moderna. Não era uma família nuclear formada por pais e filhos, que era renovada a cada geração; entendia-se por família a totalidade da parentela constituída por várias gerações. Dela faziam parte, além de um grande número de tias, tios e primos solteiros, também os servos, as camareiras, as criadas, os artesãos e os aprendizes solteiros. O lar era, ao mesmo tempo, uma empresa, fosse como propriedade rural de grande ou médio porte, fosse como oficina artesanal ou comércio. Em países protestantes, ele passou a ser a

348

base da ordem religiosa e moral, sendo que o chefe da casa velava pela leitura da Bíblia e pelo comportamento cristão. Esse tipo de família era socialmente muito bem integrado. Não necessitava de nenhum apoio emocional especial, o que não quer dizer que não pudesse recebê-lo. Mas ainda não existia o sentimento íntimo como vínculo especial entre cônjuges e entre pais e filhos, que é um reflexo da cultura.

O amor erótico era praticado fora do casamento, e, mesmo assim, somente na aristocracia. A burguesia o achava ridículo. Também não chamavam o amor de sentimento, mas de paixão, ou seja, de uma forma de sofrimento, que era vista como doença. Os casamentos, em contrapartida, eram celebrados por motivos de política familiar. Nessas famílias não havia intimidade.

Tudo isso muda no século XVIII, quando, durante a transição para a sociedade moderna, a burguesia disputou com a aristocracia a liderança cultural. A mudança da família está no centro da discussão ideológica. Na sociedade moderna, a família deixa de garantir a posição social do indivíduo. Em vez disso, além da criação dos filhos ela tem uma única função: a de compensar os relacionamentos cada vez mais impessoais no mundo externo com a intimidade entre os cônjuges e seus filhos. Essa reorganização se dá durante a revolução cultural da segunda metade do século XVIII, o chamado "movimento da sensibilidade".

A família nuclear

Ao contrário da sociedade estratificada em classes, na sociedade móvel moderna a posição social não é herdada, mas reconquistada em cada geração graças a uma carreira individual. Por isso, a família também deixa de englobar várias gerações e é fundada a cada nova geração. Surge a chamada família nuclear. Na busca pelo companheiro, o amor substitui a política familiar. Isso faz com que, no século XVIII, predomine o sentimento. É claro que antes também existiam afetos ou emoções, mas eles não eram atribuídos à psique, e sim ao corpo. Eram, pois, da alçada da medicina. No entanto, com o "sentimento" (sensibilidade, simpatia, afeto), é introduzido um conceito, que, como estado anímico mais afeito à sociedade, se interpõe entre o espírito e a matéria e abre um espaço mental interno para o psicológico. Foi assim que se originou primeiramente a área que hoje designamos como "psíquica". Ideologicamente, o sentimento tem a função de ser "comum a todos os seres humanos", de transpor as barreiras entre os estratos sociais e de unir as pessoas. Portanto, o sentimento é revolucionário: todos são iguais e capazes de ter os mesmos sentimentos. Paralelamente, na Inglaterra Richardson inventa o romance psicológico, que começa como romance de amor (→ Literatura). Com esses romances, é possível medir como os papéis dos sexos são retratados em um novo estilo.

CULTURA GERAL

Ao amor é conferida a nova tarefa de estruturar o casamento e, assim, transpor as barreiras sociais. Por isso, o homem sempre é retratado como aristocrata (como príncipe), e a mulher, como burguesa. Como nobre, o homem se vê obrigado ao galanteio sem vínculo matrimonial e deseja seduzir a moça burguesa. Mas, em relação à sexualidade, ela é absolutamente virtuosa e firme em seus princípios. Para tanto, a moral para a mulher é restrita primordialmente à moral sexual. Conceitos como virtude, decoro, pureza e recato passam a assumir uma conotação quase exclusivamente sexual. É por isso que, no cenário amoroso, à moça somente é dado revelar seus sentimentos ao homem quando este lhe propõe casamento. Antes disso, seria indecoroso experimentar sentimentos de atração erótica. E é exatamente até esse ponto que dura a resistência da virtude.

Isso leva a uma nova tipificação dos papéis sexuais. Supõe-se que os homens tenham uma natureza mais pecaminosa, e o máximo que se pode esperar deles é que explorem seus impulsos irreprimíveis exclusivamente dentro do casamento. A natureza das mulheres, por outro lado, é vista como muito mais pura. Acredita-se que elas sejam inteiramente imunes a sentimentos sexuais. Quando se casam, não o fazem para vivenciar seu desejo, mas porque a base religiosa do matrimônio só está razoavelmente segura em suas mãos. Por isso, é-lhes atribuído o papel de disciplinar e enobrecer os instintos da natureza impura dos homens. Essa concepção ainda ressoa na frase de Goethe: "O eterno feminino nos faz ascender."

Essa diferenciação dos papéis sexuais é historicamente inusitada. A postura tradicional havia acusado especialmente as mulheres, tais como a bíblica Eva, de serem sedutoras.

A revolução cultural da sensibilidade introduz um novo estereótipo de mulher, que, por toda a era burguesa até o século XX, dominaria o palco doméstico. Em todos os âmbitos, nas conversas, nas refeições, na prática de esportes, no seu vestuário, "ela" tem de demonstrar recato. A sensibilidade lingüística também é aguçada de tal modo que, caso seja feita uma insinuação dúbia mais concreta, a mulher corre o risco de desmaiar imediatamente.

A sentimentalidade da mulher é idealizada, e ela passa a ser retratada como o "anjo da casa". O lar e a família são sentidos como proteção ante a frieza do mundo. Além disso, a mulher adquire um novo parceiro: a criança. É claro que já existiam crianças antes, mas elas não ocupavam nenhuma posição de destaque. Até então, eram tidas simplesmente como pequenos adultos. A infância ainda não fora descoberta como uma fase especial do desenvolvimento. Naturalmente, as pessoas viam que a criança ainda era inexperiente, ignorante e incontrolável, mas isso era considerado mero *déficit*. Não se tinha conhecimento de que, na vivência infantil, a fantasia, a animação do mundo dos objetos e a magia desempenhavam um papel totalmente diferente. Por isso, não se fazia uma distinção entre

350

SABER

o mundo infantil e o dos adultos; por exemplo, crianças e adultos jogavam os mesmos jogos. Não se julgava necessário proteger a inocência infantil das piadas obscenas ou brincadeiras rudes dos adultos. Na literatura, o mundo infantil das experiências não possuía dimensão própria.

Tudo isso mudaria no século XVIII. Depois de lerem Rousseau, as mães começam a amamentar seus filhos. É desenvolvida uma pedagogia apropriada para crianças. A literatura romântica descobre o mundo das experiências da infância como o próprio reino da poesia, com o qual se revelam os contos de fada. As pessoas se rendem a um culto do original. No olhar retrospectivo do adulto, a infância aparece como um mundo encantado que foi perdido, e a nostalgia passa a ter vez. As crianças começam a figurar na lírica e na literatura, e cria-se uma literatura especificamente infantil. De Peter Pan a Oskar Matzerath em *O tambor*, retrata-se o desejo literário de permanecer criança. Com a descoberta da infância e da feminilidade, o sofrimento, a inocência e a passividade são valorizados. Quem age se torna culpado, mas quem – assim como as crianças e mulheres – não pode agir, mas limita-se a sentir, é inocente. O próprio sentir se torna uma forma de passividade. Só quem é sensível é dominado por impressões, e só quem sente também é bom. Parte-se do princípio de que as mulheres e crianças são muito mais sensíveis do que os homens. Considera-se que as crianças e mulheres são tão delicadas que tenham de ser protegidas de tudo o que for rude, lascivo e sexual.

Nessa nova constelação a mulher está sempre acompanhada da criança, e sua imagem passa a ser marcadamente a de mãe. A humanidade se torna sua missão especial. Enquanto o homem personifica a ciência, o mercado ou a política, a mulher volta a amenizar as rudezas deles decorrentes com a doçura da compaixão materna. O pai duro e a mãe terna passam a ser as duas figuras complementares da família burguesa. E quanto mais a mulher aparece como mãe, mais é dessexualizada. Isso faz com que a imagem da mulher seja dividida em "santa" e "prostituta"; uma divisão que reaparece na teoria freudiana do complexo de Édipo: se a mãe é uma santa, a idéia de sua sexualidade deve ser repelida e reprimida. Enquanto na Alemanha de meados do século o Natal é celebrado na intimidade da Sagrada Família, na França, as pessoas se entregam a uma obsessão cada vez maior pela figura da prostituta. *A dama das camélias*, de Dumas, dá origem ao mito da cortesã com o coração de ouro, que subsiste até os dias de hoje: a tísica sustentada pelo homem; sedutora, mas condenada à morte, que se liberta de seu sofrimento com uma morte de partir o coração. Por outro lado, *Nana*, de Zola, *Marthe*, de Joris-Karl Huysman, e *La fille Élisa*, de Edmond de Goncourt, publicada em 1877, eram ilustrações clinicamente precisas de uma profissão ainda misteriosa. Até meados do século, a prostituição fora vista como um mal necessário, e em seu livro *Prostituição* o sexólogo dr. Acton considerava-a impossível de ser er-

351

CULTURA GERAL

radicada. Mas, pelo fim do século, sociólogos, funcionários públicos, médicos e reformadores dos costumes começaram a ver no destino das prostitutas uma tarefa moral e social a ser resolvida. Isso foi interpretado como uma fantasia coletiva de salvação, em que o menino compensa a decepção causada pela descoberta da atividade sexual de sua mãe rebaixando-a, em sua fantasia, à imagem de uma mulher fácil, que depois ele salva para recuperar o primeiro amor da sua vida.

Inglaterra, o berço do movimento feminista

O prólogo do movimento feminista foi pronunciado na França, durante a Revolução Francesa. Após a *Declaração dos direitos do homem*, foi lançada a *Declaração dos direitos da mulher* por Olympe de Gouges. Nela se reivindicava o direito ativo e passivo de voto e a admissão em todos os cargos públicos. Até o movimento sufragista, no início do século XX, essas exigências permaneceriam as principais reivindicações do movimento feminista, o que nos leva a concluir que não eram atendidas.

No princípio, as mulheres tinham uma participação eqüitativa na Revolução Francesa. Tornaram-se membros de clubes políticos, fundaram suas próprias associações e divulgaram a causa feminista em seus próprios jornais. Mas quando suas líderes começaram a incitar as mulheres a usarem trajes masculinos, a Convenção revogou seu direito de reunião e fechou suas associações.

Dessa época se conserva como documento o texto de uma inglesa: Mary Wollstonecraft advertia os revolucionários de que na *Declaração dos direitos do homem* eles se haviam esquecido dos direitos das mulheres; para corrigir essa falha, ela redigiu *A Vindication of the Rights of Women* [Uma reivindicação dos direitos das mulheres, 1792]. Além da possibilidade de defender seus interesses no Parlamento, ela exigia sobretudo o direito das mulheres a uma formação adequada. Escandalizou toda a Europa quando salientou o direito da mulher à satisfação sexual durante o coito. Queixava-se de que os homens reduziam o papel da mulher ao de objeto sexual, dona de casa e mãe. Em virtude dessas acusações tão eloqüentes, Mary Wollstonecraft tornou-se uma das heroínas fundadoras do movimento feminista. Mais tarde, ela se tornaria a companheira de William Godwin, o defensor da união livre. Não obstante, casou-se com ele e foi mãe de Mary Shelley, a autora de *Frankenstein*.

Depois disso, o movimento feminista adormeceu por duas gerações, para voltar a despertar apenas na segunda metade do século XIX, na Inglaterra. Na década de 1870, deu-se início ao debate sobre a formação universitária e profissional das mulheres. O ponto de partida foi a carreira de Florence Nightingale. Como encarregada da organização dos hospitais de campanha na Guerra da Criméia, em 1855, conseguiu impor-se à mediocridade dos oficiais de alta patente,

352

SABER

reorganizando a administração hospitalar, contratando enfermeiras qualificadas, garantindo o suprimento de remédios e, assim, reduzindo a taxa de mortalidade de soldados feridos de 42% para 1%. A combinação de guerra e mulher tornou seu sucesso ainda mais espetacular. Depois da guerra, reformou todo o sistema de atendimento hospitalar do exército e participou da expansão da Cruz Vermelha, fundada por Henri Dunant. Graças a sua influência, seu exemplo e sua imensa popularidade, o público em geral passou a ter outra imagem da vocação feminina.

Paralelamente a isso, John Stuart Mill iniciou um movimento que se empenhava em defender o direito de voto das mulheres e que também foi apoiado por Florence Nightingale. Isso levou à fundação dos *Women's Colleges* em Oxford e Cambridge, de modo que as mulheres passaram a receber formação superior e adquirir títulos acadêmicos. No seu influente ensaio *The Subjection of Women* [A submissão das mulheres], de 1869, Mill já demonstrara ter dúvidas quanto à fundamentação do papel e do comportamento sexual femininos no direito natural. Seguindo seu princípio analítico, transformou sexo em gênero e declarou que as normas sexuais supostamente naturais eram meras convenções. Ao lugar-comum da mulher passiva opôs o conceito de um ser feminino independente e responsável por sua vida, que também tem o direito de determinar sua sexualidade. Isso incluía a contracepção e a atividade sexual no sentido da auto-satisfação. Esses conhecimentos passaram a ser munição nas mãos das propagandistas da emancipação feminina, tal como George Egaton, Emily Pfeiffer, Eleanor Marx e Olive Schreiner, que previam o que, por volta do fim do século, seria chamado de "a nova mulher".

Ao mesmo tempo, havia uma aliança entre o movimento feminista e o socialismo, que renasceu na década de 1880. Parecia evidente que a sociedade socialista levasse à emancipação da mulher também em questões relacionadas à sexualidade e ao casamento. Em *The Women's Question* [A questão feminina], de 1885, o autor Karl Pearson levou as águas do feminismo aos moinhos do socialismo e, em sua obra *Socialism and Sex* [Socialismo e sexo], defendeu a independência econômica da mulher. Ele se havia inspirado em *A mulher e o socialismo* (1883), de August Bebel. Com o seu livro *Women and Marriage* [As mulheres e o casamento], de 1888, e seus *Studies in the Psychology of Sex* [Estudos da psicologia do sexo], publicados dez anos mais tarde, Havelock Ellis fundou a sexologia ao mesmo tempo que Sigmund Freud.

A união entre o socialismo e o movimento feminista mostrou-se de forma exemplar em *The Radical Programme* [O programa radical], de Charles Bradlaugh (1885). Nessa obra, o autor exigia, simultaneamente, a representação da classe trabalhadora no Parlamento e o direito de voto para as mulheres. Por muitos anos, Bradlaugh teve em Annie Besant uma companheira de luta, que em mui-

353

CULTURA GERAL

tos panfletos defendeu a igualdade política das mulheres. Ela pertencia ao grupo dos chamados "neomalthusianos", defensores de modernos métodos de contracepção, e cuja autoridade máxima era George Drysdale. Baseado na teoria da depauperação de Malthus (→ Livros que mudaram o mundo), Drysdale delineara um extenso programa de contracepção e planejamento familiar, que não passava – como era de costume – pela abstinência sexual. Como distinguia sexualidade de reprodução, Drysdale se tornou um apóstolo do amor livre. Em virtude de um processo contra Bradlaugh e Besant, em 1878, essas idéias ganharam enorme publicidade, e centenas de milhares de edições econômicas dos escritos discutidos em juízo foram vendidas. Em 1879, foi fundada a *Malthusian League* [Liga malthusiana], com o intuito de difundir esse ideário; a isso, em seu escrito *The Gospel of Atheism* [O evangelho do ateísmo], Besant e Bradlaugh associaram um ataque frontal ao cristianismo.

Em meados da década de 1870, Emma Patterson já havia fundado um sindicato de mulheres trabalhadoras, e George Bernard Shaw dedicou grande parte de seu talento dramatúrgico à causa da emancipação feminina. Ele empreendeu uma campanha propagandística em favor de Ibsen, que, em suas peças, apresentava a submissão da mulher burguesa, e da união de evolucionismo e socialismo deduziu um feminismo militante, que conferia à mulher um papel decisivo como portadora da evolução da humanidade. Em seguida, criou a personagem da "nova mulher" para com ela expulsar dos palcos a heroína sentimental.

Depois da virada do século, as sufragistas se tornaram militantes. Em 1906, Mrs. Pankhurst e sua filha Christabel fundaram a *Women's Social and Political Union* [União Social e Política das Mulheres], e ainda no mesmo ano duas de suas militantes foram condenadas à prisão por se negarem a pagar as multas impostas por perturbarem reuniões públicas. Em 1907, foi fundada a "Liga masculina em favor do direito de voto feminino", e a revista *Votes for Women* [Votos para as mulheres] tornou-se porta-voz das militantes. A partir de então, as sufragistas, como eram chamadas, seguiram uma política de violações conscientes de normas e direitos, faziam greve de fome e rompiam com as convenções de comportamento civil com espetaculares ações violentas: rasgavam quadros na Galeria Nacional, estilhaçavam vitrines, invadiam clubes, acorrentavam-se a grades de isolamento, e, no dérbi de 1913, a feminista Emily Davison jogou-se na frente do cavalo do rei e morreu pisoteada.

Alemanha

Na Alemanha, o movimento feminista seguiu o modelo inglês. Em 1865, foi fundada em Leipzig a *Allgemeine Deutsche Frauenverein* [Associação Geral de Mulheres Alemãs], que, com suas ramificações e subdivisões, tinha como princi-

354

SABER

pal preocupação a formação das mulheres e exigia o acesso delas às universidades. Em 1893, a associação *Reform* [Reforma] fundou em Karlsruhe o primeiro liceu para meninas e, a partir de então, a associação nacionalmente difundida *Frauenbildung – Frauenstudium* [Formação feminina – Estudo feminino] começou a fundar liceus para meninas por toda parte. Em 1896, as primeiras seis moças concluíram o ensino médio e, em Berlim, tiveram acesso à universidade. A partir de 1908 as mulheres passaram a ser admitidas em universidades prussianas. Hoje, na Alemanha, há mais estudantes mulheres do que homens.

Em 1891, o SPD havia incluído em seu programa a exigência do direito de voto das mulheres. E em 1902 foi fundada a *Deutsche Verband für Frauenstimmrecht* [Liga alemã em favor do direito de voto feminino]. Nesse ínterim, a expansão do setor terciário oferecia às mulheres uma gama mais ampla de possibilidades de atividades profissionais até então conhecida. Isso representava uma abertura geral da sociedade também para mulheres burguesas. A maior liberdade de movimento das moças mostrou-se de forma marcante na mudança da moda. Desapareceram as couraças feitas de tecido e barbatanas, nas quais o corpo feminino era normalmente espremido para aparições públicas. Em vez disso, o *Jugendstil** popularizou trajes amplos e leves. Cada vez mais mulheres se tornavam membros de associações que promoviam caminhadas e alpinismo. A bicicleta também contribuiu para a emancipação da mulher ao lhe possibilitar uma liberdade de movimento que até mesmo as amazonas aristocratas desconheciam. As piscinas públicas, até então divididas por sexo, transformaram-se em piscinas familiares, onde era revelado mais do corpo humano do que o puritanismo da época jamais havia considerado decente. Os jornais passaram a trazer suplementos femininos, e surgiam revistas para moças e senhoras com propagandas dirigidas somente às mulheres. Na exposição internacional de 1908, a área central era ocupada por um pavilhão consagrado ao trabalho feminino. Em 1891, o dicionário britânico *Men of the Time* [Homem da época] tinha mudado seu título para *Men and Women of the Time* [Homens e mulheres da época]. Das mulheres citadas na edição de 1895, a maioria se tornara conhecida como autoras ou atrizes, mas um terço estava sob a rubrica "reformadoras e filantropas". Isso provava que, especialmente em meios socialistas, as possibilidades para a atuação feminina se abriam. Rosa Luxemburgo personificava esse tipo de mulher, assim como Vera Sassulich, Alexandra Kolontai, Anna Kulickov e Emma Goldmann. Revolucionários sociais como Engels, Bebel ou Shaw defendiam a utopia sexual do amor livre e a escolha livre de parceiros por parte das mulheres.

Dos Estados Unidos, onde era difícil conseguir empregadas domésticas, chegavam técnicas para facilitar as tarefas do lar. A partir de 1880, começou-se a

---

* Variante do *art nouveau* na Alemanha. [N. da T.]

355

CULTURA GERAL

usar o fogão a gás, e, antes da Primeira Guerra Mundial, o fogão elétrico impôs-se com uma rapidez ainda maior. Em 1903 surgiu o primeiro aspirador de pó, e, em 1909, o ferro elétrico entusiasmou o público atônito. O SPD incluía em sua propaganda política a divulgação de instalações comunitárias, como creches e refeitórios públicos, e, de forma geral, os ambientes socialistas faziam experiências com novas formas de vida conjugal. A partir de 1873, nos bairros de classe média, as pessoas começaram a praticar tênis, cujo atrativo era o de que as mulheres também podiam participar. Os mesmos motivos também popularizaram o alpinismo, o ciclismo e a patinação no gelo.

A Primeira Guerra Mundial, na qual muitas mulheres ocuparam os postos de trabalho dos homens que foram convocados para o exército, contribuiu mais do que todo o resto para quebrar a resistência contra a igualdade política das mulheres. Assim, em quase todos os países ocidentais, depois da guerra de 1918/19, as mulheres obtiveram o direito ativo e passivo de voto. A única exceção foi a Suíça, onde o direito de voto feminino foi instituído em nível federal somente em 1971. Os homens do cantão de Appenzell-Innerrhoden foram os que relutaram por mais tempo; em fins de 1990, finalmente desistiram da resistência.

Em 1933, o movimento feminista na Alemanha não só cessou como a fertilidade das mulheres foi declarada patrimônio do povo, que deveria ser administrado de forma eugênica (aperfeiçoamento da espécie via seleção genética), visando a uma política racial. A fertilidade das mulheres ficou, portanto, à mercê do regime totalitário e foi usada em nome da pureza da raça, do aumento do poder militar e da política de ocupação. Para esses objetivos também contribuíam a política de saúde pública, o instituto de procriação *Lebensborn**, a política corporativista e a glamurização da figura materna. A Constituição da República Federal da Alemanha finalmente declarou a igualdade de homens e mulheres em todas as áreas da vida. A lei de igualdade de direitos, de 1958, somente atendeu à necessidade de complementar a regulamentação da lei matrimonial.

O feminismo

No curso do movimento em prol dos direitos civis nos Estados Unidos, Betty Friedan fundou, em 1966, a organização feminista "NOW" (*National Organisation of Women* – Organização Nacional de Mulheres). Ela seria o ponto de partida para o movimento cultural revolucionário feminista, que se interessava não apenas em lutar pela igualdade política e social das mulheres, mas também

---

* Essa instituição nazista era uma espécie de creche e maternidade que abrigava esposas ou mulheres grávidas dos soldados da SS, bem como seus respectivos filhos, além de mães solteiras "arianas", e que acabou funcionando como um tipo de laboratório para as pesquisas de aperfeiçoamento racial por meio da seleção genética. [N. da R.]

em rever os sistemas simbólicos da nossa cultura e das atitudes marcadas por esses sistemas. As feministas se referiam à influência patriarcal dos modelos culturais de percepção, como os sistemas categoriais lingüísticos, os hábitos de raciocínio e as avaliações subliminares, que valorizam o "masculino" em detrimento do "feminino". O que está em questão aqui são os pares antagônicos, como "o espírito masculino" e "a matéria feminina" (ver acima).

As principais autoridades teóricas invocadas em favor dessa exigência de revisão dos sistemas simbólicos de nossa cultura são os pensadores franceses Michel Foucault e Jacques Derrida. Em seus livros, Foucault demonstrou que as ordens culturais são ferramentas invisíveis da opressão; e Derrida, dando continuidade à crítica fundamental de Heidegger à filosofia ocidental, demonstrou que os conceitos que norteiam nosso pensamento consistem em pares antagônicos e assimétricos, sendo que um sempre é mais valorizado do que o outro, por exemplo, cultura/natureza, espírito/corpo, razão/sentimento, homem/mulher etc., e que a padronização do pensamento está relacionada à transcrição fonética e à nossa idéia de linguagem e do significado de racionalidade (→ Filosofia, Visão de mundo).

Considerando-se que as feministas entendem que grande parte de sua tarefa consiste em revisar e alterar os sistemas simbólicos, elas se fizeram presentes especialmente nas disciplinas universitárias dedicadas aos estudos da cultura, nas quais, com a ajuda do método de desconstrução desenvolvido por Derrida, rastreiam nos textos ocidentais as pegadas da feminilidade oprimida.

Já que se trata de identificar o latente e o oprimido, de acordo com essa forma de leitura os textos normalmente significam o contrário daquilo que dizem oficialmente. Nesse sentido, a prática de interpretação feminista assemelha-se à psicanálise.

Além disso, as feministas, por intermédio de suas representantes, fazem uma forte política simbólica e lingüística ao imporem a normalização das formas gramaticais femininas em textos oficiais do Estado, o que nem sempre ocorre sem causar efeitos colaterais cômicos.

Ao mesmo tempo, em uma infra-estrutura social puramente feminina, é construída uma contracultura, em que lojas, redes, editoras e livrarias especializadas no mundo feminino desempenham um papel muito importante. Nesse ínterim, foi se formando um poderoso *lobby*, que pressiona especialmente a retórica política. Por um lado, esse *lobby* faz com que o tratamento social de minorias seja mais civilizado; por outro, suas intimidações morais tendem a dificultar o livre desenvolvimento de um público liberal. Esse é o motivo pelo qual as regras lingüísticas por ele elaboradas e reunidas sob o conceito do "politicamente correto" são bastante questionadas. No entanto, no geral é indiscutível que a crescente influência das mulheres sobre a cultura sempre eleva significativamente o nível de civilização de uma sociedade.

segunda parte
PODER

INTRODUÇÃO SOBRE AS REGRAS PELAS QUAIS SE ESTABELECE A COMUNICAÇÃO ENTRE AS PESSOAS CULTAS; UM CAPÍTULO QUE NÃO DEVERIA SER PULADO DE MODO ALGUM

Se, na primeira parte do livro, apresentamos o saber, nesta segunda apresentaremos o poder. Se naquela parte falamos de conhecimentos, nesta falaremos de regras de aplicação. Diferentemente dos conhecimentos, que se manifestam de modo totalmente aberto, as regras são ocultas. Raras vezes são proferidas, pois a cultura também é um fenômeno social, em que alguns indivíduos são integrados e outros são marginalizados. Possivelmente este livro é o primeiro a explicitar essas regras.

Para entendê-las, precisamos fazer a seguinte pergunta: o que é cultura?

Para essa pergunta pode haver muitas respostas.

Seguem abaixo algumas sugestões:

Denomina-se cultura a compreensão da própria civilização, obtida a partir de um minucioso estudo.

Se o conjunto dos conhecimentos fosse uma pessoa, seu nome seria cultura.

Essa foi o ideal de um conceito neo-humanista de educação, que, no passado, marcou especialmente a burguesia alemã. Em contraposição ao humanismo político dos anglo-saxões, dada a sua ênfase na interioridade como conceito de civilização, tal ideal fracassou diante dos nacional-socialistas e, por isso, foi desacreditado principalmente pelo movimento estudantil.

Cultura é a familiaridade com os traços principais da história de nossa civilização, com as grandes teorias da filosofia e da ciência, bem como com as formas lingüísticas e as principais obras da arte, da música e da literatura.

CULTURA GERAL

É também a flexibilidade e a boa forma da mente, que surgem quando aprendemos e depois esquecemos tudo: "Na maioria das vezes, esqueço o que li, assim como aquilo que comi; mas sei que essas duas coisas contribuem igualmente para sustentar meu espírito e meu corpo" (Georg Christoph Lichtenberg).

Cultura é a capacidade de manter uma conversa com pessoas cultas, sem produzir uma impressão desagradável; está voltada ao ideal de formação geral da personalidade, em contraposição à formação profissional e prática dos especialistas.

Eis a definição de cultura extraída da enciclopédia Brockhaus: "Processo e resultado de uma formação intelectual do homem, em que ele, como ser cujos instintos não estão estabelecidos de modo fixo, alcança sua plena realização como ser humano, sua 'humanidade', ao confrontar-se com o mundo e especialmente com os conteúdos culturais." Em seguida, temos as expressões-chave "barreira cultural", "tendência cultural", "plano geral da cultura", "miséria cultural", "políticas culturais" e "férias culturais".

O dicionário de sinônimos da editora VEB (Leipzig, 1973) relaciona ao verbete *Bildung* (cultura) os seguintes conceitos: "Educação, instrução e saber comportar-se." Em inglês, "cultura" é designada como *liberal education*, e aquele que tem cultura é designado no dicionário como *educated, cultured, well-bred*. Em francês, fala-se de *culture générale*, e a falta de cultura é designada simplesmente como *ignorance* ou *lacune dans les connaissances*, enquanto culto é designado pelos termos *cultivé* ou *lettré*. Em latim, cultura é *mentis animique informatio, cultus* ou *eruditio*. Em grego, cultura é *paideia* e, em russo, *obrasowanije*.

Cultura é, portanto, um objeto complexo: um ideal, um processo, um conjunto de conhecimentos e de capacidades e um estado de espírito. Os estados podem ser descritos por meio de adjetivos. Em alemão, diz-se que uma pessoa é *gebildet* [culta], mas também *kultiviert* [cultivada]. O antônimo é *ungebildet* [inculto], em inglês, *uneducated* e, em francês, *inculte*.

Entretanto, se considerarmos a realidade social, constataremos que a cultura é não apenas um ideal, um processo, um estado, mas também um jogo social. O objetivo desse jogo é simples: parecer culto, e não o contrário. Porém, o jogo da cultura tem as suas regras, e quem não o tiver praticado desde a infância terá posteriormente dificuldades para aprendê-las. Por quê? Porque já é preciso conhecê-las para poder praticá-las. Só é admitido no clube da cultura aquele que já domina o seu jogo; mas só é possível aprender a jogar dentro do clube.

Isso é injusto. Mas por que é assim?

Porque o jogo da cultura é um "jogo de suposições". Nas relações sociais, cada um supõe que o outro é culto, e o outro, por sua vez, supõe que é tido por culto.

Tais suposições são formas de crédito. No âmbito da moral, isso é bastante comum. Supomos que a integridade geral é a norma. Em uma pequena reunião festiva, seria descabido perguntar:

362

PODER

"Diga-me, dr. Isebrecht, o senhor alguma vez já praticou um roubo? Não? E um estupro?"

Do mesmo modo, a cultura está submetida a um tabu no que diz respeito aos temas. Portanto, é impróprio testar a cultura do outro como em um programa de auditório, formulando-lhe perguntas como:

"Quem construiu a catedral de Florença? O quê? O senhor não sabe? E quer me dizer que concluiu o ensino médio?"

Esse tabu acerca dos assuntos cria uma enorme confusão sobre o que uma pessoa culta precisa ou não saber. E esse terreno movediço causa uma insegurança generalizada, que leva a novas suposições e a novos tabus. Isso nos conduz a uma nova definição:

Cultura é o nome de um jogo social, caracterizado por elevadas expectativas e expectativas de expectativas em relação ao saber cultural dos participantes; esses não podem tornar explícitas nem as primeiras nem as segundas. Sua habilidade consiste em sondá-las e, simultaneamente, em satisfazê-las; porém, quando isso não é conseguido, não se pode deixar que o outro o perceba.

O resultado é que na cultura, assim como no amor, as expectativas são irreais, visto que não podem ser comprovadas. Isso faz que determinadas perguntas se convertam em tabu. No âmbito da cultura, em caso de dúvida, devemos supor que temos obrigação de saber uma coisa e, por isso, não podemos fazer perguntas.

Certamente, em uma festa, não haveria problema em expressar o seguinte pedido: "Desculpe, mas o senhor poderia me explicar o segundo princípio da termodinâmica? Nunca consegui entendê-lo."

E, então, com certeza outras pessoas diriam entusiasmadas: "Eu também não", e muitos ririam. O segundo princípio da termodinâmica não pertence à cultura.

Mas, se alguém fizer uma pergunta como a seguinte: "Van Gogh..., Van Gogh não é aquele jogador de meio-de-campo da seleção holandesa de futebol, que quebrou o nariz do goleiro alemão na última Copa do Mundo?", e seus ouvintes ficarem convencidos de que não se trata de uma piada, então ficarão admirados e passarão a evitar o enunciador.

Isso leva a outra definição: o saber cultural compõe-se de conhecimentos em relação aos quais não podemos fazer perguntas.

A admiração provocada pela pergunta sobre Van Gogh não deve ser interpretada como arrogância oriunda do saber cultural. Ela é, antes, a perturbação das pessoas diante de alguém que quebrou as regras de suposições. Essa quebra as paralisa: subitamente, o fluxo da conversa choca-se contra o muro da desorientação. Qualquer resposta seria vista como ofensa e preconceito. Seguem abaixo algumas respostas impossíveis:

"Não, meu amigo, o Van Gogh de quem estamos falando era um pintor."

363

CULTURA GERAL

Essa seria a resposta mais direta, e, embora guiada pelo senso comum, constitui, na realidade, uma bomba que tornaria evidente que o enunciador é um grosseirão aculturado, devendo a partir de então ser tratado como um pária.

Outra resposta seria:

"Acho que não, mas naturalmente não conheço tanto futebol quanto o senhor."

Isso seria um pouco arrogante e provocaria risinhos nos demais presentes. Com essa resposta, o enunciador causaria nos demais a impressão de ser um *hooligan*, que, embora saiba tudo sobre esse primitivo esporte de competição, nada sabe sobre a arte ocidental.

Uma terceira variante poderia ser a seguinte:

"Em princípio sim, só que não foi o nariz, mas a orelha, e não foi o goleiro que ele cortou, mas a si próprio."

Isso provocaria uma gargalhada geral nos presentes e faria com que, em sua confusão, o enunciador parecesse um pateta.

Contudo, visto que a boa educação proíbe tais respostas, os presentes sentem-se paralisados e fora do jogo. O enunciador não foi tão desacreditado por manifestar uma lacuna cultural, mas por violar as regras do jogo e por desvelar seus pressupostos implícitos. Além disso, obrigou os participantes a revelar e a explicitar algo que era latente e que estava alojado na obscuridade do inaudito. Mas por que isso é tão perturbador? Por que é tão penoso explicitar as regras do jogo e dizer o que é preciso saber? Por que é tão ruim revelar os pressupostos implícitos do jogo da cultura?

Muito simples: porque não temos como fundamentá-los.

Mesmo os cultos não serão capazes de dizer por que Van Gogh pertence ao círculo dos pintores canônicos, enquanto Fritz von Uhde só é conhecido pelos especialistas em pintura, embora sua obra *Kartoffelschälerin* [Mulher descascando batatas], com sua força expressiva, não produza um efeito menor do que o quadro *Os comedores de batatas*, de Van Gogh. Porém, o fato de termos de conhecer um e não o outro é parte de algo preestabelecido e inquestionável, que tem o poder de formar a comunidade.

Isso conduz a outra definição: cultura é uma comunidade de fiéis. Seu credo diz o seguinte:

Creio em Shakespeare, em Goethe e nas obras canônicas, reconhecidas no céu e na terra. Creio em Vincent van Gogh, o retratista dotado por Deus, que nasceu em Groot-Zundert, nas proximidades de Breda, amadureceu em Paris e Arles, travou amizade e inimizade com Gauguin, adoeceu, enlouqueceu e cometeu suicídio, subiu ao céu, onde se instalou à direita de Deus para julgar os cultos e os incultos. Creio na força da cultura, na vida eterna dos gênios, na santa igreja

364

PODER

da arte, na comunhão dos eruditos, nos valores atemporais do humanismo, na eternidade, amém.

Precisamente por se tratar de uma comunidade de fiéis, há também textos canônicos. Derivada do equivalente grego de "vara", a palavra *cânone* significa "regra" (é com a vara que se ensina a regra); depois passou a designar igualmente os textos que eram considerados uma manifestação direta de Deus e, como tal, eram compilados, constituindo a Sagrada Escritura. E exatamente desse modo há os textos canônicos dessa religião chamada cultura.

Por certo, aquilo que hoje é canônico não é determinado por papas nem por padres, mas foi sendo filtrado pela evolução, que continua o seu caminhar. Ainda que possamos influenciar esse processo, não podemos dirigi-lo. O saber cultural é o resultado de um permanente processo de sedimentação, uma espécie de morena terminal, que foi sendo deixada pela água do degelo de um consenso geral. E, assim como os dogmas fundamentais da religião, esse consenso só é capaz de formar uma comunidade se não for questionado.

O resultado disso é a divisão dos homens em integrados e marginalizados, pois é somente por meio de uma nítida delimitação que um grupo consegue formar o perfil a partir do qual reconhece a sua identidade e os seus ideais. Isso faz com que os excluídos da cultura tenham o anseio de fazer parte dela.

Ao mesmo tempo, a validade evidente do cânone cultural torna-o mais suscetível a abalos. Isso constitui um paradoxo apenas aparente, pois faz com que seja superada a contradição representada pelo fato de o cânone ter validade eterna, embora a cultura tenha de continuar se desenvolvendo. Portanto, o efeito perturbador de um contraprograma que questione os cânones culturais será tanto maior quanto mais esses cânones queiram arrogar para si uma validade inquestionável. Por essa razão, a filosofia ou a literatura de hoje não têm inimigo maior do que a filosofia e a literatura do futuro. E na cultura ocorre exatamente o mesmo. Por isso, as normas são tão evidentes que sua mera explicitação torna-se perturbadora.

Aquilo que na religião constitui a fé corresponde ao que, na arte, é o gosto; este aniquila qualquer tentativa de fundamentação. *De gustibus non est disputandum*, isto é, gosto não se discute. A mesma função é cumprida na cultura pelo jogo de suposições: a expectativa de que todos saibam tudo.

Isso promove um terrorismo retórico que atemoriza o ignorante. Em um coquetel de intelectuais acadêmicos, não seria insólito que, em uma roda de atentos ouvintes, alguém fizesse a seguinte observação:

"Como vocês sabem, o estruturalismo nada mais é do que um neokantismo camuflado. Naturalmente, vocês irão me perguntar onde está o sujeito transcendental. Admito que talvez não haja sujeito, mas o estruturalismo com certeza é transcendental. E então lhes pergunto: será que a história da cultura não é neces-

CULTURA GERAL

sariamente o hegelianismo do estruturalismo? E isso apesar da virada anti-humanista? E não constitui ele uma mudança que já passou da hora?"

A essas questões alguns dos presentes, pensativos, farão que sim com a cabeça; outros irão murmurar um "ãhã" ou produzirão um ruído como o de uma vaca que se dispõe a mugir, mas acaba mudando de idéia. Tudo isso significa que o assunto está sendo digerido por nossa cabeça, que a idéia que acabamos de ouvir é tão profunda que primeiro precisamos assimilá-la de maneira ordenada etc. Com tudo isso os ouvintes dão a entender que compreenderam perfeitamente a observação. O fato de que, na realidade, nenhum deles tem a menor noção do que está sendo dito permanece dessa forma encoberto a todos os participantes. E, assim, todos juntos, eles formam um abismo de ignorância que o orador transpõe com toda segurança.

Se, contudo, alguém tivesse tido o ímpeto de responder ao orador, essa pessoa jamais diria: "Mas do que afinal o senhor está falando?", ainda que isso expressasse com a máxima clareza o sentimento de todos. Em vez disso, faria uma observação como:

"Do kantismo ao hegelianismo é apenas um passo."

Também poderia dizer:

"Kant e Hegel são dois mundos distintos." Ou: "Não seria o próprio Hegel um kantista encoberto?"

E um comentário como esse iria encantar o orador e causar uma admiração nos ouvintes.

Uma conversa culta não é uma troca de informações. Nada seria mais errôneo do que pensar isso. É algo que mais se parece com um jogo de futebol, em que a pessoa que responde passa a bola para quem fez uma colocação. Para jogar futebol não é preciso examinar a bola e saber se ela é feita de couro ou de material sintético. Também não há jogo se a bola for colocada fora do campo e os times discutirem o sentido das regras do futebol.

Joga bem quem observa o jogador que está com a bola nos pés e, ao recebê-la, devolve-a para ele. O material para se continuar no jogo é obtido a partir das contribuições daquele que está com a palavra. Em caso de emergência, basta ter bons reflexos. Quase todas as palavras podem ser tomadas e dotadas de um ponto de interrogação: "Já passou da hora? Camuflado? Sem sujeito, mas transcendental?" Não é absolutamente necessário saber o que tudo isso significa; ao contrário, quando não se sabe, a atenção prestada parece maior. Apesar disso, naturalmente não se pode participar do jogo da cultura sem saber absolutamente nada. Afinal, esse jogo tem uma função determinada e elementos próprios.

PODER

O saber das pessoas cultas

Imaginemos um tabuleiro de xadrez ao final de uma partida. As peças brancas que ficaram no tabuleiro além do rei são três peões, um bispo, uma torre e um cavalo; as peças pretas são dois peões, dois cavalos e dois bispos. Esses são os elementos que costumam caracterizar o saber cultural.

Os jogadores são as pessoas cultas. Assim como os primeiros podem perder a maior parte de suas peças, as últimas esquecem a maior parte de seus conhecimentos. Mas as peças restantes lhes conferem uma recordação das que faltam. Essas pessoas sabem, portanto, o que um dia souberam. E a familiaridade com o jogo de xadrez faz com que saibam que o número de figuras canônicas de cada jogador é de dezesseis.

Ao mesmo tempo, a perda das peças não lhes faz esquecer as regras do jogo. Embora tenham poucas figuras, ao final da partida são capazes de jogar tão bem quanto no início. Imaginemos agora que aquele nosso conhecido que se estendera na discussão sobre o estruturalismo e o neokantismo camuflado seja um jogador de xadrez que ainda conserva todas as suas peças, ao passo que seu parceiro só dispõe da rainha. Deixando de lado o fato de que aqui naturalmente não se trata de dar um xeque-mate, o jogador que dispõe apenas da rainha se assemelha àquele participante da conversa que não tem a menor idéia do neokantismo, mas que apesar disso joga bem. Assim como o jogador de xadrez, que por causa da falta de peças não pode tomar a iniciativa e baseia seus movimentos exclusivamente naqueles de seu adversário, o parceiro da conversa limita-se a devolver ao entusiasta do neokantismo a informação que este lhe fornece, enriquecendo-a com sua reação.

Obviamente, para fazer isso, ele precisa de um mínimo de conhecimento, do mesmo modo como o jogador de xadrez ainda precisa da rainha para poder reagir. Mas, sobretudo, ele tem de conhecer as regras do xadrez, e não as conheceria se, no passado, não tivesse tido ele mesmo todas as peças que seu adversário ainda conserva.

Portanto, o saber cultural não se compõe fundamentalmente de meras informações. Ao contrário, como no caso do jogador de xadrez, há uma mistura de regras, informações e visão geral do tamanho do campo de jogo, bem como do número de peças e de seu valor. A partir disso, o participante do jogo da cultura pode recordar o que esqueceu, e, apesar dos conhecimentos falhos, sua capacidade de jogar permanece intacta. Isso leva a outra definição:

Também é culto quem um dia foi culto

Não podemos, portanto, ver o jogo das suposições sempre como uma enganação, embora naturalmente seja difícil vê-lo de outra forma quando é extraído

CULTURA GERAL

de seu contexto. Mais acertada é a comparação com o jogo de pôquer, em que cada um dos jogadores passa para os outros duas impressões diferentes: a de que não tem nenhuma carta importante, mas também a de que tem um *royal flush*. Só que no jogo da cultura é proibido dizer: "Pago para ver."

O principiante deve saber tudo isso, para não tirar conclusões erradas a partir de suas observações. É bem verdade que sua impressão de que os "cultos" muitas vezes não sabem muito e, às vezes, nada sabem em absoluto não é equivocada. E também é certo que eles raramente admitem isso, mas tentam simular o contrário. Apesar disso, seria incorreto alegar que tudo não passa de dissimulação. A segurança com que se consegue enganar o interlocutor é antes um indício de que o enganador conhece bem o terreno da cultura. Assim como Sócrates, ele sabe muito bem aquilo que não sabe. Talvez já o tenha sabido algum dia e irá reconhecê-lo se o outro o colocar sobre a mesa; ou pode conhecer o tipo de informações, assim como um jogador de xadrez conhece quais movimentos pode fazer um cavalo. Para ele, as peças não são montes de informações, mas sim um conjunto de regras. Essas peças poderiam receber nomes à maneira da linguagem indígena ("aquele que dança com lobos"): um cavalo iria, então, chamar-se "aquele que salta sobre as demais peças e avança duas casas à frente e uma ao lado ou o inverso". Isso, porém, seria um detalhamento exagerado, e é mais fácil dizer "cavalo", que significa o mesmo. E esse é novamente o motivo por que se utiliza, na comunicação cultural, uma porção de abreviaturas. Elas constituem sinais de identificação que todo grupo lingüístico desenvolve para que possa distinguir os indivíduos que são externos ao grupo e os que fazem parte dele. Na linguagem dos cultos, a citação serve a esse objetivo. Antigamente, a obra dos clássicos alemães constituía um tesouro de citações: "No lar, manda a mulher virtuosa", dizia em determinadas ocasiões festivas e com bonomia patriarcal o chefe da família, citando a *Canção do sino*, de Schiller. Hoje, isso seria considerado *mega out*, o que constitui um sinal inequívoco de que o antigo cânone cultural pereceu. Porém, imperceptivelmente foi se desenvolvendo um novo tesouro de citações. "Não há vida verdadeira na falsa." A frase de Adorno expressa o sentimento de vida de toda a geração de 1968, e pobre daquele que não a conhece. Nenhuma conversa culta sobre o passado da Alemanha pode transcorrer sem a frase tomada de Brecht: "O colo materno continua fecundo...", e a de Celan: "A morte é um mestre alemão."

Por certo, nem todo o antigo tesouro de citações foi jogado ao mar. Shakespeare, por exemplo, continua sendo citado de modo totalmente incólume, e nossos vizinhos ocidentais conservaram seu próprio cânone. Especialmente nos países de língua inglesa, as pessoas adoram a citação velada, e, na maioria das vezes, é Shakespeare quem a sustém. Por causa da questão do reconhecimento, os

PODER

autores de livros também adoram nomear suas obras a partir de citações dos clássicos. O título da célebre antiutopia de Aldous Huxley, *Brave New World* [*Admirável mundo novo*], foi extraído do poema *A tempestade*, de Shakeaspeare (*Oh, brave new world, that has such people in it*); o título do romance de Robert Penn Warren, *All the king's men* [Todos os homens do rei], procede da obra *Através do espelho*, de Lewis Carroll (*and all the king's horses and all the king's men couldn't put Humpty Dumpty together again*); e o romance de Hemingway sobre a guerra civil espanhola, *Por quem os sinos dobram*, deve seu título a um *Soneto sacro* de autoria de John Donne (*And therefore never send to know for whom the bell tolls; it tolls for thee*).

Na comunicação direta, a citação desempenha, por exemplo, a mesma função de piscar um olho: "Ei, nós nos entendemos perfeitamente, não é mesmo?" Mas pode ser um tanto irritante se alguém nos piscar um olho sem que tenhamos a menor idéia do que essa pessoa quer dizer. Isso também acontece quando temos a impressão de que aquilo que o outro está dizendo é uma citação que, porém, não conhecemos. Nessa situação, é aconselhável comportar-se como no caso da piscadela: dar um sorriso de cumplicidade e demonstrar que se sabe perfeitamente o que está sendo dito. Seja como for, não se deve entrar em pânico ou, de modo exasperado, pedir uma explicação, mas sim esperar. A própria continuação da conversa poderá esclarecer a pergunta. Os sociólogos têm um termo para esse tipo de tática de espera; chamam-na de "Princípio do *et cetera*". Com esse termo, referem-se à capacidade que todos temos de tolerar certo grau de incompreensão na comunicação, na expectativa de que em seguida tudo seja esclarecido. Esse princípio é considerado realista. Só que na cultura é preciso uma tolerância extraordinariamente grande em relação à incompreensão para que se possa aplicar de maneira satisfatória o princípio do *et cetera*.

Justamente porque todos podemos contar com essa tolerância é que o discurso cultural é tão apropriado para o engano. Naturalmente, disso tiram proveito em especial os impostores e as pessoas com tendência para ludibriar os outros. Desse modo, todos podem inventar suas próprias citações. Como já dizia Goethe: "Temos a tendência de recompensar aqueles que pensam grande." Ninguém teria condições de demonstrar que Goethe nunca disse isso, e seria maçante abrir um debate que não pode ser solucionado.

O que foi dito sobre a citação também é válido de modo geral para a função que a literatura cumpre na comunicação entre as pessoas cultas: ela possibilita o entendimento recíproco por meio de abreviaturas.

A literatura torna dignas de nota as relações complexas existentes entre processos sociais e trajetórias pessoais dos indivíduos, dando-lhes uma face e um en-

CULTURA GERAL

dereço. Em suas histórias corporificam-se destinos típicos, que depois adquirem uma fisionomia concreta graças aos personagens correspondentes: Hamlet, Don Juan, Fausto, Shylock, Robinson Crusoé, Dom Quixote, Édipo, Lady Macbeth, Ana Karenina, Romeu e Julieta, Alice no País das Maravilhas, Frankenstein etc. Assim como as pessoas reais, essas personagens são um "condensado de informações": em conjunto, formam um círculo de amizade compartilhado por todos os membros de uma sociedade. Sendo assim, a crítica literária é bisbilhotice a respeito dos conhecidos em comum, e os que dela participam podem comparar seus julgamentos com outros.

Certamente há um grande preconceito tanto contra a bisbilhotice como contra a literatura. Trata-se de um preconceito machista, que parte da afirmação de que tanto a bisbilhotice como a literatura não seriam coisas efetivamente sérias, mas sim um passatempo de mulheres. De fato, as mulheres lêem mais do que os homens, pois se interessam mais por histórias, por pessoas e por seus destinos. Mas que todos os homens ouçam o seguinte: se não for por meio das histórias, não temos como observar o "tempo". Somente as histórias mostram a lógica do desenvolvimento de certos processos. É somente por meio delas que conseguimos captar certos processos não lineares, por exemplo as profecias que se cumprem por si mesmas, como a suposição: "Todos me tomam por louco." Quem for dominado por essa idéia logo terá razão. E somente por meio das histórias que observamos nos outros somos capazes de observar os processos em que nós mesmos estamos imersos.

Se, por exemplo, não conhecemos o *Dom Quixote*, é mais fácil envolvermo-nos em lutas contra moinhos de vento. Se não tivermos lido *As bruxas de Salém*, de Arthur Miller, talvez nos tornemos mais rapidamente membros de uma corja inconsciente à caça de uma vítima de perseguição. É somente por meio da leitura de textos literários que conseguimos obter uma distância em relação a nós mesmos. E, às vezes, uma filha que coloca o pai em um asilo pode ver as coisas de maneira bem diferente depois de assistir à peça *O rei Lear*, de Shakespeare.

Certamente temos de admitir que hoje os meios de comunicação, sobretudo o cinema e a televisão, assumiram em grande escala a tarefa de satisfazer a demanda que a nossa sociedade tem por histórias. No entanto, existe algo que só o romance escrito pode mostrar com toda clareza: uma visão interna da personagem. Somente o romance consegue fazer com que sintamos e vivenciemos o que é ser uma vítima de perseguição. No cinema, vemos de fato a personagem perseguida em todas as suas situações e podemos nos identificar com o seu destino, contudo, só a observamos de fora. No romance, ao contrário, vivenciamos a perseguição como a própria vítima a vivencia, ou seja, enxergamos o mundo a partir de seus olhos e compartilhamos suas experiências.

PODER

Assim, o romance é único. Ele torna possível algo que não existe nem em outro gênero da arte, nem na realidade: vivenciar o mundo a partir da perspectiva de outra pessoa e, ao mesmo tempo, observar essa experiência.

Mas a cultura literária apresenta certa característica insidiosa: não se pode obrigar ninguém a ler. Ler tem de ser um ato voluntário. Nesse sentido, a literatura é como o amor: deve seduzir-nos à leitura. Ler porque é preciso significa o mesmo que tornar o amor uma obrigação conjugal.

Essa necessidade de que a leitura seja uma atividade voluntária, porém, faz da literatura um método de avaliação muito cruel, pois não basta ter boa vontade. A prova da sensibilidade está atrelada à da espontaneidade. Não devemos nos apaixonar continuamente, mas, se não nos apaixonarmos ao menos uma vez, isso lançará uma luz sombria sobre nossa alma. Do mesmo modo, não precisamos ler todos os grandes romances, mas quem não leu nenhum é uma espécie de homem de Neandertal.

Disso se deduz um sóbrio conselho, dirigido sobretudo aos homens (as mulheres lêem de um jeito ou de outro). Assim como antigamente, para ser iniciado nos segredos do amor carnal, o jovem era enviado a um bordel, onde, mediante pagamento, uma experiente cortesã cuidava para que ele superasse a inibição, todos deveriam da mesma forma sentir o dever de iniciar-se na literatura lendo um grande romance, para depois seguir seus próprios impulsos. O leitor pode, então, dizer aliviado: "Nunca mais!", ou, ao contrário, tomar gosto pela leitura. De qualquer forma, com a leitura de um grande romance, ele terá, no jogo da cultura, transposto os limites entre a cultura literária e a não-cultura. Suponhamos que o romance que ele leu seja *O homem sem qualidades*, de Musil – o que, aliás, seria uma escolha extraordinária, pois esse romance não foi lido por quase ninguém –, e a conversa no círculo social esteja girando em torno de Kafka, que ele não leu. Apesar disso, ele não precisa necessariamente abrir mão de participar da conversa. Pode dizer frases como:

"Kafka? Ah, sim, não é propriamente um Robert Musil."

Com isso provocará a surpresa do grupo. E mesmo que alguém perigosamente o interrompa, perguntando:

"O que o senhor quer dizer com isso?"

Ele poderá facilmente responder:

"Bem, Musil me convence porque não simplifica as coisas. Já Kafka, naturalmente, é bastante eficaz, mas o que haveria por trás de seus efeitos?"

Um comentário como esse nunca pode ser errado. E a qualquer outra réplica ele poderia responder fazendo referência a *O homem sem qualidades*. Musil irá tornar-se para ele a sua fortaleza, a partir da qual ele poderá empreender seus ataques e comentar todo e qualquer escritor desconhecido para ele, voltando a refugiar-se imediatamente nela quando estiver em perigo. Se conhecermos vários

CULTURA GERAL

grandes romances, a conversa literária irá progredir a um jogo de beisebol. Imaginemos que o conhecedor de Musil também tenha lido Joyce, Dos Passos e Flaubert (um jogo de beisebol tem três bases além da inicial) e esteja na posição do batedor (*batter*), que espera a bola. Então, o lançador (*pitcher*) arremessa-lhe a bola de nome Kafka. Ele a rebate para bem longe, para que tenha tempo de correr de sua "base inicial, Musil", até a próxima base, "Joyce", e talvez ainda até "Dos Passos" e "Flaubert" e de volta à base inicial, até que o adversário tenha devolvido a bola "Kafka", com a intenção de colocá-lo para fora de uma base. Para que faça essa corrida de volta à base inicial, naturalmente é necessário que o jogador, com sua resposta, atinja a bola em cheio. Nesse tipo de exercício, pode ocorrer que de fato encontremos prazer na literatura e, então, tudo se resolve por si só. Certamente, a visita ao bordel foi decisiva, mas o efeito produzido por ela apaga os seus rastros. A partir de então, o amor assume o comando.

Essa analogia não é arbitrária: em nenhuma outra parte aprendemos tanto sobre o amor como na literatura. Isso se deve ao fato de a literatura se parecer com o amor. Ela nos seduz a conviver junto com os personagens, apela para a fantasia e torna a vida menos banal. A literatura, assim como o amor, cria uma forma de intimidade. Conhecemos os personagens literários melhor do que a nós mesmos. Talvez essa proximidade seja a razão pela qual as mulheres se interessem mais por literatura do que os homens. Por isso, os homens precisam primeiro iniciar-se na arte do amor à literatura.

Arte

Para aquele que se esforça para adquirir cultura, é mais fácil aprender o discurso da arte. Deve-se manter o silêncio. O local desse silêncio é o museu. Ele se desenvolveu a partir do templo em que se veneravam os deuses. Esses deuses transformaram-se em divindades da arte. Reflexivos, colocamo-nos diante de suas obras e nos calamos. Afinal, o silêncio é sinal de profunda comoção. No fundo, as pessoas comportam-se como na igreja: mergulham na reflexão diante das imagens sagradas. Não é à toa que a pintura também começou como decoração dos altares das igrejas.

Essa contemplação silenciosa requer um esforço extraordinário. Muitas pessoas já ficam esgotadas no mesmo instante em que pisam no museu. Outras têm, após poucos minutos, uma visão da cafeteria. Isso tem relação com o fato de que, diante dos quadros, temos de abrir mão da visão cotidiana e substituí-la por uma visão festiva. Normalmente, dividimos aquilo que vemos em relevante e irrelevante. E, com isso, dividimos nosso entorno em primeiro e segundo planos. Imaginemos que eu queira dar à minha namorada uma bolsa como presente de aniversário. Sei que a bolsa deve ser simples, não muito grande e de couro escuro. Então, olho as vitrines à procura de uma bolsa com esse aspecto, enquanto meu

PODER

foco, assim como o de uma lanterna, passeia sobre todas as bolsas passíveis de serem compradas, ao passo que o restante dos objetos mergulha no segundo plano. Isso dura até que o cone de luz se fixe em uma bolsa específica, que será mais bem examinada. Depois de mantê-la por um longo tempo em primeiro plano, posso ou entrar na loja, ou seguir à procura de outra.

Já no museu, esse método não funciona. Na arte, nada há que seja irrelevante. Tudo é igualmente importante. Por isso, não há primeiro nem segundo plano: temos de ver tudo ao mesmo tempo. As pupilas se dilatam, a visão dos quadros torna-se difusa, tentamos ainda assim fixar a visão, começamos a ter vertigens, procuramos um lugar para sentar, não encontramos nenhum, ao contrário, só vemos quadros por toda parte; numa alucinação, vemos algumas cadeiras, e logo *A ronda noturna* de Rembrandt se perde na penumbra e a visão da cafeteria apodera-se de nós. Então, meio zonzos, dizemos a nosso acompanhante: "Vamos tomar um café?" E esse responde: "Mas já? Faz apenas cinco minutos que chegamos."

Desse modo, para a arte precisamos sobretudo de resistência física, ou então aprendemos a nos abster da visão típica empregada nos museus e nos atemos à nossa percepção cotidiana. Isso é mais fácil conseguir quando aprendemos algo sobre a linguagem pictórica. Na pintura antiga, essa linguagem é simbólica; nela, uma coruja significa sabedoria, um cão, melancolia, um tridente nas mãos indica, como no caso de Netuno, que o seu portador domina os mares, que ganhou batalhas navais etc. Essa iconografia da pintura tradicional do Renascimento e do barroco é extraída da mitologia antiga, da filosofia neoplatônica e, naturalmente, da Bíblia, sendo que freqüentemente é obscura, oscilante e variada, mas pode servir para analisar e, de certo modo, ler o que vemos. Isso possibilita a compreensão e nos liberta do estado de vulnerabilidade típico de quem está com o olhar fixo e meditativo.

Também é possível atravessar todo o museu sem olhar nem para a direita, nem para a esquerda, porque estamos procurando apenas um pintor, como Hieronymus Bosch, ou um quadro, como *A carroça de feno*, ou então uma sala com as paisagens pintadas por Canaletto.

Essa recuperação da visão normal tem a vantagem de ser adequada à apreciação da arte moderna (aproximadamente a partir de 1900). Em uma galeria de arte moderna, quem contempla fascinado e pensativo um monte de sucata ou uma mancha de gordura emoldurada transfere a atitude que se deve ter ante a arte tradicional para a arte moderna. Com base na expressão facial do observador, podemos ver que não entende nada e que nem sequer se dá conta dessa situação. (→ História da arte)

Do lado de fora do museu, lugar em que podemos voltar a falar novamente, o discurso sobre a arte continua sendo relativamente mudo. A única coisa que

373

CULTURA GERAL

precisamos ser capazes de fazer é reconhecer o pintor. De qualquer forma, as pessoas de hoje estão acostumadas a reconhecer, já que exercitam a arte do reconhecimento com as marcas dos artigos de consumo. Assim como reconhecemos uma roupa da marca Burberry ou Chanel, também reconhecemos um Rubens, um Van Dyck, um Watteau, um Gainsborough, um Matisse, um Degas, um Renoir e um Manet. E podemos correlacioná-los às modas da história dos estilos: o barroco, o rococó, o estilo imperial e o impressionismo.

Filosofia e teoria

No jogo da cultura, a filosofia aparece apenas como pano de fundo, como uma espécie de caixa de ressonância para aquilo que chamamos de panorama teórico atual. A menos que sejamos filósofos profissionais ou admiradores de Descartes ou Platão, o conhecimento da filosofia existe apenas como pano de fundo do mercado atual de opiniões e debates teóricos.

Também houve um tempo em que a filosofia se relacionava com quase todos os assuntos possíveis: política, sociedade, ética, vida boa, natureza etc. Mas tudo lhe foi subtraído pelas ciências naturais e pelo espírito da época. E só o que lhe restou foi a pergunta acerca do próprio pensamento. Em termos gerais, a filosofia só é interessante como teoria do conhecimento. Ela está voltada para a seguinte questão: como funciona nossa capacidade cognitiva?

Se também restringirmos a história da filosofia a esse ponto de vista e a analisarmos a partir dele, ela só é interessante até Kant. No restante, a filosofia foi se desvinculando daquilo que hoje chamamos de teoria: uma confusa mistura de ciência, ideologia e filosofia, que se cristaliza respectivamente na forma de diferentes escolas do pensamento.

Tais escolas dominam o mercado de opiniões e, ao mesmo tempo, competem entre si como gangues rivais. Portanto, se conseguem o domínio é porque dispõem de armas. Estas são os conceitos. Com os conceitos elas têm autoridade para definir normas, vocabulários, descrições, problemas, questionamentos e sistemas de referência.

As gangues têm nomes. Assim, há a gangue dos estruturalistas, que já é relativamente antiga; ou a dos construtivistas radicais, que ainda está em processo de expansão; a dos teóricos do sistema, que se aliou aos construtivistas radicais; a dos neomarxistas, que se compõe apenas de veteranos; ou a dos desconstrutivistas, que com as do multiculturalismo, do feminismo e da teoria do discurso forma uma espécie de federação das gangues, em que a teoria do discurso, por sua vez, integrou membros isolados de gangues que ficaram sem pátria após o declínio da Escola de Frankfurt.

O mais eficiente, mais breve e, ao mesmo tempo, mais firme caminho para se atingir a cultura é filiar-se a uma dessas gangues. É preciso observá-las por um

PODER

tempo, escolher a mais simpática e apropriar-se de seu arsenal armamentista. Isso implica necessariamente conhecer de fato sua estrutura conceitual. Tão logo tenhamos interiorizado seu sistema conceitual e sejamos capazes de manejá-lo, faremos parte das respeitadas figuras do cenário teórico. Então, já não precisaremos temer ninguém e poderemos andar livremente de cabeça erguida. Em caso de dúvida, só precisamos mostrar as armas para sermos respeitados.

Desse modo, dominar uma teoria é mais fácil do que se pensa, e ainda mais fácil quanto mais ambiciosa ela for. Isso parece um paradoxo, mas não é. Uma teoria com grandes pretensões rompe completamente com a tradição e cria fundamentos totalmente novos. Portanto, quem não conhece absolutamente as tradições tem aqui uma vantagem. Não há problema algum em não ter esses conhecimentos prévios; ao contrário, isso torna desnecessário mudar de opinião. Uma teoria realmente boa cria um mundo novo. Por isso, é recomendável que quem quer ter acesso à cultura comece especialmente por aqui. Tudo o que essa pessoa precisa é tenacidade e vontade de impor-se.

Nesse processo, tal pessoa deve procurar uma teoria relativamente recente, pois são estas que mais se deslastraram. A pessoa poderá, então, crescer junto com a teoria. No entanto, o primeiro critério de escolha deveria ser o fato de a teoria exercer sobre a pessoa certo apelo sexual, certa atração erótica. Não é necessário saber por que ela o exerce. Ao contrário, se a pessoa soubesse, provavelmente o apelo sexual iria desaparecer. Se a teoria aborda um problema que também é enfrentado por essa pessoa e que lhe provoca uma tensão contínua ou lhe causa íntima preocupação, isso é um indício de que ela está diante da teoria adequada. Se a teoria solta uma faísca, a mensagem é: "Agarre-a! Esta é a sua teoria!"

E depois tudo transcorre como no amor: a teoria é assediada, adulada, observada, acariciada, examinada de todos os ângulos e contemplada. Então vem a briga e, em seguida, as crises, as críticas e as reconciliações. E, finalmente, o matrimônio.

Ao casarmos com uma teoria, adquirimos a cidadania no país da cultura. E digo mais uma vez: tal relação é o caminho mais rápido, mais direto e mais sólido. É o caminho estrategicamente mais inteligente e apropriado para as pessoas capazes de amar e de lutar.

I. A CASA DA LINGUAGEM

Somente a língua faz de nós seres humanos. Isso é válido tanto para a língua dos surdos, com sua gramática especial, como para a articulada, com a qual iremos nos ocupar aqui. Somente a língua nos distingue dos animais. Como um sistema de signos, no qual os símbolos assumem significados objetivos, ela difere radicalmente do intercâmbio de sinais praticado pelos animais. Quando um cão adverte outro cão rival, rosnando para ele, provoca neste último a reação adequada: fugir com o rabo entre as pernas. Mas esse efeito não é provocado nele mesmo, ou seja, o cão não tem medo de seus próprios rosnados. Estes não significam o mesmo que para o cão que fugiu. Eles não compartilham o mesmo significado e não habitam o mesmo mundo.

Com os seres humanos, as coisas são bem diferentes: na língua articulada, o falante escuta a si mesmo e percebe sua expressão como algo próprio que se tornou alheio. Compreende o que disse tanto quanto seu interlocutor. O fato de ambos entenderem a mensagem aproximadamente do mesmo modo faz com que o emissor possa colocar-se no lugar do receptor e prever a sua reação. Isso lhe possibilita controlar sua própria expressão, o que, por sua vez, também lhe permite "querer dizer". Assim, sua expressão deixa de ser apenas um sinal arbitrário de um estado anímico, como o enrubescimento, e torna-se "intencional". Essa conexão estabelece o significado "objetivo" de um enunciado lingüístico, que é igualmente entendido por ambos os interlocutores. Somente isso justifica a posição especial do homem em relação aos animais. Notemos que:

- por meio da língua, o homem consegue criar um mundo paralelo e simbólico, que ele compartilha com outros homens;
- nesse mundo paralelo são possíveis algumas coisas que não existem no mundo real: por exemplo, negar. "O cão não mordeu o homem"; a nega-

CULTURA GERAL

ção nos permite criar mundos virtuais, irreais, possíveis, fictícios e fantásticos;

– é somente por meio desse mundo paralelo que o ser humano consegue assumir o papel do outro e compreendê-lo;

– o significado objetivo de um símbolo é a base de toda objetividade e de toda instrumentalização, desde o martelo, passando pela escrita, até a ciência;

– por meio da língua podemos dar uma forma mais precisa a nossos difusos estados anímicos e torná-los acessíveis à nossa própria percepção; com isso, a língua torna possível o pensamento e a reflexão.

Isso tem conseqüências de amplo alcance:

– quem não consegue dominar perfeitamente sua língua e não é capaz de se expressar corretamente também não é capaz de pensar corretamente;

– aquele a quem estão vedadas todas as províncias da língua só participa da sociedade de forma limitada; todo um continente de símbolos lhe permanece inacessível;

– quem só consegue articular-se de modo deficiente também tem uma visão muito obscura de seu próprio mundo interior.

Pigmalião, uma comédia de George Bernard Shaw, mostra o que significa criar um novo mundo a partir da conquista de esferas da linguagem até então inacessíveis. A peça conta a história de Elisa, uma florista a quem o foneticista Higgins ensina um inglês tão perfeito e elevado que, no baile do embaixador, ela consegue fazer-se passar por duquesa. Baseando-se nessa obra, Lerner e Loewe compuseram o musical *My Fair Lady*, que foi filmado com Audrey Hepburn e Rex Harrison nos papéis principais. No filme, há uma cena em que Elisa está a ponto de chorar por causa da pressão do exercício, e Higgins precisa novamente animá-la. Numa adaptação (alemã) atualizada, essa cena transcorre da seguinte forma: "Sei que você está cansada e com dor de cabeça. Sei também que seus nervos estão à flor da pele. Mas pense bem: com o que você está lidando? Com a majestade e a grandiosidade da língua, a maior dádiva que Deus nos deu. Sem ela, não conseguiríamos penetrar o coração de nosso próximo nem compartilhar nosso mundo. Ficaríamos fechados dentro de nossa miserável alma e vagaríamos em um mundo desolador como animais solitários. Somente essa misteriosa mescla de sons tem a capacidade de criar para nós um mundo de sentidos e significados. E é esse mundo que você tem de conquistar."

Por essa razão, o caminho ideal para se chegar à cultura é a língua. Ela nos deve ser tão familiar como nosso apartamento ou nossa casa. Não precisamos

PODER

usar permanentemente todos os cômodos. O porão dos jargões, a lavanderia dos arroubos sentimentais e o cômodo que abriga os acessos de paixão não são tão freqüentados como a cozinha da linguagem cotidiana, o dormitório da conversa familiar do dia-a-dia e a sala de estar do convívio social normal. O mesmo pode ser dito sobre o sótão, construído para guardar as expressões formais e emotivas, bem como sobre o quarto de hóspedes, que abriga uma conversação de nível elevado, repleta de palavras estrangeiras. Porém, todos os cômodos e andares da edificação chamada língua devem ser igualmente acessíveis; temos de saber circular por eles com familiaridade, habilidade e até com a segurança de um sonâmbulo.

Com seus diferentes registros, a língua também reproduz as várias esferas da sociedade e seus cenários: no escritório, utilizamos uma linguagem diferente daquela que usamos em casa e, em um enterro, uma linguagem diferente da que usamos em um balneário. Existem evidentes distinções no nível da linguagem: em um congresso científico, nosso comportamento verbal é diferente do empregado em uma roda de amigos, em nossa mesa cativa no bar; e, num debate literário, é diferente daquele que empregamos em uma discoteca. Para cada ocasião e para cada esfera há diferentes registros correspondentes, bem como o linguajar adequado, com o seu vocabulário próprio. Para quem não tem acesso à linguagem adequada, parte da sociedade lhe permanece fechada. Quem, porém, mora na casa da linguagem tem acesso livre a todas as esferas sociais: em princípio, tal pessoa não está excluída de nenhuma delas, pois não está fechada a nenhuma experiência. Isso não significa que ela reside em todas as esferas de uma só vez. Assim como não é possível morar em várias casas ao mesmo tempo, também não é possível ser simultaneamente diretor de um departamento ministerial, ator e operador de guindaste. Contudo, podemos nos reservar o direito de manter contato com essas esferas e de nos entendermos com elas sem problemas nem constrangimentos. O mesmo se diga quanto às situações e ocasiões que vão do congresso científico até a festa na empresa. Nesses casos, não precisamos imitar a linguagem utilizada em cada área, assim como não precisamos adotar a gíria dos adolescentes para lidar com eles quando já chegamos aos quarenta anos. O que devemos fazer é sintonizarmo-nos lingüisticamente com eles, e não usar uma linguagem que nos coloque acima deles. Isso não nos faz negar nossa identidade, mas com a mudança do registro mudamos os papéis. Quem é lingüisticamente limitado também sofre limitações sociais.

Portanto, a língua é expressão de identidade. E a identidade, por sua vez, não é um papel, mas o estilo em que determinado papel é desempenhado. Na arte renascentista, o estilo foi designado em italiano como *maniera*: era a mesma palavra que também designava os modos de uma pessoa. As maneiras caracterizam o estilo com o qual o indivíduo se apresenta perante os demais. Ambos – estilo e maneiras – fazem com que aquilo que é artificial pareça natural. Isso também é válido

CULTURA GERAL

para a língua. Aquilo que foi adquirido com esforço e exercício deve depois parecer natural. O esforço deve, assim, permanecer encoberto por trás da impressão de simplicidade. Dominar todos os níves de linguagem é considerado óbvio.

Isso fundamenta o *primeiro mandamento da língua*:

Nunca diga que o nível de linguagem do seu interlocutor é diferente do seu ("Infelizmente não posso manter uma conversa tão elevada quanto a do senhor", ou: "Perdoe-me, mas será que o senhor pode me dizer o que significa essa palavra? Infelizmente não sou tão culto!") e nunca o acuse de praticar terrorismo lingüístico ou, por exemplo, de ostentar uma linguagem imponente, nem diga que você suspeita de que ele esteja tentando rebaixá-lo. Se a suspeita for infundada, você dará a entender que não está à altura para a conversa; se proceder, você estará fazendo o mesmo, e, além disso, seu adversário terá alcançado seu objetivo. Seja como for, a situação é desagradável, não pelo fato de seu interlocutor tê-lo surpreendido, mas por ele perceber que está lidando com uma pessoa insegura do ponto de vista lingüístico e cultural e que deve ser tratada com cautela. Ainda que lhe seja sofrível uma situação lingüística como essa, parodie ao máximo a forma de falar do interlocutor, tente excedê-la, evitá-la, mas nunca questioná-la.

Se de fato ocorre com freqüência de você se sentir inseguro ao falar, é sinal de que há áreas problemáticas com as quais você deveria preocupar-se. A seguir, são nomeadas as mais importantes.

Palavras estrangeiras

Muitas pessoas sentem claramente uma barreira lingüística quando não compreendem o vocabulário de um interlocutor. Isso pode acontecer quando este último utiliza uma série de palavras estrangeiras. A reação mais comum é criticar o modo de falar do outro: "Será que ele não pode expressar-se em nossa língua?" Com isso, apenas transferimos a aversão contra as palavras estrangeiras que não compreendemos para a pessoa que as utiliza. Entretanto, isso não invalida o *segundo mandamento da língua*:

Mesmo que o emprego de palavras estrangeiras muitas vezes seja supérfluo, não podemos deixar de compreendê-las. Ainda que constituam estrangeirismos, tais palavras pertencem à nossa língua, do mesmo modo como os imigrantes que adquiriram a nossa cidadania. Quem é contra as palavras estrangeiras também é contra os estrangeiros.

A alergia a palavras estrangeiras está relacionada ao medo do desconhecido. Dela sofrem principalmente aquelas pessoas que não conhecem nenhuma língua estrangeira. E o mais fatídico é que o medo as delata.

As línguas são mais fáceis de serem aprendidas do que se costuma acreditar. Grande parte da necessidade diária em termos de compreensão é satisfeita com

PODER

um vocabulário relativamente parco, que, contudo, presta muita ajuda. Só o que a palavra *pôr* pode conseguir na combinação com diferentes prefixos é espantoso: antepor, apor, compor, depor, dispor, expor, impor, propor, repor, supor..., e todas as palavras aparentadas a ela, como disponível, composição etc.

Ao mesmo tempo, grande parte da significação já é estabelecida por meio de uma combinação de categorias de palavras, cuja flexão está sujeita a regras mais ou menos fixas: "Eu (pronome) preciso (verbo auxiliar) lavar (verbo principal) o (artigo) carro (substantivo) azul (adjetivo)." Sou capaz de identificar essas categorias de palavras mesmo desconhecendo os significados dos substantivos, dos verbos e dos adjetivos.

Tiremos a prova com a tradução de um célebre poema *nonsense* do inglês (primeira estrofe):

> Era briluz. As lesmolisas touvas
> roldavam e relviam nos gramilvos;
> estavam mimsicais as pintalouvas,
> e os momirratos davam grilvos.

Qualquer pessoa que domine o português reconhecerá imediatamente que se trata da língua portuguesa, embora essa pessoa possa obter apenas uma imagem confusa da situação descrita. Também reconhecerá que essas são frases do português, e sua estrutura gramatical as eleva acima de um mero amontoado de palavras. E deduzimos isso a partir das combinações de palavras e de seus sufixos, que são sempre os mesmos.

Em inglês, o mesmo poema tem um aspecto bem diferente:

> *'Twas brillig and the slithy toves*
> *did gyre and gimble in the wabe*
> *all mimsy were the borgoroves*
> *and the mome raths outgrabe.*

Admitamos: trata-se de um inglês poético um tanto antiquado; é o que se nota a partir da contração *'Twas*, para *it was*, do *did* enfático em *gyre and gimble*, embora não se trate nem de uma pergunta, nem de uma negação (lembremos da regra: na negação e na pergunta, o verbo deve ser precedido pelo auxiliar *to do*: *Do you understand?*), nem da antiga forma do imperfeito *outgrabe*. Evidentemente, continuamos sem saber o que quer dizer o texto. Voltemos à sua versão original:

381

CULTURA GERAL

Coesper erat: tunc lubriciles ultravia circum
Urgebant gyros gimbiculosque tophi;
Moestenui visae borogovides ire meatu;
Et profugi gemitus excrabuere rathae.

Reconhecemos imediatamente que isso é latim. E o mesmo podemos dizer do francês:

Il était grilheure; les slictueux toves
Gyraient sur l'alloinde et vriblaient:
Tout flivoreux allaient les borogoves;
Les verchons fourgus bourniflaient.

Em suma, podemos constatar o seguinte: a língua trabalha de modo muito mais econômico do que talvez possamos pensar. Primeiramente, o léxico não é tão grande quanto parece: muitos vocábulos são, na verdade, membros de famílias que se formaram a partir de uma mesma raiz. Há enormes clãs e grupos de palavras, cujo parentesco ainda é visível. E, então, um número relativamente reduzido de formas (declinações de substantivos em algumas línguas e conjugação de verbos: eu vou, tu vais...) é suficiente para podermos combinar as palavras sempre de maneira diferente. E o mais fantástico é que, nesse processo, nos é fornecido um excedente de informação; recebemos duas ou três vezes a mesma informação, como na frase "roldavam e relviam nos gramilvos". O plural é expresso três vezes; segundo as terminações em "m" de "roldavam" e "relviam" e em "s" de "gramilvos". Mas por que esse desperdício? Resposta: para poder compensar eventuais perdas de informação por meio das chamadas redundâncias. E o que são redundâncias? É fácil deduzir: já identificamos o "re-" como preposição que se transformou em prefixo; o "d" foi introduzido pelo próprio espírito da língua, pois, do contrário, duas vogais teriam ficado lado a lado (re-undância). O radical é oriundo do latim *unda*, que no francês fica *onde* e, no português, *onda* (originando a palavra *ondular*). Trata-se, portanto, da contínua formação de ondas, e isso significa excesso e repetição. Como se diz, a língua é redundante; ela nos abastece com um excesso de informações que facilitam o entendimento.

Desse modo, a língua fez muitos esforços por nós, e o resto do trabalho fica por nossa conta.

Para tanto, façamos um pequeno exercício de descontração lendo todo o poema *nonsense*, que leva o título *O Jaguadarte*:

382

PODER

Era briluz. As lesmolisas touvas
Roldavam e relviam nos gramilvos
Estavam mimsicais as pintalouvas
E os momirratos davam grilvos.

"Foge do Jaguadarte, o que não morre!
Garra que agarra, bocarra que urra!
Foge da ave Felfel, meu filho, e corre
Do frumioso Babassurra!"

Ele arrancou sua espada vorpal
E foi atrás do inimigo do Homundo.
Na árvore Tamtam ele afinal
Parou, um dia, sonilundo.

E enquanto estava em sussustada sesta,
Chegou o Jaguadarte, olho de fogo,
Sorrelfiflando através da floresta,
E borbulia um riso louco!

Um, dois! Um, dois! Sua espada mavorta
Vai-vem, vem-vai, para trás, para diante!
Cabeça fere, corta, e, fera morta,
Ei-lo que volta galunfante.

"Pois então tu mataste o Jaguadarte!
Vem aos meus braços, homenino meu!
Oh dia fremular! Bravooh! Bravarte!"
Ele se ria jubileu.

Era briluz. As lesmolisas touvas
Roldavam e relviam nos gramilvos
Estavam mimsicais as pintalouvas
E os momirratos davam grilvos.

Quem escreveu esse poema? Não é fácil dizer. Há um poema semelhante em inglês (citamos sua primeira estrofe), que foi composto por Lewis Carroll para que a pequena Alice o encontre em versão invertida no país situado do outro lado do espelho. Na versão brasileira, usamos a tradução realizada por Augusto de Campos.

CULTURA GERAL

Sintaxe e vocabulário

Ao abordarmos os estrangeirismos, fomos aos poucos intuindo o princípio que rege a língua: o gênero. Empregamos essa imagem para tornar inteligível o caráter produtivo da língua. O princípio masculino da seleção do vocabulário a partir de um léxico associa-se ao princípio feminino da combinação das diferentes classes de palavras na construção da frase. O poema anterior mostrou-nos com muita clareza esse princípio feminino de combinação na sintaxe, porque realizou uma espécie de inseminação artificial e deixou a seleção em aberto: as palavras que efetivamente foram colocadas no lugar das classes de palavras previstas não constam do dicionário, mas apenas simulam as palavras reais. O resultado é o *nonsense*. Com isso, porém, o princípio da sintaxe é isolado e se nos apresenta de modo ainda mais claro.

O princípio feminino da sintaxe é muito delicado. Ele nos mostra muito rapidamente se o falante domina ou não a língua; os erros de gramática logo saltam aos olhos e desacreditam o falante. Às vezes, esses "erros" são parte integrante de uma "linguagem vulgar", específica de uma região ou de um determinado grupo social (hoje em dia, tais linguagens são denominadas de modo menos discriminador como "socioletos"). No português do Brasil, poderíamos citar erros como os de concordância ("A gente vamos"), erros de utilização do pronome átono ("Este trabalho é para mim fazer"), entre outros*. Quando alguém ingenuamente comete um erro como esse, isso o desqualifica a tomar parte da comunicação de nível elevado.

No entanto, mesmo dentro do espectro da correção ainda há uma ampla margem para as diferenças. A mais clara é aquela entre as orações principais simples e as mais complexas, que englobam orações subordinadas. Visto que as orações subordinadas e a oração principal nunca se situam no mesmo patamar lógico, ao procedermos a construções frásicas mais complexas, demonstramos ser capazes de fazer malabarismos com os níveis lógicos.

Normalmente as orações subordinadas iniciam com um pronome relativo ou uma conjunção. O pronome relativo refere-se simplesmente à palavra a que a oração subordinada se refere (o homem, *que* me salvou...), já a conjunção designa a relação lógica que a oração subordinada mantém com a oração principal. Tais conjunções são: embora, porque, uma vez que, para que, de modo que, como, conforme, enquanto, antes que, ainda que, ao passo que etc. Vemos que se trata de expressões que definem relações de causalidade, temporalidade, concessão, finalidade e conseqüência. "Porque" indica causalidade, "enquanto", tempo-

---

* Trocamos os exemplos originais do idioma alemão por outros do português do Brasil, que ilustram a realidade lingüística de nosso país. [N. da T.]

384

PODER

ralidade, "embora", concessão, "para que", finalidade e "de modo que", conseqüência. Desse modo, temos:

Rezou tanto que teve de fumar [para conseguir relaxar]. (Consecutiva)
Embora rezasse, fumava. (Concessiva)
Rezava porque fumava. (Causal)
Rezava para que pudesse fumar. (Final)
Rezava enquanto fumava. (Temporal)

O que acontece, porém, com a seguinte piada?

"Num seminário, o porta-voz da classe pergunta ao padre Anselmo: 'Podemos fumar enquanto rezamos?' 'Mas o que você está dizendo?', diz indignado o padre Anselmo. 'Você deve perguntar de outro modo', observa um colega ao porta-voz da classe. Vá até o padre Anselmo e pergunte da seguinte maneira: 'Podemos rezar enquanto fumamos?' 'Mas claro', responde radiante o padre Anselmo."

Devemos sempre ter em mente qual relação lógica as orações subordinadas mantêm com as principais. Se ao falar também empregamos com freqüência uma sintaxe mais complexa, acostumamos nosso cérebro a manejar ao mesmo tempo vários níveis lógicos, elevando igualmente seu próprio nível.

Além da relação entre orações principais e subordinadas, também é preciso que conheçamos os elementos da oração principal, a saber, sujeito, predicado, objeto, adjunto adverbial etc. Por isso, temos o *terceiro mandamento da língua*: tente obter uma visão geral dos elementos que participam da estrutura da oração, de modo que você possa identificá-los a qualquer momento. Para isso, é preciso que você seja capaz de nomeá-los e de entender que funções eles cumprem no conjunto da oração. Somente quando somos capazes disso conseguimos distinguir o sentido de uma frase da forma em que esse sentido foi expresso. Quem consegue isso domina a língua. Por quê? Para responder a essa pergunta, teremos de voltar uma vez mais ao princípio da seleção do vocabulário a partir de um léxico.

O princípio masculino da variação por meio da escolha feita no léxico

Tomemos a frase de Schiller, extraída da obra *Guilherme Tell*:
"O machado em casa poupa o carpinteiro."
Também poderíamos dizer:
"A chave de fenda em casa poupa o eletricista."
Nesse caso, substituí "machado" por "chave de fenda" e "carpinteiro" por "eletricista", sem que a estrutura da oração tenha sido alterada. Com tais substituições, é possível testar se a estrutura permanece idêntica apesar das alterações. E também o inverso: se a estrutura se mantém, ela pode constituir o sustentáculo em que as diferentes formas demonstram ser variantes de valor idêntico.

385

CULTURA GERAL

Desse modo, em vez das duas frases acima mencionadas, também poderíamos dizer:

"A caixa de ferramentas em casa poupa o artesão."

Nesse caso, não há dúvida de que o artesão é a base comum tanto para carpinteiro como para eletricista; o mesmo também pode ser dito para caixa de ferramentas em relação a machado e chave de fenda. O que não mudou foi a estrutura. É ela que oferece a margem para a escolha das variações do léxico. Vemos agora o motivo pelo qual precisamos conhecer os elementos da oração: do mesmo modo como um transplante de órgãos requer um conhecimento de anatomia para que um coração não seja substituído por um fígado, somente conhecendo os elementos da oração podemos determinar o lugar correto onde encaixá-los ao procedermos à sua escolha. E apenas quem consegue separar a estrutura da forma lingüística é capaz de lhe dar uma forma diversa. Mas por que isso é tão importante?

Porque a comunicação sempre exige que essa tarefa seja cumprida.

Imaginemos que um professor, ao dirigir-se à sua sala de aula, ouve subitamente um grito proveniente dela. Ele abre a porta, vê alguns alunos rindo feito idiotas e pergunta: "Mas o que foi que aconteceu?" Imaginemos também que dois alunos, Emílio e Alberto, respondam a essa pergunta de modo totalmente diferente. Emílio diria:

"Aconteceu que o Alberto me disse: 'Você é um medroso.' Então respondi: 'O quê? Eu, medroso, seu idiota? Repita isso e eu parto a sua cara.' Depois ele me desafiou: 'Quer apostar que você não tem coragem de gritar o mais alto que conseguir?' E respondi: 'Você está é querendo tirar sarro da minha cara!' Então ele disse para o Carlos: 'Veja como ele já está tirando o corpo fora.' E gritei: 'Ah! Então estou tirando o corpo fora!'"

E Alberto diria: "Fizemos uma aposta absurda para ver se ele se atreveria a gritar o mais alto que conseguisse."

Qual dos dois é o melhor aluno? Vocês também apostam em Alberto? Por quê?

Correto. Emílio não consegue se desvincular da forma exata em que a cena se passou. Para ele, a estrutura da experiência está completamente fundida na dramaturgia cênica e no diálogo; ele precisa reproduzir toda a cena. Alberto, ao contrário, desvincula a estrutura da forma em que as coisas se passaram, simplesmente caracteriza a situação como "absurda", resume o acontecido e lhe confere uma forma que expressa seu respeito pelo professor, sua distância do acontecido e sua capacidade de ver as coisas de diferentes ângulos. Há muitas pessoas que estão na mesma situação de Emílio. Enquanto não conseguirem sair dessa situação, viverão em um gueto. Elas nem precisam nos mostrar seus boletins comprovando como iam mal na escola, pois já o teremos notado a partir do modo como falam, e emitiremos sobre elas o seguinte juízo: "Gente sem cultura!"

PODER

É por isso que devemos observar o *quarto mandamento da língua*:

Verifique se ao fazer descrições e relatórios você consegue reordenar as coisas e preparar a matéria adequadamente para os ouvintes ou se reproduz os fatos vivenciados com a dramaticidade do tempo real ("Então pensei, ah, meu Deus, pensei..."). Não que reproduzir uma cena vivida por meio de uma apresentação dramática não possa produzir muito efeito, mas o importante é que também se consiga relatar um fato de outro modo.

O caminho ideal para o domínio da língua conduz, portanto, a duas capacidades que já vimos na frase de Schiller, "O machado em casa poupa o carpinteiro": a de combinar elementos tão diferentes como "machado", "em casa", "poupa" etc., e a de dimensionar a seleção dos elementos a partir de um âmbito de escolha de várias possibilidades, por exemplo, "machado", e não "chave de fenda" ou "esmerilador".

Contudo, esses elementos afins não se distinguem apenas por meio de seu significado, mas freqüentemente por meio de um aspecto ligado ao estilo. Embora ambas as frases abaixo tenham o mesmo significado, seu efeito é muito diferente.

Deu-lhe um beijo nos lábios.

Deu-lhe um beijo nos beiços.

O filósofo Bertrand Russell transformou essas diferenças de estilo na *conjugação de um verbo irregular*. O resultado foi o seguinte:

Eu sou tenaz.

Tu és teimoso.

Ele é cabeçudo e um incorrigível imbecil.

Logo em seguida, a revista *The New Statesman* fez um concurso para premiar os melhores verbos irregulares. Estas foram as propostas dos três primeiros ganhadores:

Eu sou persuasivo.

Tu és extremamente falador.

Ele é um bêbado falante.

Eu estou indignado com razão.

Tu estás enfezado.

Ele está fazendo tempestade em copo d'água.

Eu sou exigente.

Tu és complicado.

A ele ninguém consegue agradar.

CULTURA GERAL

Essa forma passou a fazer parte do folclore internacional, de modo que cada um pôde desenvolver suas próprias variações:

Eu sou bonita.
Tu não tens má aparência.
Ela é muito fotogênica, para quem gosta desse tipo de mulher.

Eu sou escritor.
Tu tens uma veia jornalística.
Ele é um escrevinhador chinfrim e autor de romances baratos.

Eu tenho uns quilinhos a mais.
Tu deverias pular alguma refeição.
Ela está gorda como uma porca.

Eu sou um sonhador.
Tu és biruta.
Ele deveria procurar um psiquiatra.

Eu acredito na sinceridade.
Tu, algumas vezes, és demasiadamente direto.
Ele é um brutamontes.

E eis mais algumas sugestões para continuar conjugando verbos irregulares:

Eu sou esbelto...
Eu não danço muito bem.
Eu acredito na boa e velha economia de mercado.
Eu coleciono objetos de arte antigos.
Eu afirmo que não sou uma pessoa especialmente culta.

Tais exercícios (mentais/intelectuais) aguçam nossa sensibilidade para os níveis estilísticos.

Mas adquirimos uma sensibilidade mais aguçada para a língua quando continuamos aplicando o princípio da semelhança entre elementos permutáveis (machado/martelo).

Tomemos a frase: "Em relação a alguns livros, basta que os experimentemos; outros, precisamos devorar, e apenas muito poucos devemos mastigar e digerir."

Aqui o conceito "ler" é substituído pelo conceito "comer", de modo que a diferença entre "experimentar", "devorar" e "mastigar" possa ser utilizada para ex-

PODER

pressar a distinção existente entre ler apenas algumas páginas, ler muito rapidamente o livro todo e estudá-lo detidamente.

Falamos acima sobre as relações de procedência e parentesco entre as palavras e mencionamos as famílias, os clãs e as árvores genealógicas das línguas. Já o âmbito de "ler" e o de "comer" não têm laços de sangue. A relação entre eles se baseia em empatia. A palavra "comer" entra para a família de "ler" por meio do casamento, que chamamos de metáfora. Após o matrimônio, "ler" passa a ter novos laços de família com primos e primas, tios e tias. Todos vêm ajudar o jovem casal, chamado metáfora, a arrumar o novo lar, e o próprio casal tem os seus descendentes. O mais velho recebe o nome de "alimento espiritual", e depois vêm os demais: livros que não compreendemos não são "digeridos"; e aqueles que apenas reproduzimos sem compreender são apenas "ruminados"; além disso, muito daquilo que lemos não "agrada a nosso paladar" e, às vezes, ou é "insípido", ou simplesmente nos causa "náusea" por ser tão repetitivo. Se, por causa dessas coisas, deixamos de ler, podemos "morrer de fome espiritual". No entanto, para os mais cultos, as qualidades mais importantes são a "fome de instruir-se" e a "sede de saber". Nesse ponto, a literatura representa uma "despensa" abarrotada de provisões e uma inesgotável "fonte para aplacar a sede". Por certo, para tomar parte nesse prazer de saciar a sede é preciso "gostar".

Como vemos, o casamento entre "comer" e "ler" é muito frutífero; de certo modo, dele se originaram novas famílias. Assim, muitos conceitos foram metáforas oriundas de tais casamentos, como as mulheres que um dia deixam suas famílias de origem para fazer parte das famílias de seus maridos. Essas famílias de origem são concretas, situadas no espaço e moram nas proximidades do corpo humano. Portanto, as partes específicas da anatomia humana encontraram novos parceiros. Falamos em boca da garrafa, pé da mesa, olhos da lei, cabeça da família, pé da montanha, braço da cadeira, orelha do livro, coração do país etc.

Por regra, a fonte de que resulta a imagem é a representação espacial. Na maioria das vezes, o patriarca desse significado primordial ainda pode ser visualizado. Por exemplo, o verbo *pôr* (do latim *ponere*) ilustra bem a questão: *supor* algo significa delinear algo no pensamento. Assim, descrevemos muitas coisas intelectuais a partir de conceitos espaciais. Dizemos, por exemplo, que uma coisa é "elevada demais" para nós. Ao contrário, uma análise pode ser tão "profunda" como um poema ou estar completamente "fora" do foco. Uma observação pode "atingir o cerne" de algo ou simplesmente ficar na "superfície"; podemos "tocar" em um problema ou "tratá-lo a fundo", questionando-o; os pensamentos formam um "fluxo", e os argumentos seguem uma "direção"; podemos "extrair" conclusões e "introduzir" novas idéias. Em suma, o reino intelectual é todo um cosmos.

389

CULTURA GERAL

Deveríamos desenvolver uma sensibilidade para tais alianças entre duas famílias, alianças que se consolidaram por meio do casamento dinástico constituído pela metáfora; afinal, elas formavam os chamados campos metafóricos dos quais outrora se servia a retórica, quando ela ainda existia. A linguagem ainda era jovem, o ar estava carregado de erotismo e imperava uma viva movimentação, da qual todos eram convidados a participar. Tomemos o campo metafórico em que as palavras "linguagem" e "dinheiro" se unem. Dela é gerado um novo vocabulário: podemos "economizar" palavras ou "desperdiçá-las"; podemos ter um "vocabulário rico" ou ser "pobres de espírito"; o "gasto excessivo de frases feitas" pode arruinar-nos, e, se dissermos "palavras que valem ouro", podemos subir um degrau na "classe financeira"; e, assim, nos tornamos artistas das palavras, que "cunham" termos como se cunhassem moedas. "Falar é prata, calar é ouro", diz um ditado alemão. Isso, porém, é apenas um chavão e não se aplica a quem tem uma "garganta de ouro".

Obviamente, todos esses modos de falar já se tornaram um tanto obsoletos. No entanto, os poetas mostram-nos que continuam excitando o desejo lingüístico. Quando em *Hamlet* um cortesão desata a falar e, em seguida, nada mais lhe ocorre, Horácio diz: "Sua carteira está vazia, ele já esbanjou todas as suas palavras."

Ainda há muitos desses campos metafóricos, como o "caminho da vida", a "batalha do amor", a "paisagem mental", a "luz do entendimento" etc. Se nos pusermos a brincar com eles, logo fica claro como as duas dimensões da linguagem se completam: por um lado, a combinação de diferentes partes da oração restringe o campo de escolha para cada elemento, de tal modo que a opção não fique paralisada devido a um número de alternativas demasiadamente elevado; por outro, ela amplia o âmbito de similaridade do paralelismo existente entre os elementos específicos para um paralelismo entre as relações. Assim, um livro não tem de ser parecido com um assado em todos os aspectos; basta que o seja em relação a nós: o assado alimenta o nosso corpo, o livro alimenta nosso espírito.

Isso esclarece uma velha questão filosófica: o que une nosso espírito a nosso corpo? Resposta: as metáforas. Até mesmo para a sua descrição utilizamos uma metáfora: o casamento. Também essa metáfora não fica pairando no espaço lingüístico vazio (novamente outra metáfora): o corpo é matéria, o espírito é espírito. A palavra *matéria* assemelha-se a *mater* (mãe), assim como falamos da terra como mãe e do céu como pai, onde paira o espírito. E, assim, nasceu a frase: "Era como se o céu tivesse silenciosamente beijado a terra" [*Es war, als hätt' der Himmel die Erde still geküsst**]. Disso decorre uma grande quantidade de paralelismos

---

* Esse é o primeiro verso de um célebre poema de autoria do poeta romântico alemão Joseph von Eichendorff (1788-1857). [N. da T.]

PODER

entre os pares pai/mãe, espírito/corpo, céu/terra. Partindo de pai e mãe, a idéia de casamento é transposta para o par espírito/corpo ou para céu/terra. Mas, como se sabe, os casamentos são feitos no céu e consumados na terra, até que a morte os separe. Isso porque a morte também separa céu e terra, o corpo retorna à terra, e o espírito, ao céu. E, finalmente, fica evidente que as metáforas da língua são o fundamento de nossas visões de mundo.

Emílio

A descoberta dos dois eixos da linguagem – a combinação sintática e a seleção a partir do léxico – é algo que devemos ao lingüista russo Roman Jakobson, que mais tarde emigrou para os Estados Unidos. Ele testou sua tese, investigando diferentes formas de distúrbios lingüísticos em crianças e em pessoas doentes. Foi então que descobriu que, na realidade, os distúrbios apresentavam-se sob duas formas distintas, sendo que cada uma delas podia ser claramente correlacionada a um dos dois eixos. Em um grupo de pessoas, o distúrbio ocorria na capacidade de combinação. Isso se refletia no colapso da sintaxe. A coordenação e a subordinação dos elementos da oração era desfeita, e os conectivos sem significado próprio, ou seja, palavras com função puramente gramatical como "quando, antes, enquanto, ele, o, este" etc. desapareciam. O resultado era um estilo telegráfico sem nenhuma gramática. A única coisa que restava era o vocabulário.

Com os pacientes cuja capacidade para selecionar as palavras tinha sido afetada ocorria o contrário. A gramática e as palavras com funções gramaticais permaneciam intactas, mas os falantes já não eram capazes de selecionar livremente o vocabulário. Eles substituíam as palavras que não lhes ocorriam por expressões como "coisa" ou "isto". Ficou demonstrado que não conseguiam formar contextos próprios que se distinguissem da situação que estavam vivendo no momento da articulação da frase. Ao contrário, os contextos precisavam ser-lhes previamente dados. Assim, só conseguiam dizer "está chovendo" se efetivamente estivesse chovendo. Também conseguiam completar frases de outras pessoas, responder a perguntas e dar continuidade às conversas, mas nunca iniciá-las. Seu comportamento lingüístico era inteiramente fruto de reação. O mais notório era sua incapacidade de definir palavras por meio de sinônimos, como: "O baile é uma festa dançante", ou "o tigre é um felino com uma pelagem amarelada e faixas escuras". Só conseguiam completar aquilo que já tinha sido iniciado (ou seja, só conseguiam continuar o movimento no eixo da combinação), mas não eram capazes de substituir um elemento por outro (por exemplo, tigre por felino), nem de empregar dois termos para a mesma coisa (carro/automóvel). E, como eram incapazes de formar um contexto próprio, também não conseguiam mentir (dizer, por exemplo, "está chovendo" se de fato não estivesse chovendo), nem cons-

391

CULTURA GERAL

truir mundos imaginários ou fictícios. Por fim, não eram capazes de utilizar a linguagem para falar da linguagem.

Essas diferenças constatadas entre os dois eixos da linguagem foram confirmadas por meio de testes de associações realizados com pessoas que não apresentavam distúrbios de fala. Um dos grupos analisados tinha de realizar metaforicamente associações com a palavra "casa" no eixo da semelhança; seus membros escreveram palavras como refúgio, lar, apartamento etc. O outro grupo pensava em elementos do contexto: jardim, cerca, rua, árvores frutíferas. Tais pessoas mostravam, portanto, as mesmas preferências reveladas pelos doentes.

Tendo isso em mente, se tentarmos descobrir os erros apresentados pelas pessoas que sofrem de distúrbios de fala, em sua chamada forma normal, veremos que eles correspondem ao estilo agramatical apresentado pelos estrangeiros quando falam uma língua que não aprenderam de forma sistemática: "Amanhã trem rápido Düsseldorf", "caviar bom Rússia". Nesse caso, as pessoas só se apropriam do léxico e colocam as palavras enfileiradas, sem que as regras da sintaxe sejam consideradas.

Já as pessoas que apresentam distúrbios de seleção assemelham-se a nativos, cujo desenvolvimento lingüístico parou em um estágio precoce. Já conhecemos um desses nativos: Emílio, o aluno que não conseguia desvencilhar-se da versão dramática de sua vivência e, por isso, também não conseguia resumir o que havia sucedido. De certo modo, ele está preso à linguagem. Visto que não consegue distinguir a forma do sentido, ambas as dimensões lhe permanecem inacessíveis. Desse modo, não é capaz de se distanciar do mundo com a ajuda da linguagem, tampouco consegue distanciar-se da linguagem com a ajuda da linguagem, o que fazemos quando substituímos uma expressão por outra, orientando-nos por um sentido que permanece idêntico.

Paradoxos

Moramos na casa da linguagem (metáfora!). Embora nela possamos ir de um cômodo a outro, não podemos sair da casa. Isso é o que notamos quando usamos a linguagem para falar da linguagem.

Visto que na reflexão a linguagem é auto-referencial, a diferença entre forma e objeto do discurso é suprimida. A forma do discurso torna-se o seu próprio objeto. Em outras palavras, o discurso trata-se por "eu". A título de exemplo, tomemos a oração abaixo:

"Esta oração estava no pretérito imperfeito."

Essa oração é verdadeira, já que de fato emprega o pretérito imperfeito, mas também é falsa, porque continua a utilizá-lo. Contudo, se mudarmos a oração para o presente:

"esta oração está no pretérito imperfeito",
então ela passa a ser inteiramente falsa.

392

PODER

Tais paradoxos enfatizam o sentido da relação entre forma e conteúdo, porque, para abordar tal relação, empregam a auto-referencialidade. Desse modo, fazem com que nossa consciência lingüística saia da monotonia de sua rotina diária. Quem tiver dificuldade de se distanciar de seus hábitos lingüísticos por meio de variações deve concentrar-se em algumas orações auto-referenciais, que foram enviadas ao redator Douglas Hofstadter pelos leitores do jornal *Scientific American*. Para tanto, não é preciso esforço algum; basta um pouco de meditação. O efeito será o de uma cura:

"Eu tenho ciúmes da primeira palavra desta frase.

Não sou o assunto desta frase.

Sou o pensamento que você está pensando neste momento.

Esta frase inerte é o meu corpo. Mas minha alma é viva e dança nos impulsos elétricos do seu cérebro.

Embora esta frase comece por uma conjunção concessiva, ela é falsa.

A pessoa que escreveu esta frase é um maldito sexista.

Esta frase contribui para impedi-lo de salvar os animais ameaçados de extinção, pois o confunde com os triviais problemas da auto-referencialidade.

Sou o sentido desta frase.

Esta frase contém cinco palavras, ou sete?

Dá para sentir bem que os seus olhos estão deslizando sobre as letras de minha frase.

Se você ler esta frase em qualquer parte, ignore-a.

Você pode me citar.

Esta frase acaba antes de você conseguir pronunciar a palavra "palav".

Esta frase o faz lembrar de sua mãe?

Se você não olhar direito, esta frase está em inglês.

O leitor desta frase só existe enquanto a está lendo.

Esta frase foi recentemente traduzida do chinês."

Poesia e auto-referencialidade

Há uma forma de auto-referencialidade que não precisa necessariamente ser paradoxal. Não obstante, a forma do que é dito duplica o seu conteúdo. Tomemos como exemplo as seguintes frases:

"Súbito fulgura o relâmpago. Na luz pálida ergue-se uma torre. O trovão retumba. Um cavaleiro luta com o seu cavalo, desmonta, bate à porta e faz barulho."

Em alemão: *Wild zuckt der Blitz. Im fahlen Lichte steht ein Turm. Der Donner rollt. Ein Reiter kämpft mit seinem Ross, springt ab und pocht ans Tor und lärmt.*

Em sua construção, a primeira oração define o campo de percepção em que o relâmpago aparece: no repentino clarão, nada há senão o relâmpago; por isso,

393

CULTURA GERAL

além da palavra "relâmpago" [*Blitz*], a oração alemã contém apenas palavras que lhe são semelhantes. Todas são monossilábicas. A palavra *wild* [súbito] contém a mesma vogal de *Blitz*, e *zuckt* [fulgura] é igualmente breve e começa com o mesmo fonema com o qual a palavra *Blitz* termina. A impressão causada por essas quatro palavras está intimamente ligada a essa semelhança. O fato de a palavra "relâmpago" estar no final da oração reproduz a demora da compreensão em relação à percepção: primeiro vemos o relâmpago, e só depois compreendemos que aquilo que vimos era um relâmpago. Na palavra "súbito" já o vimos, mas somente a palavra "relâmpago" nos diz o que vimos. Visto que com o trovão ocorre o inverso, também aqui a ordem das palavras é invertida. Esperamos o trovão depois do relâmpago e, quando ele vem, sabemos o que estamos ouvindo; mas seu estrondo prolonga-se, e, por isso, a palavra "retumba" [*rollt*] toma a mesma vogal de "trovão" [*Donner*], fazendo com que ela se extinga lentamente. No entanto, entre o relâmpago e o trovão vimos o que foi iluminado pelo relâmpago: a torre. Sua imagem volta a desaparecer de modo tão abrupto como aquele em que acaba a frase que nos informa sobre ela. Também aqui a posição da palavra "torre" ao final sinaliza a compreensão tardia. Em outros termos, esses versos não apenas comunicam que está relampejando e trovejando, mas também mostram como o relâmpago e o trovão nos aparecem. A forma do enunciado imita o seu conteúdo.

Isso é poesia. Nesse caso específico, trata-se do início da balada *Die Füsse im Feuer* [Os pés no fogo], de C. F. Meyer. Nela, o autor consegue fazer com que o enunciado sobre o relâmpago e o trovão imite esses elementos. Nesse sentido, há uma inversão da auto-referencialidade: o enunciado não explicita a forma, mas é a forma que imita o enunciado.

Dissemos anteriormente que o princípio da semelhança é a lei que rege a metáfora. Livros e assados assemelham-se na medida em que ambos servem de alimento: um ao espírito, e o outro ao corpo. Se, portanto, a forma de um enunciado assemelha-se a seu conteúdo, ambos travam uma relação metafórica. Essa estrutura metafórica é efetivamente a marca característica da poesia. Roman Jakobson expressou essa idéia mediante a seguinte formulação: o princípio masculino da semelhança metafórica de certo modo reformula o princípio feminino da combinação do dessemelhante na sintaxe.

Tomemos como exemplo uma história que foi contada pela primeira vez em um romance romano de Petrônio, intitulado *Satyrikon*, e que, desde então, sofreu muitas variações. Ela se tornou conhecida com o título *A viúva de Éfeso*.

Uma viúva leva o cadáver de seu esposo para o túmulo da família e, por meio do luto e do jejum, quer segui-lo na morte. Nessa situação, é descoberta por um soldado que, sob pena de ser morto, tinha a incumbência de vi-

PODER

giar os cadáveres de vários criminosos crucificados. Ele se apaixona pela viúva, conseguindo fazer com que essa, esquecendo o marido, também se apaixone por ele. Assim, salva-lhe a vida, mas, ao mesmo tempo, corre o risco de perder a sua, visto que durante sua ausência um dos crucificados foi roubado pela respectiva família. Quando o soldado, não conseguindo esperar o julgamento, quer condenar a si próprio, a viúva, em compensação ao que ele lhe fizera, salva sua vida, oferecendo o corpo de seu marido para substituir o cadáver roubado.

Logo vemos que a história se compõe de poucos elementos fundamentais, que se entrelaçam sucessivamente, mas ao mesmo tempo assemelham-se e contrastam entre si:

- o soldado salva a viúva;
- a viúva salva o soldado;
- ela precisa de um homem vivo;
- ele precisa de um homem morto;
- ela tem um homem morto;
- ele é um homem vivo;
- para poder viver, ela precisa libertar-se de um cadáver;
- para sobreviver, ele precisa arranjar um cadáver.

Essa semelhança torna possível que, tal como numa metáfora, os elementos se substituam mutuamente. Assim, o soldado vivo substitui, para a viúva, o marido morto, e o corpo do marido substitui o corpo do criminoso. O que é bonito nessa história é que a mulher pode prescindir do corpo do marido no exato momento em que o soldado precisa de um corpo. Em outras palavras, a morte passada do marido substitui a morte futura do soldado, e o futuro do soldado com a viúva substitui a recordação do falecido marido.

Portanto, a história da viúva de Éfeso também é auto-referencial, pois utiliza uma estrutura metafórica para apresentar a estrutura da metáfora. Ela é aquilo que mostra, do mesmo modo como o poema de Conrad Ferdinand Meyer, que imita o relâmpago e o trovão de que fala.

Para concluir, queremos ilustrar uma vez mais essa forma da auto-referencialidade, servindo-nos dela para elucidar as duas dimensões da linguagem.

Para tanto, iremos comparar a cooperação existente entre essas duas dimensões e a ordem adotada quando nos vestimos.

Nas vestimentas, também há uma sintaxe composta de vários elementos. Contudo, em lugar de sujeito, predicado, objeto, predicativos, advérbios etc., falamos de chapéu, camisa, casaco, calça, meias e sapatos. Às vezes, talvez possamos

CULTURA GERAL

abrir mão do chapéu, assim como uma frase não precisa necessariamente conter um advérbio, mas, em regra, são utilizados os mais importantes tipos de peças do vestuário.

Para cada tipo de peça temos um determinado leque de opções. Para os membros superiores, podemos escolher uma camiseta, uma camisa com um pulôver, uma blusa com gola alta ou uma camisa social com gravata e paletó. Do mesmo modo, para calçar os pés podemos escolher botas, sandálias, sapatos, tênis ou botas de neve. Em princípio, somos livres para combinar qualquer peça de um tipo com outra diferente. Eu poderia, portanto, combinar uma camisa com gravata e paletó, com bermudas, cartola e tênis. Isso, porém, seria como se eu dissesse a seguinte frase:

"E ela, em seguida, recobrando o ânimo, coloca cebolinha picada sobre o ovo mexido."

Em termos gramaticais, essa frase está correta. Do mesmo modo, está correta a sintaxe do meu vestuário. Só poderíamos falar de erros de gramática se puséssemos as calças na cabeça, as meias nas mãos e a camisa amarrada em torno dos quadris.

Não obstante, o efeito produzido pela combinação de cartola, paletó, bermuda e tênis de certo modo é descabido. O motivo é óbvio: do ponto de vista do estilo, essas coisas não combinam umas com as outras. Como na poesia, a forma de combinar os elementos do vestuário também é regida pelo princípio masculino da semelhança. E assim como há formas poéticas, há grupos de peças do vestuário que ficam bem juntas: cartola, camisa branca, gravata preta, terno preto e sapatos pretos para ir a um enterro; boné, camiseta, bermuda e tênis para a ginástica; calça, pulôver, casaco e sapatos para encontrar os amigos em um bar etc.

E quando, nas diferentes ordens simbólicas criadas pelo homem, encontramos e comparamos gramáticas paralelas, tal como acabamos de fazer com o vestuário e a linguagem, designamos o ponto de vista correspondente como estruturalista.

O criador do estruturalismo é o francês Claude Lévi-Strauss, um etnólogo que fugiu dos nazistas e, em Nova York, conheceu Roman Jakobson. Este lhe explicou a cooperação entre ambas as dimensões da língua e elucidou o modo como dela resultam tribos, grupos e clãs lingüísticos, famílias de palavras e casamentos.

Lévi-Strauss exclamou "heureca!" e aplicou o princípio de Jakobson à investigação da mitologia e dos sistemas de parentesco de sociedades primitivas – e eis que foram esclarecidas questões que por muito tempo pareceram enigmáticas, como as regras de casamento, os tabus relativos ao incesto e o fato de que entre Kamchatka e a Espanha, entre o Alasca e a Terra do Fogo todos os povos contas-

396

PODER

sem as mesmas histórias. Todas essas histórias tratavam da ordem do vestuário, que é cultural, e do que significava violar tal ordem ou desconhecê-la, o que é sinal de falta de cultura. Os incultos aparecem como aqueles que colocam as calças na cabeça, o colete enrolado na perna e deixam as partes íntimas descobertas. Por essa razão, a mitologia está repleta de monstros, gigantes, anões, bárbaros, canibais, minotauros, amazonas e figuras grotescas de todo tipo. Na gramática do mito, são eles os incultos. Sua marca é o fato de terem alguma deficiência naquelas áreas que fazem dos homens seres humanos. Não conseguem falar ou só conseguem balbuciar, ou então não conseguem ficar de pé por terem uma pata de cavalo. Isso faz com que alguns deles tenham de viver no mundo subterrâneo, excluídos do reino da linguagem e da cultura.

II. O MUNDO DO LIVRO
E DA ESCRITA

Livro – escrita – leitura

Hoje, antes mesmo de uma criança saber ler, ela já vê televisão. Isso cria um problema, pois a cultura continua dependendo de livros ou, ao menos, de textos projetados em telas, o que significa que continua dependendo da escrita. E por que é assim? Por que será que as imagens não podem transmitir cultura? Por que não podemos adquirir cultura por meio da televisão? O que a escrita tem de tão especial?

A televisão apresenta a comunicação oral em situações quase reais (ou simuladas). Nela, porém, o sentido daquilo que está sendo comunicado fica entrelaçado de forma indissociável ao meio da comunicação: gestos, vozes, linguagem corporal etc. O sentido de uma mensagem funde-se à forma da apresentação dramática. Por isso, tal sentido é imediatamente evidente, mas não pode ser destacado de seu contexto. Isso é o que pode ser notado quando pessoas simples ou crianças querem contar situações especialmente engraçadas que acabaram de assistir. Citando algumas passagens, elas procuram reconstituir a visão da situação que vivenciaram há pouco ("e daí ele disse: 'Ei, você aí!'; e ela disse: 'Escute uma coisa.' E então nós rimos muito!"). Mas as pessoas que ouvem essa história e que não compartilham dessa lembrança por não terem assistido ao mesmo programa olham-se desconcertadas, pois não conseguem ver onde está a graça.

Somente a escrita liberta a linguagem da situação concreta e a torna independente do contexto imediato. Aquilo que se mantém idêntico nessa transformação recebe o nome de sentido. Somente a conversão da linguagem falada em escrita torna palpável a categoria do sentido. Por isso, nas religiões como o ju-

CULTURA GERAL

daísmo, o cristianismo e o islamismo, o sentido é equiparado à escrita (Sagradas Escrituras).

Em contrapartida, na comunicação oral, o que vem em primeiro lugar não é a objetividade, mas sim o colorido emocional e as conotações. Textos escritos devem ser estruturados a partir de temas; já a comunicação oral vive da corrente de energia produzida por sua própria dramaturgia, com a qual também o sentido surge e se esvai. Somente a escrita fixa a linguagem, tornando-a possível de ser controlada e orientando-a para um sistema de regras gramaticais. A diferença de velocidade entre o discurso oral e a escrita permite estruturar o sentido: a organização linear da seqüência sujeito–verbo–predicado ("O homem morde o cachorro"), com todos os atributos, orações subordinadas e apostos, pode reproduzir e controlar a ordem lógica do pensamento na seqüência dos elementos da frase. Isso requer treinamento, pois exige que a pessoa tenha a capacidade de transformar o estímulo simultâneo produzido pelas imagens em uma sucessão ordenada. E, nesse processo, ela tem de diminuir a velocidade e saber esperar até que, em uma frase mais complexa, finalmente apareça o predicado. ("Ontem, por volta das cinco horas, seu tio, que, como você sabe, tem olhos de lince, justamente quando estava passando na praça com o bonde..." "Sim, mas o quê?", você irá dizer. "Espere!", responde a escrita, e continua: "... com o bonde, que estava lotado, o que nesse horário não é de admirar, embora isso só aconteça em dias úteis..." Nesse ínterim, você já está à beira de um ataque de nervos e grita: "Afinal, o que aconteceu com o meu tio? O que ele fazia no bonde? Diga-me, eu lhe imploro: o que ele fazia?" "Encontrou dez centavos.") Até que finalmente nos seja fornecida essa informação, temos de manter presente tudo o que foi dito, para só então, quando a última palavra dobrar a esquina, o sentido surgir, desde que seja levada em conta toda a procissão de palavras anterior. As tensões que temos de suportar nesse processo tornam-se evidentes em muitas piadas em que a graça só aparece no final, quando o sentido que construímos é totalmente invertido.

Karfunkel e sua esposa estão visitando uma exposição de arte moderna. Detêm-se diante de um quadro de Picasso.

"É um retrato", afirma Karfunkel.

"Que bobagem", diz sua esposa. "É uma paisagem."

"Não, veja bem, é um retrato."

"É uma paisagem!"

Discutem por um tempo, não chegam a um acordo e, finalmente, decidem comprar um catálogo.

No catálogo consta: "Amendoeira da Riviera."

"Está vendo?", pergunta Karfunkel com ar de triunfo. "É um retrato."

Especialmente para aqueles que não estão bem treinados, essa tensão é desagradável. Eles terão a sensação de que o estímulo do cérebro foi travado. Com a

PODER

difusão da televisão, uma experiência bastante criticada pelos professores tornou-se coletiva: a tolerância perante a frustração das crianças foi diminuindo, de modo que elas já não suportam a demora necessária aos processos de formação de sentido. Por isso, não querem que a aula seja um processo de aprendizagem, mas sim uma diversão.

Diante disso, os sucessivos ministros da educação, acometidos por um estado de demência coletiva, foram continuamente reduzindo o papel dos trabalhos escritos para a avaliação do aproveitamento dos alunos em favor da participação oral. Num momento em que a comunicação oral está de qualquer forma ganhando terreno, eles praticamente abrem mão do papel modelar da comunicação escrita. Assim, também reduziram o papel da escola ante a vida familiar. Só mantêm o hábito da leitura e da escrita aquelas crianças em cujas famílias ele é considerado óbvio e necessário: as famílias burguesas cultas. São esses os ambientes nos quais os pais vigiam o consumo de televisão dos filhos, limitam-no e procuram fazer com que seus descendentes satisfaçam sua necessidade de fantasia primeiramente com livros. Somente quando a leitura deixa de constituir um esforço para tornar-se puro prazer é que o acesso ao televisor pode ser liberado. Do contrário, a leitura permanece um exercício penoso por toda a vida. Quem cresce nessas circunstâncias, mais tarde só lê o estritamente necessário, e assim mesmo com má vontade. Desse modo, a política educacional está produzindo duas classes de pessoas: a primeira é constituída por aquelas habituadas à leitura, que sempre absorvem novas informações e já estão acostumadas a estruturar melhor seus pensamentos, pautando-se pela escrita. Com esse comportamento, adquirem uma percepção que inclui uma visão geral e contínua da estrutura sintática, da lógica do pensamento e dos elementos que compõem a frase. Ao mesmo tempo, desenvolvem uma sensibilidade para a estrutura de diversos tipos de textos (relatórios, exposições, análises, contos, ensaios etc.). Com isso, a escrita também se lhes torna mais fácil, e elas conseguem articular sua expressão verbal de acordo com o modelo de textos escritos.

O outro grupo é constituído por pessoas que só lêem quando obrigadas; do contrário, vêem televisão. No entanto, as imagens da televisão sucedem-se no mesmo ritmo da necessidade de estimulação do cérebro. Quem estiver acostumado a isso, só muito dificilmente consegue dissociar a percepção interna da externa, ou seja, não consegue concentrar-se. Qualquer texto cujo nível esteja acima das exclamações das histórias em quadrinhos, como "bum" e "croc-croc", representa para essa pessoa uma verdadeira tortura. As pessoas que integram esse grupo de não-leitores encaram os livros como exigências altas demais. No fundo, não conseguem entender as pessoas que gostam de ler e desconfiam delas. Para elas, o mundo dos livros é uma conspiração, cujo objetivo é deixá-las com a consciência pesada. Desse modo, desenvolvem uma verdadeira aversão aos livros, e

CULTURA GERAL

visto que também não gostam de ler textos técnicos, logo são relegadas para segundo plano em sua profissão. Criam então um ódio pelos chatos sabichões da teoria e vangloriam-se de seu lado prático. Como não desconfiam de que sua abstinência de leitura e sua hostilidade aos textos também afetaram o estilo de sua comunicação oral, não entendem por que suas experiências são tão pouco reconhecidas, e aos poucos passam a interpretar toda tentativa alheia de desenvolver um pensamento complexo e expressá-lo de forma adequada como um ataque à sua auto-estima. Por essa razão, evitam qualquer contato com o mundo das pessoas que lêem e vão lentamente caindo no reino social das sombras de um novo analfabetismo.

Portanto, quem não gosta de ler deveria refletir seriamente se não valeria a pena vencer essa falta de vontade, pois, caso contrário, não terá acesso aos caldeirões da cultura, bem como a remunerações melhores. Quem ainda não adquiriu o hábito da leitura talvez deva exercitá-lo de forma seletiva, escolhendo assuntos pelos quais tenha especial interesse, ainda que sejam romances eróticos. Essa pessoa deveria encarar esse treino como uma espécie de exercício para manter a mente em forma. A leitura torna-se então algo a que todos os dias dedicamos uma parte do nosso tempo, até que, por fim, tenhamos adquirido o hábito.

Livros

Encontramos livros em bibliotecas e livrarias. No principiante, eles podem causar certo terror, já que são muitos. Reunidos num só lugar, parecem um ameaçador exército perfilado exortando: "Leia-me, por favor!" Diante disso, o indivíduo com pouca prática de leitura sente-se um bêbado em meio a uma manada de zebras em pleno galope. Tudo lhe some da vista. A grande quantidade de livros o intimida e lhe joga na cara tudo o que ele ainda não sabe. Essas toneladas de sabedoria são a medida de sua ignorância. Selecionar entre esses milhares de volumes um único, abri-lo e começar a leitura parece-lhe um empreendimento ridículo. Isso lhe recorda a tentativa de esvaziar um oceano com um dedal. A simples visão de uma única prateleira já o desmoraliza.

Depois de sofrer essa impressão, o visitante sente-se profundamente deprimido. Então, tem uma alucinação: parece ver a cafeteria como uma ilha em que os náufragos ameaçados de se afogar no mar de livros se salvam e, antes de morrer de asfixia, sai correndo da biblioteca, não sem admirar-se por ver que os aborígines continuam tranqüilamente em suas atividades, como se não notassem de forma alguma a atmosfera hostil do lugar. É mais ou menos assim que o aventureiro que puser seus pés pela primeira vez em uma biblioteca irá se sentir.

Essa sensação é muito natural, mas completamente equivocada. Nenhum usuário habitual enxerga uma biblioteca desse modo. Ele nem percebe o gigan-

PODER

tesco número de livros: vê apenas o que está utilizando naquele momento e talvez alguns outros da mesma família. Pouco se dá conta dos demais, assim como um jovem, a caminho de um encontro, quase não percebe a multidão que passa por ele na avenida. Um verdadeiro freqüentador de bibliotecas é como um amante: para ele, existe apenas um livro, aquele que está lendo no momento, e, quando ainda está em busca de um, não pensa na grande quantidade de livros, mas apenas naquele que o aguarda em algum lugar. Na verdade, ele tem uma tendência para a monogamia serial, e cada livro é um ser que o acompanha em determinado momento de sua vida de leituras.

Quem ainda sente certa timidez em livrarias e bibliotecas deve antes refletir sobre qual assunto gostaria de se informar: assim, poderá ignorar quase todos os livros que considere irrelevantes e concentrar sua atenção em alguns poucos. Isso lhe servirá de orientação, protegendo-o da sensação de impotência, despertando nele a impressão de determinação e fazendo com que se sinta um entendido na matéria e um freqüentador experiente de bibliotecas. Com um assunto específico em mente, o iniciante também pode pedir o auxílio da vendedora: "Onde estão os livros sobre as aves da Patagônia?" Agora ele entrou no jogo. Ou então, caso ainda não saiba o que quer e seja importunado pelos funcionários da biblioteca com a pergunta: "Está procurando algo em especial?", poderá responder: "Onde encontro os trabalhos sobre a difusão do relógio de bolso no segundo trimestre do século XVIII?" Isso irá tirar os funcionários de campo. E então o iniciante terá tempo para se orientar tranqüilamente na biblioteca.

A vida interior do livro

Não temos de ler imediatamente do começo ao fim todos os livros que nos caiam nas mãos. Também em relação a um livro devemos primeiro conhecê-lo. Se se tratar de uma obra literária, podemos nos pautar pela fama do autor; talvez já o conheçamos de outras obras ou tenhamos lido uma resenha de algum de seus livros. Porém, se nosso contato com o livro se der em uma livraria, lemos alguns trechos dele, escolhidos ao acaso, e passamos os olhos pelo texto da orelha e da contracapa. Obviamente, esses textos são de teor publicitário e tentam dar à obra ares de magnífica e arrebatadora literatura. Não obstante, encontramos neles uma grande quantidade de informações: normalmente, ficamos sabendo qual é o gênero do livro (*thriller*, história de amor, saga familiar etc.) e qual o público-alvo vislumbrado pela editora (senhoras de idade, intelectuais), bem como qual o nível da obra (entretenimento, *kitsch*, literatura de qualidade). Em regra, também podemos obter uma imagem do autor. Aqui, devemos ter cuidado para não julgar a qualidade da obra com base na aparência simpática ou desagradável do autor. Visto que os autores podem escrever de diferentes formas, sua aparência não consegue

CULTURA GERAL

revelar todas as suas faces. E um bom escritor pode não ter uma aparência tão boa como aquilo que escreve; aliás, na maioria das vezes sua aparência é bem pior.

Somente em casos muito raros as obras científicas ou de conteúdo técnico precisam ser lidas até o final. Para examiná-las, lemos primeiramente seu índice e depois a bibliografia, ou seja, a lista dos livros que o autor utilizou na elaboração de sua obra. Se nela faltarem estudos importantes, então o autor não está à altura da pesquisa, e podemos, aliviados, deixar o livro de lado (um livro a menos). Se o teste bibliográfico der um resultado positivo, verificamos as notas de rodapé, nas quais o autor se contrapõe a outros pesquisadores; a partir disso, geralmente ficamos sabendo qual é a sua linha de conduta: por exemplo, se ele é do tipo que discute minúcias ou se se ocupa com temas fundamentais e importantes. Se ataca os outros por coisas insignificantes, é sinal de que nada tem a dizer sobre as questões principais.

Na ciência existem autores de primeira, de segunda e de terceira categorias. Os de primeira delimitam o terreno em que a investigação será desenvolvida; estabelecem os temas, definem a problemática e determinam a terminologia. Nós os reconhecemos pelo fato de serem continuamente citados pelos autores de segunda e terceira categorias. Em geral, tornam-se os autores clássicos de suas respectivas áreas. Então, os livreiros lhes arranjam um bom lugar nas estantes, cujas prateleiras com suas obras são identificadas com seus nomes. Assim, na seção de sociologia, encontraremos, por exemplo, nomes como Weber, Simmel, Parsons e Luhmann. Freqüentemente, também encontraremos alguns livros dedicados a apresentar esses autores aos leitores leigos.

Vale a pena tomarmos algumas precauções quanto à escolha de obras científicas que queremos ler e só nos decidirmos após nos informarmos minuciosamente a respeito de seu terreno. O tempo perdido nesse processo é facilmente recuperado com a escolha certa, pois há um sem-número de obras científicas que são supérfluas ou ilegíveis. Isso devido a uma simples razão: muitos trabalhos não foram escritos com a finalidade de informar o público ou incentivar o conhecimento, mas sim para impressionar uma banca examinadora. Como teses de doutoramento ou monografias de cursos de especialização, tais trabalhos constituem marcos decisivos no caminho de uma carreira científica. Depois disso, só servem para engrossar a lista de publicações de que um professor universitário precisa para se candidatar a uma vaga de professor titular. Esses textos escondem a escassez de conhecimentos que há por trás da cortina de fumaça da linguagem que utilizam ou das pomposas fachadas conceituais empregadas. Embora à primeira vista pareçam inofensivos, na realidade são de uma periculosidade ainda não revelada, pois roubam o tempo do leitor, confundem o principiante, deprimem aqueles que buscam a verdade e, às vezes, deixam no novato feridas intelectuais de tal gravidade que ele passa a evitar todo livro científico. Isso é um crime, pois a ciência

PODER

nas mãos dos que de fato são seus conhecedores é um grande estímulo: por meio dela, aprendemos a ver o mundo de modo novo e passamos a ter uma impressão do *sex appeal* da criatividade.

O novato deveria, portanto, esforçar-se para fazer a distinção entre os livros científicos de primeira categoria e os calhamaços de terceira, para não desperdiçar seu precioso tempo com a produção acadêmica barata. Isso naturalmente também vale para os universitários que estão iniciando o estudo de uma especialidade. Primeiramente, deveriam ler um clássico recente de sua especialidade (recente por já ter trabalhado e assimilado os outros clássicos), e estudá-lo a fundo, de modo que possam entender bem seus conceitos; então, tudo ficará mais fácil.

Se quisermos ter acesso ao mundo dos livros sem precisar abrir mão de toda a produção recente (as novidades), temos de nos dirigir àquele local que talvez tenha sobre nós o mesmo efeito aterrador de uma biblioteca: a livraria. Embora nela em geral não se encontrem tantos livros como em uma biblioteca, provavelmente seremos interpelados pelas vendedoras, que nos perguntarão se podem nos ajudar em alguma coisa, sendo que sabem muito bem que ninguém lhes responderá: "Ah, sim, por favor! Será que a senhora pode me fornecer uma visão geral do mundo dos livros? Gostaria que me esclarecesse o que quero e o que me interessa. E, depois, por favor, pegue o livro que contenha o pensamento mais valioso para mim!" Na verdade, esse pedido já foi feito uma vez, não em uma livraria, mas em um livro: no romance *O homem sem qualidades*, de Robert Musil. Nele, há um episódio em que o general Stumm von Bordwehr entra na Biblioteca Nacional e pede ao bibliotecário para procurar para ele o livro mais apropriado para se obter uma idéia da quinta-essência da biblioteca. Na verdade, ele estava contando com o fato de que o bibliotecário iria rejeitar essa exigência por considerá-la absurda. Contudo, para sua surpresa, o bibliotecário posicionou a escada em uma das estantes, subiu rapidamente, retirou certeiro determinado livro da prateleira e o pôs sobre a mesa à frente do general. Este o abriu e leu: tratava-se de uma bibliografia de bibliografias (uma lista de listas de livros). Algo semelhante também poderia ser feito pela vendedora da livraria, que poderia nos trazer uma pilha de calhamaços e deixar-nos sozinhos com esse *índice de livros disponíveis*; ou então poderia apresentar-nos a versão eletrônica desse índice.

No entanto, o temor de que a livraria seja uma espécie de pântano, em que a cada passo podemos afundar na lama da vergonha, é totalmente infundado. Você só precisa fazer a pergunta de modo bem claro: "Será que eu poderia dar uma olhadinha nos livros daqui?" Com isso, você irá despertar a alegria de toda a equipe de vendedores, que abrirão os braços, apontarão os milhares de volumes recém-publicados e se colocarão a seus pés. A partir de então, você poderá ficar na livraria até a hora de fechar e ler tudo o que for de seu interesse, sem necessa-

CULTURA GERAL

riamente precisar comprar alguma coisa. Mas não é do gosto dos livreiros que você fique até a hora de fechar, afinal, querem ir logo para casa para continuar lendo seu livro predileto do momento. Se, porém, você quiser ir embora, mas não conseguir se livrar da sensação torturante de que deveria comprar alguma coisa, sem querer de fato, pois não conseguiu se decidir por nada, então pergunte ao vendedor sobre o livro *The Mac Guffin*, de Alfred Hitchcock.

Você conseguirá um contato mais íntimo com o mundo dos livros se conseguir encontrar uma livraria onde se sinta em casa e goste de ficar. Essa livraria será seu segundo lar ou como aquele bar a que vamos sempre e em que conhecemos os clientes habituais e o dono. Você baterá papo com o livreiro, que conhecerá suas áreas de interesse e lhe mostrará as publicações recentes. Ele lhe dará dicas e lhe contará as fofocas do mundo da literatura e da ciência. Nesse ínterim, você poderá remexer a mesa com as novas publicações, enquanto sua vendedora favorita lhe conta algo sobre elas. Desse modo, você se mantém informado e fica sabendo mais do que muitos eremitas conseguem por meio de sua intensa leitura. Uma pessoa medianamente culta precisa ter sua livraria predileta. Se você está procurando a sua, observe se ela tem algum lugar para sentar. Assim, você poderá dar uma olhada em grande parte dos livros ali mesmo, sem ter de comprá-los, levando para casa somente os seus favoritos.

O suplemento cultural e os jornais

Em todo jornal que se preze há uma seção dedicada à cultura, o chamado suplemento cultural ou folhetim. A palavra folhetim vem do francês *feuilleton*, que significa folha pequena, e chegou até nós por meio do jornalismo francês. O folhetim foi criado pelo abade Geoffroy para o *Journal des Débats*, em cerca de 1800, e originalmente destinava-se apenas à crítica de teatro. Nesse meio tempo passou a incluir tudo o que se relacionasse à mídia, à arte, à literatura, à música e à ciência: resenhas, ensaios, relatos sobre exposições de arte, congressos científicos, concertos, estréias de filmes, críticas a programas de televisão etc. O tom usado no folhetim não é acadêmico, mas ensaísta e agradável. Por isso, quando um texto científico é rotulado de "folhetinesco", é porque não é bem visto.

Quem está interessado no mundo dos livros, da literatura e da ciência deve escolher um jornal diário ou um periódico semanal que possua um bom suplemento cultural.

Para quem lê inglês sem dificuldades e está em busca de resenhas originais e informativas sobre os livros, recomenda-se a leitura do *New York Review of Books*. As resenhas nele publicadas têm uma forma especialmente eficiente: todo autor de resenhas aborda em seu artigo vários livros que tratam do mesmo tema; a comparação coloca o tema comum no centro da discussão, de tal modo que os artigos especializados e as resenhas se completam com perfeição. Seja como for, é

PODER

recomendável informar-se sobre as novas publicações e as demais questões em desenvolvimento no cenário literário e artístico.

Ao mesmo tempo, não devemos acreditar piamente nos suplementos culturais sem dirigir-lhes um olhar crítico. De certo modo, os artigos são codificados e refletem determinadas condições sociais no cenário cultural. Para decodificá-los, devemos conhecer essas condições. Apresentamos em seguida uma pequena ajuda para a leitura de diferentes tipos de artigos.

Resenhas de literatura científica: uma crítica confronta o seu autor, ou seja, o crítico, com a expectativa de que ele domine o assunto sobre o qual versa o livro resenhado melhor do que o próprio autor. Caso contrário, como poderia criticar tal obra? Na realidade, porém, as coisas nem sempre são assim. Aliás, isso chega a ser raro. Contudo, o autor da resenha não informa isso ao seu leitor, pois tal fato iria prejudicar seriamente a sua autoridade. Para ficar bem longe dessa suspeita, ele cria, por meio de sua crítica mordaz e feroz, uma grande distância entre sua superioridade e a incompetência do autor, e quanto menos entender do assunto tratado, tanto mais intensamente exercerá sua crítica. Por isso, é preciso que se saiba: muitos críticos são anões acomodados sobre os ombros dos gigantes. E quanto menores são, mais se esforçam para confundir o leitor, em vez de informá-lo. Não se referem ao teor do livro, mas pressupõem o seu conhecimento. Fazem comparações com outras obras desconhecidas ("no que diz respeito ao rigor, não pode ser comparado com *A irrupção no ontem*, de P. O. Abele, obra muito mais clara"), alongam-se em interpretações ininteligíveis, destinadas aos supostos iniciados ("recorda muito aquela inesquecível controvérsia..."), em rotulações estabelecidas de forma dogmática ("quando muito, um delírio desconstrutivista") e em insinuações cujo propósito é desmoralizar o leitor e tachá-lo de ignorante ("assim, preferimos nos ater a nosso experiente Gustav Württemberger"). A finalidade de tudo isso não é proporcionar ao leitor uma impressão realista da obra em questão, mas encobrir a ignorância do autor da resenha.

Críticas de novas publicações literárias

Os críticos mantêm com os literatos uma relação de parentesco bem complicada. Muitas vezes essa relação é marcada por uma visível inveja, semelhante àquela existente entre irmãos, pois geralmente o crítico gostaria de ser escritor. Dependendo da ordem que o crítico ocupa na seqüência dos irmãos, enxerga o escritor a ser resenhado como um concorrente ou como seu irmão caçula, que ele tem de proteger e incentivar, ou, caso se trate de uma escritora, como a sua irmã mais velha, que ele admira e venera. Se o enxergar como um concorrente, nega-lhe pura e simplesmente o direito de se declarar escritor. O crítico compara o escritor a si próprio, afinal, ele foi autocrítico o bastante para considerar seu talen-

CULTURA GERAL

to insuficiente e renunciar ao *status* de escritor de verdade. Tanto mais arrogante e descarado lhe parece, então, alguém que, dispondo de um talento mais modesto, não tem o menor escrúpulo e se atreve a vender seu livreco e ainda obter sucesso com ele. O crítico considera tarefa sua abrir os olhos do público a esse charlatão. Assim sendo, irá reorganizar os parâmetros críticos e desmascarar o usurpador, apontando aquilo que ele é: um impostor e um vigarista. Por outro lado, se o crítico enxergar o escritor como o irmão caçula, tentará se fazer passar por pai de seu sucesso. Afinal, não foi ele quem o revelou ao público após o seu primeiro romance? E não foi ele quem, desde então, o apadrinhou? O crítico sente-se, portanto, como um treinador de futebol, cuja crítica serve para estimular seu protegido a conquistas ainda maiores. Por isso, não se pode dar por satisfeito com os êxitos alcançados, pois sua crítica não é destrutiva, e sim construtiva e estimulante.

Se, ainda, o crítico enxergar uma escritora como sua irmã mais velha, ficará orgulhoso de ter podido contribuir para seu sucesso. Com sua crítica, irá esforçar-se para chamar a atenção da grande escritora, o que conseguirá ao conhecê-la melhor e entendê-la mais profundamente do que qualquer outro. Não irá, portanto, competir com ela, mas sim com outros críticos. Enquanto estiver escrevendo sua crítica, imaginará como a escritora a lerá e como pensará: "Finalmente alguém que me entende. Os outros não têm a menor noção, mas este aqui..."

Críticas teatrais

Na verdade, as críticas teatrais deveriam ser dirigidas aos que ainda não viram a peça em questão. Mas o fato é que os críticos as dirigem aos que assistiram à estréia, bem como a outros críticos. Também a direcionam ao elenco e ao diretor, pois os conhece pessoalmente. São essas pessoas que o crítico tem em mente como leitores quando escreve a sua crítica, e não, porventura, o potencial espectador que não conhece a peça ou o autor. Como não quer parecer ingênuo diante dos conhecedores, presume esses conhecimentos. Não descreve, mas julga; não fornece informações sobre o autor e a peça, obtendo com isso os critérios para tecer sua crítica, mas faz referência a outras peças e a outros diretores que o leitor da crítica também não conhece. Isso ocorre porque o teatro é um mundo de iniciados bastante hermético. Os próprios diretores não querem, em primeira linha, tornar a peça acessível ao público, do modo mais adequado possível, mas sim distinguir-se dos demais diretores. Essa tendência é enfatizada pelo fato de que a crítica teatral sempre compara uns aos outros. Por essa razão, muitos críticos preferem resenhar representações clássicas a peças novas e desconhecidas: elas dão menos trabalho. Afinal, já as conhecem e se lembram de outras encenações. Nas peças novas, ao contrário, o crítico não sabe o que lhes deve atribuir e o que é específico à encenação vista. Para descobrir isso, precisa-

PODER

ria ler a peça ou mesmo informar-se sobre o autor (por exemplo, caso se trate de um autor estrangeiro, bem-sucedido em seu país, mas ainda desconhecido no país do crítico).

Além disso, não há uma linguagem adequada à descrição de apresentações de peças teatrais e do estilo dos atores. A conseqüência disso é semelhante àquela piada do homem que estava procurando o seu relógio não onde o tinha perdido, mas onde estava mais claro e onde a procura era mais divertida. Assim, o crítico também se refugia naquilo que é mais fácil de descrever: o cenário e o figurino. Isso produz um sistema fechado de regras: como a crítica dá muito valor a isso, os diretores investem muito na "concepção" da produção cênica: Hamlet no abrigo aéreo, Hamlet na Casa Branca, Hamlet na máfia etc.

Por conseguinte, as críticas teatrais costumam ser feitas a partir dos textos que mais induzem em erro, quando lidos de modo ingênuo, e que precisam ser decodificados. A informação mais importante está escondida onde se fala da aceitação do público. Às vezes, é preciso procurá-la quando a crítica impiedosa contraria o grande entusiasmo do público: o crítico não irá mentir diretamente, mas irá esconder o frenesi da platéia em uma oração subordinada. Essa reação do público é o único indício para se saber qual a impressão geral causada pela peça. Se o efeito é de diversão ou emoção, ele só interessa se, em segunda instância, for mérito da obra, de sua concepção, das idéias do diretor, ou do talento dos atores. Na realidade, todos esses fatores se mesclam em diferentes proporções. O crítico, porém, desmonta essa unidade e se concentra apenas na parte da encenação. Isso deve ser sempre completado com a própria impressão causada pela peça. Em outras palavras: *Hamlet* continua sendo uma peça de grande efeito, independentemente de seu protagonista aparecer ou não vestido de cinta-liga, de serem exibidos ou não filmes no palco e de a dicção dos atores ser boa ou não. Ou, para sermos mais exatos: quanto mais um crítico enfatizar a proposta cênica e o cenário de uma peça (quer como elogio, quer como censura), tanto mais desconfiados devemos ficar. Se, ao contrário, censurar a falta de idéias do diretor e da proposta cênica, mas mencionar de passagem o entusiasmo do público que assistiu à estréia, teremos a chance de ver a peça mais ou menos como o autor a concebeu.

A linha política de um jornal e as resenhas dos livros sobre política

Essas críticas dependem amplamente da orientação política dos seus respectivos autores. E estes, por sua vez, estão sujeitos à linha política geral do jornal, que, por ordem do editor, é supervisionada pelo chefe de redação, juntamente com os responsáveis pelas demais seções. Assim, os jornais refletem a situação dos meios de comunicação e do público. Constituem um domínio dos cartéis da opinião. E isso é o resultado do fato de os partidos políticos terem conquistado a so-

409

CULTURA GERAL

ciedade. Os órgãos de imprensa entraram nesse jogo e, para continuar a fazer parte dele, têm de cultivar um perfil político de fácil identificação e reconhecimento. Desse modo, também formam sua fiel clientela de leitores, que constituem verdadeiras comunidades, com claro perfil social e sempre abastecida pelos jornais com as mesmas informações. Os periódicos de esquerda costumam ser mais dogmáticos e menos liberais do que os de direita. Isso porque os esquerdistas definem sua posição em relação a opiniões, ideologias e programas de modo muito mais taxativo do que os conservadores. Como conseguiram chegar ao poder fundamentalmente por meio das conquistas obtidas com os discursos e a soberania cultural, a linha política correta é para eles muito mais importante do que para os conservadores, que já dispõem de dinheiro. A linha correta é assegurada pela moralização. Por essa razão, os esquerdistas estão mais inclinados ao domínio da opinião e às perseguições dos hereges. Portanto, o conteúdo de seus jornais é mais previsível do que o de outros. O mesmo pode ser dito em relação às resenhas de livros sobre história e política neles publicadas.

Se quisermos obter uma imagem mais ou menos objetiva, teremos apenas duas saídas: ou lemos dois jornais – um de esquerda e um de direita –, ou optamos pela leitura do *New York Review of Books*.

III. GEOGRAFIA POLÍTICA PARA A MULHER E O HOMEM COSMOPOLITAS

É culto quem participa da comunicação pública, que atualmente é internacional. Isso divide a sociedade em duas classes: a das pessoas que tomam parte na comunicação internacional e a das que se limitam ao horizonte de sua cidade.

Afora a capacidade de falar inglês, quem quiser transpor esse horizonte precisa dominar as formas internacionais de socialização. Não é difícil causar uma péssima impressão, e quem desejar fazê-lo só precisará considerar que o que vale em sua cidade também faz parte da etiqueta internacional.

Mas quem deseja conquistar o seu interlocutor italiano ou inglês com charme, bons modos e simpatia ou despertar nele a sensação de que é um prazer conversar com ele, deve ser capaz de se colocar em seu lugar e, para tanto, deverá ter uma idéia de como é o mundo da perspectiva de um italiano ou de um inglês; deve saber o que um inglês considera civilizado, normal e usual entre gente culta; deve ter a sensibilidade para vislumbrar que imagem um italiano tem de si mesmo, quais são seus mitos, seus preconceitos e suas expectativas; e deve ter ao menos uma noção de como seu país é visto de fora. Por exemplo, os americanos têm muita dificuldade em usar a forma de tratamento "senhor" e "senhora". Por isso, com eles é mais fácil empregar a forma "você".

Alemanha

Se perguntássemos a uma agência de publicidade americana o que pensa da Alemanha, ela nos diria que esse país tem, por assim dizer, um problema de imagem. Mas isso não é assim apenas desde os tempos daquele Adolf que o comediante Charles Chaplin reproduziu de modo tão perfeito. Mesmo antes disso, a

CULTURA GERAL

imagem dos alemães já era muito ruim. Nos tempos de Shakespeare, eles tinham fama de beberrões, que enchiam suas barrigas de cerveja e o ar de cantilenas rudes. Mais ou menos na época de Goethe, o mundo descobriu a literatura, as universidades e a erudição alemãs; foi então que esse povo conseguiu transmitir a imagem mais amável de si mesmo, centrada na figura do erudito deslumbrado, que, numa universidade provinciana, se dedica a especulações alheias ao mundo e desenvolve obstinados sistemas metafísicos de uma original impossibilidade de compreensão; um personagem grotesco, mas desinteressado, que busca a verdade e tende a pesquisar as zonas obscuras do espírito humano. Apoiado na popularidade da figura do *Fausto*, um herdeiro desse tipo foi o clichê do cientista louco, que sempre tinha de ser um alemão. Exemplos típicos são o *Frankenstein*, de Mary Shelley, e o professor Teufelsdröckh, da obra *Sartor Resartus*, de Carlyle.

Essa imagem sofreu outra transformação radical com a fundação do império alemão por parte da Prússia, bem como com a conduta militarista de Guilherme II antes da Primeira Guerra Mundial. O alemão tornou-se então o indivíduo de monóculo e voz rouca, um terrível homem-máquina uniformizado, que bate com os saltos das botas e usa capacete pontiagudo; um ser cuja disciplina militar lhe arrebatara todos os sentimentos normais e cuja linguagem humana se reduzira a comandos e a saudações feitas com tiros de metralhadoras. A propaganda política voltada às massas, praticada durante o período de guerra, muito contribuiu para difundir e consolidar essa imagem, de maneira que, quando os nazistas chegaram ao poder, os seus excessos confirmaram esse estereótipo.

Os nazistas ainda acrescentaram a essa imagem um traço demoníaco, uma devida pitada de loucura, que se manifestava no contraste entre a mais fria crueldade e uma enorme sensibilidade para a música. Dessa forma, o típico alemão, como um homem sentimental da SS, que ora ouve Wagner, ora chacina gente, tornou-se a imagem-padrão dos filmes de guerra americanos.

Naturalmente, um estrangeiro culto sabe que essas imagens não passam de clichês. No entanto, dificilmente ele dispõe de outras referências. Na apresentação tradicional do alemão, há três ingredientes que permaneceram constantes: a tendência para a loucura, os modos provincianos e pouco refinados e o traço rude e machista, que na época de Guilherme II assumiu uma forma militar.

Isso nos recorda que na Alemanha faltaram a corte e a sociedade metropolitana, ou seja, a *society* dominante, que em outros países marcou as formas de socialização e a maneira como as pessoas se relacionam. A sociedade cortesã e urbana caracterizava-se por ser mista. Nela, homens e mulheres encontravam-se em pé de igualdade. Aliás, o padrão de civilização de um país sempre é medido pela forma como as mulheres são tratadas, isto é, se lhes são dispensados atenção e respeito.

PODER

Na Alemanha, ao contrário, e especialmente na Prússia, só havia dois meios sociais capazes de marcar um estilo de vida, e ambos eram vedados às mulheres: a vida militar e a universidade. Por conseguinte, desenvolveram-se dois estilos machistas, característicos dos respectivos meios, que após a fundação do império alemão tiveram grande influência sobre o modo burguês de se comportar: a voz militarista de comando do oficial da reserva e o pedantismo e a pompa do professor alemão. Ambos sucumbiram ao movimento antiautoritário.

Se por um lado o caráter social dos alemães foi orientado até 1968 por uma forma de machismo auto-estilizado, por outro, o feminismo nasceu da necessidade de remediar a falta de civilização: com certo rigor alemão, submeteu os homens a uma "educação do coração", ensinando-lhes que a pretensão de civilização de uma sociedade é medida por sua capacidade de fazer com que nela as formas do jogo social transformem a comunicação recíproca em um prazer para ambos os sexos. E, nesse ponto, as mulheres têm toda a razão ao afirmarem que ainda há muito o que fazer.

Disso se depreende a conclusão mais importante para a socialização dos alemães com seus vizinhos ocidentais: em comparação com as sociedades desses países, as boas maneiras dos alemães ainda se encontram num estado de imaturidade juvenil. Sejam elas toscas e provincianas, com uma mistura de simplória cordialidade, sejam protestantes e autênticas, impregnadas de um ranço moral de rudeza disfarçada de sinceridade, não são o que poderíamos designar como urbano, elegante e amável.

Entre os alemães, as formas de relacionamento social e as virtudes como o humor, o charme, o tato, a espirituosidade, a elegância, bem como todas as artes para manter uma conversa de alto nível ainda estão em via de desenvolvimento, o que requer das feministas um árduo trabalho nas vinhas da civilização. Porém, até que esse trabalho esteja concluído, a um estrangeiro culto, a Alemanha às vezes pode se mostrar como o país que não mostra o seu charme de imediato. E, então, pode acontecer de um francês ou um italiano cultos verem os alemães mais como visigodos com um telefone celular nas mãos. Por não saber que todo o país é assim, ele associa a falta de modos a algo pessoal e procura fugir sem demora.

Por isso, a **regra número 1** que o alemão deve observar é: na conversa com estrangeiros, deve aumentar a dose de amabilidade em seu comportamento, multiplicando-a a ponto de considerá-la absurdamente exagerada. Só então ela parecerá normal ao interlocutor.

Ao lidar com o embaraçoso passado dos alemães, deve-se levar em conta o seguinte: o interlocutor identifica-se com o país de onde provém e conta com uma dose normal de patriotismo. Para ele, as crises de arrependimento dos alemães não são usuais e, por isso, qualquer demonstração desse tipo por parte de

CULTURA GERAL

um alemão será considerada estranha. Se um alemão criticar impiedosamente o caráter de seu próprio povo, por cortesia o interlocutor irá discordar, ainda que muito quisesse dar-lhe razão, o que o fará sentir certo mal-estar. Afinal, também não pode dizer o contrário e elogiar os nazistas. Portanto, não se deve utilizar o passado da Alemanha para fazer o papel do convertido ou de herói da moralidade. O interlocutor não estará obcecado pela trajetória criminosa dos alemães; por isso, uma demonstração de arrependimento por parte de um alemão quando muito lhe dará a impressão de que a instabilidade psíquica desse povo talvez não tenha sido criada do nada. Só se deve falar do pecado original dos alemães se o interlocutor tocar no assunto. Uma estratégia a ser evitada por um alemão é deduzir presunções morais como se ele conhecesse na pele os males do passado e tivesse adquirido experiências de uma profundidade desconhecida pelo interlocutor. A este último não se deve dar lições de história, pois ele aprendeu outras lições que são tão válidas quanto as de um alemão. Tampouco se deve insistir no conceito de nação. Para o interlocutor, a nação entrou para o palco da história de braço dado com a democracia, e antigamente ela se chamava "soberania do povo". É a experiência alemã de nacionalismo que é atípica. Desse modo, se o interlocutor não receber uma explicação a respeito, não irá entendê-la. Por fim, deve-se sempre lembrar que a experiência alemã em relação à história é exceção, e não regra.

Mas voltemos nosso olhar para os outros países. Para isso, podemos recorrer à parte deste livro que trata da história. Naturalmente, devemos ter cuidado com as generalizações; porém, esse mesmo princípio já é uma generalização, e sua validade é limitada, pois as sociedades distinguem-se por meio das normas nelas prevalecentes.

Estados Unidos da América

Do ponto de vista de sua experiência coletiva, os americanos apresentam uma enorme diferença em relação aos alemães: sua história é de puro sucesso. Tal sucesso é atribuído aos valores liberais dos quais essa sociedade nasceu. Ela não se formou como uma comunidade madura e completa, como que saída das brumas da história; ao contrário, as pessoas tornaram-se americanas por meio do ato individual da imigração. No início de quase todas as histórias familiares de americanos há tais atos de vontade.

Por essa razão, de certo modo a mentalidade coletiva ficou marcada pela situação da imigração. A ruptura entre os imigrantes e seus filhos nascidos na América sempre foi uma constante. Os filhos já cresceram como americanos, falando um inglês perfeito, ao passo que os pais só o dominavam parcialmente e em casa preferiam falar, por exemplo, o polonês e preservar seus costumes. Além disso, geralmente o pai tentava impor a autoridade de sua antiga sociedade, o que

414

PODER

na América era considerado ridículo. Isso enfraqueceu a autoridade paterna e fortaleceu de modo relativo a materna e a das mulheres em geral, pois o instrumento de integração das crianças passou a ser a escola, e na escola quem manda é a professora (havia poucos professores homens). Isso fez aumentar o respeito pelas mulheres, bem como a desvalorização da figura do pai, e promoveu o conformismo por meio do agrupamento de jovens da mesma idade no chamado *peergroup*.

Para promover a integração de imigrantes tão diferentes, os americanos cultivavam um acentuado patriotismo constitucional. É essa a razão dos rituais patrióticos, da saudação à bandeira com a mão sobre o coração e do fervor em agitá-la em qualquer oportunidade. Isso não deve ser confundido com nacionalismo agressivo. Afinal, não é ao inimigo que a bandeira é mostrada, mas aos imigrantes e a seus descendentes, para simbolicamente fundi-los em uma nova nação. Os rituais que envolvem a bandeira são formas de professar a identidade americana. A nação é uma comunidade política, fundada num ato de vontade, e não existiria se não fosse essa profissão de fé. No mito de sua fundação já se encontra o gesto que indica um recomeço.

A mentalidade puritana dos primeiros imigrantes era a de recomeçar a vida por meio de espetaculares experiências de conversão. Na sociedade americana, isso difundiu uma dramaturgia do recomeço, da perspectiva de novos horizontes e da transposição de barreiras rumo a um futuro aberto, que sempre é encenada em Hollywood. É o que chamam de *sonho americano*, que constitui o motivo da maior flexibilidade e disposição dos americanos para mudar de emprego, de casa, de psiquiatra, de igreja e, se possível, até de marca de carro. Essa flexibilidade interior difere muito da mentalidade alemã, caracterizada por dar grande importância à carreira e à segurança de um serviço público. A postura dos americanos dá a impressão de que é a própria pessoa que forja seu destino e de que ninguém a ajudará se ela mesma não o fizer. Por conseguinte, também se espera menos do Estado, o que chega a um ponto que os europeus em geral e sobretudo os alemães não conseguem entender: para os americanos, o Estado não é óbvio.

Na Europa, de certo modo, o Estado já existia antes da sociedade burguesa, que teve de apoderar-se dele. Nos Estados Unidos, houve primeiro apenas uma sociedade de imigrantes, que depois criou um Estado e teve de impor a lei contra os que se situavam fora dela. Essa cena primordial é sempre reproduzida nos filmes de faroeste, quando o xerife, com o revólver em punho, faz valer a lei como Moisés fizera antigamente.

O xerife era pago pela comunidade, e todo americano tem conhecimento disso, enxergando os funcionários públicos como empregados que lá estão para servi-lo. Por isso, também tem a sensação de que pode colocá-los para correr se não trabalharem a contento. Sua relação com o Estado é marcada pela descon-

415

CULTURA GERAL

fiança. Ele prefere confiar mais em si mesmo do que no Estado. Essa postura justifica a pretensão que todo americano tem de portar uma arma.

Todas essas posturas aumentam a disposição para que os americanos se unam espontaneamente em associações de vizinhos ou de bairros, tomando nas próprias mãos a solução dos problemas locais. Tais associações surgiram, fortaleceram-se e consolidaram-se na época dos pioneiros. Tudo isso estimulou uma disposição de ajudar os vizinhos que é desconhecida na Alemanha. Ao mesmo tempo, esse comportamento conduziu a mal-entendidos, que, na Alemanha, se tornaram um preconceito difícil de erradicar: se descrevermos a relação entre dois vizinhos como um processo composto de dez estágios de crescente intimidade, o americano desenvolve no segundo estágio a mesma cordialidade e o mesmo entusiasmo que o alemão só revela no nono. Portanto, visto que o alemão que atinge o nono estágio já imagina ter uma amizade para toda a vida, beirando a empatia espiritual, bastará que o seu amigo americano cumprimente seu vizinho com o mesmo entusiasmo para que o alemão o julgue uma pessoa superficial. Na realidade, ambos só estão utilizando códigos culturais diferentes. O código americano é apropriado a uma sociedade flexível, que capta as águas da solidariedade já quando as pessoas estão começando a travar relações. Por isso, censurá-los, acusando-os de ser superficiais, é um terrível preconceito. Poder-se-ia até mesmo dizer o contrário, a saber, que os americanos são mais sociáveis, pois não restringem a amabilidade exclusivamente a uma relação de amizade, alçando-a a uma virtude geral, desvinculada de uma pessoa específica. Seja como for, os alemães sempre ficam surpresos com o fato de os americanos, logo após conhecerem alguém, já lhes confiarem as chaves de casa quando se ausentam. E, em termos gerais, o relacionamento social nos Estados Unidos é tão descontraído, tão descomplicado e tão marcado pela predisposição de supor apenas as melhores coisas do novo vizinho que nem sequer pode ser imaginado na Alemanha. Essa rápida obtenção de certa confiança já na segunda fase também faz com que, na conversa, os americanos logo deixem de usar o nome de família (Mr. Witherspoon) e adotem o primeiro nome (Herbert). Contudo, visto que para o seu senso de economia duas sílabas já são um puro desperdício, logo as reduzirão para "Herb". Além disso, os americanos geralmente têm um chamado *middle name*, um segundo nome, que é abreviado e indicado apenas pela letra inicial acompanhada de ponto (Herbert M. Witherspoon). O segundo nome é tão comum que há uma piada segundo a qual Cristo se chamava "Jesus H. Christ". Às vezes, as autoridades americanas irritam-se com o fato de os europeus não terem um segundo nome: ficam desconfiadas, como se a pessoa não tivesse sombra, como se fosse um pobre-diabo. Por isso, é recomendável inventar um, caso não se tenha. Por exemplo, Alexander J. Horstmann; J. é a abreviatura de Juskowiak, pois o pai era um fã do time de futebol Schalke 04.

PODER

Também na postura de ambos os países em relação ao sucesso há uma diferença: ao passo que para os alemães uma pessoa bem-sucedida é, antes de tudo, objeto de inveja, de rivalidade e de dúvida quanto à sua honestidade, para os americanos, tal pessoa é um incentivo e deve ser imitada. Os americanos adoram as pessoas bem-sucedidas porque elas reforçam as esperanças das demais.

Por essa razão, os americanos são fundamentalmente otimistas. Para eles, otimismo é sinal de confiança na própria força. Assim, não compreendem a inclinação dos alemães para a melancolia, a rabugice, a resignação, a tristeza e as lamúrias. Se há problemas, eles os encaram de modo prático, sem ficar quebrando a cabeça. O mesmo se aplica aos próprios problemas psíquicos. Visto que os encaram como algo que pode ser resolvido, os Estados Unidos são o eldorado dos psiquiatras e psicanalistas, que contribuem para manter acesa a esperança de que a qualquer momento se pode dar início a uma nova vida.

De qualquer modo, o que os alemães deveriam saber é que grande parte da sociedade americana é constituída de cristãos praticantes. Essa religiosidade, porém, não é organizada por igrejas oficiais, com padres e bispos, mas se expressa em comunidades livres das mais diversas vertentes. Há os batistas, os metodistas, os *quakers*, os mórmons, os luteranos, os presbiterianos, os adventistas, os novos cristãos, os *holy rollers*, os *shakers*, os *amish* e muitos outros. Visto que, na maioria dos casos, se trata de seitas de origem calvinista (→ História), a retórica pública dos Estados Unidos está repleta de formulações bíblicas. Isso constitui uma herança cultural comum sem hipocrisia. É nessas comunidades que se desenrola não apenas a vida religiosa, mas também grande parte da vida social. Uma vez que existe, por assim dizer, um livre mercado religioso com muitas ofertas, as comunidades religiosas empreendem uma verdadeira propaganda. Por isso, quando um americano muda de casa, às vezes também muda de comunidade religiosa. Se os batistas têm uma piscina melhor do que os metodistas, isso é algo muito conveniente para as crianças. Como os credos puritanos são inteiramente compatíveis com a habilidade para os negócios e o sucesso econômico é tido como sinal da graça divina, a religião não está em contradição com a modernização; e como não existe uma igreja oficial que fixe os seus dogmas, há menos conflitos entre religião e ciência. Tudo isso, juntamente com a cultura religiosa individualista e a ênfase colocada na experiência interior de Deus, conferiu à religiosidade uma base mais sólida para a sociedade moderna. Ao alemão de hoje, essa mentalidade pode parecer estranha, mas ele deveria respeitá-la, entendendo-a como fonte democrática, que recentemente os americanos tiveram de ensinar aos alemães.

Os Estados Unidos são um país onde impera uma democracia de base e desconhecem o esnobismo cultural. Por isso, não é preciso ter medo de deixar escapar as próprias lacunas culturais. Nesse ponto, os americanos são os mais ousados.

CULTURA GERAL

Desse modo, o americano médio nem sempre sabe grande coisa da Europa. Mas esse desconhecimento pode ser em parte explicado a partir do mito de fundação dos Estados Unidos. Com o recomeço, buscou-se virar as costas às intermináveis complicações da Europa. No recomeço adâmico na terra virginal, os pecados dos europeus deveriam ser purificados e esquecidos. O intuito era iniciar uma nova vida sem impedimentos. Portanto, originalmente essa ignorância era uma espécie de inocência. Por outro lado, o conhecimento também é bem visto: a pessoa não será tachada de pedante, pois os Estados Unidos desconhecem totalmente esse problema. Em vez disso, o que vem ao caso é que aquilo que a pessoa está contando seja interessante. Por isso, em nada prejudica esforçarmo-nos para obter certa popularidade. Afinal, nos Estados Unidos, quase todos se esforçam para isso: os chefes com os seus empregados, os vendedores junto a seus clientes, os professores junto a seus alunos, os promotores públicos junto a seus eleitores. Isso porque, nos Estados Unidos, a maioria dos cargos são ocupados por meio de eleição.

Um assunto que cria um sentimento de comunhão (sobretudo entre os homens) é o esporte. E é aqui que encontramos o acesso à alma americana. As duas grandes modalidades de esporte de massa são o beisebol (um jogo derivado do críquete) e o futebol americano (um tipo de guerra disfarçada de handebol); ambas são seguidas, a uma larga distância, pelo basquetebol. O futebol europeu permaneceu-lhes desconhecido por um longo tempo, mas vem fazendo progressos como um domínio esportivo composto por mulheres emancipadas. Portanto, quem quiser cair nas graças dos americanos deve esforçar-se para decorar as regras do beisebol e do futebol americano, bem como os nomes dos times e dos jogadores mais importantes. Essas duas modalidades esportivas constituem pólos importantes da vida social nas escolas e universidades; seus jogadores tornam-se ídolos assediados pelas moças, que, por sua vez, exercem o importante papel de animadoras de torcidas (*cheerleaders*) nos jogos. Quando as moças estão assistindo aos jogos, os rapazes jogam melhor.

De tudo isso, decorre a **regra número 2**, a ser observada quando se conhece um americano:

Demonstre profundo entusiasmo por ter o privilégio de ter um amigo americano, dando a entender que com isso você está realizando um sonho há muito cultivado. Nas observações feitas por seu amigo americano, mostre-se enlevado pela originalidade das idéias por ele expostas e pelo caráter arrojado de sua visão. Entusiasme-se com cada uma das palavras e deixe-se arrebatar pela profundidade de sua análise.

(Lembre-se: você só estará no caminho certo se sentir que está indo muito além da medida e se for tomado pela suspeita de que o seu interlocutor o considera louco ou irônico. Tenha em mente que o que você está sentindo é fruto do padrão alemão. O americano considerará normal aquilo que você julgar exagerado. Se você se comportar como um alemão, ele vai julgá-lo uma pessoa fria e um nazista disfarçado, que quer deixá-lo inseguro.)

Se ele simpatizar com você, irá perguntar se pode chamá-lo pelo primeiro nome. Naturalmente, isso é uma expressão de elogio, e você não deve pedir-lhe um tempo para pensar sobre o assunto. Você também pode fazer o mesmo, pois essa atitude irá consolidar a sua amizade.

Os americanos são empreendedores. Estão sempre fazendo muitos planos e projetos para o futuro. Isso também afetará a relação que tiver com você. Em média, após cinco minutos (alguns pesquisadores acreditam que bastam três), ele começará a fazer planos para um futuro comum. Vocês deveriam ir comer juntos qualquer dia desses; melhor seria se você fosse passar um fim de semana na casa dele; que tal visitá-lo e passar uns meses com ele em Wyoming? Você poderia trazer a família, a casa tem seis banheiros e espaço até para o seu São Bernardo... Bem, o que você não deve perder de vista é que ele também fez uma proposta semelhante para a senhora que cumprimentara pouco antes de encontrá-lo. São simples balões de ensaio, e não propriamente convites; idéias, às quais se aplica o mesmo que Jesus disse sobre as sementes: a maioria cai em solo pedregoso e apenas algumas poucas caem em terreno fértil e germinam. Seria precipitado reservar passagem para Wyoming logo após essa conversa, mas o americano vai sentir-se bem se você entrar no jogo. Seja positivo! Dê a ele a impressão de que vocês são dois amigos capazes de transformar o mundo. Mantenha uma boa disposição de espírito! Para tanto, sirva-se do humor; seu tom até pode ser áspero, desde que você o atenue mostrando-se irônico em relação a si próprio.

Além disso, é importante saber o seguinte: os Estados Unidos são um país de gente casada. As pessoas casam-se mais cedo e voltam a se casar rapidamente após a separação. Há uma tendência geral de julgar que quem não é casado é homossexual. Portanto, convém incluir os respectivos companheiros tanto nos convites como nas conversas. Curiosamente, na primeira apresentação, o mais freqüente é que apenas os homens se cumprimentem com um aperto de mão.

Grã-Bretanha

Se alguma vez já lhe ocorreu de pensar que a Inglaterra e os Estados Unidos se assemelham devido à língua, esqueça isso. Em muitos aspectos, a Inglaterra chega a ser o oposto dos Estados Unidos.

Em primeiro lugar, na Inglaterra tudo é condicionado pela história e, por isso, é irracional, a começar pelo próprio nome. Freqüentemente usamos o nome Inglaterra para nos referirmos à Grã-Bretanha. Diante dos britânicos, deveríamos evitar esse erro: um escocês, um galês ou um irlandês do norte também não iria

CULTURA GERAL

gostar de ser chamado de inglês, assim com um suíço não iria gostar de ser chamado de alemão. A Inglaterra nunca conquistou a Escócia; ao contrário, foram os reis escoceses que unificaram os dois países ao subirem ao trono inglês. A Escócia tem uma tradição intelectual e literária própria; foi o berço da economia política como ciência (Adam Smith etc.), bem como do romance histórico (Sir Walter Scott), e chegou a ter um iluminismo e um romantismo próprios (o poeta nacional é Robert Burns, chamado de Robby).

O mesmo se pode dizer, com algumas ressalvas, das outras partes da Grã-Bretanha marcadas pelos celtas: o País de Gales, a Ilha de Man (com a língua manesa), a Irlanda do Norte e a Cornualha (com a língua *cornish*, já quase extinta).

Portanto, são ingleses apenas os habitantes do restante da ilha e estão divididos em vários grupos. Essa divisão refere-se, em primeiro lugar, às diferentes províncias com as suas diferentes pronúncias e dialetos. Mas, sobretudo, diz respeito às camadas sociais, para não dizer classes. Ao contrário dos Estados Unidos, a Inglaterra é uma sociedade de classes. E o critério para se fazer a distinção entre uma classe alta e outra baixa da sociedade é a língua, ou melhor, o sotaque.

Como entre os alemães a pronúncia não exerce o mesmo papel, essa particularidade inglesa nunca é suficientemente ressaltada. A Alemanha também conta com dialetos regionais, mas na Inglaterra eles funcionam mais como socioletos, ou seja, como formas de falar que sinalizam a que grupo social a pessoa pertence.

Quem pertence às camadas superiores da sociedade fala o inglês de Oxford ou o *queen's-english*. Esse é mais ou menos o padrão seguido pelos locutores da BBC.

Esse inglês é aprendido em casa, quando os pais já pertencem a essas *educated classes*, ou então nas *public-schools*, nome que, ao contrário dos Estados Unidos, é dado aos internatos da Inglaterra, onde, além das matérias clássicas, os alunos aprendem a se sentir e a se comportar como *ladies* e *gentlemen*. Portanto, um inglês ou uma inglesa será julgado pelo modo como fala, age e se comporta. E visto que esse comportamento se distingue claramente do comportamento das classes mais baixas, ele acaba sendo decisivo para a carreira, o sucesso profissional e o grau de aceitação social do indivíduo. O musical *My Fair Lady* (baseado na peça *Pigmalião*, de Bernard Shaw) mostra que a florista Elisa tem de aprender a falar corretamente, ou seja, tem de se livrar de seu sotaque próprio das classes inferiores, se quiser ser aceita como uma *lady*.

Visto que o *status* social depende menos do dinheiro (embora também dependa dele) do que da linguagem e do estilo de comportamento, o sistema educativo tornou-se muito importante na Inglaterra. Lá, a ascensão social clássica passa por uma das famosas *public schools* (Eton, Harrow, Rugby, Winchester, St Paul's, Chaterhouse etc.) e pelas universidades Oxford ou Cambridge, de forma que o sistema educacional britânico pode, às vezes, dar a impressão de uma cons-

420

PODER

piração. Porém, nessas instituições é ensinado o modo exemplar de se comportar e o modo correto de falar, que marcam o estilo empregado nas salas de diretoria dos grupos de empresas, nos órgãos de direção da televisão inglesa e nos corredores do poder em Westminster, sede do parlamento inglês.

A todo estrangeiro isso oferece uma enorme oportunidade, que até o presente momento ainda não recebeu a devida atenção nos livros didáticos de inglês. Aqueles estudantes que não precisam livrar-se de nenhum sotaque podem aprender desde logo o inglês correto. Isso lhes abrirá muitas portas na Inglaterra, desde que também se comportem de modo correto.

Mas, afinal, qual é o padrão de comportamento considerado fino pelos britânicos?

Na Inglaterra, a nobreza foi se fundindo com partes da burguesia, o que produziu a chamada "cultura do *gentleman*". Por essa razão, os padrões de comportamento são aristocráticos. Isso implica um absoluto autocontrole e produz aquela impressão tantas vezes descrita como frieza e imperturbabilidade. São consideradas especialmente inconvenientes as manifestações exageradas de sentimentos e quaisquer arroubos emotivos em determinada situação. As únicas exceções são as mulheres, os artistas e os homossexuais, que podem mostrar seus sentimentos desde que, por meio de sua encenação teatral, sinalizem que eles são falsos ou estão sob controle (as pessoas pertencentes às classes inferiores podem mostrar seus sentimentos em qualquer caso, aliás, é por isso que pertencem às classes inferiores. Foi pelo fato de ter quebrado essa regra que *lady* Diana se tornou tão popular nessas classes).

Na Grã-Bretanha, portanto, só existem duas formas de se comportar: com frieza ou de modo teatral. Seja como for, não se pode perder o autocontrole. Para tanto, existe uma regra de ouro, a do *understatement*, ou seja, de não dar muito valor às coisas e não dramatizar as situações. Isso é uma prescrição absoluta para tudo o que nos disser respeito, isto é, para nossas próprias realizações, nossas paixões, nossos talentos, nossos sentimentos e nossas virtudes. Devemos diminuí-los e dar a entender que não vale a pena falar deles; devemos ainda insinuar que ganhamos o Prêmio Nobel por engano, que vencemos a maratona por um erro de avaliação do percurso e que a notícia de nossa ascensão à nobreza hereditária é provavelmente fruto de uma confusão de nomes. Qualquer atitude diferente seria considerada pretensiosa.

Estão absolutamente proibidas as atitudes arrogantes, a ostentação vaidosa das próprias realizações e o comportamento afetado em geral. As pessoas não gostam de falar, mas consideram essas atitudes tipicamente alemãs. Esse preconceito tem origem na boa memória dos britânicos, pois sustenta-se sobretudo na recordação do aparato militarista da época guilhermina, que manchou permanentemente a imagem dos alemães perante os britânicos.

421

CULTURA GERAL

Outra prescrição é a que diz que uma pessoa civilizada precisa ter senso de humor. Isso nada tem a ver com a idéia alemã de alegria de massas, autorizada pelo Estado, em que as pessoas se acotovelam e as anedotas só podem ser contadas depois de autorizadas. Porém, deve-se saber que, para os britânicos, humor é a capacidade de dizer as coisas por meio de indiretas e diminuir o seu próprio valor, lançando sobre si uma luz cômica. É um antídoto contra a própria importância e constitui uma espécie de centrífuga do ridículo, cujas rotações separam o importante do insignificante. Trata-se de um sistema imunológico do discernimento e de um instrumento para detectar contradições insolúveis e paradoxos. Como tal, pertence à democracia, pois essa está baseada em um paradoxo: *We agree to disagree* (concordamos em não concordar). A harmonia da comunidade baseia-se na discussão permanente. Os fanáticos e os ideólogos entram em pânico ao deparar com paradoxos; por isso, o humor tornou-se a capacidade de suportar contradições insanáveis sem perder as estribeiras. Em suma, como quebra-mar contra ideologias, o humor é a atitude democrática por excelência.

Assim sendo, o humor não é um capricho dos britânicos ou a expressão de sua excentricidade, que também é parte do seu folclore. Ele é, antes, a própria forma da democracia. Visto que foram os britânicos que reinventaram a democracia, também foram eles que inventaram o humor, e quem quiser chegar ao coração dos britânicos terá de trilhar o caminho do humor. Para quem tem senso de humor, todo o restante se torna secundário.

Essa desvalorização de si próprio também é sinal da capacidade de autocrítica. Mas nem uma nem outra devem ser interpretadas como falta de autoconfiança. Ao contrário, revelam precisamente um grau de imperturbabilidade e de fundamental harmonia consigo próprio que pode facilmente desmoralizar as pessoas inseguras.

Essa segurança em relação a si próprio é respaldada por uma identidade nacional essencialmente sólida. Assim como nos Estados Unidos, ela é o resultado de uma longa história de êxitos do país, que conduziu a uma identificação coletiva com valores considerados tipicamente britânicos e que as pessoas supõem terem sido defendidos nas várias guerras: liberdade, democracia, *fair play* e a civilização em geral.

Essa convicção produz uma arrogância e um desinteresse por tudo o que não seja britânico, com duas exceções: a França, por ter sido a única rival séria na competição por civilização, e os Estados Unidos, que são vistos como um país de gente alegre e amável, que fala com um sotaque estranho.

Em relação aos alemães, os britânicos conservam um preconceito bastante arraigado e antiquado. Isso se deve ao fato de a Grã-Bretanha preservar sua memória histórica, o que às vezes a faz voltar-se menos para a experiência presente do que para a própria tradição. Também as duas guerras mundiais fazem par-

PODER

te da epopéia da grandeza britânica (a Grã-Bretanha é o único país europeu que nunca foi derrotado e, por isso, distingue-se dos demais e gosta de lembrar as guerras mais do que os outros). Por conseguinte, a essa lembrança pertencem os inimigos alemães, retratados como as hordas bárbaras dos hunos (como Margareth Thatcher era tão germanicamente autoritária, foi chamada de *Attila the Hen*).

Essa recusa semiconsciente e auto-irônica de deixar para trás os velhos clichês também é parte do humor britânico e não deveria ser levada muito a sério.

De tudo isso se extrai a **regra número 3**: as boas maneiras e o autocontrole devem andar juntos. Devem ser evitadas as demonstrações de sentimentos, de estados de ânimo, bem como todas as formas de pressão emocional. Se quisermos expressar sentimentos positivos, devemos envolvê-los em uma dose de auto-ironia ou então, por meio de exageros teatrais, deixar claro que os temos sob controle ou que eles não estão sendo ditos a sério. Especialmente ridícula torna-se a pessoa que se mostrar pretensiosa ou vaidosa. Todo e qualquer alarde de sabedoria é mortal. Sempre que a pessoa falar de si própria deverá observar o mandamento do *understatement*. As conferências devem ser introduzidas por gracejos, em que o conferencista se desculpe com o público por lhe roubar o tempo com as suas aborrecidas considerações. Aliás, o aborrecimento é considerado uma forma amena de criminalidade. O senso de humor indica que atingimos o primeiro degrau da civilização e que podemos ser admitidos no clube da sociedade humana. Um alemão tem de aceitar que essa admissão só é válida até segunda ordem, pois todos os britânicos contam com o fato de que a qualquer momento se pode perder o juízo. Se conseguirmos passar uma imagem de serenidade e seguir todas as outras regras de comportamento com facilidade, charme e amabilidade, teremos uma chance de ser aceitos.

França

Comparada à Alemanha, dividida em tantas regiões, a França é o país em que a razão assumiu a forma do centralismo. Para termos uma idéia disso, basta contemplarmos os jardins de Versalhes ou as avenidas que confluem no Arco do Triunfo em Paris. Aqui, a racionalidade aparece tão claramente como um raio de sol: como uma visão geral do todo a partir de um determinado ponto e, na direção inversa, como o foco dos olhares que convergem para um centro. E o centro da França é Paris, que é mais capital de seu país do que qualquer outra capital do mundo. Ela é aquilo que sempre faltou à Alemanha, por exemplo: um palco da nação, em que o país pudesse observar a si próprio em uma espécie de *remake* teatral, conseguindo com isso obter uma imagem de si. Nela se desenrolaram os dramas da nação, que foram decisivos para o destino do país, e desenvolveu-se a cul-

423

CULTURA GERAL

tura comportamental, que serviu de modelo para toda a França. E essa cultura comportamental era metropolitana, urbana, mundana e – comparada à Inglaterra – pronunciadamente teatral, burilada e formal.

Ao mesmo tempo, a França é o país que inventou a administração centralizada (→ História). Nesse sentido, a Revolução Francesa só completou o que Richelieu já tinha começado. Isso fez da França um país de normas, pelas quais todos devem pautar-se.

Essas normas também afetam o sistema escolar. Nas escolas francesas, os alunos costumam decorar as lições, e os exames finais (*concours*) do ensino médio (*baccalauréat*) são iguais para todos e realizados no mesmo dia. Isso assegura um padrão básico de conhecimento que é compartilhado por todos. A esse padrão pertencem naturalmente os grandes clássicos da literatura.

Também estão submetidos a normas os padrões da língua francesa. Assim como Paris governa o país, a *Académie Française* submeteu a língua a uma espécie de gramática centralizadora, que estabelece por decreto o que é correto e o que é incorreto. No momento, a França empreende uma verdadeira batalha de defesa contra expressões do inglês como *computer* e *hardware*.

Os clichês são o resultado de comparações. Em comparação com aquilo que é usual na Alemanha, o estilo de comportamento dos franceses é manifestamente regido por normas. Já às crianças são inculcadas as regras da cortesia, o que faz com que a própria conversa do dia-a-dia seja impregnada por fórmulas corteses: *merci, mon cher; s'il vous plaît, madame; bonjour, monsieur; excusez mon ami; au revoir, mesdames*. Essas fórmulas são obrigatórias, e quem não as utiliza é considerado um bárbaro. Todas são acompanhadas por uma forma de tratamento: dizer somente *bonjour* não basta; ao contrário, podemos inclusive omitir essa saudação, só não podemos deixar de usar a forma de tratamento. Podemos, portanto, entrar em uma padaria e cumprimentar o seu proprietário, bem como todos os clientes ali presentes, de ambos os sexos, com a fórmula reduzida *messieursdames*, ao que todos responderão com um *madame* ou *monsieur*.

Assim, o cotidiano dos franceses é permanentemente iluminado pelo resplandecente sol da cortesia convencional, que clareia a atmosfera, eleva o ânimo e a temperatura social e é considerado tão natural quanto o ar que se respira. E só é notado quando some repentinamente por trás das nuvens. Por isso, os estrangeiros devem conhecer essas fórmulas de cortesia e saber que os franceses são esnobes no que diz respeito à língua. Consideram a língua francesa o ápice do desenvolvimento lingüístico e a única língua em que é possível exprimir os pensamentos de modo simultaneamente claro e elegante. No fundo, consideram-na a única língua que vale a pena ser falada. Em relação àqueles que apenas balbuciam dialetos bárbaros, sentem um misto de compaixão e desprezo. O idioma alemão,

PODER

por exemplo, é para eles uma língua dissonante de gente caipira, própria para expressar nebulosos estados de alma, desvarios e perigosas profundezas do pensamento a que os franceses, graças a Deus, são imunes.

Se quisermos conquistar o respeito e a simpatia dos franceses, temos de ser capazes de falar o mais corretamente possível seu idioma, tanto no que se refere à gramática como à pronúncia. Isso inclui, sobretudo, uma articulação clara e nítida das palavras. Todo tipo de desvio da norma lingüística, má pronúncia e confusão na articulação de frases é interpretado pelos franceses como um tipo de novo ataque dos alemães à França e julgado como tentativa de profanar o mais sagrado bem da nação, bem como de maltratar e torturar os franceses. Se falamos mal o francês ou praticamente não o falamos, convém decorar um trecho de elegante prosa francesa, que seja adequada a várias situações e possa ser ocasionalmente empregada. Podemos causar estranheza pelo caráter irrelevante de nossa contribuição, mas ao menos daremos a entender que somos seres fundamentalmente dotados de razão e com a devida educação poderíamos nos tornar inteiramente aceitáveis.

Em que medida o bom comportamento deve ser observado naturalmente depende do grau de confiança entre as pessoas, do fato de estarem posicionadas no mesmo patamar social, bem como da distância social entre elas. O idioma francês distingue entre o *vous* (sr./sra.) e o *tu* (você), mas os franceses costumam ser formais nos tratamentos com as pessoas: há casais que se tratam por *vous*, e, em algumas famílias, o mesmo pronome é usado pelas crianças em relação aos pais. Portanto, os atos de camaradagem, os tapinhas nas costas e os excessos de confiança não são vistos com bons olhos e como comportamento conveniente. Por isso, é aconselhável deixar que os franceses tomem a iniciativa. Por conseguinte, adotar uma postura muito brincalhona e desleixada pode facilmente ser tomado como falta de respeito. Assim, é preferível usar mais floreios retóricos do que menos. Na França, o padrão retórico é claramente mais elevado do que na Alemanha, e a mesma retórica que, na França, apenas satisfaria as exigências mínimas, para um alemão poderia soar como exagero. As cartas ainda são finalizadas com fórmulas como: "Com os mais afetuosos cumprimentos, subscreve, minha cara senhora, o seu humilde servidor" (*Avec les salutations les plus chaleureuses, je reste, chère Madame, votre humble serviteur*). Para um alemão, isso soa por demais afetado. Já para o francês, soa normal, e menos do que isso pareceria frio.

O mesmo padrão de retórica exacerbada também caracteriza a comunicação na política e na esfera pública. Aqui, a França se encontra em oposição direta à Inglaterra. Se nesta impera a lei do *understatement*, naquela impera o *páthos* do *overstatement*. Aos olhos de observadores ingleses ou alemães, isso às vezes pode

CULTURA GERAL

parecer ridículo, mas deve-se ao fato de eles estarem centrados em seu próprio código cultural, onde o *páthos* não é tão inflacionado: no caso dos alemães, trata-se do código da autenticidade, no dos ingleses, do código do autocontrole. Em contrapartida, para os franceses, a retórica contém em si uma licença para a teatralidade, e o *páthos* é desfrutado como encenação.

Na relação com os franceses, com quem finalmente conseguiram firmar um casamento político, os alemães deveriam lembrar o nascimento de sua própria identidade cultural: ela foi fruto da emancipação em relação ao domínio cultural da França. A Alemanha constituiu-se como contraprojeto de civilização: em vez da racionalidade, a mística; em vez da razão, o sentimento; e em vez dos modos elegantes e da teatralidade, a ênfase na genuinidade e na autenticidade. Isso lhes torna difícil compreender a teatralidade como código; a teatralidade mostra claramente a distância entre mim e os papéis por mim representados; revela que, recorrendo à encenação, estamos querendo tornar nosso comportamento mais compreensível para o outro e que estamos levando em conta sua sensibilidade, bem como que não queremos simplesmente expô-lo a nossos próprios impulsos e interesses em seu estado bruto. Teatralidade é cortesia. *Maniera* é originalmente o termo para maneiras ou estilo. Sem estilo não há civilização. Em comparação com a Alemanha, a pátria da autenticidade, na França enfatiza-se o estilo e a estilização. Contrariamente ao que acontece na Alemanha, isso não é visto como alienação e não ocorreria a ninguém dizer que quem domina a gramática está a serviço do grande capital, conforme se passou a dizer na Alemanha depois de maio de 68. Por conseguinte, as expectativas médias de amabilidade, espirituosidade, charme, elegância e galantaria seguem padrões muito mais elevados do que na Alemanha (não por acaso, quase todas essas palavras vêm do francês).

Naturalmente, todos sabem que a França é o país do *savoir-vivre* e do estilo de vida elegante. Disso fazem parte a sua elaborada cozinha e sua tradição no que diz respeito aos restaurantes. Mas a França também é o país da família, cuja união e exclusividade são maiores do que na Alemanha e constituem uma esfera à parte. Por essa razão, é raro que o francês o convide para ir à sua casa; é mais provável que ele se encontre com você em um restaurante. Uma visita à família já significaria uma grande prova de confiança e deveria ser adequadamente reconhecida como tal.

De tudo isso decorre a **regra número 4**, a ser observada no relacionamento com os franceses:

Tente falar um francês razoável e muito bem articulado. Nunca se esqueça de usar as formas de tratamento nas saudações, nos cumprimentos, nas desculpas e despedidas, nem das pequenas mostras de cortesia em todas as ocasiões sociais do cotidiano em que você entrar em contato com pessoas que lhe são praticamente desconhecidas. Os padrões de comportamento na França no que diz respeito à

PODER

cortesia, à amabilidade e à respectiva retórica são essencialmente mais elevados e rígidos do que na Alemanha. Aquilo que, para os alemães, soa como exagero é considerado normal na França. Isso se deve a uma atitude distinta em relação à teatralidade: na Alemanha, ela é tida como forma de falsificação, na França, como concessão de autonomia à vida social e como forma de reverência diante do interlocutor e das pessoas em geral. Como tal, é desfrutada e não é entendida como falsificação da verdade. É parte integrante do jogo social, que é conduzido com uma maior consciência do estilo do que na Alemanha. Dominar esse jogo torna a convivência social um prazer, e é precisamente isso o que constitui a base do *savoir-vivre*. Por conseguinte, os franceses valorizam muito mais do que os alemães todas as virtudes que fazem do homem um ser sociável: o senso de humor, a presença de espírito e o domínio da linguagem, da retórica e de todas as artes da conversação.

Espanha e Itália

Esses países mediterrânicos têm dois aspectos decisivos em comum: são países católicos que não passaram pela Reforma e, na corrida pela modernização, chegaram relativamente tarde ao objetivo, embora, no começo da Idade Moderna, tenham sido os primeiros a dar a arrancada inicial. Por isso, conservaram certos traços tradicionais, que talvez sejam mais claramente notados no caso da Espanha.

Na Espanha, temos de distinguir nitidamente diferentes regiões: aquela entre os Pireneus e a costa norte do Mediterrâneo, cuja capital é Barcelona, chamase Catalunha. Tem uma identidade e uma língua próprias. Desde a transição para a democracia, difundiu-se aqui um forte movimento para a obtenção de autonomia, o que ajudou o idioma catalão a ser reconhecido como uma língua franca independente. A Catalunha é consideravelmente mais industrializada do que o resto da Espanha. Por isso, os catalães sentem-se mais vinculados à tradição do iluminismo europeu, foram republicanos durante a guerra civil e estiveram mais próximos da Europa, tendo também participado mais intensamente do desenvolvimento da arte européia. Barcelona é, antes de tudo, uma metrópole do modernismo europeu.

Além da Catalunha, há ainda a Galícia, região situada no noroeste da Espanha e norte de Portugal, e que também possui uma língua própria, chamada galego. E, ao norte, junto à fronteira com a França, em Viscaya e Guipúzcoa, existe um povo que ficou conhecido por causa de sua boina típica e pela organização terrorista chamada ETA, bem como por falar uma língua que não tem nenhum parentesco com as demais línguas indo-européias: os bascos.

Contudo, a menina-dos-olhos da Espanha é Castela, a região dos castelos. Foi aqui que teve início a reconquista do país, ocupado pelos mouros; a cultura e a língua dessa região marcaram a Espanha.

427

CULTURA GERAL

De modo geral, pode-se dizer que a Espanha nunca teve uma burguesia forte e que expulsou os seus judeus. Na falta da burguesia e dos judeus, sua cultura comportamental foi marcada, mais do que em qualquer outro país, pela nobreza. Essa, porém, demonstrava a superioridade de seu estilo de vida na medida em que se mantinha nitidamente distante da atividade econômica, do trabalho e do esforço para ganhar o pão de cada dia. Essa imagem era mantida por meio da demonstração de ociosidade, da tradição de suas festas, da vida social e de outros passatempos. Com isso, demonstrava que era livre e soberana e que não precisava submeter o seu comportamento a nenhum ditame das necessidades materiais e do esforço diário para subsistir.

Essa postura ganhou expressão naquilo que é denominado honra. A honra é um conceito aristocrático, que engloba as excelências masculinas. A ela pertencem a alegre soberania, a generosidade, a hospitalidade, a ousadia e a virilidade. A fama de ser um homem frouxo, o boato de ser impotente ou a suspeita de que a mulher lhe tenha traído são tão incompatíveis com a honra quanto a vergonha de pedir satisfação a quem divulga esse tipo de coisas.

Por isso, tanto na Espanha como na Itália, um cidadão que venha do norte da Europa pode observar quase diariamente um espetáculo fascinante: ao final da tarde, sempre depois da *siesta*, os homens jovens, acompanhados de suas esposas e de seus filhos, reúnem-se na *piazza* ou na *plaza mayor* da cidade para dar um passeio e serem vistos. É a hora do *paseo* ou da *passeggiata*. As pessoas vestem suas roupas de domingo e, com serenidade e despreocupação, bem como com seus trajes elegantes, os homens refutam todos os boatos que circulam sobre a hipótese de estarem financeiramente quebrados, de estarem infelizes e em crise familiar. Demonstram, assim, que sua honra está imaculada e permanece intacta.

É por essa razão que alguns chamam os países católicos do Mediterrâneo, como a Itália e a Espanha, de "sociedades da vergonha", em oposição às "sociedades da culpa", representadas pelos países protestantes do norte europeu. Nas sociedades da vergonha, o conceito de honra ainda continua vivo, o que implica uma persistência dos papéis tradicionais dos sexos, já que a honra está ligada à imagem de virilidade. Essa política de cultivar a imagem confere às pessoas um senso mais apurado de estilo, o que explica o fato de nunca vermos os homens espanhóis ou italianos passeando de bermudas, sandálias ou trajando peças de mau gosto, mas sempre vestidos de modo elegante.

Temos de levar em conta essa forma aristocrática e masculina de se mostrar se quisermos entender esses dois grandes países católicos. Ela também explica a liberalidade, especialmente dos homens, em relação ao tempo, a ampla interpretação a respeito do horário de um compromisso ou da conclusão de um trabalho. Com essa postura, as pessoas querem expressar que não deixam o trabalho ou os negócios cercearem a sua liberdade; que não se deixam tornar escravas do traba-

PODER

lho. Ao contrário, por meio de constante improvisação e adaptação dos projetos a novas circunstâncias, mostram que querem continuar sendo senhoras do trabalho. Algo não pôde ser resolvido hoje? E daí? Talvez possa ser resolvido amanhã. *Mañana*, o futuro está em aberto. Para que haveria de existir o futuro senão para que pudéssemos relegar para ele tudo o que nos impede de gozar o presente? A única coisa real é o presente, e o futuro é o quarto de despejo em que jogamos tudo o que nos atrapalha no momento. "O senhor veio buscar o seu carro? Acontece que ontem encontrei o meu amigo Miguel e tive de mostrar a ele o meu sítio. Mas com certeza o seu carro estará pronto amanhã."

Na Itália, essa soberania aristocrática em relação ao tempo talvez não esteja tão difundida e tão extremamente generalizada como na Espanha. No entanto, o conceito de honra como forma da magnificência masculina também existe nesse país.

Tudo isso nos leva à **regra número 5**:

Não se deve cometer o erro de encarar a liberalidade dos espanhóis e italianos em relação ao tempo como uma espécie de *déficit*, como um ato precoce de confiança. Isso seria o mesmo que avaliar o posicionamento dos povos do Mediterrâneo a partir do sistema alemão de virtudes. A impontualidade não é a incapacidade de lidar com o tempo, mas uma demonstração de liberdade, uma recusa de planejar a própria vida despojando-a de toda espontaneidade. O valor supremo aqui não é o cumprimento servil de um horário ou de um planejamento semanal, mas a demonstração de soberania, que é a única coisa que cabe a uma vida na *grandezza* e no estilo digno.

Desse modo, com os espanhóis e os italianos, deve-se evitar todo traço de dureza e obstinação, pois isso seria um sinal de que a pessoa não é livre. Visto que a honra tem relação com certa "atitude", nada ganhamos para nossa reputação se perdermos as estribeiras. Nesse sentido, na Espanha os critérios são mais rigorosos do que na Itália, onde podemos nos exaltar, desde que possamos conferir à nossa indignação uma forma bela, teatral e impressionante, capaz de divertir e comover os presentes. Porém, toda descarga de emoções, articulada de forma contida ou sem graça e que não permita deduzir se conduzirá ou não a uma explosão, é extremamente impopular.

Na Itália, aplicam-se ao comportamento as normas de uma teatralidade que desperta respeito ou emoção e que, de certa forma, se orienta pelo estilo da ópera italiana. Na Espanha, que é mais aristocrática, prevalecem, ao contrário, as regras mais rigorosas de uma grandeza contida, que é expressa, por exemplo, na fascinante força do flamenco ou nos movimentos do toureiro durante a tourada. Em qualquer um dos casos, o comportamento é regido por uma grande consciência da forma, o que contribui para que esses países se tornem tão atraentes para os turistas. Se quisermos encontrar um caminho para atingir o coração de

CULTURA GERAL

seus habitantes, devemos transmitir-lhes a sensação de que admiramos sua elegância, sua grandeza e sua liberalidade; que estamos fascinados pelos seus dotes teatrais e que reverenciamos a perfeição de seu sentido de forma e a soberania de sua postura.

Do ponto de vista alemão, há outros três países que pertencem a uma categoria especial. Eles constituem – cada um à sua maneira – um meio-termo entre a Alemanha e os outros países estrangeiros. Trata-se da Áustria, da Suíça e – um pouco mais atrás – da Holanda. Tais países têm certos problemas para se distinguirem da Alemanha. Por essa razão, comportam-se como homens bem-sucedidos, que vêem sua boa reputação ser ameaçada pela existência de um assassino de mulheres na família, o que os leva a frisar com certa insistência que não têm nenhum parentesco com tal indivíduo.

Áustria

Os austríacos têm um evidente problema de identidade, que, aliás, é quase tão grande como o dos alemães, pois praticamente são alemães. Na verdade, pouco lhes falta para isso. Sempre foram, ao menos até 1870; após essa data, quiseram sê-lo em 1918 e, em 1938, efetivamente o conseguiram com a ajuda de seu compatriota Adolf Hitler. Somente em 1945 descobriram que eram austríacos e que jamais tiveram algo em comum com os alemães.

Tal consciência naturalmente padece de falhas e contradições. Afinal, com isso estariam negando que os Habsburgos, durante muito tempo, foram imperadores alemães (melhor dizendo: romanos), que a capital do Sacro Império Romano-Germânico era Viena – se é que de fato podemos falar de uma capital – e que até o final da Segunda Guerra Mundial ninguém pensaria em encarar os austríacos de outro modo senão como um tipo especial de alemão. E nisso não se diferenciavam do resto dos alemães, pois, devido à longa fragmentação política do império alemão, todos constituíam um tipo especial de alemão: os bávaros, os prussianos, os renanos, os suábios, os hanseáticos etc.

A ruptura só se deu após 1945. A Áustria não queria ser responsabilizada pelas ignomínias, nem queria expiar a culpa dos alemães. Por essa razão, colocou-se como sua primeira vítima, que, em 1938 – na chamada anexação –, teria sido ocupada e oprimida por um brutal inimigo. Do ponto de vista histórico, embora essa imagem de vítima seja falsa, visto que na realidade a ocupação foi recebida com festas e as agressões anti-semitas tenham sido tão flagrantes como populares, é compreensível que os austríacos se sintam envergonhados, pois, no fundo, foi em função desse constrangimento que tal imagem foi criada.

Por essa razão, não ocorreu na Áustria um esforço para a "superação do passado", no sentido em que os alemães a tomam. E também por essa razão não ocorreu no país um "movimento antiautoritário".

PODER

Assim, de todos os países alemães, a Áustria foi o único que com a sua corte imperial e sua capital, Viena, desenvolveu algo nos moldes de uma "boa sociedade", dotada das boas maneiras da sociedade aristocrática. Ao mesmo tempo, contrariamente ao resto da Alemanha, a Áustria não participou do movimento nacionalista durante as guerras de libertação contra Napoleão, o que fez com que, em sua consciência nacional, não se sentisse tão antifrancesa. E, nos anos 70, também não tomou parte no movimento "antiautoritário", que reagiu ao nacional-socialismo com uma revolução cultural.

O resultado disso foi que os austríacos se mantiveram mais civilizados em termos de boas maneiras; são essencialmente mais simpáticos do que os alemães e, ao mesmo tempo, se preservaram de algumas obsessões e fixações neuróticas próprias aos alemães – tudo isso ao preço de uma adaptação da memória histórica às necessidades do momento. Em suma, seguiram à risca a teoria de seu grande compatriota Freud e reprimiram energicamente o que consideraram necessário, obtendo resultados muito animadores. Por certo, puderam dar-se ao luxo de uma coisa: quando queriam saber o que estavam reprimindo, bastava dar uma olhada por sobre a fronteira norte de seu país, para verem como o seu grande irmão tinha sido levado à loucura por causa de seus pesadelos.

Para lidar com esses parentes dos alemães, só há um conselho a dar: se quisermos brigar com eles, devemos tratá-los como familiares; se quisermos dar-nos bem com eles, devemos tratá-los de acordo com as regras da cortesia, que são aplicadas com os desconhecidos civilizados.

Somente uma coisa não deve ser feita: tratar os austríacos como uma estranha espécie de alemães menos evoluídos, como se eles não tivessem atingido plenamente o estágio de perfeição dos alemães e tivessem permanecido confinados nos Alpes de Ötztal. Apesar de seu sotaque, poucos austríacos se vêem como humoristas profissionais e sentem-se desprezados quando as pessoas os enxergam por esse prisma.

Suíça

Diferentemente dos austríacos, os suíços têm em sua história razões de sobra para sentir orgulho de seu desenvolvimento peculiar. Lutaram para defender suas liberdades, durante um período foram considerados invencíveis e criaram uma comunidade multicultural independente, com instituições democráticas. Ao mesmo tempo, essa comunidade original associava um regionalismo popular, o chamado *Kantönligeist* [espírito cantonal], a uma atmosfera internacional, que se alimentava de três fontes: seu caráter trilíngüe (na Suíça, falam-se alemão, francês e italiano, bem como um pouco de reto-românico), a oferta hoteleira para hóspedes cosmopolitas e muitas instituições internacionais, como o Banco Mundial, a Liga das Nações, a Cruz Vermelha (uma criação suíça) etc.

CULTURA GERAL

Além disso, na história mais recente, a Suíça conseguiu manter-se afastada dos massacres e da autodestruição que assolaram a Europa, podendo assim poupar-se dos traumas, das obsessões e das neuroses dos alemães, embora no momento esteja atravessando uma pequena crise de identidade, pois veio a público a ajuda que os bancos suíços prestaram à lavagem de dinheiro com a qual os nazistas transformaram em dinheiro vivo os bens que expropriaram dos judeus. Mas essa crise não deve passar de uma leve febre passageira, que somente chama a atenção porque esse país não está acostumado a esse tipo de coisas.

Em oposição à Áustria, com seu cenário aristocrático, a Suíça é um país extremamente burguês. Mesmo comportando diferentes credos – os cantões primitivos de Uri, Schwyz e Unterwalden são católicos –, sua cultura ficou marcada pelo fato de suas grandes cidades terem se tornado fortalezas do protestantismo nas suas vertentes mais radicais. Zurique adotou a doutrina de Ulrich Zwingli, a Basiléia tornou-se uma das cidadelas da Reforma, e Genebra tornou-se a capital mundial do calvinismo. Isso fez da Suíça um misto de protestantismo, burguesia e tradição política com base democrática, que nos faz pensar como seria a Alemanha se desde o início tivesse enveredado pela via democrática da modernização. Mas também conduz a um paradoxo: diferentemente do que ocorre na Alemanha, não existe na Suíça nenhuma necessidade de se darem provas de democracia, de forma que ninguém precisa comprovar sua retidão democrática. Portanto, na Suíça, em muitos aspectos, o caráter democrático há muito não é demonstrado: assim, a proteção dos dados é bem menos garantida do que na Alemanha, as atividades do governo geralmente não apresentam transparência, visto que ninguém conhece os conselheiros de Estado (os membros do governo), e o serviço secreto se mantém em segredo. Tudo isso, porém, deixando-se de lado a falta de transparência do governo – na Grã-Bretanha e nos Estados Unidos não é muito diferente –, é sintoma de uma democracia antiga e segura de si.

Como os suíços foram poupados do horror das experiências da modernidade, os alemães facilmente confundem a sua inabalável autoconfiança burguesa com uma demonstração de seus hábitos antiquados. Isso constitui uma ilusão de ótica, produzida por algo que raramente é acessível ao controle da consciência: o efeito produzido no ouvido do alemão pelo dialeto suíço (o *Schwyzerdütsch*), que, quando falado com rapidez, é uma língua à parte, praticamente incompreensível para um alemão, ou, quando falado de modo pausado, soa como uma espécie de sotaque claramente mais audível.

O *Schwyzerdütsch* é um dialeto do alemão, assim como o que se fala em Baden-Baden ou na Alsácia. Lingüisticamente, é mais próximo do alto-alemão do que, por exemplo, o próprio baixo-alemão (→ História), e a poesia de Walther von Vogelweide, escrita em alto-médio alemão, soa melhor em *Schwyzerdütsch* do

432

PODER

que no alto-alemão moderno. O *Schwyzerdütsch* tem muitas variantes locais, de forma que o falado em Zurique é muito diferente do falado em Berna. Tudo isso, porém, se passa apenas na língua falada. A língua escrita é um alto-alemão, ou melhor, um alemão literário. Contudo, há algum tempo nota-se uma tendência para a unificação, e, na televisão, vemos cada vez mais ser falado o *Schwyzerdütsch*. Isso fez com que também na comunicação pública culta – nas conferências, nos discursos e nos debates parlamentares – o alto-alemão tenha retrocedido em favor do *Schwyzerdütsch*. Dessa forma, nesse desenvolvimento é possível notar um crescente distanciamento em relação à Alemanha.

Da perspectiva de sua própria história, o que os suíços menos entendem nos alemães é o fato de estes, com a revolução cultural antiautoritária, terem se desfeito completamente de todas as virtudes burguesas. Trata-se de virtudes que outrora eram consideradas especificamente alemãs e que agora só têm abrigo na Suíça: a solidez, certo amor pela ordem e pela formalidade, a confiança na execução de tarefas e a precisão na produção de equipamentos, um padrão de limpeza e decoro muito acima da média européia, além de uma firme crença nas normas e regras.

Precisamente pelo fato de o parentesco ser tão grande, e ao mesmo tempo as experiências históricas serem tão diferentes, a comunicação entre alemães e suíços é um campo minado de possíveis equívocos.

Somente em um aspecto os suíços mostram uma tendência a se sentir inferiores: acham que os alemães falam melhor o alto-alemão. Na realidade, do ponto de vista lingüístico, eles é que são muito superiores: falam fluentemente duas línguas alemãs e, como se isso não bastasse, dispõem de três línguas maternas. Em suma, são os melhores alemães, e é por isso que já não se denominam como tais.

Holanda

Se a Áustria e a Suíça são as irmãs mais novas, a Holanda é uma prima de primeiro grau: se a língua que se consagrou na Alemanha tivesse sido o baixo-alemão, e não o alto, a Holanda estaria hoje no papel lingüístico da Suíça. O holandês é uma variante do baixo-alemão falado na Baixa-Renânia (o francônio).

Muitas coisas que se disse sobre a Suíça também são válidas para a Holanda: ela se separou da Alemanha (definitivamente em 1648, com a Paz de Vestefália), porque em suas relações comerciais desenvolveu uma cultura burguesa radicalmente protestante e democrática. No século XVII, a Holanda era uma grande potência européia, e hoje pode reivindicar a honra de ter sido um centro da cultura, da produção de livros e da tolerância. Foi o destino dos perseguidos e dos hereges da Europa, o lar dos judeus e o local onde praticamente todos os livros controversos podiam ser impressos.

433

CULTURA GERAL

Por isso, tanto mais forte se tornam os efeitos do trauma da colaboração durante a ocupação nazista. Ao olharem para o passado, muitos holandeses têm a sensação de terem sido corrompidos. Acham que os alemães lhes roubaram seu bom caráter. Por essa razão, dos vizinhos europeus da Alemanha, a Holanda é o país cujos sentimentos foram mais intensamente marcados pelas ignomínias cometidas pelos alemães durante a guerra.

A Áustria, a Suíça e a Holanda são países cuja identidade, em boa parte, está baseada em sua distinção em relação à Alemanha. Embora os alemães nem sempre levem em conta esse fato, deveriam compreendê-lo, baseando-se no conhecimento dos pressupostos históricos que lhe serviram de base. Assim, ficariam menos melindrosos. No relacionamento com as pessoas desses países, portanto, o que está em questão não é somente a forma como os alemães as tratam, mas também a forma como são tratados por elas, a saber, como representantes de um país, do qual, justamente por causa de seu parentesco tão próximo, elas querem se distanciar de modo particular e claro. Os alemães deveriam compreender essa atitude, afinal muitos deles gostariam de imitá-la.

E isso conduz a um paradoxo que determina o comportamento dos alemães: justamente devido ao fato de os austríacos, os suíços e os holandeses procederem dessa forma, não iriam gostar que os alemães se distanciassem por conta própria. Afinal, assim não conseguiriam distinguir-se deles. Por isso, não vêem com bons olhos as crises de arrependimento dos alemães. Os austríacos as consideram penosas, os suíços, indignas, e os holandeses, mentirosas, infames e irritantes. Mas, inversamente, também não é permitido voltar a empregar o velho tom: isso seria imediatamente criticado em alto e bom som, ainda que no fundo fosse bem recebido, pois o contraste facilitaria a distinção. Essa contradição não pode ser resolvida. Ao contrário, os alemães têm de suportá-la sem perder a cabeça. Precisam persuadir-se de que não é por causa da aprovação de outros que têm um Estado de direito democrático, mas sim por convicção própria. Somente se pensarem assim obterão a aprovação dos demais.

IV. INTELIGÊNCIA, TALENTO
E CRIATIVIDADE

Como funciona nossa mente? A neurobiologia, a investigação sobre a inteligência e as chamadas ciências cognitivas fazem parte das ciências mais bem-sucedidas dos últimos tempos, de forma que pouco a pouco vai sendo formada uma imagem realista do modo como nossa inteligência funciona.

A idéia principal que tem sido propagada é a de que nosso cérebro é um sistema fechado. Assim como um formigueiro não é simplesmente um conjunto de formigas e assim como um texto não é a mera soma das palavras nele contidas, a qualidade central do cérebro não pode ser explicada com base nas qualidades de seus componentes.

De modo semelhante, o neurobiologista Marvin Minsky, em seu livro *Mentopolis*, comparou o cérebro a uma repartição pública, na qual há os mais diversos tipos de departamentos, chefias, estruturas e instâncias. Os próprios departamentos funcionam – como, aliás, já sabemos a partir da burocracia – de modo totalmente mecânico. É somente a sua cooperação que faz a consciência emergir. No livro *Mentopolis* isso funciona mais ou menos do seguinte modo: uma pessoa ouve a frase: "Por favor, sirva-se de um pouco de pudim." Isso ativa um "polímero-pudim", que constitui uma espécie de agência para passar a informação a outros departamentos. A informação, por sua vez, desperta os diversos departamentos responsáveis pelo tamanho, pela forma e pela cor de seu sono típico de funcionários públicos. O departamento encarregado da forma, ao ser inquirido, devolve, então, a seguinte resposta: "gelatinosamente difuso", ao que o departamento responsável pelo tamanho envia a seguinte mensagem: "tamanho da superfície do prato", e o departamento da cor diz: "esverdeado tipo aspérula". Com isso, a representação do pudim está perfeita. Já a exortação "sirva-se" ativa uma complica-

CULTURA GERAL

da organização de diferentes agências com o departamento central chamado "reconhecimento". Esse, por sua vez, absorve não apenas as impressões externas, mas também processa as informações fornecidas por outros departamentos. Nesse ínterim, a representação "pudim" já passou a existir, e o "reconhecimento" procura, então, um objeto que corresponda a essa representação. Ao encontrar o objeto, produz uma "moldura para a imagem", em que o lugar do pudim é registrado antes que o departamento central chamado "pegar" assuma o controle e, utilizando a moldura e a informação fornecida pelo departamento "pudim", ative os músculos necessários.

O exemplo descreve apenas a cooperação existente entre os níveis administrativos superiores e, como sempre, deixa de fora o trabalho de todos os níveis inferiores, ou seja, o trabalho dos subalternos e das secretárias, embora sem eles obviamente nada funcionaria. O fato é apenas que esses trabalhos são realizados de modo automático e mecânico; e aqueles que o executam não passam de especialistas menores, geneticamente programados, de níveis inferiores, a partir dos quais os sistemas de administração mais complexos se estruturam. É somente de sua atuação conjunta que emerge a inteligência. De modo paradoxal, justamente essa divisão de trabalho sugere a idéia de integralidade da mente, pois o todo só pode funcionar se houver comunicação entre os níveis de administração superiores. Na sociedade de *Mentopolis* isso é realizado por meio da língua, da emoção e da consciência. Ao mesmo tempo, significa que nas esferas inferiores tudo se passa de modo silencioso: caminhamos e pensamos sem pensar. Assim, os departamentos superiores procedem à comunicação, na medida em que conferem aos pensamentos a forma lingüística e, com isso, os privam de parte de sua riqueza. A consciência é, então, a reconstrução lingüística do controle das agências subordinadas. Os sentimentos, por seu turno, zelam pela continuidade do funcionamento da burocracia, mesmo quando surgem conflitos entre os departamentos. As agências vencedoras aproveitam-se deles para se impor a suas concorrentes. E o "si próprio" não é uma instância divina e suprema que tudo controla, mas somente o departamento de estabilização de *Mentopolis*, que impede que a burocracia altere demasiadamente rápido a sua estrutura. Sem ela, a mente não seria capaz de manter os seus objetivos diante de situações adversas e experiências desagradáveis.

O ponto central desse modelo é: apenas numa parte ínfima o cérebro ocupa-se com a percepção direta fornecida pelos estímulos externos. A maior parte de suas atividades é dedicada à percepção de si próprio. É precisamente por isso que ele se assemelha a uma repartição pública, já que esta geralmente lida com o processamento de dados, atos, trâmites e dossiês produzidos por ela mesma. Do mesmo modo, o cérebro percebe o estímulo externo apenas como irritações, que só obtêm um perfil claro ao serem processadas internamente. Apenas dois por

PODER

cento da capacidade cerebral são gastos com a percepção direta de coisas externas, os outros noventa e oito por cento são destinados ao processamento interno.

Inteligência e quociente de inteligência

O fato de o cérebro dedicar a maior parte de sua atividade à observação de si próprio sugere a idéia de que a inteligência tem algo a ver com uma boa memória. Somente aquele que dispuser de uma extraordinária capacidade de armazenamento poderá oferecer a seu cérebro algo para o seu processamento interno. De fato, um grande número de pesquisadores constatou que todas as crianças superdotadas investigadas por eles possuíam uma memória extraordinariamente desenvolvida, o que é igualmente válido para os jogadores de xadrez, os matemáticos, os compositores e os virtuoses do violino.

Naturalmente, a pesquisa dos dotes extraordinários conduziu a terríveis controvérsias. Uma das primeiras foi desencadeada pelas investigações do médico e criminologista italiano Cesare Lombroso (1836-1909), que em seu livro *Genio e follia* [Genialidade e loucura] (1864) defendeu a tese de haver uma conexão entre a genialidade e a loucura. Essa tese foi combatida por pesquisadores americanos, que, mais sensatos, esforçaram-se para determinar quais são os fatores que compõem a inteligência e, então, poder medi-la a partir de tais fatores. O resultado disso foi o Q.I., o chamado quociente de inteligência. Ele parte de um valor médio de 100; abaixo dele se situa a metade mais limitada da sociedade e, acima dele, a metade mais inteligente. A curva de distribuição é exatamente simétrica. Por isso, também se fala em uma "curva de sino", expressão adotada no título de um dos livros mais polêmicos sobre o caráter hereditário dos dotes mentais, escrito por Herrnstein e Murray.

O quociente de inteligência é aferido submetendo-se a pessoa investigada a diversos tipos de tarefas: ordenar conceitos, completar séries numéricas, compor figuras geométricas, decorar listas de palavras, mudar mentalmente a posição de alguns corpos etc. O teste-padrão é o de Binet-Simon. Quem obtiver um valor de 130 pontos é considerado extraordinariamente dotado e, com 140 pontos, a pessoa já se encontra no limiar da genialidade. A fim de livrar tudo isso do caráter dramático e evitar o complexo do gênio louco, hoje se prefere falar em pessoas superdotadas.

A idéia de proximidade entre genialidade e loucura já foi empiricamente refutada nos anos 20. O pesquisador americano Terman foi o primeiro a realizar uma longa pesquisa com pessoas superdotadas, que possuíam um Q.I. acima de 140. Tal pesquisa comprovou que a maioria das pessoas superdotadas eram, em média, pessoas mais preparadas para a vida, psiquicamente estáveis e até mesmo fisicamente mais saudáveis do que as que tinham um Q.I. médio. De certo

CULTURA GERAL

modo, isso fez do gênio uma pessoa normal e libertou a genialidade de sua aura elitista.

Ainda assim, o Q.I. continua sendo um assunto polêmico. A descoberta de que o Q.I. é em grande parte algo inato provocou reações especialmente violentas e acaloradas. E caiu como um balde de água fria sobre todas as utopias pedagógicas, pois somente quando se supõe que a inteligência depende fundamentalmente das influências do meio social pode-se ter a esperança de conduzir o ser humano a níveis mais elevados de compreensão, por meio da educação. Ao mesmo tempo, explicar as deficiências pessoais a partir do meio social constitui uma desopressão consoladora para todos aqueles que são menos dotados. Afinal, o fato de terem ficado para trás na competição que leva em conta os seus talentos não seria devido à sua falta de talentos, mas sim ao meio ambiente hostil.

Por isso, quando, no final dos anos 60 – ou seja, em plena revolta estudantil –, A. R. Jenssen e J. Eysenck apresentaram pesquisas para medir a inteligência, segundo as quais a parcela da hereditariedade nas diferenças individuais de inteligência era da cifra de oitenta por cento, foi desencadeada uma feroz campanha contra eles nos meios de comunicação e nas universidades, que culminou com a agressão física de Eysenck em uma conferência realizada na London School of Economics.

Eysenck havia se baseado, entre outras coisas, nos resultados das investigações de Cyril Burt. Burt foi um pioneiro na avaliação da inteligência e no estudo dos gêmeos. Observou que em gêmeos univitelinos que cresceram separados (e que tinham, portanto, a mesma carga genética), o Q.I. era o mesmo, apesar de terem sido criados em ambientes e meios sociais diferentes. A rejeição a essas conclusões foi tão grande que Burt foi acusado de ter falsificado os dados e, mesmo depois de ter sido comprovado que não houve essa falsificação, tal rejeição não arrefeceu. Tudo isso voltou a se repetir quando foi publicado o mencionado livro *A curva do sino*, de Herrnstein e Murray, e quando Volker Weiss, que pesquisava a distribuição demográfica da inteligência, foi expulso da Sociedade Alemã de Antropologia.

Com isso, cumpria-se de modo irônico a profecia feita pelo crítico social britânico Michael Young, em um ensaio utópico-satírico, cuja história se passa no ano de 2033. Young havia escrito o ensaio durante o debate em torno da introdução da escola integrada, onde descrevia o desenvolvimento da sociedade em direção à meritocracia, o governo dos mais dotados. No cenário descrito por ele, primeiro os socialistas lutavam pelo livre desenvolvimento dos talentos, quebrando as barreiras impostas pela classe social e auxiliando, assim, as pessoas talentosas oriundas da classe operária. Mas, então, viam horrorizados que os mais inteligentes abandonavam as classes inferiores para ascender à elite. O triunfo definitivo do princípio segundo o qual o sucesso profissional está baseado somente na

PODER

formação e no talento pessoal acabou por dividir a sociedade em duas classes, a inferior dos tolos e a superior dos dotados. Desse modo, os socialistas trocaram de lado e adotaram o princípio do "caminho livre para os mais capazes". Quando, então, na classe superior dos dotados, surgiu a idéia de voltar a assegurar a sua posição privilegiada por meio da hereditariedade, a insatisfação coletiva dos menos capacitados deu lugar a uma revolta. Assim, no começo do século XXI, ocorreu uma revolução antimeritocrática a que sucumbiu o próprio autor, conforme comunica com pesar o editor do ensaio de Young.

Aqueles que protestaram contra a hereditariedade do Q.I. comportaram-se exatamente como os indivíduos menos capacitados do ensaio de Michael Young, tornando-se assim vítimas do famoso mal-entendido de Procrustes (*The Procrustean Fallacy*). A origem desse mal-entendido remonta à Antiguidade. Mal o povo ateniense tinha implantado a democracia, o Areópago encarregou Procrustes, membro da Academia, de investigar empiricamente a desigualdade entre os atenienses por meio de métodos de medição psicométricos e fisiométricos. Procrustes pôs imediatamente mãos à obra e como instrumento de medição construiu sua cama mundialmente famosa. Após encaixar todos os voluntários do teste nessa cama, esticando-os ou cortando-lhes um pedaço do corpo para que coubessem exatamente nela, comunicou à Academia de Ciências de Atenas que todos os atenienses eram do mesmo tamanho. Essa conclusão desconcertou o Areópago, bem como deixou claro para nós o seguinte: Procrustes entendera mal a essência da democracia. Ele acreditava que a igualdade diante da lei e a igualdade política estariam baseadas na igualdade das próprias pessoas. E visto que era um democrata fervoroso, eliminou as diferenças.

No entanto, a democracia não supõe a igualdade das pessoas, mas ignora a sua desigualdade. Ela não nega que existem diferenças de sexo, origem, cor de pele, religião e capacidades, mas assume uma postura de indiferença diante dessas desigualdades. Desse modo, desvincula a natureza humana da sociedade. Esta última não é uma continuação da natureza humana, mas apenas utiliza de modo seletivo as suas variações. Justamente pelo fato de a política desconsiderar todas as diferenças naturais entre os indivíduos, tais diferenças podem ser aproveitadas em outra parte: por exemplo, a família se funda na diferença existente entre homem e mulher – por isso, o fato de as mulheres preferirem casar-se com homens não constitui nenhuma discriminação. Assim, os sistemas de formação profissional aproveitam as diferenças existentes entre as capacidades dos indivíduos.

Inteligência múltipla e criatividade

Há cada vez menos razão para ressentimentos contra os indivíduos altamente capacitados, pois nesse ínterim também ocorreu uma mudança na pesquisa

CULTURA GERAL

dos talentos pessoais e da inteligência. O Q.I. perdeu seu caráter monolítico, decompondo-se em diferentes componentes de inteligência, que são considerados absolutamente independentes uns dos outros. Howard Gardner, autor que resume as investigações já realizadas a esse respeito (*The Mind's New Science* [A nova ciência da mente], 1985), distingue as seguintes formas específicas de inteligência: a pessoal (capacidade de entender outras pessoas), a corporal-cinestésica (capacidade de coordenar os movimentos), a lingüística, a lógico-matemática, a espacial (capacidade de construir e manipular na mente imagens virtuais de objetos) e, finalmente, a musical. O isolamento ou distinção exata dessas seis formas fundamentais de inteligência é o resultado de uma enorme quantidade de testes e complexas investigações. Entre estas, há pesquisas de lesões cerebrais, nas quais ficou demonstrado, por exemplo, que, embora a inteligência lingüística tenha sido em grande parte destruída, a inteligência musical permaneceu absolutamente intacta. Outros resultados são: os diagnósticos experimentais sobre a falta de relação (falta de influência e falhas na interação) entre as diferentes capacidades, a comprovação da proximidade entre sistemas simbólicos independentes (linguagem, imagens, sons etc.) e a indiscutível existência de admiráveis capacidades especiais em uma dessas formas de inteligência.

Um dos fundadores do método empírico de medição da inteligência foi justamente alguém que tinha sido um menino prodígio. Trata-se de Francis Galton, um primo de Charles Darwin. Galton inventou a datiloscopia, ou seja, o processo de identificação de criminosos por meio das impressões digitais. Com apenas dois anos e meio de idade, Galton já conseguia ler o livro *Cobwebs to catch flies* [Teias para pegar moscas]; entre os seis e sete, montou uma coleção sistemática de insetos e minerais; aos oito, freqüentava as aulas preparadas para alunos de catorze e quinze anos e, aos quinze, foi admitido como estudante de medicina no General Hospital, de Birmingham. De acordo com o índice-padrão de inteligência e idade mental para cada uma dessas atividades, Galton tinha um Q.I. próximo de 200.

Quando L. M. Terman leu a biografia de Galton, sugeriu à sua colaboradora Catherine Cox que medisse postumamente o Q.I. de célebres mulheres e homens da história, com base em todos os dados disponíveis. Após um procedimento bastante complicado, ela selecionou trezentos homens e mulheres célebres e submeteu-os ao teste de três psicólogos independentes. O resultado foi uma lista de classificação de trezentas biografias de gênios da história mundial. Segue abaixo a classificação dos dez primeiros colocados:

1. John Stuart Mill
2. Goethe
3. Leibniz
4. Grotius

PODER

5. Macaulay
6. Bentham
7. Pascal
8. Schelling
9. Haller
10. Coleridge

Em relação à juventude do primeiro colocado da lista, John Stuart Mill (1806-73), temos um conhecimento bastante preciso, graças à sua autobiografia. Aos três anos de idade, leu as fábulas de Esopo no original; em seguida, leu a *Anábase*, de Xenofonte, bem como Heródoto, Diógenes Laércio, Luciano e Isócrates. Aos 7 anos, leu os primeiros diálogos de Platão e, sob a supervisão de seu pai, iniciou os estudos de aritmética. Para descansar, lia a tradução inglesa de Plutarco e *The History of England* [A história da Inglaterra], de Hume. Quanto tinha 8 anos, começou a ensinar latim a seus irmãos mais novos e, assim, leu Virgílio, Tito Lívio, Ovídio, Terêncio, Cícero, Horácio, Salústio e Ático, prosseguindo ao mesmo tempo com o estudo dos clássicos gregos, como Aristófanes, Tucídides, Demóstenes, Esquino, Lísias, Teócrito, Anacreonte, Dionísio, Políbio e Aristóteles. Seu interesse principal era a história, de forma que, a título de "diversão útil", escreveu uma história da Holanda e outra da organização política de Roma. Embora tenha lido Shakespeare, Milton, Goldsmith e Gray, suas leituras não se concentravam no âmbito da literatura. De seus contemporâneos, só menciona Walter Scott. Sua grande diversão de infância era, segundo ele, a ciência experimental. Aos doze anos, iniciou o estudo da lógica e da filosofia. Aos treze, já tinha concluído um curso completo de economia política. Seu pai era amigo dos economistas Adam Smith e David Ricardo, mas antes mesmo que John Stuart pudesse ler os trabalhos desses economistas, teve de reproduzir por escrito e de forma clara e precisa a lição que seu pai lhe ensinava em seus passeios diários. Somente então pôde ler Ricardo e Smith e, seguindo a opinião do primeiro, refutar as idéias do segundo por serem estas supostamente superficiais. Aos 14 anos, viajou para Montpellier, onde estudou química, zoologia, matemática, lógica e metafísica. Após seu regresso, tornou-se um adepto de Jeremy Bentham e fundou, juntamente com seu pai, o jornal radical *The Westminster Review*, sob cuja influência tornou-se um dos intelectuais mais importantes da Inglaterra. A superioridade de sua inteligência também se manifesta no fato de ele ter sido o autor de um dos primeiros livros sobre o movimento feminista, a saber, *The Subjection of Women* [A submissão das mulheres], datado de 1869.

Não obstante, a maioria dos pesquisadores concorda em um ponto: a inteligência não é tudo. Também é preciso ter criatividade.

CULTURA GERAL

Criatividade

Para fazer a diferenciação entre criatividade e inteligência, distingue-se o pensamento convergente do divergente. O pensamento convergente está relacionado a informações novas, que se interligam a conteúdos já conhecidos do saber; o divergente está relacionado a informações novas, que são amplamente independentes das já conhecidas. Por conseguinte, o que é examinado no teste de inteligência é o pensamento convergente, ao passo que o pensamento divergente é a base da criatividade. O primeiro exige uma resposta correta, já no caso do segundo, muitas respostas podem ser possíveis, o que implica originalidade e flexibilidade. Entretanto, só a originalidade não é suficiente. O pensamento divergente requer, além dela, a capacidade crítica para discernir e deixar de lado as idéias mais absurdas. Freqüentemente sabemos de imediato se uma idéia pode ser aproveitada ou não.

O modo como as idéias podem ser desenvolvidas é descrito por Arthur Koestler em seus livros *Insight and Outlook* [Discernimento e ponto de vista] e *The Act of Creation* [O ato da criação]. Sua teoria é mais bem elucidada a partir do exemplo utilizado por ele mesmo: o tirano de Siracusa tinha recebido uma coroa de ouro de presente. Porém, como todo tirano, era desconfiado e ficou com receio de que pudesse tratar-se de uma liga de ouro e prata. Para assegurar-se da autenticidade do material, incumbiu o famoso Arquimedes de aferir se realmente era feita de puro ouro. Evidentemente, Arquimedes conhecia os pesos específicos do ouro e da prata; mas apenas isso de nada lhe servia se não soubesse o volume da coroa, a partir do qual pudesse aferir se seu peso era ou não menor do que o de uma coroa de puro ouro. Contudo, como poderia medir o volume de um objeto tão irregular? Era impossível. Por outro lado, deixar de cumprir a tarefa de um tirano é sempre perigoso. Quem dera ele pudesse derreter a coroa e vertê-la num cadinho de medição! Em pensamento, fazia várias vezes essa operação e imaginava o quanto do cadinho a coroa derretida iria encher. Ainda concentrado nesse problema, Arquimedes entrou em sua banheira. Nesse momento, deu-se conta de que o nível da água se elevava na medida em que imergia seu corpo na banheira. Exclamou, então, "heureca!", e pulou para fora da água. Tinha encontrado a solução. Não era preciso derreter a coroa. O volume da água deslocada era igual ao volume do objeto nela imerso.

Na cabeça de Arquimedes, dois contextos até então separados tinham repentinamente se associado graças a um elemento comum: ele já sabia que o nível da água de sua banheira subia quando ele entrava nela, mas essa era uma observação que nada tinha a ver com os pesos específicos do ouro e da prata ou problemas do gênero. Entretanto, eis que de repente, devido a uma tarefa de difícil solução, ambos os âmbitos do pensamento se interligaram, e um forneceu a solução

442

PODER

do problema do outro. Koestler chama isso de "ato bissociativo". Normalmente ele é vivenciado como "fulguração", como um súbito lampejo. Acende-se uma faísca e nos apercebemos da coisa. Uma enorme quantidade de biografias de inventores confirma essa descrição, e, em última escala, também as ousadas metáforas e anedotas, da mesma forma como os inventos, existem graças a essa capacidade bissociativa da mente.

Sendo assim, a melhor atmosfera para a descarga desses lampejos bissociativos parece surgir quando o fluxo das idéias efetivamente entra em curso. A capacidade para desencadear esse fluxo parece ser o componente mais importante da criatividade. A ela também pertence a habilidade de se abrir ao caos fervilhante do próprio subconsciente. O psicólogo Ernst Kris, que forneceu importantes contribuições para a pesquisa sobre a criatividade de artistas, fala nesse contexto de "regressão a serviço do eu". Isso está de acordo com o conceito de cooperação entre pensamento divergente e senso crítico: o inconsciente fornece as idéias num fluxo desordenado, e o eu faz a seleção. Essa regressão a serviço do eu foi alçada à técnica social quando foi criado o método do *brainstorm*. Outras estratégias para a solução de problemas são a transformação de uma idéia em seu contrário, a reflexão exaustiva acerca de um problema, até atingir o nível do absurdo, a troca da posição de partida e, sobretudo, a busca de analogias e semelhanças estruturais. Porém, para que o eu possa testar a aptidão de suas idéias, por mais despropositadas que sejam, é preciso que tenha incorporado o problema por completo. Não basta que esteja ocupado com ele apenas de modo fugaz; deve estar absorvido por ele até os poros e não pensar em mais nada. Somente então conseguirá associar a ele as idéias mais absurdas. E, com isso, chegamos a outro componente da criatividade: a capacidade de enxergar sob o mesmo ponto de vista não apenas as coisas que estão próximas, mas também as que estão muito distantes, ou seja, *to bring things togheter*.

Uma vez que os indivíduos criativos são capazes de combinar até mesmo o que para os menos dotados é extremamente contraditório, não se deixam irritar com as opiniões desfavoráveis e os julgamentos opostos. Tais pessoas também costumam pensar o contrário de suas próprias opiniões, considerando-o igualmente aceitável. Freqüentemente pensam em direções opostas e são capazes de deixar em aberto o julgamento final. As ambivalências, as contradições e complexidades não intimidam os indivíduos criativos, mas sim lhes servem de estímulo. Eles são o oposto dos fanáticos, que entram em pânico quando deparam com complexidade em demasia e, por essa razão, são propensos a simplificações exageradas ou, como diz Lichtenberg, são capazes de tudo, mas, fora isso, de absolutamente nada.

Do ponto de vista estrutural, criatividade, humor e gosto por analogias e metáforas têm, portanto, uma relação de parentesco. Todas têm suas raízes no

443

CULTURA GERAL

mesmo pensamento bissociativo, que também recebe a clara contribuição da tendência ao que Edward de Bono chamou de *lateral thinking* (em oposição a *vertical thinking*), ou seja, o pensamento lateral em oposição ao pensamento vertical: a ele pertencem a receptividade para idéias fortuitas e casuais, a tendência a saltar de um nível do pensamento a outro, uma predileção pelas soluções mais improváveis e a capacidade de encontrar novos problemas.

Se as metáforas são o resultado de lampejos bissociativos, a própria criatividade também é caracterizada por uma metáfora: em inglês, uma invenção criativa é designada como *brainchild*, termo que conserva a conotação sexual que um dia foi aplicada à criatividade; no ato da criação, são gerados filhos. Nesse ponto, os teólogos fizeram um grande esforço para eliminar do conceito o seu caráter sexual, relacionando-o ao Deus criador. Desse modo, foi de Deus que o artista herdou a criatividade. Assim como Deus criou um mundo, o artista cria o seu. Ambos são pais e autores de suas criações. E quem cria a si próprio é culto.

444

V. O QUE NÃO CONVÉM SABER

Também faz parte da cultura sabermos o que é que não devemos saber. Até o momento, as pesquisas dispensaram muito pouca atenção a esse assunto. Cultivamos o preconceito de que o saber nunca pode ser ruim, e isso está baseado no ditado: "Quanto mais, melhor." Mas já deveríamos ter aprendido outra coisa com o pecado original. O saber pode ser inteiramente prejudicial e incompatível com a verdadeira cultura.

Por isso, por regra, não é tido como sinal de grande cultura conhecer com precisão as zonas de prostituição de todas as grandes cidades do país. E mostrar-se entusiasmado e muito familiarizado com memórias de soldados ou romances triviais também pode prejudicar o esforço para se fazer passar por culto.

Por isso, aquele que recentemente imigrou para o país da cultura deveria tentar se familiarizar com os costumes nele cultivados e saber quais são as províncias a serem evitadas ou, caso já as conheça muito bem, esconder cautelosamente esse conhecimento. A seguir, passaremos a designar alguns dos campos mais importantes.

1. Um território extremamente perigoso, em particular para mulheres, é aquele constituído pelas dinastias européias. Nele prevalece uma nítida contradição entre história e presente. O conhecimento acerca das ligações dinásticas entre as casas dos Habsburgos, dos Bourbons e dos Wittelsbachs no século XVIII é bem-vindo à cultura. Porém, quem sempre tem informações detalhadas sobre os atuais problemas familiares da casa de Windsor ou sobre os problemas conjugais na casa do príncipe de Mônaco pode prejudicar em muito a sua reputação. Tais conhecimentos deveriam ser expostos com grande discrição. Caso a conversa venha a desembocar nesse tipo de assunto, devemos mostrar que sabemos algo a

CULTURA GERAL

respeito de modo muito superficial e de passagem, como se tivéssemos lido a informação casualmente em algum lugar e a tivéssemos considerado uma grande bobagem, a que não demos importância, e justamente por causa de nossa falta de interesse não nos lembramos bem dela. O que se recomenda aqui é, portanto, que se demonstre esquecimento.

Como poderia ser explicada essa obrigação de desconhecer? Ora, contrariamente às relações dinásticas da história, os conhecimentos acerca dos atuais problemas conjugais das famílias reais constituem uma espécie de bisbilhotice que vive à custa da *high society*. Essa bisbilhotice é difundida pela chamada imprensa marrom, que se especializou em tornar públicas informações oriundas da vida privada de pessoas de destaque. Isso faz com que muitas leitoras, ao participarem da vida de nobres e ricos, tenham a possibilidade de revestir os próprios sentimentos de uma roupagem glamourosa e de darem a seus anseios por emoções um formato grandioso. Esse procedimento se coaduna com um interesse por romances de amor, impressos em livretos de baixo custo, e denuncia um espírito que, por não ter um órgão de percepção emocional para questões realmente importantes, precisa alimentar-se de cretinices.

Quem quiser fazer-se passar por culto deve evitar qualquer sinal de interesse por esse tipo de coisas. O melhor é nem sequer conhecê-las.

2. Porém, um terreno do saber ainda mais perigoso e que deve ser considerado praticamente um campo minado é o da programação televisiva. A televisão tem um papel importante na conversa do dia-a-dia porque todos podem considerar que muitos programas são vistos por muitas pessoas. Portanto, como estão todos a par do que se passa na televisão, a informação sobre os programas e os diversos tipos de programações televisivas revela muito sobre o nível intelectual e o perfil de interesses de uma pessoa, bem como sobre o modo como ela gasta o seu tempo. Se alguém se revela, então, conhecedor de *talk shows* vulgares, aqueles que são exibidos durante a tarde, ou é um escritor ou um desempregado com um gosto proletário e poucos contatos sociais, que à tarde já está sentado diante do televisor com uma cerveja na mão, em vez de estar lendo *Hamlet* no original.

Portanto, se conhecemos as convenções, os apresentadores, a dramaturgia e as histórias desses *talk shows*, devemos ter precaução: ou mantemos esse conhecimento em segredo, ou dizemos que é resultado de um estudo teórico que estamos realizando sobre os meios de comunicação. O mesmo se aplica às séries televisivas, a não ser aquelas que tenham sido alçadas ao *status* de programa *cult*, como aconteceu com a antiga série *Dallas*. Esse *status* é atingido quando os programas se convertem em uma irônica espécie de liturgia e passam a congregar diante do televisor a comunidade de fãs, que debatem prazerosamente o novo episódio, tão logo acaba a sua exibição.

PODER

Especialmente tolos são considerados os concursos televisivos e todas as variantes dos *reality shows*, como os programas que exibem catástrofes, os que se dirigem aos *voyeurs* sentimentais, que, por meio de apelos para o regresso de filhos que fugiram de casa, o reencontro de familiares há muito separados, pedidos de perdão, reconciliações e casamentos, são garantia certa de lágrimas. A essa mesma categoria pertencem os simpáticos programas de música folclórica, os festivais de canções, os programas humorísticos e os pastelões, que a televisão exibe com o firme propósito de emburrecer, dia após dia, a população. Nesse caso, o melhor é simplesmente seguir a regra de nada conhecer e não ver nenhum tipo de programa. Se, porém, a pessoa não conseguir manter-se completamente à parte de uma conversação desse tipo, deve fingir o mais completo desconhecimento. Nem sempre isso é fácil e, na hora do almoço, quando todos os outros colegas recapitulam com entusiasmo e com grande interesse pessoal a discussão exibida pela televisão entre um pastor e um violador de crianças, será preciso uma considerável dose de autocontrole para não tomar parte na conversa.

Evidentemente, o tabu contra os programas de televisão apresenta diferentes graus. O que é considerado o *non plus ultra* (do latim, "nada mais além", ou seja, o máximo) da cultura é simplesmente não ter um televisor em casa. Quem tiver chegado tão longe já não precisa se preocupar com a sua reputação. Se a conversa desembocar no programa do dia anterior e o asceta televisivo for incitado a fazer algum comentário, murmurará apenas: "Infelizmente não tenho televisor." Isso deverá ser dito de modo quase inaudível e em tom de desculpa, para evitar qualquer aparência de crítica encoberta contra o vício televisivo do cidadão comum. Isso, porém, obrigará os outros a lhe perguntar: "O quê? Não tem televisor? Nunca assiste à televisão?" O asceta televisivo voltará a esboçar um humilde sorriso, a fim de cortar pela raiz qualquer suspeita de esnobismo cultural, obtendo, assim, o tímido respeito dos demais ou talvez o seu ódio: "O quê? Ele deve se achar melhor do que os outros!"

Contudo, alguns programas podem ser vistos. Trata-se dos programas políticos, dos debates e dos programas jornalísticos. Com eles, a televisão oferece as únicas informações que não são triviais. Por isso, podemos admitir que os vemos. Todo o resto deve ser evitado.

Somente os intelectuais de carteirinha podem dar-se ao luxo de admitir seu consumo total de televisão, pois, no caso deles, isso será considerado uma viagem de estudo ao domínio da vulgaridade e do mau gosto. A pessoa que é considerada culta e que admite ver o lixo informativo ou a horrorosa pornografia sentimental das pessoas que desnudam sua alma diante das câmeras o faz com certo orgulho da vitalidade de seu intelecto, que mesmo em meio à sucata das zonas mais sórdidas do mundo contemporâneo ainda consegue encontrar algo de valor.

447

CULTURA GERAL

Uma pessoa assim até consegue estabelecer uma relação entre um programa sado-masoquista e a *Divina comédia* de Dante.

3. O mesmo pode ser dito em relação às revistas. Evidentemente, a imprensa marrom é tabu, e somente por engano uma mulher pode ler uma revista feminina no cabeleireiro. As informações contidas em tal tipo de revista ou são de ordem puramente técnica – referem-se à culinária, à casa, à moda ou ao corpo feminino –, ou são triviais. Mas as informações supostamente técnicas sobre as receitas de culinária, decoração, moda e dietas, bem como sobre todo o vasto campo de consumo constituem, na realidade, pseudônimos, ou melhor, marcas simbólicas que indicam de forma indireta o nível de cultura da pessoa em questão: no consumo, cada um tem sua posição no mapa do gosto. E, nesse âmbito, há determinados padrões, grupos que compartilham o mesmo gosto e que demonstram certa proximidade com a cultura ou são incompatíveis com ela.

Assim, por exemplo, no âmbito da culinária, só comprova ter cultura a pessoa que exibir um marcado cosmopolitismo. Quem não come comida chinesa de jeito nenhum por saber de fonte segura que os chineses preparam carne de cachorro demonstra ter um medo pequeno-burguês do desconhecido, o que também poderia implicar um ódio às palavras estrangeiras. Quem, ao contrário, domina soberanamente os termos da culinária francesa dá a entender que estudou o estilo de vida e a língua dos franceses. Naturalmente, a pessoa não deve procurar ostentar esse conhecimento nem criar oportunidades para demonstrar suas habilidades. O mais conveniente é mencioná-lo de passagem e com uma pitada de auto-ironia, para evitar qualquer efeito de imponência.

O mesmo se aplica à conversa sobre a decoração da casa; certo conhecimento dos estilos históricos não há de fazer mal a ninguém. Convém saber distinguir o *Biedermeier* do estilo imperial e o *art nouveau* do funcionalismo. Em todo caso, pode causar certa estranheza se alguém achar que uma cadeira dos anos 50 é uma antiguidade e se demonstrar uma clara predileção por pinturas com motivos ciganos ou por reproduções de cervos bramindo, vendidas nas lojas de departamentos. Ser um conhecedor desse campo da falta de gosto só pode ser prejudicial.

4. Se as observações anteriores estavam relacionadas à bênção da ignorância em assuntos mais ligados ao âmbito feminino – embora, na verdade, esses domínios do saber supérfluo não sejam específicos a nenhum dos sexos –, o mundo masculino, em oposição ao feminino, está estruturado de modo um pouco diferente. De um lado, há nele um acúmulo de conhecimentos incompatíveis com a cultura e uma especialização em assuntos triviais, que, como é comum entre os homens, podem chegar a um fanatismo pelo saber, sobretudo no que se refere ao esporte.

448

PODER

Por outro lado, entre os homens há não apenas conhecimentos incompatíveis com a cultura, mas também um problema relacionado à forma como a demonstram. Um dos vícios mais arraigados na mente masculina é sua tendência à fanfarrice. Os homens adoram vangloriar-se e demonstrar sua superioridade. São condicionados a agir desse modo – seja por razões genéticas, seja por influência do meio social – porque competem entre si por mulheres, riquezas, renome e o que mais se lhes apresentar. Precisamente por isso adoram a competição e o esporte.

A menos que sejam intelectuais, recomenda-se a eles certo desconhecimento na área esportiva, principalmente em relação ao futebol. Quem souber de cabeça como foi o jogo entre o Schalke 04 e o Borússia Dortmund, em 1969, quais foram os jogadores que marcaram gols e quais foram substituídos mostrará que é um especialista. Isso torna bastante improvável que, ao mesmo tempo, seja um conhecedor da obra tardia de Goethe, incluindo aquelas sobre morfologia. É bem verdade que, após 1968, tornou-se chique entre os intelectuais deter conhecimentos futebolísticos. Mas, nesse caso, o intelectual deveria ser marxista ou, no mínimo, sociólogo, para assim tentar um contato com as massas trabalhadoras. Ser liberal ou conservador e, não obstante, um torcedor do Borússia Dortmund só revelaria uma natureza vulgar.

Toda ostentação, ainda que cultural, é absolutamente incompatível com o conceito de cultura. Quem se vangloria da própria cultura só deixa transparecer que é inculto. A cultura não deve ser ostentada, pois não constitui um campo em que lutamos pelo aplauso dos outros. Aliás, é totalmente proibido pôr às claras a inferioridade do interlocutor, submetendo-o a uma espécie de campeonato de perguntas e respostas. Quem se comporta de maneira esnobe acaba por prejudicar seu próprio anseio por cultura, já que dela também faz parte um conhecimento sobre as formas civilizadas de se comportar, e seu verdadeiro objetivo é uma comunicação sem nenhum tipo de constrangimento, que venha a enriquecer a vida humana.

Mas, assim como todo esnobismo relativo à cultura é proibido, também é impróprio mostrar-se melindrado por ele. A cultura não comporta complexos de inferioridade, pois a ostentação de cultura por si própria já é suficiente para fazer com que a pessoa caia no descrédito. Por isso, são particularmente infelizes as suspeitas paranóicas de que os cultos arrogantes só querem humilhar os demais. Igualmente funestas são as reações do tipo: "O senhor deve achar que só porque estudou sabe mais que os outros", pois apenas demonstram que a pessoa que a proferiu é muito insegura. E se de fato encontrarmos alguém que ostente de modo inconveniente sua própria cultura, teremos todos os observadores do nosso lado se adotarmos uma postura serena e generosa, ou seja, se não esboçarmos nenhuma reação, enquanto o arrogante perde lentamente o seu brilho.

CULTURA GERAL

No entanto, também constitui um pecado contra o Espírito Santo fazer discursos detalhados sobre temas situados fora do conhecimento cultural ou quando o mais conveniente seria manter uma conversa animada. Aqui há campos específicos que fazem muitos homens caírem em tentação.

No primeiro lugar da lista estão os milagres da técnica em geral e, em particular, os automóveis. Numa exposição de arte, quem conseguir, por meio de um discurso de trinta ou quarenta e cinco minutos, comprovar a uma mulher que um Porsche é superior a uma Ferrari, enumerando para isso doze razões da mais alta esfera técnica da construção de motores, ainda que o faça com grande paixão e riqueza de conhecimentos, não lhe parecerá de forma alguma mais culto do que antes, por mais que o diretor da General Motors possa considerar essa apresentação uma obra-prima em termos de precisão, lógica e excelência retórica. O mesmo é válido para palestras sobre bombas d'água, aviões de caça, estações espaciais, reatores nucleares, subestações de transformação, usinas de carvão e todo tipo de aparelhos.

Portanto, há conhecimentos que delatam a falta de cultura tão rapidamente quanto as lacunas culturais. Naturalmente, os limites entre o conhecimento canônico, os conhecimentos permitidos e os proibidos são flexíveis; aquilo que hoje é proibido pode ser permitido amanhã. Na maioria das vezes, após algum tempo, as zonas triviais da cultura de massa ascendem à esfera da cultura; isso se aplica tanto às novas formas de cultura quanto aos novos meios de comunicação.

Dessa forma, quando de sua invenção na Inglaterra, no século XVIII, o romance era inicialmente considerado uma forma literária trivial, apropriada apenas para as mulheres, e não para os *gentlemen* de formação clássica. Por isso, muitos autores ocultaram sua identidade por trás de um pseudônimo. Porém, já no século XIX, o romance passou a ser reconhecido como forma artística apropriada ao grande público. Algo semelhante ocorreu com o cinema nos últimos trinta anos. Se em 1960 ele ainda era tido como um produto da indústria cultural americana, com o qual uma pessoa culta considerava indigno ocupar-se, hoje os suplementos culturais dos melhores jornais trazem comentários sobre filmes, e professores de literatura ensinam cinematografia como se fossem amputados ensinando os outros a andar. O cinema passou a fazer parte da cultura, e já não é preciso ocultar o conhecimento a seu respeito. Prova disso é que as grandes salas se esforçam para fazer com que o espectador vivencie sua visita como uma experiência teatral.

No fundo, a quantidade de conhecimento proibido que precisamos esconder depende do nível cultural de cada um. Nesse ponto, vale a regra prática: quem for novo no país da cultura deve esconder todo o conhecimento proibido, já que ainda não conhece bem os hábitos nele cultivados; tal pessoa ainda não

PODER

consegue avaliar corretamente as sutis diferenças entre os conhecimentos permitidos, os admitidos e os absolutamente proibidos; por isso, o melhor é não se arriscar. Em contrapartida, a pessoa altamente culta pode permitir-se dar uma olhada geral nas zonas mais triviais e vulgares do saber. Isso irá contribuir para sua boa reputação, pois todos irão supor que ela se interessa por essas porcarias apenas por relacioná-las a algo de ordem superior, sabendo extrair delas coisas de surpreendente importância.

Por outro lado, a esfera da chamada "segunda cultura" é neutra. O termo tem origem em uma controvérsia político-cultural, desencadeada pelo inglês C. P. Snow há trinta anos. Snow era físico e romancista. Durante o debate sobre a implantação da escola integrada na Inglaterra, proferiu uma importante palestra que ficou conhecida como *As duas culturas*. Com esse título, ele se referia, de um lado, à cultura literária e humanista da formação clássica e, de outro, à cultura técnico-científica. Em sua palestra, Snow lamentava a tradição da cultura inglesa do *gentleman* e do amador, que sempre deram prioridade à cultura literária e humanista em detrimento das ciências naturais, o que contribuiu para o atraso da Grã-Bretanha diante de nações entusiastas da tecnologia, como os Estados Unidos e o Japão. Conseqüentemente, exigia que o planejamento didático e pedagógico das escolas e universidades desse maior atenção aos conhecimentos técnico-científicos.

Essa palestra desencadeou um amplo debate sobre a relação entre ambas as esferas da cultura. Na Alemanha, o emprego da expressão "duas culturas" também se tornou popular. Apesar disso, o apelo de C. P. Snow praticamente não teve efeito: os conhecimentos científicos são ensinados na escola e acabam por fornecer alguma compreensão sobre a natureza, porém quase nenhuma sobre a cultura. Por isso, continua sendo considerado impossível não saber quem foi Rembrandt. No entanto, se uma pessoa não souber qual é o segundo princípio da termodinâmica ou a relação entre eletromagnetismo e força da gravidade ou, ainda, o que é um *quark*, embora esse termo seja proveniente de um romance de James Joyce, ninguém irá considerá-la sem cultura. Por mais lamentável que possa parecer a algumas pessoas, embora os conhecimentos científicos não precisem ser escondidos, não fazem parte da cultura.

Nas universidades e no mercado de trabalho, observamos que a primeira cultura é um domínio feminino, ao passo que a segunda é um âmbito masculino (se nele incluirmos as ciências econômicas e as disciplinas afins). Isso acarreta certa assimetria na ascensão social. Imaginemos duas crianças que são vizinhas e provenientes do mesmo meio social: uma menina chamada Sabine e um menino chamado Torsten. No final do ensino médio, ambos se apaixonam um pelo outro e planejam casar-se após concluírem a faculdade. Torsten estuda engenharia me-

451

CULTURA GERAL

cânica e se forma engenheiro; Sabine estuda psicologia, germanística e história da arte. Torsten tem de ir estudar em Aachen; Sabine, em Hamburgo, Paris e Florença. Após os exames finais, eles se reencontram. Torsten tornou-se um excelente engenheiro mecânico e logo arranjará um bom emprego. Sabine tornou-se uma pessoa completamente diferente devido a seus estudos. Torsten sabe construir máquinas. Sabine modificou-se ao ter uma visão dos pressupostos da comunicação e dos sistemas simbólicos da cultura. Em termos de comportamento, opiniões e hábitos, Torsten praticamente não evoluiu, mas seus conhecimentos o capacitam para ganhar muito dinheiro. Já no caso de Sabine, o êxito financeiro é incerto. Em contrapartida, ela se tornou mais exigente em relação ao nível de comunicação, pois aprendeu a falar francês e italiano, leu muito, fez novos amigos entre os intelectuais e os artistas de Paris e Florença e está estudando a mais recente teoria literária.

Quando se reencontram, Torsten lhe parece um homem de Neandertal. E, se ela perceber a tempo que agora já não pode se casar com ele porque isso seria uma desgraça, será uma felizarda. Porém, se continuar com a fixação de se casar com Torsten ou com outro homem parecido oriundo de seu meio – afinal ele ganha muito dinheiro –, irá tornar-se uma feminista totalmente convicta da natureza selvagem do homem. Também Torsten será infeliz e só terá uma chance: ler este livro.

Em outras palavras, a cultura também é uma esfera que influencia com intensidade diferente a ascensão social de ambos os sexos, o que posteriormente se converte em uma das causas mais inadvertidas dos conflitos entre os casais.

VI. O SABER REFLEXIVO

Somente é culto aquele que consegue ordenar o seu próprio saber. Porém, não se trata de um confronto direto entre saber e não saber. Ao contrário, entre esses dois extremos há vários graus, e uma das formas que essa gradação pode assumir chama-se "problema". Se ainda não sabemos de que trata ao certo a sociologia, podemos ao menos identificar o problema fundamental e não solucionado com o qual ela lida: devemos pensar a sociedade de modo humanista, ou seja, a partir do homem, ou concebê-la de modo anti-humanista, isto é, como uma estrutura que não pode ser mensurada a partir de critérios humanos, assim como não se pode avaliar um formigueiro a partir de uma formiga? Um problema dessa natureza é como um grande campo magnético: estrutura inúmeros detalhes, introduz uma ordem e uma visão de conjunto e, ao mesmo tempo, permite distinguir esse dos demais âmbitos do saber. Na neurobiologia, por exemplo, tem sido suscitada a seguinte questão: devemos imaginar um sistema nervoso ou um cérebro a partir do modelo fornecido pela sociedade (ver o livro *Mentopolis*, de Marvin Minsky), ou será que essa analogia não é permitida?

As ciências, as teorias e os paradigmas organizam-se em torno de problemas que ainda estão por resolver, e é recomendável dar uma olhada geral para ter pelo menos uma idéia deles. Para isso não é preciso estudar os fundamentos de uma ciência. Conceitos como os de solidez, profundidade e sistematicidade são absolutamente inconvenientes nesse caso e só se prestam a servir de justificativa para aqueles que se negam a conhecer determinado assunto se não o puderem entender por inteiro. Basta que tenhamos uma idéia intuitiva do estilo de pensamento adotado em determinada disciplina para constatarmos que são justamente as questões e controvérsias em aberto a nos cativarem de imediato e nos permitirem alcançar determinado âmbito do saber. O que também iremos constatar é que a

CULTURA GERAL

ciência consiste em uma competição intelectual do mais alto nível, na qual há conflitos, tensões e peripécias. Toda ciência sempre produziu escritores talentosos, capazes de transmitir a um público leigo uma idéia da incrível criatividade reinante em suas disciplinas. Quem ler os estudos de Konrad Lorenz sobre etologia, os de Edward O. Wilson sobre formigas e sociobiologia, os de Heinz von Foerster sobre auto-organização, os de Howard Gardner sobre inteligência, os de Jay Gould e R. Dawkins sobre evolução, os de Douglas Hofstadter sobre problemas da auto-referência, e os de Paul Watzlawick sobre paradoxos da comunicação terá a impressão de ter descoberto os segredos da criação. Quem se deixar seduzir por essas leituras conquistará uma considerável dose de otimismo, que o ajudará a atravessar as fases de melancolia, e obterá uma noção da direção em que caminha nosso desenvolvimento intelectual. Por exemplo, no presente momento, tudo indica que o abismo existente entre as ciências naturais e as humanas começa a se fechar, pois o conceito de reflexão e de auto-referencialidade, que até então eram quase que exclusivamente aplicados às ciências humanas, aos poucos passou a definir também os problemas das ciências naturais.

No capítulo anterior, mencionamos o físico e romancista C. P. Snow. Numa célebre palestra proferida nos anos 50, ele cunhou a expressão "duas culturas", querendo com ela referir-se à cultura da formação literária e humanista e à cultura das profissões técnico-científicas. Naquela época, Snow criticava essa separação da cultura em duas vertentes. Quem está acompanhando o desenvolvimento atual das ciências tem a impressão de que essas duas vertentes estão se aproximando. O sujeito perde o seu monopólio da auto-referencialidade, e cada vez mais se fala que também os organismos, as empresas, os sistemas nervosos, as sociedades ou os formigueiros se auto-observam, se auto-organizam e se autodescrevem. Portanto, parece ser essa a direção em que também a formação cultural deverá evoluir: provavelmente ela irá abrir-se em duas culturas. Para isso, terá de ser capaz de observar a si própria.

Um dos pressupostos imprescindíveis da formação cultural é alcançar uma elevada compreensão da sociedade contemporânea. E só é possível chegar a tal compreensão confrontando a sociedade atual com a tradicional européia, anterior à Revolução Industrial. Por essa razão, nossos conhecimentos históricos devem estender-se ao menos até o século XVIII. Uma visão panorâmica da história da França ou da Inglaterra irá conduzir-nos mais longe do que o estudo da história da Alemanha. Mas a melhor forma de entendermos o mundo de hoje é estudarmos a história da Inglaterra a partir de 1688.

A formação cultural sempre foi concebida como uma forma de autocompreensão. Por isso, parece imprescindível ter uma idéia aproximada das categorias nas quais o homem se autodescreve e baseia o seu comportamento: identidade, papel, psique, emoção, paixão, sentimento, consciência, fator inconsciente, recalque, compensação, norma, ideal, sujeito, patologia, neurose, individualidade, ori-

454

PODER

ginalidade – todos conceitos-chave, cuja compreensão é essencial para obtermos acesso às formas desenvolvidas da auto-reflexão.

A individualidade desenvolve-se apenas no decorrer do tempo, como a história de um romance. Assim, para que a pessoa possa autocompreender-se, é preciso que tenha certa familiaridade com histórias, biografias e trajetórias de vida oferecidas pelo cinema e pelo teatro, para que entre em contato com modelos de transformação, de metamorfose, de ritos de iniciação, de terapias, de crises, de choques e traumas e possa identificar tais situações, pois, caso contrário, estaria à mercê delas.

O encontro do indivíduo com outros e com a sociedade realiza-se sob a forma da comunicação. Por isso, deveríamos conhecer as leis que a regem, isto é, saber que em toda comunicação há sempre um aspecto ligado ao conteúdo e outro ligado à relação (por exemplo, na ordem: "Seja espontâneo!", o conteúdo está em contradição com a relação de autoridade e subordinação nela contida); devemos saber também que os conflitos logo passam a ter um caráter auto-referencial e paradoxal; que o outro, embora não tenha culpa, sempre entende tudo de modo diferente daquele que quisemos dizer; que a comunicação pode nos enredar em uma enorme confusão; que a metacomunicação pode tanto resolver quanto perpetuar um problema; que, no auge do conflito, quanto mais acreditamos ser diferentes de nosso adversário, tanto mais nos parecemos com ele.

Justamente porque a comunicação é tão multifacetada e dramática, uma pessoa culta deve conhecer um pouco de suas regras e saber aplicá-las com isenção e segurança. Somente assim poderá evitar a sina de ser uma vítima constante dela. Também nesse caso poderá contar com a ajuda da literatura, do teatro e do cinema, pois esses oferecem continuamente exemplos de equívocos, problemas de compreensão e catástrofes de comunicação. Com eles aprendemos que a comunicação, os processos e as relações sociais são perseguidos pela maldição dos paradoxos: uma profecia pode ser por si mesma um obstáculo para a sua realização, como ocorreu claramente no marxismo (o empobrecimento das massas, conforme previsto pelo marxismo, acabou não ocorrendo porque tal previsão fez com que os adversários do marxismo se esforçassem para impedi-lo); contudo, uma profecia também pode cumprir-se: "Em breve serei perseguido por homens de aventais brancos" – quem realmente acredita nisso logo será perseguido por enfermeiros de um centro psiquiátrico. Em termos de efeitos, em quase nada isso se distingue das profecias do oráculo que alertaram o pai de Édipo de que seu filho o mataria e desposaria a própria mãe; por acreditar no oráculo, fez tudo para que a profecia se realizasse. Somente na literatura conseguimos ter experiências e, ao mesmo tempo, observá-las. Somente por meio dela aprendemos algo sobre as ambivalências, os paradoxos e as conseqüências da quebra dos tabus. Só ela consegue associar nosso ponto de vista interno a uma perspectiva externa.

CULTURA GERAL

Presume-se que uma pessoa culta saiba que a realidade de um ser humano é um constructo social, que varia de acordo com o meio, a procedência, a idade, a camada social e a cultura. Somente isso lhe permite entender as diversas convicções fundamentais e concepções da realidade, bem como aceitá-las e enxergá-las por outros pontos de vista. E somente isso lhe ensina que as coisas que ela considera óbvias também podem parecer absolutamente estranhas e pouco plausíveis se vistas a partir de um ângulo diferente do seu.

Sem contar nosso próprio corpo, o principal instrumento da comunicação é a língua. Conhecer suas fórmulas, regras e múltiplas possibilidades de expressão e se possível empregá-las em sua plenitude faz parte das práticas culturais mais fundamentais, que nos ajudam a obter acesso a nossos semelhantes e à riqueza da cultura que partilhamos com eles. É na língua que construímos nossa realidade, e por meio dela criamos um segundo mundo, o da significação, que partilhamos com os demais. Por meio da língua, conseguimos encantar os outros e atingir seus corações. Todo silêncio e toda expressividade corporal, às vezes considerados superiores à língua, na realidade constituem apenas formas derivadas do falar e não existiriam sem a língua. Mesmo que o olhar de um cão possa expressar a fidelidade com mais clareza do que a língua, só a entendemos porque somos capazes de falar.

Visto que a língua adapta seu estilo e vocabulário a diferentes meios e esferas sociais, o domínio dela é decisivo para que possamos nos mover livremente na sociedade. Quem não sabe "o que deve dizer" sente-se como um deficiente social; para essa pessoa, determinadas esferas da sociedade são o que os americanos designam como *no-go areas*: zonas em que não se pode transitar. Em termos de língua, somos todos comunistas; a língua é propriedade do povo, e, por isso, deveríamos nos apropriar de sua riqueza e nos familiarizar com ela. Desse modo, teríamos mais mobilidade, ampliaríamos nosso mundo e transporíamos várias fronteiras existentes entre os meios sociais, as experiências e as pessoas. Por outro lado, quem denegrir a língua valendo-se da autenticidade da experiência real e da interioridade do inexprimível, torna-se suspeito de difamar aquilo que não consegue dominar. Além disso, é considerado vítima de uma tradicional patologia alemã, há muito diagnosticada.

Por conseguinte, a cultura deve afirmar-se como comunicação. Seu objetivo não é dificultá-la, mas enriquecê-la. Por isso, não pode apresentar-se como uma norma opressora, uma tarefa desagradável, uma forma de competição ou mesmo sob a arrogante forma da auto-adulação. Nem deve de forma alguma aparecer ou ser debatida como instância isolada; ao contrário, ela constitui um estilo da comunicação que torna prazeroso o entendimento entre os seres humanos. Em suma, é a forma sob a qual o espírito, o corpo e as manifestações culturais se personificam e se deixam refletir no espelho dos demais.

CRONOLOGIA

1. ANTIGUIDADE GREGA E ROMANA

500 a.C.   Ascensão de Atenas na defesa contra os persas;
vitória de Maratona (490); vitória de Salamina (480);
fim das Guerras Médicas (477); Atenas encabeça a Confederação
de Delos; desenvolvimento da democracia ateniense;
florescimento de Atenas sob o governo de Péricles (443-429);
Guerra do Peloponeso entre Atenas e Esparta (431-404); período
de atuação de Sócrates, condenado à morte em 399.

400 a.C.   Fundação da Academia de Platão (387);
ascensão de Tebas;
a partir de 349, insurgência de Demóstenes contra Filipe da Macedônia;
Aristóteles torna-se preceptor de Alexandre, filho de Filipe;
Filipe da Macedônia conquista as cidades-Estado;
seu filho, Alexandre, conquista o Oriente (334-323).

300 a.C.   Período helênico;
expansão de Roma; conflito com os cartagineses;
Primeira Guerra Púnica (264-241);
Segunda Guerra Púnica contra Aníbal (218-201);
após a vitória, Roma domina o Mediterrâneo ocidental.

200 a.C.   Guerras contra a Macedônia;
domínio do Mediterrâneo oriental;

CULTURA GERAL

Terceira Guerra Púnica (149-146);
assimilação da cultura grega, aparecimento dos irmãos Gracos;
início das guerras civis (122);
guerra contra os cimbros e os teutões (113-101).

100 a.C.   Agitações sociais; guerra civil entre Mário (partido popular) e Sila (partido do Senado). Vitória de Sila e ditadura;
domínio de Pompeu e César (70-44);
conquista da Gália por César. Guerra civil com Pompeu, vitória de César e seu assassinato (44);
guerra de Marco Antônio e Otaviano contra Bruto e Cássio, assassinos de César. Em seguida, guerra entre Otaviano e Marco Antônio;
Augusto Otaviano torna-se soberano a título vitalício (23);
início do Império; final da República.

0   Nascimento de Jesus Cristo por volta de 7 a.C.;
florescimento cultural de Roma sob o governo de Augusto. Horácio, Virgílio, Mecenas, Ovídio;
imperador Tibério; crucificação de Jesus Cristo;
imperadores: Cláudio, Calígula e Nero;
incêndio de Roma e primeira perseguição aos cristãos;
Tito destrói Jerusalém; dispersão dos judeus;
destruição de Pompéia. Construção do *Limes* [linha de fortificações] na Alemanha.

100   Consolidação do Império por meio de Trajano e Adriano. Novo florescimento cultural: Tácito, Plínio, Plutarco; conquistas e expansão do Império; com Marco Aurélio, um filósofo instala-se no trono imperial. Após a sua morte, o Império entra em crise.

200   Solução da crise por meio da militarização do Império. As tropas decidem quem será o imperador. Tentativa de restaurar os cultos pagãos para resgatar o apoio político. Em conseqüência disso, ocorre a perseguição dos cristãos;
Diocleciano cria um regime despótico ao estilo dos orientais. Nova administração do Império; divisão do Império entre os imperadores.

300   Constantino vence seu rival Maxêncio e introduz o cristianismo como religião do Império;
Concílio de Nicéia (325); estruturação da doutrina cristã;
a capital do Império é transferida para Bizâncio; desenvolvimento do papado.

CRONOLOGIA

2. Invasões bárbaras e Idade Média

400   Constantes invasões dos germânicos; conquista de Roma pelos visigodos e vândalos;
Batalha dos Campos Cataláunicos (nas proximidades de Troyes, em 451); retirada dos hunos; invasão da Inglaterra pelos anglo-saxões; Rômulo Augústulo é o último imperador romano no Ocidente. Seus sucessores são Odoacro e Teodorico, o Grande, rei dos ostrogodos.

500   Unificação do reino dos francos por Clóvis (até 511). Conversão ao cristianismo;
conquista do reino da Borgonha e vitória sobre os alamanos;
Bento de Núrsia funda a ordem dos beneditinos (529), que se torna o modelo dos monastérios da Idade Média;
Gregório, o Grande, consolida o papado; início da evangelização dos germânicos: anglo-saxões, alamanos e bávaros.

600   Transição do poder franco dos reis merovíngios aos *majordomus*, administradores das casas reais e da nobreza;
surgimento do profeta Maomé; fundação do Islã e conquista do sul da bacia do Mediterrâneo; divisão cultural da área do Mediterrâneo em uma metade islâmica e outra cristã;
Pepino III, como *majordomus*, governa todo o reino franco.

700   Conquista da Espanha pelos árabes. Carlos Martel, filho de Pepino, faz os árabes retrocederem; desenvolvimento do feudalismo; o papa Estêvão II coroa Pepino, o Breve, como rei dos francos e recebe em troca o Estado da Igreja. Dinastia dos carolíngios; em 768 inicia-se o reinado de Carlos Magno, que conquista a Itália, o norte da Espanha e a Saxônia.

800   Carlos Magno é coroado imperador em Roma. A renovação do Império Romano cria as bases para os Estados da Europa ocidental; reconquista da Espanha a partir do norte, conquista da Inglaterra a partir da Normandia;
reinado de Ludovico, o Pio, e divisão do reino em França e Alemanha. Em conseqüência da falta de força dos reis, surgem na Alemanha novos ducados tribais.

900   Em 910, o duque da Saxônia, Henrique I, é eleito rei da Alemanha. A partir de então, fala-se em reino dos alemães (*regnum teuto-*

CULTURA GERAL

nicum). Seu filho, Oto, o Grande, vence os húngaros e, em 962, é coroado imperador em Roma. Passa, então, a existir o Sacro Império Romano-Germânico, e os reis alemães tornam-se imperadores.

1000   Início da arte românica, primeiro estilo artístico comum a toda a Europa. O Império passa para os duques francos (sálios)
Conrado II, Henrique III, Henrique IV e Henrique V.
Sob o papado de Gregório VII, conflito com Henrique IV sobre o direito do imperador de nomear os bispos.
Em 1077, Henrique vai para Canossa. Gregório aspira ao domínio absoluto do papa sobre a Igreja.
Conquista da Inglaterra pelos normandos (1066);
início das Cruzadas; primeira Cruzada (1096);
conquista de Jerusalém (1099).

1100   Início da colonização do Leste;
a coroa imperial passa para os Hohenstaufen, do ducado da Suábia;
conflito entre os guelfos e os Hohenstaufen;
novas Cruzadas; Frederico I, Barba-Ruiva, luta contra Henrique, o Leão (1152-90).

3. ALTA IDADE MÉDIA E INÍCIO DA IDADE MODERNA

1200   Guerras albigenses na França;
Carta Magna na Inglaterra;
poesia em alto-alemão médio e lírica trovadoresca. Frederico II é rei da Alemanha e da Sicília; faz concessões aos príncipes do Império e os torna senhores de terras;
conquista da Prússia pelas ordens de cavalaria alemãs. Após a morte de Frederico II, interregno na Alemanha.
Em 1273, Rodolfo é o primeiro Habsburgo a ser eleito rei;
formação da Confederação Helvética;
juramento de Rütli (1291).

1300   De 1309 a 1377, os papas instalam-se em Avignon; cisma da Igreja. A Alemanha é regida por Luís da Baviera e, a partir de 1346, sob Carlos IV, passa para a dinastia de Luxemburgo, com capital em Praga. A Bula de Ouro determina que a escolha do imperador seja feita por sete príncipes-eleitores.

CRONOLOGIA

A partir de 1347, propaga-se a peste, que tem como conseqüência um forte impulso de modernização devido à alta dos preços.

Florescimento da Liga Hanseática sob a liderança de Lübeck.

Em 1340, inicia-se a Guerra dos Cem Anos entre a Inglaterra e a França.

Henrique IV, da casa Lancaster, derruba o rei legítimo, Ricardo II; essa é a fonte de inspiração para os dramas de Shakespeare sobre a realeza.

1400   A partir de 1400, os Médicis passam a ter uma posição dominante em Florença. A cidade torna-se o berço do Renascimento; florescimento das artes.

Em 1429, entra em cena Joana d'Arc. Na Boêmia, ocorrem as Guerras Hussitas. A partir de 1438, os imperadores alemães procederão unicamente dos Habsburgos.

Em 1453, os turcos conquistam Constantinopla; fim do Império Romano do Oriente.

Em 1453 também acaba a Guerra dos Cem Anos.

De 1455 a 1485, ocorre na Inglaterra a Guerra das Rosas, entre as casas Lancaster e York; Henrique VII, fundador da casa Tudor, põe fim à guerra.

Na Espanha ocorre a unificação de Castela e Aragão. A Inquisição é restaurada.

Em 1492, os últimos árabes e os judeus são expulsos; descobrimento da América.

Entre 1493 e 1519, Maximiliano é o imperador. Seu filho, Filipe, o Belo, herda a Borgonha e casa-se com a herdeira da Espanha.

1500   Martinho Lutero inicia a Reforma (1517). Guerras camponesas, radicalização e difusão da Reforma.

Em 1519, Carlos V unifica o domínio sobre a Espanha, a América, os Países Baixos, Nápoles e o Império; confronto com os príncipes alemães;

introdução da Reforma em Genebra por meio de Calvino (1541); Concílio de Trento (1545-63); inicia-se a reformulação da Igreja católica e a Contra-Reforma. Paz Religiosa de Augsburgo; abdicação de Carlos V. A Espanha, juntamente com suas colônias, os Países Baixos e Nápoles, passa para o domínio de Filipe II.

A partir de 1534, a Igreja inglesa rompe com Roma, e Henrique VIII confisca os monastérios;

CULTURA GERAL

rainha Elisabeth (1558-1603);
destruição da Armada Espanhola (1588);
auge do florescimento literário, particularmente do drama: produções de William Shakespeare de 1590 a 1611;
guerra dos huguenotes na França e guerra pela independência dos Países Baixos contra a Espanha.

1600   A Alemanha é assolada pela Guerra dos Trinta Anos (1618-48). Henrique IV pacifica a França; tradução da Bíblia na Inglaterra sob Jaime I; conflitos de organização política entre Carlos I e o Parlamento. A partir de 1642, inicia-se a guerra civil; em 1649, Carlos I é decapitado. A Inglaterra torna-se uma república sob o comando de Cromwell (*Commonwealth*). Em 1648, celebra-se a Paz de Vestefália; Brandemburgo torna-se uma grande ordem de príncipes-eleitores; ascensão da Áustria à categoria de grande potência, sob o comando de Leopoldo, devido às suas vitórias contra os turcos. A partir de 1624, centralização da administração da França por Richelieu, por Mazarino e, a partir de 1661, por Luís XIV. Declínio da Espanha e ascensão dos Países Baixos a grande potência marítima ao lado da Inglaterra, onde é restaurada a monarquia (1660).
Em 1688 ocorre a Revolução Gloriosa: o Parlamento fixa a garantia dos direitos parlamentares, da tolerância e da liberdade de expressão; surgimento de uma moderna esfera pública com a liberdade de imprensa; formação do sistema bipartidarista, constituído pelos *whigs* e *tories*; florescimento da ciência, visão de mundo newtoniana, início da modernização, esplendor cultural da corte de Luís XIV.

4. IDADE MODERNA

1700   Guerra entre a Suécia e a Rússia (1700-21); modernização da Rússia sob Pedro, o Grande. Após a vitória, a Rússia passa a integrar o cenário europeu como grande potência.
Frederico Guilherme I converte a Prússia em um Estado militarista (1713-40).
A partir de 1740, entra em cena Frederico, o Grande; a Áustria é governada por Maria Teresa.
Entre 1756 e 1763 ocorre a Guerra dos Sete Anos entre a Prússia e a Áustria pelo domínio da Silésia, e entre a Inglaterra e a França pela posse da América e das Índias.

CRONOLOGIA

Em 1776, os Estados Unidos declaram sua independência, que foi obtida em 1783 após a guerra contra a Inglaterra.

Revolução Industrial na Inglaterra; revolução cultural burguesa, com o desenvolvimento da sensibilidade e do romantismo; florescimento cultural do classicismo alemão.

Revolução Francesa (1789); início da Idade Moderna e da sociedade burguesa. Até a virada do século, mudança de constituições e guerras revolucionárias.

1800

Napoleão torna-se cônsul (1799) e depois imperador (1804); suas vitórias acarretam uma nova ordenação da Alemanha.

Com o fim do Sacro Império Romano-Germânico (1806), o número de principados é reduzido para 37 e é criada a Confederação do Reno. Ocorre o desmantelamento da Prússia e, em seguida, as reformas de Stein, Hardenberg e Humboldt.

Marcha de Napoleão rumo a Moscou (1812); guerras de libertação na Alemanha (a partir de 1813); movimento nacionalista; derrota de Napoleão; Congresso de Viena; após a Batalha de Waterloo, houve uma reorganização da Europa em conformidade com o princípio da legitimidade, o que em 1815 levou à Restauração, ao Pré-março de 1848 e ao *Biedermeier*.

Reforma do parlamento inglês (1832); superioridade industrial da Inglaterra.

1848 foi o ano das revoluções em quase toda a Europa. O parlamento alemão (reunido na Igreja de São Paulo) fracassa em sua tentativa de obter a unificação nacional.

Em 1859/60, a Itália é unificada.

Entre 1862-65, ocorre a Guerra de Secessão nos Estados Unidos; guerra civil americana; vitória dos Estados do Norte; abolição da escravatura.

Entre 1870-71, ocorre a unificação da Alemanha, após a vitória de Bismarck sobre a França, sob a liderança da Prússia; fundação do Império Alemão;

auge do imperialismo: divisão da África entre as potências européias.

1900

Primeira Guerra Mundial (1914-18); Revolução Russa (1917). Após a derrota, dissolução do Império Austro-Húngaro; República de Weimar. Na Itália, Mussolini toma o poder (1922); crise econômica mundial (1929); ascensão do partido nacional-socialista de Hitler, que toma o poder em 1933.

CULTURA GERAL

Segunda Guerra Mundial (1939-45); extermínio dos judeus e genocídio;

capitulação incondicional da Alemanha (1945); lançamento da bomba atômica sobre o Japão. Após 1947/48, ocorre a divisão do mundo, da Alemanha, de Berlim, da Coréia e, mais tarde, do Vietnã na Guerra Fria entre as superpotências Estados Unidos e União Soviética;

fundação da República Federal da Alemanha (1949); fim dos impérios coloniais europeus.

1989 marca o final da Guerra Fria, da União Soviética, da divisão do mundo e da Alemanha.

Em 1999, ocorre a guerra da OTAN contra a Iugoslávia.

CRONOLOGIA DA
HISTÓRIA DA CULTURA

1250 a.C.	Êxodo dos israelitas do Egito, guiados por Moisés
1200 a.C.	Guerra de Tróia
1000-950 a.C.	Davi e Salomão, construção do Templo
776 a.C.	Primeiros jogos olímpicos
570-496 a.C.	Pitágoras
508 a.C.	Reformas democráticas em Atenas
499-477 a.C.	Guerras Médicas; ascensão de Atenas
472 a.C.	Tragédia grega em Atenas
522-446 a.C.	Píndaro, poeta grego
443-429 a.C.	Florescimento de Atenas sob Péricles
431 a.C.	Eurípides, *Medéia*
422 a.C.	Sófocles, *Antígona*
431-404 a.C.	Guerra do Peloponeso entre Atenas e Esparta
399 a.C.	Morte de Sócrates
387 a.C.	Platão funda sua Academia em Atenas, onde Aristóteles irá estudar
342 a.C.	Aristóteles torna-se preceptor de Alexandre, o Grande
334-323 a.C.	Conquista do Oriente por Alexandre, o Grande; início do helenismo
308 a.C.	Zenon funda a Stoa
306 a.C.	Epicuro funda o epicurismo em Atenas
300-100 a.C.	Traduções da Bíblia hebraica para o grego (*Septuaginta*)

146 a.C.	Conquista da Grécia por Roma
58-48 a.C.	Conquista da Gália por César
45/44 a.C.	Cícero escreve suas obras filosóficas
44 a.C.	Assassinato de Júlio César
31 a.C.	Otaviano (Augusto) vence Marco Antônio e Cleópatra; início da época imperial
70 a.C.-17 d.C.	Virgílio, Horácio, Tito Lívio
7 a.C.-30 d.C.	Atuação de Jesus de Nazaré
35	Conversão de Paulo a caminho de Damasco
64	Pedro e Paulo são martirizados até a morte em Roma durante o reinado de Nero
64-80	Evangelhos de Marcos, Mateus e Lucas
70	Destruição do Templo em Jerusalém
90-100	Evangelho de João
140	Ptolomeu apresenta a visão geocêntrica do mundo
250-260	Perseguição dos cristãos por Décio e Valeriano
cerca de 265	Plotino procura fazer uma síntese do platonismo e do cristianismo no neoplatonismo
303	Perseguição dos cristãos por Diocleciano
312	Conversão de Constantino ao cristianismo

CULTURA GERAL

325	O Concílio de Nicéia fixa a doutrina cristã	1453	Conquista de Constantinopla pelos turcos
330	Bizâncio, cujo nome foi alterado para Constantinopla, torna-se a capital do Império Romano	1455	Primeira Bíblia impressa por Gutenberg
370	Início das invasões bárbaras e daquela dos hunos	1492	Colombo descobre a América; expulsão dos judeus da Espanha
410	Destruição de Roma pelos visigodos	1498	Leonardo da Vinci, *A última ceia*
		1504	Michelangelo, *Davi*
413-426	Santo Agostinho, *A cidade de Deus*	1506	Início da construção da Basílica de São Pedro, em Roma
475	O último imperador romano, Rômulo Augústulo, declara o fim do Império Romano	1508-12	Michelangelo pinta a Capela Sistina
		1473-43	Nicolau Copérnico
496	Os francos sob Clóvis convertem-se ao catolicismo	1532	Nicolau Maquiavel, *O príncipe*
		1513	Albrecht Dürer, *Ritter, Tod und Teufel* [Cavaleiro, morte e demônio]
529	Bento de Núrsia funda o primeiro mosteiro beneditino em Monte Cassino	1516	Thomas Morus, *Utopia*
622	Início da expansão do islamismo	1517	As 95 teses de Lutero; início da Reforma
732	O *majordomus* franco Carlos Martel vence tropas árabes perto de Poitiers	1534	Lutero termina a tradução da Bíblia
		1542	Restauração da Inquisição
800	Carlos Magno é coroado imperador	1545-63	Concílio de Trento; início da Contra-Reforma
1054	Separação definitiva (cisma) entre as Igrejas oriental e ocidental	1590-1611	William Shakespeare escreve seus dramas
1096	Primeira Cruzada	1605	Miguel de Cervantes, *Dom Quixote*
1150	Redescoberta das obras de Aristóteles	1611	Tradução inglesa da Bíblia
1170	Fundação da Universidade de Paris	1616	O papa declara herética a teoria de Copérnico
	A corte de Leonor de Aquitânia torna-se o centro da poesia trovadoresca e o modelo da vida cortesã	1616-48	Guerra dos Trinta Anos
		1633	Galileu Galilei é condenado pela Inquisição
		1636	Fundação da Universidade de Harvard, em Cambridge, Massachusetts
1194	Início da construção da catedral de Chartres	1637	René Descartes, *Discurso do método*
1210	Wolfram von Eschenbach, *Parsifal*; Gottfried von Strassburg, *Tristão e Isolda*	1642-48	Guerra civil inglesa
		1649	Decapitação de Carlos I
1215	*Carta Magna*	1651	Thomas Hobbes, *Leviatã*
1266-73	Santo Tomás de Aquino, *Suma Teológica*; apogeu da escolástica	1660	Fundação da Royal Society
		1669	Molière, *Tartufo*
1310-14	Dante, *A divina comédia*	1670	Blaise Pascal, *Pensamentos*
1347-50	Peste negra	1677	Espinosa, *Ética*
1353	Giovanni Boccaccio, *Decamerão*	1678	John Bunyan, *O peregrino*
1429	Joana d'Arc	1687	Isaac Newton, *Princípios matemáticos de filosofia cultural*
1434	Início da ascensão dos Médicis em Florença	1688	Revolução Gloriosa na Inglaterra
1452	Nascimento de Leonardo da Vinci	1690	John Locke, *Dois tratados sobre o governo*

CRONOLOGIA DA HISTÓRIA DA CULTURA

1714	Gottfried Wilhelm Leibniz, *Monadologia*
1719	Daniel Defoe, *Robinson Crusoé*
1723	Johann Sebastian Bach, *Paixão segundo São João*
1726	Jonathan Swift, *As viagens de Gulliver*
1734	Voltaire, *Cartas filosóficas*
1740	Samuel Richardson, *Pamela*
1742	Georg Friedrich Händel, *Messias*
1751	Diderot e d'Alembert iniciam a *Enciclopédia*
1756	Voltaire, *Ensaio sobre os costumes e o espírito das nações*
1760	Laurence Sterne, *Tristram Shandy*
1762	Jean-Jacques Rousseau, *Contrato social*
1764	Johann Winckelmann, *História da arte da Antiguidade*
1769/70/71	Nascimento de Napoleão, Ludwig van Beethoven, Georg Wilhelm Friedrich Hegel, Hölderlin e Wordsworth
1774	Goethe, *Os sofrimentos do jovem Werther*
1776	Declaração de independência dos Estados Unidos; Adam Smith, *A riqueza das nações*
1781	Immanuel Kant, *Crítica da razão pura*
1787	Mozart, *Don Giovanni*
1789	Revolução Francesa; *Declaração dos direitos do homem e do cidadão*
1790	Edmund Burke, *Reflexões sobre a Revolução em França*
1792	Mary Wollstonecraft, *Uma reivindicação dos direitos das mulheres*
1798	Thomas Malthus, *Ensaio sobre o princípio da população*
1799	Napoleão é nomeado cônsul
1807	Hegel, *Fenomenologia do espírito*
1808	Johann Wolfgang von Goethe, *Fausto I*
1813	Jane Austen, *Orgulho e preconceito*
1814	Sir Walter Scott, *Waverley*
1815	Waterloo; Congresso de Viena
1819	Arthur Schopenhauer, *O mundo como vontade e representação*
1830	Stendhal, *O vermelho e o negro*; Auguste Comte, *Discurso sobre o espírito positivo*
1833	*Fausto II*, morte de Goethe
1848	Revolução na igreja de São Paulo; *Manifesto comunista*
1857	Gustave Flaubert, *Madame Bovary*
1859	Charles Darwin, *A origem das espécies*; John Stuart Mill, *Sobre a liberdade*
1860	Jakob Burckhardt, *A cultura do Renascimento na Itália*
1861	Johann Jakob Bachofen, *O direito matriarcal*
1867	Karl Marx, *O capital*
1869	Leon Tolstoi, *Guerra e paz*
1880	Fiodor Dostoiévski, *Os irmãos Karamazov*
1883/85	Friedrich Nietzsche, *Assim falou Zaratustra*
1900	Sigmund Freud, *A interpretação dos sonhos*; fundação da física quântica por Max Planck
1905	Teoria especial da relatividade, de Einstein; Max Weber, *A ética protestante e o espírito do capitalismo*
1907	Pablo Picasso: *As senhoritas de Avignon*
1913	Marcel Proust, *Em busca do tempo perdido*
1914-18	Primeira Guerra Mundial
1915	Ferdinand de Saussure, *Curso de lingüística geral*
1914/15	Teoria geral da relatividade, de Einstein
1917	Revolução Russa
1918	Oswald Spengler, *A decadência do Ocidente*
1921	Ludwig Wittgenstein, *Tratado lógico-filosófico*
1922	T. S. Eliot, *A terra desolada*; James Joyce, *Ulisses*
1924	Thomas Mann, *A montanha mágica*
1927	Martin Heidegger, *Ser e tempo*
1933	Hitler chega ao poder
1936	John Maynard Keynes, *A teoria geral do emprego, do juro e da moeda*
1939	Primeira divisão do átomo
1939-45	Segunda Guerra Mundial, holocausto

CULTURA GERAL

1948	Norbert Wiener, *Cibernética*	1962	Thomas Kuhn, *A estrutura das revoluções científicas*
1949	George Orwell, *1984*; Simone de Beauvoir, *O segundo sexo*	1963	Movimento pelos direitos civis de Martin Luther King
1952	Samuel Beckett, *Esperando Godot*	1968-70	Movimento estudantil
1953	Watson e Crick descobrem a estrutura do DNA	1980	Popularização do computador
1958	Claude Lévi-Strauss, *Antropologia estrutural*	1985	Início da perestróica
1961	Michel Foucault, *História da loucura*	1989/90	Colapso do comunismo no Leste Europeu; unificação da Alemanha; final da Guerra Fria

LIVROS QUE MUDARAM
O MUNDO[1]

Santo Agostinho (354-430): *De Civitate Dei*, impresso em 1467. [*A cidade de Deus*, Bragança Paulista, Editora Universitária São Francisco, 9ª ed., 2005.]
Obra de Santo Agostinho, bispo de Hipona (África do Norte), que contém sua reação ao declínio do Império Romano e defende a tese de que em seu lugar deveria ser instituído um Estado teocrático, controlado pela Igreja cristã. Santo Agostinho descreve o curso da história como a luta entre duas comunidades, a *civitas coelestis* (cidade celestial), vivificada pelo amor de Deus, e a *civitas terrena* (cidade terrena), determinada pelo homem. Ambas estão interligadas nas estruturas reais da sociedade, mas a história pode ser interpretada como desdobramento da intenção de Deus de salvar a humanidade por meio de sua misericórdia. Desse modo, Santo Agostinho tornou-se o fundador da filosofia da história, disciplina que confere a esta última um sentido e um objetivo.

Justiniano (482-565; imperador do Império Romano Oriental): *Institutiones*, impresso em 1468[2]. [*Institutas: do imperador justiniano*, Edipro, 2001.]
Compêndio jurídico do direito romano que influenciou todo o desenvolvimento do direito na Europa.

Cláudio Ptolomeu (morto após 161 d.C.): *Cosmographia* [Cosmografia], impresso em 1477.

---

1. Por ordem de data da primeira edição.
2. Essa data foi posta em dúvida por M. Schneider no jornal alemão *Süddeutsche Zeitung*. No entanto, o título aqui mencionado é o publicado em 1468, e não o *Codex Iuris* do século VI.

CULTURA GERAL

Síntese da cosmologia geocêntrica, que determinou a visão de mundo entre os séculos II e XVII. Seus dados incorretos sobre a extensão da Ásia levaram Colombo a empreender suas viagens (→ História, Visão de mundo medieval).

Euclides (aproximadamente 300 a.C.): *Elementa geometrica*, impresso em 1483. [*Elementos da geometria*, São Paulo, Cultura, 2ª ed., 1945.]
É o mais antigo tratado de matemática do mundo, ainda hoje utilizado.

Tomás de Aquino (1225-74): *Summa theologiae*, 1485. [*Suma teológica*, Loyola, 2003.]
Fusão de filosofia aristotélica com teologia cristã. É o livro de filosofia mais importante da Idade Média e foi concebido como um manual.

Galeno (129-199): *Opera* [Obra], impresso em 1490.
Livro fundamental da medicina até a Idade Moderna. O seu foco concentra-se na patologia humoral, a doutrina da mistura dos humores corporais, que também influenciou a literatura e o teatro.

Plínio, o Velho (23-79): *Naturalis historia* [História natural], Veneza, 1496.
Enciclopédia da ciência da Antiguidade. Cita mais de quatrocentas fontes gregas e romanas. Abrange várias áreas, desde a física, a agronomia, a literatura, a geografia, a filosofia até a medicina. Tornou-se a mais importante obra de consulta da Idade Média.

Heródoto (485-425): *Historiae*, impresso em 1502. [*História: o relato clássico da guerra entre gregos e persas*, Prestígio, 2002.]
Pai da historiografia. Descreve a invasão da Grécia pelos persas entre 490 e 479 a.C.

Thomas More (1478-1535): *Utopia*, Leiden, 1516. [*Utopia*, São Paulo, Martins Fontes, 2ª ed., 1999.]
Descrição fictícia sobre Utopia, Estado comunista em que se realizam os ideais humanistas de More sobre a educação e que serve de modelo para todas as demais utopias.

Martinho Lutero (1483-1546): *O Novo Testamento*, tradução alemã, 1522, *O Novo e o Velho Testamento*, 1534.
Livro mais importante da literatura alemã, que, por meio de sua difusão, tornou-se o ponto de partida para o desenvolvimento do alto-alemão como língua

LIVROS QUE MUDARAM O MUNDO

comum no país e unificou seu espaço cultural, organizando-o de acordo com as mesmas normas lingüísticas. A Bíblia de Lutero marcou a retórica dos sermões, deu unidade à sensibilidade estilística dos alemães e os dotou de um tesouro comum de fórmulas lingüísticas, metáforas e expressões, que penetraram em todos os poros e frestas da língua alemã. Sob esse ponto de vista, foi uma grande sorte que o alemão de Lutero tenha sido tão expressivo e flexível, o que faz com que as traduções modernas da Bíblia pareçam mais rasas.

Baldassare Castiglione (1478-1529): *Il cortegiano*, 1528 [*O cortesão*, São Paulo, Martins Fontes, 1997] (→ História).
Guia contendo as principais regras de comportamento para o cortesão ideal. Marcou o estilo de comportamento cortesão e as maneiras aristocráticas nas cortes.

Nicolau Maquiavel (1496-1527): *Il Principe*, 1532. [*O príncipe*, São Paulo, Martins Fontes, 3ª ed., 2004.]
Criação da doutrina da razão de Estado. A política é tratada sob pontos de vista técnico-científicos, e não mais sob a perspectiva moral. Enaltecimento do carisma pessoal como *virtù*, como um tipo de dinâmica energética do príncipe, combinada com as qualidades do leão e da raposa, ou seja, com a coragem e a astúcia.

João Calvino (1509-64): *Christianae religionis institutio* [Instituição da religião cristã], Basiléia, 1536.
Mais importante obra teórica da Reforma. Seu ponto central é a concepção agostiniana de Calvino sobre o poder absoluto de Deus e o direito do homem de resistir quando os dirigentes terrenos atentam contra a vontade divina: estes últimos seriam apenas instrumentos de Deus. Nessa obra, Calvino também esclarece sua doutrina da predestinação (segundo a qual Deus escolhe previamente aqueles de deverão salvar-se) e introduz uma lista de obrigações para uma vida de trabalho. Sua influência estendeu-se aos Países Baixos, à Inglaterra, à Escócia e aos Estados Unidos, e o calvinismo tornou-se a força decisiva no desenvolvimento dos movimentos democráticos de libertação.

Nicolau Copérnico (1473-1543): *De revolutionibus orbium coelestium libri VI* [Sobre a revolução das orbes celestes], 1543.
Copérnico dá o golpe mortal na concepção geocêntrica do mundo e explica as alterações celestes observadas, afirmando que a Terra gira em torno do Sol e de si própria. Em 1616, sua obra foi incluída pela Igreja na lista dos livros proibidos.

CULTURA GERAL

The Book of Common Prayer [O livro da liturgia comum], 1549.
Primeiro livro de orações escrito em língua vernácula, que foi utilizado tanto pelo clero como pelos leigos e definiu a liturgia dos cultos anglicanos. Conseqüentemente, as expressões lingüísticas nele contidas tornaram-se correntes na língua inglesa. É o livro mais importante depois da Bíblia.

Index librorum prohibitorum [Índice dos livros proibidos], 1559.
Lista dos livros proibidos, que, segundo a opinião do papa, punham em perigo a fé ou a moral. Foram inseridos nessa lista os livros heréticos, as Bíblias protestantes, todas as obras sobre liturgia e dogmas não autorizadas pelo papa, os livros ditos imorais e obscenos e, por fim, todas as publicações cuja ideologia não era considerada conveniente. O último índice foi publicado entre 1948 e 1962 e incluía seis mil títulos. Manteve-se em vigor até 1966.

Giorgio Vasari (1511-74): *Le vite de' più eccellenti pittori, scultori e architettori* [Vida dos melhores pintores, escultores e arquitetos], 1568.
Valiosíssima fonte para conhecer o Renascimento. Escrito em estilo vivaz e pontuado de anedotas, foi o primeiro livro a utilizar o termo "renascimento".

Andrea Palladio (1508-80): *I quattro libri dell'architettura* [Os quatro livros da arquitetura], 1570.
Obra que mais se inspirou na arquitetura romana clássica. Influenciou sobretudo a arquitetura na Inglaterra e nos Estados Unidos (Casa Branca), inaugurando o "estilo palaciano".

Michel de Montaigne (1533-92): *Les essais*, 1580. [*Os ensaios*, São Paulo, Martins Fontes, Livro I, 2ª ed., 2002; Livro II, 2ª ed., 2006; Livro III, 2001.]
Com esse livro, Montaigne cria o gênero do ensaio pessoal, em que são articulados apenas os pensamentos e as experiências pessoais. É um monumento do ceticismo que exerceu forte influência sobre a literatura.

The Holy Bible [A Bíblia sagrada], ou *The Authorized Version* [A versão autorizada], ou *King James Bible* [A Bíblia do rei Jaime], 1611.
Bíblia inglesa, resultado de uma conferência de membros do clero, convocada por Jaime I. "A única obra-prima da literatura realizada por uma comissão. Para cada inglês que tinha lido Sidney ou Spenser, ou que tinha visto Shakespeare no *Globe Theater*, havia centenas que tinham lido ou escutado a Bíblia com a maior atenção, tomando-a como a palavra de Deus. O efeito do permanente estudo individual desse livro sobre o caráter, a imaginação e a inteligência da nação durante quase trezentos anos foi maior do que qualquer outro movimento literário constante dos anais da história" (Trevelyan).

LIVROS QUE MUDARAM O MUNDO

Francis Bacon (1561-1626): *Instauratio magna* (*The Advancement of Learning* e *Novum Organum*), 1620. [*Francis Bacon – Da proficiência e o avanço do conhecimento divino e humano*, Madras, 2006.]
Proposta abrangente para estabelecer novos fundamentos metodológicos da ciência natural sobre uma base empírica. Contém uma classificação de todas as disciplinas científicas, o programa de um novo método científico e uma revisão da lógica aristotélica, além de instruções para a continuidade das pesquisas, exemplos de hipóteses que serviriam para impulsionar novas pesquisas e amplas exigências para a organização da ciência. Bacon acaba com toda a tradição especulativa e exige que a ciência se oriente exclusivamente pela experimentação. A influência de Bacon sobre a ciência posterior é incalculável. A *Enciclopédia* francesa é dedicada a ele, e durante a Revolução Francesa a Convenção Nacional manda reimprimir sua obra por conta do Estado.

Galileu Galilei (1564-1642): *Dialogo sopra i due massimi sistemi del mondo, tolemaico e copernicano*, Florença, 1632. [*Diálogo sobre os dois máximos sistemas do mundo: ptolomaico e copernicano*, Discurso, 2.ª ed., 2004.]
Diálogo entre um radical, um conservador e um agnóstico sobre as novas descobertas astronômicas, enaltecendo o pensamento copernicano como simples e belo e zombando da estupidez dos ignorantes, que insistem em defender seus velhos sistemas. Por causa dessa obra, Galileu foi convocado a enfrentar o Tribunal da Inquisição em Roma e obrigado a se retratar por tudo o que havia escrito. O livro permaneceu no índice de livros proibidos até 1828 e somente em 1992 o papa declarou que a condenação de Galileu foi injusta.

René Descartes (1596-1650): *Discours de la méthode*, 1637 [*Discurso do método*, São Paulo, Martins Fontes, 3.ª ed., 1999] (→ Filósofos).
Fundamentação da ciência em seus primeiros princípios: 1. auto-evidência da consciência (*Cogito ergo sum*) [Penso, logo existo]; 2. desenvolvimento da verdade a partir da consciência finita do homem rumo à consciência infinita; 3. redução do mundo material às dimensões espaciais: extensão e movimento. Esse livro constitui a base da filosofia moderna.

Thomas Hobbes (1588-1679): *Leviathan*, 1651 [*Leviatã*, São Paulo, Martins Fontes, 2003] (→ Filósofos).
Texto político que explica o Estado absolutista a partir do contrato social que os indivíduos firmam entre si para se protegerem uns dos outros, cedendo ao Estado o monopólio do poder. Ao mesmo tempo, a consciência e a moral são relegadas a assuntos privados. O livro constitui uma reação de Hobbes à experiência da guerra civil, em que cada indivíduo em sã consciência arroga

CULTURA GERAL

para si a moral e tacha o inimigo de criminoso, tornando a guerra sangrenta. O texto mantém até hoje a sua atualidade.

Blaise Pascal (1623-62): *Pensées*, 1670. [*Pensamentos*, São Paulo, Martins Fontes, 2005.]
Pascal era adepto dos jansenistas de Port Royal, que enfatizavam a natureza corruptível do homem e sua necessidade de receber a graça divina. Partindo dessa postura, Pascal transformou o ceticismo racional, relativo ao cristianismo, em um ceticismo relacionado à razão, conseguindo, assim, penetrar o abismo da alma humana: "O coração tem razões que a própria razão desconhece."

Baruch de Espinosa (1632-77): *Tractatus theologico-politicus*, 1670. [*Tratado teológico-político*, São Paulo, Martins Fontes, 2003.]
Alegações em defesa de um Estado que proteja a justiça, a tolerância e a liberdade de pensamento e expressão. Exposição dos direitos naturais do homem e argumentação em favor da separação entre a religião e a filosofia. Devido a seus ensinamentos, Espinosa, descendente de judeus espanhóis estabelecidos na Holanda, já fora anteriormente expulso da comunidade judaica de Amsterdam.

John Bunyan (1628-88): *Pilgrim's Progress*, 1678. [*O peregrino*, Martin Claret, 2004.]
Mais difundido livro sobre o puritanismo. Redigido com profundo realismo, traz uma visão alegórica da peregrinação do cristão por uma vida repleta de tentações e desvios. Por retratar uma galeria de personagens que reproduzem o inconsciente radicalismo social do autor, a obra tornou-se extremamente popular e foi traduzida em 147 idiomas. Trata-se de um monumento da mentalidade puritana.

Sir Isaac Newton (1643-1727): *Philosophiae naturalis principia mathematica*, 1687. [*Princípios matemáticos*, São Paulo, Abril, 1974.]
Teoria da dinâmica que comprova que todos os fenômenos do sistema solar podem ser deduzidos, fundamentados e previstos a partir das leis da dinâmica e da gravitação. Essa obra é considerada a mais importante na história da ciência natural. Compila todos os conhecimentos conquistados até sua época em uma nova síntese racional, fornecendo à humanidade uma nova imagem do mundo, em que o poder divino é substituído pelas leis da causalidade e da mecânica.

John Locke (1632-1704): *Two Treatises on Government*, 1690 [*Dois tratados sobre o governo*, São Paulo, Martins Fontes, 2ª ed., 2005] (→ Filósofos).

LIVROS QUE MUDARAM O MUNDO

É a carta magna do liberalismo: segundo Locke, para que haja uma divisão de poderes, os governados precisam concordar com a atuação do governo. Por essa razão, o governo não pode exercer o seu poder de forma absoluta, mas sim controlada. Essa obra mostrou ser a mais influente no desenvolvimento da democracia e no parlamentarismo.

Giambattista Vico (1668-1744): *Principi di una scienza nuova intorno alla comune natura delle nazioni*, 1725. [*A ciência nova*, Record, 1999]
Fundamentação das modernas ciências históricas com base na idéia de que a história é um produto da atuação do homem e de que o homem entende muito melhor suas próprias motivações do que as leis de uma natureza que lhe é estranha. Por essa razão, a história teria o direito de ser tratada como ciência. Vico estabelece um paralelismo entre os ciclos individuais e os sociais, que teriam fases evolutivas semelhantes, como a juventude, a maturidade e a velhice das culturas, e desse modo descobre a importância da linguagem, do mito e da cultura. Inspirou Hegel e Herder e tornou-se um predecessor de Spengler.

Albrecht von Haller (1708-77): *Versuch schweizerischer Gedichte* [Ensaio de poemas suíços], 1732.
Esse livro de poemas revela o esplendor do mundo das montanhas, que até então era visto com repúdio e aversão, inaugura novos âmbitos de experiências e abre as portas para o turismo.

Carl von Linné (1707-78): *Systema naturae* [Sistema da natureza], 1735.
Fundamentação da botânica e da zoologia modernas por meio da divisão sistemática das plantas e dos animais em gêneros e espécies. Linné estabeleceu a nomenclatura ainda hoje válida, que utiliza dois nomes latinos, o primeiro para designar o gênero que engloba todas as espécies aparentadas, e o segundo para designar a espécie particular. Assim, por exemplo, leão e tigre são felinos e, portanto, são chamados *felis leo* e *felis tigris*.

Enciclopédia de Diderot e d'Alembert, 17 volumes, 1751-65.
Obra que representa o auge do Iluminismo europeu e que contribuiu para o descrédito do Antigo Regime antes da Revolução Francesa (→ descrição detalhada na Primeira Parte, Capítulo 1, História).

François Marie Arouet de Voltaire (1694-1778): *Essay sur l'histoire générale et sur les moeurs et l'esprit des nations* [Ensaio sobre a história geral e sobre os costumes e o espírito das nações], 1756.

CULTURA GERAL

Nessa obra, Voltaire inventa simultaneamente a história da cultura e a filosofia da história (depois de Santo Agostinho), descrevendo a história mundial como um progresso na direção do Iluminismo, ao qual todas as nações podem dar a sua contribuição.

Jean-Jacques Rousseau (1712-78): *Du contrat social*, 1762. [*O contrato social*, São Paulo, Martins Fontes, 5ª ed., 2005.]
Apaixonada exortação ao retorno à natureza e à igualdade natural entre os homens, bem como protesto contra as barreiras arbitrárias que a sociedade ergue entre os seres humanos que nutrem uma simpatia mútua. Devido à sua retórica igualitária, o livro tornou-se a bíblia dos radicais durante a Revolução Francesa.

Johann Joachim Winckelmann (1717-72): *Geschichte der Kunst des Alterthums*, 1764. [*Reflexões sobre a arte antiga*, Movimento, 2.ª ed., 1975.]
Com esse livro, o autor deu forma à concepção européia de "nobre simplicidade e serena grandeza" da arte grega, que só seria abalada pela descoberta do elemento "dionisíaco" por parte de Nietzsche.

Johann Gottfried Herder (1744-1803): *Abhandlung über den Ursprung der Sprache* [Tratado sobre a origem da linguagem], 1772.
Herder aplicou a idéia de evolução às línguas e impulsionou o desenvolvimento da lingüística como comparação entre línguas e culturas. Sua esperança era de que a lingüística elucidasse o funcionamento do entendimento humano. Suas idéias contribuíram para que os povos da Europa Central e Oriental buscassem sua identidade nacional em suas respectivas línguas, o que por um lado conduziu ao desenvolvimento da filologia e, por outro, também contribuiu para o desenvolvimento de um chauvinismo lingüístico.

Adam Smith (1723-90): *The Wealth of Nations*, 1776. [*A riqueza das nações*, São Paulo, Martins Fontes, 2003.]
A primeira e mais importante obra clássica sobre economia política. Smith considera que a competitividade como fonte da divisão do trabalho constitui o motor do aumento da produtividade e do progresso econômico. Segundo ele, esse progresso é impedido se o Estado, por meio de suas intervenções, protege ou subvenciona determinados grupos sociais. Por outro lado, se todas as forças econômicas estiverem em livre desenvolvimento, uma mão invisível incumbe-se de fazer com que os interesses egoístas dos indivíduos convirjam para o bem-estar de todos. Como bíblia do liberalismo, essa obra

LIVROS QUE MUDARAM O MUNDO

tornou-se, aos olhos dos socialistas, um livro de mentiras e um exemplo fragrante da mistificação ideológica.

Immanuel Kant (1724-1804): *Kritik der reinen Vernunft*, 1781 [*Kant e a crítica da razão pura*, Jorge Zahar, 2005] (→ Filósofos).
Kant explica o conhecimento a partir da sinergia entre o mundo exterior como objeto da experiência e a capacidade apriorística (independente da experiência) de síntese, inerente ao entendimento, de maneira que o mundo empírico-sensível desencadeia a síntese do entendimento, mas este último prescreve à experiência o modo como ela se deve manifestar. Com a chamada "virada copernicana", Kant estabeleceu um divisor de águas na história da filosofia. A partir dele, passou a se falar de uma etapa "pré-crítica" e de outra "pós-crítica" no âmbito dessa história.

Edmund Burke (1729-97): *Reflections on the Revolution in France*, 1790. [*Reflexões sobre a revolução em França*, UNB, 2ª ed., 1997.]
Sob a forma de uma carta dirigida a um *gentleman* residente em Paris, Burke desenvolve a idéia de sociedade como um ecossistema organicamente estruturado e levado a uma situação de caos e de tirania por meio de ingerências revolucionárias e violentas. O autor adverte contra a idéia de que os fins justificam os meios. Para ele, a constituição já não é um contrato social fundamentado no direito natural, mas um contrato extratemporal entre as gerações, entre os mortos, os vivos e os que ainda não nasceram. Tal contrato funda uma tradição que não deve ser rompida por constituições abstratas ou artificialmente estruturadas.

Thomas Paine (1737-1809): *The Rights of Man*, 1791. [*Direitos do homem*, Edipro, 2005.]
Concebido como uma resposta a Burke, esse livro constitui-se como uma defesa da Revolução. Nele, Paine reafirma os direitos humanos utilizando uma linguagem de fácil entendimento. Exige a abolição da monarquia e da aristocracia, a construção de um sistema educativo estatal e a redistribuição da riqueza por meio da cobrança de um imposto de renda progressivo. A enorme repercussão desse livro levou à fundação de associações radicais em toda a Grã-Bretanha.

Mary Wollstonecraft (1759-97): *A Vindication of the Rights of Woman* [Uma reivindicação dos direitos da mulher], 1792.
A autora, companheira do filósofo Godwin e mãe da escritora Mary Shelley, criadora de *Frankenstein*, defendia uma formação escolar comum e igual para

CULTURA GERAL

ambos os sexos como pressuposto para relações igualitárias entre homens e mulheres e denunciava a redução da mulher ao papel de objeto sexual, dona de casa e mãe. Com esse livro a autora tornou-se uma das fundadoras do movimento feminista.

Thomas Malthus (1766-1834): *An Essay on the Principle of Population* [Ensaio sobre o princípio da população], 1798.

O livro foi concebido como resposta ao otimismo de Godwin. Malthus argumentava que toda melhora da situação da população levaria ao seu aumento e que este voltaria a absorver as melhorias. Segundo ele, a população sempre cresce mais rapidamente do que os meios de subsistência, de forma que é possível remediar a pobreza, mas nunca erradicá-la. O livro provocou uma grande desorientação entre os reformadores, os pobres foram acusados de se reproduzirem desenfreadamente, e foram fundadas associações para o controle da natalidade. Além disso, inspirou em Darwin a idéia de que a seleção natural era o resultado da constante pressão demográfica no limite das reservas de subsistência.

Georg Friedrich Wilhelm Hegel (1770-1831): *Phänomenologie des Geistes*, 1807. [*Fenomenologia do espírito*, Vozes, 2ª ed., 2002.]

Esboço da história universal como um processo dialético de progressivo autoconhecimento do "espírito humano" (*Geist*). Os estágios sofridos por esse processo são determinados pelas relações entre a consciência e a realidade: espírito subjetivo (psicologia), espírito objetivo (moral, política), espírito absoluto (arte, religião, filosofia, lógica). O "sistema hegeliano" consistirá no desenvolvimento desses estágios. Esse projeto histórico-filosófico de uma história que se realiza a partir das alterações entre tese, antítese e síntese tornou-se o ponto de partida para os confrontos ideológicos entre a esquerda e a direita ao longo dos séculos XIX e XX (fala-se de direita e esquerda hegelianas).

Walter Scott (1771-1832): *Waverley*, 1814.

Esse romance, que é o primeiro de uma longa série de obras similares, tornou-se o modelo do romance histórico. Nele, Scott fez com que um herói fictício se encontrasse com figuras históricas reais, em um cenário histórico descrito a partir de sua perspectiva: a revolta dos jacobitas de Bonnie Prince Charlie, nos planaltos escoceses, por volta de 1740. Esse esquema foi imitado em romances como *O último moicano*, de James Fenimore Cooper, *O corcunda de Notre Dame*, de Victor Hugo, *Os três mosqueteiros*, de Alexandre Dumas, e *Guerra e paz*, de Leon Tolstoi.

LIVROS QUE MUDARAM O MUNDO

Franz Bopp (1791-1867): *Über das Conjugationssystem der Sanskritsprache im Vergleich mit jenen der griechischen, lateinischen, persischen und germanischen Sprache* [Sobre o sistema de conjugação do sânscrito em comparação com o das línguas grega, latina, persa e alemã], 1816.

O autor descobre o sistema de parentesco entre as línguas – nesse caso, entre as línguas da família indo-européia – e funda a partir dele a lingüística comparada.

Jacob Grimm (1785-1863): *Deutsche Grammatik* [Gramática alemã], 1819-37.

Baseando-se em Bopp, Grimm explica as diferenças entre as línguas germânicas e as indo-européias da mesma famíla, descobre as leis da apofonia na conjugação dos verbos fortes e formula a "lei de Grimm", relativa à alteração fonética, que constitui a principal diferença entre o alto-alemão e todas as demais línguas germânicas (por exemplo, *water* – *Wasser*).

Leopold von Ranke (1795-1886): *Zur Kritik neuerer Geschichtsschreiber* [Crítica da historiografia moderna], 1824. Leipzig, Berlim, G. Reimer, 1824 (a edição original da obra também incluía *Geschichte der romanischen und germanischen Völker* [História dos povos romanos e germânicos].

Fundamentação e elucidação das normas de uma historiografia crítica que não se baseia em modelos preestabelecidos, mas que volta às fontes e procura examiná-las com rigor. Ranke nega-se a apresentar-se como professor ou educador; quer apenas mostrar "como as coisas realmente se passaram". Com isso, eleva a história à categoria de ciência.

Auguste Comte (1798-1857): *Cours de philosophie positive*, 6 volumes, 1835-42. [*Curso de filosofia positiva*, São Paulo, Abril Cultural, 1973.]

Teoria evolucionista da ciência, de cunho hegeliano, segundo a qual o espírito humano passa por três fases: a teológica, que supõe um Deus por trás de tudo; a metafísica, que reduz tudo a idéias; e a científica "positiva", que não questiona os fins nem as origens, mas sim as causas, as leis e as relações. A ciência articula-se numa ordenação hierárquica, em cujo ápice encontra-se a sociologia, assim fundamentada por Comte. Por conseguinte, ele correlaciona às três fases os tipos de sociedade que lhes são correspondentes, de modo que à fase "positiva" corresponde a sociedade industrial. Essa concepção pôs em circulação o termo "positivismo" (limitação dos conhecimentos aos fatos que podem ser cientificamente comprovados) e deu forma à fé na ciência cultivada nos séculos XIX e XX. Ainda em 1960, a escola neomarxista de Frankfurt e os representantes positivistas de um racionalismo crítico (Albert, Popper) travaram o "debate em torno do positivismo", abordando qual seria a metodologia correta da sociologia.

CULTURA GERAL

Karl von Clausewitz (1780-1831): *Vom Krieg*, 1832-34. [*Da guerra*, São Paulo, Martins Fontes, 2ª ed., 1996.]

O autor correlaciona guerra e política ("A guerra é a continuação da política estatal com outros meios", afirma literalmente Clausewitz), enfatiza o papel da moral e da disciplina como fatores decisivos na guerra, define a estratégia como a alternância incessante entre ataque e defesa e condena todo plano de batalha preestabelecido. Clausewitz participou de quase todas as guerras contra Napoleão, colaborou com a reforma do exército prussiano e tornou-se diretor da Academia de Guerra de Berlim.

Rowland Hill (1795-1879): *Post Office Reform; Its Importance and Practicability* [A reforma dos correios; sua importância e viabilidade], 1837.

Proposta de racionalização dos correios, baseada em cinco princípios: introdução do selo postal e do envelope, pagamento antecipado e por peso, porte correspondente às distâncias. Após terem sido examinadas por uma comissão real, as propostas foram aceitas. Desenvolveu-se então o primeiro selo postal (*Penny Black*), com o retrato da rainha Vitória, e o correio foi reformado de acordo com as propostas de Hill, o que teve inesperadas conseqüências: os pobres passaram a ter acesso ao correio, de forma que os que tinham emigrado para os Estados Unidos começaram a escrever para casa, desencadeando gigantescas ondas de novos emigrantes.

Friedrich List (1789-1846): *Das nationale System der politischen Ökonomie* [O sistema nacional da economia política], 1841.

Contrariamente a Adam Smith, List considerava que a principal fonte da riqueza de um país não era o comércio ou a divisão internacional do trabalho, mas o desenvolvimento dos próprios recursos nacionais. Desse modo, ao fundar a União Aduaneira, tornou-se predecessor da unificação alemã, e seu livro tornou-se a bíblia dos chamados "protecionistas", ou seja, dos defensores das tarifas alfandegárias de proteção.

Harriet Beecher-Stowe (1811-96): *Uncle Tom's Cabin*, 1852. [*A cabana do Pai Tomás*, Madras, 2004.]

O protagonista desse livro é um velho e digno escravo afro-americano, que se dedicou fielmente a seu senhor branco e à filha deste, Eva, mas que depois de suportar pacientemente inúmeras provações é espancado até a morte por um capataz branco. As passagens mais memoráveis e comoventes do livro são as que narram a morte da pequena Eva e a fuga de uma escrava com seu bebê, passando pelos blocos de gelo do rio Ohio. O romance foi escrito como reação à lei de perseguição aos escravos fugidos e, dado seu caráter melodramá-

LIVROS QUE MUDARAM O MUNDO

tico, teve tanta repercussão nos Estados Unidos que Lincoln saudou a autora como a *little lady*, "a quem temos de agradecer essa guerra civil".

Arthur, conde de Gobineau (1816-82): *Essai sur l'inégalité des races humaines* [Ensaio sobre a desigualdade das raças humanas], 1853-55.

Obra em que o autor critica a Revolução Francesa e fundamenta as pretensões hegemônicas da aristocracia francesa na superioridade da nobreza franco-germânica sobre os gauleses dominados. Para explicar como essa nobreza pôde ser derrotada na Revolução, o autor não teve outro recurso senão apelar para a "mistura de raças", com a qual os franceses teriam contaminado o seu sangue. Gobineau cria aqui o conceito de "ariano" para designar a raça nórdica e fornece os motes para o racismo alemão e a obsessão germânica dos nazistas. O próprio Gobineau, contudo, não considerava os alemães como germânicos, mas sim uma mescla de celtas e eslavos com uma pitada de sangue germânico impuro.

Charles Darwin (1809-82): *The Origin of Species by Means of Natural Selection*, 1859 [*A origem das espécies*, Ediouro, 2004] (→ Filósofos; A ciência e suas visões de mundo).

Teoria que fundamenta a evolução das espécies animais, incluindo o homem, a partir da sobrevivência das espécies mais adaptadas às condições naturais do meio ambiente. Essa teoria derrubou as idéias em que o homem acreditou durante séculos: o relato bíblico da criação, segundo o qual todos os seres teriam sido diretamente criados pela mão de Deus e o mundo teria cerca de seis mil anos; a idéia de que por trás de todo desenvolvimento voltado a um fim específico estaria a providência divina, e de que o homem não seria um descendente do chimpanzé, mas sim criado à imagem e semelhança de Deus. O livro de Darwin abalou a visão de mundo válida até então como nenhum outro antes ou depois dele e feriu o amor-próprio do homem. Definiu os debates intelectuais dos anos seguintes e deixou poucas áreas do pensamento humano intactas. O conceito de evolução como um processo autodirigido, que, embora não seja planejado, não é aleatório, continua extremamente atual.

John Stuart Mill (1806-73): *On Liberty*, 1859. [*A liberdade/Utilitarismo*, São Paulo, Martins Fontes, 2000]

Mais conhecida obra do representante do grupo dos "utilitaristas", movimento fundado por Jeremy Bentham, que transformou "a maior felicidade do maior número de pessoas" no critério da ética e da política e que, devido a essa convicção, tornou-se uma das mais importantes forças por trás das re-

CULTURA GERAL

formas do século XIX. Nesse livro, Mill argumenta que a maior felicidade do maior número de pessoas estaria diretamente ligada à liberdade do indivíduo. Com isso, transmitiu a toda uma geração uma atitude positiva em relação à livre expressão das opiniões, à abertura ante as novas idéias e ao progresso da ciência.

Johann Jakob Bachofen (1815-87): *Das Mutterrecht* [O direito matriarcal], 1861.
A partir do estudo da antiga sociedade grega, o autor deduziu uma evolução da ordem social, em que o atual patriarcado (domínio dos homens) teria substituído uma sociedade matriarcal, que, por sua vez, teria surgido de uma comunidade anterior de heteras. Bachofen baseou sua argumentação na adoração de divindades maternais e na existência de sistemas de parentesco pela linha materna. Embora atualmente suas conclusões sejam consideradas ultrapassadas, esse livro ampliou de modo decisivo a óptica etnológica.

Walter Bagehot (1826-77): *The Englisch Constitution* [A constituição inglesa], 1867.
Como não existe uma constituição inglesa escrita, esse livro tornou-se a obra a que podemos recorrer e que podemos citar se quisermos discutir intricadas questões constitucionais.

Karl Marx (1818-83): *Das Kapital*, 1867. [*O capital*, Civilização Brasileira, 8ª ed., 2000.]
Marx começa com uma crítica à teoria econômica burguesa e explica o processo de valorização do capital nela descrito a partir da estreita relação social entre a classe dominante e a dominada. Em seguida, faz uma análise da dialética da mercadoria entre o valor de uso e o de troca e descreve o encobrimento das relações sociais pelo dinheiro, bem como das formas de manifestação da alienação, da coisificação e da cegueira ideológica delas resultantes, a partir das quais o homem vê sua própria exploração como o resultado de processos objetivos que são quase naturalmente necessários. Ao descrever a exploração dos trabalhadores, Marx coloca no centro de sua exposição o conceito de "mais-valia", voltando a demonstrar que as "leis objetivas" do mercado mascaram as relações de dominação. A obra tornou-se a bíblia do socialismo e pretendeu ser uma "doutrina cientificamente fundamentada", em que a sólida fé de outrora foi substituída pela objetividade científica. *O capital* não exerceu uma influência direta, mas sim por meio de exegeses dos papas dessa doutrina, como Lênin, Kautsky, Plekhanov, Lukács, entre outros.

LIVROS QUE MUDARAM O MUNDO

Heinrich Schliemann (1822-90): *Trojanische Alterthümer* (Antiguidades troianas), 1874.
Relato sobre as escavações de Tróia. Na realidade, Schliemann tinha descoberto uma cidade anterior, e só o seu colaborador e sucessor Dörpfeld conseguiu revelar a Tróia de Homero. Porém, Schliemann havia encontrado o lugar certo.

Cesare Lombroso (1836-1909): *L'uomo delinquente* [O homem criminoso], 1876.
Ao atribuir a criminalidade a "fenômenos degenerativos" corporais, Lombroso mostrou a conexão existente entre patologia e crime, influenciou a idéia de imputabilidade, bem como a condenação e o tratamento dos delinqüentes, introduzindo a distinção entre criminosos ocasionais e criminosos habituais.

Friedrich Nietzsche (1844-1900): *Also sprach Zarathustra*, 1883-85. [*Assim falou Zaratustra*, Civilização Brasileira, 9ª ed., 1998.]
Narrativa filosófica e "poema em prosa", em que o filósofo persa Zaratustra anuncia a doutrina do "super-homem", que se coloca no lugar de Deus, celebra o aqui e o agora em contraposição ao além e glorifica o heroísmo e o poder, desmascarando as virtudes cristãs, ao revelar que elas são ilusões nascidas da fraqueza. A influência do livro sobre os nazistas é muito discutida.

Frederick Jackson Turner (1861-1932): *The Significance of the Frontier in American History* [A importância da fronteira na história americana], 1894.
O autor rejeita a explicação do caráter americano a partir da luta pela independência contra a Inglaterra e, em vez disso, atribui esse caráter à fronteira aberta no Ocidente, a qual teria feito com que a sociedade sempre voltasse a ser fundada. O pioneiro, o fazendeiro, o missionário e o comerciante tornaram-se, assim, heróis de um incessante renascimento, em que o direito e as instituições da civilização sempre precisaram ser recriados. Este livro, mais do que qualquer outro, contribuiu para marcar a retórica americana (*The New Frontier*), a autocompreensão dos americanos, os mitos de Hollywood e o esquema dos filmes do velho oeste, com o xerife heróico que personifica a lei.

Theodor Herzl (1860-1904): *Der Judenstaat*, 1896. [*O estado judeu*, São Paulo, Consulado Geral de Israel, 1997.]
O caso Dreyfus, na França, durante o qual o anti-semitismo se manifestou pela primeira vez como elo ideológico entre a reacionária classe superior e as massas pequeno-burguesas, tinha convencido Herzl da necessidade de os judeus fundarem um Estado próprio na Palestina. A publicação do livro fez

CULTURA GERAL

com que fosse realizado o primeiro congresso sionista na Basiléia, em 1897, a partir do qual foi fundada a organização sionista. Sob a influência de Chaim Weizmann e Nahum Sokoloff, em 1917 o primeiro-ministro britânico, lorde Balfour, declarou-se favorável à fundação de um Estado judaico, que só se concretizou em 1948.

Sigmund Freud (1856-1939): *Die Traumdeutung*, 1900. [*Interpretação dos sonhos*, Imago, 1999.]
O livro apresenta os elementos fundamentais da teoria e da prática psicanalítica: o caráter erótico dos sonhos, o complexo de Édipo, a libido, a teoria da satisfação do desejo, a linguagem simbólica dos sonhos, a teoria do recalque, a divisão da psique em eu e subconsciente, a teoria das neuroses e de seus sintomas, o processo de conscientização etc. A psicanálise viria a transformar completamente a concepção ocidental da psique humana.

Vladimir Ilitch Lênin (1870-1924): *Que fazer?*, 1902.
Lênin complementa o marxismo exigindo um partido conduzido de forma centralizada e composto por revolucionários profissionais, que deverá substituir a luta "morna" dos sindicatos por uma estratégia que leve à conquista do poder por meio da revolução. Raramente uma idéia teve tão vastas conseqüências.

Frederick Winslow Taylor (1856-1925): *The Principle of Scientific Management* 1911. [*Princípios da administração científica*, Atlas, 8ª ed., 1995.]
Plano de racionalização dos processos produtivos por meio da organização normativa do trabalho, da coordenação e da remuneração de acordo com o rendimento do trabalhador. Esse sistema, violentamente combatido pelos socialistas, foi implantado na União Soviética logo após a Revolução de Outubro.

Albert Einstein (1879-1955): *Grundlagen der allgemeinen Relativitätstheorie*, 1914-15. [*Teoria da relatividade especial e geral*, Contraponto Editora, 1999.]
Einstein demonstra nesse livro que toda observação depende da posição do observador e que, por essa razão, não há um espaço nem um tempo objetivo. Se uma nave espacial deslocar-se a uma velocidade próxima à da luz na direção de um planeta situado a cem anos-luz de distância da Terra, para a tripulação decorrerão apenas dez anos, que subirão para vinte se computarmos o tempo que a nave gastará para retornar, após duzentos anos. Assim se cumpriu a visão da *máquina do tempo*, de H. G. Wells. Para os habitantes da Terra, os viajantes da nave espacial pareceriam vindos do passado, ao passo que estes teriam a sensação de aterrissar em seu próprio futuro.

LIVROS QUE MUDARAM O MUNDO

Oswald Spengler (1880-1936): *Der Untergang des Abendlandes*, 1918-22. [*Decadência do Ocidente*, Rio de Janeiro, Zahar, 1964.]
Concepção filosófica da história, segundo a qual, em analogia com os organismos vivos, todas as culturas passam por um ciclo predeterminado e constituído por juventude, florescimento, maturidade e declínio. Spengler distingue entre cultura egípcia, babilônica, indiana, greco-romana, árabe, mexicana e ocidental, prevendo a transição da democracia para regimes totalitários. Dada a atmosfera sombria que reinava após a Primeira Guerra Mundial, o livro teve um enorme sucesso.

Adolf Hitler (1889-1945): *Mein Kampf*, 1925-26. [*Minha luta*, São Paulo, Mestre Jou, 8ª ed., 1962.]
Miscelânea ilegível de anti-semitismo, racismo, militarismo, chauvinismo, teoria do espaço vital, interpretações históricas e programa político, que, devido à sua flagrante imbecilidade, não foi levada a sério por ninguém. *Minha luta* foi o único livro cuja repercussão se deveu ao fato de ter passado despercebido.

LIVROS RECOMENDADOS

Contrariamente ao que é de costume, esta bibliografia não constitui uma lista de todos os livros que consultei para elaborar o presente livro. Se assim fosse, ela teria de ser bem mais extensa. Trata-se, ao contrário, de uma relação daqueles livros que oferecem uma boa visão de conjunto, que explicam e descrevem um assunto da forma mais clara possível, tornando acessível um mundo desconhecido, ou então daqueles livros que de uma forma ou de outra são especialmente estimulantes. Não se trata necessariamente de livros técnicos. No item dedicado à filosofia, por exemplo, inseri um romance. Em contrapartida, no item consagrado à literatura incluí apenas duas obras, pois a literatura deveria ser desfrutada de forma direta. E, no item sobre a música, restringi-me a uma única obra, pois ela torna o leitor apto a procurar o seu próprio caminho. Ao final da lista, inseri alguns livros que não se encaixam em nenhum dos departamentos da cultura, mas que podem nos ajudar a nos entendermos melhor, na medida em que mostram como construímos nosso mundo, como nos comunicamos e como, nessa comunicação, seguimos muitas regras que não nos são reveladas. Os livros são individualmente comentados e totalizam uma lista de cinqüenta títulos. Após sua leitura, pode-se fazer uma pausa, ainda que isso não seja necessário.

HISTÓRIA UNIVERSAL

Ernst H. Gombrich, *Eine kurze Weltgeschichte für junge Leser*, 1998. [*Breve história do mundo*, São Paulo, Martins Fontes, 2001]
Publicado em Viena, em 1935, esse livro foi posteriormente atualizado pelo próprio autor. É exatamente o que o diz o título: uma história universal, escrita

CULTURA GERAL

em linguagem acessível, com estilo e nível adequados aos jovens que se interessam por história. Foi traduzido em várias línguas e tão bem recebido na Inglaterra que o autor foi incumbido de escrever uma história da arte de fácil compreensão.

Otto Zierer, *Bild der Jahrhunderte in 37 Bänden* [A imagem dos séculos em 37 volumes], 1961.
Temos aqui uma história universal, escrita na forma de folhetim. O autor faz do leitor uma testemunha de cenas descritas de forma romanceada, nas quais aparecem figuras históricas. Organiza as situações de maneira que as verdadeiras fontes históricas se encaixam naturalmente em sua história. Essas fontes são documentadas e comprovadas. Às vezes, Zierer escreve de forma patética ou mesmo involuntariamente estranha, como se, no momento da ação, os personagens tivessem consciência de estar fazendo a "história". Entretanto, há alunos que leram com interesse todos os 37 volumes e tiraram grande proveito dessa leitura.

Will e Ariel Durant, *The Story of Civilization*, 11 volumes, 1935-75. [*A história da civilização*, São Paulo, Record, 1950-63.]
Essa história da cultura, que vai desde as grandes civilizações da Antiguidade até o século XIX, seduz o leitor pela sua facilidade de leitura, seu humor e sua capacidade de retratar os personagens históricos com tanto realismo que se torna fácil lembrar deles. O fato de ser composta de onze volumes não significa que tenhamos de ler a obra toda do começo ao fim. Podemos encarar cada volume como um livro à parte, que nos distrai e instrui ao mesmo tempo. Ler Durant é ter uma vivência cultural no melhor sentido da expressão. Ao tratar a Idade Moderna, seu enfoque recai sobre a Inglaterra e a França, pois originalmente foi escrito para um público inglês.

ANTIGUIDADE: GRÉCIA E ROMA

H. D. F. Kitto, *The Greeks* [Os gregos], 1951.
Kitto, antigo professor de filologia clássica na Universidade de Bristol, faz com que o leitor se surpreenda com os gregos e sua civilização. Ao fazê-lo, deixa claro que ser grego era seguir um modo de vida peculiar, que implicava ser político e sempre manter o diálogo com os demais.

Theodor Mommsen, *Römische Geschichte*, 1954. [*História de Roma*, Rio de Janeiro, Opera Mundi, 1971]

LIVROS RECOMENDADOS

Como político liberal e homem erudito, Mommsen participou da tentativa de unificar a Alemanha após 1848 pela via democrática. Esse interesse político faz de sua *História de Roma* uma das obras mais vivas da historiografia. O autor sentiu-se especialmente atraído pela figura de César, que ele compara com Cromwell: nascido para ser soberano, mas com o coração de um republicano. Foi nesse livro que George Bernard Shaw inspirou-se para fazer o retrato de César em sua peça *César e Cleópatra*.

Bertolt Brecht, *Die Geschäfte des Herrn Julius Caesar* [Os negócios do sr. Júlio César], 1965.
Enquanto Mommsen faz de César um herói, Brecht quer fazer o contrário: agindo como um segundo Bruto, pretende destruir a lenda de César, mostrando que foi por meio da corrupção desenfreada que o imperador chegou ao poder. Devido aos constantes altos e baixos da trama, que se assemelham a um jogo de azar, o relato torna-se bastante empolgante.

Robert Graves, *I, Claudius*, 1934. [*Claudius, Imperador*, Porto Alegre, Globo, 1940.]
Autobiografia fictícia do imperador Cláudio, que descreve, em tom de conversa, os escândalos, as intrigas e as conspirações entre seus predecessores, os imperadores Augusto, Tibério e Calígula. O resultado é um bom e amplo retrato histórico dos costumes da época, mostrando as situações vergonhosas que se passavam na corte. O livro tornou-se um *best-seller* mundial e serviu de inspiração para o filme de Derek Jacobi. Depois, seu autor escreveu uma continuação intitulada *Claudius, the God and his Wife Messalina* [Cláudio, o Deus, e sua mulher Messalina].

Invasões bárbaras e Idade Média

Felix Dahn, *Ein Kampf um Rom* [Uma luta por Roma], 1876.
Romance histórico e clássico esquecido da burguesia alemã, que, imbuído do espírito nacionalista, retrata os germanos como heróis. O autor descreve como os sucessores de Teodorico, o Grande, rei dos ostrogodos, empreenderam uma luta vã para se defender de Justiniano, imperador romano do Oriente, e como o espírito heróico e correto dos germanos mostra-se inferior às intrigas astutas dos romanos. Dahn estava imbuído de um pessimismo histórico, inspirado em Schopenhauer e Darwin, e mergulhou a decadência dos ostrogodos na sombria luz de um crepúsculo dos deuses. O livro é bastante revelador no que diz respeito ao papel exercido pelas invasões bárbaras como matéria cultural na burguesia nacional alemã.

CULTURA GERAL

Henri Pirenne, *Histoire de l'Europe: des invasions au XVI* *siècle* [História da Europa: das invasões ao século XVI], 1936.

Esse livro do historiador belga foi escrito durante a Primeira Guerra Mundial, em um campo alemão de confinamento, onde o autor não dispunha de nenhum recurso. Eis por que deve ser tomado apenas como uma boa narrativa. Já em seu livro póstumo, *Mahomet et Charlemagne* [Maomé e Carlos Magno], Pirenne comprova de modo particular que a expansão do Islã rompeu a unidade cultural da Bacia do Mediterrâneo e, por conseguinte, levou ao fim da Antiguidade.

Arno Borst, *Lebensformen des Mittelalters* [Formas de vida da Idade Média], 1979.

Ao empregar a expressão "formas de vida" para descrever a Idade Média, o autor utiliza uma categoria medieval, extraída da própria autoconcepção da época. Como a posição social definia o homem na Idade Média, as pessoas dessa época tinham uma tendência a proceder a tipificações: havia o camponês, o burguês, o nobre, o príncipe, o padre, o monge, o erudito etc., o que já representa a metade do índice desse livro. Borst também consegue retratar com realismo a mentalidade e o modo como as pessoas vivenciavam suas experiências na Idade Média.

Johan Huizinga, *Der Herbst des Mittelalters*, 1969. [*O declínio da Idade Média*, São Paulo, Edusp, 1978.]

Um clássico da história, em que o autor trata a cultura dos séculos XIV e XV de modo diferente do habitual, ou seja, não interpreta esses dois séculos como precursores do Renascimento, mas como o último momento de esplendor de uma época que se aproxima do fim. O enfoque dessa obra volta-se para os temas da cavalaria e do culto à mulher, à religião e ao pensamento simbólico. É um dos melhores livros sobre a diferença entre a Idade Média e a Moderna.

Heribert Illig, *Das erfundene Mittelalter* [A Idade Média inventada], 1996.

Esse é um curso básico de ciência histórica, que emprega os meios da terapia de choque: o autor é da opinião de que o período que vai de setembro de 614 a agosto de 911 nunca existiu e que esses quase trezentos anos poderiam simplesmente ser riscados da história. A tese é menos absurda do que parece à primeira vista, pois Illig alega que existem muito poucas fontes que documentam a existência dessa época e que, em meio a essa obscuridade, somente a figura de Carlos Magno está bem iluminada. Segundo ele, justamente essa figura teria sido inventada por falsificadores a serviço de Oto III e de Frederico I, Barba-Ruiva, que se serviram de lendas já existentes

490

LIVROS RECOMENDADOS

para converter o legendário Carlos Magno no primeiro imperador do Ocidente, dotando-o de uma biografia bem documentada. E que sentido teria tudo isso? Segundo Illig, com esse imperador inventado pretendia-se legitimar os direitos imperiais e, assim, fundamentar a superioridade do imperador sobre o papa. Bem, mas e a capela de Carlos Magno em Aachen? Para o autor, foi construída por Henrique IV. Não se pode afirmar que essa tese tenha atraído entusiasmados adeptos entre os historiadores especializados em Idade Média, mas uma coisa é certa: os soberanos medievais, os reis, os imperadores, os papas, os príncipes, os mosteiros e as cidades medievais foram campeões mundiais na falsificação de documentos. Freqüentemente até atuaram de boa-fé, ao obterem *a posteriori* uma legitimação supostamente perdida para um direito que consideravam indiscutível. Tal atitude era designada como "fraude devota". Assim, também a pretensão dos papas ao Estado da Igreja baseava-se em uma falsificação de documentos feita pelo próprio Santo Padre. Como a ciência histórica consiste no exame crítico de fontes e documentos, o livro de Illig fornece uma boa introdução quanto ao modo como os historiadores constroem seus relatos. Se a tese de Illig estivesse correta, pouparia os alunos do cansativo estudo de trezentos anos de história.

Jacques le Goff, *Pour un autre Moyen Âge*, 1977. [*Em busca da Idade Média*, Civilização Brasileira, 2005.]
Nesse livro, um dos melhores conhecedores da Idade Média defende que se acabe com a tradicional divisão entre Idade Média e Idade Moderna, situada por volta de 1500, e que se prolongue o período medieval até a Revolução Industrial. Tais propostas têm a vantagem de sempre terem de traçar seus argumentos com base nas principais características das diferentes épocas. Le Goff é um dos historiadores que contribuíram para reanimar o interesse do grande público pela Idade Média.

RENASCIMENTO, REFORMA E INÍCIO DA IDADE MODERNA

Jakob Burckhardt, *Die Kultur der Renaissance in Italien*, 1959. [*Cultura do Renascimento na Itália*, Brasília, UNB, 1991.]
O clássico sobre o Renascimento por excelência, ao qual, mais do que a qualquer outro, devemos a imagem que temos dessa época. Burckhardt descreve o Renascimento como um grande despertar, o renascer do homem moderno, o berço do indivíduo e a aurora da razão.

CULTURA GERAL

Peter Burke, *The Renaissance* [O Renascimento], 1987.
Esse breve ensaio, com pouco mais de cem páginas, constitui a antítese de Burckhardt, pois enfatiza que o Renascimento é uma continuidade da Idade Média e tem sua realização restrita à redescoberta da arte e da literatura da
Antiguidade.

Norbert Elias, *Über den Prozess der Zivilisation*, 2 volumes, 1969. [*Processo civili-
zador*, Rio de Janeiro, Jorge Zahar, 1990.]
A partir do desenvolvimento dos costumes cultivados à mesa e daquele relativo
ao comportamento sexual das camadas superiores da população européia, o
autor mostra como, nas cortes dos príncipes europeus, surgiu uma nova cultura comportamental, caracterizada por um aumento do autocontrole, da
cortesia, do respeito, da intriga, da amabilidade, do calculismo e da teatralidade e por uma maior separação entre interior e exterior. Além de ser muito
divertido, esse relato é um clássico da história da civilização.

Max Weber, *Die protestantische Ethik*, 1965. [*Ética protestante e o espírito do capitalismo*, São Paulo, Companhia das Letras, 2004.]
Nesse livro, o fundador da sociologia alemã desenvolve sua célebre tese, segundo
a qual o calvinismo desempenhou um papel decisivo no surgimento do capitalismo moderno.

J. R. Jones, *Country and Court* [País e corte], 1978.
O livro aborda o período decisivo da história inglesa, em que foi aberto o caminho para o desenvolvimento político rumo ao parlamentarismo e às liberdades civis.

Alfred Cobdan, *A History of Modern France* [Uma história da França moderna], 2
volumes, 1961.
Uma história da França escrita de forma clara, centrada no grande drama da Revolução Francesa e na época de Napoleão.

Golo Mann, *Deutsche Geschichte des 19. und 20. Jahrhunderts* [História da Alemanha nos séculos XIX e XX], 1958.
Um grande relato de um narrador talentoso.

Barrington Moore Jr., *Social Origins of Dictatorship and Democracy*, 1969. [*As origens sociais da ditadura e da democracia*, São Paulo, Martins Fontes, 1983.]
Encontramos nesse livro a descrição de três caminhos para a modernização: o li-
beral-parlamentarista, o autoritário e o socialista, que são retratados a partir
do relato da história dos Estados europeus e do Japão.

492

LIVROS RECOMENDADOS

Paul Kennedy, *The Rise and Fall of the Great Empires, Economic Change and Military Conflict from 1500 to 2000*, 1988. [*Ascensão e queda das grandes potências: transformação econômica e conflito militar de 1500 a 2000*, Rio de Janeiro, Campus, 7.ª ed., 1994.]
O autor narra a história da Idade Moderna como uma série de tentativas empreendidas por diferentes países europeus, para reunir o mundo e a Europa em um império, mostrando que o fracasso sempre se deveu ao esgotamento de seus respectivos recursos. Foi o que ocorreu com a Espanha no século XVI, com a França nos séculos XVIII e XIX, com a Inglaterra no século XIX e com a Alemanha e a Rússia no século XX.

Helmuth Plessner, *Die verspätete Nation* [A nação atrasada], 1974.
Esse livro explica de modo bastante claro algumas das patologias sociais dos alemães, mostrando que justamente na época em que os outros países desenvolviam uma cultura comportamental aristocrático-burguesa, que conferia à vida social formas civilizadas, a Alemanha afundava num abismo de autodestruição; explica também que esse país substituiu tais formas civilizadas pela filosofia, de maneira que ficou vulnerável às ideologias e perdeu a cabeça após as desilusões ideológicas e as derrocadas filosóficas.

Alan Bullock, *Hitler and Stalin: Parallel Lives* [Hitler e Stálin], 1991.
O livro narra as trajetórias dos dois mais terríveis tiranos da história mundial, apresentando-as como histórias que se desenvolvem de forma paralela, até finalmente se confrontarem. Como nessa empreitada o autor também tem de relatar toda a história da primeira metade do século XX, no final, a impressão da enorme fatalidade dessas duas figuras torna-se avassaladora, e o livro ganha certo tom de tragédia.

François Furet, *Le passé d'une illusion*, 1995. [*O passado de uma ilusão*, São Paulo, Siciliano, 1995.]
O mais proeminente historiador especializado na Revolução Francesa descreve a história do comunismo em sua interação com o fascismo e as democracias ocidentais. Nesse relato, também mostra as ilusões que os intelectuais ocidentais – incluído ele próprio – criaram em relação ao socialismo de fato existente. Ao mesmo tempo, o autor assinala a ascendência comum das duas formas do totalitarismo: o pai teria sido a Primeira Guerra Mundial, e a mãe, o ódio que a burguesia nutria contra si própria.

Hannah Arendt, *Elemente und Ursprünge totaler Herrschaft*, 1975. [*Origens do totalitarismo*, São Paulo, Companhia das Letras, 2.ª ed., 1989.]

CULTURA GERAL

A autora analisa as tiranias de Hitler e Stálin como formas semelhantes de dominação e fenômenos resultantes do anti-semitismo e do imperialismo – uma
tese que expôs o livro a violentas críticas por parte de teóricos do fascismo
de tendência esquerdista.

Raul Hilberg, *The Destruction of the European Jews* [O extermínio dos judeus eu-
ropeus], 1985.
O mais abrangente relato sobre o planejamento e a execução do genocídio dos
judeus.

LITERATURA

Northrop Frye, *Anatomy of Criticism*, 1957. [*Anatomia da crítica*, São Paulo, Cultrix, 1973.]
O autor empreende a tentativa de colocar certa ordem no imenso conjunto de
obras literárias, de modo que elas possam ser classificadas por formas, modelos, estilos e tipos de histórias. O resultado é uma espécie de atlas literário,
que permite substituir a habitual confusão por certa visão de conjunto.

Stephen Greenblatt, *Shakespearean Negotiations* [Negociações shakespearianas],
1988.
Em vários ensaios fascinantes, o autor mostra como os deslocamentos tectônicos
na cultura (como a Reforma) fazem com que determinadas práticas culturais sejam abandonadas (por exemplo, os protestantes conseguem acabar
com a prática do exorcismo), e de que maneira o teatro apropria-se dessa
prática simbólica que foi liberta, levando-a para o palco e transformando-se
em catarse. Assim, o autor comprova que a literatura nasce da purificação
estética das reais práticas sociais. Não há modo melhor de retratar o papel
da literatura na sociedade e o seu intercâmbio simbólico com outros âmbitos sociais.

ARTE

Werner Busch (org.), *Funkkolleg Kunst. Eine Geschichte der Kunst im Wandel ihrer
Funktionen* [Curso radiofônico de arte. Uma história da arte na mudança de
suas funções], 1987.
Trata-se de uma excelente apresentação da arte, elaborada por vários autores, que
a observam sempre em relação ao modo como era utilizada e às funções a que

LIVROS RECOMENDADOS

serviu. Assim, os autores conseguem dar uma dimensão objetiva a muitos aspectos que, do contrário, só seriam atribuídos à subjetividade do artista.

Ernst H. Gombrich, *The Story of Art*, 1950. [*A história da arte*, LTC, 16ª ed., 1999.]
Essa é a clássica história da arte, utilizada tanto pelos leigos como pelos estudantes que buscam uma visão geral sobre o tema. Escrita originalmente em inglês, foi traduzida em 18 idiomas e teve quase o mesmo número de edições.

Heinrich Wölfflin, *Kunstgeschichtliche Grundbegriffe*, 1915. [*Conceitos fundamentais da história da arte*, São Paulo, Martins Fontes, 3ª ed., 2001.]
Nesse estudo clássico, o autor desenvolve cinco pares de conceitos estilisticamente opostos como critérios para a apreciação da arte: linear *versus* pictórico; forma aberta *versus* forma fechada; plano *versus* plástico; claridade *versus* obscuridade, e unidade *versus* multiplicidade. A partir disso, analisa 150 quadros, incluindo Botticelli, Dürer, Holbein, Brueghel, Rembrandt, Velázquez, Ticiano, Vermeer, entre outros.

Gustav René Hocke, *Maneirismus. Die Welt als Labyrinth*, 1957. [*Maneirismo: o mundo como labirinto*, São Paulo, Perspectiva, 2ª ed., 1986.]
O autor vê no maneirismo uma constante que surge reiteradamente da oposição ao clássico equilíbrio formal e que expressa uma "relação problemática com o mundo" por meio de deformações, distorções, surrealismos e abstrações. Desse modo, Hocke procede a interessantes comparações formais entre a arte moderna, que ele também considera maneirista, e as variantes históricas do maneirismo, conseguindo estabelecer, assim, uma ligação entre as artes moderna e tradicional.

Susan Gablik, *Magritte*, 1970.
O pintor surrealista René Magritte brincou com a relação entre imagem e objeto de modo tão interessante que a autora desse livro consegue demonstrar, a partir da obra do pintor, as novas propostas da arte moderna.

MÚSICA

Karl Pahlen, *Die grossen Epochen der abendländischen Musik* [As grandes épocas da música ocidental], 1991.

CULTURA GERAL

Uma grande exposição histórica, bem contada, rica em fatos e em detalhes, com episódios relatados com realismo e emocionantes biografias de artistas.

FILOSOFIA E IDEOLOGIA

Richard Tarnas, *The Passion of the Western Mind: Understanding the Ideas that Have Shaped our World View*, 1991. [*A epopéia do pensamento ocidental: para compreender as idéias que moldaram nossa visão do mundo*, Bertrand Brasil, 1999.]
Um professor de filosofia empreende a tentativa de expor a história da filosofia desde Platão até hoje da forma mais clara possível. Embora seja americano, o autor tem um fraco pela filosofia do idealismo alemão.

Karl Löwith, *Von Hegel zu Nietzsche. Der revolutionäre Bruch im Denken des 19. Jahrhunderts* [De Hegel a Nietzsche. A ruptura revolucionária no pensamento do século XIX], 1941.
Esse estudo apresenta a filosofia do século XIX como uma história marcada por problemas. Partindo da ligação hegeliana do real (a história) com o racional (o espírito), o autor mostra como essa ligação é destruída pelos seguidores de Hegel – Kierkegaard, Marx, Schopenhauer, Stirner e Nietzsche – e como de seus fragmentos nascem as ideologias do século XX.

Kurt Lenk, *Ideologie* [Ideologia], 1967.
Um *reader* (coletânea de artigos e textos a eles correlatos) sobre o que o título já diz, bem como uma excelente introdução histórica ao fenômeno da consciência socialmente pré-programada.

Wolfgang Stegmüller, *Hauptströmungen der Gegenwartsphilosophie*, 2 volumes, 1979. [*A filosofia contemporânea*, EPU, 1976.]
Exposição da filosofia do século XX, mais indicada aos leitores que já se familiarizaram com as questões fundamentais da filosofia. Trata, sobretudo, da filosofia anglo-saxônica e da teoria da ciência, que muito se ocupam com a lógica e a linguagem.

CIÊNCIA

Thomas Kuhn, *The Structure of Scientific Revolutions*, Chicago, 1962. [*Estrutura das revoluções científicas*, Perspectiva, 8.ª ed., 2003.]
Nesse livro, o autor revoluciona a história da ciência e altera de modo fundamental a imagem que temos dela: deixamos de ver o progresso científico como

LIVROS RECOMENDADOS

um acúmulo contínuo de verdades para considerá-lo uma sucessão de revoluções científicas, em que a oposição imposta até então sobrepõe-se e derruba o sistema teórico oficialmente válido. Em seguida, a ciência sempre segue duas estratégias de pesquisa diferentes: confirmar o sistema teórico vigente, depois miná-lo e subvertê-lo.

Alexandre Koyré, *From the Closed World to the Infinite Universe*, 1958. [*Do mundo fechado ao universo infinito*, Forense Universitária, 4.ª ed., 2006.]
O autor narra a interessante transição da visão de mundo medieval para aquela moderna e os obstáculos que tiveram de ser superados nesse processo.

Douglas Hofstadter, *Gödel, Escher, Bach: an Eternal Golden Braid*, 1979. [*Godel, Escher e Bach*, São Paulo, Imesp, 2001.]
Obra genial, que levou o autor a receber o Prêmio Pulitzer. Trata de matemática, informática, genética, teoria de sistemas, neurologia, música, pintura, pesquisas sobre o cérebro, inteligência artificial e uma grande variedade de temas afins. Sua composição a torna tão estimulante que permite ao leitor ter uma idéia dos assuntos tratados, ainda que não os compreenda em todos os detalhes. Com esse livro, o leigo também descobre como é interessante e fantástica a investigação desenvolvida nas ciências avançadas e como o homem é um animal astuto. Em suma, um livro que toda pessoa interessada no mundo moderno deveria ler.

E. Abbott, *Flatland*: *A Romance of Many Dimensions* [Planolândia: um romance de muitas dimensões], 1952.
Esse é um romance que se desenrola em um mundo bidimensional. Os personagens que nele atuam são figuras geométricas. Sua sociedade é hierarquicamente organizada: os soldados e os trabalhadores são triângulos isósceles com ângulos agudos, a classe média é composta por triângulos eqüiláteros, e a classe superior, por diversas categorias, que vão do quadrado ao polígono. Mas o interessante é ver como as figuras se percebem mutuamente em seu mundo plano e o que acontece quando são confrontadas com corpos como cones e esferas. O caráter lúdico da história permite que o leitor distinga o mundo e a forma de percebê-lo.

Kees Boeke, *The Universe in 40 Jumps* [O universo em quarenta saltos], 1957.
Os quarenta níveis de descrição dão uma idéia das diferentes dimensões do universo e da ciência. É um livro também indicado para crianças, desde que falem um pouco de inglês.

CULTURA GERAL

AMPLIAÇÃO GERAL DOS HORIZONTES

P. Watzlawick, J. H. Beavin, D. D. Jackson, *Pragmatics of Human Communication: a Study of Interactional Patterns, Pathologies and Paradoxes*, 1967. [*Pragmática da comunicação humana*, Cultrix, 8.ª ed., 1996.]
Obra que trata do caráter contraditório da comunicação. O leitor passa a ver de fora o que até então via de dentro e de modo completamente diferente. Começa a entender as razões e circunstâncias de conflitos entre seres humanos e percebe que, na maioria das vezes, a culpa dos conflitos cabe à impenetrabilidade da comunicação, e não ao adversário. Quem lê esse livro torna-se mais sábio e passa a compreender melhor o fenômeno que chamamos de loucura.

Peter Berger e Thomas Luckmann, *Die gesellschaftliche Konstruktion der Wirklichkeit*, 1971. [*A construção social da realidade: tratado de sociologia do conhecimento*, Vozes, 22.ª ed., 2002.]
Os autores são sociólogos que nos mostram como o homem e a mulher comuns constroem sua realidade cotidiana e que papel desempenham nessa construção os seus corpos, a comunicação com os demais, os hábitos, a linguagem, as instituições e os papéis sociais; como colocam essa realidade em segurança, como a elevam a um plano simbólico e a tornam vivenciável e plausível para eles mesmos, para que possam apropriar-se dela. Essa leitura nos permite compreender como nossa realidade é precária e repleta de pressupostos e o que acontece se ela cair por terra e não mais conseguirmos compreendê-la ou encontrar um sentido para ela.

Erik H. Erikson, *Identity and the Life Cycle* [Identidade e ciclo da vida], 1959.
Um clássico que descreve as fases percorridas pelo jovem durante o seu amadurecimento, explicando as características e os problemas de cada uma delas e as condições necessárias para que o jovem conquiste um sentimento de autonomia, de independência e de valor próprio, fatores que o tornarão capaz de amar, de trabalhar e de encontrar seu lugar na sociedade, para que ele se sinta reconhecido e possa desenvolver seus talentos e aptidões. Além disso, mostra o que acontece quando tudo isso entra em crise. Uma obra também indicada aos pais.

Helmut Plessner, *Die Grenzen der Gemeinschaft* [Os limites da comunidade], 1924.
Esse livro defende de forma eloqüente que a utopia da comunidade como um todo, do consenso e da concordância geral na política é mortal. Para o autor,

LIVROS RECOMENDADOS

o ideal de autenticidade e de rigor moral envenena a sociedade. Para resistirmos às tendências totalitárias, necessitamos de distanciamento, rodeios, diplomacia, capacidade para desempenhar um papel e tato. Plessner volta-se, assim, contra a franqueza, a clareza, o rigor moral e a consternação teatral dos alemães, mostrando que essas atitudes não são compatíveis com uma sociedade civilizada. O livro foi escrito muito antes da tomada do poder pelos nazistas, mas mostra claramente os traços que ainda unem os alemães a eles.

Richard Sennett, *The Fall of Public Man*, 1977. [*O declínio do homem público: as tiranias da humanidade*, São Paulo, Companhia das Letras, 1988.]
Sennett retoma a argumentação de Plessner, com a diferença de que vê o espaço público e a distância introduzida pelos papéis sociais como elementos ameaçados pelos meios de comunicação, que exigem dos políticos uma intimidade e uma sinceridade simuladas. O livro constitui ao mesmo tempo uma fascinante história do desenvolvimento de nossa cultura comportamental, desde o final do século XVIII até os dias de hoje, e um manancial de ensinamentos sobre as formas como nos representamos.

Niklas Luhmann, *Soziale Systeme, Grundriss einer allgemeinen Theorie* [Sistemas sociais, traços fundamentais de uma teoria geral], 1984.
De acordo com a teoria do sociólogo mais interessante da atualidade, a sociedade moderna já não se constitui de grupos de pessoas (classes, camadas, posições sociais), como a sociedade tradicional, mas sim de tipos de comunicação (economia, política, direito, educação, arte etc.). Com isso, o indivíduo perde seu lugar na sociedade e divide-se em um eu invisível, que só tem vida psíquica fora dela e em seus inúmeros papéis sociais. É um livro difícil, mas como apresenta uma teoria completamente nova, não exige conhecimentos prévios por parte do leitor.

POSFÁCIO À 12ª EDIÇÃO REVISADA

Livros são como filhos: *brain-children*, que como Atena nascem diretamente da cabeça de seu pai. Este livro foi um felizardo. Encontrou rapidamente seu caminho para o coração dos leitores. Muitos deles escreveram-me cartas em que me fizeram perguntas. Tentarei condensar certo número delas e respondê-las de uma só vez.

Entre as cartas também havia uma lista de frases que um professor extraiu de redações de seus alunos e que continha pérolas como: "Os habitantes primitivos do Egito chamavam-se múmias", "Davi lutou contra os filatelistas", ou "Como vendia indultos papais, Lutero foi pregado ao portão do Castelo de Wittenberg." Na apresentação do livro, quando li algumas dessas frases e cheguei àquela que dizia: "Sócrates morreu por causa de uma *overdose* de xelins", um rapaz levantou-se e disse: "Para que me serve Sócrates? Não quero informações velhas, mas sim novas." Seu Tom lembrou-me o assombro de Hamlet diante de um ator que irrompe em lágrimas por pena da rainha de Tróia: *What's Hecuba to him or he to Hecuba that he should weep for her?* [O que é Hécuba para ele ou ele para Hécuba, para que chore assim por ela?]. O que temos a ver com Sócrates para chorar por sua morte?

Ocorre que a cidade de Atenas tinha acabado de inventar a democracia. Com isso, tinha-se transformado num clube de debates. Todas as antigas verdades eram questionadas. Então surgiu Sócrates e ofereceu aos jovens um novo fundamento: filosofia, livre argumentação, razão, em suma, cultura. E ele a tornou atraente utilizando floreios dialéticos, jogos de lógica e surpresas lúdicas. Prontamente reuniu-se uma comissão para o bem-estar da *political correctness* e condenou-o à morte por causa de sua frivolidade e por considerar que ele desencaminhava os jovens. "Sócrates foi o primeiro mártir da cultura", assim concluí minha

CULTURA GERAL

justificativa para a necessidade de conhecê-lo, "e cultura é algo diferente de informação."

"É? E qual é a diferença?", perguntou o jovem. Eu estava prestes a lançar uma nova tirada quando me lembrei da comparação que H. M. Enzensberger faz entre Melâncton e a cabeleireira, e respondi-lhe com a seguinte pergunta: "Quem você acha que sabe mais: o humanista e reformador Melâncton ou uma cabeleireira dos dias de hoje?" "Bem, presumo que seja Melâncton." Eu o havia pegado exatamente no ponto que queria. "Não necessariamente", respondi, "é claro que Melâncton conhecia os autores da Antiguidade, os compêndios de gramática e de retórica, os filósofos escolásticos e os padres da Igreja, além de dominar latim, grego e hebraico. Por outro lado, a cabeleireira conhece todos os *slogans* publicitários, todas as letras das músicas da moda, centenas de filmes, biografias de inúmeros atores e outros famosos, os preços e as propriedades de todos os produtos cosméticos, sem falar dos segredos de incontáveis tratamentos, dietas, programas de ginástica e terapias. Se medirmos em *bits* e *megabytes*, a quantidade de informação de que ambos dispõem é totalmente comparável. No entanto, o conhecimento da cabeleireira tem uma estrutura extremamente frágil e não possui nenhuma ordem que possa ser reconhecida. Além disso, tal conhecimento tem um tempo de vida extremamente curto. Já o conhecimento de Melâncton tem uma estrutura forte, pois contém as diretrizes da cultura geral e está amplamente relacionado a sistemas simbólicos, a partir dos quais é possível ter acesso a outras províncias do saber. Assim, possui um longo tempo de vida. Eis a diferença entre informação e cultura."

Quando concluí esse raciocínio, outro ouvinte levantou-se e disse: "Sou da área da informática. Entendo que as informações podem tranqüilamente ficar a cargo dos novos meios de comunicação. Podemos armazenar informações, multiplicá-las, reordená-las e copiá-las. Creio que no futuro o problema não será o acesso à informação, mas a sua escolha. O que precisamos é de programas de seleção." Só precisei acrescentar que esses programas de seleção também podem ser chamados de cultura.

Mas por que será que os intelectuais que escrevem nos suplementos culturais dos jornais dão a impressão de que cultura é uma palavra suja, que pode, no máximo, ser usada de maneira irônica? Por que será que me indicaram para o cálice de cicuta só porque pus a palavra cultura em minha boca? O que aconteceu com a cultura na Alemanha para os burocratas da educação falarem sem nenhum constrangimento de um "plano geral de cultura", mas taparem instintivamente as suas partes íntimas ao ouvirem a palavra "cultura"? Respondamos essa pergunta utilizando uma boa porção de cultura, extraída da seção de Hécuba, o Hamlet. Como se sabe, o príncipe encontra à meia-noite o espírito de seu pai assassinado.

POSFÁCIO A 12.ª EDIÇÃO REVISADA

Esse lhe diz que vinha do purgatório. Só que Hamlet tinha estudado em Wittenberg, a cidadela do protestantismo, e Melâncton, juntamente com Lutero, tinha abolido o purgatório. Essa era uma revolução cultural de primeira linha. No purgatório os mortos continuavam vivendo em outro mundo, mas ao mesmo tempo que os vivos. Em princípio, podiam ser atingidos pela ação dos vivos, já que estes podiam aliviar sua sorte mandando rezar missas para suas almas, ou então por meio de uma prece ou de um indulto. Com a abolição do purgatório, os mortos foram separados dos vivos e entregues ao fluxo do tempo. Desapareceram na escuridão do passado. Só então estavam realmente mortos. Mas, conforme mostra Hamlet, não se deixaram vencer e retornaram como fantasmas.

Se generalizarmos essa idéia e a aplicarmos ao nosso tempo, podemos dizer: uma ordem cultural que é repentinamente abolida torna-se fantasmagórica. Foi o que também ocorreu com a cultura na Alemanha. No Terceiro *Reich*, ela ruiu com o colapso moral da burguesia culta e, em 1968, foi executada. Desde então, os intelectuais que escrevem nos suplementos culturais vêem um fantasma quando o assunto é a cultura e ficam com os cabelos em pé.

O que os assusta? Se farejarmos um pouco, logo perceberemos que a cultura é uma idéia de civilização especificamente alemã. Nos países da Europa Ocidental, ela não é conhecida nessa forma. Em vez dela, o que se formou nas capitais e nas grandes cortes foi uma cultura comportamental composta de uma "boa sociedade" aristocrático-urbana, que estava orientada não ao conhecimento cultural, mas às virtudes da vida em sociedade: cortesia, *good sense*, boas maneiras, charme, senso de humor, espirituosidade e boa conversa. Ao mesmo tempo, a Alemanha atolava-se na Guerra dos Trinta Anos e, em seguida, no provincianismo. Não havia nem uma capital, nem uma boa sociedade que pudessem servir de exemplo às demais. Em vez disso, havia a cultura, ou seja, a continuação da devoção mundial protestante com outros meios, uma expectativa de salvação pessoal, que se transformou em puro cultivo da vida interior e em cultura da personalidade. Colocada em patamar muito superior ao do convívio social, abertamente considerado como superficial, a cultura não estava vinculada a nenhum comportamento real. Não possuía nenhuma "sede na vida". Ao ser testada durante o Terceiro *Reich*, ficou paralisada.

Em 1968, quando se abriu o processo contra a cultura, não se vislumbrou esse componente religioso. Em vez disso, a cultura foi incorporada à fundamentação da sentença e manteve-se intacta. Assim, transformou-se em uma teologia negativa, repleta de tabus e proibições: "Não escreverás nenhum poema depois de Auschwitz. Não escreverás histórias divertidas e, se as vires, não lhes darás crédito. Verás com desconfiança tudo o que causar alegria. Não te regozijarás com a riqueza de formas da cultura. Nunca ligarás cultura à diversão. Não desenvolve-

CULTURA GERAL

rás uma relação positiva com as formas bem-sucedidas da cultura. Cultivarás as virtudes da rabugice e da falta de alegria, pois o mundo é uma catástrofe, e a cultura existe apenas na forma de seu fracasso."

Meu livro assumiu uma posição contra esse tipo de atitude, pois ela nos separa de nossos vizinhos ocidentais e nos faz prosseguir no fatal caminho alemão. Além disso, ela nos condena a continuar enclausurados no cenário de Hamlet, como o próprio príncipe abatido, um histérico melancólico e um comediante suicida, que, segundo consta, debatia-se em delírios ideológicos e alucinações em que duvidava de si mesmo, sendo perseguido por espíritos e fantasmas. Meu livro abandonou esse círculo hamletiano. Tentou afugentar os fantasmas por meio do esclarecimento. Colocou a memória cultural alemã em sintonia com a civilização da Europa Ocidental, em que a cultura tem de se afirmar na comunicação real.

Creio que somente depois que nos tornamos membros da comunidade que partilha dessa herança cultural não mais estaremos condenados a continuar representando o Hamlet, pois já o teremos compreendido.

Muitos leitores contribuíram para a melhoria deste livro, enviando correções e sugestões de alterações. Como é impossível mencionar todos, gostaria de tomar como representante deles a dedicada e generosa Anni Roos, a quem muito agradeço. Ela não só detectou a maioria dos erros, como também teve em seu coração uma boa pitada de misericórdia por mim.

Hamburgo, maio de 2000.

SOBRE OS QUE CONTRIBUÍRAM PARA
A ELABORAÇÃO DO PRESENTE LIVRO

Quando os universitários de hoje estavam nascendo, criei, no Seminário de Filologia da Universidade de Hamburgo, uma oficina de teatro, que a cada semestre encenava uma peça escrita em língua inglesa. Cada encenação era acompanhada de um programa com cerca de trinta artigos, contendo informações gerais sobre o autor, o tema e as características da peça. Para esse fim, sempre era formada uma equipe de redação, que depois de muitos semestres iniciava suas reuniões com a seguinte pergunta: "Que conhecimentos podemos pressupor que tenha o nosso público e o que temos de lhe explicar?" A crescente popularidade que esse programa foi adquirindo junto aos alunos e professores indica que conseguimos avaliar nosso público de modo cada vez mais preciso. Além de mim, a equipe de redação era constituída exclusivamente por estudantes universitários. Foram sobretudo eles que me ensinaram o que eu deveria inserir neste livro.

Um dos antigos membros dessa oficina de teatro é Andreas Dedring, que contribuiu com a maior parte da matéria inserida no capítulo dedicado à música, embora a responsabilidade por sua versão final evidentemente tenha ficado a meu encargo. Andreas escreveu a música para nossa paródia de *Macbeth*, intitulada *Macbarsh*, que, após o "caso Barschel"*, foi apresentada no *Deutsches Schauspielhaus*. Também encenou a peça *Amadeus*, de Peter de Shaffer, e formou-se em língua e literatura inglesa e musicologia.

Quanto ao capítulo dedicado à arte, devo agradecer a ajuda e as sugestões feitas por duas doutorandas de história da arte: Barbara Glindemann e Christia-

---

* Escândalo político ocorrido na Alemanha em 1987, quando o antigo governador de Schleswig-Holstein, Uwe Barschel, do Partido Democrata-Cristão, mandou espionar seu adversário político. [N. da T.]

CULTURA GERAL

ne Zschirnt. Barbara também participa da equipe da oficina de teatro e fez um trabalho sobre Inigo Jones. No momento, conclui sua tese de doutoramento sobre "a escrita criativa na Inglaterra e na Alemanha", contando com o apoio da Fundação FAZIT. Christiane ampliou consideravelmente minha compreensão da arte moderna. Atualmente, escreve uma tese sobre "as impotências literárias e a invenção do inconsciente" e trabalha em um dicionário de termos usados por Shakespeare.

Para evitar que este livro fosse marcado completa e unicamente pelas experiências vivenciadas pelas pessoas que moram no norte da Alemanha, sobretudo as provenientes de Hamburgo, ele foi submetido a um processo de inspeção dos habitantes do sul do país. Antes de sua conclusão, Angela Denzel, coordenadora de estudos superiores do Helmholtz-Gymnasium, em Heidelberg, discutiu grandes trechos do original com os alunos, averiguando sistematicamente as suas reações. As informações por ela obtidas foram incorporadas a este trabalho. À senhora Denzel e ao Helmholtz-Gymnasium, gostaria de expressar meu especial agradecimento.

Também gostaria de agradecer à minha família, à minha esposa, Gesine, e a nossos filhos, Christoph e Alexandra, bem como a todos os amigos e conhecidos, àqueles que me telefonaram e aos que me visitaram, incluindo o entregador de jornais e o carteiro. Durante mais de meio ano, todos eles só ouviram de mim perguntas sobre seu próprio conhecimento e aquele dos outros, sem nunca ameaçarem atirar-me um dicionário. Um especial agradecimento também vai para o inesquecível Hubertus Rabe, da editora Rowohlt, que anteriormente trabalhou na editora Hoffmann und Campe. As estimulantes conversas que tive com ele ajudaram-me a abrir o caminho que finalmente conduziu a este livro.

O mesmo vale para os colaboradores e amigos de longa data da oficina de teatro e da universidade: Patrick Li, Peter Theiss, Susanne Maiwald, Tina Schoen, Martina Hütter, Nina Stedman, Dominic Farnsworth, Alexander Koslowski e Stefan Mussil.

E, *last but not least*, gostaria de agradecer à primeira leitora deste livro, Virginia Kretzer, que sempre me propôs variações do manuscrito e, nesse processo, advertiu-me sobre algumas passagens que não estavam inteligíveis, bem como sobre explicações que estavam confusas. É a ela que a segunda leitora deve agradecer as retificações. Que ela seja seguida por outras centenas de milhares de leitoras e leitores e que todos venham a se apropriar deste livro: afinal, é a eles que a obra pertence.

ÍNDICE ONOMÁSTICO

Abbott, E. A. 497
Academo 25
Acton, William 351
Adenauer, Konrad 174
Adorno, Theodor W. 12, 292, 316, 318 ss., 324, 368
Adriano (imperador romano) 34
Ágaton 24
Agripa de Nettesheim, Henrique Cornélio 92 s., 208
Agripina 33
Alba, Fernando (duque de) 88
Alcibíades 25, 67
Alexandre, o Grande (rei da Macedônia) 20, 23, 27 ss., 31, 142
Alvarado, Pedro de 90
Ana (czarina russa) 114
Ana (rainha da Inglaterra e da Escócia) 104
Ana Bolena (rainha da Inglaterra) 73 s.
Anacreonte 22, 441
Anaximandro 21
Aníbal 30 s.
Arendt, Hannah 311, 493
Ário 35
Aristófanes 22, 25 s.
Aristóteles 22 s., 27 s., 56, 62, 67, 98, 274, 280, 295
Aristoxeno 274
Arouet, François → Voltaire
Arquimedes 67, 442
Atanásio 35
Ático 441
Átila (rei dos hunos) 43
Augusto II, o Forte (rei da Polônia) 110 ss.

Augusto Otaviano (imperador romano) 32 s., 250
Austen, Jane 188, 202, 211

Bach, Johann Sebastian 281 ss., 288
Bachofen, Johann Jakob 346, 482
Bacon, Francis 106, 109, 473
Bagehot, Walter 482
Bähr, Georg 252
Balfour, Walter 484
Baltimore, George 101
Balzac, Honoré de 211, 224
Bardoni, Faustina 281
Baumgarten, Lothar 271
Beavin, J. H. 498
Bebel, August 145
Beckett, Samuel 182, 222, 227
Beecher-Stowe, Harriet 480
Beethoven, Ludwig van 284, 286 s.
Bentham, Jeremy 319, 441, 481
Bento de Núrsia 54
Berg, Alban 224, 292
Berger, Peter 498
Bergson, Henri 309, 335
Berlioz, Hector 288
Bernardino de Feltre 60
Bernardino de Siena 60
Bernini, Gian Lorenzo 252
Besant, Annie 354
Bethe, Hans 172
Bethmann-Hollweg, Theobald von 149
Binet-Sinon, 437
Bismarck, Otto von 133, 140, 142 s., 145 ss., 174

CULTURA GERAL

Blitzstein, Marc 292
Boccaccio, Giovanni 62, 190, 204
Boécio 275
Boeke, Kees 497
Boerhaave, Hermann 112
Bohr, Niels 172
Bokelson, Jan 81
Bono, Edward de 444
Bononcini, Giovanni Battista 281
Bopp, Franz 479
Bórgia, Lucrécia 63
Born, Max 172
Borromini, Francesco 252
Borst, Arno 490
Bosch, Hieronymus 373
Botticelli, Sandro 64 s., 251
Boucher, François 255 s.
Boyle, Robert 106
Bradlaugh, Charles 353 s.
Brahms, Johannes 287
Bramante, Donato 250
Brecht, Bertolt 196, 200, 224, 227, 281, 368
Brontë, Charlotte 202, 214 s.
Brontë, Emily 214
Brueghel, o Velho, Peter 254
Brunelleschi, Filippo 68
Brüning, Heinrich 159 s.
Bruno, Giordano 92
Brunswick (duque de) 117, 128 s., 137
Bruto, Marco Júnio 32
Büchner, Georg 131, 224
Buda 308
Buff, Charlotte 202
Bukharin, Nikolai 157
Bullock, Alan 493
Bunyan, John 474
Burckhardt, Jakob 491
Burke, Edmund 119, 477
Burke, Peter 492
Burlington (conde de) 281
Burns, Robert (Robby) 420
Burt, Cyril 438
Busch, Werner 494
Byron (lorde) 287

Caboto, Sebastián 90
Caetano, Tomás (cardeal) 77
Caio Graco 31
Calderón de la Barca 72
Calígula, Caio (imperador romano) 33
Calvino, João 4, 70, 82 ss., 86, 100, 336, 471

Canaletto, Giovanni Antonio 373
Carlos I (rei da Inglaterra e da Escócia) 100 ss., 103, 129, 296
Carlos I 177
Carlos II (rei da Inglaterra) 102 s.
Carlos IV (imperador do Sacro Império Romano-Germânico) 47
Carlos IX (rei da França) 93
Carlos Magno (imperador romano) 29, 41, 46 ss., 174, 490
Carlos V (imperador do Sacro Império Romano-Germânico) 67, 72 s., 76, 78, 87 s., 144
Carlos X (rei da França) 211
Carlos XII (rei da Suécia) 112 s., 136
Carlyle, Thomas 412
Carnot, Lazare Nicolas 130
Carolina (princesa consorte da Inglaterra) 281
Carrier 131
Carroll, Lewis 223, 334, 369, 383
Cássio, Caio Longino 32
Castiglione, Baldassare 63, 471
Catarina de Aragão (rainha da Inglaterra) 73
Catarina I (imperatriz russa) 114 s.
Catarina II, a Grande (imperatriz russa) 115
Catilina, Lúcio 32
Catulo 62
Cavour, Camillo Benso 141
Celan, Paul 368
Cervantes, Miguel de 190
César, Caio Júlio 32 s., 78, 132, 250
Cézanne, Paul 257 s.
Chamberlain, Arthur N. 165
Chambers, Ephraim 109
Chaplin, Charles 411 s.
Chaucer, Geoffrey 53
Chopin, Frédéric 289
Chostakovitch, Dimitri 293
Chrétien de Troyes 55
Christo (Christo Javacheff) 271
Churchill, Winston 165, 169
Cipião, o Velho 31
Cirilo 41
Cláudio, Tibério (imperador romano) 31, 33
Clausewitz, Karl von 480
Clemente VII, papa 259 s.
Cleópatra (rainha do Egito) 32
Clinton, Bill 123
Clinton, Hillary 315
Clóvis I (rei dos francos) 44, 459, 466
Cobdan, Alfred 492
Coleridge, Samuel Taylor 441

508

ÍNDICE ONOMÁSTICO

Colombo, Cristóvão 69, 71 s., 89, 466
Comte, Auguste 341, 479
Constantino I, o Grande 35
Cooper, James Fenimore 478
Copérnico, Nicolau 91 s., 303, 471
Corday, Charlotte 130
Corneille, Pierre 98
Coronado, Francisco de 90
Cortés, Hernán 71, 90
Coward, Noel 327
Cox, Catherine 440
Crasso, Marco 32
Cristiano IX (rei da Dinamarca) 143
Cristina (rainha da Suécia) 115
Cromwell, Oliver 101 s.
Cuvier, Georges 331
Cuzzoni, Francesca 281

d'Alembert, Jean 109 s., 475
d'Arezzo, Guido 277
Dahn, Felix 43, 489
Dante Alighieri 62, 188 s., 207, 224
Danton, Georges 125, 127 s., 130 ss.
Darwin, Charles 145, 330 ss., 335, 440, 478, 481, 489
Daudet, Alphonse 224
David, Jacques Louis 130, 255
Davison, Emily 354
Dawkins, R. 454
Debussy, Claude 291
Defoe, Daniel 197, 200
Degas, Edgar 257 s.
Demócrito 21
Demóstenes 441, 457
Derrida, Jacques 322 ss., 357
Descartes, René 24, 296 ss., 298, 300, 308, 473
Desmoulins, Camille 125, 127
Diana (princesa de Gales) 421
Dickens, Charles 211, 213 s., 321
Diderot, Denis 109 s., 475
Diocleciano (imperador romano) 34, 458, 465
Diógenes 28, 67
Distel, Herbert 271
Donatello (Donato di Niccolò di Betto Bardi) 249
Dönitz, Karl 169
Donizetti, Gaetano 290
Donne, John 369
Dörpfeld, Wilhelm 483
Dos Passos, John Rodrigo 372
Dostoiévski, Fiodor 157, 211, 216 s., 224

Drake, Francis 91
Dreyfus, Alfred 147
Droste-Hülshoff, Annette von 224
Drysdale, George 354
Dubarry, Marie Jeanne 255
Duchamp, Marcel 264, 271
Dumas, Alexandre 97, 351, 478
Dunant, Henri 141, 353
Durant, Ariel 488
Durant, Will 488
Dürer, Albrecht 76, 86, 249
Durkheim, Émile 341
Dürrenmatt, Friedrich 227
Dyck, Sir Anthony van 374

Ebert, Friedrich 153
Eck, Johannes 78
Eco, Umberto 22
Egaton, George 353
Eichendorff, Joseph von 273
Einstein, Albert 172, 299, 333, 335 ss., 484
Elias, Norbert 492
Eliot, T. S. 233, 467
Elisabeth I (rainha da Inglaterra) 72 ss., 99, 115
Elizabeth (imperatriz russa) 114
Elizabeth Cristina de Brunswick 117
Ellington, Duke 293
Ellis, Havelock 353
Engels, Friedrich 140, 355
Enzensberger, Christian 534
Epicuro 28
Erasmo de Rotterdam 79
Erikson, Erik H. 340, 498
Erlach, Fischer von 252
Esopo 441
Espártaco 31
Espinosa, Baruch de 474
Ésquilo 22
Esquino 441
Euclides 274, 470
Eurípides 22
Eysenck, J. 438

Fábio (Cunctator) (imperador romano) 30
Farel 83
Faust, Johannes 93
Fedro 25
Ferdinando, Francisco (arquiduque da Áustria) 87, 148
Fermi, Enrico 172
Fernando II, o Católico (rei de Aragão) 71

509

CULTURA GERAL

Fichte, Johann Gottlieb 237
Fídias 21
Fielding, Henry 191
Filipe I, o Belo (rei da Borgonha) 71
Filipe II (rei da Espanha) 72, 88, 99
Filipe II (rei da Macedônia) 20, 27
Filipe IV (rei da Espanha) 269
Flamsteed, John 106
Flaubert, Gustave 211, 214 s., 224
Flávio Vespasiano 34
Foerster, Heinz von 454
Forman, Milos 285
Foucault, Michel 269 ss., 321 s., 323, 357
Fouché, Joseph 131
Fox, Charles 119
Fragonard, Jean Honoré 255
Francisco II (imperador do Sacro Império
    Romano-Germânico que se tornou
    imperador da Áustria), Francisco I 134
Francisco José I (imperador da Áustria, rei da
    Hungria) 222
Franck, James 172
Franco, Francisco 167
Frederico Guilherme 117, 140
Frederico Guilherme I 116 ss.
Frederico Guilherme III 135, 139 s.
Frederico Guilherme IV 139 ss.
Frederico I, Barba-Ruiva 116, 490
Frederico II, o Grande 97, 110, 115, 116 s., 174,
    282
Frederico III (imperador alemão) 47, 53, 146
Frederico III (imperador do Sacro Império
    Romano-Germânico) 47
Frederico III, o Sábio (príncipe-eleitor da
    Saxônia) 76, 116
Frederico VII 142
Freud, Sigmund 9, 16, 65, 207, 219, 225, 291,
    316, 319, 337 ss., 484
Frick, Wilhelm 161
Friedan, Betty 356
Friedrich, Caspar David 257, 263
Frisch, Max 224
Fromm, Erich 316
Frye, Northrop 494
Fugger 76
Furet, François 493

Gablik, Susan 495
Gainsborough, Thomas 374
Galeno 470
Galilei, Galileu 68, 473

Galletti 322 s.
Galton, Francis 440
Gamov, George Anthony 334
Gardner, Howard 440, 454
Garibaldi, Giuseppe 141
Gaulle, Charles de 168
Gay, John 200, 281
Genet, Jean 232
Gêngis Khan 111
Genserico (rei dos vândalos) 43
Geoffroy, Julien Louis 406
Gershwin, George 293
Ghiberti, Lorenzo 249 s.
Giocondo, Francesco del 65
Giorgione 68
Giraudoux, Jean 9
Glinka, Mikhail 289
Gneisenau, A. W. A. 135
Gobineau, Arthur (conde de) 481
Godofredo de Bulhões 53
Godwin, William 352, 478
Goebbels, P. Joseph 160 s.
Goethe, Johann Wolfgang 22, 57, 59, 66, 93,
    122, 129, 185 ss., 189, 202 s., 205, 207 ss.,
    211, 223, 350, 412, 440
Goff, Jacques le 491
Gogh, Vincent van 257 s., 363 s.
Golding, William 199
Goldmann, Emma 355
Goldsmith, Oliver 441
Gombrich, Ernst H. 487, 495
Goncourt, Edmond de 351
Goodman, Benny 293
Gorbachev, Mikhail 114, 176
Göring, Hermann 161
Gotthelf, Jeremias 224
Gouges, Olympe de 352
Gould, Jay 454
Goya, Francisco 256
Graves, Robert 489
Gray, Thomas 441
Greenblatt, Stephen 494
Gregório VII (papa) 277
Grieg, Edward 289
Grimm, Jacob 479
Grimmelshausen, Hans J. Chr. von 196
Groener, Wilhelm 160
Grotius, Hugo 440
Guilherme I (rei da Prússia, depois, imperador
    germânico) 142, 144, 146
Guilherme II (imperador germânico) 146 ss., 412 s.

510

ÍNDICE ONOMÁSTICO

Guilherme III de Orange 88, 103 ss., 140, 197
Gutenberg, Johann 4

Habermas, Jürgen 321
Hahn, Otto 172
Haller, Albrecht von 441, 475
Halley, Edward 106
Hamann, Johann Georg 205
Hamilton, Alexander 123
Händel, Georg Friedrich 281
Hardenberg, K. A. (barão de) 135
Harrison, Rex 378
Hathaway, Anne 192
Hauptmann, Gerhart 199, 224
Hawkins 91
Haydn, Joseph 284
Hébert, Jacques René 131
Hegel, Georg Wilhelm Friedrich 9, 18, 134 s.,
     186, 305 ss., 308 ss., 316
Heidegger, Martin 308, 310 ss., 335, 357
Heine, Heinrich 290
Hemingway, Ernest 168, 369
Hengisto 44
Henrique de Portugal 89
Henrique IV (Henrique de Navarra) 73, 86
Henrique VIII (rei da Inglaterra) 73 s., 114, 124
Hepburn, Audrey 378
Heráclito 67
Herder, Johann Gottfried 303, 476
Hermann, o Querusco 42
Herodes 36, 182
Heródoto 62, 470
Herrnstein, Richard 437 s.
Herzl, Theodor 483
Hesse, Hermann 187
Heydrich, Reinhard 171
Hilberg, Raul 494
Hill, Rowland 480
Hiller, Susan 271
Himmler, Heinrich 164
Hindenburg, Paul von 158 ss.
Hitler, Adolf 60, 113, 133, 136, 146, 148, 150,
     155 s., 158 ss., 163 s., 166 ss., 174 s., 290,
     308, 310 s., 430, 485
Hobbes, Thomas 106, 200, 296 ss., 302, 308 s.,
     473
Hocke, Gustav René 495
Hofstadter, Douglas 282, 393, 454, 497
Holbach (barão de) 109
Holbein, Hans 495
Homero 3 s., 13, 22, 33, 207, 220

Hooch, Peter de 254
Hook, Robert 106
Horácio 62
Horkheimer, Max 316, 318 s.
Horsa 44
Hugenberg, Alfred 161
Hugo, Victor 224, 478
Huizinga, Johan 490
Hulce, Tom 286
Humboldt, Wilhelm von 136, 185
Hume, David 441
Hutten, Ulrich von 78
Huxley, Aldous 369
Huysman, Joris-Karl 351

Íbico 22
Ibsen, Henrik 226, 354
Illig, Heribert 490 s.
Inácio de Loyola 86
Ingres, Jean Dominique 256
Ionesco, Eugène 227
Isabel I, a Católica (rainha de Castela) 71, 89
Isócrates 441
Ivan I 111
Ivan III 111
Ivan IV, o Terrível 111

Jackson, D. D. 498
Jacobi, Derek 489
Jaime I (rei da Escócia) 99 s., 472
Jaime II (rei da Escócia) 102 s.
Jakobson, Roman 391, 394, 396
Jefferson, Thomas 123
Jefferson, William 123
Jenssen, A. R. 438
Jerusalem, Carl Wilhelm 202
Jesus Cristo 35 ss.
Joana d'Arc 72
Joana, a Louca 72
João Batista 36 s.
João de Capistrano 60
João Paulo II (papa) 259
Jones, J. R. 492
Jorge I 104, 281
José de Arimatéia 39
Joyce, James Augusta 3, 187, 207, 219, 221 s.,
     309, 335
Judas Iscariote 37 s.
Júlio II (papa) 66
Justiniano I (imperador do Império Romano
     Oriental) 114

511

CULTURA GERAL

Kafka, Franz 222, 371 s.
Kamenev, Lev 157 s., 166
Kandinski, Vassili 289
Kant, Immanuel 299, 303 ss., 308, 310 s., 321, 374, 477
Karlstadt, Andreas 77, 79
Katte, Hans Hermann 116 s.
Kautsky, Karl 482
Kaziemira, Maria 110
Keith, Peter Karl Christoph 116
Keller, Gottfried 187, 224
Kennedy, John F. 175
Kennedy, Paul 493
Kerenski, A. F. 152
Kestner, Johann Christian 202 s.
Keynes, John Maynard 209
Kierkegaard, Sören 285, 309
King, Martin Luther 500
Kipling, Rudyard 223
Kirov, Sergei Mironovitch 166
Kist, Gerit 112
Kitto, H. D. F. 488
Kleist, Heinrich von 9, 206 ss.
Klinger, Max 205
Koestler, Arthur 442
Kolontai, Alexandra 355
Komar 271
Korff 127
Kotzebue, August von 139
Koyré, Alexandre 497
Kris, Ernst 443
Kruchev, Nikita 175
Kubrick, Stanley 275
Kuhn, Thomas 328 s., 496
Kulickov, Anna 355
Kutusov, Mikhail 136

La Fontaine, Jean 98
La Rochefoucauld, François de 98
Lafayette, Joseph (general) 123, 126 s.
Lafayette, Madame de 98
Langbehn, Julius 253
Lassalle, Ferdinand 145
Laud, William (arcebispo) 100
Launay (marquês de) 126
Le Nôtre, André 252
Leão III (papa) 29
Leão X (papa) 76 s.
Leeuvenhoek, Antoni van 112
Leibniz, Gottfried Wilhelm von 66, 107, 300 ss., 440

Lênin (Vladimir Ilitch Ulianov) 112 ss., 151 s., 157, 482, 484
Lenk, Kurt 496
Lenz, Jakob Michael Reinhold 205
Leon, Donna 69
Leonardo da Vinci 65 s., 68, 76, 249 ss., 263
Lépido 32
Lerner, Alan J. 378
Lessing, Gotthold Ephraim 193, 203 s.
Leverkühn, Adrian 292
Lévi-Strauss, Claude 396
Lichtenberg, Georg Christoph 362, 443
Liebknecht, Karl 145
Lincoln, Abraham 141, 481
Linné, Carl von 475
Lísias 441
List, Friedrich 480
Liszt, Franz 288, 290
Lívio, Tito 62, 465
Locke, John xviii, 105 s., 109, 200, 225, 298 ss., 302, 335, 474
Lodge, David 326
Loewe, Frederick 378
Lombroso, Cesare 437, 483
Lope de Vega 72
Lorca, García 168
Lorenz, Konrad 454
Lortzing, Albert 112
Löwith, Karl 496
Lubbe, van der 162
Luciano 441
Luckmann, Thomas 498
Ludendorff, Erich 152
Luhmann, Niklas 225, 499
Luís Filipe (rei dos franceses, o "rei burguês") 211
Luís II da Baviera 290
Luís XI (rei da França) 73
Luís XIII (rei da França) 97
Luís XIV, "o rei Sol" (rei da França) 73, 86, 97 ss., 104, 107, 195, 462
Luís XVI (rei da França) 125, 129, 139, 261
Luís XVIII (rei da França) 136
Lukács, Georg 482
Lutero, Martinho 4, 35, 50, 54, 69 s., 72, 77 ss., 82, 86, 92, 470 s.
Luxemburgo, Rosa 355
Lvov, G. J. 150, 152
Lyell, Charles 330

Macaulay, Thomas Babington 441
Magalhães, Fernão de 90

ÍNDICE ONOMÁSTICO

Magritte, René 265
Mahler, Gustav 291 s.
Malory, Sir Thomas 55
Malthus, Thomas 331, 354, 478
Manet 257 s.
Mann, Golo 206, 492
Mann, Heinrich 217
Mann, Thomas 69, 210 s., 217 s., 292
Mao Tsé-tung 172
Maomé 41, 44
Maquiavel, Nicolau 75, 471
Marat, Jean-Paul 126 ss.
Marco Antônio (cônsul romano) 32, 465
Marco Aurélio (imperador romano) 34
Marcuse, Herbert 316, 318, 320
Margarida (infanta espanhola) 269 s.
Maria Antonieta (rainha da França) 125, 130
Maria de Borgonha 71
Maria Stuart 74, 99
Maria Teresa da Áustria 117
Mariana (rainha da Espanha) 269
Mário, Caio 31
Marlborough, Johan (conde e depois duque de) 281
Marlowe, Christopher 204, 208
Marryat, F. 198
Martel, Carlos 44 s.
Marx, Eleanor 353
Marx, Karl 42, 120, 135, 140 s., 151, 186, 307 s., 316, 319, 335, 341, 482
Mathys, Jan 81
Matisse, Henri 374
Maupassant, Guy de 224
Maurício (príncipe de Orange) 88
Maximiliano I (imperador do Sacro Império Romano-Germânico) 76 s.
Mazarino (cardeal) 97
McEnroe, John 286
Médici, Lorenzo de 66
Meegeren, Jan van 254
Meissner, Otto 160
Melâncton, Filipe 77, 92
Mendelssohn, Felix 288
Mercator, Gerhard 89
Messalina 33
Metternich, K. W. (príncipe de) 137 ss.
Meyer, Conrad Ferdinand 224, 394 s.
Michelangelo Buonarroti 27, 65 ss., 68 s., 76, 250 s.
Mill, James 319
Mill, John Stuart 413, 319, 353, 440 s., 481

Miller, Arthur 370
Milnes, Alan Alexander 223
Milton, John 441
Minsky, Marvin 435, 454
Mirabeau (conde) 125
Mitchell, Margaret 142
Moisés 16 s., 260, 415
Molière, Jean-Baptiste 9, 98, 195 s.
Molina, Tirso de 191
Mommsen, Theodor 488 s.
Monet 257 s.
Montaigne, Michel de 336, 472
Montesquieu, Charles 105, 123, 300
Monteverdi, Claudio 280
Moore Jr., Barrington 492
More, Thomas 470
Morgenstern, Christian 265
Morus, Thomas 181
Mozart, Constança 285
Mozart, Leopold 285
Mozart, Wolfgang Amadeus 192, 285 ss., 288 s.
Müller, Hermann 159
Murad (sultão) 87
Murray 437 s.
Musil, Robert 138, 221 s., 224, 371, 405
Mussolini, Benito 30, 157 s., 168, 317
Mussorgski, Modest 289

Napoleão Bonaparte 46, 113, 131 ss., 134 ss., 141, 203, 480
Napoleão II (rei da França) 141
Napoleão III (rei da França) 141, 144
Necker, Jacques 125
Nelson, H. (almirante) 136
Nero 28, 33, 40, 162
Neumann, Johann von 172
Neumann, Johannes Balthasar 252
Newton, Isaac 106 s., 282, 299, 331, 335 s., 474
Nicolau I (czar russo) 150
Nicômaco 274
Nietzsche, Friedrich 21 s., 217, 308 ss., 335, 345, 476, 483
Nightingale, Florence 352 s.
Nostradamus 92

O'Neill, Eugene 12
Obilie 87
Oldenburg, Claes 271
Oppenheimer, Robert 172
Ossian 205
Otávia 32

513

CULTURA GERAL

Otman I (sultão turco) 87
Oto I, o Grande (imperador germânico) 46
Oto III (rei e imperador do Sacro Império
    Romano-Germânico) 490
Ovídio 62

Paganini, Niccolò 289
Pagnol, Marcel 224
Pahlen, Karl 495
Paine, Thomas 477
Palestrina, Giovanni da 279
Paley, William 331
Palladio, Andrea 68, 250 s., 472
Palmerston, Henry John 142
Pankhurst, Christabel 354
Papen, Franz von 160 s.
Paracelso 208
Parsons, Talcott 404
Pascal, Blaise 93, 441, 474 s.
Pater, Walter 65, 263
Patterson, Emma 354
Paul, Jean 288
Paulo (apóstolo) 40 s.
Pausânias 25
Pearson, Karl 353
Pedro (apóstolo) 35, 37 s., 40, 321
Pedro I, o Grande (czar da Rússia) 111 ss., 116,
    136, 216
Pedro III 115
Peierls, Rudolf 172
Pepino III 46, 459
Péricles 19 s.
Perotinos Magnos 279
Pestalozzi, Johann Heinrich 303
Petrarca, Francesco 62, 190
Petrônio 394
Pfeiffer, Emily 353
Picasso, Pablo 168, 258
Pilatos, Pôncio 38 s.
Píndaro 22
Pinter, Harold 240
Pio XII (papa) 60
Piombo, Sebastiano del 260
Pirandello, Luigi 227
Pirenne, Henri 490
Pitágoras 67, 274 s., 279, 294
Pitt, William 118
Pizarro, Francisco 71, 90
Platão 23, 25 ss., 62, 67, 209, 295, 311
Plauto 9, 62
Plekhanov, G. W. 151, 482

Plessner, Helmuth 493, 498 s.
Plínio, o Velho (Caio Plínio Segundo) 470
Plotino 26
Plutarco 458
Políbio 441
Pollaiuolo, Antonio del 250
Pompadour, Jeanne Antoinette de 109, 255
Pompeu, Magno 32
Pontecorvo, Bruno 172
Popéia, Sabina 33
Pöppelmann, Matthäus 252
Popper, Karl 479
Portinari, Beatriz 189
Potemkin, G. A. (príncipe russo) 115
Praxíteles 21
Presley, Elvis 293
Princip, Gavrilo 87, 148
Procrustes 439
Prokofiev, Serguei 293
Proust, Marcel 218 s., 221 s., 335
Ptolomeu, Cláudio 469
Puccini, Giacomo 290
Puchkin, Alexander 285

Racine, Jean 98
Rafael (Raffaello Santi) 67 s., 69, 251
Ranke, Leopold von 479
Ravel 289
Reich, Wilhelm 316
Rembrandt van Rijn 252 s., 255
Renoir, Auguste 257 s.
Reza, Yasmina 266
Rheticus, Georg Joachim 91 s.
Ricardo, David 441
Richardson, Samuel 201 s. 208, 210, 224
Richelieu, Armand Jean du Plessis 73, 97, 100
Robespierre, Maximilien de 125, 130 s.
Röhm, Ernst 163
Rômulo Augústulo 459, 466
Roosevelt, Franklin D. 172 s.
Rossini, Gioacchino Antonio 290
Rottmann, Bernhard 81
Rousseau, Jean-Jacques 42, 122, 126, 205, 302 s.,
    306, 351, 476
Rubens, Peter Paul 252 s., 255
Rurik (rei dos vikings) 111
Russell, Bertrand 387

Sablé, Madame de 98
Sachs, Hans 278
Saint-Pierre, Bernardin de 198

514

ÍNDICE ONOMÁSTICO

Salieri, Antonio 285
Salústio 62
Sand, George 289
Sand, Karl Ludwig 139
Santo Agostinho 469, 476
São Bonifácio (na verdade, Winfried) 44
Sartre, Jean-Paul 232
Sassulich, Vera 355
Satie, Erik 292
Saussure, Ferdinand de 322
Scarlatti 281
Scharnhorst, G. J. D. von 135
Scheidemann, Philipp 153
Schelling, F. W. J. von 441
Schiller, Friedrich von 82, 129, 204 ss., 223, 287, 368, 385, 387
Schlegel, August Wilhelm von 237
Schleicher, Kurt von 160 s., 163
Schliemann, Heinrich 483
Schlüter, Andreas 252
Schmitt, Carl 163
Schnabel, Johann Gottfried 198
Schönberg, Arnold 292 s.
Schopenhauer, Arthur 290, 308 s., 489
Schreiner, Olive 353
Schubert, Franz 287
Schumann, Clara 288
Schumann, Robert 288
Scott, Walter 211 s., 420, 478
Scudéry, Madame de 98
Selim 87
Sêneca, Lúcio Aneu 33, 62
Sennett, Richard 499
Sévigné, Madame de 98
Shaffer, Peter 285
Shakespeare, William 7, 32, 59, 69, 74, 92, 94 s., 98, 182, 190, 192 ss., 203 ss., 208, 274, 290, 294, 336, 368 s., 412
Shaw, George Bernard 37, 206, 227, 354, 355, 378, 420, 489
Shelley, Mary 22, 223, 352, 412, 477
Sheridan, Richard 119
Sidney, Sir Philip 341, 472
Sieyès (abade) 125
Sila, Felix 31, 458
Silvestre I (papa) 35
Simmel, Georg 341
Simons, Menno 81
Sloterdijk, Peter 28
Smetana, Bedrich 289
Smith, Adam 313, 420, 476, 480

Snow, C. P. 451, 454
Sobieski, Jan 110 s.
Sócrates 21, 23 ss., 27, 67, 295, 368
Sofia (regente da Rússia) 111
Sofia von Anhalt-Zerbst 115
Sófocles 9, 22, 465
Sokoloff, Nahum 484
Spencer, Herbert 341
Spengler, Oswald 475, 485
Spenser, Edmund 472
St. Just 131
Stálin, Josef 113 s., 135, 152, 157, 166 s., 168, 172
Steen, Jan 254
Stegmüller, Wolfgang 496
Stein, H. F. K. (barão de) 463
Stendhal, Henri (Beyle, Henri) 212
Sterne, Laurence 210, 224 s.
Steuben, Friedrich Wilhelm von 123
Stevenson, Robert Louis 223
Stirner, Max 496
Stoker, Bram (Abraham) 223
Storm, Theodor 224
Strafford, Thomas Wentworth 100
Strasser, Gregor 161
Strassmann, Fritz 172
Strauss, Richard 288
Stravinski, Igor 293 s.
Strindberg, August 226
Suleimã, o Magnífico 87
Swift, Jonathan 106, 199 ss.
Szilard, Leo 172

Tácito 42 s.
Tales de Mileto 21
Talleyrand, Charles Maurice de 127
Tarnas, Richard 496
Taylor, Frederick Winslow 484
Tchaikovski, Piotr 289
Teller, Eduard 172
Teócrito 441
Teodora 114
Teodorico, o Grande (Dietrich von Bern) 43
Terêncio 62
Terman, L. M. 437, 440
Téspis 21
Tetzel, Johannes 76
Thackeray, William Makepeace 214
Thälmann, Ernst 160
Thatcher, Margaret 423
Tibério 31, 33

CULTURA GERAL

Ticiano (Tiziano Vecellio) 67, 69, 76
Tieck, Ludwig 237
Tito 34
Tolstoi, Leon 211, 215, 478
Tomás de Aquino 28, 57, 470
Trajano (imperador romano) 34
Trotski, Leon 152, 156 s., 163
Truman, Harry 172
Tucídides 62
Turner, Frederick Jackson 483
Turner, William 256
Tyndale, William 4

Uhde, Fritz von 364
Urhan (sultão turco) 87

Valla, Lorenzo 35
Vasari, Giorgio 61, 68, 250, 472
Vasco da Gama 89
Vassili III (czar) 111
Vauban, Sébastien 97
Velázquez, Diego 72, 269 ss.
Vercingetórix 32
Verdi, Giuseppe 205, 290
Vermeer, Jan 254
Vespúcio, Américo 89
Vico, Giambattista 475
Virgílio 188, 465
Vitória (rainha da Grã-Bretanha e da Irlanda) 480
Vitrúvio 250
Vittorio Emmanuele (rei da Itália) 141, 158
Vivaldi, Antonio 280
Vladimir, o Santo 111
Vogel, Henriette 207
Voltaire, François Marie Arouet 43, 107, 109 s., 115, 117, 300 s., 475 s.

Wagner, Cosima 290
Wagner, Richard 55, 155, 290 s. 308
Wagner, Siegfried 290
Wagner, Wieland 290
Waldeck (conde) 286
Waldseemüller, Martin 89

Walpole, Horace 211
Walther von der Vogelweide 50, 432
Warren, Robert Penn 369
Washington, George 123
Watt, James 119
Watteau, Antoine 254
Watzlawick, Paul 454, 498
Webb, Beatrice 341
Webb, Sidney 341
Weber, Carl Maria von 290
Weber, Max 84, 341, 492
Webern, Anton 292
Wedekind, Frank 224
Weiss, Volker 438
Weizmann, Chaim 484
Weizsäcker, Carl Friedrich von 172
Wellington, A. (duque) 136
Wells, H. G. 223, 484
Wieck, Clara → Schumann, Clara
Wigner, Eugen 172
Wilde, Oscar 264
Wilson, Edward O. 454
Wilson, Th. Woodrow 152
Winckelmann, Johann Joachim 476
Wissell, Rudolf 159
Wittgenstein, Ludwig 304
Wölfflin, Henrich 495
Wolfram von Eschenbach 50, 55
Wollstonecraft, Mary 352, 477
Woolf, Virginia 309, 335
Wordsworth 467
Woytila → João Paulo II (papa)
Württemberger, Gustav xiii, 407

Xantipa 24
Xenofonte 441

Young, Michael 439

Zierer, Otto 488
Zinoviev, Gregori 157, 166
Zola, Émile 224, 351
Zwingli, Ulrich 82

GRÁFICA PAYM
Tel. [11] 4392-3344
paym@graficapaym.com.br